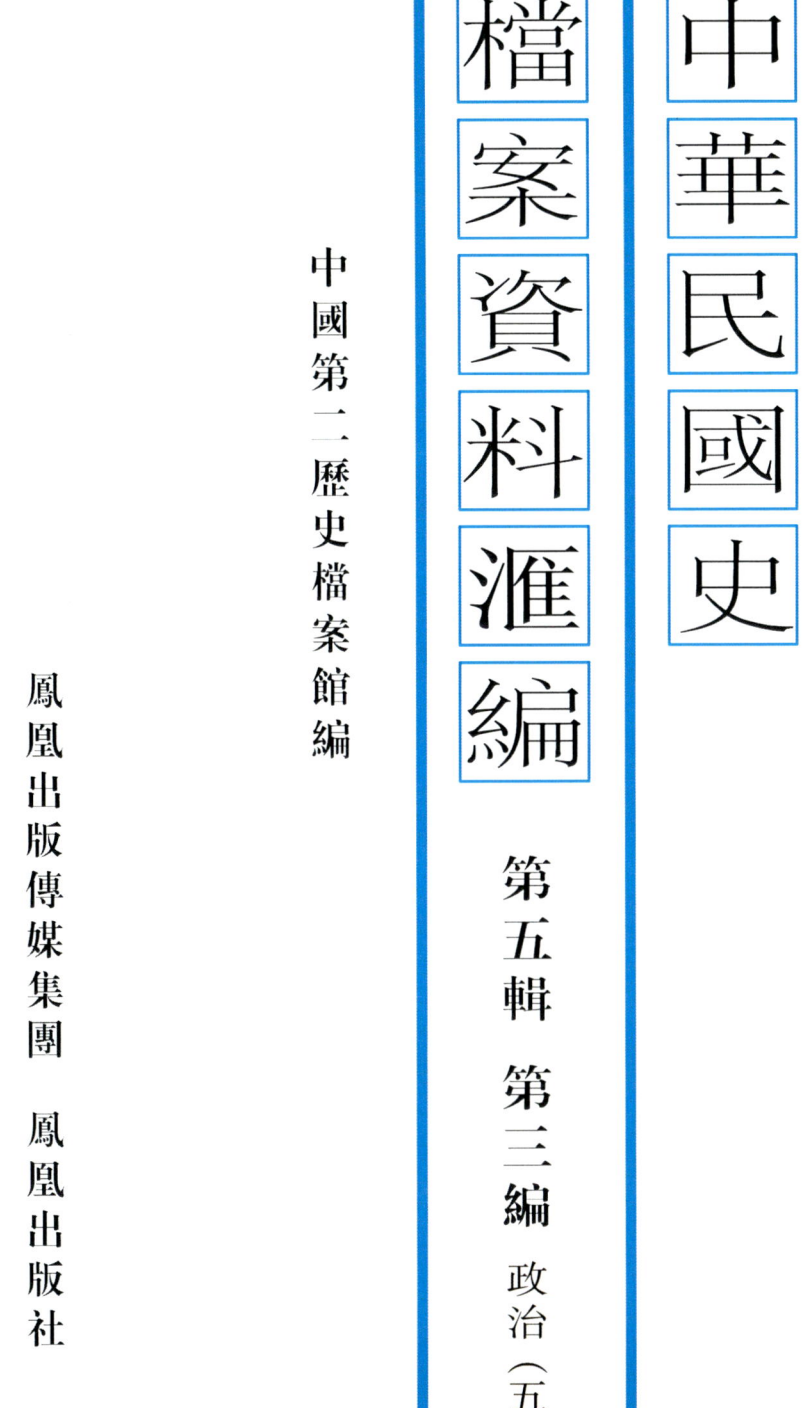

目 录

〔十一〕蒙藏事务与新疆省政情

(一) 蒙旗"复员"计划

一、蒙古地方行政

1. 巴文峻报告蒙古各地情形并请公布蒙古自治方案函
   （1945年10月6日）·················· 1
2. 蒙藏委员会为应确实掌握部队致李守信代电
   （1945年10月18日）·················· 2
3. 马鹤天报告蒙古青年知识分子拟成立蒙古自治邦等情致行政院电
   （1945年12月12日）·················· 2
4. 国民政府文官处关于监委白瑞推行内蒙地方自治管见致行政院公函
   （1946年3月19日）·················· 3
5. 蒋介石为汇核修正边疆各盟旗地方自治方案致国防最高委员会代电
   （1946年3月23日）·················· 6
6. 王宠惠为修正边疆各盟旗地方自治方案致罗良鉴函
   （1946年3月27日）·················· 9
7. 地政署关于绥省开垦土地登记规费及土地税处理办法函
   （1946年6月14日）·················· 14

1

8. 行政院秘书处关于安置逃至内地蒙民及在北平行营暂设蒙事
   部门函
   (1946年10月15日) ………………………………… 15
9. 内蒙古旅京各团体请彻底实行二中全会对边疆决议案及恢复
   蒙政会等情宣言
   (1946年10月) …………………………………… 16
10. 蒙藏委员会报告东蒙情形及组织考察团等事致蒋介石呈稿
    (1947年6月21日) ………………………………… 20
11. 蒋介石为组织赴内蒙等地考察团致蒙藏委员会代电
    (1947年6月26日) ………………………………… 21
12. 国民参政会四届三次大会通过调整中央边政机构及从速改进
    盟旗政治案
    (1947年7月) ……………………………………… 22
13. 国民参政会四届三次大会通过拟具蒙旗地方自治原则案
    (1947年7月) ……………………………………… 23
14. 蒙古各盟旗地方自治方案草案
    (1947年7月) ……………………………………… 25
15. 东北行辕政治委员会陈述蒙旗自治意见电及拟订蒙古自治通
    则案
    (1947年11月) …………………………………… 29
16. 卓盟请速颁蒙古自治方案电
    (1948年1月11日) ………………………………… 32
17. 伊克昭盟等联名请维持原有行政制度实行自治致蒙藏委员会
    函
    (1948年4月20日) ………………………………… 33
18. 行政院准予成立内蒙自治筹备委员会指令
    (1949年6月30日) ………………………………… 34
19. 行政院关于内蒙自治筹备委员会召开之人民代表大会不派员

出席指令

(1949年7月22日) ………………………………… 35

二、蒙古"复员"

1. 卓索图盟喀喇沁代表关于蒙民裕生会成立及财产处理意见致蒙古宣导团函

   (1945年12月31日) ………………………………… 35

2. 绥蒙指导长官公署关于各旗宣慰情形致蒙藏委员会代电

   (1946年2月15日) ………………………………… 39

3. 热河省教育厅长刘廉克为蒙旗教育及复员事宜致罗良鉴函

   (1946年5月12日) ………………………………… 41

4. 楚明善为应聘任蒙旗复员委员会委员兼主任与蒙藏委员会往来呈函

   (1946年5—6月) ………………………………… 42

5. 吴鹤龄陈述土默特左旗札萨克云丹桑布被该旗警务一中队劫持电

   (1946年6月8日) ………………………………… 44

6. 吴鹤龄续陈土默特旗云札萨克出走情形及善后意见电

   (1946年6月13日) ………………………………… 45

7. 东北行营抄送东北蒙旗复员委员会组织规程函

   (1946年6月14日) ………………………………… 47

8. 热河省政府陈述盟旗情形及建议办法呈

   (1946年6月) ………………………………… 48

9. 热河省政府转报东吐默特旗政府复员成立努图克制度呈

   (1946年7月) ………………………………… 50

10. 刘廉克宣抚吐默特右中二旗及复员情形函

    (1946年8月30日) ………………………………… 53

11. 吴鹤龄关于各旗复员时先本维持合并状态等情电

    (1946年10月30日) ………………………………… 57

12. 楚明善关于东北蒙旗复员情形报告
    （1947年5月20日）……………………………………… 60
13. 绥远省境内蒙古各盟旗地方自治政务委员会关于美国中华救济代表团救济蒙古事项函
    （1948年2月7日）………………………………………… 69
14. 仁勤多尔济为成立蒙旗复兴协会发表宣言及章程致蒙藏委员会电
    （1948年4月4日）………………………………………… 75
15. 白云梯等关于成立蒙古难胞救济协会呈
    （1948年5月22日）……………………………………… 79
16. 卓里克图亲王组织蒙古社会服务团呈
    （1948年7月12日）……………………………………… 84

三、德王自治政府概况

1. 陈效蕃关于李守信等奉召至谕电
    （1945年9月8日）………………………………………… 86
2. 蒋介石为商研德王陈述内蒙危急状态及拟具措置办法与蒙藏委员会等往来电呈
    （1945年9—10月）………………………………………… 86
3. 军政部关于德王不宜领导蒙政电
    （1945年9月29日）……………………………………… 89
4. 蒙藏委员会为德王返回北平后拟具善后安置办法致蒋介石密呈稿
    （1945年11月）…………………………………………… 90
5. 行政院交际科关于蒙古各盟旗联合驻京办事处请求晋谒政府首长函
    （1949年2月23日）……………………………………… 90
6. 内蒙各盟旗代表大会关于组织内蒙自治筹备会及推选人选等情电

(1949年4月19日) ………………………………………………… 91
7. 张治中等陈报德王在定远营研商蒙旗自治有关事宜电
　　(1949年4月) ………………………………………………… 93
8. 德王等呈请宣布准予内蒙自治请愿书
　　(1949年4月23日) ………………………………………………… 94
9. 国民党宁夏省执委会抄送内蒙各盟旗代表会议纪要函
　　(1949年5月6日) ………………………………………………… 96
10. 蒙藏委员会请嘉慰德王自治用意及给予回蒙旅费呈
　　(1949年5月24日) ……………………………………………… 106
11. 蒙藏委员会为德王等抵广州情形致李宗仁等呈
　　(1949年6月1日) ……………………………………………… 106
12. 德王呈送蒙古自治纲领电
　　(1949年6月21日) ……………………………………………… 107
13. 德王等因领有武器返蒙需大型飞机一架呈
　　(1949年6月28日) ……………………………………………… 109
14. 德王邀请中央有关机关参加蒙古人民代表大会电
　　(1949年7月8日) ……………………………………………… 110
15. 行政院关于德王等请补助内蒙自治经费电
　　(1949年6月30日) ……………………………………………… 110
16. 德王为整理各盟旗保安团队与蒙委会等往来电呈
　　(1949年7月) ……………………………………………… 110
17. 德王等请拨发自治经费电
　　(1949年7月9日) ……………………………………………… 113
18. 蒙古人民代表大会决议成立蒙古自治政府情形电
　　(1949年8月10日) ……………………………………………… 113
19. 德古来等向关吉玉报告蒙古人民代表大会详细经过呈
　　(1949年8月20日) ……………………………………………… 120
20. 西蒙调查组抄送蒙古人民代表大会决议各案电

(1949年9月3日) …………………………………… 124

(二)西藏民族事务

一、十世班禅坐床

1. 军委会抄送参政员喜饶嘉措等请早日宣布官保慈丹为十世班禅正身函呈致蒙藏委员会代电
   (1945年7月20日) …………………………………… 132
2. 蒙藏委员会办理班禅转世经过并拟解决办法复军委会代电
   (1945年7月22日) …………………………………… 133
3. 罗桑坚赞为达赖卜定班禅化身三灵童一亡一错事致蒙藏委员会代电
   (1946年5月22日) …………………………………… 135
4. 班禅驻京办事处转后藏代表王乐阶请中央迅即明令官保慈丹为十世班禅事致蒙藏委员会呈
   (1946年7月1日) …………………………………… 136
5. 蒙藏委员会查明灵童拉玛夭亡格君扎西年庚有误事致达赖喇嘛电
   (1946年9月4日) …………………………………… 138
6. 西藏摄政达扎为青海灵童至拉后方可确定班禅正身事致蒙藏委员会电
   (1946年10月) …………………………………… 138
7. 达赖为派人迎请班禅转世灵童至拉萨掣定事致蒋介石等呈
   (1946年11月6日) …………………………………… 139
8. 蒙藏委员会为班禅转世事拟复达赖等电稿与蒋介石往来呈批
   (1946年12月12日—1947年1月8日) ………… 140
9. 蒙藏委员会拟复拉敏等所提藏事四项建议事致国民政府等呈电
   (1947年2—4月) …………………………………… 142

10. 班禅堪厅请明令公布十世班禅正身事致蒙藏委员会代电
   （1947年7月25日） ………………………… 145
11. 总统府二局抄送班禅正身之争执及各方所持态度情报致蒙藏委员会公函
   （1948年9月10日） ………………………… 146
12. 总统府抄送噶厦商议拘捕班禅部属废除班禅职位等情报致蒙藏委员会代电
   （1948年9月20日） ………………………… 148
13. 陈锡璋为西藏当局欲废官保慈丹立拉玛为班禅正身事致蒙藏委员会密电
   （1948年9月30日） ………………………… 150
14. 总统府二局抄送班禅灵童入藏事之演变情形情报致蒙藏委员会公函
   （1948年10月4日） ………………………… 151
15. 蒙藏委员会再度拟定办理班禅转世办法致总统蒋介石呈
   （1948年10月12日） ………………………… 152
16. 蒙藏委员会再申班禅转世办法事致达赖等电
   （1948年10月12日） ………………………… 155
17. 总统府二局抄送噶厦欲取消后藏政治组织并迎立拉玛情报致蒙藏委员会公函
   （1948年10月26日） ………………………… 156
18. 噶厦拒绝中央护送青海灵童入藏等事致蒙藏委员会电
   （1948年11月2日） ………………………… 157
19. 总统府二局抄送噶厦坚阻中央护送班禅灵童入藏等情报致蒙藏委员会函
   （1948年12月3日） ………………………… 159
20. 陈锡璋为打札避维中央尊严事致蒙藏委员会电
   （1948年12月16日） ………………………… 161

21. 蒙藏委员会为噶厦所拟转世征认办法不符成例再交复议致打机电

    （1948年12月25日）………………………… 161
22. 班禅驻京办事处为转法吉觉佛等请公布官保慈丹为第十世班禅正身电报事致蒙藏委员会公函

    （1949年4月11日）………………………… 162
23. 蒙古各盟旗联合驻京办事处请速定第十世班禅正身事致蒙藏委员会代电

    （1949年4月18日）………………………… 163
24. 蒙藏委员会为班禅征认经过并拟具认定办法事致行政院呈

    （1949年5月5日）………………………… 164
25. 章嘉呼图克图请依七世达赖例办理十世班禅坐床事致蒙藏委员会函

    （1949年5月24日）………………………… 168
26. 蒙藏委员会为奉府令十世班禅先在塔尔寺坐床事复章嘉呼图克图函

    （1949年6月2日）………………………… 169
27. 蒙藏委员会请准十世班禅于八月一日在塔尔寺坐床并特派白云梯前往主持事致行政院呈

    （1949年6月3日）………………………… 170
28. 行政院院会决议并呈请总统明令公布官保慈丹为十世班禅并在塔尔寺坐床事致蒙藏委员会指令

    （1949年6月11日）………………………… 170
29. 蒙藏委员会嘱向噶厦解释中央明令公布官保慈丹为第十世班禅事致陈锡璋电

    （1949年6月16日）………………………… 171
30. 马步芳为中央明令官保慈丹继任十世班禅事致达赖贺电

    （1949年6月27日）………………………… 172

31. 蒙藏委员会请特派关吉玉暨马步芳为主持十世班禅坐床正副专使事致行政院秘书处公函
   (1949年7月4日) ………………………………… 172
32. 蒙藏委员会请特派马步芳为主持十世班禅坐床副使事致行政院呈
   (1949年7月11日) ……………………………… 173
33. 行政院秘书长抄送计晋美陈请对第十世班禅坐床礼遇不应低于达赖函事致蒙藏委员会通知
   (1949年7月24日) ……………………………… 174
34. 蒙藏委员会请颁给札萨喇嘛罗桑坚赞二等景星勋章事致行政院呈
   (1949年7月27日) ……………………………… 175
35. 行政院秘书处奉令准派关吉玉马步芳为主持十世班禅坐床典礼专副使事致蒙藏委员会函
   (1949年7月30日) ……………………………… 175
36. 十世班禅坐床典礼程序暨来宾名册及致送礼品程序
   (1949年8月10日) ……………………………… 176
37. 关吉玉在十世班禅坐床典礼上祝辞
   (1949年8月10日) ……………………………… 178
38. 关吉玉在罗桑坚赞授勋典礼上致词
   (1949年8月10日) ……………………………… 179
39. 总统府二局抄送十世班禅致谢电暨李宗仁代总统复电事致蒙藏委员会笺函
   (1949年8月18日) ……………………………… 180

二、泛亚会议
1. 沈宗濂转送驻藏办事处关于印度独立后英印藏间活动频繁等情致藏事处函
   (1946年10月12日) …………………………… 181

2. 蒙藏委员会为泛亚会议西藏列入被邀出席单位之一事呈蒋介石核示后复国防部代电
   (1946年10月22日) ……………………………… 182
3. 陈锡璋报噶厦决定派桑颇台吉及罗桑汪杰堪琼参加泛亚会议致沈宗濂电
   (1947年1月14日) ……………………………… 182
4. 陈锡璋为英人入侵藏境及西藏参加泛亚会议动态等情致沈宗濂电
   (1947年2月4日) ………………………………… 183
5. 蒙藏委员会关于西藏擅派代表参加泛亚会议与蒋介石等往来函电
   (1947年2月27日—3月17日) ………………… 183
6. 陈锡璋奉复英人嗾使西藏参加泛亚会议企图使西藏问题国际化事致沈宗濂电
   (1947年2月15日) ……………………………… 185
7. 蒙藏委员会为西藏出席泛亚会议不宜涉及政治及边界问题事致噶厦电
   (1947年3月12日) ……………………………… 186
8. 陈锡璋询问出席泛亚会议首席代表及代表团人员是否均属学术界人士事致蒙藏委员会电
   (1947年3月14日) ……………………………… 186
9. 外交部为与印度交涉西藏出席泛亚会议情形事致蒙藏委员会公函
   (1947年3月20日) ……………………………… 187
10. 罗良鉴关于派郑彦棻等八人出席泛亚会议事致陈锡璋电
    (1947年3月20日) ……………………………… 188
11. 蒙藏委员会与外交部及西藏驻京办事处等关于噶厦擅制太阳雪山旗以备泛亚会议时悬挂事往来函电

(1947年3月1日—4月3日) ·········· 188
12. 陈锡璋为泛亚会议不宜提政治划界已促噶伦领悟事致蒙藏委员会电
    (1947年3月24日) ·········· 191
13. 蒙藏委员会为西藏出席泛亚会议代表已列入我国代表团之列事复国民政府代电
    (1947年3月24日) ·········· 191
14. 蒙藏委员会劝阻西藏出席泛亚会议勿悬旗帜事给陈锡璋电
    (1947年4月1日) ·········· 192
15. 中央通讯社关于泛亚会议上公然更改我国西藏地图制造分裂活动等情报导
    (1947年4月1日) ·········· 192

三、商务代表团在欧美活动
1. 蒋介石转告驻英美大使应随时报告西藏商务代表团活动情况致外交部代电
   (1947年8月17日) ·········· 193
2. 陈锡璋为噶厦命外交局筹制出国护照等情致蒙藏委员会电
   (1947年10月8日) ·········· 193
3. 中央日报等关于西藏商务代表团由港抵沪之报导二则
   (1948年1月29—30日) ·········· 194
4. 西藏商务代表团考察英美节略
   (1948年2月5日) ·········· 195
5. 刘桂楠为陪同西藏商务代表团在沪杭参观情形致蒙藏委员会代电
   (1948年3月3日) ·········· 197
6. 蒙藏委员会请发给西藏商务代表团出国护照并结购外汇事致国民政府呈
   (1948年4月23日) ·········· 199

11

7. 蒙藏委员会另拟西藏与内地贸易单行办法致行政院呈

　　(1948年5月11日) ………………………………… 201

8. 行政院查询西藏商务代表团由港赴美事致蒙藏委员会指令

　　(1948年8月2日) …………………………………… 203

9. 蒙藏委员会为西藏商务代表团赴美英考察经过致行政院呈

　　(1948年8月18日) ………………………………… 203

10. 蒙藏委员会为西藏商务代表团向美洽商借款事致国民政府等呈

　　(1948年8月19日) ………………………………… 208

11. 蒙藏委员会关于西藏商务代表团赴美动机经过等情复立法院公函

　　(1948年8月24日) ………………………………… 209

12. 驻纽约总领事张平群劝阻夏格巴等在美勿作政治性谈话等情致外交部电

　　(1948年8月26日) ………………………………… 215

13. 外交部为西藏商务代表团向美借款等情复蒙藏委员会代电

　　(1948年9月3日) …………………………………… 215

14. 外交部调查西藏商务代表团赴美签证与英政府交涉等情致国民政府签呈

　　(1948年9月17日) ………………………………… 216

15. 外交部为西藏商务代表团在美活动详情致蒙藏委员会代电

　　(1948年9月22日) ………………………………… 218

16. 许世英请履行诺言不谈政治致夏古巴电

　　(1948年10月2日) ………………………………… 222

17. 外交部抄送驻美大使暨驻纽约总领事关于西藏商务代表团在美购械等事致蒙藏委员会代电

　　(1948年10月19日) ………………………………… 222

18. 蒋介石为西藏商务代表团赴美时如有荒谬之谈应饬我驻外使

馆立予纠正事致外交部代电

(1948年10月26日) …………………………………… 224

19. 蒋介石为商定要求西藏当局训令夏古巴不得在国外作政治活动等办法督促切实办理事致蒙藏委员会代电

(1948年10月26日) …………………………………… 224

20. 外交部关于西藏商务代表团贸易要求之意见复行政院秘书处公函

(1948年10月) …………………………………… 225

21. 驻法大使钱泰为夏古巴等在法国活动情形致外交部转蒙藏委员会电

(1948年11月22日) …………………………………… 226

22. 驻英大使为西藏商务代表团在英会晤梅休情形致外交部电

(1948年11月27日) …………………………………… 227

23. 郑天锡关于英首相宫内大臣拟接见夏古巴等情致外交部转蒙藏委员会电

(1948年11月30日) …………………………………… 227

24. 郑天锡报告与英外交部次长辩论西藏商务代表团拟谒英王事致许世英电

(1948年12月1日) …………………………………… 228

25. 郑天锡力劝西藏商务代表团勿得单独晋见英王情形致外交部电

(1948年12月1日) …………………………………… 229

26. 蒙藏委员会请签发西藏商务代表团免结外汇证明致中央银行代电

(1949年1月30日) …………………………………… 229

27. 蒙藏委员会为西藏商务代表团购运国产物品免税免验事致上海江海关代电

(1949年1月13日) …………………………………… 230

28. 外交部抄送驻孟买总领事报告西藏商务代表团抵孟买后情形电致蒙藏委员会代电
   （1949年3月1日）……………………………………… 230
29. 行政院抄送外交部报告西藏商务代表团在欧洲各国活动情形呈致蒙藏委员会代电
   （1949年3月11日）…………………………………… 231

（三） 新疆省政情

1. 吴忠信主持新疆工作日记（节录）
   （1945年8月—1947年3月）……………………………… 235
2. 内政部为会商麦斯武德等建议新疆高度自治致蒙藏委员会函
   （1945年10月6日）…………………………………… 480
3. 内政部抄送会商新疆高度自治案之纪录致蒙藏委员会函
   （1945年10月20日）…………………………………… 482
4. 潘祖焕陈述新疆不宜分治之意见呈
   （1945年10月27日）…………………………………… 484
5. 内政部关于新疆民族同化问题意见及建议等情函
   （1946年1—4月）……………………………………… 485
6. 国民政府军委会军令部抄送罗定对新疆问题之意见电
   （1946年2月22日）…………………………………… 488
7. 国民政府关于注意新疆归化等民族加入苏籍致蒙藏委员会代电
   （1946年3月28日）…………………………………… 495
8. 内政部关于新疆各族加入苏籍致蒙藏委员会代电
   （1946年10月11日）…………………………………… 496
9. 中央执行委员会组织部关于鲍尔汗等在南疆活动情形致蒙藏委员会代电
   （1947年1月9日）……………………………………… 499

14

10. 行政院秘书处抄送喀什区专员阿不都开日木汗在喀活动情报致蒙藏委员会公函
   (1947年1月9日) …………………………………… 499
11. 中央执行委员会组织部关于新疆喀什近况致蒙藏委员会代电
   (1947年2月13日) …………………………………… 501
12. 行政院秘书处关于新疆蒙旗急待解决问题报告书致蒙藏委员会函
   (1947年2月19日) …………………………………… 502
13. 内政部关于新疆归化族管理意见致蒙藏委员会代电
   (1947年5月10日) …………………………………… 504
14. 行政院秘书处关于甘省办理遣派哈民情形致蒙藏委员会函
   (1947年3月30日) …………………………………… 506
15. 外交部抄送边疆问题秘密会议纪要致蒙藏委员会代电
   (1947年7月21日) …………………………………… 508
16. 新疆乌恩素珠克图南路盟政府关于开垦汉旗份地计划书致蒙藏委员会代电
   (1948年6月30日) …………………………………… 510
17. 西北行辕关于商讨新疆蒙哈难民救济事宜致社会部代电
   (1948年10月22日) …………………………………… 514

〔十二〕侨　务

(一)侨务行政与法规

1. 国防最高委员会秘书厅为六全大会关于战后侨民复员问题等六案与行政院等往来函呈
   (1945年8—10月) …………………………………… 517
2. 孔庆宗论抗战胜利风声之南洋华侨文
   (1945年8月26日) …………………………………… 537

15

3. 国民政府公布侨务委员会各口岸侨务局组织条例
    （1945年11月16日）………………………………… 541
4. 外交部关于利用华侨技术人才致教育部函
    （1946年1月9日）…………………………………… 542
5. 外交部关于暹罗政府一九一〇年以来排华事件报告
    （1946年1月）………………………………………… 543
6. 外交部关于最近暹罗排华事件经过报告
    （1946年1—12月）…………………………………… 552
7. 行政院颁发华侨教育职权划分管理办法令
    （1946年4月18日）…………………………………… 558
8. 外交部情报司编印古拉索岛华侨经济状况调查报告
    （1946年7月16日）…………………………………… 559
9. 外交部情报司编印南非排华苛例之检讨调查报告
    （1946年7月19日）…………………………………… 565
10. 外交部公布关于华侨损失案
    （1946年）……………………………………………… 570
11. 遣送侨民办法
    （1947年1月）………………………………………… 574
12. 外交部关于在华外侨及海外华侨战时损失赔偿原则训令
    （1947年1月29日）…………………………………… 575
13. 侨务委员会送请侨民立法委员选举罢免原则等函
    （1947年3月22日）…………………………………… 576
14. 外交部关于临时华侨登记实施办法训令
    （1947年4月21日）…………………………………… 578
15. 国民政府第四次修正公布侨务委员会组织法
    （1947年9月27日）…………………………………… 581
16. 外交部关于中暹悬案急需早日解决致暹罗驻华大使馆照会
    （1947年11月）………………………………………… 584

17. 国民政府关于海外华侨禁烟实施情形报告
    （1947年11月）…………………………… 586
18. 行政院秘书处关于辅导海外侨民经济事业条例草案函
    （1948年4月16日）………………………… 592
19. 外交部关于战后对日华侨问题
    （1948年5月）……………………………… 597
20. 输出入管理委员会关于侨资及国人在外资金投资国内生产事业申请输入办法公告
    （1948年8月2日）…………………………… 600
21. 古巴华侨概要
    （1948年9月16日）………………………… 603
22. 吴慎机关于巴达维亚侨务调查概要函
    （1948年11月9日）………………………… 604

（二）侨务工作报告

1. 暹罗中华总商会会务报告书
   （1946年1—10月）………………………… 607
2. 侨务委员会七至十二月份工作月报呈
   （1946年8月—1947年1月）……………… 615
3. 侨务委员会为会商救济及遣送海外贫侨办法致行政院会计处函呈
   （1946年11月）……………………………… 620
4. 国民大会侨务委员会政绩报告
   （1946年）…………………………………… 626
5. 外交部：侨胞复员概况
   （1947年7月）……………………………… 641
6. 侨务委员会三十六三十七年重要工作简报表
   （1947年10月—1949年1月）……………… 649

17

7. 侨务委员会三十六年度上半年工作进度检讨报告表
   (1947年) ·············· 679
8. 驻日代表团侨务处关于侨务工作概况报告
   (1948年12月) ·············· 706
9. 侨务委员会三十七年度上半年中心工作计划
   (1948年) ·············· 718

〔十一〕 蒙藏事务与新疆省政情

（一）蒙旗"复员"计划

一、蒙古地方行政

1. 巴文峻报告蒙古各地情形并请
公布蒙古自治方案函

（1945年10月6日）

　　倍公委员长钧鉴：前奉各函电，谅均邀钧览。顷绥远情形自近十日来，绥东各县均为共产党之八路军占领，已进而包围绥垣。傅长官军大部退守城垣，每日城周围均有小战斗，双方正在积极准备中，大战想不日即可开始。火车向东已不通，向西共军亦将桥梁、路轨破坏，到包头之车亦已不通。共军并沿阴山公路向西前进，包头亦在危急中。以目前情势判决，绥远解围非中央有军队由北平或大同前进，始克有济。不然，绥傅长官军只在城中取守势，再逼若干时日，恐城中人民食用、燃料均要发生困难问题。至伊盟各旗，目前尚属平定，但据邓总司令宝珊所接情报来看，共军亦有动作模样，想将来如何，亦不敢预知。乌盟各旗西部向有小部国军驻守，东部则全为共军占领矣。绥东各旗总管现均在绥，乌盟之首长如巴盟长、林札萨克在五原，巴云英、奇俊峰、茂明安旗之福晋奇则在包头。近图委员长派该旗西协理来绥谒长官，因路断亦不能返伊矣。马委员鹤天同邓总司令来绥之次日，因情形紧张，又返包头。中央为解救绥远，一应积极派兵由北平、大同两路西进，与傅军夹击，始能解围。若只由傅长官之军队撑持，共军系以晋察绥之军图蒙，蒙只以

1

单方面应付,则将来非失败不可。至政治方面,则需将内蒙自治方式早日发表,不然,共党高倡民族自族自治,以德王府之内蒙自治政府作号召,恐内蒙各色军民人等,亦多为诱惑而去。尚此奉闻。谨颂勋绥。

职　巴文峻
十月六日

〔蒙藏委员会档案〕

2. 蒙藏委员会为应确实掌握部队致李守信代电
(1945年10月18日)

代电　渝秘字第1213号

李守信先生鉴:顷奉主席蒋(卅四)酉删府参第一四九号代电,嘱转饬台端赴平,应确实掌握部队,向张家口推进,并归傅长官指挥等因,特电知照。罗○○。酉巧。渝秘。

〔蒙藏委员会档案〕

3. 马鹤天报告蒙古青年知识分子拟成立蒙古自治邦等情致行政院电
(1945年12月12日)

渝。特密。据报前伪蒙青年知识分子,胜利后来归者包都凌、亢仁、王大光、王庆、三包子青、满包、台其星、李见庵等十余人,曾与察绥蒙旗青年知识分子经天禄、胡凤山、纪贞甫等,于月前在归绥开会数次,讨论内蒙自治问题。亢、满等主张成立类似蒙古自治邦之组织,与中央虽有联系,而一切独立。经主张成立一类似蒙古自治政务委员会之组织,惟除军事、外交全归中央外,余悉自治。总之,内蒙青年知识分子对内蒙自治正在热心研讨,并对中央过去措施有不满意之心理,对内蒙各知识青年在鼓动诱惑与利用,中央似宜一方将内蒙知识青年分子特别重视,在中央或地方政府机关大加录用,以过去优待王公者优待青年;一方对内蒙自治问题决定妥善实施,向进步方面推进,以消隐患于无形。管见所及,敬祈钧裁,并祈陈报政院核夺为祷。职马鹤天。亥。虞。

〔蒙藏委员会档案〕

4. 国民政府文官处关于监委白瑞推行内蒙地方自治管见致行政院公函

(1946年3月19日)

国民政府文官处公函　　处字第二〇四一号
中华民国卅五年三月十九日

奉主席交下监察委员白瑞呈,为陈述内蒙近状,急应改正设施,谨胪列管见九项,仰祈核夺一案。奉谕交行政院,相应检同原件,函达查照。此致

行政院

　　计检送原呈一件

文官长　吴鼎昌

原呈

溯自民国肇造,吾党总理已提示发挥民治精神,以地方自治为建国基本工作,再以完成地方自治,即以确立国家基础。讵内忧外患,变故数起,因而影响自治之推行。迨七七变发,强寇深入,幸赖钧座领导抗战,指挥若定,最后胜利,终属于我,惩前毖后,应以推行地方自治为切要工作。内蒙地处边疆,自经敌寇摧残,疮痍满目,至今复员工作尚未实施,不胜翘企。至内蒙盟有哲、卓、昭、锡、察、乌、伊及青海旧土尔扈特等旗,有百余,喁喁望治,已非一日,谨将

目前亟应注意事项,胪陈管见于左:

(一)关于内蒙地方高度自治之设施:高度自治名称颁来,简言之,无论其权限如何之大,范围如何之广,要组合一完善办法之高度自治制度,法律限之,根诸法律而来,行政命令亦可限制,有此层层限制,虽曰地方自治,仍受国家之监督,此其一也。有时推行何种事务,民权发展系由国家委托而来,凡委托之事自必有其范围,地方推行时,使其无过与不及之处亦必有赖于国家之指导,此其二也。故内蒙应设高度自治之机构,如整个蒙政会是也。名称可定为内蒙地方自治政务委员会,上承中央行政院之统制,下联系各盟旗,实行宪法所规定地方制度之职权,而民享、民治、民有之幸福即于是乎在。

(二)内蒙自治应以旗为单位:依照建国大纲之规定,"县为自治之单位,省立于中央与县之间,以收联络之效"。蒙政会立于中央盟旗之间,即以收联络之效,而任其职者,一方受中央政府之委托,一方为各盟旗,下情上达之枢纽乃为得当,既不背乎中央集权,更促地方制度之发展。遵此规定,以联系之各盟旗之倾诚内向,一举而两得矣。况内蒙边区辽阔,蒙旗百余,面积较县之大,历有年所。如悉由中央政府直接管理,为事实所难给,亦为潮流所不许,故内蒙各旗有单独自治之必要,与现代宪法民权主义相符合,而不背因地制宜,莫要于此。

(三)设参议会:仿照中央各省县市之规定行之,参议员凡蒙旗人民,均有被选举权(以未经褫夺公权者为限),以本籍蒙民组织之。每旗设临时参议会,盟等于市,每一盟或二盟设一临时参议会,议长由人民依法选出,年满三十岁以上当选,盟长、旗长选为当然副议长,俾权益平均,奉公守法,厉行民治,边防屹然巩固矣。

(四)旗县划分:谨遵二十三年行政院颁示优恤蒙疆地方人民之命令,使旗县划分。盖寒带人民生计艰难,以未设县之区域,无再急设县之必要,以俟自立〔力〕更生,确有基础再为推行,惠及边民,实深感戴。

（五）教育普及：每旗先设高小学校一，盟设预中学一，迨三年后，旗设中学校，盟设大学校。又三年后，内蒙设一蒙疆大学院，在盟旗适中地点，课程中文、蒙文、外国文，其余科目悉遵教部所规定，以三民主义灌输其知识，以兵式体操锻炼其体格。如是，体育、智育、德育平均进展，训使其卫国家、爱民族之忱，自必互相淬勉奋发矣。

（六）培养山林：蒙地山多，东西兴安岭、天山、阴山、巴颜嘎拉山均可培养山林，况气候干燥，沙风扑面，惟广植树木使雨量增加，气候变为温和，则土壤滋润，山灵钟秀，英才蔚起，家给人足，亦基于此。

（七）充实牧畜：查蒙地人民多逐水草为生，又以牛羊马养畜产量多数者为富户，就地势而论，戈壁之东西只能生草，丰而荣以饲生畜则肥而壮。就气候而言，季春释冰，季秋降雪，天寒气栗，砭人肌骨。当时局外人多不谙蒙情，倡言屯垦，移民往不毛之地，忽视实际，未免谬误，故畜牧之沿进任其自然发展，将来皮革制造公司之设备，即可逐步推行。

（八）军事训练：采取古代吾国寓兵于农之成式行之，缘蒙俗强悍，冬季农隙，即征壮丁，以年满十八岁至二十八岁为正受，训练时期因地利而操练之。骑兵、空军为主体，指挥官由中央选老成将官充任之，训练三年后，以作国防预备军。

（九）改组蒙藏委员会：查蒙藏会成立已久，应加以刷新，调整内部，必使适应环境需要，以收实效。近来边疆多故，蒙藏会徒有其名，直等虚设，急应加以改组。会中委员应就各选区人数分配，不宜偏重一方，会中处长、科长任用亦如是分配，更遴选干才，充实内部，实力增加，实为当务之急。

综以上数端，实为靖边之急务。今内蒙环境四郊多垒，恭读孙先总理建国大纲第四条之规定，对扶持国内弱小民族，使其自决自治,不胜钦仰。我内蒙前受清代愚民政策历二百余年,民国肇始,又受北方军阀蹂躏,痛苦备尝,幸抗战胜利,宪政开始,万众复苏,全蒙感奋。瑞不揣冒昧,贡陈管见,以固边陲,而扬民治。以上各项,前曾建议数次,未蒙施行,兹因攸关国计民生,用敢冒渎赘陈,是否有当,仰祈核夺。谨呈
蒋主席

          监察委员 白瑞谨呈
          三月十二日

〔行政院档案〕

5. 蒋介石为汇核修正边疆各盟旗地方自治方案致国防最高委员会代电

(1946年3月23日)

代电 府交第2905号

  国防最高委员会王秘书长勋鉴:据蒙藏委员会罗委员长呈称:自外蒙独立宣布后,各方对于内蒙问题处理方法,期盼甚切。本会前会同内政部拟呈边疆各盟旗地方自治方案草案,尚未奉核示,请饬催提前核定等语。查此案系六全大会决议,关于本党政纲政策案,民族主义部份交由各部会拟具,实施方案之一种,前经行政院将原方案汇呈国民政府转送国防最高委员会汇核,几经承转,尚未作最后决定,细核原方案之重点,系以"旗"为地方自治单位,并就原有"盟""部"分别设立盟政府,不设全蒙之自治总机构,尚属妥切可行。惟原方案第二条关于盟政府主席之任命似宜明白规定,就蒙籍人士中遴选,以期增强蒙人之内心观念。又此次六届中央执行委员会第二次全体会议,关于边疆问题报告之决议案,明定恢复蒙古地方自治方案草案之主张,不设全蒙自治总机构,互有出入,亦各有优点。现内蒙问题,日趋复杂,亟应妥定方案,颁布施行。兹抄发

边疆各蒙旗地方自治方案草案及对原方案之说明各一份,希即召集张部长厉生、罗委员长良鉴、蒋秘书长梦麟及军令部、中央组织部负责人员妥速会商,遵照二中全会关于边疆问题之决议案,将边疆各盟旗地方自治方案酌加整理修正,限一周内呈核,以便提会通过,勿误为要。委员长蒋中正。寅梗。府交。

附抄方案及说明各一件

边疆各盟旗地方自治方案

一、旗为地方自治单位,旗以下之参佐制度仍旧,旗以下各级民意机关应迅速设立。

二、盟设盟政府,设委员五人至九人,由盟参议会选举组织盟政府委员会行使职权,盟政府设主席一人,由国民政府任命之。

盟政府设民政、财政、教育、建设各厅,各厅各设厅长一人,由国民政府任命盟政府委员兼任之。

三、盟政府受中央之指挥,办理国家行政事务,并遵照中央政策,监督各旗地方自治事务。

四、盟政府直辖于行政院,不属于盟政府之旗隶属于所在地之省政府,但有特殊情形者,隶于行政院。

五、盟设置参议会。

六、盟政府及盟参议会之经费由中央负担,各旗自治经费以自筹为原则,但贫瘠之旗应由中央补助之。

七、各盟及直隶于行政院之旗遇有关于省之事件,应与省政府会商办理。

八、各旗遇有关涉县之事件,应与县政府会商办理。

九、各盟旗人民居住各省县或各省县人民居住各盟旗,均享有当地人民完全相同之一切权利义务,但各盟旗人民居住各省县时,得按其人口比例规定其应出之各级民意机关代表人数,其比例得酌予提高。

十、中央扶助各盟旗文化、经济、交通、卫生等事业之发展,办法另定之。

十一、各盟旗与省县界域之划分,由中央派员会同关系省县盟旗办理,其办法另定之。

边疆各盟旗地方自治方案之说明
一、关于自治限度者

边疆各盟旗归附日久,同化较深,且散布沿边各省区内,本不似外蒙古之一向视同外藩,而盟旗人民自治能力及地方各项建设,皆甚落后。今后施行自治,尚赖中央予以扶植,如取民旗高度自治,不仅盟旗本身之人力、财力不逮,自治难期实效,且将形成瓯脱,影响国家行政之统一完整。本方案所拟盟旗自治限度略与省县地方自治之性质相同,并顾及盟旗地方之特殊性,似较切实易行。

二、关于自治组织者

边疆各省境内,盟旗制度与省县并存,地区交错,事权缠夹,本为建省过程中之现象,过去省方极力推行县治,以垦殖为前驱,垦殖所至,县政随之扩展,但为盟旗所反对。历来边疆多事,蒙汉相争,此其症结。廿二年之内蒙自治运动及三十二年之伊盟事变,皆由反垦而起。值此外蒙独立,内蒙纷酿自治之际,盟旗悬置边远,外伺内诱,控御为难。如以盟旗纳入省县体系,势必大拂蒙情,纠纷无已。如曲徇一部份蒙人要求,设置全蒙自治机构(如以前之蒙古自治政委会),又将徒拥虚名,无补实际,转为分裂号召之资本方案。就原有之盟旗制度为自治组织,划清其与省县之权责、疆界,似有下列便利:

(一)盟旗为蒙人固有行政组织沿习已久,为多数蒙人及王公实力派所拥护,不致扞格难行。

(二)盟旗虽在各省境内,但现行法令(盟部旗组织法)原已规定盟旗直隶于中央,不属省县管辖,不致有割裂省区之虞。

（三）蒙古旧无盟旗组织法，清初始以此制统治蒙古，便于控制。

（四）盟旗单位不大（旗之面积略大于县，盟之面积略大于行政督察区），办理自治较有实效，且可顾全各盟旗之支派沿革。

如照此方案实施，应改组成立之盟政府共十五单位（部比照盟政府组织）及四个直属中央之特别旗政府（如附表），盟政府以下设置各厅组织，似嫌稍大，但以各盟本身财政负担能力之薄弱及所辖自治单位较少之故，将来制定盟政府及所属各厅之组织时，似可酌较省级为小。

三、关于蒙汉人民之待遇者

本方案对于蒙汉人民之待遇，依照民族平等原则，纯采属地主义。即居住省县盟旗境内之人民不分蒙汉，享有完全相同之一切权利义务。如此，在省县境内之蒙民不受歧视，在盟旗境内之汉民，其一切经营权益获得保护，对于促进边疆垦殖建设及民族之自然混合同化，颇有裨益。即居住盟旗之汉人亦获有与蒙人相同之选举权及被选举权，有参加盟旗政府之机会，可逐渐充实盟旗之组织。

〔蒙藏委员会档案〕

6. 王宠惠为修正边疆各盟旗地方自治方案致罗良鉴函
（1946年3月27日）

良鉴吾兄勋鉴：关于边疆各盟旗地方自治方案，除已根据会议决议各点予以修正外，尚有应行修正之处，以时间迫促，未能在会讨论者现已酌加修正，并另附说。又马鹤天先生之意见书以在开会前始收到，未能提出讨论。现以亟待呈核，特将边疆各盟旗地方自治方案修正稿及说明暨马鹤天意见书各一份，送祈察阅。如有建议，务请于本月三十日前送下为荷。再边疆各盟旗地方自治方案之说明第四项内……之附表，请检寄一份为感。耑此。祗颂勋祺。

附修正稿一份,说明一份,意见书一份

         弟王宠惠拜启
       三十五年三月二十七日

边疆各盟旗地方自治方案

一、旗为地方自治单位,旗设旗长,由旗参议会选举组织旗政府行使职权,旗以下之参佐制度仍旧,旗以下各级民意机关应迅速设立(仍旧)。

二、盟设盟政府,设委员五人至九人,由盟参议会选举组织盟政府委员会行使职权,盟政府设盟长一人,由国民政府就蒙籍人士中遴选任命之(修正)。

盟政府设民政、财政、教育、建设各处,但得按照实际情形酌为减并,每处各设处长一人,由国民政府任命盟政府委员兼任之(修正)。

三、盟政府受中央之指挥,办理国家行政事务,并遵照中央政策,监督各旗地方自治事务,但为督导盟旗自治事务,得设置蒙古地方自治政务委员会,其组织规程另定之(修正)。

四、等于盟之各部得适用本方案。关于盟之规定,盟政府及不属于盟政府之旗均直辖于行政院。

五、盟设置盟参议会,其选举及组织条例另定之(修正另见说明二)。

六、盟政府、盟参议会及地方自治政务委员会之经费,由中央补助之;各旗自治经费以自筹为原则,但贫瘠之旗亦得由中央补助之(修正)。

七、各盟及直隶于行政院之旗,遇有关涉省之事件,应与省政府会商办理(仍旧)。

八、各旗遇有关涉县之事件,应与县政府会商办理(仍旧)。

九、各盟旗人民居住各省县或各省县人民居住各盟旗,均享有当地人民完全相同之一切权利义务,但各盟旗人民居住各省县时,得按照普通适用之人口比例特别酌加其应出之各级民意机关代表人数(修正)。

十、各盟旗经济、文化、交通、教育、卫生、救济各项事业之发展,由中央扶助之(修正另见说明三)。

十一、各盟旗政府之自治事项另定之(修正另见说明四)。

十二、各盟旗与省县界域之划分,由中央派员会同关系省县盟旗办理,其办法另定之(仍旧。另见说明五)。

十三、在蒙旗所在地,国家行政机关与司法机关之行文以国文与蒙文并用为原则(新加另见说明六)。

十四、新疆、青海两省境内盟旗,其有特殊情形者,得依地方实际情形,参酌本方案办理之。

边疆各盟旗地方自治方案修正稿说明

一、会议决定第四条应改为"盟政府及各独立旗均直辖于行政院"。惟查原条文中"但有特殊情形者"一句不知是否可以概括各独立旗。又除各独立旗外,不知是否尚有"不属于盟政府之旗"。因有以上疑问,故本条拟仍旧。

二、第五条在"盟设置盟参议会"之下,拟加"其选举及组织条例另定之"一句,因就选举及组织条例言,盟参议会与省参议会应作不同之规定。

三、第十条系参照二中全会边疆问题决议案第八条加以修正。

四、会议决定在原第十一条"各盟旗与省县界域"之下,应加"及权限"三字。兹以权限之划分与界域之划分不同,故拟另加"各盟旗政府之自治事项另定之"一条,作为第十一条;关于各盟旗政府与省县政府间权限之划分,即在自治事项内规定之。

五、原第十一条改为第十二条条文拟仍旧,至于各盟旗与省县界域划分之原则，拟不列入本条内，待另定办法时，予以规定。

六、第十三条系参照二中全会边疆问题决议案第六条新加。

抄解决各边省境内蒙旗自治问题意见书

查本党执政以来，对国内各少数宗旗，即遵照国父遗教予以扶植，使其能自决自治。关于蒙旗自治，亦照此种方针办理，但因日寇之挑拨离间及某方之诱惑分化，所谓蒙旗自治，乃等于分裂独立。前在抗战期间，鹤天即觉外蒙及各边省境内蒙旗自治问题，有迅谋解决之必要，曾于前年来渝述职时面陈钧座。兹者，抗战胜利，外蒙独立，而各边省境内蒙旗自治问题，遂日趋重要。若不适当解决，则于国家之统一影响甚大。谨就管见所及，胪陈如次：

一、关于调整蒙旗机构者　拟分甲、乙两项办法。甲项在凡有蒙旗之各边省均可适用；乙项则适用于曾设蒙旗地方自治机构者，如察绥等省。

甲、旗县分治，汉蒙同参省政。

1. 凡未改县之各旗，以旗之性质，类县可定为自治单位，设旗政府，与县同受省政府之监督，办理自治事务，其已改县者，蒙人即为县民，可参县政。

2. 酌增省政府委员名额，以蒙人充任，即主任、厅长亦可酌用蒙人。

3. 省政府下设蒙事厅，专办蒙旗事务，其厅长以选用蒙人为原则。

4. 省县参议会参议员，应就蒙旗人口酌予适当分配。旗设旗参议会，由蒙民选举之旗议员组织之，但旗内有汉人者，在不超过蒙民参议员额数原则之下，亦得参加选举。

乙、省设蒙旗自治机构，旗县分隶，省蒙联锁。

1. 在有蒙旗之边省仍设某省蒙旗地方自治政务委员会（以下简称蒙政会），直隶中央，但在业务上省政府有就近指导协助之责。

2. 凡未改县之旗设旗政府,受蒙政会之监督,办理自治事务;已改县者,与省内各县同属省政府。

3. 蒙政会及省政府委员得互相兼任,以资联锁进行。

4. 省县旗各民意机关,照甲项办法(4)款办理。

二、关于改进蒙旗事务者　亦分甲、乙两项办法。甲项系目前急务,乙项则为蒙旗之重建事业。

甲、目前急务——收复民心,坚其内向。

1. 在抗战时期,蒙民受敌伪蹂躏,颠连无告,痛苦实深,拟请钧座特派大员代表宣慰;其有不甘附逆者,应由主管机关查明事迹,报请奖励,以昭激劝。

2. 蒙民生活本极困苦,抗战以来,灾害频仍,损失惨重,应拨巨款从速救济,其办理手续,须简单扼要,实惠及民。

3. 蒙民一切利益,在过去或被漠视,或被侵害,现在应令地方拟订办法,妥为保障。

4. 蒙古青年易受诱惑,应从速招集,切实训练,以为坚强之干部。

5. 蒙古王公、喇嘛及青年中之贤能者,应由中央或地方机关尽量录用,以示平等,而遂其政治之愿望。

乙、建设事业——改善民生,促进建设。

1. 蒙民生活困苦,不讲卫生,应于各旗设合作社,经常供应需要,并普设卫生处所,免费医疗。

2. 蒙旗各种产业,均未开发,应斟酌缓急,设置畜牧改良试验所及毛革、盐碱制造各工厂。一面计划修筑公路,推广农林及其他有关事业之建设。

3. 蒙旗文化向极落后,应速普设中小学校。在目前并特别注重社会教育,如举办巡回电影、蒙语广播及照片展览等。北平原有蒙藏学校,亦应拨巨款,使成为蒙藏最高学府。

以上所陈各点,是否有当,敬请鉴核,采择施行。谨呈

主席蒋

　　　　　　察哈尔蒙旗特派员马鹤天
　　　　　　　　　　三月九日

〔蒙藏委员会档案〕

7. 地政署关于绥省开垦土地登记规费及土地税处理办法函

(1946年6月14日)

地政署公函　　渝籍字第551号
　　　　　　　中华民国卅五年六月十四日

案据绥远省地政局三十五年五月二十日绥地秘字第七四二号代电：以归绥、包头等市县土地原属内蒙土默特旗，后经逐渐开垦，而由内地人民取得租佃典等项权利，该项土地在办理地籍整理时，其登记规费及土地税应由何人负担，以其情形特殊，拟具处理办法四项，请核示等情到署。查该局原拟处理办法四项，事关蒙人产权问题，相应抄同原代电，至请查核见复，俾便主稿会办。此致
蒙藏委员会
　　附抄绥远省地政局原代电一份

　　　　　　　　　　　　　　署长　郑震宇

　　抄原代电

南京。地政署署长钧鉴：查归绥、包头、清水河、和林、武川等县土地原属内蒙土默特旗。明末嘉靖年间，谙达率土来降（见土默特旗之志），始逐渐开辟，但内地人民来此耕殖者，其土地系租佃蒙人。及清末光绪二十八年，始行正式放垦，对前私垦土地补办放垦手续，而各该县城内市地迄未放垦，商民宅地及园艺地悉为租佃典关系而取得（附抄民间白契式样三张）。商民对土地之移转亦皆私订立契约，蒙民只问年租之收取，不问佃或典租权之何属，相沿至

今,已成惯例。兹以归绥市市地地籍整理工作已于四月一日开始,尚于此类问题无明确之规定,则一遇纠纷,莫由解决,而产权之确定,亦将无所准绳。谨将该项问题所应请示者分陈列于左,敬请核示遵行:(一)地籍整理之际,所有应纳之登记书状等费,拟由佃租者完全交纳。(二)于地籍整理确定举行第一次所有权登记时,予蒙人填发土地所有权状,予佃租典户填发他项权利状。(三)地籍整理产权确定后,应征之土地税亦拟由有佃租典权人缴纳。(四)为使蒙人不因实行土地税而减损其租金收入,引起怀疑,并避免人民双层负担计,拟比照以前放垦。关于官租岁之规定,并参酌当前情况,拟于佃租典人交纳土地税时,减收二成,仍依惯例。由蒙人自行收租者,可直接向佃租典人收取,唯其收额不得少于原商租额,以裕蒙民生计。以上所拟,是否有当,抑或另行规定,敬请鉴核示遵。绥远省地政局局长周北峰。绥地秘。辰号。印。白契样式三张〔略〕。

〔蒙藏委员会档案〕

8. 行政院秘书处关于安置逃至内地蒙民及在北平行营暂设蒙事部门函

(1946年10月15日)

行政院秘书处公函　节京贰字第15844号
中华民国卅五年十月十五日

贵会本年七月京蒙字第四三三号与社会部及善后救济总署暨京藏字第435号与国防部会呈,业已到院。关于安置逃至内地之蒙民及于北平行营暂设处理蒙事部门一案,已由院将贵部会署等办理情形及核议意见签呈主席,并函请北平行辕查核办理。除分行外,相应抄同该项签函原稿函达查照。此致

蒙藏委员会

抄送院签函各一件

秘书长　蒋梦麟

抄院签呈

案奉钧座本年六月十七日府交字第四八二一号代电：以据人建议安置逃至内地之蒙民及于北平行营暂设处理蒙事部门，饬分别核办及核议等因。查第一项关于安置逃至内地之蒙民一节，业经善后救济总署转饬该署冀热平津分署查明，妥为办理。关于训练收容一节，前奉钧令饬办，经饬据内政、教育两部及蒙藏委员会拟具办法，编列预算到院。现正在本院核议中，拟俟另案办理。至第二项于北平行营暂设处理蒙事部门一节，查处理蒙事机构在北平方面现有蒙旗宣抚团、蒙古宣导团、蒙藏委员会驻平办事处等，似无须再于北平行辕内增设专管蒙事部门，除函请北平行辕就原有组织酌予加强延揽熟习蒙情人士参加，并与各该机关密切联系，予以督导外，理合将办理情形鉴核。谨呈。

抄院函〔略〕。

〔蒙藏委员会档案〕

9. 内蒙古旅京各团体请彻底实行二中全会对边疆决议案及恢复蒙政会等情宣言

（1946年10月）

内蒙旅京各团体联合宣言

（一）请中央彻底实行二中全会对边疆的决议案；

（二）请中央依据二中全会决议案恢复整个的蒙政会；

（三）请中央依据二中全会决议案迅速调整并充实中央边政机构。

我们多年爱戴的国民党和我们矢忠拥护的国民政府，对内蒙古各盟旗允许给予平等自由和自决自治的诺言,可说已有记不清的很多次数了。从我们国父遗教的建国大纲和三民主义开端,一直由第一次全国代表大会宣言,以及最近六全代会宣言,每次都有一贯的表示。我们的伟大领袖蒋主席,在他每次所作关心边疆民族的演讲和印发的文件里,也有极肯定的贤明昭示。至于国民政府行政院所颁布保障盟旗权利,及扶助蒙旗地方自治的规程法令,更是难以数计了。

我们内蒙古同胞,在每次见到或听到中央对蒙胞这种仁爱宽厚的决策时,莫不欢欣踊跃,以为这一次的诺言,必不会落空,在不久之将来,就可以受其惠了。那〔哪〕知一次一次总是些空头支票。在这种情形之下,我们能专责内蒙青年的失望愤慨么?但是在抗战期间,蒙胞在胜利第一的原则下,虽身受许多委屈,仍能一语不发,坚决拥护抗战,为争取最后胜利而奋斗。蒙胞的意念,无非以为过去的诺言,中央虽然没有实行,但是如果我们能争到抗日的胜利,中央一定会痛痛快快给予内蒙以应享的权利。这就是一般蒙胞在抗日期间,不谈既往,切盼将来的心理表现。这不能说他们是无理由的奢望吧?

所以当胜利前夕,二中全会对边疆问题作了一个很正确的决议案。这个决议案一经宣布,所有内蒙各旗的官民妇孺,都是鼓舞狂欢,热烈拥护。甚至感激涕零的知识分子,亦所在多有。较诸拥护历届宣言法令的情况,真是兴奋万倍。你如果要问他们为什么对这一决议案,竟至如此高兴呢?他们的答案很简单,那就是胜利到来,这一次的诺言,必然是百分之百要兑现了。

谁知胜利后,八九个月之久,毫无动静。我们可怜的蒙胞,开始怀疑了。在万不得已的情况下,才推举代表团,冒暑南来,一面庆祝国府还都,一面请求二中全会对边疆的决议案早日实施。我们蒙旗代表团,自六月六日离开家乡,抱着满腔热望,经历无限困难,才于六月二十六日到京。现在转瞬已逾二个多月。但是我们全体内蒙同胞所属望,和代表团与旅京蒙古同乡们所恳切请求早日实施的二中全会决议案,却仍在飘渺恍忽、不可捉摸的情况中。

有的说这项决议案,已经交给几位高级首长,负责审查。有的说关于这个决议案,须与有关各部会的建议,以及边省大吏的统制主张,合并审查,方能决定办法。又有的说你们蒙古同胞,对于这个二中全会决议案,根本不必希望其实现。因为边疆大吏的统制主张,是暗合中央的意旨的。你们纵然苦苦哀求,力竭声嘶,泪尽继之流血,也是毫不济事。究令给你们一点办法,也不过是分省自治之。统制大权,仍须操在省政府和封疆大吏之手。你们如果不信,且看审查以后的结果便知。假使以上这几种说法,尤其最后分省自治一项,如果具有真确性的话,那么我们全体蒙胞,对于中枢的政治作风,实在的就莫测高深了。

但是我们全体内蒙同胞,现在要作一次郑重而严肃的声明。就是我国民政府如果抛弃了二中全会的决议案,偏循疆吏的片面主张,仍以分省的黑暗统制,给予蒙胞,那就是很露骨的要消灭内蒙,我们怎敢轻易接受呢?我全国同胞应该知道,这个二中全会对边疆问题的决议案,是中央最高权力机关,经过缜密的讨论,作成方案,郑重宣布,国际共闻,自动给予边疆民族的诺言。并不是边疆民族无中生有,捏造理由和事实,欺骗中央,或以无理要求的手段,硬要出来的。况当二中全会开会时,边疆大吏均曾出席。倘认此案有不当之处,即应当纠正,勿令通过。果能如此,则此案纵被打消,蒙胞绝无怨言。今则案已决议,乃忽退有后言,只图统制压迫之便,不顾狐狸狐揞之讥,民主风度,殆不如此。

我们坚决拥护二中全会决议案,并不是因为这一方案的内容条件,可以促成内蒙对国家的分化割据,造反独立。恰恰相反,我们正是为促成内蒙对国家的团结统一,增强内心以巩固我们沿边的国防建设。同时也就是要直属于中央,而摆脱分省统制的黑暗宰割。因边疆当局冷酷的压制,我们已是体验够了。这种情形,不但我们一般身受的蒙胞都有谈虎色变的惊惧，就是中央一班曾经在边疆工作的公正人士，也能如数家珍地说出许多事实来。

我们内蒙各盟旗政府的教育保安建设等经费，向系靠各该旗固有的产业，如山林矿产、地租水利等项，自筹自支，国库既无预算，省库更不补助。现在边省当局借国有的美名，一律要收为建设厅的官产，这种绞杀蒙旗的做法，内地同胞谁知道呢？至于市县政府，以及乡区公所，甚至甲长团丁，都有随便欺侮蒙胞的特权。胜利以来，我们蒙胞被乡区指导员、保甲长团丁等，逮捕监禁，枪击吊拷，封闭财产，箠挞老弱等一切惨酷踩躏的案件，已不知有若干起。最近我们西蒙的蒙胞，不但生命身体毫无保障，就是平常走路的权利，也都被剥夺了。原因是我们蒙胞向旗政府所领的国民身份证，一遇市县警宪，或乡区团丁，即予撕毁。于是我们的蒙胞，居城者，因无身份证不能下乡；居乡者，亦因无证不能入城。就是收田禾，上车站，都成了不能解决的难题。报告省政府，省府的回答是，不向市县所属的乡镇公所领身份证，国家法律不予保护。这就是不承认国民政府所承认的旗政府，勒逼蒙胞要投靠在乡区公所的统制下，否则就是格杀勿论的胚子。我全国同胞请想想，蒙胞在这种黑暗统制之下，还能生存下去么？

至于东蒙的蒙旗复员委员会，作法虽与西蒙稍异，但是存心要消灭蒙旗，却是无甚分别的。在从前只准县复员，却不准旗复员。现在虽说有一蒙旗复员的组织，但只准有旗而不准有盟，并且规定旗的首长，由省政府委派。这是先消灭了盟，使各旗成为群龙无首的散沙。再把旗分立统制于省政府，使一转手而变为县，这不是逐步消灭蒙旗么？这种情形，无论东蒙西蒙，凡被压迫的盟旗政府和蒙胞，都没有方法把他们的苦恼传达到中央。因为边疆的邮政电报，都在封疆大吏的检查统制之下。只要函电中央有涉及边疆政治的言语，那就一定被扣，休想发出来。胜利后的内蒙，始终被控制在这种有苦无处诉的环境中，你说可惨不可惨呢？

我们对于上述的黑暗统制,和逐渐消灭蒙旗的大汉族主义,誓死反对。根据这种作风而给我们以分省自治的办法,我们更是绝对不能接受。倘我中央对二中全会决议案,不惜食言。那么我们凡曾矢忠拥护党国抗战建国的蒙古人士,只有一律退归草野,和我们家乡的同胞,同甘苦,共生死,以待有力者放手宰割吧〔罢〕了。

将来倘有国际公正人士,能亲到受压迫的蒙古地方,确实考查,予以公正的评判,那就要看人类社会中,究竟有没有公理正义的存在了。

国民代表大会内蒙全权代表
国民参政会内蒙全体参政员
蒙古各盟旗联合驻京办事处
蒙　古　旅　京　同　乡　会
抗日蒙旗庆祝胜利还都代表团
蒙　古　文　化　促　进　会
蒙　古　旅　京　同　乡　会

〔国民政府档案〕

10. 蒙藏委员会报告东蒙情形及组织考察团等事致蒋介石呈稿

(1947年6月21日)

呈　京蒙字第5346号

窃查蒙旗地方自治问题,前奉钧座交议,遵经拟具意见,请由行政院召集会商及指派大员组织考察团实地考察两项,于本年六月七日京秘字第5070号呈请训示在案。顷复据报告:(一)云泽及东蒙左倾分子已与外蒙取得联系,在辽北省北部之王爷庙成立内蒙自治政府,军政各方,均有外蒙人参加指导。(二)外蒙沿内蒙边境增兵数万,并作陆空演习。(三)外蒙在绥远乌兰察布盟边境之克沦淖组织伪乌盟政府。综上项报告，判断今后外蒙对内蒙侵越行动，势将日趋积极。在中蒙界务未明确以前，外蒙随处藉口越界，尤为可虑。除应由本会随时商同各有关机关严密注意外，关于前呈指派大员组织考察团，分赴内蒙各地实地考察一节，拟请迅赐核定大员一人，并由国防、外交、内政、财政、地政各部及本会密派委员随同参加。该团任务，除前呈所拟考察蒙旗地方实况及洽询省蒙军政首长对于盟旗地方自治意见，以备制定盟旗地方自治法律之参考一项以外，为适应最近情势，拟再指定该团任务如下：

一、考察中蒙边界情形，筹拟边防计划。

二、指示盟旗首长军政方针，研究充实盟旗自卫武力办法，并促进省蒙军事政治之配合加强。

三、调查外蒙越界违法情形，以备必要时提出交涉。

四、研究省县盟旗关于土地、税收及一般行政之事权争执，拟具划分办法，或就近调处解决。

五、考察各盟旗复员行政及蒙胞救济情形。

右拟各项，是否可行，理合密呈具陈，伏乞签核训示祗遵。再该团组织办法及所需经费概算，俟本案呈奉核定后，再行编拟呈核，合并陈明。谨呈

主席蒋

（全衔）许○○

〔蒙藏委员会档案〕

11. 蒋介石为组织赴内蒙等地考察团致蒙藏委员会代电

（1947年6月26日）

国民政府代电　府交字第12208号

蒙藏委员会许委员长勋鉴：六月廿一日京蒙字第五三四六号折呈悉。所请速派大员组织考察团分赴内蒙各地实际考察，已交张

院长,并前案迅予核办矣。中正。已寝。府交。
中华民国三十六年六月廿六日

〔蒙藏委员会档案〕

12. 国民参政会四届三次大会通过调整中央边政机构及从速改进盟旗政治案

(1947年7月)

理由:查中央之边疆政策,在国父遗教、主席言论暨历届大会宣言与决议案中,均有极详密正确之提示,向为蒙胞所一致拥护。此次国大制宪,且将边疆少数民族之地位,明定于宪法,予以保障,尤为边胞所感戴。惜中央与地方之有关边政机构,对此政策多未能切实奉行。今边疆之所以多事,如内向与外倾之分野,盟旗与省县之争执,以及共党割据局面之形成,要皆以此为主因。边疆之情势既如此严重,如不亟谋对策,非唯和平统一之理想难期实现,即边疆之建设工作,亦将受其掣肘,不易有所发展。故如何调整中央边政机构,如何改进盟旗政治,只为当务之急。兹提供具体办法如后:

办法:

一、关于加强中央边政机构者

1. 充实中央边政机构之职权,使其确实具有指导边疆各民族自治及推进边疆经济、文化建设之能力。

2. 中央边政机构之副首长,应遴选忠诚干练、久著勤劳、明悉边情、素孚边胞重望蒙藏籍人士充任之。

3. 为便于推行中央对于边政之决策,该机构委员应增为三十五人,连正副首长共三十七人,以选任地方负实际责任之人士为主体,其分配比例如下:

(一)蒙古各盟与特别旗暨西藏与省属藏区,共占五分之三(廿一人)。

(二)回族与回教共占五分之一(七人)。

(三)熟悉边情之内地人士共占五分之一(七人)。

4. 中央边政机构每六个月应召开全体委员会议一次,检讨施政之得失,每两周举行常务委员会议一次,处理日常业务,并经常派员至各边地考察,藉悉施政之情况。

二、关于改良盟旗政治者

1. 请政府迅速制定关于盟旗自治之各种法规,并颁布盟旗自治方案,俾各盟旗自治事项有所遵循。

2. 在新订盟旗自治方案中,应依据民国二十年国民政府公布之蒙古盟部旗组织法及宪法之精神,重申蒙古各盟及特别旗仍直隶于行政院,以维蒙族人心。

3. 由中央遴选明达边情之公正大员,会同当地之盟旗与省县当局明白划分盟旗与省县之权限,凡属蒙汉杂居地区者,应采属人主义,蒙胞划归盟旗管辖,汉胞划归省县管辖。

4. 在中央指导下,由各盟旗政府于本年之内一律成立盟参议会与旗参议会。

〔蒙藏委员会档案〕

13. 国民参政会四届三次大会通过拟具蒙旗地方自治原则案

(1947年7月)

查七七事变以前,蒙旗地方制度,大都沿袭清制,在事变以前及抗战期中,政府前后颁布有盟部旗组织法,内蒙自治八项原则,暨二中全会对边疆问题决议案等三项重要法案,然均系暂时应付性质,甚或酿成叛乱,而实际无法实施,此由立法以迄现在,业经事实证明矣。今者宪法既经颁布,实行即将届时,所有前述三项法案,自不适用,应由本大会妥议蒙旗地方自治原则,送由政府转交立法，作为制定该项制度之依据，俾利实施。兹经依据宪法规定，斟酌实际状况，草拟蒙旗地方自治原则数项如后，是否有当？敬请大会公决。

计开：

一、查宪法规定，中华民国各民族一律平等，故在同一行政地区以内，应实行共同的地方自治，不应实行个别的民族自治。

二、各省蒙旗情形，不尽相同，因之蒙旗自治，应依照宪法第十一章第一节之规定，分别规定于有关各省自治法内，不宜超越省界，联合而成为一特殊之组织，以免德王式的伪蒙疆政府之重现。

三、蒙古各盟，原系会盟之所，并非行政机构，其地位原在省下。应规定为选举区，不能视为行政单位。

四、旗可定为自治单位，但在已设县之旗，应废旗存县，不应有旗县并存之双重行政系统，至于未设县之旗，仍行旗制，以维行政统一，而免旗县纠纷。

五、蒙汉交错杂居之县或旗，得设副县长或副旗长，其标准：（一）凡汉人占百分之七十，蒙人占百分之三十者，以汉人为县长或旗长，蒙人为副县长或副旗长。（二）凡蒙人占百分之五十以上，汉人占百分之四十以上者，以蒙人为县长或旗长，以汉人为副县长或副旗长。（三）如汉人在旗不及百分之四十，蒙人在县不及百分之三十者，各依其原有之制度与习惯，不另设副县长或副旗长。

六、省行政机关之首长，不分蒙汉回满，凡资历相当者，均可充任。

七、省县旗各级民意机关之代表，以人口为比例选举之。但少数民族得酌予增加名额，俾同一地区之少数民族，更有较多参政之机会。

八、边疆少数民族之文化、教育、经济、建设、医药、卫生等项福利事业，由中央及各省政府予以扶植并促进其发展。

九、边疆少数民族之知识青年,中央及省县政府,视其才能,优予录用。

〔蒙藏委员会档案〕

14. 蒙古各盟旗地方自治方案草案
(1947年7月)

本案总说明

扶植边疆各民族自治,倡自国父民族主义,著在宪法,基本国策。宪法第一一九条,并经规定蒙古各盟旗地方自治制度,以法律定之。由此一法律之制定,不仅揭示中央扶植蒙胞自治之具体内容,更将为其他边疆各民族自治导其先河,共奠国家长治久安之基,实具重大意义。惟蒙古各盟旗分布辽阔,散处东北兴安、黑龙江、辽北、嫩江、吉林及热、察、绥、宁、青、新十一省区之内,除纯牧畜地带外,大抵旗县交错,蒙汉杂居,其与省县关系之疏密及各盟旗政治、文化、经济等状况,各地不尽一致,究应如何规划,始能勉求适合,殆为首须审虑之要点。兹就本案所遵循之原则,分述如次:

一、根据扶植精神　扶植边民自治,国父遗教中阐述甚详,宪法第一六八条及一六九条,亦有特别扶植之规定。所谓扶植,当然赋予自治之名为已足,尤应斟酌地方之人力、物力,妥定适宜办法,俾各盟旗地方自治事业,能与省县并驾齐驱,共策宪政建设之发展。

二、适合民主原则　宪法第一条关于国体之规定:中华民国基于三民主义,为民有、民治、民享之民主共和国。故民主精神,应奉为立法之准绳,至于现尚保持之世袭制度,当于不背宪法之下,以逐渐改进方式,促成民主政治之实现。

三、实行民族平等　以往省盟县旗对于境内蒙汉人民之管辖治理,系采属人主义(即蒙人归旗,汉人归县),流弊丛生,更易助长种族之歧见,自应依照宪法为民族平等之规定,将来旗县划清界域,则取属地主义为原则。

四、遵照均权遗教　蒙古原以旗为地方实际行政机关,盟为受命中央监督旗政之机关,与国父遗教关于地方自治应采均权之指示极相吻合,自应遵照妥为规划。

五、参酌地方实况　盟旗情形,多与省县不同,宪法关于盟旗自治制度,列为专条,即以示有别于省县之意,故省县一般自治法规,仅能量为参采。又各盟旗情形有未尽一致者,均取弹性规定,俾能因地制宜,悉切实际。

六、适应现时环境　各盟旗分布地区,适当国防前卫,民心向背,实与国家安危息息相关。目前,内蒙半数以上地区尚待收复,外诱内煽,演变方亟,故应于符合国家利益之下,顺应蒙胞之愿望。

甲、总则

一、本方案依照中华民国宪法一百十九条之原则制定之。

二、盟旗之设置废止及区域之变更,由中央政府决定之。

三、居住各盟旗境内之人民,不分种族、宗教、阶级、男女,其权利义务一律平等,但对土著人民,得依法予以特别之扶植。

四、盟及特别旗均直辖于行政院,等于盟之各部及等于旗之各群,经中央之核准,得分别改为盟或旗。

五、盟旗之教育、文化、交通、水利、卫生及其他经济社会事业,中央除积极举办外,并应予以扶助。

乙、自治事项

六、盟政府受中央之指挥,监督所辖各旗之地方自治事务,并得办理中央委托执行之事务。

七、旗为地方自治单位,左列各项由旗立法并执行之。

子、旗教育、卫生、实业及交通。

丑、旗财产之经营及处分。

寅、旗公营事业。

卯、旗合作事业。

辰、旗农林、水利、渔牧及工程。

巳、旗财政及旗税。

午、旗债。

未、旗银行。

申、旗警卫之实施。

酉、旗慈善及公益事业。

戌、其他依国家法律赋予之事项。

前项各款有涉及二旗以上者,除法律别有规定外,得由有关各旗共同办理。

八、盟旗监督及办理地方自治事项,不得违反中央政策及法令,并应与中央施政方针相配合。

丙、自治组织

壹、盟议会及盟政府

九、盟设盟议会,盟议会议员由盟民选举,其选举及组织条例另定之。

十、盟设盟政府,置盟长一人,总理盟务,由盟民就蒙籍候选人中选举,其选举条例另定之。

十一、盟政府设秘书处及民政、财政、教育、建设等局,得按盟之面积、人口、经济、文化、交通等状况酌为增减,其组织条例另定之。

贰、旗议会及旗政府

十二、旗设旗议会,旗议会议员由旗民选举,其选举及组织条例另定之。

十三、旗设旗政府,置旗长一人,综理旗务,由旗民就蒙籍候选人中选举,其选举条例另定之。

十四、旗设秘书室及民政、财政、教育、建设等科,得按旗之面积、人口、经济、文化、交通等状况酌为增减,其组织条例另定之。

叁、旗以下之组织及民意机构

十五、旗以下之各级行政制度及组织办法，由各旗政府拟订，提请旗议会通过，呈报盟政府转呈核定。

旗以下之各级民意机构应分别设立。

丁、自治财政

十六、盟旗财政之划定，以法律定之。

十七、盟政府及盟议会之经费，得由中央补助之。

十八、旗政府自治经费，以自筹为原则，但贫瘠之旗，得由中央补助之。

十九、中央事项委托盟旗执行者，其所需经费由国库负担。

戊、自治监督

二十、盟及特别旗之自治监督机关为蒙藏委员会，旗自治监督机关为盟政府，旗以下各级行政组织之自治监督机关为旗政府。

廿一、自治监督机关之职权，适用省县自治通则之规定。

己、盟旗与省县关涉事项

廿二、盟旗与省县遇有关涉事项，应相互会商办理。

廿三、盟旗与省县界域之划分，均依现在疆界，并参照民意，由中央派员会同关系盟旗省县勘定之。

廿四、盟旗与省县发生事权争议，不能会商解决时，由蒙藏委员会会同内政部提请行政院会议解决之。

庚、附则

廿五、直辖于行政院之特别旗，其自治事项及旗议会，旗政府准用本方案关于旗之规定。

廿六、各盟旗施行选举盟长、旗长之时期先后，由中央依据各盟旗地方实际情形，分别以命令行之。

廿七、本方案依照立法手续制定公布以后，原有有关盟旗之一切法例,与本方案抵触者,应分别予以修正或废止。

廿八、本方案之施行程序、日期及区域,以命令定之。

〔蒙藏委员会档案〕

15. 东北行辕政治委员会陈述蒙旗自治意见电及拟订蒙古自治通则案

(1947年11月)

抄原代电

南京。行政院院长张:准前国防最高委员会秘书厅函送对于边疆盟旗地方自治方案处理经过一文,嘱签注意见等由。经本会于本年六月组织热河蒙旗视察组,前赴各收复蒙旗地区实地考察,并本一年来处理蒙旗行政经过,及参照目前蒙旗客观事实,综合研究,分别缕陈意见如左:

一、原方案主张盟设盟政府,并设民、财、建、教各所,办理国家行政事务,受中央之指挥一节。查盟之一级在"九一八"以前,为旗以上之一种会盟,原属虚级,且伪满时废盟存旗,实具深心。兹宪法中虽经恢复,似仍以定为蒙旗督导机构,及旗之联合选举区域为宜。如定为行政之一级,盟之地位等于省,如旗直接由盟管辖,与省分治,不仅地方政权分歧,且辽北、兴安、热河、察、绥各省,行政区域必致割裂变更,其或不能存在,影响国家行政之统一,牵涉过大,应请慎重考虑。

二、原方案主张盟旗地方,设置蒙古地方自治政务委员会一节,不仅迭〔叠〕床架屋,易启行政分裂,且恐野心家以要求高度自治之名,而行独立运动之实。外蒙往事,可为殷鉴。查此项意见,固系遵照二中全会决议,但此次宪法中,并无政务委员会一级之设置,似不宜采纳。

三、原方案仅注意特别旗,而忽略过去原有之部。查部原等于盟，亦管辖数旗，似亦应确定为选举区域。

四、原方案主张盟设盟参议会一节，倘定盟为虚级，及各旗以上之选举区域，自无设议会之必要。惟得按旗之单位，每旗选举议员一名，参加省议会，至应出之监察院监察委员，依监察院监察委员选举罢免法第二条第二项规定，得由旗议会选出之各旗代表联合选举之。

五、盟之经费，固应由中央负担，但仍应由省政府统筹编列预算；旗之自治经费，以自筹为原则，惟贫瘠之旗，亦得由省府补助之，均须由省政府统筹办理。

六、内蒙地区人民，多蒙汉杂居，疆界则犬牙交错，究竟如"九一八"前之县旗并存，杂居分治（属人主义），抑照"九一八"后"八一五"前之各别分治（属地主义），原方案对于此点无明确表示，似应补充确定。

以上各点，实为解决蒙旗自治问题先决条件。今日对于边疆民族之扶植，固为中央一贯之政策，但凡为措施，务须考虑全体蒙民，今日实际之利害，不必重视少数人之要求，今日大多数蒙胞之愿望，期在扶植蒙旗地方真正自治。如文化、教育之提高，经济之开发，生活之改善，与夫卫生、交通之推进等，而不在斤斤计较少数人权利之得失。亟应从速依据宪法第一一九条规定，确立蒙古各盟旗地方自治制度，具体规划，以资安定边疆，收揽蒙旗人心，似不宜再作空泛原则之规定。准函前由，参酌前国防最高委员会原送附件，拟订蒙古各盟旗地方自治通则草案一份，赍呈参考，敬请鉴核。

蒙古各蒙旗地方自治通则草案

一、本通则依据中华民国宪法第一一九条制定之。

二、旗为地方自治单位，为法人，旗设旗政府，置旗长一人，由本旗公民选举之，任期三年，连选得连任一次。

三、盟为各旗自治督导机关及旗之联合选举区域,盟设盟长公署,由所属各旗议会议员选举正副盟长各一人,综理署务。

四、旗属隶于省政府,与县(市)同,盟长应协助省政府督导旗政各部门工作,应尽量鼓励蒙旗人士参与之。

五、原等于盟之各部,一律确定为旗以上之联合选举区域。

六、特别旗之监督指挥与旗同。

七、旗政府组织与县政府略同,其编制大小得视其人口之多少,比照县编制定之。

八、盟长公署,设总务、政务二处,其组织另订之。

九、各盟旗境内居民,在区域居住六个月以上,或有住所达一年以上,年满二十岁者,为公民;不分种族、语文、宗教、性别,其权利、义务一律平等,但有下列情形之一者,不得有公民资格:1. 褫夺公权者;2. 亏欠公款者;3. 曾因藏私处罚有案者;4. 禁治产者;5. 吸食鸦片或其代用品者。

十、蒙古各盟区域,依其现有区域,但于必要时,得以法律变更之。

十一、县旗地方自治区域之划分,以采杂居合治之属地主义为原则划分区域;于汉民多之地区依其沿革设县,其区域内之蒙民,由县管辖;蒙民较多之地区,依其沿革设旗,其区域内之汉人,由旗管辖。

十二、旗县区域畛界之划分,由中央派员勘察后决定之。

十三、旗以下各级行政组织,其名称一律改用乡镇保甲,以资划一。

十四、县旗关涉事项,由县旗政府会商办理,经会商不能解决之事件,由省政府解决之。

十五、盟不设议会,由每旗选举省议员一名参加所在地省议会。省议会之副议长,规定由蒙籍人士担任,其应出之监察院监察委员,依监察院监察委员选举罢免法第二条第二项规定,由各旗议会选出之各旗代表联合选举之。

十六、旗设旗议会,旗议会议员由旗公民选举之,任期二年,连选得连任。旗以下各级民意机关,应按定设立各级民意机关,代表名额按境内居住之汉蒙人口比例分配之。惟蒙民人口过少地区,应酌加其在各级民意机关应出之名额。

十七、盟长公署之经费,由国库开支,各旗自治经费以自筹为原则,不足时由省政府补助。

十八、蒙旗经济、交通、文化、卫生、救济等事业,另订扶助办法,积极实施。

十九、蒙旗人民对国家及地方财政之负担,得视其土地出产情形而定,必要时酌予减轻。

二十、蒙旗自治事业之项目及推进计划另订之。

二十一、各盟旗政府行文以国文与蒙文并用为原则。

二十二、本方案就兴安、辽北、热河、察哈尔、绥远各省境内盟旗,先行实施。新疆、青海等省境内各盟旗,如行政院认为各该地方实际情形,可以适用本方案者适用之。

〔蒙藏委员会档案〕

16. 卓盟请速颁蒙古自治方案电

(1948年1月11日)

卓索图盟政府代电　总总字第六号
中华民国三十七年一月十一日

蒙藏委员会委员长许勋鉴:查宪法业经施行,对于蒙古自治方案尚未依法制定。关于蒙政之进行,实多障碍,不但直接有损蒙胞之权利,而把握边疆民众,亦感困难异常。兹据盟旗民代表一再呼吁前来,盟长职责攸关,难安缄默。请贵会转请中央速颁此项方案,俾蒙古自治制度,得有法律上之保障。谨此电请,查照办理为荷!卓索图盟长达克丹彭苏尼克。子佳。印。

〔蒙藏委员会档案〕

17. 伊克昭盟等联名请维持原有行政制度实行自治致蒙藏委员会函

(1948年4月20日)

查去年内蒙各旗组织代表团，至国府提出自治方案，迄今未见明令指示。近闻某方拟有去盟留旗，治同省县一案，提交国民大会解决等情。窃以中央政府于民国初年即特别重视蒙旗权利，一切事务依旧办理。于民国十三年中国国民党第一次全国代表大会议决，扶助国内各弱小民族自决自治。廿年国民政府制定盟部旗组织法，规定旗辖于盟，盟部直辖于行政院。盟旗之名由来已久，蒙汉一家，平安渡〔度〕日。尤其伊盟各旗，在抗战期间，忠诚拥护国策，服从政府，抗御敌人，从无分离事实。而省方却乘机藉组训民众之名，于本盟属地，成立桃力民办事处、达拉特旗组训处，以致地方负担日重，旗处双方，纠纷时出，怨声载道，前行政院虽有撤销组训处之令，然至今仍未实行。现如不将此办事处及组训处完全撤销，恢复旧制，日后难免再生纠纷。本盟各旗等谨先联名预告，并请勿破坏政府屡次之命令规定，改变盟旗政治，以确保盟旗自治，使之直辖于中央，至希大会鉴察！转报处理，至纫公谊！此致
蒙藏委员会

伊克昭盟盟长兼右翼中旗札萨克

图布升吉尔格勒

副盟长兼右翼前旗札萨克

鄂其尔呼雅克图

盟务帮办兼左翼后旗札萨克

刚达道尔济

> 右翼后旗札萨克
> 阿勒坦瓦齐尔
> 右翼中旗护印章京
> 楚克扎勒淖尔布
> 右翼前旗护印司令
> 拉德那班齐尔

中华民国卅七年四月廿日

〔蒙藏委员会档案〕

18. 行政院准予成立内蒙自治筹备委员会指令

(1949年6月30日)

指令　卅八穗四5437

令蒙藏委员会

卅八年五月十六日第446号呈，转报内蒙各盟旗代表阿拉坦瓦齐尔等联电要求内蒙自治等情，对内蒙各盟旗代表大会所请组织内蒙自治筹备委员会，拟准备案请核示由。呈悉。内蒙各盟旗自治筹备委员会准予成立，其自治之实施，应先办理调查人口，振兴经济，发展教育、文化等事项，俟完成自治条件，再行核办。除分行外，仰即知照，并转行知照。此令。

中华民国三十八年六月　日

院长　阎锡山

〔蒙藏委员会档案〕

19. 行政院关于内蒙自治筹备委员会召开之人民代表大会不派员出席指令

（1949年7月22日）

指令　卅八穗四6149

令蒙藏委员会

三十八年七月十二日签呈，为内蒙自治筹备委员会定于七月廿日在定远营开会，请中央有关机关派员指导等情。转请核示由。

签呈悉。查内蒙自治筹备委员会在宁夏定远营召开人民代表大会，因路途遥远，时间迫促，此次不派员出席，仰即转行知照。此令。

中华民国三十八年七月　日

院长　阎锡山

〔蒙藏委员会档案〕

二、蒙古"复员"

1. 卓索图盟喀喇沁代表关于蒙民裕生会成立及财产处理意见致蒙古宣导团函

（1945年12月31日）

径启者：卓、昭两盟之财团法人蒙民裕生会虽创设于敌伪时代，然于蒙人经济、文化有极大关系。此次国土光复对于此种团体确有整理而使其继续存在之必要，故将其详情及处理其财产之意见随函附呈，务希查照处理，以慰众望为荷，此致

蒙古宣导团主任

附蒙民裕生会之成立与处理其财产之意见一件

卓索图盟喀喇沁右旗代表　锡里居泰

　　　　　　　　　　　　　　　　札奇斯钦
　　　　卓索图盟喀喇沁中旗代表　金紫绶
　　　　卓索图盟喀喇沁左旗代表　霍　瑞
　　　　　　　　　　　　　　　　霍美廷
　　　　卓索图盟土默特中右二旗代表　白景耀
中华民国三十四年十二月三十一日

蒙民裕生会之成立及处理财产之意见

一、蒙民裕生会成立之意义与经过　民国二十六年（伪满洲国康德六年）九月十四日，卓索图盟喀喇沁右中左三旗、昭乌达盟翁牛特右左二旗、敖汗一旗共九旗王公将旗共有之山川河流土地等奉送于伪满洲政府，由伪政府发行裕生公债二百万元，使伪兴安局经管，仅将其利息每年按爵位之尊卑分配于各该旧王公，以维持其体面。并鉴于蒙人之文化落伍，生活凋弊，及另由伪政府以二十年为期限，每年由国库拨款二百万元，用以提高蒙人之文化水准、生活之改善、经济之发展。当经各该旗之旧王公及人民代表议决设立财团法人蒙民裕生会，于民国二十九年二月正式成立开始办公。

二、组织　财团法人蒙民裕生会之本部设于长春，推戴伪兴安局总裁巴达玛拉布坦为理事长，伪兴安局蒙人参事官为常务理事，日人参事官，锦热尔省蒙政担当参事官及各旗旗长为理事长。并在伪锦热尔省省公署所在地设省支部，以蒙政担当参事官为支部长，于各旗设旗支部，以旗长兼任支部长，日人旗参事官为副支部长，蒙民裕生会本部省支部旗支部均设总务、事业、理财之科，其科长以日人或以蒙人充任之。

三、财产　蒙民裕生会之财产伪政府例年拨发二百万元，按人口之比例平均分配与各旗支部，且将县旗合并后之旧旗公署之处仓所有一切财产均移归蒙民裕生会接收，每旗支部约有五六十万之基本财产。

四、事业　兹将蒙民裕生会所办事业简单列举如下：

1. 文化部门

（1）对于国内外学生学费之补助；

（2）关于蒙人初级及中级学校之建筑；

（3）出版蒙文报纸（蒙文）及杂志（蒙文）；

（4）奖励蒙人固有之美风良俗（如祭敖包等事）；

（5）建设医疗所，整备医药设施；

（6）训练助产妇；

（7）建设蒙民裕生塾，训练蒙人农村青年。

2. 实业部门

（1）奖励并改良畜产；

（2）预防家畜传染病；

（3）配付农具，改良农业。

3. 经济部门

（1）关于蒙人土地整理之协助；

（2）关于租子补偿金之回收；

五、实绩　蒙民裕生会成立于兹数年，虽有日人操纵把持，然其成绩亦有可观之处。例如建筑中等学校五处，初级学校十余处，因补助贫困学生之关系，使蒙人儿童之就学率由百分之十四提高至百分之三十，唯日人任意铺张滥用经费以致使事业费减少影响建设颇巨，此为美中不足之处。

六、现状　日寇投降后，苏联军进驻各地抢掠掳夺，以致负责人员无法维持，当地恶劣分子又乘火打劫，建筑物多被破坏，物品帐簿亦被损毁失散，继有中共军之搜索金钱物资，遂致裕生会形同破产，职员星散，极待整理。

七、土地整理与裕生会之关系，伪锦州热河两省蒙旗之土地原为蒙民所有，而汉民则仅有耕种权，故对地主之蒙民应历年缴纳地租，唯年代久远，每因利害关系发生纠纷，以致两民族间感情不甚融洽。伪满洲政府有鉴于此,欲为根本解决民族之纠争,计特废县存旗整理土地。其办法大致为由汉民征收应对蒙民缴纳地租年额之二十五倍,名为租子补偿金,作为地债,即将蒙民土地所有权让渡于该耕种人,但汉民未得蒙民地主之许可而私垦之白茬地,自整理年起所有权仍归蒙民,汉民之耕种权每三十年无条件更新,蒙民仍可按约吃租。至于征收租子补偿金一事,若蒙民个人自行征收,恐汉民抗不缴纳,故由蒙民裕生会代征其款,发还地主方为合理。然日人从中做梗,并伪政府为防止通货膨胀回收伪币计,竟将蒙民应得之租子补偿额金数存入各旗公署所在地之兴农合作社,其数不下数千万元。虽谓蒙民可以使用其利息,但事实上并不支付,蒙民裕生会亦不得任意动用,其数虽巨,但于裕生会及蒙民方面毫无益补。经此次变乱,此款亦无着落。

八、对于处理财产之意见　财团法人蒙民裕生会虽为敌伪时代之产物,然其目的则为提高蒙人文化,改善生活,发展经济,成立以来其所举办事业之成绩及其造就之人才亦颇有可取。此次国土光复,一切极待建设,此种有益于我民旗之公共团体不可因其创于敌伪时代而任其自灭,极应设法整理其财产,强化或改善其组织,使其百尺杆〔竿〕头更进一步,以期使我蒙人在经济及文化生活上得有充分之发展。

蒙民租子补偿金为卓昭两盟蒙民之生命线,此次断送于敌伪之手,倘不加以整理,任其纷失,则蒙人生活受严重打击,蒙古农村亦有破产之危机。故代表等认为应呈请中央使日寇如数赔偿,以免我蒙人受极大之损害。一俟日本赔偿后或退还地主或用以扩充蒙民裕生会之基金,而积极经营蒙人之公共事业亦无不可。切望当局妥善处理,实为切盼。

汉民方面应缴纳蒙人之租子补偿金虽由蒙民裕生会征收而存入各该旗兴农合作社,然汉人之土地执照多未发给,若蒙民裕生会从此停办,汉民亦蒙极大之损失,即兴蒙汉民双方有关,更有继续存在之必要,此点亦请留意及之。

〔蒙藏委员会档案〕

2. 绥蒙指导长官公署关于各旗宣慰情形致蒙藏委员会代电

(1946年2月15日)

绥远省境内蒙古各盟旗地方自治指导长官公署　政字第二〇一号
中华民国三十五年二月十五日

重庆蒙藏委员会勋鉴:子梗政代电计达。据乌盟宣慰组组长纪贞甫报称:本组于元月十四日出发,经往召河、百灵庙、达尔汗旗、四子王旗等地宣慰,所有宣慰费三十五万元,除分配四子王旗八万元,达尔汗六万元,茂明安旗四万元,召河四万元外,其余十三万元,拟分配乌拉特前后中三公旗。兹附上宣慰报告书乙份。又据土默特旗及黄河左岸宣慰组组长赵城璧报称:本组携带宣慰费二十五万元,于元月十五日出发,前往土默特旗、包头、沙尔沁、萨县、毕克齐、准噶尔旗及黄河左岸一带蒙民区域实施宣慰,计分配土默特旗区域二十二万元,黄河左岸地区三万元,并附呈宣慰报告书乙份各等情。兹将该两组宣慰报告书各乙份随电抄送,敬希鉴察备查为荷。绥远省境内蒙古各盟旗地方自治指导长官公署。丑删。政。印。

附宣慰报告书贰份

乌盟宣慰组报告书

一、宣慰区域:召河、百灵庙、四子王旗、噶沙庙、萨拉点楞召等地。

二、款项分配:共款三十五万元,除分配四子王旗八万,达尔汗旗六万,茂明安旗四万,召河四万,共二十二万元外,共余十三万元,分配乌拉特前中后三公旗。

三、宣慰效果:各旗过去既受日本之挑拨离间,近复受外蒙及共党之反动宣传,以致各旗仕官人民心怀恐惧,无所适从。经本组前往宣示中央德意及对蒙胞关念之情后,莫不喜形于色。

四、各旗舆论:据各旗仕官民众意见,在抗战期间,日本占领各旗时,特重分化汉蒙情感,专事制造事实,挑拨冲突,造成分裂,并宣传狭义民族观念,笼络各旗青年。胜利后,外蒙军队侵入各旗,宣称外蒙人民经多年努力,现已成立独立自主国家,今对内蒙同胞幸福当不能置之不问,希望内外蒙古团结起来,互助互信,以求内蒙幸福。而共党复宣称:现在世界上被压迫民族都已得到自由,共党为求内蒙人民幸福,已在张家口成立内蒙独立政府,希各旗速派代表参加。各旗仕官人民听到之后,无不惊疑恐惧。兹经诸位代表光临,不但予我蒙古同胞以救济,并感谢中央及傅主席关怀垂念之情。不过各旗官民切盼政府早日对内蒙公布一个有效办法,使人民安心过活,免生别意,再不应像过去的看法和作法,蒙旗已今非昔比。

五、各旗现状:

1. 召河一带蒙民前被外蒙军队强迫迁入外蒙,现该等蒙民因不堪外蒙压迫苛待,现已全部迁回。2. 达尔汗旗札萨克赴库伦开会返旗后,旗境现已平靖。3. 四子旗因受害最烈,人民四处逃避,现南北部人心仍不安定。

六、各旗受外蒙部队及共军扰害情形:四子王旗、茂明安旗、达尔汗旗及召河一带,自外蒙及共党部队进占后,即向各旗索要米面、牛羊马匹以及各种皮张,人民损失极巨。现大多数蒙胞衣不蔽体,食不果腹,其中尤以四子王旗损失惨重。所有王府财物被共军劫掠一空,地方自卫枪枝亦悉数搜去,各旗急待政府拨大宗款项救济。

土默特旗及黄河左岸宣慰组报告书

一、土默特旗及黄河左岸一般概况:包萨附近沿山居住蒙胞,日寇占领期间,为防我军潜入活动,将所有居民迫迁至县城附近,并将原住房屋及帐幕焚毁。现该蒙民等一贫如洗,无法谋生,欲迁回山后,以房屋帐幕无钱购制,苦不堪言。

二、黄河左岸当山窑子一带原系奇子祥驻扎,经此次奸军两度进犯,人民所有粮食、牲畜已被抢劫一空。

三、此次共军进攻绥包,土默特旗境内无处不有共军踪迹,人民年青力壮者拉充士兵,食粮、牲畜俱被食尽,人民衣食无着,急待赈济。

四、本组所经地区,均会同保甲长召集当地蒙胞讲话,宣示中央德意及政府关怀之情,当贫苦蒙胞领得救济金后,无不感激流涕。

五、救济费分配情形:1. 包头贫苦蒙胞一万六千五百元。2. 萨尔沁、阿都赖、沟门三村落共二万六千元。3. 萨县五万元。4. 当山窑子一带三万元。5. 毕克齐二万七千五百元。6. 绥远区共十一万五千元。

六、本组宣慰地区:土默特旗、包头、沙尔沁、阿都赖、沟门、萨县、毕克齐、准格尔旗党山窑子及黄河左岸一带地区。

〔蒙藏委员会档案〕

3. 热河省教育厅长刘廉克为蒙旗教育及复员事宜致罗良鉴函

(1946年5月12日)

佶公委员长赐鉴:职到省后,即赴收复各地,督导教育及蒙旗复员事宜,惟盟旗复员,是否暂依据二十年十月所颁布之蒙古各盟部旗组织法办理,中央迄无明白指示,以致影响复员工作甚大。职意在新法未颁布之前,亟应明令暂时适用该法,俾免工作停顿,且可依据调处盟旗与省县之纠纷。

至于热河已收复区内,复员之盟旗,计有卓盟政府、东土默特左右中、喀喇沁左中等六单位,机关虽已复员,工作则毫未开展,仍不外因中央无明白之指示,故均持迟疑观望之态度,长此人心不稳,隐忧莫大,蒙旗宣抚团,诚有迅速前来,巡回复员各旗,切实督导,并由会尽速筹发已复员各盟旗政府一部分复员经费,俾维其初步现状之必要。

再已复员之盟旗,盟长札萨克,如有不孚旗众之望,或曾凭藉敌伪势力,鱼肉旗众,或具不良嗜好以及庸懦不能称职者,亦似应依据宣抚团之报告,迅予以调整加强为宜。原因热河以东各旗,经日伪十四年之统制,王公力量,已不复存在。本可本选贤任能之原则,领导其走向民主之途径,正不必再事吹嘘,使此已经消灭之封建制度,又从死灰而复燃,以致违背大多数之民望。事关蒙务,当此非常局面,以上所陈,固属为安定蒙旗人心计,亦所以为与奸党争取工作计也。至乞迅予裁夺实施为幸。专此敬祝大安。

职　刘廉克

上　五月十二日

〔蒙藏委员会档案〕

4. 楚明善为应聘任蒙旗复员委员会委员兼主任与蒙藏委员会往来呈函

（1946年5—6月）

（1）楚明善呈（5月22日）

敬鉴者:查职奉派前来东北各省,帮同行营办理蒙古事宜,原自行预计四个月可以完成任务。自元月廿日到平开始工作以来,迄今预定期限业经届满,唯以东北接收工作未能顺利进展,以致蒙旗复员亦未克如期完成。经请示熊主任,奉面告:目前接收工作已逐渐展开,蒙旗复员正待积极进行。台端奉派帮同本行营办理蒙古事宜,原无固定期限,且蒙古复员亦为贵会预定之计划。兹为工作便利起见,本行营拟成立蒙旗复员委员会,聘请台端兼该会主任委员,俾资领导,而利工作之推进。除电呈主席备查外,并函蒙藏委员会查照矣等因。近查东北蒙旗复员工作确待积极推进,而熊主任挽留之意甚为恳切,职无论就奉派使命及本会职责计,均不便推辞。兹拟应聘兼任该蒙旗复员委员会主任委员职务,仍本以前一贯方针,帮同行营推进蒙旗复员工作,一俟任务完成,当即返会报命,是否可行,理合陈明原委,恭请鉴核示遵。再职随行人员本会专员仲旭、司事吴玉福亦拟准予随同行止,合并呈明。谨呈
委员长罗

　　附行营函乙件

职楚明善　谨签

五月廿二日

　　附函

军事委员会委员长东北行营公函　　政人字第六五六号

中华民国卅五年五月十八日

径启者,兹为工作便利起见,经聘贵会蒙事处楚处长明善为本会蒙旗复员委员会委员兼主任,相应函请查照为荷。此致
蒙藏委员会

兼主任委员　熊式辉

(2)蒙藏委员会函稿(6月18日)

公函　京蒙字第279号

准贵会卅五年五月十八日政人字第656号公函,以聘本会楚兼处长明善为蒙旗复员委员会委员兼主任,嘱查照等由;自可同意。相应复请查照为荷!此致

军事委员会东北行营政治委员会

委员长 罗〇〇

〔蒙藏委员会档案〕

5. 吴鹤龄陈述土默特左旗札萨克云丹桑布被该旗警务一中队劫持电

(1946年6月8日)

代电 蒙字第一九零号

蒙藏委员会罗委员长钧鉴：案查卓索图盟土默特左旗政府复员札萨克云丹桑布复职，经本团报奉大会内卯篠代电，准予备案，当经转知札萨克并嘱益加奋勉各在案。惟屡闻当该旗政府进行复员之际，颇受阜新县之种种阻挠。迨已复员之后，旗务又非常难办，未几又闻该旗云札萨克已携眷出走各等情。本团以事颇复杂，经饬该旗派员来平报告去后。兹据该旗警务大队长贺鸿恩派员来平报称：该旗复员前后，阜新县实曾多方为难。迨复员之后，旗务又极感困难，因而云札萨克颇为烦苦。又该旗警务大队，系东北保安司令长官令饬成立者，为防共计，急切组成，分子未免不齐，其第一中队长老铁及分队长郎布黑塔二人，均系土匪出身。最近该老铁等察知云札萨克烦苦之情，忽于五月二日扬言八路军大队来攻，旗政府非移地暂避不可等语，迫令云札萨克携眷出走，遂由该老铁等带队七八十人，架至库伦旗，意欲转往王爷庙。因云札萨克坚不肯去，乃暂留库伦旗，但已失去自由。该老铁等并架云札萨克长子到处抢掠，现已向北远飏。事出之后，经该旗巨绅依恒额出而查询，并无八路军大队攻旗之事，显系老铁等叛兵利用机会，图谋不轨所致。最近旗中主持无人，殊感恐慌等语。同时该警务大队长贺鸿恩又函称：职旗札萨克云王携眷出走，职所带之警务大队被阜新县长编为阜新警务第三大队之名义，对于旗务，亦被该县长召集蒙族士绅，开会组织蒙事委员会，当即派员向盟政府报告，奉谕不久派员前往阜新县交涉，定将旗政复元等语。惟迄今仍未莅临，恳请转催盟政府速将职旗复原，以资十万蒙众有所归宿等情。查本团为该旗复员颇费心力，乃工作员回平不久，不图竟有此变，曷胜痛惜。而该云札萨克之糊涂偾事，尤无以对中央准予复职之德意，为今之计，拟请：（一）由大会通函蒙边各省政府，请对于各盟旗之遵照盟部旗组织法，成立盟旗政府，办理复员者务予协助，并通令所属各市县一体遵照，勿加阻挠，或由大会呈请行政院通令蒙边各省政府遵照办理，方为于事有济。盖各盟旗进行复员时，所在县政府每以未奉上宪明令，故为种种阻碍，本团工作人员，周旋其间，亦备费唇舌也。（二）由本会函达卓盟达盟长请其就土默特左旗遴派相当人员暂代该旗札萨克职务，以应事机，并令本团派员前往协助，以期易于实行。盖达盟长亦以阜新县任意措置，故与为难，若无中央指示，亦不易就地解决，尤以盟政府复员之后，经费无着，人员不齐，办事亦备感困难也。以上两项，似为解决该旗目前问题必须之手续。除即电请卓盟达盟长令知该旗政府全体人员照常服务，力维治安，关于札萨克问题，静候中央指示外，谨电报告，即乞迅予鉴核施行，并电示祗遵。蒙古宣导主任吴鹤龄叩。已庚。

中华民国三十五年六月八日

〔蒙藏委员会档案〕

6.吴鹤龄续陈土默特旗云札萨克出走情形及善后意见电

（1946年6月13日）

代电 蒙字第一九五号

蒙藏委员会罗委员长钧鉴：已庚代电谅邀洞察。关于土默特左旗云札萨克出走一案，兹又接该旗警务大队长贺鸿恩于五月十八日发来报告。据称：关于本旗情况，前已函报二次，谅早察阅。惟于四月二十八日职奉云王命令,前往瑞应寺参加第一区粮草筹备会议之际,忽于五月二日本旗札萨克云王不悉何故,携带眷属,并率领二个中队百余名,由王府出动,经侦探结果向库伦旗方向前去。此间阜新县方对云王之出走,挟嫌与匪军有联络勾串,在此种情形之下,恐影响全般蒙民,是以不得已与县方切取联络。当将本旗所剩二个中队暂行收编为县方第三大队,并与县方警务大队仍驻王府街维持治安及防卫,中因云王出走,经县长于本月十五日召集地方蒙民士绅、富户开会,由县长发表临时成立蒙事委员会,办理本旗一切事务,至于蒙旗名称及政府字样暂行停止使用,以俟中央明令划分县旗权限规定颁布后,再行遵照办理等语。对于蒙事委员会之主任委员,当由来会之九十四名蒙民代表投票选举,当选家严担任此职,以上因云王出走而成立蒙事委员会,实为敝旗十万民众所遗憾,而此恳请鉴察,转请对于蒙旗制度早日实现,通令颁布,以慰渴望,是所切盼,等情。同时又据本团工作员韩国恩回平报告,略同前情,足证此事之发生,实以阜新县之越权干涉为其主因,即就该县擅自停止使用蒙旗名称及政府字样,与擅自组织于法无据之蒙事委员会及收编该旗警务大队等举动,言之亦可概见该县阻挠蒙旗复员之一斑。至该云札萨克既经私自出走,即有理由,亦难原恕,惟当蒙边多事之今日,如该阜新县之举动,实不敢谓其无恶劣影响。倘各县均起而效尤,则中央准许盟旗复员之德意,亦将成为具文,用敢再电报告,务乞查酌前上已庚代电所陈办法,速予处理,免致再生枝节。查该警务大队长贺鸿恩报告所称当选为蒙事委员会主任委员之人,即系该旗唯一巨绅依恒额,该员久任旗管旗章京、县警察局长等职,剿匪卫民,老成干练,素为当地蒙汉民众所尊重。如大会径以会令先派该员暂行代理该旗札萨克,即日恢复旗政府,收回警务大队,维持治安,镇定人心,则此次事变必能和平结束,且以该员之作风测之,则与县方当亦能渐就和协。本团之观察如此,可否之处,仍乞卓裁并乞电示。蒙古宣导团主任吴鹤龄叩。已元。

〔蒙藏委员会档案〕

7. 东北行营抄送东北蒙旗复员委员会组织规程函

(1946年6月14日)

军事委员会委员长东北行营公函　政民字第九〇六号
中华民国三十五年六月十四日

案查东北接收工作逐渐展开,关于蒙旗复员颇为重要。本会为集思广益,特罗致蒙旗公正人士组织蒙旗复员委员会,所有该会组织规程,业经拟订,提经本会五月十五日第二次委员会议修正通过在案,相应检送原规程一份,函请查照备案为荷!此致
蒙藏委员会

附东北蒙旗复员委员会组织规程一份

兼主任委员　熊式辉

东北蒙旗复员委员会组织规程

第一条　东北行营政治委员会为策划督导东北蒙旗复员工作起见,依照本会分处设科办法第五条之规定,设置东北蒙旗复员委员会(以下简称本会)。

第二条　本会设委员七人至十一人,由政治委员会主任委员就东北蒙旗富有声望之公正人士及熟悉蒙旗情形者遴聘之,并指定主任、副主任各一人。

第三条　本会设左列各组,分掌各项事务:
一、第一组　承办文书、交际等事项;
二、第二组　承办督导、调查、统计及复员设计等事项。

第四条　本会主任承政治委员会主任委员之命,综理会务,监督指挥所属职员;副主任襄助主任综理会务,监督指挥所属职员。

第五条　本会设组长二人,荐派;组员六人至八人,办事员二人至四人,均委派;雇员四人。组长承主任、副主任之命,分掌各组事务,组员、办事员、雇员分股承组长之命,办理指定事务,办事细则另定之。

第六条　本会每星期开常会一次,必要时得召开临时会议,会议规则另定之。

第七条　本会经费应编造预算呈报政治委员会核定后转请行政院核准,由财政部拨发。

第八条　本会于复员工作结束时撤销之。

第九条　本规程自公布日施行。

〔蒙藏委员会档案〕

8. 热河省政府陈述盟旗情形及建议办法呈

（1946年6月）

抄原呈

案查本省卓索图盟、昭乌达盟及所属吐默特中、右各旗先后成立盟旗各政府,均分别呈报在案。兹奉钧院寅皓电开:卓索图盟及所属吐默特各旗政府之成立系蒙古宣导团领导,应由蒙藏委员会饬该团主任吴鹤龄代致慰勉外,特复。又曾奉东北行营政委会丑巧秘平代电开:关于东北蒙旗处理案,经决定原则二项:（一）为顾虑蒙人历史、习惯,原保持旗制,地方仍予承认,设置旗政府;（二）在伪满时期,曾经裁并添设之县或旗均暂维持现状,先求地方之安定,续商制度之兴革,除分电外,希注意办理为要。又奉北平行营政一寅冬电开:查蒙古部盟得设盟长公署,并成立盟民代表会议,旗得设旗札萨克公署,并成立旗民代表会议。但各该机构之组成及代表会议之决议案施行,均应先咨蒙藏委员会,呈准中央核定。该盟旗政府成立,应准先予备案,仍应依法呈转中央核定特复。各等因在卷。

查本省盟旗区域，卓索图盟位于本省南部，所属吐默特左右中三旗、喀喇沁左右中三旗、库伦一旗，分设于阜新、朝阳、平泉、宁城、建平、凌源、凌南、绥东等八县。昭乌达盟所属奈曼一旗、翁牛特二旗、敖汉一旗，位于本省南部；巴林二旗、克什克腾一旗、阿鲁科尔沁一旗、扎鲁特一旗，位于本省北部，分设于赤峰、天山、鲁北、林东、林西、开鲁、经棚等七县，其区域概况如另附地图。复查两盟人口在沦陷以前，尚无统计确数。惟卓索图盟于民国廿九年(即伪康德七年)清查户口，共计廿五万二千三百一十六人，其各旗人口详数如另附统计表。至昭乌达盟(即省北七县)在伪满时划归伪兴安西省，辖境现在尚未收复，以致人口数目无法统计。

再查盟旗之组织，盟称为盟长公署，旗称为旗札萨克公署，在盟部旗组织法中已明白规定。伪满时期，废弃县制，设置旗公署，以蒙人为旗长，一切县政均由旗长执行。迨本省复员始恢复县制，关于盟旗机构问题拟建议于左：

（一）盟旗组织应恪守盟部旗组织法之规定，不得有所变更。

（二）伪满时期公署之产业，应由各县政府接收，以符复员主旨。如在沦陷前原为盟旗王公私人所有者，亦应查明交还原所有人，但各盟旗政府不得藉词径行处理，致多纠纷。

（三）查卓索图盟盟长达克丹彭苏尼、昭乌达盟盟长苏达那木达尔济与吐默特右旗长宝音乌勒吉、吐默特中旗长沁布多尔吉等虽系旧日王公，然在伪满时期，曾任伪旗长职，是否仍准其充任盟旗各长，拟于其操行上、思想上加以考虑，而为任用标准。

（四）盟旗长以由蒙民选举为适宜办法，在未选举以前，规定任期，遴选任用。

再查伪满时期，曾有蒙民裕生会之组织，其管有产业为数颇巨。该会产生既在沦陷以后，而其产业又非盟旗各长所私有，自应用之于一般蒙民，不能由盟旗长继承其权利。兹分别说明，并建议于次：

（甲）裕生会产业之来源：

（一）各旗王公所有之外仓地（非王公私有）；

（二）各地土地奉上补偿金由伪满国务院每年代发行四百万公债；

（三）代管款系蒙民租子补偿金（即廿五年之租价），由裕生会存入兴农合作社，将每年利息发给蒙民，约定五年还本（即卅四年起），此款系土地所有权移转于佃户之代价。

（乙）裕生会产业之处置：由有关盟旗推定公正士绅组织保管委员会保管之，但须由省政府派员监督其开支用途。

（丙）裕生会产款之用途：

（一）发展蒙民教育；

（二）改善蒙民卫生事业；

（三）改进蒙民生产事业；

（四）发展蒙民经济事业；

（五）办理救济及其他公益事业。

所有以上所陈关于盟旗情形及建议办法，是否有当，除分呈东北、北平两行营，并分函蒙藏委员会外，理合检附地图及统计表各一份（略），备文呈请鉴核示遵。

〔蒙藏委员会档案〕

9. 热河省政府转报东吐默特旗政府复员成立努图克制度呈

（1946年7月）

抄原呈

案据东吐默特旗政府第三六号呈称：为呈报职旗政府遵令开厅复员办公情形，业已呈报在案。惟对各种经费粮草等之筹措准备，行政事务之必要，必须有组织系统的运筹办理，方克完善。是以于四月五日开第一次旗民代表会议，实施宣传国府厚遇边政至意，同时参讨旗务，结果决定旧区复员，办理区乡（嘎查）行政事务之准备，兼征维持经费及马粮之负担，期资统一民心。除按九一八之原态组织五个努图克准备所，并分委努图克达，如计划书、暂行区乡复员组织表，除国家关系之行政、司法事务于明令颁布前，当然仍由县方办理外，对于蒙旗之行政关联性，对本旗文化、教育之特殊事务及（区乡）努图克行政之户口、保甲、学校及旗蒙民财产、习惯相传而来之旗政，自行经营，分别呈报函知外，理合备文呈报鉴核等情。查关蒙旗努图克等于乡镇制之组织，法令既无明文规定，从前亦无成例。查各县地方既有乡镇设置，似不应再有努图克之制度，混杂其间，而影响地方行政之推进。据报前情，究应如何办理，未便擅专。除分呈外，理合抄同努图克复员暂行办法及暂行组织系统表各一份，报请鉴核示遵。

努图克复员暂行办法

一、本旗区乡（努图克嘎查制），努图克以下简称为区，除具体办法等候明令规定施行外，暂行组织努图克准备所办理区政之准备事务，按本办法实施之。

二、本旗画〔划〕分五个努图克（仍照从前区制）。

三、努图克达承札萨克命令办理准备地方行政事宜，暂不设乡，以资节约经费。

四、努图克准备所之行政事务机构及人事，暂行参照另表，七月一日以前采用半额。

五、区经费以自治方法办，预算及摊派事项须呈报札萨克核准后方可施行。

六、努图克达监督指挥部下，并承委任办理区乡行政，但股长以上职员之任免，须呈请札萨克核准行之，事务【员】以下努图克达专行之。

七、努图克所在地址，如另表指定之。

八、区之一切行政规程详细案,由七月一日等候明令颁发后再行具体作制,该办法经过旗民代表会议通过施行之。

九、区办理土地调查,并义仓事务之准备(义仓规程另定之)。

十、区地图作制(依照旧区),以原并利用数村合一,以便于地政整理上方便参考。

十一、区办理区立学校及分校,复员事宜事务以期教育普及。

十二、区先调查旗公有财产。

十三、努图克达人选议决日起开始进行,以廿日整备完善,并准备所成立,同时召集区旗民会详切宣传,并使区民一致拥护中央,表诚报国热心精神,而对保甲长利用原态依民会议通过。

十四、区预算须考虑人民负担,仅以必要为标准,决不可任意乱行滥派,有失人民信仰。

十五、于明令指示前,暂行不干涉司法行政主义,以免县旗地方行政之冲突,但先办理经费借用及粮草摊派事宜。

十六、努图克准备所成立复员情形呈报备查。

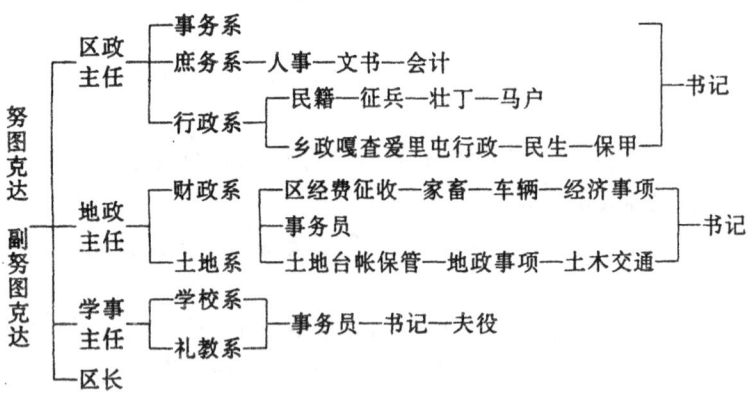

努图克暂行组织系统表

〔蒙藏委员会档案〕

10. 刘廉克宣抚吐默特右中二旗及复员情形函

(1946年8月30日)

佑公委员长赐鉴：谨将职最近宣抚卓盟吐默特右中二旗，并再度主持复员吐默特左旗政府，设法营救该旗札萨克云丹桑布脱险经过，及派员分赴喀喇沁左右中三旗，筹备各该旗复员或再度复员情形，检要分陈如次：

甲、宣抚东吐默特左右中三旗及营救左旗云札萨克经过

查卓盟东吐默特左右中三旗，原于本年春初先后复员，奈因盟政府未臻健全，对于中央复员蒙旗之主旨，未能随时宣达，而旗县间又因复员伊始，职权上未奉明晰之规定，所以动辄发生争执，旗政总未顺利开展。同时因中央与蒙旗联系不密，一般不无观望迟疑。职为普遍宣达中央德意，并加强其工作，以适应此紧急局面，特分期召开该三旗旗民代表会议，意在发动其全旗中坚，共同致力其本旗之复员及防奸工作，并藉此安定其地方、握把人心。首于七月二十四日召开吐默特右旗旗民代表会议，连续开会二日，出席代表五十人，列席旗府札萨克旗务委员、参佐领宝音乌勒吉等百余人。除由职参加，宣示中央德意及复员之意义外，当决议该旗预算及健全该旗财政盐理委员会、民事调解委员会、教育复兴委员会、公产整理委员会等机构，协助旗府，办理地方复员事宜。最后票选旗务委员六人，常任代表九人，于二十五日闭幕，结果极圆满。经此会议，一般均深悉中央扶植蒙旗之旨，一月来，旗政推行至为顺利。职复于八月三日抵卓盟盟政府及吐默特中旗政府所在地北票，与盟长达克丹彭苏尼及中旗札萨克沁布多尔济等会谈后，于八月四日召开该旗旗民代表会议，出席代表六十人，列席盟长、札萨克以次五十余人。由职宣示中央德意并说明盟部旗组织法，及蒙旗复员工作之要点，及旗政府权利范围等，当经决议关于旗务之要案多起，并决定成立教育复兴委员会等机构，最后改选宝子杰等六人为旗

务委员,并推定常任代表九人。该旗因人才较多,情形较右旗尤佳,旗务推行大体上已入常轨。惟因地方不靖,保安队尚待扩充。至于卓盟政府,因经费无着,人事自无从健全,所以督导各旗政务之效力,亦未能充分发挥。迨将该旗会议结束,即于八月七日抵吐默特左旗。该旗自五月间札萨克丹桑布出走后,旗政府无形瓦解,而阜新县前县长张天权,竟于县府下擅自成立所谓旗务委员会,强迫干预左旗旗务,意在并旗务为其县府权力之一部,以致普遍引起蒙民之反感,纠纷迭起,人心摇动,而奸伪分子,又乘机鼓惑。云札萨克愤而出走后,竟为奸伪所劫持,返旗无期,因此蒙胞对中央更多误解,长此诚非地方之福。职到该旗后,广征旗众之意见,藉便恳切宣示中央意旨,旗众一般均希望早日复员旗府,开始旗政,并要求设法营救云札萨克返旗主持旗务。当时云亦因张天权已去职,曾两度密遣其亲信,致函现任韩县长及该旗中坚人士,意欲脱险来归。职为安抚地方人心,并解除旗县间过去症结,与韩县长及该旗原旗务委员冯国庆、贺鸣恩、孟宪和、士绅依恒额等会商,与盟长代表及韩县长等会派代表五人,密入匪区,与云札萨克联络,几经往返,云札萨克竟于八月二十日得脱险返旗。该旗旗民代表会议,亦于八月十二日,在原旗务委员主持之下开会,出席代表四十一人,列席旗委以次四十余人,在盟长代表监督下,依盟部旗组织法二十五条,改选旗委,加倍候选人冯国庆等十二人,呈由盟长转呈中央核定,推定常任代表依恒额等九人,决议财政、保安、教育及参佐组织等要案,旗政府当即正式复员办公,仍由云丹桑布任札萨克,一切安置就绪,职始返省。云札萨克亦于二十七日晋省谒主席并与各机关联络,已于三十日返旗。依该旗目前情形,旗府已再度复员,云札萨克已返旗,旗务之开展有望,人心亦有所寄托,全旗蒙胞,莫不感戴中央德意。此后如能将盟政府加以充实,经费上多予补助,使确能担负起领导督促各旗之任务,旗政复员工作,当必能顺利开展,以上系职宣抚并复员东吐默特三旗之经过。

乙、筹备复员或再度复员喀喇沁左右中三旗情形

查喀喇沁左旗政府，早于本年一月间，曾一度复员，旗务推行，尚称顺利。嗣于五月间，共匪侵入旗府所在地之公营子，经先后数度激烈抵抗，终因众寡悬殊，旗府为奸匪所据，将本旗经苏军缴收之后仅有之残余枪械一百余支扫数而去。札萨克默尔赓格，曾一度被俘，不久即脱险逃出，自此避居各地，迁徙靡常，匪势漫延全旗各地，旗务已无从赓续推行。在此情形下，原札萨克及旗务委员陷于匪区者，固已失却活动上之自由，即少数逃来安全地带之人员，亦因经费困难，武器缺乏，无从掌持局面，展开活动，旗务因之中断，已两月余。职为号召人心，配合国军前进，已决定于最近期间，将该旗政府再度复员，在军事未有展开之前，将旗政府暂设于凌源城内，或其附近该旗属地，工作逐渐向凌源附近及大城子一带推展，工作方式暂采流动式，以适应环境。刻已两度派专人前往，从事与该旗人士洽商筹备复员事宜，稍有眉目，即约同盟政府及热蒙党部人员亲往宣抚，并主持成立其旗政府，默札萨克及多数旗务委员，既一时不克脱身前来，其职务亦拟另选妥人暂代，总期工作能逐步推展。喀喇沁右旗政府，因旗境完全沦为匪区，虽自本年一月间即派人分批潜入旗境各地联络活动，终因人事经费种种关系，旗政府迄未能正式复员。近因叶伯寿一带国军，逐渐前进，旗境亦有一部分收复，故特邀该旗有力之士绅霍明远、于绍文等来朝。经数度会商，决定该旗复员工作要点，并介绍该员等于卓盟政府暂委为该旗旗务委员，并由霍明远暂代札萨克职务，已于日前偕同职处所派人员，前赴该旗叶柏寿地方，召集该旗士绅及各项工作人员，从事该旗旗政府复员工作。一俟一切稍有端绪，职当即约同盟政府及热蒙党部人员，前往宣抚主持复员。先按照现有之人力财力，针对该旗现实情形，决定其工作，唯一要点，要在号召民众，响应国军。喀喇沁中旗旗政府，早已复员，因旗境大半亦沦为匪区，除不断分批派人潜入各地活动外，为安全计，该旗政府于复员后，即暂移驻平泉

城内（亦为该旗辖境），札萨克职务暂由该旗陈际唐代理。最近因国军进展，已由职派专人前往协同部署配合国军前进等事。据报该旗府人员，一部已随同国军，到达该旗旧旗府所在地大城子，正在开展宣传及安抚等工作，如事实许可，职亦拟于赴左旗之便，偕同盟府及热蒙党部人员前往该旗宣抚。据本月平泉电，承德业于八月二十九日收复，该三旗工作，此后指导得宜，当能顺利开展，以上系对喀喇沁三旗宣抚及复员工作之进行及准备情形。

按卓盟盟政府及各旗状况，为维系人心，安定社会，并顺利推进盟旗政务，谨就管见建议如左：

一、盟旗与省县之权力，请速以明令明白划分，俾免因政治上之争执，而影响蒙汉间之感情。

二、省县盟旗间地方各项税收之劈成，请迅作"蒙古自治办法八项原则"第七项之规定，订定办法，明令实施。

三、为维持盟旗地方治安，盟旗保安队亟待成立（暂以大旗三百，中旗二百，盟四百为准），请拨发或准其价购枪弹，并补助其给养服装。

四、蒙旗安定，端赖把握其知识分子及青年层，以此蒙旗各级学校之复员，不仅具有教育意义，更具有重大之政治功用，请速拨专款，将卓盟各旗伪满时期原有之中等学校四所，尽先复校，并优予拨助各旗小学经费。

五、请速拨发盟政府经费，使展开工作，借收督导各旗政务之实效，在各旗复员伊始，本身财政尚未入常轨之前，亦请优拨复员费，俾维旗务。

六、在伪满时期，凡蒙旗优秀，多半均被迫任伪政府职务，胜利之后，中央虽本宽大，但在个人精神与心理上，总不免感受畏〔威〕胁与自馁，因此不能安居就业，流落各地是非之源，半由于此。拟请转请中央，一本对蒙旗宽大精神，以明令公布，曾经在伪满各级政府及公私团体任职之蒙籍人员，除甘心附逆，且有危害国家民族之显著重大恶行者外,概予宽免自新,以安定蒙旗社会重心。

七、卓盟库伦旗白札萨克,因不堪奸匪之压迫蹂躏,有率部七百余人与匪军冲突之情事,经职与热蒙党部会同派人,与之联络,已有二百七十余人,枪马齐全,逃来吐默特左旗境内,经请准东北长官部,已暂由热北第一支队(司令为吐中旗札萨克沁布多尔济)收编,尚有四百余人,仍在库伦境内游击,正在派人联络中。最近据息,白札萨克已为匪所俘,一说已被害,尚未证实。对该逃来之部队,如安置得宜,续来者自必大有人在,惟该部队官兵,均系库伦土著具有身家之蒙民,此次来归,一方面固因不堪压迫,一方面实因目睹奸匪残暴行为,愿为国军向导,尽速收复家乡。所以不甘长久编属于任何部分,仍希能保持其家旗保安队之身份,其情可悯,其志堪佳〔嘉〕。职意为安抚既来之人心,号召其未来之部众,更为卓盟奠定肃清匪患之保安武力计,拟请由钧会与东北长官部洽商,明令以该部暂属于卓盟政府,编为盟保安队。

以上七项建议,均为蒙旗当前待决之问题,至乞予以主持,并乞示复为幸。专肃敬请大安。

职　刘廉克　谨上

八月三十日

〔蒙藏委员会档案〕

11. 吴鹤龄关于各旗复员时先本维持合并状态等情电

(1946年10月30日)

蒙字第三六九号

蒙藏委员会罗委员长钧鉴:查本团自去冬开始工作以来,对于各盟旗均经派有职员秘密联络,迭经报告有案。惟该员等恐为共党所觉察,均未带有证明文件。现在赤峰、张家口等处,业经先后收复,所有本团前派之秘密工作员,恐为国军及省方所难凭信,故已再派宣导员韩绍祖、乌云飞、随员图们巴雅尔、郑信等四人携带证明文件，公开前往赤峰，转赴昭乌达盟各旗，催办复员事宜。又派宣导员张绍庭、团员奇达拉、图鲁巴桑、郭木布札普、袁品衡、蒙太等六人携带证明文件，公开前往张家口转赴锡林果勒、察哈尔两盟各旗，催办复员事宜，去讫与热河、察哈尔两省政府及各该省蒙旗党务人员，察哈尔蒙旗特派员各有关方面，均经联络妥协。再由本团前在各该旗之秘密工作员，出而协力，则除再有特别故障以外，该三盟各旗之复员，当不难次第完成。惟锡、察两盟及所属各旗在沦陷时期无大改革。自去秋以来，除锡盟乌珠穆沁左旗代理札萨克多布敦浩齐特、右旗札萨克朝克多尔札拉布、苏尼特右旗札萨克都嘎尔苏龙及各旗一部分员兵民众，又察盟之保安长官卓特巴札普等为外蒙军所掳去外，其余负责官长，尚未失却实力。惟自中共侵入之后，既派党徒多人侵入锡盟各旗工作，又为察哈尔组设共产之盟政府于哈毕拉嘎地方（宝昌县东北之村落），恣意扰乱，以致各旗固有官长率多退避而使青年旗员出而应付，一面与本团屡有往还，均愿待机复员。现在尚有锡盟乌珠穆沁右旗扮作羊贩南来之差员胡图凌嘎留滞北平，又有该盟副盟长补王之差员丹巴扮作喇嘛，由草地绕道至绥远之五丹召（喇嘛庙）待命，各该盟旗之衷心内向，于此可见一斑。故本团此次派员前往时，为复员顺利起见，分别函嘱各该盟旗去岁八一五以前之原任长官，暂行照旧任事，其尚未经中央任命者，应各先以代理名义办事矣。一俟两盟复员完成，地方秩序恢复之后，再由中央选派公正人员视察成绩，分别呈请实任，或予更换之，似乎于收拾目前之乱局有益，而于将来之澄清无碍，此应先请鉴核者一也。至于昭盟及所属各旗，则在伪满时期，曾经根本改动，其要点有三：第一，废除封建制度，改旗札萨克为旗长，并以任用人才为标榜，致各旗长多为外来之人。去秋伪满消灭之后，大半离旗他去，而事变前之各旗札萨克，则又多数死亡，而无继起之子嗣。例如克什克腾旗、巴林右旗、巴林左旗、阿鲁科尔沁旗、翁牛特右旗、敖汉南旗等是也。第二,敖汉左、右、南三旗,并为一旗,札鲁特左右二旗,亦并为一旗,喀尔喀左旗,则并入卓盟之锡埒图库伦旗,以致昭盟之十三旗,减为九旗矣。第三,将昭乌达盟之大部分改为兴安西省,嗣复并入兴安总省,而设总办事处于开鲁,以统治各旗是也。自去冬以来,又一方由王爷庙方面派员分赴各旗运动合作,一方由中共派员侵入各旗工作,同时又各派旗长,各征兵马,以致该盟各旗,混乱不堪。当时本团与有联络者,或为事变前札萨克、协理、管旗章京等之尚有号召力者,或为沦陷时期旗长、科长、队长等之衷心内向者。例如事变前昭盟帮办盟务兼翁牛特左旗札萨克拉钦旺楚克,十九年出席南京蒙古会议之翁牛特右旗管旗章京杨俊升,昭盟已故盟长兼奈曼旗札萨克苏王之胞弟苏达那木达尔济,以及现尚拥有骑兵数千,倾诚中央之巴林左旗何子章等是也。本团联络昭盟各旗此等有力者多人,最近归来之一员名占巴者,昨复前往赤峰会同韩绍祖、乌云飞等为赤峰国军联络何子章等带有部队之人去矣。在秘密联络时期,已感许多艰危,今后催办复员,亦殊不甚简单。本团对于昭盟所计划者,务须克期成立盟政府,其原任盟长札王、副盟长色王,虽均已出缺,而事变前帮办盟务拉王,现尚健在,且与本团早有联络,在该盟又为硕果仅存之有声望者,拟即促其出而暂行主持盟务,以资督导各旗复员。至于各旗札萨克,自未可强求王公充任,致有恢复封建制度之虞,但亦不宜轻率任命,偏于一方之人,致生民众不服之纠纷,其尚有事变前之札萨克,仍能掌握本旗者,不妨令其暂行复职。其余各旗,拟即促令各本旗民众先行公举旗务委员数人,暂由盟政府指定其最相当之一人代理札萨克。倘有民众公举旗务委员,则共党易于乘机窃取之旗,即由盟政府慎选该旗之最有实力而最内向者,令其先行代理札萨克,以期人心早定,地方早安。仍俟全盟复员终了之后,再由中央派员视察,按其实绩,呈请调整之,此应先请鉴核者二也。再有昭盟业经合并之四旗,原属土地小而人口少,虽系伪满时期之措施,然亦不无理由。今后为减轻蒙民负担计,以维持合并之各旗为相宜,不过各该旗之民众,如欲恢复事变前之各旗时,亦不便强其仍须依照伪满时之合并办法。关于此节,拟俟各该旗复员时,先本维持合并状态之主旨进行,如有问题发生,即行专案呈请核定之。此应先请鉴核者三也。以上所陈三点,是否可行,敬请鉴核训示祗遵。蒙古宣导团主任吴鹤龄叩。酉。卅。

中华民国三十五年十月三十日

〔蒙藏委员会档案〕

12. 楚明善关于东北蒙旗复员情形报告

(1947年5月20日)

报 告 三十六年五月二十日于沈阳
东北行辕蒙旗复员委员会

窃职前奉国府三十四年十二月十二日令字第六七四号派令,暨主席蒋三十五年元月八日府交字第一六二八号代电,派来东北各省帮同行辕办理有关盟旗事宜,遵于三十五年元月二十日由渝乘机到平。当因东北各省及热察绥蒙旗人士留平者甚多,而新旧派别分立,思想复杂,意见纷歧。职因与蒙旗新旧人士率皆熟悉,经多方疏导,并宣示中央对边人之德意,彼等皆能深切了解,同以国家民族为重,彼此相安无事。二月间,东蒙王爷庙蒙古代表玛尼巴达喇等七人到平,拟赴渝觐见主席,要求自治。行辕熊主任深恐其另有背景,受苏联、外蒙煽惑,名为要求自治,阴谋淆乱国际观听,影响外交阵容,经共同研究后,劝令返旗,维持地方,并说明中央向来之宽大政策,以及爱护边疆之德意。且不久召开国民代表大会,颁布宪法,还政予民,只要在国家领土主权完整之条件下,自治范围可因地方实际需要而有伸缩之余地。该代表等尚能了解中央德意及熊主任之秘密指示,于四月八日由行辕派机送往长春,返回王爷庙。该代表等留平期间，由行辕妥为招待，并由职领导游览平市郊区名胜，以及代表中央召集蒙旗王公人士陪同设宴欢送，以示怀柔之德意。该代表等虽未亲往觐见主席，而对中央宽大为怀，似属明了。职在平公毕，于四月十五日由平乘机到锦州，在锦州召见热西蒙旗领袖沁布多尔济、云丹桑布等，加以宣慰后，于五月五日由锦州前来沈阳。嗣以行辕为工作便利计，成立蒙旗复员委员会，聘职兼主任委员，经行辕熊主任电呈主席核准，并函本会备案。职亦以东北蒙旗关系重要，且亦系本会之应负责任，工作虽分，会内会外而职务则属一体，故亦于五月二十五日签呈主席蒋暨本会前委员长罗请示，旋奉主席蒋三十五年六月十一日府交字第四六八四号巳真代电，暨本会前委员长罗三十五年六月十八日京蒙字第二七八号巳巧代电，准予兼任。经积极筹备成立，推进复员工作，十一月杪，职曾晋京述职，觐见主席蒋暨本会前委员长罗，报告工作情况，颇蒙奖慰。并奉主席蒋三十五年十一月二十五日府交字第八三〇一号代电，饬继续工作。本年三月间，职奉会令发放热河境内蒙旗赈款，东北行辕亦因为明了热河蒙旗复员情况，组织视察组，命职率领前往。于四月一日率领视察组人员十名自沈阳出发，赴热河各蒙旗视察，并至承德与热省府及有关机关将赈款妥商分配，已另案呈报，于五月十四日公毕返沈，聆悉钧座荣任本会委员长，本拟即时晋京面谒述职，并请示一切，惟因公务繁冗，一时不克离沈，谨将工作方针、工作计划及复员情形扼要报告（另详附件），敬乞察核。

再职奉命出差后，所遗蒙事处长职务由第一科科长张中微代理。该员系本会蒙藏政治训练班第一期毕业，品学兼优，熟悉蒙情，在边疆及会内工作已十余年。此次代理处务，业经年余，一切尽心谨慎，尚无错误。值此边疆动荡，人事情形复杂之际，可否令该员真除蒙事处长，藉免纷争。职嗣后仍拟以本会委员职务，在会内会外为蒙事努力，为钧座效命，如何之处，恳乞钧裁。前委员长罗准本会专员仲旭司事、吴玉福充任随员，职兼任东北行辕蒙旗复员委员会主任委员后,该员等奉准仍随同工作,此后拟仍请准该员等随职同行止,以利工作。职及专员仲旭司事、吴玉福在东北行辕蒙旗复员委员会兼职,并不兼薪,合并声明。

以上系职奉命前来东北各省帮同行辕办理有关盟旗事宜及兼任东北行辕蒙旗复员委员会之原委,并奉令出差后之工作设施概况与请求各点,是否有当,敬乞核示。谨呈

委员长许

　　附工作概况一件

　　　　　委员兼蒙事处长楚明善谨呈

　　工作概况

　第一、工作方针

　一、人员选用标准　本会委员及蒙旗长、札萨克人员等之选用,不分地位、年龄,以能忠诚党国,拥护中央,领导地方,积极工作者为准。

　二、工作推进方式　本会推进蒙旗复员工作,对有关省府采协调态度,旗府用人、设施均与之切取联系,并令各旗府对有关县或设治局及军事党团机关应互助配合,以加速复员工作之完成。

　第二、复员注意要点

　(一)政治的　督导各旗政府复员成立后,对旗县政权与疆界拟规定属地主义,分别划清,以免再蹈过去磨擦冲突之覆辙。

　(二)军事的　趁剿匪时期,除尽速编各旗警察队外,并建议本行辕尽量整编蒙古骑兵为国军,以补我国军部队之缺陷。

　(三)文化的　协助教育当局,恢复改善伪时期对蒙民成立之各级学校,注意扫除日伪奴化遗毒与错误思想,及刺激民族情感之文字或言论,培养蒙汉平等团结及国家统一之意义。

　(四)经济的　令复员各旗府商承各该省府对蒙旗地籍详为清理,扶助蒙汉自耕农保护牧畜,并发展牧畜工业,及奖励蒙古特

殊性之地方工作。

第三、工作计划

（一）继续协助各省成立各旗旗政府　继续派员分赴各旗视察,博采众议,协助省府遴选旗长,以备军事进展,随时筹组旗政府之成立,并按地理形势,将东北各蒙旗分七组完成复员。

一、收复辽源、长春等据点后,复员辽北省科尔沁左翼前中后三旗及郭尔罗斯前旗等四旗旗政府。

二、收复阜新、朝阳等据点后,复员热河省卓索图盟之土默特左右中三旗及喀喇沁左右中三旗等六旗旗政府。

三、收复通辽、赤峰等据点后,复员热河省库伦旗奈曼旗、敖汉旗、翁牛特左右翼两旗等五旗旗政府。

四、收复洮南王爷庙及哈尔滨等据地后,复员辽北省科尔沁右翼前后中三旗、扎赉特旗及嫩江省杜尔伯特旗、松江省郭尔罗斯后旗等六旗政府。

五、收复开鲁、林东、林西等据点后,复员热河省阿鲁科尔沁旗、巴林左右翼两旗、克什克腾等四旗旗政府。

六、收复齐齐哈尔、索伦等据点后,复员兴安省喜扎嘎尔旗、布特哈旗、阿荣旗、莫力达瓦旗、巴彦旗及嫩江省依克明安旗等六旗旗政府。

七、收复海拉尔、胪滨等据点后,复员兴安省新巴尔虎左右翼两旗、索伦旗、陈巴尔虎旗、额尔克纳左右翼两旗等六旗旗政府。

（二）协助各省督导各旗政府民政工作。

一、清查户口;

二、厘定地籍;

三、建立民意基层机构;

四、成立保安部队。

（三）继续举办蒙旗静态调查。

一、静态的:自然人文现况;

二、动态的：情报。

（四）统计有关蒙旗资料。

拟就所有资料，加以分析汇编，绘成各种图表，以备施政之参考。

（五）协助军政当局，配合军事，组训地方武力。

一、配合军事，整训蒙古骑兵；

二、督导各旗建立保安部队。

（六）协助各省救济难民，并安置流亡青年。

一、协办善后救济工作；

二、协助恢复蒙旗学校；

三、收容内迁失业失学青年。

（七）瓦解伪东蒙组织，并筹善后办法，争取伪军伪员反正投诚。

（八）商同宣传处加强对蒙宣传。

一、无线电台广播；

二、印发传单小册；

三、电影戏剧；

四、促成蒙文报纸及研究蒙事之刊物书籍。

（九）清理伪满裕生会、振生会、厚生会财产。

一、调查看管裕生会、振生会、厚生会财产；

二、拟定接管办法。

（十）登记蒙旗人才及地方士绅。

拟将蒙旗优秀人才及地方士绅姓名、履历各项调查清楚，用卡片方法登记汇成，以资考查，而备分别训练任用。

（十一）调查各旗政府各级职员。

拟俟复员完成时，设立训练班调训各旗政府主任、秘书、局长、科长等，加以政治与精神训练，以利推行国策。

第四、复员情形

办理蒙旗复员及收编蒙古骑兵经过情形，谨表列于后，以期明了：

一、东北已复员盟旗表

省名	盟名	旗名	盟旗长或札萨克姓名	盟旗政府所在地	复员日期	备注
辽北	哲里木	科尔沁左翼前旗	那木济勒色楞		三五·八·二四	
同	同	科尔沁左翼中旗	曹剑潭	章古台	三五·九·一九	
同	同	科尔沁左翼后旗	贺喜业勒图墨尔根	巴彦塔拉	三五·八·一五	
同	同	科尔沁右翼中旗	贺希格	吉尔格朗	三五·一二·一九	先成立旗政府办事处
同	同	郭尔罗斯前旗	达木林多尔吉	巴彦塔拉	三五·八·一三	
热河	卓索图	吐默特左旗	达克丹彭苏尼	农安	三五·二·一九	
同	同	吐默特中旗	云丹桑布	北票	三五·三·一三	
同	同	吐默特右旗	沁布多尔济	阜新	三五·二·一九	
同	同	喀喇沁左旗	宝音乌勒吉	北票南山	三五·八·一三	
同	同	喀喇沁中旗	默尔赓额	朝阳	三五·二·二二	
同	同	喀喇沁右旗	金紫绶	凌源	三五·四·二八	
同	同		乌多博	天义	三五·八·一一	

65

续上表

省名	盟名	旗名	盟旗长或扎萨克姓名	盟旗政府所在地	复员日期	备注
		唐古特喀尔喀旗	达克丹彭苏尼	北票	三六・三・一六	正在复员中
同	同	库伦旗	保彦德勒格尔	小库伦	三五・一一・二〇	
同	昭乌达		苏达那木达尔诤	代钦他拉	三五・二・一〇	
同	同	奈曼旗	苏达那木达尔诤	代钦他拉	三五・一〇・二二	
同	同	翁牛特右旗	丰盛格	赤峰	三五・一〇・三〇	
同	同	翁牛特左旗	拉沁旺楚克	开鲁	三五・二・一二	
同	同	阿鲁科尔沁旗	旺沁谊尔吉	开鲁	三五・一一・一〇	
同	同	喀尔喀左翼旗	万宝	王府	三六・二・一三	
同	同	扎鲁特旗		开鲁		正在复员中
同	同	巴林左翼旗		开鲁		同
同	同	巴林右翼旗		开鲁		同
同	同	敖汉旗		赤峰	三六・三・一五	同

二、收编蒙古骑兵表

部队名称	人数	收编经过	备注
伪满铁石部队	六〇〇	伪满铁石部队在光复后,由该部军需处长王华兴统率,旋经长官部改编为独立第一支队,驻彰武、昌图、法库等地,并任命包善一为司令,王华兴为副司令,并派王华兴为蒙旗宣抚特派员,嗣又任命王华兴为独立第一支队司令。	
王耀东旧部	一五〇〇	蒙旗志士王耀东纠合地方武力,抵抗奸匪,不幸殉难,由其侄王哲率领,经长官部派王哲为蒙旗宣抚副特派员在辽源收复旧部,嗣以部下有不法抚民情事,故驻军八十七师三五九团就地整编,以便加强训练。	
和希格旧部	四〇〇	科尔沁左翼后旗札萨克和希格"九一八"时组织抗战部队,后因孤军无援乃四散潜伏,经同辽北省政府协助收编为该旗保安大队。	
胡玉安部	六八〇	原系夫军科尔沁左翼前旗政府连长,经派人蒙动,编人蒙旗自卫军,改编为科尔沁左翼自治军,驻防辽源。	
李仙巴部	四〇〇	原系王耀东旧部,曾隶伪蒙自治军第二师,经蒙旗宣抚特派员宣抚反正,改编为科尔沁左翼中旗保安队。	
王国生部	一二〇	原系王耀东旧部,经蒙旗宣抚副特派员宣抚反正,现改编为科尔沁左翼中旗保安队。	

67

续上表

部队名称	人数	收 编 经 过	备注
伪蒙自治军十三团	三〇〇	伪蒙自治军十三团向科尔沁左翼前旗投诚，经行粮准，旋被驻军第六师索去，编为骑兵团。	
苏札萨克部	九七五	苏曼旗札萨克苏达那木达尔济光复后率走员事直，被奸监视，旋乘机脱逃，纠合地方武力反抗奸匪，经呈请行粮派员点编，现改为该旗自卫队。	
罗札萨克部	四〇〇	前库伦旗长罗布桑林沁不满奸匪率部来归，中途被害，部属由白彦巴图统率，经呈请行粮改编为该旗保安队。	
云札萨克部	六五〇	吐默特右旗札萨克云丹桑布因倾向中央，被奸匪裹助监视，经派员联络乘机逃出，并号召旧部抵抗奸匪，现准改编为该旗保安大队。	
拉札萨克及巴林左翼保安团	五〇〇	翁牛特左旗札萨克拉沁旺楚克及巴林左翼旗保安团长乌立塔率部投诚，经呈准改编为各该旗保安团队，现驻开鲁附近听候点编。	
阿鲁科尔沁旗抗匪部	一二〇〇	阿鲁科尔沁旗奸庙大喇嘛他拉巴率喇嘛子弟六百余人及旗武装抗奸匪年余，集中开鲁一带，经热河人民自卫军自总指挥，委他拉巴为天林支队司令，经呈准行粮宣慰点验中。	

〔蒙藏委员会档案〕

13. 绥远省境内蒙古各盟旗地方自治政务委员会关于美国中华救济代表团救济蒙古事项函

(1948年2月7日)

(37)公振字第十二号

绥远省境内蒙古各盟旗地方自治政务委员会公函

中华民国三十七年二月七日

径启者：查本年元月二十六日美国政府中华救济团代表高文、顾问生瑞恒，调查绥蒙实情以及一般现状，并在本会对于绥蒙救济事项有所商洽，其发表谈话有关于蒙旗救济款项，将来由行政院发交蒙藏委员会。凡属绥境蒙旗赈款由蒙藏委员会转发蒙政会分发各旗等语。即请贵会查照，于该项赈款拨到时，即行注意直发本会为荷。再该团并向本会建议成立办理救济机构，当经决定成立绥境蒙旗救济委员会，以乌、伊、土、绥东、绥蒙党部宣慰使署为组织单位，会址设于归绥。本会已派主任巴靖远为筹备总干事赴绥进行，筹备成立。于该团到达公庙寺时，曾经本会提出临时急赈蒙旗牧畜及善后建设计划两种，除交该团参阅外，相应各检一份，连同该团在会谈话记录，并成立绥境蒙旗救济委员会情形一并先行函请查照为荷。此致

蒙藏委员会

附美国政府中华救济团代表高文、顾问生瑞恒谈话记录一份，牧场临时各费计划一份，救济计划一份。

委员长　图布开吉尔格勒

美国政府中华救济团代表高文，顾问生
瑞恒在蒙政会谈话记录

1. 关于蒙旗救济款项将来由行政院发，蒙藏委员会凡属绥境，蒙旗项款，由蒙藏委员会发，交蒙政会分发各旗。

2. 希望本会发起主持成立绥境、蒙旗救济委员会。

内蒙救济及善后计划

〈一〉序言　内蒙经世界第二次大战,首先经日军侵占而沦陷,在此十数年之战役中,人民所遭受损失甚巨。业农者,田园大半荒芜;牧畜者,一切牲畜皮羊均经日本军部统制供给军用而减少。联合国胜利之日,满望从此可以民生安定,逐渐恢复其原有之职业与生产,不意战争将近结束之期,苏联进兵内蒙,将日军未掠夺之残余物资暨牲畜尽数括略而去。继之以中国共产党清算斗争今日,一般人民所处之境,迩均已口中无食,蔽体无衣。伊盟今年,更因旱灾、水灾之降临,已至山穷水尽之境地。故对内蒙人民,今日若无临时之急速救济与转遂生活之善后办法,老弱妇孺均须向死亡之路走去,壮夫、青年必逼入歧途。故救济内蒙必须于临时及善后两方均须着手也。

〈二〉组织　为明了内蒙各地情形及各区所受灾害种类,暨人口之分配状况,然后施以救济与善后,始能周详而尽善。故在美国政府中华救济团内,由内蒙各盟部独立旗各派一代表组织一委员会,帮同救济团研究实施各种救济及善后计划,各盟部独立旗在各该地方另组一地方委员会,俾便给救济团作一切调查及发放临时救济物资暨计划一切善后之方案,与帮同救济团执行善后计划之各种方案。

盟委员会——每旗一人

部委员会——每旗一人

系统表　美国中华救济团、内蒙代表会独立旗委员会、大旗五人至七人,小旗三人至五人——旗委员由旗政府派出公正人员五人至七人帮同来到地方之救济人员,办理急赈及善后各事。

绥境十八旗以蒙政会总机构不设盟委员会。

〈三〉临时救济物资种类

(a)食粮　(b)衣服被褥　(c)帐幕　(d)医药　(e)布匹　(f)

棉布 (g)面粉 (h)罐头 (i)旧鞋袜 (k)一切日用用具

其他省蒙旗由各该省蒙旗人士计划,绥蒙各旗之人口数目、时间、数量,兹计算如下:〈1〉伊盟七旗——一县〈东胜〉——两处〈桃力民〉(组训处)共有人口三十万灾民,时间八个月共二百四十日,每日每人十三两计二百四十日,三十万人三万七千七百一十四吨食粮以他用品发一次即可,如衣服、旧鞋袜等。

〈2〉乌盟六旗——蒙汉人民以三十万计,除去县。

〈3〉土旗共四万五千人——以二万灾民计算(纯蒙民)。

〈4〉绥东四旗共二万人——以一万灾民计算(纯蒙民)。

乌土绥东受旱灾较轻,而遭共军扰害较重,发粮食可以六个月一百八十日计算。

〈四〉善后所用物资种类

〈1〉打井机八部,伊盟三部,乌盟三部,土默特一部,绥东四旗一部,钢管二千丈平均一丈一井,伊、乌、土、绥东共打二百井。

〈2〉大小型抽水机十部,以备绥境十八旗开矿灌田之用。

〈3〉汽车种机十辆,伊盟三辆,乌盟三辆,土默特二辆,绥东二辆。

〈4〉汽车(卡车)二十辆,修理汽车机车一辆,计伊盟七旗七辆,乌盟六旗六辆,土旗三辆,绥东四旗四辆。

〈5〉毛织工厂设备一套。

〈6〉小型手工纺毛机织毛机二百架。

〈7〉炼精碱厂全部设备。

〈8〉洗毛包毛机一套,以备绥境十八旗所产毛类输出洗包而用。

〈9〉制衣华工厂全部设备一套。

〈10〉病床设备伊盟五十,乌盟五十,土默五十,绥东五十。

〈11〉草种若干吨——改良牧草。

〈12〉帐幕五百顶。

(13) 牧厂五个——另有计划。

详细说明附后。

善后所用物资种类

1. 打井机八部

内蒙草原水井甚缺,每每四五十里以内,所有居民共用一井,尤以伊克昭盟鄂托克旗杭锦旗乌兰察饰盟六旗,为最甚,所养牲畜因饮水距离太远,往返不便,一日即取十余日之用,水蓄藏待用,日久生菌,饮此水而患病死亡者,为数亦多。今为促进畜政讲求卫生,改善民生计,请拨发打井机八部,应分给伊克昭盟三部,乌兰察布盟三部,土默特特别旗一部,绥东四旗一部,共打井三百眼,需钢管三千节,平均十丈一井。

2. 大小型抽水机十部

A. 内蒙古雨水缺乏,地面干燥,牧草农物生长不茂,牧畜耕作乃一大困难,如推广农业设立牧场,对于防旱设备万不可缺,兹应配发抽水机以期施行人工灌溉。

B. 绥蒙十八旗,地下资源埋藏丰富,如煤炭金银铜铁石棉云母宝石等,应择其二三种大量开采,以期促进经济建设,开采特难免触及水源,为防水势障碍,工作应备抽水机。

C. 无论发展农业、牧畜、开矿,对于抽水机急切需要,应配发大小型抽水机十部以利开发,造福蒙民。

3. 汽车耕种机

内蒙古地广质优,苦无耕种机器,不能大量开垦生产,人民仅以畜力、人力从事耕作,惟面积太小,一年所获甚有不足三五口人一年食用,惜利弃于地不能尽其力,坐受饥饿,皆因守旧法,不事改良所致,今后为救急救本计,确应配发汽车耕种机十部,分给伊克昭盟三部,乌兰察布盟三部,土默特特别旗二部,绥东四旗二部,组织专管机构,为人民开荒或组织集体农场,以资发展农业充实民生。

4. 汽车（卡车）

绥蒙十八旗地面辽阔，交通不便，唯一交通工具仍沿用骆驼、牛马车等，载重无几，且需时，甚以物资运送困难无比。兹拟为便利交通应拨汽车二十辆，计伊克昭盟七辆，乌兰察布盟六辆，土默特特别旗三辆，绥东四旗四辆，以期物资流通藉此改善民生。至于道路，除伊克昭盟准噶尔旗郡王旗略加整修可以行驶外，其余均为天然平原，畅通无阻。

5. 毛织工厂设备

绥蒙十八旗所产绒毛，每年当在二百五十万斤以上，因无毛织组织之设备，大都运销各地，不能自制成品，殊为惋惜。现为蒙旗步入工业社会，在中心地带筹设规模较大毛织工厂一所，如锅炉、弹毛机、破毛机、纺毛机、洗毛机、纺织机等全部装备拨发一套，利用蒙古羊种所产绒毛纺制成品，分销各地，所有利润办理社会公益。

6. 小型手工纺毛机

蒙古人民大半以牧畜为业，每年所产绒毛尽行出售，推原其放咸因工业不能发达所致。今为提倡蒙古家庭手工业起见，拟分配伊克昭盟各旗小型手工纺毛机七十架，乌兰察布盟各旗六十架，土默特特别旗三十架，绥东四旗四十架，计为二百架，由各旗旗政府主管分发人民，将所产绒毛纺制成品，供给需要，以裕蒙民收入。

7. 精炼碱厂全部设备

内蒙古产碱甚丰，尤以鄂托克旗为第一，其埋藏量约为一百万万公吨以上，今年（开采过二三年后复生原状，可谓取之不尽）应大事开采精制外运，以便供给化学制造原料，并将所得盈余办理蒙民福利事业，应有设备如运输卡车，容器自来水设备（水管压水机），输溶液水塔用具，炼碱锅，喷液管、抽水机、水管，气体压缩机及其他应备用具，请发全套。

8. 洗毛、包毛机

A. 蒙古所产之绒毛，其中含有杂质，据试验，每市斤中有杂质二两,如不经洗毛手续除去杂质,于运销时虚耗运费,且品样难看,影响销路甚巨,拟用机器义务供给蒙民洗毛。

B. 蒙古绒毛运销时均用布袋麻包封装,不经压榨手续,体积太大,运销不便,应以包毛机封包,甚为便民。

C. 应发洗毛机、包毛机各一架,伊克昭盟、乌兰察布盟、土默特特别旗、绥东四旗人民输出之毛打包。

9. 制革厂之全部设备

绥蒙十八旗所产牛马皮,除供给少数手工业制革外,余者均运销各地,一般蒙民所需皮革还得取于他人之手,受高利剥削甚巨。今为提倡工业,防止剥削等,设制革工厂一所,如压皮机、剖皮机、皮革缝纫机等全部装备拨发一套,以利制革并可收容贫民工作,以工代赈。

10. 病床设备

蒙旗地带向无医院及卫生机构之组织,前行政善后救济总署允拨之乌盟病床五十,伊盟病床五十,至今未拨,蒙民如患疾病无处求医,坐以待毙,其状甚惨。对蒙旗之善后筹设医院,拨发医疗器械为至急要务,兹拟请贵团拨给病床二百,单位计伊克昭盟五十,乌兰察布盟五十,土默特特别旗五十,绥东四旗五十,用事实施医疗。

11. 草籽五吨

蒙古草原之牧草均为天然生长,从未经人工培植,且优良品种不多,故牧草不丰,影响牧畜发展甚巨,拟请发草种五吨,以期改良牧草。

12. 帐幕

查伊克昭盟、乌兰察布盟、绥东四旗蒙民所居帐幕,大都被共产军破坏、掠夺,现流难失所贫民,甚有宿食野外,其状甚惨,应请配发帐幕五百顶,分发各旗贫民,以示赈济。

〔蒙藏委员会档案〕

14. 仁勤多尔济为成立蒙旗复兴协会发表宣言及章程致蒙藏委员会电

(1948年4月4日)

蒙藏委员会公鉴：本会为期民族团结及蒙旗复兴起见，依法组织成立，并奉察哈尔省社会处颁发蒙汉文图记一颗，文曰："蒙旗复兴协会"及立案证书一纸，于三月二十六日在张家口上堡大兴院巷十二号开始办公。特检送本会宣言一份，组织章程一份，电请鉴核，随时赐予指导援助是荷。蒙旗复兴协会理事长仁勤多尔济。卯支。印。附宣言一份，组织章程一份。

蒙旗复兴协会成立宣言

第二次世界大战结束后，世界局势仍被战云笼罩，国际间钩〔勾〕心斗角，剑拔弩张，危机四伏，人类和平幸福函待全世界民主和平人士共同努力，促其实现。

我国抗战八年，获得最后胜利，在国际动荡不安现象当中应如何自强不息，励精图治，以应付未来非常之局面，不意共党叛乱，肆意破坏，阻遏民族复兴建设之光明坦途，每念地方捐〔损〕坏之大，民命受害之深，国家元气丧失殆尽，痛心何似。

尤以蒙旗一带，遭受蹂躏之惨重，培于各地，财产掠夺殆尽，民命危如悬卵，奔波流亡穷困冻饿，无时不在水深火热中，而宗教祭祀毁灭，社会制度沦替，以致多年来安居乐业，乐于活佛薰浴之蒙古人民，突受此违天背人之浩劫，泰半精神失常，罔无所从。

蒙旗地处边陲，文化教育向即落后，政府之政令传达，及启发宣导等工作，不宜深入蒙旗，唯一救国救民之国父遗教，三民主义真谛，迄未宣达边疆，致使人民对政府施策缺乏了解，印象薄若〔弱〕。嗣经八年沦陷，饱受日乱之奴化教育，奸匪割据之渗入赤化毒素，一部分浅识人民、苦闷青年，固无坚定信仰，复感当前威胁，致受其愚惑,此种现象诚属莫大危机,函待挽救。

更有进者:蒙民及中华民族组成分子之一员,与中华民族为一体,戚相关之憋体,相信国家决不辜负蒙民,绝对依照三民主义之民族政策,加以扶持,必使其地位平等,文化提高为目的。故赤诚接受并拥护中央对蒙族一地施策,唯对当前人民颠沛苦难,及国家边防危险,焦虑万千,切望中央对蒙旗尽最大力量,积极抢救,肃清奸匪,彻底完成复员工作,解除蒙民痛苦,重享安居乐业——吾人久抱民族团结,效忠国家之志。爰持发起组织蒙族复兴协会,庆纳同志,集中意志,集中力量,协助政府迅速完成戡乱建国。在政府领导下,依据宪法谋求蒙民福利,表达蒙民意见,消除中央地方隔阂,勿使稍有滞塞,复兴蒙旗,复兴民主新中国。

蒙族复兴协会章程
第一章 总 则

第一条 本会定名为蒙旗复兴协会。

第二条 本会以效忠国家,崇敬元首,发扬民族团结精神,建立蒙民正确思想,依据宪法复兴蒙族,谋求蒙民福利为宗旨。

第三条 本会设于察哈尔省张家口市,逐渐扩大组织区域。

第四条 有关蒙旗各省、市、县得视需要由总会选派人员设立办事处或通讯处,秉承总会,推进会务,其细则另定之。

第二章 会 务

第五条 本会之会务如下:

一、关于蒙旗复兴建设之协助事项;

二、关于戡乱工作之协助事项;

三、关于组训蒙旗民众之协助事项;

四、关于蒙旗民众互助合作,及公益福利之举办事项;

五、关于蒙旗各种社会服务事项;

六、关于政府政令之宣阐事项;

七、关于民意之呈达事项；

八、其他合于本会宗旨之事项。

第三章 会 员

第六条 凡思想纯正，年在二十岁以上，不分性别，赞成本会宗旨，志愿加入本会者，经会员二人以上介绍，履行下列入会手续，并经理事会之通过，得为本会会员。

一、填写入会志愿书。

二、举行宣誓。

第七条 本会会员得享下列之权利：

一、参加本会各种特定会议；

二、有选举权、被选举权、发言权、表决权；

三、有参加本会各种工作，并享受本会举办各种事业之权利。

第八条 本会会员应尽下列之义务：

一、遵守会章；

二、服从多数通过之决议。

第九条 凡会员不履行义务或违反纪律者，得视其情节之轻重，经理监事联席会议之通过，予以下列之处分：

一、口头警告；

二、书面警告；

三、开除会籍。

第四章 组 织

第十条 本会设理事十七人至二十七人，候补理事十人，监事五人至九人，候补监事五人，由会员大会选举之。分别组织理监事会，本会最初成立时，以会员尚未开始征比、关于理监事之选举，为便利进行计，得就基本发起人中，提名推选之。

第十一条 理事会之职权如下：

一、召集会员大会；

二、执行会员大会决议案；

三、执行会章规定事项；

四、处理理事长交办事项。

第十二条　监事会之职权如下：

一、监察理事会执行会员大会之决议案；

二、审察本会财务出纳及会务报告；

三、关于会员违反会章之纠举事项。

第十三条　理事会就理事中互推常务理事七人至九人，并就常务理事中推选理事长一人，就监事互推常务监事一人至三人，直接对监事会负责，分别处理日常事务。

第十四条　理事会于必要时得设置各种专门委员会。

第十五条　本会斟酌情形，聘请党政军机关各级长官及社会贤达为顾问，指导会务之进行与发展。

第五章　职　员

第十六条　理事会设总干事一人，副总干事一人，由理事会聘任之，秉承理事会办理日常会务。

第十七条　理事会得按照实际需要分组办事，并视业务之繁简得酌设助理员雇员若干人受总干事及副总干事之督导。

第十八条　理监事任期均二年，连选得连任。

第十九条　监理事有下列情事之一，得予解任。

一、有不得已事故，经会员大会或理监事联席会之决议，理事长之许可，准予辞职者。

二、旷废职务，经会员大会或理监事联席会之决议，令其退职者。

三、受法律制裁者。

第六章　会　议

第二十条　会员大会每月举行一次，必要时或会员半数以上请求者，得召集临时大会，惟会员年会之举行集会会员不足全数会员三分之一以上时改期召开。

第二十一条　理监事会均每月举行一次,常务理事会每星期举行一次,必要时均得举行临时会议,理监事及常务理事会举行时,主席有表决权。

第七章　经　费

第二十二条　本会经费以下列各款充之:

一、会员自志愿捐;

二、临时捐募(经会员大会或理监事联席会议议决办理);

三、其他补助或捐助费。

第二十三条　本会收支账目应向会员大会提出报告。

第八章　附　则

第二十四条　本会各业务部门得分设小组其办法另订之。

第二十五条　本会办事细则另订之。

第二十六条　本会章呈准主管署备案后施行。

〔蒙藏委员会档案〕

15. 白云梯等关于成立蒙古难胞救济协会呈

(1948年5月22日)

查自抗战胜利以还,蒙旗相继为共匪陷据,人民流离失所,生活无法维持,哀鸿遍野,厥状至惨,爰经发起组织蒙古难胞救济协会,从事救济事宜一案。经呈奉社会部,本年三月二十六日社(37)组四字第零零八二六二号批示内开:"呈件均悉。准予备案。仍仰将成立大会开会情形、组织章程及职会员名册等件呈部,以凭核办。此批。"等因。奉此。查本会业于本年三月二十日开成立大会,到全体会员一百五十七人,当将组织章程草案修正通过,并推选白云梯为理事长,吴云鹏、李永新为副理事长、白瑞为监事长、席振铎等五十九人为理事、伊德钦等二十一人为监事,并决定本会会址暂设于本京匡庐路十八号。除分函外,理合检附组织章程,职会员名册各一份，备文送呈鉴核办理。又本会图记业已刊刻，其文曰"蒙古难胞救济协会图记"，并已于四月一日起正式启用，合并陈明。并印模一纸，恭请赐予备案，实为公便。谨呈。

蒙藏委员会

　　　附组织章程一份

　　　职会员名册各一份

　　　印模一纸

理事长白云梯

中华民国三十七年五月二十二日

蒙古难胞救济协会章程草案
第一章　总　则

第一条　本会定名为蒙古难胞救济协会（以下简称本会）。

第二条　本会以筹募赈款赈物，办理关于蒙古难胞之救济，以配合戡乱建国工作，坚定拥护政府信念为宗旨。

第三条　本会设总会于南京，并得在北平、沈阳、长春、锦州、张家口、包头及其他必要地点酌设分会。

第二章　会　员

第四条　本会由赞成本会宗旨之蒙古人士组织之于难胞集中地区，并请难胞代表参加同为本会会员。

第五条　凡对蒙古难胞同情之人士，本会得延请其加入本会。

第六条　本会会员有服从会员大会决议之义务。

第七条　本会会员有选举及被选为理监事之权利。

第三章　会员大会

第八条　本会以会员大会为最高权力机关。

第九条　会员大会三个月开会一次，由理监事联席会议召集之，必要时得召集临时会议。

第四章 理事会

第十条 本会设理事长一人,副理事长二人,理事三十五人至五十九人,由会员大会选举之组织理事会,理事长组织会务,开会时由理事长任主席。

第十一条 本会得聘名誉理事长若干人,由理事会聘请之。

第十二条 理事会之任务如下:

(一)执行会员大会决议案;
(二)关于分会之组织辅导事宜;
(三)关于难胞实况及赈务推进及调查事宜;
(四)关于赈款赈物之筹募分配事宜;
(五)关于政府救济业务之建议协助事宜;
(六)其他事宜。

第十三条 理事会设总干事一人,承理事长之命推动本会业务,其下分设各组、各设组长一人、干事若干人,由会员分任之,其职掌如下:

(一)总务组 凡本会之文书,庶务及其他不属于各组之事项均属之。

(二)调查组 凡关于蒙古难胞之分布、生活及救济等情形之调查报告事项均属之。

(三)筹赈组 凡关于赈款赈物之筹募及救济之协助等事项均属之。

(四)分配组 凡关于赈款赈物之分配等事项均属之。

(五)保管组 凡关于赈款赈物之保管出纳等事项均属之。

(六)会计组 凡关于本会赈款赈物之收支簿据表报等事项均属之。

第五章 监事会

第十四条 本会设监事长一人,监事十一人至二十一人,由会员大会选举之,组织监事会,监察会务,开会时由监事长任主席。

第十五条　监事会之任务如下：
〈一〉监察理事会关于大会决议案之执行事宜。
〈二〉关于赈款赈物出纳之稽核事宜。
〈三〉关于本会推行救济业务之监察事宜。
〈四〉其他事宜。

第六章　经　费

第十六条　大会经费之来源以下列各项充之：
（一）会员捐款；
（二）政府补助。
第十七条　本会不动用赈款。

第七章　附　则

第十八条　本会理事会、监事会半月开会一次，理监事联席会议每月开会一次，必要时得召集临时会议。
第十九条　本会办事细则另订之。
第二十条　本章程经会员大会通过并经呈准社会部备案后施行。

职员名册
一、理事长　白云梯
二、副理事长　吴云鹏　李永新
三、理事　席振铎　吴鹤龄　纪贞甫　葛瑞峰　李春霖　李忠　史耀先　萧绍何　史秉麟　吴化鹏　康玺琛　侯瑞昌　乌静彬　陈孝贤　白凤兆　阿勇绰克图　李寿山　包庆云　巴图阿拉西　金志超　荣照　杭家骧　白莲贞　齐雨民　阿福寿　乔嘉甫　胡海滨　吉利占泰　许占魁　薛兴儒　白大诚　金养浩　杨俊生　汪鹏程　达穆林旺楚克　巴图毕力格　达互　胡格金台　何兆麟　金崇伟　卓力格图　乌尔贡布　白海风　邢复礼　胡凤山　陈绍武　札奇斯钦　奇忠义　贾文华　贾自信　经天禄　穆克登宝　恩和阿木尔　梁芝祥　李海山　王庆三　包国义　武德镇

策仁

四、监事长 白瑞

五、监事 伊得钦 任秉钧 白洁琛 陈翊周 卜文林 伍如恭格 额尔德尼 关荫南 笃多博 苏崇阿 赵城璧 巴云英 俄罗卜仁庆 札喜才让 鲁宗札木苏 李世烈 龙舟 宫世臣 于绍文 多尔济 王枕华

六、总干事 金志超

七、总处组 白凤兆

八、调查组 纪贞甫

九、筹赈组 荣 照

十、分配组 萧绍何

十一、保管组 康玺琛

十二、会计组 葛瑞峰

会员名册

白云梯 吴云鹏 李永新 席振铎 吴鹤龄 纪贞甫 葛瑞峰 李春霖 李忠 史耀先 萧绍何 史秉麟 吴化鹏 康玺琛 侯瑞昌 乌静彬 陈孝贤 白凤兆 阿勇绰克图 李寿山 包庆云 巴图阿拉西 金志超 荣照 杭家骧 白莲贞 齐雨民 阿福寿 乔嘉甫 胡海滨 吉利占泰 许占魁 薛兴儒 白大诚 金养浩 杨俊生 汪鹏程 达穆林旺楚克 巴图毕力格 达互 胡格金台 何兆麟 金崇伟 卓力格图 乌尔贡布 白海风 邢复礼 胡凤山 陈绍武 札奇斯钦 奇忠义 贾文华 贾自信 经天禄 穆克登宝 恩和阿木尔 梁芝祥 李海山 王庆三 包国义 武德镇 策仁 白瑞 伊得钦 任秉钧 白洁琛 陈翊周 卜文林 伍如恭格 额尔德尼 关阴南 笃多博 苏崇阿 赵城璧 巴云英 俄罗卜仁庆 札喜才让 鲁宗札木苏 李世烈 龙舟 宫世臣 于绍文 多尔济 王枕华 纪效威 达格瓦敖斯尔 包晋祺 杨立君 白尚勤 郭木布札普 巴云比利格 乌

云格尔勒　阿格栋嘎　汪震东　阿晋尔札那　贺守业　拉希拉色　朝珠尔　陈那笋巴图　牛顿　包布拉　官保加　才仁加　安吉德尼玛　多尔丁　杜古尔　金米提　西谋珍　道尔吉　策丹多尔济　额勒恒巴雅尔　海王祥　多淑秀　多淑英　倪纯义　荣实麟　迪鲁瓦　张国玺　海永溥　白金山　白晓楼　陆淑文　李耀先　史耀青　陈世铎　满楚克札布　吴国鼎　实布和　克兴额　宝光濂　海晏　杨荫东　杨润澍　王浩然　金淑慧　葛文庄　白志毅　那村卜和　哈斯巴特尔　乌恩斯钦　武如根　赵那苏图　乌云岸门卜和　拉喜忠爱　乌占坤　张秉衡　额尔敦　额勒恒格　华贤实　旺庆多尔济　那苏图　包拉达札布　赵泰保　乌尔那苏　何金山　白世雄　塔能

〔蒙藏委员会档案〕

16. 卓里克图亲王组织蒙古社会服务团呈

（1948年7月12日）

窃查行宪开始，各民族莫不向建国途上迈进。唯蒙族文化落伍，知识愚昧，可谓一般文化社会事业俱付阙如，致程度无由进展，遗憾独多。尤以胜利以还，匪党祸国，蒙民不甘附逆，相率逃出，麇集沈阳、新民、锦州、北平一带，为数甚众，流亡栖止，人地生疏，以及语言文字种种不同关系，举措皆非，难虞备至。墨尔根有见及此，爰拟创办蒙古社会服务团，以提倡文化，协助难胞，基戡乱建国之义，开边疆服务之阶。揆诸时局，端为切要，理合检同组织章程一份，备文呈请鉴核，俯赐备案施行，并恳转函社会部，不胜待批示之至。谨呈。

蒙藏委员会委员长许

卓里克图亲王贺喜业勒图墨尔根谨呈

附件乙份

中华民国三十七年七月十二日

蒙古社会服务团简章
第一章 总 则
一、本团以在蒙古为大众服务为宗旨。
二、本团定名为蒙古社会服务团。
三、本团服务总站设于北平,各地因事实之需要随时设立服务分站(以现地地名呼之)。
四、各地分站均为临时性质,一俟每次之工作达到一阶段时得随时撤回总站待命,以便再另往他处工作。
第二章 组 织
本团以基本团员二十人组织之,由团员内共推一人为团长及二人为副团长,于团长中遴选数人为各组之干事组织之。
六、本团设总务、文化、慈善等三组,每组设组长一人,组员三人,如事务过繁时得酌增组员二三人协助之。
七、本团赴现地工作时临时组织工作队,队长一职非固定,凡团员皆可充任队长。
第三章 业 务
八、本团于平时以在蒙旗各适中地区办理一般社会服务(普及文化慈善救济等一般社会福利事项)为主要业务。
九、遇有灾害时期本团则暂缓平时工作,专为救济事项服务。
第四章 经 费
十、本团经费除基本金由各团员捐助外,并向一般人士募集,必要时请政府补助之。
十一、本团会计事项每半年在各大日报公告一次。
第五章 待 遇
十二、本团团员凡有工作者由本团供给食宿,并酌给津贴。
十三、如因公行动得由团总站支给旅费、办公费。

第六章 期　间

十四、本团自成立日起以三年为试办期,如有益社会得延长之。

第七章 附　则

十五、本团自主管部门批准之日起实行之。

十六、本团得聘各界名流为名誉团长或顾问。

十七、本团工作状况每年公告一次,但每一分站结束时必将业务状况随时登报公告。

十八、总站及分站所在地之主管当局,本团皆聘为顾问。

十九、本团各办事细则另定之。

二十、本简章如有未尽事宜得修正之。

〔蒙藏委员会档案〕

三、德王自治政府概况

1. 陈效蕃关于李守信等奉召至谕电

（1945年9月8日）

平庄。蒙藏委员会委员长罗钧鉴：蒙古军政要员李守信、吴鹤龄、乌古廷、德希贤等携随员四人,奉召至谕,请关照一切为祷。职陈效蕃叩。庚。

〔蒙藏委员会档案〕

2. 蒋介石为商研德王陈述内蒙危急状态及拟具措置办法与蒙藏委员会等往来电呈

（1945年9—10月）

（1）蒋介石电（9月24日）

代电

蒙藏委员会罗委员长、军令部徐部长勋鉴：兹抄送熊主任斌转据德王陈述内蒙危急状态及拟具措置办法报告一件，希洽商研议具报。中正。(卅四)申回。侍秦。附抄件一件。

中华民国卅四年九月廿四日

原报告

谨密建议者：窃查现在内蒙竟为苏联及外蒙军队占据十之八九，将来果能如约撤退，则甚善矣。倘外蒙军队迫于苏联之主使，希图实现其统一民族，收复失地之宣传而久留不去，或由农业地带退至游牧地带而不复北归，则内蒙之大半将为外蒙所占有矣，此可虑者一也。游牧地带之蒙民移动至为便利，故群众之迁移之举，历史上数见不鲜，今苏联与外蒙既有攫取内蒙之野心，若至势必撤兵之际，则将我游牧地带之人口、牲畜、帐幕、财物尽行胁裹以去，使内蒙名存而实亡，亦未可知，此可虑者二也。苏联及外蒙纵不采取上述二种办法，果能同时撤兵，则在内蒙占据数月之际，甚或托词再延搁数月，以大肆其赤化内蒙之工作，或与八路军相结合，造成种种荒谬之组织与事实，使我将来无法收拾办理，亦属意中之事，此可虑者三也。总之，内蒙现已陷于非常危急之状态，敢乞准予实施下列三项紧急措置，以资挽救，实为幸甚。

一、由中央催促苏联及外蒙克期撤退占据内蒙各处之军队，并约定以后不得任意侵入，以免将来反共内向之内蒙为彼侵略或赤化之虞。

二、由中央特派大员组织蒙古宣导委员会，畀以对苏联交涉及接收各盟旗，并招抚蒙古军官民之全权，令其即日入蒙工作，以期内蒙全体仍旧内向，不得为外力所动摇。

三、由中央再为发表准许内蒙高度自治之德意，并特派妥员组织蒙古高度自治筹备委员会，令其积极筹备，以安内蒙人心，免为外蒙之策略宣传所诱惑。

以上三项办法,是否可行,统乞训示祇遵!

敬附陈者,所谓高度自治,原无一定标准,然为对抗苏联及外蒙之阴谋,巩固今日之内蒙计,似应援照英属加拿大、澳洲等处之例,特予内蒙以自治领之地位,盖必名义堂皇,方足以左右人心也。至于自治组织及权限,则不必尽以自治领为榜样,不但国防、外交及其他具有统一性之事项,应由中央主持之,即应属于自治权限之事项,亦宜充分受中央之指导监督,良以内蒙人民之公意,在乎拥护国家之统一,同时亦希望中央有效的扶植。而今之所以愿得自治领之名义者,实为挽救内蒙今日之危局计耳。此点如蒙赐予同情,即乞于发表内蒙高度自治之时,明定内蒙为中国之自治领,或准内蒙自治比照自治领之体制办理之,则钧座扶植国内各民族之伟大精神,益为世人所敬仰,而于巩固内蒙之工作上必更有莫大之效益矣。

(2)蒙藏委员会等呈稿(10月2日)

案奉钧座(卅四)申回待秦字第一七七九六号电令:抄发熊斌主任转据德王陈述内蒙危急状态及拟具措置办法报告一件,饬洽商研议具报等因。兹谨安〔按〕原报告所拟紧急措置办法三项,分别呈复如次:

(一)由中央催促苏联及外蒙克期撤退占据内蒙各处军队,并约定以后不得任意侵入一节。查自日本投降,中苏友好条约签订后,此点谅早蒙钧座洞察,拟请外交部相机洽办。

(二)由中央特派大员组织蒙古宣导委员会,招抚蒙古军民,争取内向一节。查关于收复各蒙旗善后紧急措施,业经蒙藏委员会呈准组织蒙旗宣抚团,随军前进,协同地方军政负责长官处理各蒙旗宣抚善后事宜,该团现正洽机起程,所请特派大员一节,似无再派必要。

(三)由中央再为发表准许内蒙高度自治,并派员组织内蒙高度自治筹备委员会,免被外蒙宣传诱惑一节。查六全大会决议本党政纲政策,关于实现蒙藏各民族高度自治案,前经蒙藏委员会拟具"边疆各盟旗地方自治方案",并由内政部召集各有关机关会商后呈请行政院核办在案,原方案对内蒙自治已有整个规划;且德王等及旅渝蒙籍人士均甚表赞同,所请组织内蒙高度自治筹备委员会,似毋庸议。

综上研议各节,是否有当,敬乞鉴核。谨呈
军事委员会委员长蒋

       蒙藏委员会委员长罗〇〇
       军令部部长 徐〇〇

〔蒙藏委员会档案〕

3. 军政部关于德王不宜领导蒙政电
(1945年9月29日)

军政部代电 (卅四)务步(三)字第7445号
    中华民国三十四年 月 日

蒙藏委员会勋鉴:据报德王于民国廿三年乘日寇侵我之际,遂起野心,倡导蒙古高度自治要求未遂,乃勾结日寇在嘉卜寺成立军政府。七七事变后,在归绥成立伪蒙政府。此次来渝晋谒委座,又拟要求成立自治领。现值外蒙独立,若以此怙恶不悛之德王领导蒙政,则我内政必多事矣等情。特电查照参考为荷。军政部。(卅四)。申艳。务步。(三)边。

〔蒙藏委员会档案〕

4. 蒙藏委员会为德王返回北平后拟具
善后安置办法致蒋介石密呈稿

(1945年11月)

密呈 第1247号

查德王等一行来渝,除李守信、吴鹤龄已先后奉准赴平外,德王现尚留渝,拟即晋见钧座,面请训示后北返。顷据本会处长楚明善自外蒙经北平归来面陈,目前内蒙局势,有待澄清,为安定察北蒙旗一部人心计,似宜饬德王早日返平,协同李守信、吴鹤龄等抚绥旧部,争取内向。关于该员善后安置办法,拟请:

(一)由钧座按月给其生活费五十万元。

(二)请电北平市政府准其留住北平前伪蒙古自治邦驻平办公处原房舍内。

(三)电令北平行营暨军统局严密监护。

(四)其逃归北平旧部则电令北平市政府,第十路军总司令李守信,蒙古宣导团主任吴鹤龄等,设法酌予安置,以资维系。

综上所拟,是否有当,理合密呈鉴察。谨呈

国民政府主席蒋

蒙藏委员会委员长罗〇〇

〔蒙藏委员会档案〕

5. 行政院交际科关于蒙古各盟旗联合驻京
办事处请求晋谒政府首长函

(1949年2月23日)

顷准蒙古各盟旗联合驻京办事处本月十九日蒙字第十三号呈院长张呈文乙件开:兹经本处代表会议决议,公推吴云鹏、卜文林、阿勇绰克图、白彦巴图、陈孝贤、吴化鹏等六代表,拟于最近晋谒钧座,对于当前蒙情及蒙古自治方案有所陈请,敬祈赐予指定接见日期为感,等由。查关于蒙藏代表来京晋谒政府各首长,例应由贵会查明有无晋谒之必要,并抄送各代表履历,以资稽考。兹准前由,相应函达,敬请查照核办见复为荷。此致
蒙藏委员会蒙事处

行政院交际科
二月廿三日

呈阅:拟复请转陈准予谒见。

詹世寿
二.廿四

〔蒙藏委员会档案〕

6. 内蒙各盟旗代表大会关于组织内蒙自治筹备会及推选人选等情电

(1949年4月19日)

蒙藏委员会委员长白钧鉴,并转呈代总统李、行政院长何钧鉴:国事日亟,蒙旗为自救救国计,于四月十三日在定远营召开内蒙各盟旗代表大会,共筹自治方策,冀使团结群力,以应时局。当经大会决议,组织内蒙自治筹备委员会,推选阿拉坦瓦齐尔为委员长,德穆楚克栋鲁普、林沁僧格、巴彦涵、达密林旺楚克为副委员长,都固仁仓、荣祥、雄诺敦都布、色楞那木济勒、沙拉布多尔济、乌儒根达赉、胡凤山、鄂齐尔呼雅图为常务委员,达理札雅、那森布和、罗巴图孟柯、吉利占泰、赵那苏图、尔德尼保勒特、补得巴资尔、塔旺札布、巴云英、图们吉尔格朗、阿育札那、贡札布、巴图毕勒格、孟肯吉雅为委员,所有经过,除推派代表晋京陈情外,谨电奉陈,伏乞鉴察。内蒙各盟旗代表大会叩。皓。印。附呈名单一份。

91

附呈名单一份

姓　　名	职　务	籍贯	简　　历	备　考
阿拉坦瓦齐尔	委员长	蒙古	伊盟杭锦旗札萨克	
德穆楚克栋鲁普	副委员长	蒙古	锡盟西苏尼特旗札萨克	
林沁僧格	副委员长	蒙古	乌盟盟长	
巴彦涵	副委员长	蒙古	绥境蒙政会秘书长	汉名巴文峻
达密林旺楚克	副委员长	蒙古	阿拉善旗协理	汉名达云庵
都固仁仓	常务委员	蒙古	中央执行委员	汉名白海风
荣祥	常务委员	蒙古	绥境蒙政会委员	
雄诺敦都布	常务委员	蒙古	锡盟西阿巴嘎旗札萨克	
色楞那木济勒	常务委员	蒙古	察哈尔盟盟长	
沙拉布多尔济	常务委员	蒙古	乌盟达尔罕旗协理	
乌儒根达赉	常务委员	蒙古	鄂托克旗保安司令部参谋长	汉名韩裕如
胡凤山	常务委员	蒙古	绥境蒙政会委员	
鄂齐尔呼雅图	常务委员	蒙古	绥境蒙政会副委员长	
达理札雅	委员	蒙古	阿拉善旗札萨克	
那森布和	委员	蒙古	蒙藏委员会委员	汉名何兆麟
罗巴图孟柯	委员	蒙古	阿拉善旗协理	
吉利占泰	委员	蒙古	立法委员	
赵那苏图	委员	蒙古	蒙藏委员会专门委员	
尔德尼保勒特	委员	蒙古	郡王旗札萨克	汉名奇忠义
补得巴资尔	委员	蒙古	国立札萨克旗小学校长	汉名贺守业
塔旺札布	委员	蒙古	额济纳旗札萨克	
巴云英	委员	蒙古	乌盟东公旗保安司令	

续上表

姓　　名	职　务	籍贯	简　历	备　考
图们吉尔格朗	委　员	蒙古	伊盟鄂托克旗保安副司令	汉名刘宝财
阿育札那	委　员	蒙古	伊盟札萨克旗协理	汉名奇文卿
贡札布	委　员	蒙古	乌盟四子王旗协理	
巴图毕勒格	委　员	蒙古	立法委员	
孟肯吉雅	委　员	蒙古	伊盟鄂托克旗代理札萨克	

〔蒙藏委员会档案〕

7. 张治中等陈报德王在定远营研商蒙旗自治有关事宜电
(1949年4月)

(1) 张治中电(4月20日)

南京。蒙藏委员会白委员长：○密。(一)内蒙锡林果勒盟德王(德穆楚克栋鲁普)自本年一月间由京来兰后，旋转赴宁夏阿拉善旗暂住。近来该员召集内蒙各盟旗首长于卯元在定远营开会，研商蒙旗自治有关事宜。(二)查本案前由该员向本署请求，当经指令应径报中央核办。(三)除有关情形容续报外，特电查照。弟张治中。业四卯。哿。印。

(2) 上官业佑电(4月26日)

特急。广州。蒙藏委员会周副委员长彦龙兄：○密。(一)据报德王等近召集各盟旗首长在阿拉善旗定远营会商蒙古自治问题，决定组织自治筹备委员会，通过组织大纲草案，选出委员、正副首长及晋京请愿代表等情。(二)贵会已否据报并处理办法及卓见如何，均请赐告，以资参据为荷。弟上官业佑。业四卯。宥。叩。印。

(3) 张治中电(4月28日)

广州。蒙藏委员会白委员长:业四卯哿电计达。○密。(1)续据报称会议于删日继续举行,经已通过内蒙自治组织大纲草案,决定组织内蒙自治筹备委员会,并推选阿拉坦瓦齐尔为委员长,德穆楚克栋鲁普、林沁僧格、巴彦涵、达密林旺楚克为副委员长,都固仁仓、荣祥、雄诺敦都布、色榜〔楞〕那木济勒、沙拉布多尔济、乌儒根达赉、胡凤山、鄂齐尔呼雅克图为常务委员,达理札雅、那森布和、罗巴图孟柯、吉利占泰、赵那苏图、奇忠义、贺守业、塔旺嘉布、巴云英、图门吉尔格朗、阿育札那、贡札布、巴图毕勒格、孟肯吉雅为委员,及另推代表五人晋京请愿等情。(2)除另电宁绥两省府外,请鉴核。张治中。业四卯。勘。印。

〔蒙藏委员会档案〕

8. 德王等呈请宣布准予内蒙自治请愿书

(1949年4月23日)

请愿书

为呈请转请宣布准予内蒙自治,以安蒙旗,而固国防事:窃维我国幅员广大,少数民族遍布边区,国防之安全不能仅恃武备,势须增强少数民族向心力量,精诚团结,使为国家民族共同奋斗,始克有济。我内蒙人民近两百万,而文化、教育、经济水准亦日趋进步,足以分负国家之一部责任,更足以负荷自身之一切政治任务。故十余年来,我内蒙人士奔走呼吁,要求内蒙自治,原基于此种事实,更基于总理三民主义之遗训及世界民族解放潮流之要求也。今鉴于国际与国内大势所趋,我内蒙必须团结一致,研求自救与救国之道。特于本年四月十三日召开内蒙各盟旗代表大会,共商大计,当决议:

一、遵奉三民主义之凡国内各民族政府扶植之,使之能自决自治之遗训,请愿中央准予内蒙自治,俾能御侮图存,而建立坚强巩固之国防。

二、正式自治机构成立以前,即日先行成立内蒙自治筹备委员会,准备自治一切事宜。

是以代表等遵依大会决议,业已成立内蒙自治筹备委员会,开始筹备一切自治事宜,增强国防,安定力量,期纾中央北顾之忧。惟事急势迫,伏恳钧会转请俯念蒙人谋国之忠贞,自救之情切,盱衡全局,乾纲立断,迅赐俯准,宣布内蒙自治,以符国策,而固边疆,蒙旗幸甚,国家幸甚!谨呈

蒙藏委员会委员长白

内蒙各盟旗代表 阿拉坦瓦齐尔 德穆楚克栋鲁普 林沁僧格 巴彦涵 达密林旺楚克 鄂齐尔呼雅克图 都固仁仓 敖木巴特尔 雄诺敦都布 色楞那木济勒 沙拉布多尔济 乌儒根达赉 哈斯额尔敦 达理札雅 那森布和 雄诺 多布吉 云英飞 康靖国 格尔达瓦 包索 琦们达歪 阿登嘎 贡布 玛黛 贡森 乌拉吉卜彦 鲍国民 西力布 王亲札布 海福泉 罗巴图孟柯 吉利占泰 赵那苏图 尔德尼保勒特 补德巴资尔 塔旺札布 达格瓦敖其尔 图们吉尔格朗 阿育札那 贡札布 孟肯吉雅 武如根 陈建荣 策旺 鲁仁庆 图们德勒格尔

中华民国三十八年四月二十三日

〔蒙藏委员会档案〕

9. 国民党宁夏省执委会抄送内蒙各盟旗代表会议纪要函

（1949年5月6日）

兹奉上内蒙各盟旗代表会议纪要一份，请查收赐复为荷。此致
蒙藏委员会

中国国民党宁夏省执行委员会
五月六日

内蒙各盟旗代表会议纪要

目录

一、会议经过

二、各盟旗出席代表

三、决议案

四、内蒙自治筹备委员会组织大纲

五、当选委员名单

六、来宾致词

七、建议

周百锽编印

中华民国三十八年四月

内蒙各盟旗代表会议纪要

一、会议经过

此次内蒙各盟旗代表会议的召集动机，据德王向人表示，系由于东北沦陷，平津紧张，国府派机将德王由平接至南京，曾经晋谒李代总统陈述内蒙危机，东蒙受共党煽惑，成立东蒙自治政府，近日渐向西进逼，仅余的西蒙各旗，宜速成立一联合机构，收容不甘共党宰割西来的王公、军队、青年，抵御共党。李代总统面为应允，南京有关机关及旅京蒙古人士，亦来同情，遂乘机飞兰，复与兰州各有关军政负责人商洽妥当。适阿拉善旗札萨克达锐荪、何委员瑞

五等多人均在兰州,与之决定,在阿拉善旗定远营召开各盟旗代表会议,通知各盟旗派代表出席,一切布置就绪后,德王等即来宁夏,约集来宁白师长海风、绥远蒙旗政务委员会秘书长巴文峻、韩参谋长裕如等蒙古人士到定远营开会。乌兰察布盟林盟长已事先于绥西吃紧时,来至定远营。至四月八日,各盟旗代表到过半数,当日午后即开始交换意见,成主张此次会议,多于会前商谈,凡会议席上争执,是后逐日举行座谈会,商讨一切问题,并成立会议筹备处,推达匀庆为秘书长,下分二组:一、议事组组长赵汇川(蒙藏委员会专门委员),二、总务组组长张文圻(阿拉善旗区防司令部副官长)。闻各代表交换意见时,少数人主张高度自治,藉一新耳目,扩大号召,卒因多数人认为国难严重,不应再加高度字样,致外人误解为脱离中央,且各身力量,尚嫌不足,口号太离,徒增国家之困难,与本身毫无裨益,遂作罢论。

会议原拟四月十一日开幕,因等候代表及交换意见,一再展期。至十三日,始正式举行开幕典礼,假阿拉善旗区防司令部大礼堂为会议室。内中布置,主席台上右悬孙总理遗像,左悬元太祖遗像。开会秩序单蒙汉文各一,司仪及发言人发言均先用蒙语,后用汉语。此乃尊重本族语言之意。开幕典礼,临时公推巴文峻为主席,致开幕词后,来宾马主席代表周百锽、国防部军事专员罗大煟等,相继致词,奏乐,摄影,闭幕。午后三时开预备会,推选德王、林盟长、达锐荪、巴文峻、白海风、何瑞五、韩裕如等七人为大会主席团,并审查各项提案。十四日上午十时开第一次会议,讨论提案,主席德王。下午三时开第二次会议,主席何瑞五,讨论提案。十五日上午十时举行选举会,主席白海风,采用主席团提名表决选举方式(选举结果附后),会毕休息十分钟,接续举行闭幕典礼,会即告成。

二、各盟旗出席代表

伊克昭盟:

  乌尔棍达赖(韩裕如)

图们吉尔格勒(刘宝财)
　　杭吉关
　　阿诱札雅(奇文卿)
　　宝琐尔
　　哈达巴资尔
　　云英飞
　　敖们拉白(杭旗章京)
　　云丹旺楚克
　　乌勒吉桃克桃呼
绥境蒙政会：
　　巴文峻
乌兰察布盟：
　　林庆僧格(林盟长)
　　雄诺(雄司令)
　　宝德巴资尔(贺守业)
　　色庆毕理格
　　乌勒吉巴雅尔
　　乌勒吉宝彦
锡林郭勒盟：
　　德穆楚克栋鲁普(德王)
　　雄诺栋都布(阿巴嘎雄王)
　　阿拉坦鄂齐尔(苏尼特右旗札萨克)
　　阿格栋噶(国大代表)
　　阿拉坦德勒格尔
察哈尔盟：
　　贡森
　　恩柯
　　敖尔布

额彦宝来
卓索图盟：
　　都固仁仓（白海风）
　　那森孟柯（何瑞五）
　　旺庆札布
　　海拉兵噶
昭乌达盟：
　　额尔德尼巴图
　　图们德勒格尔
　　阿拉达尔楚克图
　　步音特咨尔德（罗副协理）
　　张仁
　　张文诸
　　毛怀民
　　额尔呼穆巴雅尔
哲里木盟：
　　鄂门塔齐尔
　　赵那苏图（赵汇川）
　　工只花（鲍国民）
　　玛希巴图
呼伦贝尔：
　　达克瓦鄂斯尔（达代表）
　　哈斯
阿拉善额济纳：
　　达理札雅（达王锐苏）
　　达密林旺楚克（达匀庆）
　　巴图巴柯（罗协理）
　　朝克图格勒尔（罗副协理）

三、决议案

（一）确定内蒙自治方案案　　　　　　　　　　主席团提

鉴于国际与国内大势所趋，我内蒙必须一致团结，遵奉三民主义，凡国内各民族，政府扶植之，能之使自决自治之原则，实行内蒙自治，俾能御侮图存，从而自力更生，并联合边疆各民族，建立巩固坚强之国防。是否有当？提请公决！

决议：通过。

（二）内蒙自治筹备委员会组织大纲草案案　　主席团提

内蒙自治原则确定，一方推派代表晋京向中央政府请愿，允我内蒙施行自治，并予以扶植。一方则于过渡期间，先行筹组内蒙自治筹备委员会，为内蒙自治之统一最高机构，筹划内蒙自治一切准备事宜，特拟具内蒙自治筹备委员会组织大纲草案。是否有当？提请公决！

决议：修正通过。

（三）确定内蒙自治筹备委员会会址案　　　　主席团提

本会会址必须适合各蒙旗中心地点，交通便利，物资供应不感缺乏之处为适宜。惟究应设置何处？提请公决！

决议：已于组织大纲内讨论矣。

（四）筹措内蒙自治筹备委员会筹备经费案　　主席团提

本会筹备费用及晋京代表，所需至巨，拟暂由各蒙旗垫其数，拟定二万元（银元）。由各盟旗就旗之大小，分别承担。因陆续支用，可先筹壹万伍千元，以资应急。俟正式机构成立，再设法付还。当否？请公决！

决议：通过各盟旗承担数字，由常务委员会酌量分配。

（五）成立内蒙自治军案　　　　　　　　　　主席团提

内蒙为御侮图存，保境以安民生，并建立巩固之国防，必须成立内蒙自治军，其建军计划，拟交自治筹备委员会负责筹划推行。当否？提请公决！

决议:通过。

(六)选举自治筹备委员会正副委员长、常务委员及委员案。选举结果名单录后。

(七)推选晋京请愿首席代表及代表案。

决议:推德穆楚克栋鲁普为首席代表,林庆僧格、鄂齐尔呼雅克图、金巴图道尔吉(青海一人)等四人为代表。

四、内蒙自治筹备委员会组织大纲

内蒙自治筹备委员会组织大纲

第一条 为适应现环境,遵奉三民主义彻底实行自力更生、御侮图存起见,并促进内蒙自治,召开盟旗代表会议,成立内蒙自治筹备委员会(以下简称本会)。

第二条 本会经盟旗代表会决议,全权筹备办理自治,及定期召开人民代表大会之各项准备事宜。

第三条 本会筹备期间,定为三个月(但遇必要时,得延长之)。

第四条 本会会址,授权筹备委员会选择适宜地点。

第五条 本会设委员长一人,副委员长四人,常务委员八人,委员共十四人。

第六条 本会常务委员每半月开会一次,必要时得召开委员会,以委员长为主席,委员长因故不能出席时,由副委员长轮流代理之。

第七条 本会委员长执行筹备会议之决议,并处理会务,监督所属职员;副委员长辅助委员长处理会务,委员长因故不能执行职务时,由副委员长互推一人代理之。

第八条 本会委员长、副委员长、常务委员、委员,由盟旗代表会议选任之。

第九条 本会设秘书长一人,秉承委员长、副委员长处理会务,监督所属职员,设副秘书长一人襄助秘书长处理会务,由委员长提交常务委员会同意后任用之。

第十条 本会设左列各处,分掌各项事务:

一、秘书处掌管机要文件、印信档案、会议纪录、撰核文稿、收发文件、缮校翻译、考核人事、任免奖惩等事项。

二、总务处掌管庶务、保管公物、交际联络及不属于其他各处之事项。

三、参事处掌管撰拟各种法规及建设设计与审核财政预算决算等事项。

四、民治处掌管调查户口、登记土地及一切民政事项。

五、财务处掌管编制预算决算,筹划经费及会计出纳等事项。

六、教育处掌管教育、文化、宣传及训练等事项。

七、卫生处掌管卫生行政及兽医防治等事项。

八、保安处掌管指挥各盟旗保安队及地方一切保安行政事项。

九、建设处开发矿业,修筑公路,改良农牧及其他建设事项。

第十一条 本会各处设职员如左:

处长、副处长、参事、秘书主任、秘书、科长、技正、科员等。

第十二条 本会设参议顾问各若干人,由委员长就各盟旗佐治人员中遴选充任,分班轮流驻会代表,各该盟旗接洽办理各该盟旗之事务。

第十三条 本会筹备工作期限届满时,召开内蒙人民代表大会正式成立自治机构。

第十四条 本会会费,暂由各盟旗分借垫之。

第十五条 本会会议规则,及办事细则另订之。

第十六条 本大纲自盟旗代表大会议决施行。

五、当选委员

委员长:阿拉坦鄂齐尔(杭旗阿宝珍)

副委员长:德穆楚克栋鲁普 林沁僧格

达密林旺楚克　巴彦汗（巴文峻）

常务委员：都古仁仓　荣祥　鄂齐尔呼雅克图（鄂贝子）　雄诺栋都布　色楞那木济尔（色协理）　沙拉布多尔济（沙贝子）　韩裕如　胡凤山

委员：达理札雅　那森孟柯　巴图孟柯　贺守业　吉利占泰　赵那苏图　巴云英　奇忠义　奇文卿　孟肯吉雅　巴图必勒格　塔王札布（额济纳）　刘宝财　（缺额留青海盟旗选补）

六、来宾致词

周书记长百锽致词

主席、各位札萨克、各位代表！贵会今天开幕，马主席承约参加这个盛典，因公未克躬临，特派兄弟代表前来致贺，并祝各位的健康！兄弟藉此机会得与诸位代表会晤，实在非常荣幸！因早素对蒙旗问题喜欢研究，蒙胞困难，极表同情，故此主席请致词，便冒昧上台发表一点小意见。本人觉得，时至今日，蒙旗问题，实在太多了！太重要了！各旗札萨克和代表实有集合商讨，共谋解决的必要。说到蒙旗问题，据兄弟表面的观察，由于满清二百余年边政的遗毒，演成今日人口减少，经济凋敝，政治纠纷等等问题。就如巴主席所说，若不急谋解决，蒙旗前途，实在不堪设想！目前不幸除以上种种问题以外，又加上一种赤祸的紧急问题，比较起来，更为严重；人口、经济、政治各问题遇威胁蒙古同胞的生存，而生祸问题立即要逼我蒙古同胞的死命，因此要权衡轻重缓急，先解决共同防范赤祸问题，再及其他。例如一大破落户的家庭，经济家事正在整理之间，适逢土匪前来抢劫，自应抛开家事，共同抵御土匪，保全性命，一切随后好再整理。若计不出此，任土匪将人杀害，房屋焚毁，同归于尽，那就后悔晚矣。换句话说，防范赤祸是保全生命；奖励生育，增加人口是延续生命；复兴经济是充实生命；改良政治是发扬光大生命。这些工作，必须由初步作起，循序渐进，方能发挥效率。

或者有人说，共产党东北王爷庙组织东蒙自治政府，苏联指使外蒙古成立共和国,实系注重解放少数民族,何谓共产党如此可怕?想各位全知道,共产党向来是挂羊头,卖狗肉,尤其是在这全面军事叛变时期,为谋其军事顺利的进展,采用了三头政策(点头、摇头、砍头),初到一处,迎合人民心理,怎说怎好,求无不应,逢人点头。迨将地方控制以后,怎说怎不对,多方挑剔,事后摇头。到了最后,就大肆屠杀,见人砍头。如此凶猛恶魔,如此残酷作风,焉能希望他来解放呢?况共产主义是反天性,反人伦,反宗教,反道德,反民主、自由的,决无成功之理,纵受共产党的愚弄,亦不过空受无代价的牺牲罢了。

其次谈苏联的民族主义,不过是一种毒药的糖衣,表面上是尊重各民族的语言、文字、生活、宗教、习惯,准许自治自决,实际各民族之内,用共产党的组织关系,加一种硬性统治,使无丝毫自由,如外蒙古共和国,尚不如苏联的一个联邦。我国的三民主义目的在打破种族上的不平等,永远消弭人类的种族战争,对中华民族自求解放,境内各民族一律平等。对国际联合世界上被压迫民族,共谋解放,使世界上各民族一律平等,全是善意的扶助。俾能跻于平等地位,决无消灭压迫或统治的企图。谈到此地,或者又有人说,国民党三民主义及历次大会决议案,虽均提及扶助国内各弱小民族,而实际三十余年未见付诸实施,岂不是个空头支票吗?这要请蒙旗同胞原谅的,是国家多难,民无宁日,实在有些地方尚未顾及到。在国库万分支绌之下,每年尚筹出若干经费办理蒙旗教育、卫生等事业,奈间或用人不当,致使蒙胞未能全受实惠,诚属常事。

最后要说的,据学者研究,汉蒙同是黄帝子孙,出于一祖。因后远离,各别而居,遂致生活不同。退一步说,纵非同一祖宗,血统亦早混合,熔成一种中华民族,如美利坚民族。然再退一步说,血统未曾混合,彼此发生关系,远在数千年以上,文化、经济、地理各项已结成不可分离的局势,因此希望蒙胞必须在祖国怀抱里,三民主义旗帜之下,来解决一切问题,前途方是无限光明。今天所发表是兄弟站在个人在党的立场发表的一点小意见,如有不对之处,请各位原谅是盼!

七、建议

蒙古因受满清治边政策的遗毒,民国多事,复无暇顾及边陲,加以潮流激荡,强邻、共党煽惑离间,以致一部王公离心,青年失意,人民疑贰,日思自治,以谋出路。民八年,达乌里□有组织全蒙临时政府的运动。民十七年,察哈尔蒙旗代表赴京请愿要求自治。民二十二年,有百灵庙七月、十月两次的自治会议。民三十七年,复向国民大会联合请愿。至在日本及共产党指导下的蒙旗自治运动,尤不遑列举,足见蒙旗自治运动的历史,由来已久。

此次召集的内蒙各盟旗代表会议筹备自治,事非创举,召集的动机,亦非如德王表示如是的简单。质言之:蒙胞内心自治的念望蕴蓄已久,一遇时机,便向外发泄。纵此次自治运动不能达到目的,仍将伺机而起,不妥谋解决,决难粉饰太平。审情度势,为今之计:(一)外蒙、东蒙被苏联、中共诱胁,已全脱离中央,仅存的西蒙应准树一联合机构,集中力量,抵御共党,免被各个击破,或沦为外蒙、东蒙之续。(二)蒙旗问题由中央召集有关政府与蒙旗各方面开会商讨,本互信互助的精神,秉公解决。倘有碍难无法解决的问题,亦应本互谅互让的道德,彼此谅解,打破心理上的隔阂,促进团结。(三)蒙古因蒙清二百年来的羁縻、愚禁、削弱、分化等等治边毒政的影响,形成今日如患虚痨病症,然合理的治疗方法宜从培养元气,增强本身力量着手,若舍本逐末,恐于事无济,谨贡以上管见三端,藉作刍荛之献。

〔蒙藏委员会档案〕

10. 蒙藏委员会请嘉慰德王自治用意及给予回蒙旅费呈

(1949年5月24日)

查蒙古自治请愿代表团团长德王(德穆楚克栋鲁普)率领代表乌兰察布盟盟长林王(林庆僧格)等五人来穗,请求中央允予自治,团结反共蒙旗,抵抗共党之东蒙伪自治政府,用意甚善。除关于请求自治部分另案呈核外,该员等不拟在穗久住,稍有端倪,即行返蒙。惟该员等在蒙旗地位崇隆,深得蒙民爱戴,此次远道来穗,倾诚内向,殊堪嘉尚。拟于该员等回蒙时,比照旧例分别给予旅费,计德王港币伍千元,林盟长港币一千元,其余代表四人各港币五百元,共计港币八千元。因刻下金券贬值剧烈,而交通费用均以港币计算,情形特殊,务乞俯赐照准以利起程,而示中央优遇边人之至意,实为公便。谨呈

行政院院长何

全衔　白○○

〔蒙藏委员会档案〕

11. 蒙藏委员会为德王等抵广州情形致李宗仁等呈

(1949年6月1日)

呈　穗字第538号

查关于德王(德穆楚克栋鲁普)等于本年四月中旬在宁夏阿拉善旗定远营召集各盟旗代表,开会议决组织内蒙自治筹备委员会,并推派代表晋京请愿一案,本会前准西北军政长官公署暨各盟旗代表会分报前来。经即于本月十五日以第四四六号呈报请行政院
钧　院鉴核备查在案。兹查"蒙古各盟旗代表大会晋京代表团"代表德等一行七人,业于本月十八日抵穗,除连日分谒政府首长面陈

一切,并请训示外,理合检同该团人员名单一份,备文赍呈鉴察。
谨呈
代总统李
行政院院长何
　　附名单一份

　　　　　　　　　　　　　　　(全衔)白○○

　　　蒙古各盟旗代表大会晋京代表团
　　首席代表　德穆楚克栋鲁普(锡林果勒盟都楞亲王)
　　代表　林庆僧格(乌兰察布盟盟长、中公旗札萨克)
　　代表　鄂奇尔呼雅克图(伊克昭盟长、札萨克旗札萨克)①
　　代表　金巴图道尔吉(阿拉善旗参领、候补立法委员)
　　主任秘书　赵那苏图(呼伦贝尔布特哈部代表)
　　随员　图们德勒格尔
　　随员　帕拉沁

〔蒙藏委员会档案〕

12. 德王呈送蒙古自治纲领电
(1949年6月21日)

　　蒙藏委员会关委员长崇鉴:代表等经蒙古各盟旗代表大会推派晋京,吁请中央准予蒙古自治,俾团结御侮,戡乱救国。故于五月十八日来穗后,曾晋谒李代总统、何前院长,除面陈蒙古近况暨蒙古各盟旗代表大会会议经过外,并呈递请愿书各一份,当蒙代总统原则同意。手令内政部与代表团磋商法的程序,并令尊重代表等之意见。故代表等曾具体供献蒙古自治纲领六项(另附),复专案折呈

---

① 此人后来未曾参加晋京。

代总统、行政院，敬请明令公布，准予蒙古自治。并附军事、经济援助两案，当蒙贾前副院长暨白委员长面告蒙古自治筹备委员会，行政院已准予备案，并允拨筹委会补助费银币万元等语。代表等以此行任务乃为吁请政府准予蒙古自治，仅筹委会备案，目的未达，实难复命。故再折呈代总统请于明白指示六项纲领，是否可行，当蒙面谕，即交行政院速为核办。现公等业经就任视事，故特详电，奉恳敬祈，多为主持。久仰阁下热心边事，爱护蒙胞，正义所在，自能力促其成。临电徬徨无任翘企。蒙古各盟旗代表大会推派晋京代表团首席代表德穆楚克栋鲁普、代表金巴图道尔吉、赵那苏图叩。巳马。

蒙古自治纲领

一、遵奉总理遗教"对于国内弱小民族，政府当扶植之，使之自决自治"，实行民族自治，成立"蒙古自治政府"。

二、蒙古自治政府，以固有蒙古各盟旗之境域为管理区域，其境内之人民不分种族、宗教、性别、权利、义务，一律平等。

三、外交、国防由中央政府处理之，其他一切行政，应由蒙古自治政府自行处理之。

四、蒙古自治政府之组织重要人事及政纲政策、施政方针，应由蒙古自治筹备委员会所召开之，蒙古人民代表大会分别制定并选举之。

五、施政以实行民主政治、发展经济、提高人民生活水准、振兴教育、沟通文化及团结自卫为目的。

六、为御侮图存，加强自卫力量，必须整顿各盟旗之武装部队，成立蒙古自治军，俾达成保境以安民生。

附带声明

蒙古自治区域与省县界限之划分，以及其他有关诸问题，因值兹非常时期，亟应同舟共济，挽救危亡。故暂为保留，一俟时局安定,再行协议召开双方会议,作公平合理之处理。

〔蒙藏委员会档案〕

13. 德王等因领有武器返蒙需大型飞机一架呈
(1949年6月28日)

敬启者:敝团暨国代、立监委、学生返蒙者,共二十九名,公有物共二仟五佰公斤(步枪、手枪、银洋),希向国防部或空军司令部交涉大型飞机一架为盼。此请。名单附内。
蒙藏委员会公鉴

蒙古代表团启
六·廿八

蒙古代表团暨蒙古国大立监委学生共二十九名①
德王　金巴图道尔　赵那苏图　李守信　图们德勒格尔　吴鹤龄　陶克托呼　那村卜和　杨德麟　赵宝刚　策仁　卓里格图　摩尔根　白秀珍(女)　任秉钧　奇世勋　刘惠　白瑞　宝国栋　德钦萨(女)　鹏策哥多尔吉　袁文英(女)　李向恩　包瑛　叶喜　陈光　张迺勋　韩聿修　苏俊生

以上共计二十九名。

因自政府领有步枪二佰支,弹药四万发,手枪五十支,弹药二千五百粒,现洋一万元,行李等件,合计二千五百公斤。

〔蒙藏委员会档案〕

---

① 原系表式、有性别、年龄、籍贯、备考等栏。籍贯均为蒙古。

14. 德王邀请中央有关机关参加蒙古人民代表大会电

(1949年7月8日)

蒙藏委员会关委员长勋鉴：顷接蒙古自治筹备委员会电开：兹定于本年七月二十日在阿拉善定远营召开蒙古人民代表大会，请就近邀请中央有关机关届时派员莅临指导。等因。特此电请贵会届时派员莅临指导，并烦转请其他有关机关为祷。蒙古各盟旗代表会推派晋京代表团首席代表德穆楚克栋鲁普叩。戌齐。

〔蒙藏委员会档案〕

15. 行政院关于德王等请补助内蒙自治经费电

(1949年6月30日)

代电

穗院计岁字第四九九号
中华民国卅八年六月三十日

蒙藏委员会：据蒙古各盟旗代表德王等折呈，以蒙古地方经历年灾难，暨受战事影响，经济崩溃，恳予以经济援助，一次拨发银元一百万元等情，应准酌拨银元一万元，折发港币，由财政部垫拨交该会具领转发。除分电财政部、审计部外，特电知照。行政院。已陷。岁穗。印。

〔蒙藏委员会档案〕

16. 德王为整理各盟旗保安团队与蒙委会等往来电呈

(1949年7月)

(1) 德王等致蒙委会代电(7月9日)

蒙藏委员会关委员长勋鉴：查本团此次来穗，诸承关照，不胜感佩。兹以即将北归，关于最后陈请之盟旗联防及自治筹备会经费各案。特留吴鹤龄、赵那苏图二人随时晤教,敬候成全,并委托蒙古驻京办事处主任吴云鹏协助办理,统希多予照拂。将来吴鹤龄、赵那苏图二人前往定远营时,关于交通各节,并烦予以便利,尤所感祷。蒙古各盟旗代表大会推派晋京代表团首席代表德穆楚克栋鲁普、代表金巴图道尔济、赵那苏图叩。午佳。

(2)德王等致蒙藏委会代电(7月9日)

蒙藏委员会关委员长勋鉴:查内蒙八盟部七十余旗,现已大部沦为匪区,所有残存各盟旗,亦深受威胁,危在旦夕。故推本团来此,陈请成立蒙古自治政府,组织自治军,以及军实援助,经济援助等事,以期号召蒙众一致反共救亡,经将一切情形,再四陈明有案。近日各该盟旗及东蒙突围西进之部队,以本团日久无功,徒误事机,函电促归,日必数起。本团以为回蒙报告之后,蒙古军民必益失望,一旦人心涣散,殊与反共前途不利,故于就道以前,不得不再为另图补救之声请:

(一)先以左列人员组成蒙古盟旗联防委员会,在中央及当地最高军事长官指挥之下,整理残存各盟旗保安团队,并收编沦陷各盟旗反共部队,一致团结,共御匪患。

1. 林庆僧格(乌盟盟长)
2. 达理札雅(阿拉善旗札萨克)
3. 鄂奇尔胡雅格图(伊盟副盟长)
4. 雄诺端都布(锡盟代理盟长)
5. 色楞那木济勒(察盟副盟长)
6. 李守信(蒙古反共将领)
7. 乌古廷(同前)
8. 白海风(同前)

其委员长一席,由以上各委员公推一人充任之,报请中央备案。

（二）前项委员会整备部队需要补给，应请中央以最迅速之手续，先行拨发一万人所需之武器、弹药、被服、给养及一切作战必需之补给，为核实计，并请中央派员点发。

以上两项，非但平易可行，有利无弊，且在东北各盟旗及锡、察、乌各盟亦有联防之前例，而在今日残存各盟旗亦未始非一御侮图存之道。用特陈请贵会，体察实情。关于第一项，即为转呈行政院，速予备案，俾赴事机。关于第二项，即为转呈行政院，并请国防部迅为核准，早日照发，以利防御。倘得由此而残存之盟旗，不复陷于匪手，则蒙族存在之日，无非感戴中央之年矣。如何之处，伫候复示。蒙古各盟旗代表大会推派晋京代表团首席代表德穆楚克栋鲁普、代表金巴图道尔济、赵那苏图叩。午佳。

（3）蒙藏委员会致行政院呈（7月13日）

呈　穗字第793号

据蒙古代表团首席代表德穆楚克栋鲁普午佳代电称：查内蒙八盟部七十余旗，现已大部沦为匪区云，云如处之处，伫候复示，等情。并据该代表团代表赵那苏图、吴鹤龄等到会面请于七月二十日以前批准，等语。查原呈第一项，请成立蒙古盟旗联防委员会一节，旨在集中蒙旗反共将领，收编蒙旗团队，以抵御共匪西侵，立意尚属妥善，原则上似可准予成立。惟事关政制与军事，拟请交由国防部、内政部会同本会尽速审查，于七月二十日以前核定施行。原呈第二项，请拨蒙古团队一万人所需之武器、弹药、被服、给养一节，牵涉较多，拟请召集有关机关，详加研讨，再行批复。是否有当，理合呈请钧院鉴核示遵。谨呈

行政院院长阎

　　　　　　　　　　　　蒙藏委员会委员长关〇〇

〔蒙藏委员会档案〕

17. 德王等请拨发自治经费电

(1949年7月9日)

蒙藏委员会关委员长勋鉴：查内蒙自治筹备委员会，业经奉令准予成立。惟筹备时期，既已无形延长，其各项工作亦必在在需款，所有为反共而集中，西北之蒙古人士不能不予以尽量收容，而蒙古地方以灾患频仍，民穷财竭，筹措匪易。至于中央财政状况，蒙人亦深切了解，然对于有限之补助，似尚不至为难，何况关于蒙事各机关之预算，今以时局之变迁，斟酌缓急，似亦不无调解之余地。再查前百灵庙蒙政会时期，中央按月补助银洋三万元有案。用特电请贵会惠予体察，迅为转请行政院，对于内蒙自治筹备委员会，亦每月补助银洋三万元，并按时拨给，以利筹备工作之进行，而昭中央优予扶植之德意，并希示复，无任感祷。蒙古各盟旗代表大会推派晋京代表团首席代表德穆楚克栋鲁普、代表金巴图道尔济、赵那苏图叩。午佳。

〔蒙藏委员会档案〕

18. 蒙古人民代表大会决议成立蒙古自治政府情形电

(1949年8月10日)

蒙藏委员会关委员长勋鉴：并转呈代总统李、行政院院长阎钧鉴：查共匪祸国，凶焰日张，逆迹所践，几无完土，蒙古受害尤为惨烈。东蒙已入其掌握，若任其侵略不已，则西蒙亦朝不保夕，事实昭昭，国人共见。我忠勇蒙胞目击心伤，同仇敌忾，以为非加强自卫，集中力量，不足以保卫垂危之西蒙，而巩固西北之国防。乃于本年四月十三日召开各盟旗代表大会，共商自救救国之策。经全体决议，组织成立内蒙自治筹备委员会，先事筹备工作，并经呈奉中央令准有案，具征中央重视民意与国防之至意。惟以大敌当前，情势迫切,遂于八月五日召开蒙古人民代表大会商讨紧急应变对策。共报到代表一百七十五人,经慎重商讨结果,全体代表咸认为:值此非常之时期,若依照中央之指示,逐步筹备,循序渐进,深恐时不我予,缓难济急,既虑误当前之事机,又惧失蒙胞之嘱望。爰徇民意,一致决议成立蒙古自治政府,以统一军政事权,抗共图存,共赴国际。凡此应急措施,原为向心自治,绝非离心运动,上纾中央宵肝〔旰〕北顾之忧,下尽保境安民之责,耿耿忠诚,可质天日。想中央旰衡全局,体察实际情形,必能略迹原情,简化程序。谨检同本大会宣言及蒙古自治法各一份,恭请爰依动员戡乱时期临时条款"总统在动员戡乱时期,为避免国家或人民遭遇紧急危难,得经行政院会议之决议,为紧急处分"之规定,转请鉴核,俯准实行。蒙古幸甚!国家幸甚!蒙古人民代表大会叩。未蒸。

附大会宣言及蒙古自治法各一份

蒙古人民代表大会宣言

蒙古有土地,有人民,有政治组织,有坚强的民族意识。我们祖先曾建立过世界上最强大的国家,给我们留下了极光辉灿烂的历史。

近年来,世界上一切被压迫的民族,多半都除掉了压榨在他们身上的枷锁,恢复了他们的自由,步入自决自治之路。但是不幸的很,我们蒙古不断受内忧外患的影响与扰乱,有时民族的领域,沦陷在外敌铁蹄之下,任人宰割;有时人民的生命财产,受到无端横暴的摧残。这种遭遇,启发了每一个人民的民族意识,使所有的民众,都感觉到非团结自治不足以御侮图存。尤其是第二次大战终了之后,世界局势日趋动荡不安,内忧外患,日甚一日,蒙古民族的存亡,已临最后关头,使我们更不能不赶快团结起来,为民族的生存而奋斗。

民族要求自由,政治走向民主,这是二十世界〔纪〕历史的主流。蒙古问题,是世界上民族问题的一部,这个问题能依照民主的原则,合理解决,才能奠定全国及世界永久和平民主的基础。

本年四月十三日,蒙古各盟旗代表在阿拉善旗开会,决定成立内蒙古自治筹备委员会,筹备自治,并为了蒙古民族的永存,为了国内民族问题的合理解决,为了集中意志,决定将来准备召开这次蒙古人民代表大会。现在经本大会多日慎重检讨的结果,全体一致决议,于蒙古人民之共同愿望,依据孙中山先生"对于国内弱小民族,政府当扶植之,使之能自决自治"的遗教,实行民族自治,通过蒙古自治法,成立蒙古自治政府,以蒙古各盟旗固有的疆域,为我们的自治领域,并推举德穆楚克栋鲁普先生为政府主席,达理札雅先生为政府副主席,领导全体人民,努力奋斗,实现我们的理想。

今后,自治蒙古的基本政纲是:在政治方面,确切的保障人民的基本权利,实行真正民主,在蒙古自治领域内的人民一律平等,不因种族、宗教、性别、阶级、信仰的不同,而有差别的待遇;在经济方面,保障人民的财产,对于贫困同胞,提高他们的生活水准,努力于民族经济的平均发展;在文教方面,力求普及教育,输入世界新文化,以助长固有文化的发展;在军事方面,加强民族的自卫力量,保卫蒙古人民,安定地方秩序,反抗一切的侵略。

我们回溯既往,中央对国内各弱小民族,尤其对蒙民族自治,久已决定,愿及早实行。只有多年以来,国家战乱频仍,中央军书旁午,无暇及此。现在全国面临着非常严重的局势,我们为尽国家一分子的责任,应分中央北顾之忧。所以,我们愿在中央政府领导之下,与全国各民族精诚团结,与邻近蒙古的各省紧密联系,共同合作,完成维护民主自由的斗争。至于盟旗与省县间的各项问题,愿在时局彻底稳定之后,再作合理的调整。

这次蒙古人民代表大会,代表全体人民的总意志,决心蹈上自治的新行程,扫除一切的障碍,向着民主自由的前途迈进。现在全蒙古的人民都奋勇的站起来,为民族的生存自主,负起神圣的义务,努力前进。希望全国同胞,了解蒙古自治是向心的自治,不是离心的运动,而予以正义的支持!更希望全世界主持正义的人士,予以同情的协助!蒙古人民代表大会。

蒙古自治法

蒙古人民代表大会,外鉴于侵略势力日益扩张,内忧于政教未修,民生凋敝,爰依孙中山先生扶持国内弱小民族,使之能自决自治之遗教,与夫我蒙古人民救亡图存嗄嗄望治之殷诚,蕲求改善民生,争取自由生存,而为民族自治之努力,特制订蒙古自治法,颁行全蒙,遵守弗渝。惟值兹军事时期,盟旗秩序未复,法条、规章诸多权宜,缺漏一俟时局敉宁,再与我全蒙人民周详商订,俾臻郅治之隆。

第一章 总 纲

第一条 蒙古民族基于全体人民共同之愿望,依据孙中山先生"对于国内弱小民族,政府当扶植之,使之能自决自治"之遗教,实行自治。

第二条 蒙古自治以蒙古各盟部旗固有领域为其领域。

第三条 蒙古自治领域内之人民,不分种族、宗教、性别、阶级,在法律上一律平等。

第四条 外交、国防由中央政府处理,其他各项行政,由蒙古自治政府处理之。

第五条 蒙古自治政府以实行民主政治、发展经济、提高人民生活水准、普及教育、振兴文化、团结自卫为自治纲领。

第六条 整编各盟部旗之武装团体,成立蒙古自卫军队,以资加强自卫力量,御侮图存。

第二章 蒙古人民代表大会

第七条 蒙古人民代表大会,代表蒙古人民行使政权。

第八条 蒙古人民代表大会以左列之代表组织之:

一、每旗人民代表二人，其人口超过二万人以上者，每满一万人者，增选代表一人。但超过人数，不满一万人，而在五千人以上者，亦得增选代表一人。

二、每特别旗人民代表八人。其人口超过四万人以上者，每满一万人，增选代表一人。但超过人数不满一万人，而在五千人以上者，亦得增选代表一人。

第九条　蒙古人民代表大会职权如左：

一、修定〔订〕及修正蒙古自治法；

二、选举及罢免蒙古自治政府主席、副主席及议员。

第十条　蒙古人民代表大会由出席代表互推九人至十五人为主席团，处理大会议事程序及大会进行事项。

第十一条　蒙古人民代表大会，每次开会时由主席团互推一人为主席。

第十二条　蒙古人民代表大会，设秘书处，置秘书长一人、副秘书长一人，其人选由主席团提请大会决定之。秘书长承主席团之命，处理全会事务，秘书处组织及办事规程，由大会主席团制定之。

第十三条　蒙古人民代表大会议事规则由主席团拟定，提请大会决定之。

第十四条　蒙古人民代表大会，每次集会于任务终了时即行闭会。

第十五条　蒙古人民代表大会任期四年。

第十六条　蒙古人民代表大会，每四年召开一次，但代表三分之一之签署或政府主席认为必要时，得召开临时大会。

第十七条　前条规定之召开会议期限，在时局尚未安定之前，得由政府主席延长之，但须经蒙古议会同意。

第三章　自治政府

第十八条　依据本法第一条之规定，成立蒙古自治政府。

第十九条　蒙古自治政府设主席一人、副主席一人，由蒙古人民代表大会就蒙古人民中年满四十岁、资望超卓者选举之。任期四年,连选得连任一次。

第二十条　蒙古自治政府主席,为蒙古最高军政首长。

第二十一条　主席依法公布法令,但须经有关各署会首长之副署。

第二十二条　主席缺位时,由副主席继任,主席因故不能视事时,由副主席代理主席,主席、副主席均不能视事时,由政务委员中互推一人,代行主席职务。副主席继任主席之任期,以主席任期所余之期为限,政务委员代行主席职务之期限,不得超过四个月。

第二十三条　蒙古自治政府设政务委员九至十一人,设秘书长一人。

第二十四条　蒙古自治政府设秘书厅、内务署、财政署、实业署、教育署及保安委员会,其长官由政务委员兼任之。各厅、署、会组织法另定之。前项厅、署、会等机构,经蒙古议会之决议得增减之。

第二十五条　政务委员、各署署长及保安委员会委员长之任命,由主席提名,经议会之同意后任命之。

第二十六条　蒙古自治政府设政务会议,以主席、副主席、政务委员、各署署长、保安委员会委员长组织之,主席为政务会议之主席。

第二十七条　主席、各署署长及保安委员会委员长,须将主要行政决策或涉及各署署长共同关系之事项,提出于政务会议议决。

第二十八条　主席、各署署长及保安委员会委员长,有向蒙古议会提出施政方针、施政报告及答复议员质询责任。

主席对议会议决之法律案、预算案有要求复议之权,议会对主席、各厅署及保安委员会之重要政策不赞同时,有议决案要求改变之权。主席对于该项请求,有请求议会复议之权。如议会以全体议员三分之二决议,维持其前次决议之法律案、预算案及请求政府改变施政政策之决议案时,主席应即接受,否则命令全体政务委员或有关厅、署、会首长辞职。

第二十九条　蒙古自治政府为决定重要政策,征询意见,宣达政情,咨询地方实况,得设咨政委员会,其组织法另定之。

第四章　蒙古议会

第三十条　蒙古议会由蒙古人民代表大会选举之议员三十一名组织之。

第三十一条　蒙古议会职权如左：

一、蒙古自治政府之立法权；

二、审查并议决预算及决算案及蒙古自治政府重要施政之权；

三、对主席提请任命政务委员、各署署长及保安委员会委员长之同意权；

四、要求主席、各署署长及保安委员会委员长报告施政及质询之权。

第三十二条　蒙古议会议员任期为四年,连选得连任之。

第三十三条　蒙古议会议员不得兼任政府官吏。

第三十四条　蒙古议会设议长一人、副议长一人,由议员互选之。

第三十五条　蒙古议会每年召开二次,第一次会期由三月初至五月末,第二次会期由九月初至十一月末,自行集会,但遇有必要时得由主席咨请或议员二分之一以上请求召开临时会议。

第三十六条　蒙古议会休会期间,关于三十一条所规定职权之行使遇有紧急措施之必要者,得由自治政府处理之后提请追认之。

第三十七条　蒙古议会开会时,须有议员二分之一以上之出席方得开会。

第三十八条　蒙古议会设秘书处,置秘书长一人,承议长之命办理全会事项。

第三十九条　蒙古议会秘书处办事规则另定之。

第五章　司　法

第四十条　司法制度另定之。

第六章　地方制度

第四十一条　地方机构,沿用盟旗名称、其制度依民主方式另定之。

第七章　附　则

第四十二条　本法经蒙古人民代表大会决议,并呈请中央政府准予备案。

〔蒙藏委员会档案〕

19. 德古来等向关吉玉报告蒙古人民代表大会详细经过呈

(1949年8月20日)

佩公委员长勋鉴：径陈者,鄙人等前以蒙古自治筹备委员会及德王之一再相邀,先后前往阿拉善之定远营,参加蒙古人民代表大会,业于本月十八日返抵广州。此次大会经过情形,当有专文报请备案。如为交通情况所许可,并可派代表前来面陈。鄙人等临行之时,承德王面嘱,先将一切情形就便报告我公,烦为特陈府院,请予谅解及支援,以利蒙古危局之挽救。兹特分陈于下,敬希亮察：

一、关于大会者

此次蒙古人民代表大会系蒙古自治筹备委员会所召集,每旗选派人民代表二人,每特别旗八人,于八月五日开会,十日闭幕。计到代表一百七十余人。会中情况之整齐热烈,为蒙古从前所未有。西北军政长官公署及宁夏省政府均经派员莅会始终其事。至于决议事项之重要者计有：蒙古自治法、强化蒙古及反共部队、救济盟旗流亡官民及大会宣言等案。

二、关于自治者

蒙古人民代表大会开会之后,蒙古自治筹备委员会遵照中央指示:关于自治一案,提议继续筹备,并向各代表详加说明,期于中央地方兼筹并顾。惟全体代表一致反对,群起悲愤,声泪俱下,坚主即日成立蒙古自治政府,以为反共自救之总枢。综其所持理由,计有下列数端:

甲、扶植国内弱小民族自治为总理遗教所昭示,国民党政府不应始终不令使其实现;

乙、蒙古系中央领导下求自治,并非脱离国家,与内地之彼叛此离者不同,有何不可;

丙、中央一再失策,致蒙古沦陷过半,今对残存各盟旗复元妥善保全之策,即应许其自治,俾图自救于万一,蒙古虽实力有限,然必尽其在我始足以对民族对国家,纵因不幸而失败,亦无憾于中央;

丁、数年以来,蒙古一切反共活动,始终无人为之统筹指导,致令此起彼仆,损伤过重。今为号召蒙众,集中力量,统筹一切,一致反共起见,绝对有即日成立自治机构之必要,时至今日,中央似应予蒙古以最后之同情矣;

戊、蒙古现已濒于危境,自救之情极切,既皆以自治为唯一之良策,中央又何妨姑予成全之;至宪法问题、立法程序等等,只要国家不亡,尽可于大局底定后从容商讨之。否则,蒙古完全丧失之后,当有何等宪法及程序之可言,似此经权之处,中央当亦能有所抉择;

己、现在全国鼎沸,一切失常,中央种种措施,亦多权宜之计,而独于朝不保夕之蒙古,偏令调查人口,办理教育、经济等事,俟自治条件俱备,再行核办云。试问共匪如此猖狂之日,蒙古有此从容筹备之可能乎?中央之故为此等指示者,何异于不准自治,而蒙人之附和此议者,又何异于自杀。

以上为各代表所持理由之比较具体者,此外愤激哀怨之辞,则难尽述矣。全体代表之情绪之主张既如此,任何人亦不能再生异议。于是经数昼夜之纷呶,终于通过简略之蒙古自治,并票选德王为蒙古自治政府主席,达王为副主席,于八月十日发表大会宣言,成立自治政府矣。

三、关于军事者

蒙古人口无多,军队原亦有限,只以激于反共图存之义愤,而奋起杀贼者,无旗无之,有数百人为一队者,有千余人为一部者,并有东蒙突围之部队为最精良而最有成绩。此次蒙古人民代表大会开会,各该大小部队亦各有代表前来与会,就其经历及志愿之足资注意者言之,可得下列数点:

甲、此等业已动员之大小部队,总数约在二万人左右,而且志切杀贼,义无反顾,只以无人为之总合领导,尚未能发挥其蒙骑独具之功能。今既群愿听命于蒙古自治政府,中央如能因势利导,而予以编制补给,则必能成为塞外之坚强堡垒,而于戡乱大业有所贡献也。

乙、上述各部队在过去岁月中,或者各自为战,或为国军应援,著有不少可歌可泣之战绩,只以不能宣传,无由陈报,终于埋没无闻。此次到会之部队代表,每谓当地之蒙共中共屡败于彼等之事,闻风辄遁,莫敢与抗。如得整备蒙骑万人,乘此秋高马肥之际,可以夺取长城以北之任何城市,虽不能久守,然亦可予匪后方以重大之牵制云。

丙、此次出席大会之各部队代表,非但衣履不整,抑且手无分文,艰苦之情,匪可言喻。询及各部队之官佐士兵,其窘况亦莫不相同,然一语及其作战经过及未来志愿,则无不眉飞色舞,兴奋异常,既具决心,更怀自信,此等精神,殊堪佩慰。如得中央予以相当之鼓励,则其剿匪之勇气,必更为之增强矣。

丁、此等部队之官佐代表,晤谈之顷,辄以蒋总裁现在何处?

李代总统是否戡乱到底？阎院长之健康何如？内地某某处之战局又何如等事相探询，足见其崇奉领袖，爱国心长，绝非诋蒙人为狭隘民族主义者所能想象。对于此等忠良之部队，如再加以相当之训练，则其可以为戡乱用者，当不在任何优良部队之后也。

以上数点之外，尚有可以注意者，即此等大小部队之散在锡、察、乌、伊等盟旗者，刻已逐渐向西移动，而此等部队之精神，并已向蒙古自治政府集中矣。对于此等具有功用之部队如不能善为运用之，则不独无以对各该部队之热诚，即鄙人等亦不能为之长太息也。

再者，以上三项报告之外，尚有足资参考者数事：

一、自春间在定远营发动自治之后，王爷庙所属军政各组织中，已发生动摇。最近中共为防范蒙共乌勒吉鄂奇尔部队发生变化，已派汉人政工人员强制加入该匪部工作。同时王爷庙方面，亦将乌匪干部抽调训练，以防意外云。以此观之，蒙古自治政府如能顺利进展，则王爷庙方面之动摇，自必日益加甚，谁谓蒙古自治无功用耶？

二、此次大会开会之际，定远营遍悬国旗，而拥护蒋总裁、拥护李代总统、奉行三民主义、与西北各省合作等标语复布满街巷；于大会典礼上，蒙众高唱国歌，其热烈有逾内地。值此全国糜乱之际，大戈壁中尚有一崇奉中央、充满党国彩色之据点，蔚为反共之强大堡垒，不得谓非蒙古忠诚之表现，乃竟不蒙中央之一顾，始终不派一人莅会，蒙众莫不引以为憾也。

上述各节，俱属实情，西北长官公署及宁夏省府所派人员均经亲见亲闻。此特就便代陈，尚希分神转陈府院，请予谅解及支援，则幸甚矣。顺颂公绥，诸维明察！

附大会决议案三件

德古来

札奇斯钦　今拜启

吴鹤龄

八月廿日

〔蒙藏委员会档案〕

20. 西蒙调查组抄送蒙古人民代表大会决议各案电
(1949年9月3日)

代电　宁代字第九二三号
中华民国三十八年九月三日
　　广州。蒙藏委员会钧鉴：蒙古人民代表大会于八月五日在定远营举行，到代表一百七十余人，会议至十日闭幕。兹谨将该大会所决定之蒙古自治法，政府各厅、署、会组织法及蒙古人民代表大会宣言与蒙古自治政府人事简表各一份，随电呈送，恭请鉴察。西蒙调查组。申。江。印。附蒙古自治法（略），蒙古自治政府各厅、署、会组织法，及蒙古人民代表大会宣言（略），与蒙古自治政府人事简表各一份。

秘书厅组织法

　　第一条　本厅依蒙古自治法第二十四条之规定组织之。
　　第二条　本厅设处长六人，参事四人，秘书六人，科长十八人，科员四十八人。
　　第三条　秘书长总理厅务并监督所属职员，副秘书长襄助秘书长处理厅务。
　　第四条　处长承秘书长之命办理处务。
　　第五条　参事承秘书长之命办理特交事件及撰拟审核法律、命令等事项。
　　第六条　科长承处长之命办理各该科事务。
　　第七条　本厅设左列各处：

一、文书处　掌理机要文书、印信、收发文件、通讯、缮校等事项。

二、总务处　掌理预算、决算、庶务、会计以及不属于其他各处等事项。

三、政务处　掌理有关政治等事项。

四、军事处　掌理有关军事、治安等事项。

五、人事处　掌理人事铨叙等事项。

六、新闻处　掌理宣传、发布新闻、统计、调查等事项。

第八条　本厅得酌用雇员若干名。

第九条　本厅办事细则另定之。

第十条　本组织法如有未尽事宜提经蒙古议会修正之。

第十一条　本组织法自政府公布之日施行。

内务署组织法

第一条　本署依蒙古自治法第二十四条之规定组织之。

第二条　本署设署长一人,副署长一人,处长四人,参事四人,主任秘书一人,秘书二人,科长十二人,科员三十六人。

第三条　署长综理署务,监督所属职员,副署襄助署长处理署务。

第四条　处长承署长之命办理处务。

第五条　参事承署长之命撰拟、审核法律命令及办理特交等事项。

第六条　主任秘书、秘书承署长之命撰拟审核文稿,办理机要等事项。

第七条　科长承处长之命,办理各该科事务。

第八条　本署设左列各处:

第一处　掌理文书、人事、庶务、会计及不属于其他各处等事项。

第二处　掌理民政、礼俗、宗教、民众组训暨社会事业等事项。

第三处　掌理地政事项。

第四处　掌理警政、卫生事项。

第九条　本署得酌用雇员若干人。

第十条　本署办事细则另定之。

第十一条　本组织法如有未尽事宜提经议会修正之。

第十二条　本组织法自政府公布之日施行。

财政署组织法

第一条　本署依蒙古自治法第二十四条之规定组织之。

第二条　本署设署长一人,副署长一人,处长四人,参事四人,主任秘书一人,秘书二人,科长十二人,科员三十六人。

第三条　署长综理署务,并监督所属职员,副署长襄助署长处理署务。

第四条　处长承署长之命办理处务。

第五条　参事承署长之命撰拟、审核法律命令及办理特交等事项。

第六条　主任秘书、秘书承署长之命撰拟审核文稿及办理机要等事项。

第七条　科长承处长之命办理各该科事务。

第八条　本署设左列各处:

第一处　掌理文书、人事、庶务、会计以及不属于其他各处等事宜。

第二处　掌理一切税收等事项。

第三处　掌理金融、币制等事项。

第四处　掌理盐碱、税务事项。

第九条　本署得酌用雇员若干人。

第十条　本署办事细则另定之。
第十一条　本署组织法如有未尽事宜提经议会修正之。
第十二条　本组织法自政府公布之日施行。

实业署组织法

第一条　本署依蒙古自治法第二十四条之规定组织之。

第二条　本署设署长一人,副署长四人,处长一人,参事四人,主任秘书一人,秘书二人,科长十二人,科员三十六人。

第三条　署长综理署务,并监督所属职员,副署长襄助署长处理署务。

第四条　处长承署长之命办理处务。

第五条　参事承署长之命撰拟审核法律命令及办理特交等事项。

第六条　主任秘书、秘书承署长之命撰拟审核文稿及办理机要等事项。

第七条　科长承处长之命办理各该科事务。

第八条　本署设左列各处：

第一处　掌理文书、人事、庶务、会计以及不属于其他各处等事项。

第二处　掌理畜牧、农林等事项。

第三处　掌理工矿、建设等事项。

第四处　掌理交通、商务、合作事业等事项。

第九条　本署得设技术人员十人至十五人。

第十条　本署得酌用雇员若干人。

第十一条　本署办事细则另定之。

第十二条　本组织法如有未尽事宜提经议会修正之。

第十三条　本组织法自政府公布之日施行。

教育署组织法

第一条　本署依蒙古自治法第二十四条之规定组织之。

第二条　本署设署长一人,副署长一人,处长四人,参事四人,主任秘书一人,秘书二人,科长十二人,科员三十六人。

第三条　署长综理署务,并监督所属职员,副署长襄助署长处理署务。

第四条　处长承署长之命办理处务。

第五条　参事承署长之命撰拟审核法律命令及办理特交等事项。

第六条　主任秘书及秘书承署长之命撰拟审核文稿及办理机要等事项。

第七条　科长承处长之命办理各该科事务。

第八条　本署设左列各处：

第一处　掌理文书、人事、会计、庶务以及不属于其他各处等事项。

第二处　掌理学校教育事项。

第三处　掌理编审事项。

第四处　掌理社会教育事项。

第九条　本署得酌用雇员若干人。

第十条　本署办事细则另定之。

第十一条　本组织法如有未尽事宜提经议会修正之。

第十二条　本组织法自政府公布之日施行。

蒙古自治政府保安委员会组织法

第一条　保安委员会(以下简称本会)依自治法第二十四条之规定,并酌量业务上实际需要情形,特制定本组织法。

第二条　本会直隶蒙古自治政府统辖,指挥自卫军队及各盟旗保安团队。

第三条　本会为自治政府最高军事机构,负有建军整训各盟旗保安团队及保卫地方治安之责。

第四条　本会设委员长一人,副委员长四人,委员十五至二十五人,正副参谋长各一人。

第五条　本会委员长秉承主席、副主席之命总揽会内一切职权,副委员长辅佐委员长处理会内一切事务。

第六条　参谋长承委员长、副委员长之命,综理建军、整军、作战、教育、动员等计划,并督导各厅、处、室业务之推进及所属部队之管教养卫,实施诸事务,副参谋长辅助参谋长处理一切事务。

第七条　本会遇必要时,得召集委员会议。

第八条　本会设左列各厅、处,分掌各项业务:

一、委员长办公厅　办理综合性之一般业务,暨监印文书、收发电务机要等事项。

二、第一处　主管人事、兵源、马政、武器、装具、通材、卫材等事宜。

三、第二处　综理情报、谍报、印刷、检查、视察等业务。

四、第三处　综理军队编组、教育、作战、后勤等业务。

五、第四处　主管粮秣、被服、会计、交通、军输补给等事宜。

六、政工处　综理政训、组训、宣传、民运等工作。

七、军法处　综理军法、纠查、审判、检查等事宜。

八、总务处　主管械弹、鞍具、通材、卫材、领运、出纳、储藏、保管及建筑、采购、交际、联络、招待、庶务等各事宜。

第九条　委员长办公厅置主任一人,秘书二人,参谋二人,译电员二人,书记一人,司书二人。

第十条　第一处置处长一人,科长三人,参谋四人,科员四人,司书三人。

第十一条　第二、三两处各置处长一人,科长三人,参谋三人,司书三人。

第十二条　第四处置处长一人,科长三人,参谋二人,科员四人,事务员二人,司书三人。

第十三条　政工处置处长一人,科长三人,秘书一人,视察专员二人,科员六人,司书三人。

第十四条　军法处置处长一人,科长三人,军法官二人,书记官一人,科员六人,司书三人。

第十五条　总务处置处长一人,科长三人,科员六人,器材管理员四人,司书三人。

第十六条　本会所辖直属部队、警卫队、通讯队、医务所之编制见附表。

第十七条　本会于必要时,得酌用技术人员若干人。

第十八条　本会办事细则另定之。

第十九条　本组织法如有未尽事宜提经议会修正之。

第二十条　本组织法自政府公布之日施行。

咨政委员会组织法

第一条　本委员会依蒙古自治法第二十九条之规定组织之。

第二条　本委员会设委员长一人,副委员长二人,委员若干人,秘书主任一人,秘书二人。

第三条　委员长综理会务,并监督所属职员,副委员长襄助委员长处理会务。

第四条　秘书主任承委员长之命处理会务。

第五条　本委员会设秘书室办理本会一切事务。

第六条　本委员会会议规则、办事细则另定之。

第七条　本委员会得酌用雇员若干人。

第八条　本组织法如有未尽事宜提经议会修正之。

第九条　本组织法自政府公布之日施行。

蒙古自治政府人事简表

民国三十八年九月三日

蒙古自治政府 { 主席德王 { 秘书厅秘书长巴文峻 / 内务署长何兆麟 / 财政署长吴希贤 / 教育署长林沁僧格 / 实业署长白海风 ; 副主席达王 — 保安委员会委员长达王 }

〔蒙藏委员会档案〕

（二）西藏民族事务

一、十世班禅坐床

1. 军委会抄送参政员喜饶嘉措等请早日宣布官保慈丹为十世班禅正身函呈致蒙藏委员会代电

（1945年7月20日）

国民政府军事委员会代电　侍秘字第28683号蒙藏委员会罗委员长勋鉴：

据青藏参政员喜饶嘉措等七人联名呈请政府准予提早宣布决定官保慈丹为第十班禅正身。等情前来。兹将原件随文附发，即希迅速核议具复为盼。中正。午哿。侍秘。

附发原函呈一件。办后缴还。

附　原函呈

主席钧鉴：

敬呈者：查班禅活佛为一贯拥护中央之后藏宗教领袖，亦即为全国宗教人民信心之所系，运会之升降，每足以影响黄教之替兴与边徼民心之向背。兹者第十辈班禅灵童官保慈丹，其访寻经过，前已由驻京办事处处长晋美于钧座召见时折为详陈。至其郑重手续，则曾由青康藏各大活佛之卜卦降神以及谶语之预示与本人灵异之特著，均证实为班佛之呼毕勒罕。以故青康藏各大活佛、蒙藏首领均一致承认，立待决定正身。中央委员扎萨哪〔喇〕嘛罗桑坚赞鉴于藏历凶年到临，为适应众生之要求起见，当经呈报中央，于三十三年二月八日延请各大活佛、蒙藏王公、千百户等在西宁塔尔寺宝贝佛前，将青海灵童官保慈丹签定为班禅正身，万众腾欢，遐迩景仰。

旋经达赖佛及达札佛祈祷卜卦之结果,亦将官保慈丹选为心、口、意化身第一,足征确系班禅真正化身,毫无疑义。惟以迄今年余,中央尚未明令宣布,蒙藏同胞不无觖望。现值胜利在即,后藏各项政教事务亟待领导,是以嘉措等联名呈请钧座俯为睿察,准予提早宣布决定官保慈丹为第十世班佛正身,以继法统而慰众望。
谨呈
国民政府主席蒋

青藏参政员　喜饶嘉措

马腾云

李德渊

拉敏益西楚臣

格桑次仁

李永新

李洽

七月十五日

〔蒙藏委员会档案〕

2. 蒙藏委员会办理班禅转世经过并拟解决办法复军委会代电

(1945年7月22日)

代电　渝秘字第1066号
军事委员会委员长蒋钧鉴:

恭奉三十四年七月二十日侍秘字第二八六八三号午哿代电,附发喜饶嘉措等参政员为班禅转世事呈文一件,饬即迅速核议具复。等因。查关于班禅转世案,本会曾于民国三十年参照旧例,斟酌现情,拟具办法三项;(一)班禅转世灵童由班禅高级徒众负责寻访;(二)西藏宗教首领应就寻获灵童中之最灵异者,择定三名为候选人；(三)前项候选(人)择定后,报请中央派员掣签,决定一名为班禅转世正身。此项办法于呈奉行政院核定后,即径电达西藏噶厦及班禅部属分别遵照办理去后。班禅教下扎萨喇嘛罗桑坚赞等曾经依照核定办法,访获灵童十余名,于三十一年春一面报请中央备案,一面派员携带灵童名册自青返藏,呈请藏当局办理择定候选人手续。不料前藏方面因企图规避中央主持,对择定候选人迟迟不办,对本会转达行政院核定办法之电报,亦延搁两年,不予答复。罗桑坚赞等急欲班禅转世案之早日完成,遂于三十三年二月八日自行决定访获灵童中之官保慈丹为班禅转世正身,即在青海塔尔寺坐床,报请中央明令核准。本会以此种行动与旧例及院定办法均有不合,未便准其所请。而回返西藏之班禅部属亦来电坚绝反对。其后,西藏当局鉴于塔尔寺情形之严重,为打击罗桑坚赞等之举动起见,始于三十三年夏季,依照院定办法第二项择定候选人三名(官保慈丹为第一名),但对办法第三项由中央派员掣签一节,仍多推托,不肯接受。本会现时尚在饬由沈处长宗濂与藏当局继续商洽中。复查班禅大师圆寂多年,转世问题理宜早期解决。本会职责所在,无不刻刻注意。第因此事情形复杂,关系方面之意见极不一致,办理稍涉草率,纠纷随之而起。只有按照下列两途,谋求此事之合理解决：

(一)电饬沈处长续向藏当局及班禅回藏部属商洽,俾其接受院定办法之第三项,由中央派员赴藏主持掣签,以符旧例而维主权。

(二)迁就青海官保慈丹灵童之既成事实,由班禅部属会同前藏当局援照十四辈达赖成例,正式呈请中央明令指定官保慈丹为班禅转世正身。

以上意见,第一项本会业经电饬沈处长相机商洽；第二项亦经密示班禅办事处转达罗桑坚赞等试为进行,俟其成熟,拟即呈请行政院权予照准。

兹将原呈奉缴,并代拟复稿一纸,仰祈鉴核示遵。

蒙藏委员会委员长　罗○○
叩。午祃。印。

〔蒙藏委员会档案〕

3. 罗桑坚赞为达赖卜定班禅化身三灵童一亡一错事致蒙藏委员会代电

(1946年5月22日)

班禅堪布会议厅代电　第147号

蒙藏委员会罗委员长钧鉴:

窃查前经达赖佛及摄政达扎佛卜定班佛心、口、意转世化身,第一为我佛官保慈丹,第二为青海塔尔寺附近民人之子恪君扎细,第三为西藏所属西康茶旺巴雪地方之孩童拉玛等三名一案,前于三十三年七月十五日以咸代电呈报钧座鉴核在案。惟查恪君扎西前经寻访时,据其家属称,系属兔相。自达赖佛卜定为班佛化身之一后,经本厅详细调查,复据该家属及邻居声称:该童生于二十五年春季,确为鼠相。前此所述兔相一节,系属错误。等语。按先大师圆寂于民国二十六年,该童生于二十五年,是则生年根本错误,自不能认为班佛转世化身。至西藏之孩童拉玛,前闻有殇之说,复经本厅派员前往孩童原籍明密调查,近据报称:孩童确于前年因疾病故。等语。兹将达赖卜定班佛候选人三名内,一名已死,一名年庚不符,不能认为班佛化身各情形,理合肃电呈报,伏乞备查为祷。罗桑坚赞。辰养。印。

〔蒙藏委员会档案〕

4. 班禅驻京办事处转后藏代表王乐阶请中央迅即明令官保慈丹为十世班禅事致蒙藏委员会呈

(1946年7月1日)

西藏班禅驻京办事处呈　还京字第23号

顷奉堪布会议厅谕：附后藏政府暨僧俗民众推派迎接班佛代表王罗皆等同上钧座代电一件，饬为转呈。等因。奉此。理合具文呈转，仰祈鉴照。谨呈

蒙藏委员会罗委员长

附原代电一件

西藏班禅驻京办事处处长

计晋美

中华民国三十五年七月一日

附　　班禅堪布会议厅代电　第1号

南京。蒙藏委员会罗委员长钧鉴：

顷奉六月微电敬悉。前上阳电已蒙垂鉴，并蒙指示：班禅大师转世手续，与罗桑坚赞委员详细商讨，报候中央核办。等因。仰见关垂佛事之至意，欣感靡已。

惟罗皆等此次奉命迎佛，责任攸关，自当妥慎办理，以期完成使命，并副〔负〕全藏僧俗付托之重。故自抵青后，对内经缜密之研讨，对外作客观之考察，始知班辕人士在青办理班佛转世决定事宜，在事实与环境上均有正当之理由与不得已之苦衷，惟中央以顾虑滋多，迄今未蒙正式宣布。罗皆等环顾全藏情势，默察各方舆论，觉班佛正身之明令宣布似不应再事游移，致误大计。谨将鄙见所及，贡陈如次。

自罗桑坚赞委员奉命办理班佛转世事宜以来，殚精竭虑，备极周详。在寻访灵童竣事后，当将青、康、藏等区域寻获灵童九名汇案

呈报中央及达赖佛核夺在案。惟查灵童九名内官保慈丹灵异特著，确为其他灵童所不及，并经青、康、藏各大活佛之卜卦、护法降神之指示，均称为班佛转世之正身，以故蒙藏各族一致拥护，敦请从速在青决定，以慰喁望。而班辕人士鉴于灵童之聪慧绝伦，蒙藏同胞之热烈爱戴，复因藏历凶年届临，迫不及待，遂呈请中央将官保慈丹奉请塔尔寺，决定为正身。自决定后，灵光慧智，愈益显著，并即奉达赖佛及达札佛电令，已卜定官保慈丹为班佛心、口、意化身之第一，从慈各方人士信仰崇拜者更益形热烈。是官保慈丹虽未经中央明令宣布，而久已脍炙人口，举国风从。此应呈请宣布者一也。

该下全藏官民以官保慈丹之灵异在寻获灵童九名内称为巨擘，复经达赖佛卜定为班佛候选人第一，因之衷诚拥护，一致信仰，其切盼早日入藏之情绪，有如婴孩之望慈母。罗皆来自藏卫，见闻亲切。此应呈请宣布者二也。

民三十一年四月，罗皆在藏奉吴委员长艳仁电节开：顷奉行政院令：班佛呼毕勒罕之候选人，准先由西藏宗教首领负责选定身、口、意化身，第一为官保慈丹，第二为恪君札细，第三为拉玛等三名。惟恪君札细一名因生年错误，在先佛未示寂前产生，根本不能认为候选人。至拉玛一名，早于上年病故，并无候选人之可言。此项情形，业经罗桑坚赞委员呈报在案。如此，则班佛候选人，现只有官保慈丹一人。此应呈请宣布者三也。

再，查关于班、达转世事宜，向由国家主持办理，或在拉萨抽签签定，或在别处指定，然后奉迎入藏。稽诸已往旧例，并非固定性质，要视其环境而变通耳。今西藏宗教首领选定之班佛呼毕勒罕三名内，仅余灵异特著，绝无仅有之官保慈丹一人，可谓佛果圆满，天人相应。如蒙中央指定为班佛正身，则对于宗教手续与国家之主权兼筹并顾，诚属光明正大之措施，亦为举国同胞之所仰望也。

罗皆等身负迎佛重责，不得不坦白直陈，且与罗委员一再商讨，询谋金同，除径电达赖佛及达札佛表示同意并请宣布全藏外，理合肃电呈恳，伏祈钧座俯纳愚忱，鼎力主持，转呈中央，准将官保慈丹即行明令指定为班佛正身，以继法统，而便入藏，不胜迫切待命之至。后藏政府暨僧俗民众推派迎接班佛代表

王罗皆等同叩

巳号。印。

〔蒙藏委员会档案〕

5. 蒙藏委员会查明灵童拉玛夭亡恪君扎西年庚有误事致达赖喇嘛电

（1946年9月4日）

拉萨。达赖大师慧鉴：

班禅转世灵童，前准执事电已认定官保慈丹、恪君扎西及拉玛三名为优，本会业经转报中央备案。兹据班佛徒属罗桑坚赞、王乐阶等呈报：恪君扎西生年系在班佛示寂之前，拉玛早于上年夭折，现只官保慈丹一名，确为班佛正身。等情。希查明见复为荷。蒙藏委员会委员长　罗良鉴。支。印。

〔蒙藏委员会档案〕

6. 西藏摄政达扎为青海灵童至拉后方可确定班禅正身事致蒙藏委员会电

（1946年10月）

西藏政府代表札堪尊罗等全体转蒙藏委员会罗委员长勋鉴：

阳历九月四日电诵悉。关于班禅转世一节，经该札什伦布拉章内外及四寺等全体执事人审查商议及诸处祈神问佛之结果，拣选

为灵童五人请达赖佛爷及达札占卜。详占结果,以贡布策丹、却穹札喜、布拉玛三童皆属良好,当即回复该执事人等知悉。同时将此详情电令驻京办事处转陈贵会,并由贵会转陈中央,甚为感荷。现贵会以札什伦布拉章执事人罗桑坚赞及仲译青木等报称:却穹札西为班禅未圆寂前所生,布拉玛已于去岁殇亡,现止贡布策丹一人系真身无误。等情。嘱为查复。兹查却穹札西生年并无错误,已有札什伦布拉章内外执事人等前后所呈考查详单及呈请达赖佛与达札占卜公文可据,彼等自心明白。布拉玛现亦甚健,彼等亦均深悉。因此,三灵童必须迎至拉萨以后,对世尊释迦牟尼像前,当札什伦布拉章、札萨喇嘛及内外执事人全体齐集之时,虔诚祈祷,选定真正班禅。此情请转呈中央,严令札什伦布拉章、仲译青木等将青海三灵童迎入拉萨。关于此事详细情形,达赖喇嘛及噶厦已有电报,尚希垂鉴。

西藏摄政　达札呼图克图
丙戌八月四日

〔蒙藏委员会档案〕

7. 达赖为派人迎请班禅转世灵童至拉萨掣定事致蒋介石等呈

(1946年11月6日)

主席蒋钧鉴、委员长罗钧鉴:

札什伦布寺拉章僧俗同仁关于访问前辈班禅圆寂转世灵童,曾在各处打卦求神,并经请达赖与打札佛打卦结果:其一为安多(青海属)北多泉惠灵童,生于戊寅年,名官保慈丹;其二为塔尔寺性崇札喜(青海区域内)之灵童,生于己卯年,名格君札喜;其三为察哇巴许贡堆之灵童(西康区内),生于己卯年,名拉玛。上述三人为身、心、性转化之灵童,应由其中选出一真身转世灵童。所以此三灵童均须请至西藏拉萨,在释迦牟尼座前,当该札什伦布寺匡子扎萨喇嘛亲临领导,并经僧俗人等集聚祷告,举行掣签,掣出者即为真身班禅。关于此事,业经札什伦布各寺院僧俗职员及全体民众同意如此办理。于是特派札布伦布各寺院及职员暨人民共同代表大中译(官名)罗仓旦清巴(家名)罗桑坚赞及随从人等前往安多迎接上列灵童二人。限该等到达地点后,不得延误。祈请钧座尽量予以协助为祷。

附呈藏礼哈达一方

达赖　乙酉九月一日

〔蒙藏委员会档案〕

8. 蒙藏委员会为班禅转世事拟复达赖等电稿与蒋介石往来呈批

(1946年12月12日—1947年1月8日)

(1)蒙藏委员会致蒋介石呈(12月12日)

呈　京藏字第2478号

据后藏札什伦布寺迎接班禅转世灵童代表王罗皆等自青海西宁寄来西藏政教当局达赖喇嘛、打札摄政及噶厦为班禅转世交彼等面呈主席蒋、钧座乙酉年九月一日藏文函三件,又致本会藏文函三件,经译明内容均属相同。原函内称:札什伦布寺拉章僧俗同仁,云云,祈请钧座尽量予以协助为祷。等由。

案查中央核定班禅转世办法,系由西藏宗教当局就班禅徒属所寻获灵童中择定三名为班禅呼毕勒罕候选人,报请中央派员举行掣签,决定一名为班禅呼毕勒罕。此项办法早经电达西藏当局及班禅徒属暨关系各方面遵照,并经班禅属下寻获灵童十余名,派员将名册送往西藏。只以西藏当局对中央核定办法久不答复,班禅属下殷望班禅转世灵童早日坐床,遂呈请中央径行决定班禅正身,护送入藏，未获中央核准，又自行在塔尔寺将灵童官保慈丹举行坐床，请求中央予以承认。

本会以此事关系西藏政教前途至为重大，曾经剖析利害，呈请总裁蒋、钧座核示。奉批：仍照旧例办理。等因。旋西藏宗教当局为恐中央对西宁坐床之灵童官保慈丹予以承认，甚至军事护送入藏，乃就班禅属下所呈灵童名单中卜定班禅身、心、意化身三名，交由班禅方面代表王罗皆等带呈中央，一面暗属班禅属下将三童送往西藏举行掣签决定正身，以资避免中央干预。此为前项藏文函之由来。

惟据班禅属下报称：西藏所卜定三灵童中，恪君札西生年在佛圆寂之前，拉玛现已夭折，惟有官保慈丹灵异卓著，坚请中央予以认定。此次西藏出席国大代表团图丹桑批等曾来会面，恳转饬王罗皆由青来京当面商洽此事。经本会转电去后，王罗皆仍称病不肯来京，只将所携西藏政府之前项公文寄至，是此案西藏当局与班禅属下之意见仍相去甚远。

本会办理此案，惟在遵照主席蒋、钧座前次指示，依照旧例即中央核定办法，由中央派员掣签，而无意于对某一灵童加以支持，故对班禅属下所请认定官保慈丹为班禅正身一节，未便遽予照准。一面拟仍催促西藏当局择定掣签日期，由中央派员前往主持，以符旧例。兹拟由本会致复西藏当局电稿一件，是否有当，理合备文抄呈，仰祈鉴核示遵。谨呈
国民政府主席蒋
行政院院长宋
　　附抄电稿一件

　　　　　　　　　　　　　　　全衔　罗〇〇
中华民国三十五年十二月十二日

　　电稿　　密电驻藏办事处转

达赖佛慧
拉萨。打札摄政法鉴：
　　噶厦公所公

后藏迎接班禅灵童代表王罗皆寄来执事、贵噶厦乙酉年九月一日藏文函，经已译悉，并已转呈主席蒋鉴核。查中央核定班禅转世办法，系由西藏宗教首领就班禅徒属所寻获灵童中择定三名为班禅呼毕勒罕候选人，报请中央派员掣签决定一名为班禅呼毕勒罕。此次执事、达赖佛与打札佛所选官保慈丹、恪君札西及拉玛三名，自应定为班禅呼毕勒罕候选人。惟何日举行掣签决定呼毕勒罕，仍希酌订见告，以便转呈中央派员前往主持，以符旧例。特电。希查照见复为荷。蒙藏委员会委员长　罗〇〇艳。印。

　　（2）蒋介石批复（1月8日）
国民政府代电　府交字第9001号
蒙藏委员会罗委员长勋鉴：

　　三十五年十二月十三日京藏字第二四七八号呈悉。关于西藏政教当局为班禅转世请协助一节，希即由该会照所拟电稿径复为盼。中正。子齐。府交。

〔蒙藏委员会档案〕

9. 蒙藏委员会拟复拉敏等所提藏事四项建议事致国民政府等呈电
（1947年2—4月）

　　（1）蒙藏委员会呈（2月1日）
呈　京藏字第3065号

　　据国民大会西藏旅居内地代表拉敏益西楚臣等六人三十五年十一月二十九日呈称：窃拉敏等，云云（仍照原呈行式低两格抄至）

不胜感祷之至。等情。兹拟分别核办如下。

一、请公布灵童官保慈丹为第十世班禅一节。

查关于班禅灵童征认事宜,业经本会拟定办理步骤,于三十五年十二月以京藏字第二四七八号呈奉钧座。三十六年元月八日府交字第九〇〇一号代电、钧院三十五年十二月二十八日节京贰字第二五四六〇号指令核照在案。拟以仍应遵照中央核定办法办理。如西藏当局认为官保慈丹最灵请援照十四辈达赖例办理,中央亦为照准等语电复该代表知照。

二、请准予前后两藏分别实施高度自治一节。

查西藏政教实权现操于拉萨政府之手,班禅方面不能过问。其意见虽不无可取,在目前局势下无法实施。拟以新颁宪法中已明白规定西藏自治制度应予保障。至将来如何实施,当须缜密研究,该代表等所提意见自应予以注重等语电复。

三、拟请将班禅诵经堂改为班禅行辕或准予成立班辕类似机构一节。

查三十五年五月二十日行政院(钧院)第五一五次会议通过,送经国防最高委员会核准备案之班禅行辕善后办法中,规定班禅行辕及驻各地办事处除京办事处予以保留外,余均一律裁撤。俟灵童寻获坐床后,如有必要,再行考虑组织类似行辕之机构。旋经本会顾及班禅行辕裁撤后所有员工生活及善后问题,经呈准成立诵经堂,以资安置。惟迭据班禅堪布会议厅陈述该厅实际为办理班禅教务及灵童转世事宜之负责机构,中央核准之诵经堂名义,循名核实,办事深感困难,请恢复班禅行辕名义前来。兹为兼顾中央决议及实际需要情形,拟准将该班禅诵经堂改为班禅堪布会议厅,即以原诵经堂为其经常费。

四、请改原班禅卫士队扩大组织为藏干部大队一节。

查班禅卫队经第八战区接收,成立临时特别训练班,训练多年,自应善予运用,俾能成为将来建设西藏之干部。惟在现时既不能派遣回藏，又未便予以遣散，前次奉行政院交议国防部代电，拟将该班名义予以保留，并提高队员待遇之意见，本会深为赞同，已呈将行政院（钧院）鉴核在案。

以上所拟办法是否有当（除分呈行政院外），理合具呈，仰祈鉴核示遵。谨呈
国民政府主席蒋
行政院院长宋

全衔　罗○○

中华民国三十六年二月一日

（2）蒙藏委员会代电（4月11日）

代电　京藏字第4294号
班禅驻京办事处转拉敏益西楚臣、滇增汪赞、计晋美、何巴敦、蔡仁团拉、宋之枢六位代表公鉴：

前准三十五年十二月二十九日函呈所陈四项，经本会加注意见转行政院核示去后。兹奉行政院三十六年四月三日从贰字第11826号指令核实如下：原呈第一项请公布灵童官保慈丹为第十世班禅一节，应候呈奉主席核示后，另文饬遵；第二项请准予前后藏分别施高度自治一节，应俟行宪时缜密研究，该代表等所提之意见自应予以注意；第三项准将班禅诵经堂改为班禅堪布会议厅，即以原诵经堂经费为其经常费；第四项请改原班禅卫士队扩大组织为藏民干部大队一节，查前据国防部呈转西北行辕电请将前班禅卫队改编之第八战区临时特训班改隶该行辕并易名为藏民干部大队等情到院。当经核定藏民干部大队准予成立，惟其经费预算，因国防部未将西北行辕原送之预算表及编制转呈，尚未予明核列。现已饬该部补送，并转电西北行辕在预算未核定前，暂照国军待遇垫发该队人员之生活费在案。除将原呈第一项签请主席核示外，合行令仰知照，并转行知照。此令。等因。特此电达，即希查照为荷。蒙

藏委员会。真。印。

〔蒙藏委员会档案〕

10. 班禅堪厅请明令公布十世班禅正身事致蒙藏委员会代电

(1947年7月25日)

代电　第177号
南京。蒙藏委员会许委员长钧鉴：

案奉钧会本年四月一日京藏字第四一零零号代电开：班禅堪布会议厅公鉴：关于班禅大师呼毕勒罕征议事，前奉主席示：应照旧例办理。大师倾忱中央，功在党国，中央对其转世事宜，为避免纠纷，不能不缜密计议，深信时机成熟时，当能在符合贵厅之愿望下而圆满完成也。专此布达，希即查照。蒙藏委员会。卯东。印。等因。

奉此，仰见眷注佛事，指示恳挚之至意，良深感奋。惟本厅唯一之愿望，厥为中枢赐颁公布明令与早日护送入藏二事。然前藏对班佛转世事宜，一向蓄意破坏，多方阻挠，且心怀携贰，违抗政令，以故视中央为无物，视班禅为赘瘤。是我佛转世事，如避免纠纷，取得前藏同意时，将不知待至何年月日始能圆满完成本厅之愿望也。再四思维，惟有电恳钧座转呈中枢，宸衷立断，先行明令公布官保慈丹为班佛呼毕勒罕，以伸主权而慰众望，不胜感祷之至。班禅堪布会议厅叩。已有。印。

〔蒙藏委员会档案〕

11. 总统府二局抄送班禅正身之争执及各方所持态度情报致蒙藏委员会公函

(1948年9月10日)

总统府第二局公函　交秘字第1442号

径启者：兹奉谕抄送班禅正身之争执及各方所持之态度由情报一件，即请查照参考为荷。此致

蒙藏委员会

附抄情报一件

　　　　　　　　　　　　　　　　　　　局长　陈　方

附：班禅正身之争执及各方所持之态度由

一、班禅灵童正身之争执与其内幕

（一）班禅堪布会议厅强调在青海之灵童为正身。

班禅灵童原有九位，均系班禅堪布会议厅卜卦所得者，该会议厅曾将此九位灵童名单送请藏政府预选三位，然后再将此三位灵童护送入藏，于大昭寺内抽签决定。嗣班禅堪布会议厅谎报藏政府谓所选定三位灵童：（子）官保慈丹（在青海省）；（丑）恪穷扎喜；（寅）布拉玛（在八宿之擦瓦岗）。其中一位业已死亡，另一位则生辰与老班禅不符合，而以官保慈丹为班禅正身。因前后矛盾，引起藏政府对该会议厅有所不满。其次，藏方以中央忽视班禅之转世而附和该会议厅之行动，认为系引起中藏误会原因之一，现藏政府接获迎接班禅灵童代表王罗阶之报告，谓恪穷扎喜确已死亡。等语。闻藏政府已决议：若官保慈丹逗留青海而不入藏，则将迎在康之布拉玛为班禅正身。

（二）班禅堪布会议厅要求予以特权后始允送班禅入藏。

班禅堪布会议厅要求藏政府须先允许给予扎什伦布寺各种权利，如免除差税、兵役，并退还以前没收之庄田等后，始能将灵童护

送入藏,否则不愿入藏。按此种情势,与民国二十五年第九辈班禅交涉入藏时如出一辙。

(三)藏方主张抽签以决定班禅之正身。

藏政府于八月十七日接其驻南京办事处电报谓:班禅堪布会议厅代表曾晋谒蒋大总统,请求护送班禅入藏,总统已面允于明(三十八)年护送班禅入藏。等语。藏政府于接获此项报告后,即开会讨论,均谓并非不欢迎班禅进藏,惟未经过合法手续所产生之班禅,碍难承认,并以前清在雍和宫及拉萨均设有金瓶,凡遇争执,必须抽签决定。藏方为求侥幸成功,坚主抽签,如在八宿之布拉玛班禅灵童抽中,则可使中央势力不能入藏。设不幸而由在青海之官保慈丹班禅灵童抽中,则拟要求中央由藏人自行迎接入藏;如必须由中央派军队护送,亦以送至西藏边境为止,决不允许中央军队藉护送班禅进入藏境。又,在八宿之班禅灵童布拉玛,因藏方恐其父母抚养不周,已于三十六年令八宿喇嘛寺迎入寺中抚养,现已能读藏文矣。

二、藏方藉后藏僧俗官员名义电中央请愿

藏政府为班禅入藏事,勒令后藏全体僧俗官员及民众出名向中央请愿,其内容为:

(一)速将班禅转世之二灵童送进西藏,在大昭寺内抽签,决定正身,不能承认凭口指定之班禅。

(二)灵童进藏时,请勿随派官兵及卫兵。若有此等情形时,请以送至西藏边境为止,否则将蹈九世班禅被阻之覆辙。

(三)班禅驻京办事处处长计晋美父子二人为犯法之徒,请予以撤职。

请愿书将分寄钧座及蒙藏委员会、马步芳、戴季陶等四处。惟此事纯系藏政府暗示及驻日喀则之札萨喇嘛戈比及达康等主办者,后藏官员并不同意,仅遵命签名盖章而已。盖后藏方面素受前藏政府之压迫,及〔极〕望中央势力早达西藏,以解其困,故愿班禅正身之早日选定,但无任何成见。若经中央认可者,彼等绝不反对。至撤职计晋美事,因与彼等并无利害关系,亦不具成见。

三、藏方布防练兵以防国军入藏

(一)藏政府闻班禅堪布会议厅将藉护送班禅为名,率青军两千人入藏,故在由青入藏之各要冲,如德格、黑河等地,均驻有军队,以备防范。

(二)驻防后藏之藏军第六团,近奉令加紧训练,每兵并发给子弹十发,俾作实际射击之练习。据该团团长向人密谈,今(三十七)秋马步芳军队有护送班禅入藏之可能,故政府下令加强训练军队,目的在准备抵抗青军护送班禅入藏。

四、研判意见

班禅正身之决定,按照宗教规定,必须将灵异昭著之数灵童,由达赖或摄政藏王决定。今官保慈丹未经过上述手续,该班禅堪布会议厅即承认其为班禅正身,实无根据。如若班禅进藏,人心不服,久后终必生变。然吾人于护送班禅进藏时,必须表明其身份:即官保慈丹为诸灵童之一,并未〔非〕班禅之正身。盖班禅堪布会议厅对此事业已铸错,故不能将错就错,以免发生更大波折,而堕中央之威信。

〔蒙藏委员会档案〕

12. 总统府抄送噶厦商议拘捕班禅部属废除班禅职位等情报致蒙藏委员会代电

(1948年9月20日)

总统府代电　交秘字第1449号

蒙藏委员会许委员长勋鉴:

据密报,西藏政府商议拘捕班禅部属及废除班禅职位与各方对班禅入藏事之态度。等情。特抄发原件,希即注意核办为盼。蒋中正。申敬。交秘。

附抄原件一份

中华民国三十七年九月二十四日

附　抄件

一、藏政府商议拘捕班禅部属及废除班禅职位与各方对班禅入藏事之态度。

二、藏方商议拘捕班禅部属及废除班禅职位

西藏地方政府近连续开会十余日，对班禅入藏事有所商讨，其中一部分官员态度激昂，主张废除班禅职位，不许入藏。九月八日曾决议：班禅部下各官员暗中向汉人活动，要求中央护送班禅入藏，实属违抗藏政府，应予以严厉处罚，于最短期内（半月左右）先将班禅部属各官员全部拘捕后，再设法废除班禅名位，永不转世。现此案已送呈藏王批准，若批准，即将执行。

三、后藏组织请愿团要求中央护送班禅入藏

据后藏官员向人谈称：刻后藏正在秘密组织请愿团，准备吸收倾向中央之仅〔优〕秀青年十余人，拉萨方面亦有人活动进行。其主要目的，在请求中央护送班禅入藏，企图脱离前藏之管辖。

四、藏方据其在玉树之坐探报告，谓西宁方面先后运公物千余驮至玉树，有谓中央护送班禅入藏，此项公物即系班禅入藏之前站。亦有谓去年（三十六）修筑青新公路，业已竣工，政府又拟修筑青藏公路，此项公物或系修路之工具。等语。昌都总管拉鲁据报后，认为该项公物不论为班禅前站，抑为筑路工具，皆与西藏有关，除飞报拉萨请示外，并调驻防类乌齐之甲当代本颇龙部开往囊谦，入三十九族要隘之加桑卡，以备防范。

五、结康堪布谈中央对班禅转世事及藏方代表应持之态度

后藏派驻拉萨办理迎接班禅灵童事宜之代表应持之态度

后藏派驻拉萨办理迎接班禅灵童事宜之代表结康堪布倾向人

谈称：

（一）关于迎接班禅灵童事宜，余（结康自称）等仅有代表之空名，其实际权力全在藏政府手中，凡后藏代表呈中央之电文，若有倾仰等字句，藏政府必将其删去，致使后藏官民对中央之仰慕态度难以表达。所有呈中央之电文，余等仅遵命盖章而已。

（二）中央对于班禅转世事应有一贯主张，主张既定，即贯彻实行，勿朝令夕改，畏首畏尾。否则，不但不能成功，反令边人轻视中央。

（三）年来因藏政府扩军，差役加重，下级官员及普通人民痛苦异常，较之汉人统治时之情形大有天壤之感，故渴望中央迅速入藏，掌握政权。此种倾仰中央情绪，不仅后藏方面，即前藏人民亦然。

（四）中央素以宽大及亲爱态度对待西藏各代表，致养成藏人之自大心理，如领袖及中枢各首长随便接见西藏代表，谈笑自若，实所不宜。应按照其习俗（即阶级划分极严）对待之，严肃威仪，使其有所畏惧，藉以消除其自大心理。等语。

〔蒙藏委员会档案〕

13. 陈锡璋为西藏当局欲废官保慈丹立拉玛为班禅正身事致蒙藏委员会密电

（1948年9月30日）

南京。密。委员长钧鉴：

关于班禅灵童事，未俭、申遇各电谅均邀鉴察。兹闻藏方意在取消官保慈丹，只迎八宿布喇嘛一人，现正筹划派员迎接事宜。据一般观察，藏方系一面用札寺全体名义向中央纠缠，一面采取行动制造事实，若中央允将官保慈丹送藏而不派大员莅临，固属如愿以偿，否则或将制造空气，谓中央将官保慈丹扣留不放，班禅不宜久阙等等论调，而谋拥举其已迎到拉萨之八宿布喇嘛为正身，以遂私图。事已临迫切。应如何决策之处,敬密请钧裁。职陈锡璋叩。申卅(二)。印。

〔蒙藏委员会档案〕

14. 总统府二局抄送班禅灵童入藏事之演变情形情报致蒙藏委员会公函

(1948年10月4日)

总统府第二局公函　交秘字第1451号

径启者:兹奉谕抄送班禅灵童入藏事之演变情形情报一件,即请查照参考为荷。此致
蒙藏委员会
　　附抄情报一件

　　　　　　　　　　　　　局长　陈　方

中华民国三十七年十月四日

　　附　班禅灵童入藏事之演变情形由

一、藏僧反对拘捕班禅部属及废除班禅职位

西藏三大寺闻悉藏方决议拘捕班禅部属废除班禅职位后,当即出面反对,认为拘捕班禅所属官员事小,而废止班禅转世则事大。设若此事实行,将引起全藏人民及喇嘛之反感,莫如迎请班禅灵童进藏,以合法手续产生,存其位而去其权。刻藏方对此问题迄在商讨未决。

二、藏方派兵迎接蒙委会驻藏办事处长之用意

藏政府将派兵一百名前往帕克里迎接蒙藏委员会驻藏办事处新任处长熊耀文。查藏方此举之实际作用,系恐后藏札什伦布方面向新任处长陈述班禅转世事件及其他活动,故以派遣军队迎接新处长为名,藉以监视。

三、藏方不满班禅堪布会议厅收容热振派人员

据班禅驻京办事处处长计晋美谈称：余（计晋美自称）于九月二十一日接读青海班禅堪布会议厅来函，谓最近拉萨政府以班禅堪布会议厅不但传统思想反对藏政府，而且更变本加厉对反对藏政府之热振派叛徒，每次暗杀政府官员及士兵或警察，一经离藏后，班禅堪布会议厅即行设法完全收容，并接济其弹药粮秣等。藏方认为班禅堪布会议厅此种行动，并未顾及班禅活佛是否欲回藏及前后藏因此将造成敌对行为，该会议厅对此不友谊之行为，实应加以考虑，切勿逞一时之快意而丧失前后藏之邦交，使班禅永久流落异地。等语。

四、班禅灵童暂不回藏之原因

据班禅驻京办事处处长计晋美谈称：转世班禅活佛刻仍在青海，班禅堪布会议厅原拟于今（三十七）年秋季护送班禅大师回藏。嗣以国内外局势不安，不敢贸然行动，刻正向中央请示中。谨将班禅暂缓入藏之原因查报如下：

（一）国内共匪未消灭，中央无暇西顾，故班禅及后藏方面不敢乱动。

（二）西藏政局现仍在动荡不安中，热振派所领导之色拉寺喇嘛不断向藏府游击，故藏局难望安靖。

（三）国际局势动荡，大战是否即将爆发尚难逆料，故班禅入藏事，非得中央允许，不能进行。等语。

〔蒙藏委员会档案〕

15. 蒙藏委员会再度拟定办理班禅转世办法致总统蒋介石呈

（1948年10月12日）

蒙藏委员会呈　京藏机字第1011号

据本会驻藏办事处本年八月俭电称：札什伦布寺代表恩久佛、吉康札仓堪布、德来饶丹、惠拉顿珠、康萨五人来处，面递札什伦布寺全体僧众为班禅转世灵童事分呈总统、戴院长、钧座及马主席电各一件，词意大致相同。原文曰：前于丁亥年十二月二十六日敝全体同人等致蒋大主席电报，近由贵会转复奉悉，甚感，云云（以下照原电抄），札什伦布之素喜全体活佛、全体僧众及全体僧俗办事职员拉德、密德、民众人等同叩。藏历戊子年七月二十二日。印。

又据该处本年八月俭二电略称：札什伦布寺原电藏文暨汉文均系由噶厦备齐交恩久佛等送至职处，并谓另一汉藏原文已航寄中央。至关于迎接灵童一事，自上月札寺开会以讫现在，噶厦办理此事，始终未向恩久佛征询意见，完全出于包办方式。据悉，札寺方面之真正意见为将两灵童接来拉萨，在神前决定正身，以免后言，并切望中央予以长久之支持。至应否派兵护送至藏边，抑直达拉萨，采取金瓶掣签或拈阄方式，是否派大员监视并主持坐床典礼，则完全请由中央裁决施形。等情。窃虽藏方用心甚深，札寺方面言动已失自由，班禅行辕中人或当别有意见，情形复杂，似不易于短期间获得各方满意之解决，应否复札寺电先作原则之表示，以测验藏政府之态度，再筹进一步之措置，谨电密请钧裁。各等情。

正核办间，九月二十七日又据班禅驻京办事处转呈班禅堪布会议厅急电称：查第十班禅转世问题尚未解决，云云，不胜迫切待命之至。等情。查班禅转世案牵延多年，未能解决，一以班禅堪布厅方面坚持灵童官保慈丹为班禅正身，并已径自在塔尔寺坐床，惟恐掣签落选，失所凭藉，故迭次呈请中央明令公布，护送赴藏；一以西藏地方政府方面表示应将灵童二人齐集拉萨，举行拈阄，对中央派员主持掣签坐床等事，则未曾表示遵办，且屡次来电，仅请求准彼等迎灵童入藏，对中央派员护送及派员主持办理，则始终含默；

而对派兵护送，亦未有所表示。近日据报，昌都方面藏兵增防，即系为此。

至本会处理本案之立场，系遵照前年主席蒋电示：依照旧例办理。俟时机成熟当能完成愿望。惟为此案早日完成起见，希望班禅堪布厅与西藏当局能事先取得协议。故参酌法理与事实，订有合法合理两种解决办法：合法办法为依照旧例，由中央派员主持掣签决定；合理办法为援照特例由班禅堪布会议厅及西藏当局公认灵童官保慈丹灵异特著，呈请中央免予掣签，明令征定为班禅呼毕勒罕，中央届时亦可考虑，惟必须由中央派员护送入藏主持坐床典礼。

揆诸目前情形，班禅方面向西藏当局要求札什伦布寺原有权力之恢复，西藏当局既不肯应允，而于径认官保慈丹为正身一节亦示反对。双方意见径庭，合理解决之希望似属甚微。且后藏札什伦布寺方面，因在藏政府势力之下，亦无法表示其自由愿望。如果徇西藏当局之请，准将灵童官保慈丹交由西藏迎往，势必引起班禅堪布会议厅绝大之反感，而灵童一经入藏，中央主持掣签坐床等事，亦将无从办理。如果照班禅堪布会议厅意见，由中央明令灵童官保慈丹为班禅正身，并派员护送入藏，则西藏必然拒绝。若不予护送而长留青海，则西藏当局可能径迎八宿灵童拉玛至藏坐床，如是则班禅真伪问题又将如第六辈达赖故事，重演纠纷。详加考虑，经决定处理步骤如下：

一、电达西藏达赖及摄政暨电复札什伦布寺，告以班禅转世事，关系西藏政教前途者至重且大，中央对西藏佛教有维护之责，非依照旧例由中央主持办理，不足以服人心而昭大信，任何方面企图规避中央主持者，必将引起纠纷，招致严重后果，殊非西藏众生之福。希西藏当局查照本会三十六年一月艳电，迅将班禅呼毕勒罕掣签日期择定，呈报中央，以便由中央明令特派大员会同西藏宗教首领主持办理掣签及坐床事宜，一面由中央派员率同后藏迎佛及送佛人员护送灵童入藏。

二、电令本会驻藏办事处转达西藏政府,中央对班禅转世事,一切均依照旧例办理,期能于短期内光明圆满解决,绝无派兵护送之意。希望西藏政府对中央电示各点遵办,迅予电复。

三、电达西宁马主席就近向班禅堪布会议厅及后藏迎灵童代表王乐阶等双方劝导,务必仰体中央爱护西藏之旨,遵照中央宣示之方针,协商解决,以免引起纠纷。并力加劝告王乐阶切勿匆遽返藏,听候中央处理。

除已依照上列三项分别办理并分呈行政院暨分函国防部外,理合呈报仰祈鉴核备查。谨呈
总统蒋

全衔委员长　许〇〇

中华民国三十七年十月十二日

〔蒙藏委员会档案〕

16. 蒙藏委员会再申班禅转世办法事致达赖等电

(1948年10月12日)

(1) 电之一

电　京藏机字第1013号
拉萨。5646。密。分转西藏达赖佛慧鉴、打扎摄政法鉴、噶厦公鉴、后藏扎什伦布寺代表公鉴:

扎寺全体僧俗戊子年七月二十二日电诵悉。查班禅佛转世事关系西藏政教前途至重且大,中央对西藏佛教维护有责,深知非依照旧例由中央主持办理,不足以服人心而昭大信。如稍不慎,必将引起严重纠纷,殊非西藏众生之福。希查照本会三十六年一月艳电,迅将班禅呼毕勒罕掣签日期择定呈报中央,以便由中央明令公布特派大员会同西藏佛教首领主持办理掣签及坐床事宜;一面由

中央派员率同后藏迎佛送佛人员护送灵童入藏。专电敬达,即希查照见复为荷。

　　蒙藏委员会委员长　许〇〇。酉文。印。

　　　　　　　　(2)电之二
电　京藏机字第1012号
拉萨。陈代处长锡章:

　　密。查中央对班禅转世事,一切均依旧办理,期能于短期内光明圆满解决,绝无派兵护送之意。事关大典,为西藏安乐和洽之举,希转达西藏当局,对中央电示各点迅予电复为要。许〇〇。酉侵。印。

〔蒙藏委员会档案〕

17. 总统府二局抄送噶厦欲取消后藏政治组织并迎立拉玛情报致蒙藏委员会公函
(1948年10月26日)

总统府第二局公函　交秘字第1461号
　　径启者:兹奉谕抄送藏政府欲取消后藏组织及准备迎接西康巴宿之班禅灵童入藏情形情报一件,即请查照,迅予核办为荷。此致
蒙藏委员会
　　附抄情报一件
　　　　　　　　　　　　　　　　　局长　陈　方
中华民国三十七年十月二十六日

　　附　　抄件
　　(一)藏方欲取消后藏组织,达成政治一元化
　　西藏地方政府前集会商讨拘捕班禅所属各官员并废除班禅职

位事,因遭受人民反对,未即付实行。但对此议,仍未放弃。最近藏方以班禅拥有后藏僧俗官民,且倾向中央,恐为后患,拟根本取消后藏政治之组织,没收其财产,收抚其属民,对外仅有西藏之称,无前、后藏之分,西藏最高当局应由达赖领导,期宗教与政治一元化。现此议已获摄政王达扎批准,令饬驻日喀则〈札〉萨喇嘛火速奏行,并限于班禅灵童抵藏前完成任务。

(二)藏方拟迎在巴宿之班禅灵童入藏

藏府近令饬后藏方面选派札什伦布活佛一名及僧俗官员数名,前往西康巴宿迎接布拉玛灵童入藏。刻后藏方面已将迎请该灵童之代表选定呈送藏政府,一俟批准,即动身前往迎接布拉玛灵童。

〔蒙藏委员会档案〕

18. 噶厦拒绝中央护送青海灵童入藏等事致蒙藏委员会电

(1948年11月2日)

南京。密。委员长许钧鉴:

顷由驻藏办事处陈副处长转来酉文电,详诵敬悉。查班禅大师转世事,三位灵童内二位转生阿多地方,特派秘书王乐阶等前往迎请去后。接到塔寺行辕执事人及秘书王乐阶等来电与札什伦布称:灵童恪琼札喜已经夭亡,现存在灵童官保慈丹一名,单独的要为决定,请札什伦布执事人等转为呈报西藏政府。等语。

札什伦布拉章之素喜执事人员拉德、密德僧俗人众全体呈报前来,据称:前蒙承奉达赖、摄政二位卦示,将三位灵童迎入西藏,在释迦牟尼前,并同札什伦布领袖札萨喇嘛及素喜各活佛、所有在政府在野之办事人员拉德(僧)、密德(俗)、民众代表等全体集合场中,虔求桑打(等于抽签),以定正身,进行坐床。等因。奉此,这样圆满而于人已释感〔憾〕之法,再好没有。如此大恩,更无可得。正获善果期望,不料该等不得批示核下,被塔寺行辕执事恶徒、无知几个人擅专责权，将灵童官保慈丹内认定，举行庆贺典礼，已经如此情事。班禅大师转世事宜，不但关于敝札伦布，且有关于全藏人民等众，应宜不违达赖、摄政二位卦示之意。任何而自传将灵童官保慈丹单独名上定要认定，诚如针锥玩石！如违令则政府任何方难理论。现灵童恪琼札喜若真夭亡时，将灵童官保慈丹应由敝札什伦布拉德、密德全体特派秘书王乐阶职员等宜遵照藏政府意令迎回，并专同敝方随从人员勿延，即能放行起程入藏。至藏境之迎请事宜，已蒙藏政府协助办理矣。若由中央派遣护送官员，则既劳且耗，加之又恐覆先班禅入藏之辙，而藏政府亦有碍难，致使拖延。请中央不必派护送官兵事，祈由藏政府转呈中央。是所至祷。札什伦布寺全体僧俗民众一致同叩。等语。所求甚切。

查行辕执事与迎请者（即王秘书人等）意见不合外，根本札什伦布寺之素喜办事人员以及活佛、僧俗民众、全体僧俗，均与该行辕执事各怀意见，不能相合。上述所呈之事，均属实情。现所存之灵童官保慈丹及布拉玛二位，若并能同时迎入拉萨时，不但为札什伦布，且为全藏僧俗民众相信起见，在释迦牟尼佛前虔求桑打，卜定正身，以昭大信。若灵童恪琼札喜实系夭亡，则由内地迎请者惟官保慈丹一名，应于本年内不违藏府业已令即要迎入。藏境内又转生于谓哇巴许（八宿）之灵童布拉玛，亦不忍如此长搁延，可要迅迎。起程入藏事，经由札什伦布寺之素喜活佛及僧众、僧俗办事人员、所属拉德、密德民众等，曾与行辕执事及王秘书等专此前后去电矣。由巴许（八宿）迎请灵童布拉玛之人员，现正决定，不久前往，故向藏政府请求发护照、马牌，已准照矣。

此间本意，现所有之二位灵童，同时迎请入藏后，在释迦牟尼佛前虔请桑打，卜定正身，以昭大信，如陈上述办理。至于札什伦布职员内不知底蕴之辈，若有陈述谬理无稽、自私之意者，复示中央切勿听信任用。若班禅正身决定后，向例旧章，应予主持札什伦布寺之一切外，而此间西藏政府之政教两权，并无干系。而此次为西藏政府所辖属的一个班禅童事,中央又何必定要特派护送官员来呢?希可不必派来是幸。昔年正式的先班禅入藏之时,名之护队,带中央官兵同来,因此西藏人众惊疑交加,故而回不到本寺者,正为此也。此次为一灵童,特派中央官兵逾越藏境前来时,西藏人众惊疑更甚,恐有碍延如昔也。现在中藏两政府根本上之好情感,现正加增上进隆洽之际,恳请轸念于此同。班禅灵童希决勿派中央官兵护送逾越藏境前来为祷。嗣二位灵童均到达拉萨后,在释〈迦〉牟尼佛前举行桑打日期,择于何日,决定后届时当即电报。特此予以查照为荷。噶厦公所叩。藏历戊子闰八月二十七日。印。

〔蒙藏委员会档案〕

19. 总统府二局抄送噶厦坚阻中央护送班禅灵童入藏等情报致蒙藏委员会函

(1948年12月3日)

总统府第二局公函　府贰字第2250号

奉交下关于班禅灵童入藏事演变形情报一件,计四项,并奉谕抄交蒙藏委员会参考。相应抄附原件,函请查照参考为荷。
此致
蒙藏委员会
　　附抄件

　　　　　　　　　　　　　　　局长　陈　方

中华民国三十七年十二月三日

附　　抄件

一、西藏地方政府仍坚阻国军护送班禅入藏之情形。

1. 西藏地方政府因恐中央藉送转世班禅青海灵童官保慈丹为名派兵入藏,曾以札什伦布寺名义分呈蒙藏委员会及青海省主席马步芳。内容略以迎接灵童事宜,应由札什伦布派驻西宁人员负责办理,请中央不必派兵护送。等语。班禅行辕对藏府此举,当即表示反对,藏府因而又于近日呈请蒙藏委员会仍坚持前议,并谓藏府拟于年内迎请灵童官保慈丹及布拉玛入藏,至拉萨后,由前后藏僧俗代表于大召寺举行金瓶抽签,确定班禅正身。至迎接灵童入藏,途中自有藏府协助教寺代表保护,绝无他虑。如中央仍派兵护送时,恐将发生不良后果。等语。

2. 噶厦分令驻各要冲之藏军严密注意,如遇有护送班禅之人员或类似人员入藏时,不必请示,可予以武力阻止。

3. 本(十一)月十八日夜,西藏地方政府派兵二百人(番号不详)赴日喀则增防,十九日又派兵百余人(番号不详)赴黑河增防,其作用一为加强当地驻军实力,一为阻止驻青海班禅引国军入藏。

二、噶厦各噶伦对蒙藏委员会复后藏僧俗官民电文之反响。

后藏全体僧俗官民为迎接班禅入藏,请求中央协助办理一事,于接奉蒙藏委员会之复电后,对中央之关爱甚表感激,当将原电向各噶伦请示。时索康噶伦并未表示意见,仅嘱将该电转达日喀则讨论后,再呈藏府,以凭办理。惟噶绪巴噶伦则谓:班禅转世乃属藏宗教范围内之事宜,中央无权干涉。现后藏代表已将该电转致日喀则札萨喇嘛。

三、后藏札什伦布寺自奉噶厦遵转藏方令派代表迎接布拉玛灵童入藏后,已派定:(1)邓俩然章、(2)丁杰活佛、(3)握当伦布等三人为代表,迎接灵童布拉玛(在八宿之擦瓦岗者)入藏。惟札什伦布寺方面虽迭受噶厦催促起程,均以夫马未全为辞,故意延岩〔宕〕起程时日。

四、后藏否认王乐阶为其所派来京请愿代表。

王乐阶藏名王乐群,现年四十七岁,曾于民国二十七年随安钦佛爷由北平至拉萨,旋在拉萨任官六年余,因与拉萨当局关系甚为密切。渠于抗战胜利后始至玉树班禅堪布会议厅充任秘书,因其时常挑拨前后藏之感情,故后藏札什伦布人民对之甚表反对。此次渠率代表二人、勤务二人来京,请求中央护送班禅入藏,并未征得班禅堪布会议厅同意。据在西藏班禅驻京办事处处长计晋美处获悉:班禅当局已令计晋美向中央否认王乐阶等代表来京请求护送班禅入藏之行动。

〔蒙藏委员会档案〕

20. 陈锡璋为打札避维中央尊严事致蒙藏委员会电

(1948年12月16日)

南京。密。委员长钧鉴:

查班禅转世事,钧座致藏摄政艳电,极尽宽和仁厚之至诚,而彼之复电,对于维持中央遵严各点,概行诡避。殆鉴于内地战事紧张,狂妄心理因而加甚,应如何采取对策,坚定应付,以期旧例得以维持,伏乞钧裁。职陈锡璋叩。亥铣。印。

〔蒙藏委员会档案〕

21. 蒙藏委员会为噶厦所拟转世征认办法 不符成例再交复议致打札电

(1948年12月25日)

电 京藏机字第1211号
拉萨。陈代处长锡璋:密转西藏摄政打札容尊班智达法鉴:

顷接噶厦公所藏历戊子十月十三日电诵悉。查噶厦所拟班禅转世征认办法,陈处长于虔求桑打时可以参加,与旧例会同主持之规定不符,未便转呈。仍希执事查照本会戌艳电所定原则再交噶厦复议。又罗皆代表等在京不能久候,拟即经印返藏。专电布达,敬希查照见复为荷。蒙藏委员会委员长许〇〇。亥有。印。

〔蒙藏委员会档案〕

22. 班禅驻京办事处为转法吉觉佛等请公布官保慈丹为第十世班禅正身电报事致蒙藏委员会公函

(1949年4月11日)

顷接青海塔尔寺法吉觉佛等卯冬辕密上钧长电,请予转呈。等由。准此。理合具转,仰祈鉴照。谨呈
委员长白
　　附原电一件及原电码七页

　　　　　　　　　　　　　职计晋美上　四月十一日

附　　原电
译呈蒙藏委员会白委员长钧鉴:

窃查达赖、班禅为我国崇高无上之佛教领袖,圣德辉煌,众生皈依,谚云:天上之太阳、地上之达赖、班禅。此为蒙藏同胞信仰班、达二佛之真诚表现。

我第九世班禅大师,以倾向祖国,来中土宣化,法雨遍施,中枢倚重,众生钦崇。其巍峨功德,为历辈达赖、班禅所不及。不幸于返藏途中遽归涅槃,曷胜惋惜。

兹第十世班禅转世青海,佛光重辉,十方腾欢。良因青藏辅车相依,利害相关,今达赖、班禅二佛均转世于青海,以后政教之昌明,国防之安定,均有莫大裨益。矧此次转世之班佛官保慈丹,聪慧绝伦,英明盖世,青、康、藏大活佛一致认为班禅正身,即达赖佛占卦,亦定为化身之第一名。以故中外人士,遐迩僧俗,一经膜拜,莫不诧为神奇。

第以年来中央于班佛转世事犹豫不决,迄未公布,蒙藏同胞,

忧心如焚。兹为尊重国家主权,并达到僧俗愿望起见,仰恳钧座盱冲〔衡〕时局,采纳舆情,准将官保慈丹即日明令公布为第十世班禅正身,并请隆重护送入藏,以慰众生。倘因其他关系,一时不能护送时,仍恳援例逊清康熙五十三年第七辈达赖在青海塔尔寺坐床决定之成例,派遣大员莅临塔尔寺主持坐床典礼,以顺民意,而重佛事,不胜迫切待命之至。

    青海塔尔寺治吉觉佛 噶勒丹锡勒呼图克图
        土观呼图克图 热果呼图克图
        东科呼图克图 恪藏呼图克图
        赛多诺们罕 参卓诺们罕却
          雪班知达 米那佛
      安嘉示佛 格嘉佛 札喜佛
    施纳佛 巴周佛 官嘉佛 绰藏佛
    森康匡佛 夏噶佛 乌都苏佛
    明加佛 俄喜佛 业嘉佛 杨嘉佛
       乌却木却佛 约隆佛
  阿嘉香错暨全体僧众等同叩。印。〈卯〉冬

〔蒙藏委员会档案〕

23. 蒙古各盟旗联合驻京办事处请速定第十世班禅正身事致蒙藏委员会代电

(1949年4月18日)

代 电

蒙藏委员会委员长白钧鉴:

  查蒙藏地区各民族率皆信仰佛教,尤以西藏地方,宗教地位高于一切,人民之于国家,胥视国家对其宗教领袖礼遇之隆替以为断,因是蒙藏僧俗之向背,动系边疆之治乱。曩年第十四辈达赖降生青海,蒙政府优礼有加,例送入藏,蒙藏僧民同深感奋。第九辈班禅数度宣化蒙疆,辅翊国是,厥功甚伟,不幸圆寂,国人至为伤悼。第十辈班禅亦已转世,聪明睿智,早为我蒙藏、青康僧俗民众所崇敬。乃留青待命,已近十稔,而政府对其正身册封问题迟迟不决,似无足重轻者,蒙藏人民咸表失望。迩因大局动荡,边围人心不安,国家若仍对班禅册封问题淡漠置之,则有失蒙藏人心。为此电请垂察,转请政府援照第六〔七〕辈达赖旧例,在最短期内,将第十世班禅就其现住之宗巴发祥圣地塔尔寺举行册封,然后徐图入藏,以示政府优遇蒙藏宗教领袖之德意,以慰民望而靖边陲。国家幸甚,蒙藏人民幸甚。蒙古各盟旗联合驻京办事处叩。卯巧。印。

〔蒙藏委员会档案〕

24. 蒙藏委员会为班禅征认经过并拟具认定办法事致行政院呈

(1949年5月5日)

呈　穗字第363号

据青海塔尔寺法吉觉佛、噶勒丹锡勒呼图克图、热果呼图克图、东科呼图克图、恪藏呼图克图、赛多诺们罕、却雪班智达、参卓诺们罕、米那佛、安嘉示佛、明加佛、杨嘉佛、乌却木却佛、阿嘉香错佛暨全体僧众等卯冬代电称:窃查达赖、班禅为我国崇高无上之佛教领袖,云云,不胜迫切待命之至。正核办间,又据蒙古各盟旗联合驻京办事处卯巧代电称:查蒙藏地区各民族,云云,蒙藏幸甚。各等情。

查班禅转世事宜,关系蒙藏政教者至为重大。本会呈奉中央核准之征认班禅呼毕勒罕办法,为由班禅徒属寻访灵异幼童,报由西藏宗教首领卜定呼毕勒罕候选人三名(即身、心、意化身),呈报中央派员举行掣签,签定一名为班禅呼毕勒罕(即班禅正身)。订立此项办法之愿意,在依照旧例,参酌现情,使班禅徒属(即班禅堪布会议厅方面)能尽量寻访灵异幼童,以免遗漏;并予西藏宗教首领以复选之权,以示尊重西藏政教当局之意见;而最后决定之权则属诸中央,以保持数百年中枢对藏主权之所在。此项办法经分达西藏政府及班禅堪布会议厅暨关系各省府去后。班禅堪布会议厅即经寻获灵异幼童十余名呈报中央,并派员携带灵童名册前往拉萨,请予卜定候选人。但西藏政府始则借口寻访未周,仍须复访,经徇其要求由西藏政府派员在金沙江西岸复访后,复借词延宕,对中央决定办法避不答复。一面对班禅属下从事分化工作,以冀削减倾忱中央之势力。

是时抗战方殷,藏方态度暧昧。班禅堪布会议厅方面鉴于局势之恶化,班佛转世夜长梦多,乃径行聘请青海大德就所寻获诸灵童中卜定灵异最著之官保慈丹为正身,并在塔尔寺先行坐床,一面呈请中央明令公布,并派兵护送入藏。

本会当以此案关系重大,未便率尔决定,经拟具甲、乙两种办法,即甲种办法,援照第七辈达赖前例,在塔尔寺坐床,派兵护送入藏(另附第七辈达赖转世史略);乙种办法,不派兵护送,仅由中央明令公布,特予征定后,派员入藏举行坐床典礼。并将两种办法就当时局势详加分析,剖陈利害,呈请总裁核示。奉批:仍应照旧例办理。等因。

旋西藏当局因班禅堪布会议厅方面既径行拥戴官保慈丹坐床,恐中央照准后于彼不利,遂于三十二年间由达赖及打札摄政卜定班禅身、心、意化身三名,第一名为西宁灵童官保慈丹(即班禅会议厅拥戴坐床之灵童),第二名为格琼扎喜(亦系班禅堪布会议厅所寻获),第三名为拉玛(系西藏政府派员于西康八宿地方寻获),电称中央备查,并谓须将三童齐集拉萨,在布达拉宫拈阄决定正身(另一电文称掣签决定)。等语。但对中央派员赴藏掣签及主持坐床典礼一节,则避不答复。迭经本会多方催询,均无结果。

嗣于本会前任许委员长时代,复经拟定合法合理两种办法,即由中央派员赴藏掣签决定谓之合法;如果青海灵童官保慈丹灵异特著,经班禅堪布会议厅与西藏政府商得一致之意见,呈请中央援照特例予以征认,中央届时亦可考虑,但必须由中央派员赴藏主持坐床典礼,此之谓合理。上项办法经许前委员长先后面告西藏驻京代表及班禅驻京办事处计处长,并与西藏商务代表团夏古巴代表等开诚商谈,告以中央对班禅转世事,系依照旧例办理,俾得圆满解决,并无派兵护送之意,嘱转告西藏政府将掣签及坐床日期电陈中央,以便派员会同西藏当局办理。该代表等答以当即转陈。惟是时西藏政府已派后藏迎接班禅转世灵童代表王罗皆等前往西宁与班禅堪布会议厅商议,意欲径行迎接灵童官保慈丹入藏,规避中央干预。双方意见不合,发生龃龉,经本会电请青海马主席善为调处,并劝王罗皆等来京磋商。

王罗皆到京后,本会当以中央处理班禅转世案之方针及合法合理办法详加开导,一面并电西藏摄政打扎,告以班禅转世事,于西藏政教前途关系重大,非由中央照旧例主持办理,不足以资郑重而昭大信。西藏方面既主张掣签决定,本会拟即呈请中央派蒙藏委员会委员长会同西藏宗教首领主持班禅转世灵童征认事宜,并告以事实上本会委员长未必亲自赴藏,或将派本会驻藏办事处处长代表办理,如蒙同意,本会当即派员护送西宁灵童官保慈丹赴藏。等语。请电复去后。至本年一月间,准西藏噶厦复电,其要点为:(一)灵童入藏,由西藏政府派员往迎,中央不必派员护送。(二)掣签由西藏达赖亲自主持。(三)中央驻藏办事处处长届时可以参加典礼。

本案至此,西藏政府拒绝中央主持班禅转世之意已显示无遗。另据本会昌都调查报告:西藏政府已派员到达昌都,拟即迎接八宿灵童赴藏,径自认定为班禅呼毕勒罕,并举行坐床典礼。等情。是则西藏政府现已决定放弃迎接西宁灵童官保慈丹入藏之企图,而置班禅堪布会议厅方面于不顾。

兹据前情,西宁灵童官保慈丹,灵异昭著,早为蒙、青、康、藏各大活佛之所信仰,认为确系第九辈班禅转世之正身无疑。为顺应人心,维持中央威信计,似未便对西藏政府此种违法违理藐视中央之举动再事优容。且班禅在蒙藏佛教上地位崇高,历辈转世事宜均由中枢主持,档册斑斑可考。现在西藏政府既将八宿灵童拉玛迎藏,并拟即擅自坐床,若中央对西宁灵童官保慈丹仍不予以征定,不仅在蒙藏政教运用上棋失先著,且无以维系历年倾忱中央之班禅堪布会议厅及蒙藏各大活佛。经本会详加考虑,谨拟具办法如下:

一、拟请明令公布官保慈丹为第十辈班禅额尔德尼呼毕勒罕,并准在青海塔尔寺先行坐床,由中央派员前往主持办理。

二、关于护送第十辈班禅入藏事宜,拟俟时局平静后再为筹计。

以上所拟两项办法,是否有当,理合具呈敬请鉴核指令祗遵。

谨呈

行政院院长何

附抄呈第七辈达赖转世事略一件

全衔　白○○

中华民国三十八年五月五日

附　节译藏文历辈达赖大事记

第七辈达赖(清廷册封第六世)罗桑噶桑嘉错生于康熙三十八年己卯,在今西康属之里塘地方转生,父名索南达吉,母名罗桑嘉错。其时因西藏地方为蒙族统制者已历数传,藏王拉桑意图完全控制西藏政教,伪立其子纳旺益西嘉错继承第七辈达赖,故藏中人民对于寻访达赖灵童一事,无敢言者。后因里塘降神,指说此童系达赖转世,消息传播,蒙、藏、青、康各地乃广遍知悉。藏王闻讯,即派代本前往里塘调查、询问灵异，其母答称：此孩降神说是达赖灵童，但并无其他灵异。代本据以归报。灵童之父母终恐藏方复来加害，乃匿居深山中，迨至七岁（康熙四十四年乙酉）藏王果然又派更堆、台吉嘉布赴康境搜索，故又逃至德格。德格土司丹巴慈仁表示欢迎，遂驻德格。

越二年九岁（康熙四十六年丁亥），青海王公阿吉许汝特吉、龙旺甘德额德里等以达赖转世关系政教前途甚巨，且恐久居德格，亦非安全，乃计议迎接灵童至塔尔寺，并秘密致书灵童之父母。事成，清廷曾派六十人至塔尔寺参加迎接。其后塔寺降神，亦云此童确系达赖转世。旋清廷即派长官四人，颁敕承认灵童为第六辈（西藏称第七辈）达赖正身。青海各王公复将灵童经过情形详为具奏。清廷为安定人心，派遣亲王莅青，晓谕塔寺僧众，谓达赖正身现已在此，尔各僧众正宜忠诚拥戴，朝廷自有区处，毋得别具揣测，群疑乃释。但前藏当局却一再表示反对，然以清廷全力支持，且时加优礼，藏王卒亦技穷。

后此三年灵童十二岁（康熙四十九年庚寅），青海各王公等奏请朝廷将前辈达赖应有之传统重器畀予第七辈达赖，以昭大信。是年之三月一日，即奉康熙圣谕，谓除金册、金印最近颁赐外，准予明年派兵护送入藏，云云。爰于同月二十日即奉到册印，次年（康熙五十年辛卯）四月二十日清廷即派兵自塔尔寺起程，护送达赖入藏，并派亲王大臣一人及王公大佛等随行，八月抵拉萨。

〔蒙藏委员会档案〕

25. 章嘉呼图克图请依七世达赖例办理十世班禅坐床事致蒙藏委员会函

(1949年5月24日)

巨公委员长勋鉴：

久违教益,曷胜驰想。敬维政躬康绥,动定胜事,为颂无量。鄙人寓蓉,一切如恒,释念为祷。

敬请者:查前辈班禅圆寂,事隔于兹,已有十二年之久。依照原有礼节上,最迟不能超过七年即将转世一切事宜办理妥当。今事已如此,在佛教方面最为惕痛,前途实不堪设想。因此,特请吾公主张早日筹划,奉旧例规定之办法选出,实关大要也。惟念时局正当多事之秋,拟请照第七辈达赖喇嘛之办法,不知是否有当,敬祈钧裁,锡予鼎力维持为祷。专此奉拜,敬叩勋祺。

章嘉拜启
五月二十四日

〔蒙藏委员会档案〕

26. 蒙藏委员会为奉府令十世班禅先在塔尔寺坐床事复章嘉呼图克图函

(1949年6月2日)

笺函　穗字第549号

章嘉大师尊右:

展诵五月〈二十〉四日法柬,敬谂禅杖安注,慰如所颂。承示班禅转世事不宜再迟,至深感佩。

查西宁灵童官保慈丹慧性深湛,灵异卓著,蒙藏地方诸大德一致公认为班禅佛正身,迭请中央援照特例予以征认前来,业经本会呈奉行政院会议决议转请总统明令公布为第十辈班禅额尔德尼在案。俟府令公布,拟准先在西宁塔尔寺坐床,俟时局平静,再行筹划护送回藏,与尊示第七辈达赖转世办法正复相同。专泐奉布,敬希慧照。并颂

法祉

白○○敬启

六月二日

〔蒙藏委员会档案〕

27. 蒙藏委员会请准十世班禅于八月一日在塔尔寺坐床并特派白云梯前往主持事致行政院呈

（1949年6月3日）

呈　穗字第574号

查青海灵童官保慈丹灵异特著，业奉总统本年六月三日明令，特准继任为第十辈班禅额尔德尼在案。依照旧例，达赖、班禅转世均由中央特派大员主持其事，以示隆重而维主权。现值局势紧迫，第十辈班禅既经明令公布，坐床事宜自应早日办理，以慰边胞喁望。并据班禅驻京办事处呈转班禅堪布会议厅电，拟订于本年八月一日为第十辈班禅在西宁塔尔寺坐床之期，兹拟请转呈总统特派白云梯为主持第十辈班禅额尔德尼转世专使，并前往西宁塔尔寺照料坐床事宜。除所需经费及应行准备事项另案呈请外，理合呈请钧院鉴核示遵。谨呈

行政院院长何

全衔　白〇〇

中华民国三十八年六月三日

〔蒙藏委员会档案〕

28. 行政院院会决议并呈请总统明令公布官保慈丹为十世班禅并在塔尔寺坐床事致蒙藏委员会指令

（1949年6月11日）

行政院指令　卅八穗四字第4469号

　　令蒙藏委员会

三十八年五月五日穗字第363号呈,以据蒙藏地方各大活佛电请明令公布灵童官保慈丹为第十世班禅正身,并请隆重护送入藏,或援例先在青海塔尔寺坐床,派遣大员主持坐床典礼等情拟具办法转请核示由。

呈件均系。案经提出本院第六十次会议,决议:呈请总统明令公布官保慈丹为第十辈班禅额尔德尼呼毕勒罕,并准在青海塔尔寺先行坐床,由中央派员前往主持办理。除已呈奉明令公布并分行外,仰即遵照。此令。

中华民国三十八年六月十一日

院长　何应钦

〔蒙藏委员会档案〕

29. 蒙藏委员会嘱向噶厦解释中央明令公布官保慈丹为第十世班禅事致陈锡璋电

(1949年6月16日)

电　穗字第636号

拉萨。陈代处长:

密。已青电悉。班禅转世案,延搁十余年,中央颁定办法,藏政府迄未表示遵照。迭据青、康、蒙、藏各大活佛呈,以班佛转世事如本年内不能完成,将于西藏政教不利,并以灵童官保慈丹灵异特著,确系正身,请中央援照十四辈达赖佛列,特予征定。经中央深长考虑,业于本年六月三日由总统明令公布官保慈丹为第十辈班禅额尔德尼在案。仍希向藏方善为解说为要。

云〇〇。已铣。印。

〔蒙藏委员会档案〕

30. 马步芳为中央明令官保慈丹继任十世班禅事致达赖贺电

(1949年6月27日)

广州。蒙藏委员会：

密。请转拉萨达赖大师慧鉴：（一）奉总统六月二〔三〕日命令开：青海灵童官保慈丹慧性澄圆,灵异夙著,查系第九世班禅额尔德尼转世,应即免予掣签,特准继任为第十世班禅额尔德尼。（二）欣维班佛正身回藏有期,群黎被辉,庶有攸归。步芳承乏西北军政长官职务,辖区毗连卫藏,唇齿为依,各族同胞久蒙两佛宣化,膜拜奚似。兹闻喜讯,至深庆慰,特电致贺,诸维亮察。西北军政长官公署代长官 马步芳 业四兰。已感。印。

〔蒙藏委员会档案〕

31. 蒙藏委员会请特派关吉玉暨马步芳为主持十世班禅坐床正副专使事致行政院秘书处公函

(1949年7月4日)

蒙藏委员会公函 穗字第748号

案准贵处三十八年六月三十日穗四字第五四〇九号公函：为关于派员主持第十世班禅额尔德尼呼毕勒罕坐床典礼人选一案,奉院长谕：政府业已改组,本案交关委员长重行考虑。等因。函达查照过会。

查上次办理达赖喇嘛坐床案,系派本会吴前委员长忠信为专使入藏主持。达赖、班禅在宗教上之地位无甚轩轾,为符合旧例,昭示郑重计,本会关委员长拟亲赴西宁主持。复查班禅转世案,青海马主席步芳素甚关切,且在班禅未回藏前,各种事务尚须仰赖青省府之协助,为期将来地方上政教融洽并进而谋求解决西藏问题之途径计,拟以副使名义延请马主席参加,俾便匡襄一切。现正征询

其意见,一俟获得同意,即正式呈请钧院核示。相应先行函复,即希查照转陈为荷。此致
行政院秘书处

委员长　关吉玉

中华民国三十八年七月四日

〔蒙藏委员会档案〕

32. 蒙藏委员会请特派马步芳为主持十世班禅坐床副使事致行政院呈

(1949年7月11日)

呈　穗字第790号

案查前准钧院秘书处三十八年六月三十日穗四字第五四〇九号公函,以派员主持第十辈班禅坐床典礼人选一案,奉谕重行考虑。等因。函达查照。等由。当以班禅坐床为边疆大典,上次办理达赖坐床,系特派本会吴前委员长忠信入藏,亲自主持。达赖、班禅在宗教上地位相等,拟请派本会关委员长亲赴西宁主持,以符旧例而昭郑重。又以青海马主席步芳对班禅转世案素甚关切,此次坐床典礼在塔尔寺举行,有赖襄助照料之处甚多,因此拟请特派本会关委员长为主持第十辈班禅额尔德尼坐床典礼专使,并派马主席步芳为副使。曾经电询马主席意见,并于本年七月四日以穗字第748号公函请钧院秘书处查照转陈。各在案。兹接马主席复电,对任副使一节,极表同情。拟请准照所请,明令特派为副使。是否有当,理合呈请鉴核示遵。谨呈
行政院院长阎

全衔　关〇〇

〔蒙藏委员会档案〕

33. 行政院秘书长抄送计晋美陈请对第十世班禅坐床礼遇不应低于达赖函事致蒙藏委员会通知

(1949年7月24日)

行政院交办案件通知单

案由：西藏班禅驻京办事处处长计晋美函陈对班禅坐床典礼意见案。

右案奉院长谕：检交蒙藏委员会。相应通知

蒙藏委员会

行政院秘书长 贾景德

中华民国三十八年七月二十四日

附 原函

秘书长勋鉴：

敬陈者：窃达赖、班禅二佛地位相等，惟达赖亲英国，班禅亲中国，所谓向心、离心者，则于国家功罪上诚判天壤。曩者第十四辈达赖坐床时，政府曾派蒙藏委员会委员长吴忠信前往拉萨主持，优礼隆厚，除一切外，并有银币四十万元。顷者第十辈班禅坐床在即，政府是项特礼，似可较达赖为优，以慰倾城祖国西藏民心之凤望，而俾之兴起。顾现值国家戡乱，环境艰困，亦未敢斤斤计此。惟冀日后诸礼，但毋降于达赖，俾藏民心理不致影响，则幸甚焉。谨书达意，至恳鼎助。祗颂政祺。

西藏班禅驻京办事处处长 计晋美敬上

七月十三日

〔蒙藏委员会档案〕

34. 蒙藏委员会请颁给札萨喇嘛罗桑坚赞二等景星勋章事致行政院呈

(1949年7月27日)

呈 穗字第892号

查班禅额尔德尼教下札萨喇嘛罗桑坚赞,年高德劭,倾忱中央,历任本会委员、处长及立法委员等职,卓著勋勤。自第九辈班禅圆寂,即长驻青海,办理班禅行辕善后及寻访灵童事宜。第十辈班禅习经及起居生活,均由该员亲任傅保之责,任劳任怨,备尝辛苦。现在官保慈丹业经中央明令征定为第十辈班禅额尔德尼,按照旧例,达赖、班禅之师傅,中枢代有封赠,拟请钧院转请总统准予明令颁给该罗桑坚赞二等景星勋章一座,以示奖励励勤〔勋〕之意,是否有当,理合具呈,仰祈鉴核。

又,查第十辈班禅额尔德尼坐床典礼已订八月初举行,前项勋章如奉核准颁给,拟请先交吉〇携带前往,俾在举行坐床典礼时授给。

所有请领勋章应具备之手续,容后补办,合并呈明。谨呈
行政院院长阎

全衔 关〇〇

中华民国三十八年七月二十七日

〔蒙藏委员会档案〕

35. 行政院秘书处奉令准派关吉玉马步芳为主持十世班禅坐床典礼专副使事致蒙藏委员会函

(1949年7月30日)

行政院秘书处公函 卅八穗四字第6397号

奉交下总统府邱秘书长本年七月二十三日穗统(一)字第七

八三号公函,为前请特派关吉玉等二员主持班禅坐床一案已明令公布。等由。并奉谕:函知蒙藏委员会。等因。相应抄件函达查照。此致
蒙藏委员会
　　附抄总统府秘书长原函一件

行政院秘书长　贾景德

中华民国三十八年七月三十日

　　附　　抄总统府秘书长公函原文

　　贵院三十八年七月十六日(38)穗四字第五九九五号呈:请明令特派蒙藏委员会委员长关吉玉为主持第十辈班禅额尔德尼坐床典礼专使,青海省政府主席马步芳为主持第十辈班禅额尔德尼坐床典礼副使一案,经已奉总统分别明令特派。除刊登公报公布及特派状二件已由蒙藏委员会总务处处长傅广泽代领转送外,相应函达查照转知。此致
行政院

秘书长　邱昌渭

〔蒙藏委员会档案〕

36. 十世班禅坐床典礼程序暨来宾名册及致送礼品程序
(1949年8月10日)

一、第十辈班禅额尔德尼坐床典礼开始
二、鸣炮
三、奏乐
四、专使就位(奏乐)
五、副使就位(奏乐)
六、班禅额尔德尼就位(奏乐)

七、专使行署官员就位

八、青海地方官员及民众代表就位

九、各寺庙活佛及代表就位

十、堪布会议厅官员就位

十一、奏乐

十二、全体向国旗及国父遗像行最敬礼

十三、专使宣读总统令文(奏乐)

十四、班禅额尔德尼祇承明令(行最敬礼,脱帽、一鞠躬、再鞠躬、三鞠躬,复帽)

十五、总统颁赐(奏乐)

十六、班禅额尔德(尼)致谢(献哈达,一鞠躬,献哈达,一鞠躬)

十七、专使、副使致贺(献哈达,一鞠躬,献哈达,一鞠躬)

十八、第十辈班禅额尔德尼坐床(奏乐)

十九、专使就座

二十、副使就座

二十一、参加典礼官员及僧俗代表全体就座

二十二、参加典礼官员及僧俗代表行贺礼

  1. 专使行署官员行贺礼(鞠躬,献哈达)

  2. 青海地方官员及民众代表行贺礼(鞠躬,献哈达)

  3. 各寺庙活佛及代表行贺礼(诵曼哲、献法轮、诵经、献哈达)

  4. 堪布会议厅官员行贺礼

二十三、敬供

二十四、诵经

二十五、茶会

二十六、奏乐

二十七、摄影

二十八、鸣炮

二十九、礼成。退。

致送礼品程序

1. 礼品行列出发(乐队引导专使及官员前进,礼品行列在后)
2. 鸣炮
3. 班禅下阶出迎专使
4. 班禅专使并行进入客厅就座
5. 互送哈达
6. 递礼单
7. 奏乐
8. 点收礼品　由二人将礼品逐一捧陈于班禅之前过目后,陈于案上
9. 拍照
10. 奏乐
11. 礼成

〔蒙藏委员会档案〕

37. 关吉玉在十世班禅坐床典礼上祝辞
(1949年8月10日)

今天得在黄教发祥圣地之塔尔寺与各位大德活佛及蒙藏地方政教首长晤对一堂,深为荣幸。本人与马长官奉令主持十辈班禅坐床典礼,承各界人士热心协助,得以圆满完成此一具有历史意义、关系众生福利之艰巨任务,中心至为愉快。除向各位表达个人感激悃忱外,尚有感想与希望数点,愿就教于各界人士之前。

(一)青海为黄教始祖宗喀巴大师诞生之地,历辈达赖、班禅及各大呼图克图亦多转生此间。宗教为人类精神生活之所寄托,深望青海人士一本以往精神,对宗教维持爱护并进而发扬广大,以保

持此历史所遗留之无上荣誉。惟信教自由载在宪法,政府对任何宗教无分轩轾,同样尊崇,尤盼佛教信徒于爱护自己所信仰之宗教外,不要妨碍别人所信仰之宗教。

(二)中华民族为汉、满、蒙、回、藏各宗族所构成。青海地方民族繁多,可以说是整个中国之缩图。本人抵青以来,与各界人士接触,任何场合均能看到汉、满、蒙、回、藏各族之同胞,并能和穆〔睦〕相处,无分畛域,实深钦佩。深望大家永久保持此种精诚团结精神,同德同心,各尽其对国家应尽之责任。

(三)青海僻处边陲,人力物力远逊其他各省。但本人此次观察所及,各项政治建设事业,如交通、教育、保甲、治安等等,俱有显著之成绩。尤其造林一事,到处浓荫密布,枝干畅茂,确非其他各省所能比拟。此种伟大之成就,固系马主席苾筹顾划、艰苦奋斗之所致,亦我各族人士协助之功绩,深堪钦佩。

敬祝各位健康。

〔蒙藏委员会档案〕

38. 关吉玉在罗桑坚赞授勋典礼上致词

(1949年8月10日)

罗桑坚赞委员前来内地二十余年,追随九辈班禅大师,拥护中央,宏扬佛法,功绩显著,众所周知。尤其在大师圆寂以后,国家抗战戡乱之困难时期中,领导堪布会议厅诸同仁,继续大师遗志,艰苦努力之忠贞精神,尤是令人钦佩。关于大师转世事,自寻访灵童,以至完成坐床大典,策划筹维,贡献甚大。总统眷念勋勤〔勚〕,特颁给二等景星勋章,以示慰勉。本人代为授勋,深感无限愉快,希望罗委员会后一本素志,赞襄十辈班禅佛,为国家、为边疆继续效力。

〔蒙藏委员会档案〕

39. 总统府二局抄送十世班禅致谢电暨李宗仁代总统复电事致蒙藏委员会笺函

(1949年8月18日)

笺函　府贰字第3905号

奉代总统交下西宁第十辈班禅额尔德尼未真电一件，为答谢礼赠，倾诚中央。等由。并奉谕：复勉，并抄送行政院及蒙藏会。相应将来去电各一件抄转，即请查照为荷。此致
蒙藏委员会

总统府第二局

附　抄件一

特急。广州。代总统李钧鉴：

班禅世受国恩，备蒙优渥，此次蒙钧座颁布明令，特准继承第九辈法统。既蒙藏特派专使吉玉、马副使步芳莅青主持坐床典礼，复荷礼连旺加，赐颁厚贶。拜领之余，良深铭感。遵已于八月十日在塔尔寺举行坐床典礼。今后只有一本历辈班禅倾诚中央、庇护众生之一贯意志，竭尽天职，努力以赴，以期仰答优崇无上之德意。肃电申谢，恭颂钧安。第十辈班禅额尔德尼叩。(38)未真。印。

附　附件二

西宁。班禅额尔德尼慧鉴：

密。未真电诵悉。坐床大典礼成，无任欣慰。至希宏法修持，以教辅政，是所企荷。李宗仁。未铣。府二。

〔蒙藏委员会档案〕

二、泛亚会议

1. 沈宗濂转送驻藏办事处关于印度独立后英印藏间活动频繁等情致藏事处函

(1946年10月12日)

敬启者：昨准钧会抄交拉萨来电二则，内容极为重要。特将原电送上，即请察照转陈委座为荷。此上
藏事处

沈宗濂敬启
三十五、十、十二

附　来电一
IMD5536 南京。请转沈处长钧鉴：

功密。印度政府现正着手改组其文官处及边政机关。闻印领袖听信文官处之英势力，进迫印边，为恫吓西藏，保持其在边疆之地位。上月二十五日黎吉生赴江孜，闻系与显利夫等相会，或将赴印参与文官处改组事。据一般观察，印人可能允许英人继续经营边区。英方现正鼓动西藏政府与印新政府树立外交关系，希冀英藏一切条约协定继续有效。西藏外交局长索康现到岗多，此行用意在探视印度独立情形，并与尼赫鲁等会晤，以决定西藏之立场。近来藏印间活动频繁，深堪注意。谨密陈报，并乞转陈。职陈锡璋叩。酉鱼。印。

〔蒙藏委员会档案〕

2. 蒙藏委员会为泛亚会议西藏列入被邀出席单位之一事呈蒋介石核示后复国防部代电

(1946年10月22日)

代电　京藏字第1724号
国防部公鉴：

贵部（三十五）酉佳机内边字第五一号代电敬悉。关于印度尼赫鲁发起泛亚会议，将西藏列入被邀出席单位一节，本会前曾据报，并闻英方现正鼓动西藏政府与印新政府树立外交关系。西藏外交局长索康现到岗多，用意在探视印度独立情形，并与尼赫鲁等会晤。等情。当以过去英人在其侵略政策之下鼓动西藏独立，我方应付尚易，今后英人利用尼赫鲁假借民族自决之口号怂恿西藏独立，我则应付更难。事关重要，应否由外交部转饬驻印人员，相机向尼赫鲁说明西藏与中国本部历史上唇齿相依不可分离之密切关系，期其免为英人愚弄，有损我国主权之处，业经本会电呈主席蒋核示在案。特电，希查照为荷。蒙藏委员会。养。印。

〔蒙藏委员会档案〕

3. 陈锡璋报噶厦决定派桑颇台吉及罗桑汪杰堪琼参加泛亚会议致沈宗濂电

(1947年1月14日)

5536。南京。履密。请转沈处长钧鉴：

关于西藏参加印度亚洲国家会议事，藏政府已决定派札萨桑都博章及堪琼罗桑汪杰二人为代表，并准各带随员一人，即将发表。罗桑汪杰民国二十三年至二十五年间充五品箴卓，在农务局办事，二十八年升四品堪琼。谨请鉴察转陈。职陈锡璋叩。子寒。印。

〔蒙藏委员会档案〕

4. 陈锡璋为英人入侵藏境及西藏参加泛亚会议动态等情致沈宗濂电

(1947年2月4日)

5536。南京。如密。请转沈处长钧鉴：

1. 关于英人侵入藏境事，藏政府连日会商。闻将一面致电英政府交涉，一面在亚洲会议提出。2. 藏政府参加亚洲会议，闻将以独立国出现。3. 印度文官处撤销后，闻霍金森（锡金行政长官）、黎吉生（英驻藏代表）等均不能蝉联，但尚须显利夫（少校，前英驻藏代表，现在贡布、江达）深入藏境考察。又，彼等活动情形，观察似又不相符。余待续查外，谨电请钧察转陈。职陈锡璋叩。丑豪。印。

〔蒙藏委员会档案〕

5. 蒙藏委员会关于西藏擅派代表参加泛亚会议与蒋介石等往来函电

(1947年2月27日—3月17日)

(1) 国民政府文官处致蒙藏委员会函(2月27日)

国民政府文官处公函　处字1397号

顷准西藏班禅驻京办事处处长计晋美函，为此次印度世界大事协会尼赫鲁柬邀亚洲各国举行泛亚洲会议，被邀之国家三十二单位，西藏亦为其中之一。据悉，前藏政府竟不请示中央，径行派定台吉山柱朴昌、堪穹罗桑旺嘉等六人擅自预备出席，请政府特予注意。等由。准此。此中真相如何，国府未另得报告，无从悬揣。如

有其事，究应如何应付，应请贵会与外交部迅即密商办理。相应函请查明核办见复，以便转陈为荷。此致
蒙藏委员会

　　　　　　　　　　　　　　　　　　　文官长吴鼎昌
中华民国三十六年二月二十七日

　　(2) 蒙藏委员会复国民政府文官处函(3月10日)
公函　京藏字第3686号
　　案准贵处三十六年二月二十七日处字第1397号大函，以准西藏班禅驻京办事处函报，关于前藏政府擅自派遣代表出席印度召开之亚洲会议，请政府注意。等情。函嘱与外交部密商办理。等由。查此案前据本会驻藏办事处呈报到会，经已于本年三月五日以京藏字第3591号转呈主席蒋鉴核在案。又据三十六年二月二十一日报载，关于此案，我政府已正式向印度提出抗议，惟目下尚未接到印度政府正式之复文，云云。相应函复，即希查照为荷。此致
国民政府文官处

　　　　　　　　　　　　　　　　　　　委员长罗〇〇
中华民国三十六年三月十日

　　(3) 蒋介石致蒙藏委员会代电(3月27日)
国民政府代电　侍(洪)字第70147号
蒙藏委员会罗委员长勋鉴：
　　据陈总长(36)三月四日张翠遐字第804号及四月十二日张翠遐字第999号两呈略称，西藏政府近派代表罗桑汪吉、桑都博章等赴印参加印度召开之亚洲会议，企图(一)宣传独立，以求将来得国际间之承认，并向印要求归还所占藏方土地；(二)坚决反对国民大会所通过宪法中之有关西藏部分，并联合西康收回康藏旧土。

并制成西藏国旗,白底红边,中绣云山一座,左右绣金狮各一,上空红日一枚,以备在会议时悬挂会场。查西藏擅派代表参加国际会议已属违法,竟另制国旗,其企图独立完全暴露,拟请转饬蒙藏委员会明令制止。等情。希核办具报为要。中正。(36)寅。侍洪。

中华民国三十六年三月十七日

〔蒙藏委员会档案〕

6. 陈锡璋奉复英人唆使西藏参加泛亚会议企图使西藏问题国际化事致沈宗濂电

(1947年2月15日)

5536。南京。功密。请转沈处长钧鉴:

奉委座文电,饬将桑颇台吉等赴印参加亚洲会议事查明详复。等因。兹奉复如下:查西藏政府于去年十一月间接英人转来亚洲会议请柬。当时疑惧参半,一度摄政决定不参加。嗣经英人多方活动及少数亲英分子之努力,最后提交民众大会。经数次讨论,卒决定正式派员参加。其主要之动机,在英方欲使西藏问题国际化,彼可藉其国际地位支持西藏独立,一如苏联之对外蒙,而手段更为圆滑。在藏方则欲藉英支持以谋独立,最低亦可冲淡专派代表前往中央之痕迹。闻藏方在会议中主要活动之点:(1)要求完全独立及国际承认。此点闻已得英方支持。(2)要求中央划给康境土地。(3)要求英方撤换驻军。(4)要求英方退还山南侵地。十二月间藏政府派台吉桑都博章(即桑颇台吉)及堪琼罗桑汪杰(即洛桑汪吉)二人为正式代表,最近又派吉卜及葡须巴公子顿珠二人为译员。闻若干提案系英人代为拟定。英人为支持其提案,并允在会期中尽量代西藏发动国际宣传,企图西藏问题可能提出国际机构从事解决。现藏方正搜罗过去西藏、中国间之文献资料,以便在会中提出。顷将唐代建中四年西藏侵入中国西部之纪功碑拓下,该碑文载有中国对藏割地后之地界,当时藏方辖境包括河西九曲(现在青海东部)、临洮、成州、剑南、大渡沿海以西各地(包括现四川西北部、西康全部及云南西部)。民国四年藏方于西姆拉会议时曾提出西藏区域直至笳州,此次于参加亚洲会议时,复搜集此项资料,中藏边界问题或将再度提出。至所谓调解印回政争一节,或系一种对方作用。谨综合前后报告,一并呈复,伏乞鉴察转陈。职陈锡璋叩。丑删(二月十五日)。印。

〔蒙藏委员会档案〕

7. 蒙藏委员会为西藏出席泛亚会议不宜涉及政治及边界问题事致噶厦电

(1947年3月12日)

电　京藏字第3745号
急。拉萨。△密。驻藏办事处转噶厦公所勋鉴:

据印度政府通知,最近召开之亚洲会议纯为文化性质。兹闻藏方亦已被邀参加,希转知出席人员不宜提出政治问题,以及印藏划界等事。会议期中并随时与中央所派代表取得联系,俾便协助。并盼电复。蒙藏委员会。寅文。印。

〔蒙藏委员会档案〕

8. 陈锡璋询问出席泛亚会议首席代表及代表团人员是否均属学术界人士事致蒙藏委员会电

(1947年3月14日)

南京。慰密。委员长罗钧鉴:

寅文电敬悉。关于藏代表不宜在亚洲会议提出政治问题事,已遵转噶厦查照办理。我国首席代表何人,及代表团人数是否均属学术界人士,拟请电示,以便接洽。职陈锡璋叩。寅盐。印。

〔蒙藏委员会档案〕

9. 外交部为与印席交涉西藏出席泛亚会议情形事致蒙藏委员会公函

(1947年3月20日)

外交部公函　　　　条36字第5798号

案准行政院秘书处三月十四日服二字第一六一二四号通知单,以蒙藏委员会代电转致关于西藏派代表赴约参加亚洲会议一案。奉谕:交外交部会同贵会及内政部迅筹对策具报。等由。

查关于印度国际问题学会邀请我国政府派视察员参加亚洲会议,本部前以该会竟同时邀请西藏派员出席,实属蔑视我国主权,当经向印度驻华大使馆表示,在该项问题未解决前,我国政府暂不考虑派视察员列席,并复电我驻印大使馆将上述我国立场转告该亚洲会议组织委员会主席奈杜夫人。嗣据该馆电复,以奈杜夫人表示,西藏代表二人可作为西藏地方之人民团体代表。本部近复乘印度大使来华履新之便,将我国立场将〔向〕其说明,并请其将下列述各点电知奈杜夫人:(一)政府代表应作为视察员资格出席,其他学术及公共团体之代表称为出席代表。(二)出席该会之藏方二人,列为西藏地方团体代表。(三)该会中任何会议不得讨论西藏在中国新公布宪法中之地位及权利等问题。(四)奈杜夫人于会议中公开说明,政府代表之地位与其他参加会议之组织及公共团体之代表不同。

据印大使声称,上述前三点,业经奈杜夫人在德里表示同意,并允再电奈杜夫人请其来电证实。至第四点,亦允去电征求同意。嗣复据驻印大使馆来电,以该会顷发表之新闻内称:该会将不讨论各国之内政问题。我国政府派视察员出席该会,在原则方面已无问题。现我出席该会代表团人选业已决定,即将首途赴印。复查本案,本部前奉国民政府蒋主席代电嘱,核办具报,并经本部将上述办理经过呈复在案。除将上述办理情形分函行政院秘书处转陈,暨内政部查照外,相应函请查照为荷。此致
蒙藏委员会

王世杰

中华民国卅六年三月二十日

〔蒙藏委员会档案〕

10. 罗良鉴关于派郑彦棻等八人出席泛亚会议事致陈锡璋电
（1947年3月20日）

拉萨。陈主任锡璋：

密。寅盐电悉。我国出席亚洲会议代表为郑彦棻、温源宁、张君劢、杭立武、王星拱、谭云山、刘毓棠、叶公超等八名。特复。良〇。哿。印。

〔蒙藏委员会档案〕

11. 蒙藏委员会与外交部及西藏驻京办事处等关于噶厦擅制太阳雪山旗以备泛亚会议时悬挂事往来函电
（1947年3月1日—4月3日）

（1）陈锡璋致沈宗濂电（3月1日）

5536。南京。功密。请转沈处长钧鉴：

感电谅邀钧察。桑都博章行后,闻藏政府赶造旗帜,其图样为上绘太阳,下绘雪山,左右各一狮。即日专差送往桑都博章,以备亚洲会议时悬挂。谨电请鉴察转陈。职陈锡璋叩。寅东。印。

(2) 外交部电(3月22日)

外交部代电　欧36字第5951号

蒙藏委员会公鉴：

关于西藏政府制造旗帜以备派员出席亚洲会议时悬挂事,三月十三日京藏字第三七六八号代电敬悉。查西藏非独立国家,我方亦不承认其独立,其派往出席亚洲会议人员,经与印方交涉,已决定列在中国各团体代表名单中。西藏独立倾向,似应多方设法遏制。藏方另制旗悬挂事,拟请贵会迅在南京及拉萨分头阻止。因此例一开,以后内政、外交均将愈感困难。除另电驻印大使馆密商该会主持人设法阻止外,特电请查照办理见复为荷。外交部。欧。

(3) 罗良鉴批示(3月)

呈阅。查此案拟报藏政府赶至〔制〕旗帜系交由出席泛亚会议代表带往悬挂,计时当已携往。既已由驻印大使与该会主持人该〔设〕法阻止,拟由会再电陈主任锡章〔璋〕相机向藏政府劝告;并电西藏驻京代表转知藏政府。罗良鉴章。

(4) 蒙藏委员会致西藏驻京办事处代电(4月1日)

代电　京藏字第4101号

南京。西藏驻京代表办事处鉴：

据报,此次印度召开泛亚洲会议,西藏代表携有自制西藏旗帜,准备于会议场中悬挂。等情。查西藏为中华民国领土,出席代表亦为中国代表,不应另挂地方旗帜。特此电达,希迅转知噶厦即予制止为要。蒙藏委员会。东。印。

(5) 外交部致蒙藏委员会公函(4月3日)

外交部公函　条36字第06820号

案准行政院秘书处三月二十日服二字第一八六六〇号通知单,以关于蒙藏委员会转报西藏政府出席亚洲会议代表携有新制旗帜以备会议悬挂一案。奉院长谕:交外交部会同内政、国防二部及蒙藏委员会妥筹制止具报。等由。

查关于印度国际问题学会,同时邀请我国及西藏派观察员列席亚洲会议一案,本部前以该会蔑视我国主权,当经电令我驻印大使馆与该亚洲会议负责人奈杜夫人交涉。据该馆电复,略以与尼赫鲁及奈杜夫人会谈结果,渠等同议〔意〕对西藏代表称为西藏地方团体代表,并发表新闻:在该会议内绝对不涉及各国内政问题。等语。本部业将该西藏代表二人列入我国出席该会代表团名单之内,并经将名单令驻印大使馆转知奈杜夫人。该西藏代表既系以该处地方团体代表资格出席,如擅制旗帜意图带会悬挂,自属违法。本部前准贵会函知上项情事后,即以仰即与该会筹备人员密切联络,相机建议会场中如悬挂国旗,应以到会各观察员所代表之国家为限。西藏为中国行政区域之一,素无独立旗帜,如有擅制国旗在国外悬挂者,我政府视为违法,印度政府亦不应容许。此项商洽进行力求秘密,免失国家体面。并仰于开会前商妥电复。等语。电饬驻印大使馆遵办去后。嗣据该馆电复称:顷与奈杜夫人秘密切商,渠允悬挂国旗以独立国家,如中国、伊朗等为限,其他即印度本国允准(此二字电码恐有误),亦不悬挂国旗,此事可不发生问题。并允会中对于西藏事随时与中国洽商,免生误会。等情。

复查本案本部前奉主席代电嘱核办具报,并经本部将上述办理经过呈复在案。除将上述办理情形函复行政院秘书处并分函内政部、国防部查照外,相应函请查照为荷。此致
蒙藏委员会
中华民国三十六年四月三日

〔蒙藏委员会档案〕

12. 陈锡璋为泛亚会议不宜提政治划界
已促噶伦领悟事致蒙藏委员会电

（1947年3月24日）

5536。南京。功密。委员长罗钧鉴：

关于西藏参加亚洲会议不宜提政治划界问题事，前经遵电转知噶厦，嗣得访晤又〔各〕噶伦口头说明。昨阅印度二月宥日英文报，登载亚洲会议筹备会公布，会内会外均不得讨论政治、军事问题，任何国家内部问题尤不许提出讨论。等语。当即又将该报所载向各噶伦口述，促其领悟。谨电呈报。职陈锡璋叩。寅敬。印。

〔蒙藏委员会档案〕

13. 蒙藏委员会为西藏出席泛亚会议代表已列入
我国代表团之列事复国民政府代电

（1947年3月24日）

代电　京藏字第3926号

国民政府主席蒋钧鉴：

奉（三十六）寅筱侍洪字第70147号代电，以西藏政府派代表赴印参加印度召开之亚洲会议，企图宣传独立及要求收回西康土地，并拟悬自制国旗等情，饬核办具报。等因。

查印度召开亚洲会议，西藏亦被邀参加，我外交部曾为此事向印度提抗议。据印方答复，此次邀请对象纯以文化团体为主，而非以国家为单位。等语。现在外交部已将西藏代表扎萨桑都颇章、堪琼罗桑汪杰二名列入我国出席亚洲代表之列。一面本会已电西藏政府告以此次会议纯为文化性质，不宜提出政治问题以及印藏划界等事，会议期中并应随时与中央所派代表取得联系，俾便协助。

等语在案。理合电呈，仰祈鉴核。蒙藏委员会委员长罗○○。敬。印。

〔蒙藏委员会档案〕

14. 蒙藏委员会劝阻西藏出席泛亚会议勿悬旗帜事给陈锡璋电

（1947年4月1日）

电　京藏字第4060号
拉萨陈主任锡璋鉴：

密。关于藏方赶制旗帜以备派员出席亚洲会议时悬挂事。查西藏为我国领土，西藏代表亦即中国代表，不应另挂地方旗帜。仰相机向藏政府劝告，设法阻止为要。蒙藏委员会。寅世。印。

〔蒙藏委员会档案〕

15. 中央通讯社关于泛亚会议上公然更改我国西藏地图制造分裂活动等情报导

（1947年4月1日）

据中央通讯社新德里三月二十四日电：泛亚洲会议于二十三日第一次大会时，我代表团因见主席台后墙壁上悬挂之巨幅亚洲地图，竟将西藏置于中国疆界之外，表示非常容忍及审慎之态度，且有西藏代表三人坐于主席台上，该处系各国代表团团长座位。我代表团长郑彦棻氏告中央社记者，尼赫鲁答郑氏称，渠本人直到当时尚未察觉此事，允于今日更正。据中央社记者本日所知，该地图已加更正，将西藏划入中国版图，云云。按英、印对我西藏阴谋分化无所不用其极，其悬挂地图，竟将西藏置于中国疆界以外，实属荒谬绝伦，又西藏非独立国家，未得我政府之同意，何能派代表参加该会,且其代表三人坐于各国代表团团长座位,显以独立国家代表自居。英、印煽动西藏独立之阴谋,更昭然若揭。此后,除应由我外交当局密切注意纠正外,并须由政府确立西藏政策,以确保我国领土之完整。

〔蒙藏委员会档案〕

三、商务代表团在欧美活动

1. 蒋介石转告驻英美大使应随时报告西藏商务代表团活动情况致外交部代电

(1947年8月17日)

外交部王部长勋鉴:

据报西藏地方政府近派谢高巴及邦达昌于八月中旬起程赴英美活动独立。希转饬我驻英美两大使注意随时具报。中〇。(三十六)未△。侍供。

〔国民政府档案〕

2. 陈锡璋为噶厦命外交局筹制出国护照等情致蒙藏委员会电

(1947年10月8日)

委员长钧鉴:

密。闻藏政府交其外交局筹备制发出国护照,其格式与左通行证相同。黎吉生此次赴印,将与印度斯坦外交部商讨此事。将来夏古巴等前往英、美、印,拟持用此项护照,云云。查西藏处处欲显示其独立地位,固属事实,惟英人究以何种方式能使西藏护照出现于国际之间,殊难测度。除继续探查外,可否请外交部密电驻印大使馆注意,相机运用。谨电请鉴核。职陈锡璋叩。酉齐。

〔蒙藏委员会档案〕

3. 中央日报等关于西藏商务代表团由港抵沪之报导二则
(1948年1月29—30日)

(1)中央日报报导(1月29日)

[本报讯]西藏商务代表团一行六人,于昨日下午四时二十分乘中航机由港抵沪。沪市府秘书长、前政府驻藏办事处处长沈宗濂、蒙藏委员会顾问毛和源暨该会藏事处熊处长、调查室刘主任等,均到机场欢迎。代表团共六人,团长夏古巴,官名"子本",现任银局总办;副团长常庆,官名"堪穹",为高级僧官;团员苏康,官名"代本",为藏军团长;团员邦达昌,为亚东关监督。另有随员二人。一行下机后径赴旅邸休息,并即由团长夏古巴氏答复记者询问,称:本团此次晋京,目的在促进西藏与内地之贸易关系,考察内地商品供应西藏之能力及最便捷之运输途径。抵京后,将晋谒蒋主席暨蒙藏委员会许委员长致敬,并与各部、会首长有所接洽,及报告西藏一般情况。并将以达赖喇嘛、摄政打扎及噶厦之亲笔函面呈主席。夏氏谓:代表团离藏已有二月,曾在印度勾留逾一个月,参观印度商业机构。代表团之印象为藏印贸易数额极为有限,印度虽供给西藏所需要之铁及布匹,但西藏输出印度之大宗货物,如羊毛、皮革、药材大多系转口运往美英及内地,尤以茶叶、绸缎、瓷器为最。此外并有少数食品由内地供给。贸易路线计有四条:(一)水路经印度;(二)经云南;(三)经康定;(四)经青海。目前各路均畅通无阻,惟数额尚无统计。渠复简单报告西藏一般情形谓:机器工业并不发达,但手工业则极普遍,藏人所穿毛质之氆氇衣料,均系自制。教育机构现有大学三所,小学多所,及汉文学校一所。境内交通则全赖骑马。渠等定今晨拜候吴市长,午晚分应沈宗濂暨蒙藏委员会

欢宴,并携有西藏土产多件将献赠。拟在沪勾留二三日即行晋京谒蒋主席。

(2)申报报导(1月30日)

[本报讯]西藏商务代表团一行四人昨晨十时偕同蒙藏委员会顾问毛和源、总务处长黄启銮、藏事处长熊耀文、调查室主任刘桂楠等至市府拜会吴市长。由吴氏延见。午间,沈秘书长宗濂特假丰泽楼设宴为代表团洗尘。当晚七时由蒙藏委员会假百乐门饭店欢宴。该团一行定今晚十一时夜车晋京,晋谒主席,解决西藏与内地物资之交易问题。

〔蒙藏委员会档案〕

4. 西藏商务代表团考察英美节略①

(1948年2月5日)

关于西藏派遣商务代表团夏古巴等在英美考察一案,谨就外部所获情报及资料拟具节要于后:

(一)三十六年六月间即有是项情报,谓西藏当局因处理热振事件未遵中央意旨,心怀疑惧,决定派资本(又称仔本,系财务官)夏古巴往英美乞援。

蒙藏委员会驻藏办事处亦接获噶厦正式函知,略称:为西藏公共福利计,派银行总经理"资本"夏古巴率同随员前往印度、美国、中国、英国考察输入西藏商品及西藏输出羊毛、皮革等货之销路,请报告中国政府给予便利,并祈信任。等由。

(四)西藏代表团到印度后活动情形

西藏商务代表团一行于去岁十二月初抵印葛伦堡,十七日抵

---

① 本件将二、三、六、七节略。

加尔各答田加城,中国总领事馆代订旅馆招待。十八日午后,西孟加拉省总督邀宴西藏代表团及随行之达赖胞兄敦泽佛等,未通知我驻加尔各答总领事馆,而邀英驻印专员及驻加商务代表作陪。敦泽佛等于二十四日离印,搭中航飞沪,机票等费由我支付。

十二月一日,印度外交部梅农司长尚有文致我驻印度大使馆钱参事存典,对我所询西藏代表团来印事推称不悉,想系托辞,故为掩蔽。

藏商务代表团于二十三日抵新德里。当代表团等在加尔各答时,我总领事馆询问其赴新德里目的,均不肯表示,但谓在印考察。但十二月三十一日晨,加城政治家报(英方英文报纸)发表夏古巴谈话,以此次系奉藏政府命与印政府商讨藏印商务问题,并俟赴德里后,分访中、美大使馆及英专员云,由此可见藏代表有意对我隐藏其此行任务。

藏代表团在新德里会见尼赫鲁两次,甘地四次,行踪均不见报端,当系有意隐蔽。甘地向不多见外宾,而见藏代表四次,殊可研究。

又从藏代表团翻译尼泊尔人口头探悉,西藏尚要求印度归还大吉岭失地,经大使馆方面径询夏古巴,则云此事乃由拉萨直接向印度提出。

以上系就藏代表团在印之表面活动综述之,至于藏印间有何密商之处,尚待继续调查。

(五)我在印使领馆之应付

加尔各答总领事馆于十二月十八日邀宴西藏代表团,该团代表谓:在印考察,盼对西藏农业有所改进,总领馆告以南京有农业实验所,人才甚多,可代为电请政府,俟代表团抵京后,派员陪同参观并供给农业人才,彼甚为满意。

印度大使馆罗大使并于十二月二十一日晤尼赫鲁,告以:一、英方军火运藏,尚有在印未运者,请查明禁阻;二、请勿承认西藏自发护照。尼赫鲁答称，英印政权交替时，在印购军火甚易，此事容或有之，彼不知情，当调查。至护照事，则藏人入印向无护照，赴英护照系由英驻印高级专员签证，不归印政府办理。尼氏继谓，西藏为中国之自治领土，英人所承认者为在西藏之宗主权。罗大使谓，自治领土非独立国家之谓，西藏之自治权，以中国宪法所赋予者为限。罗大使又谓，英国视西藏宛如一印度土邦，近来英人经营西藏之人物，如前西北边省总督卡罗（Sir Olof Carol）、锡金政治专员霍布斯金与驻藏商务专员黎吉生，在印政治中尚有影响，请注意。尼氏承认卡罗为外交顾问，但谓印政府不会继续英国政策。尼赫鲁谈及中央与西藏问题，常有规避厌倦之表情。赴英及其他自治领护照签证，确系由印外交部办理，当由大使馆钱参事访印外部梅农司长，促其注意，谈及西藏主权问题，彼与尼赫鲁语气相同。

西藏代表团于十二月二十九日赴我驻印大使馆纯为商务，并无政治使命。罗大使告以英国退出印度后中央与西藏关系无居间操纵挑拨者，当更密切，中央只有扶持，无干涉意。隐僻藏方热振事变。彼等旋谓，虽无政治使命，但见蒋主席后，中藏关系当更好，显系有准备词令。即问在印接洽商务情形，愿为帮忙，意在将交涉收归我方办理。关于西藏护照事，罗大使已知照有关使馆免其混过，各使馆表示协助。

〔国民政府档案〕

5. 刘桂楠为陪同西藏商务代表团在沪杭参观情形致蒙藏委员会代电

（1948年3月3日）

代电　三十七年三月三日于上海

南京。委员长许钧鉴：

丑宥电计达。（一）西藏商务考察团夏古巴、常庆、苏康、邦达养璧四代表及当才佛、嘉乐先生等于二十七日由孙委员亚夫及职陪同,朝拜玉佛寺、静安寺及游览兆丰公园。二十八日由职及梁科员友德陪同,整日参观中纺公司之第一织绢厂及十七纺织厂之纺纱、纺毛、织布各部。彼等对每部门皆极感兴趣,并惊奇其伟大,赞叹其技巧。经厂方解释,只中纺公司在沪、青、津各地即有八十三厂,员工八万余人,每日产绢布数万匹,并行销印度、南洋、菲律滨等地,实出乎其意想之外。职乘机告曰,能成为一个国家而立足于世界,并非易事。君等目睹京沪间之阡陌连绵及上海一公司之伟大,即可知矣。午间,中纺公司于厂内设宴招待,束总经理因钧座函嘱本拟亲自招待,继有事赴丹阳,由副总经理吴味经作陪。是日晚,应郭日润先生宴。二十九日星期休息,晚应毛顾问和源宴。三月一日参观交通大学。二日参观永安纱厂。三日本定参观中纺之机器厂及火柴厂,因彼等忙于购买货物,不愿再行参观,遂作罢。

(二)当才佛于一日由梁科员友德陪同去苏州、无锡游览,地方机关皆照佛周到,约定五日返沪。

(三)夏古巴等定七日(星期日)去杭州,已请孙委员接洽车辆。

(四)上海旅馆自三月一日起增加房金百分之五十,故经费更感不敷。

(五)职观察夏古巴等似急于赴美,去景德镇参观与否,尚未决定。今日告职谓,自普陀回后即径返京,如有飞机至江西,或可乘飞机前往。等语。

(六)参观上海伟大工厂后,对各代表之影响甚大。过去藏人以为中国只产手工织品,机器之类须依靠外国。今则亲目所睹上海工厂林立,各种物品皆能制造,遂变其旧日观念,并感觉西藏之贫乏与渺小,倘离开中央之保护,实无法立足于世界。职意俟返京后,当再请其参观军营、兵工厂及国防部,以示中央之伟大。

(七)西藏为百余家贵族所统治,人民为贵族之奴隶,土地为贵族之采邑,尽千百家之膏血,以供一家之消费,故西藏官吏(俗官皆贵族)皆习于懒惰,奢侈成性,鲜事业心及进取心。此次商务考察团四代表为西藏之进步分子,但经职在港在沪相陪两星期之观察,彼等仍未改变其旧有之习气。遇伟大建筑及壮丽之别墅花园则心向往之,恋不忍去,并绘图记载,彼此商议回藏后如何建筑各人之别墅,参观工厂时,虽亦赞叹不止,但未闻一语道及将来如何发展西藏之工业,仅询西藏羊毛运沪有无销路,绸布运至印藏利有若干。职曾数次解说,西藏应先从简单之工业做起,可以一二日参观小型工厂,但皆置若罔闻。近并不愿再行参观,终日以全副精力出入商店,为私人之买卖忙碌。西藏教育落后,现尚无正式学校,但彼等对于教育毫不在意,参观学校时亦无兴趣,从未考虑如何发展西藏之教育,改善藏民之生活。分析其团内人员,夏古巴、邦达养璧对商业事务尚为留心,苏康次之,常庆则如童稚。综上观之,各代表皆无远谋,乏深虑,不图改造西藏之原始社会,只思享受二十世纪之生活,怀一己之私利,乏造福大众建设地方之观念。由此可以证明,西藏如无外力影响,将仍继续其现状也。职刘桂楠叩。寅江。印。

〔蒙藏委员会档案〕

6. 蒙藏委员会请发给西藏商务代表团出国护照并结购外汇事致国民政府呈

(1948年4月23日)

呈 京藏机字第660号

案查西藏商务代表团夏古巴等请求发给出国护照,并请准结购美金外汇,以便前赴英美考察商务一案,本会前经邀集关系各部缜密会商。当时有引以为虑者,以为该代表等出国前往英美,或系藉考察商务为名,阴图观察国际环境,乘机作政治活动。经拟订办法三项,于三十七年三月十日以京藏机字第五四九号呈请钧座鉴核,并奉钧座三十七年三月十五日府交字第一五六四二号代电,饬即设法劝阻从缓出国。等因。遵已婉切劝告不必出国,可将所拟考察事项报由中央政府代为调查。嗣据该代表夏古巴、邦达养璧等先后面陈,此次拟赴英美考察之使命,系谋改善西藏经济、增进公共福利为目的,绝无政治企图。西藏政府授于〔予〕彼等之训令,明白限定考察各地商品价格及贸易情形,不许谈及政治。故彼等遵奉西藏政府之命令,决不敢逾越范围,妄谈政治。自行抵京沪以来,每对来访之新闻记者郑重阐明无政治使命,并曾亲对世○声明不负政治商谈之使命。

世○复从多方侦察,觉前此所虑其企图作政治活动一点,迄未发现其丝毫迹象。更从外交大势观察,美英两国方自顾不遑,势不能因扶植区区一西藏而开罪中国。又西藏现行政制与英美之民主政治两相凿枘,决非彼等所愿亲附者。且如不准其出国,则必怏怏而去,转增藏事困难。恐彼等仍可自印度径行出国,示远人以不广,窃期期以为不妥。故世○对于彼等声明此行无政治企图一点,敢保证其确系由衷之言。

并据声称,西藏现时通行之藏银纸币,原以黄金为准备金。历年因修建佛塔,大部黄金用罄,以致准备空虚,人民颇生怨望。又谓,西藏三大寺系全藏经济命脉所系,为巩固三大寺之经济基础,谋有以改进生产,推广贸易以充实之。西藏每年出口土产如羊毛、麝香等,均系运往印度转售美国。现以印度政府统制外汇甚严,西藏销印货品不能直接售与美商换取美金,听任印政府居间操纵剥削,损失颇巨。又西藏出产羊毛,印商均谓只能用以制造地毯,西藏方面颇为怀疑,故拟赴美考察,准备采购机器,改进产品,并拟将羊毛直接销售与美,免受印方操纵。又称,彼等所需美金外汇,计西藏政府公用者约需美金二百万元,彼等私人方面,亦需酌量结购。大部分可用印币卢比申请结购,小部分用法币结购。并请外交部发给出国护照,以利遄行。各等情。

当兹西藏地方与中央关系日渐好转之际,似应示以恩信,结其款诚,此为中央与西藏政治经济关系之转折点。中枢方急于戡乱,使汉藏情感日臻团结,以纾西顾之忧,时机不可坐失。国库艰难,固所深知,然边筹所需,空言无补。世〇详加考虑,为取信远人,澄清藏局,并辟一光明正大之途径,谨拟具办法如下:

一、外交部发给西藏商务代表团出国护照,并通知有关使领馆密切关照,暨由中央遴派熟悉藏事之干员随行协助。

二、该团所请美金外汇,西藏政府公用部分准结购美金□□□□元,该代表等私人部分准结购美金□□□元。其所准备用以结购之印币及国币之数目,令彼先向中央银行接洽申请。

该团一行,游览京沪苏杭,考察商品贸易,已逾一月。以水土不服,苏康、邦达养璧两代表且婴疾病,亟望早奉训示,以决行止。以上所拟,是否有当,理合具陈呈恭,伏乞钧座鉴核,迅赐训示祗遵。
谨呈
国民政府主席蒋

全衔许〇〇

〔蒙藏委员会档案〕

7. 蒙藏委员会另拟西藏与内地贸易单行办法致行政院呈
(1948年5月11日)

蒙藏委员会呈

据西藏商务代表团先后函及口头申请有关西藏与内地货运往来免税及购买生丝各事项,经综合其请求要点如下:

1. 内地国产品(如茶、绸缎、瓷器等)经由西康陆道或印度海道运藏销售,请予免税。

2. 西藏土产品(如羊毛、牛尾、皮货、药材、麝香等)经由西康陆道或印度海道运至内地销售,请予免税。

3. 内地国产品经由海道输入藏，请准免照内地国货出口办法结购外汇（至国货经印度入藏，已由西藏迳洽印度政府免税中）。

4. 西藏土产品经过内地出口运往外国销售，请放行无阻。售货之后随时随地购买外货，亦请准予进口在内地销售。

5. 西藏商务代表团拟请准购买生丝一百担，自行托厂订织绸缎，其货价按照印度价格以卢比归还，惟请扣除运印费用及捐税。

6. 西藏商务代表团面洽请准在安徽等地设立茶厂，制造藏销砖茶，并请准予专利。

此案经本会于本年五月七日邀请财政部、外交部、经济部派员前来会商，佥以西藏与内地贸易应本政治重于经济之原则，量予变通办理。据所请内地国产品与西藏土产品运输免税一节，照财政部关务署出口免税之规定，自可准予照办。惟海道运输因须经过印度转口，则所请（二）、（三）两项均与现行进口贸易办法抵触。为增进汉藏情感，加强团结起见，西藏土产品经印度运入内地及国产品经印度运往西藏，似应特予另订单行办法，而不受现行进出口贸易办法之限制。拟请钧院核示后，再行邀请输出入管理委员会、财政、经济、外交各部及本会会同拟订西藏贸易单行办法，呈报钧院核定施行。是否有当，理合抄同会议记录一份，随文呈送，敬乞鉴核训示祗遵。谨呈

行政院院长张

计抄呈会议记录一份〔略〕

蒙藏委员会委员长许世英

中华民国三十七年五月十一日

〔蒙藏委员会档案〕

8. 行政院查询西藏商务代表团由港赴美事致蒙藏委员会指令

(1948年8月2日)

行政院指令 （卅七）四防字第34873号
令蒙藏委员会

三十七年七月七日京藏机字第795号午阳代电报告西藏商务代表团夏古巴等已由港转美等情，请鉴核由代电悉。

查西藏组织商务代表团未经政府核准，前往美国有所活动，在政治上关系重大。本院前于上年十月二十四日曾以四防字第四三五三三号令指示办法，并遵奉主席蒋本年二月丑麻府交代电密饬注意各在案。查夏古巴一行前由藏印取道昆港来京，游览浙赣，勾留京沪凡六阅月。该会既均派有接应招待人员，何以返藏途中道出香港而不派人注意其行动？该会是否已与外交部切取联系？该代表团顺利达成赴美目的，何以事前毫无察觉，亦无情报，俾有关机关加以防范？其原因何在？除本案经过已据外交部呈报到院，并已饬照所拟办法办理，原案已据分行不另抄发外，所有本案详细经过及何以疏忽之处，仰该会迅予申复，以凭办理。此令。

院长翁文灏

中华民国三十七年八日二日

〔蒙藏委员会档案〕

9. 蒙藏委员会为西藏商务代表团赴美英考察经过致行政院呈

(1948年8月18日)

蒙藏委员会呈 京藏机字第891号
案奉钧院三十七年八月二日四防字第三四八七三号指令，为据本会三十七年七月七日京藏机字第七九五号午阳代电，报告西藏商务代表团夏古巴等，已由港转美等情请鉴核一案，饬将本案详细经过及何以疏忽之处迅予申复。等因。奉此。查西藏自清末民初与中枢形成脱辐状态以来，独立自主观念迄未消除。其主要原因厥惟英人统治印度时期，对藏素抱野心，煽动挑拨，有以致之。故藏人入印，向来不须我中央政府签发护照，并可由印径赴英国，而亦无须我国签发护照。此种特殊情形，由来已久。为维护国权，自应加以纠正，然而积重难返，非一蹴可成。本会曾于三十六年六月二十日京藏字第五三四一号呈内，分别陈明主席蒋及钧院在案。

此次西藏商务代表团由藏经印时，据报原拟先赴美国，证以西藏政府交由该团携来藏文函呈，内有派仔本夏古巴等赴印度、美国、中国……之语气，自属可信。旋因在印接洽美金外汇，未获圆满，乃始决定先行来京，请求中央准予结购美金外汇二百万元，同时并呈请中央发给出国赴美、英考察商务护照。又审知中央即将召开行宪国民大会，故一面对西藏选派代表出席事迟迟不予遵办；一面频频表示亟待返印赴美，请中央对所请美汇事迅赐决定。本会以奉钧院三十六年十月二十四日四防字第四三五三三号训令指示：(一)护照暂不发给；(二)先予商谈西藏选派代表出席国民大会及立委问题；(三)优予招待之三项办法，遂遵与商洽。世英首先注意即询问夏古巴等对中央有无负政治洽商命令，若至美英，亦有无负政治商谈之使命。三次质问，皆答称，若世英有所训示，当负责报告；至若至美英，则绝无政治商谈使命。当时距国民大会开幕尚有相当时日，乃派员陪同该团赴沪、杭各地考察物品价格，并参观名胜。在此期间，本会为慎重处理，博采众议，曾于三月五日邀集关系各部会及钧院邓参事翔宇开会，对该团所请美金外汇及出国赴美英考察商务，暨繁荣西藏与内地商务贸易等问题，详加商讨。当经决议办法三项，连同会议记录，于三十七年二月十日呈报主席蒋鉴核及钧院秘书处查照转陈在案。旋奉主席蒋三十七年三月十五日府交字第一五六四二号代电,饬对西藏商务代表团赴美英考察商务一节设法劝阻。遵经婉劝该团暂缓出国,可将所拟考察事项报请中央政府代为办理。据该团长夏古巴及副团长常庆、团员邦达养璧等先后面陈,拟赴美英考察贸易,纯系谋改善西藏经济,增进公共福利,并采购机械、黄金,经备回藏改进产品及装饰佛像之用。且一再声明,决无政治商谈之使命,并详陈西藏现时经济受印度币值换算率之损失情形;又声述彼等所需美金外汇,计西藏政府公用及私人需用者,共需美金二百万元,请以卢比四分之三、国币四分之一准予结购,并恳请外交部迅赐发给出国赴美英考察商务护照,以利遄行。当经本会据将以上情形,于三十七年四月二十三日京藏机字第六六〇号呈报主席蒋,并拟办法两项:一、请转知外交部准予发给西藏商务代表团出国赴美、英考察商务护照,并密令有关使领馆密切关照,暨由中央遴派熟悉藏事及谙熟英语之干员随行,注意协助。二、该团所请外汇属于西藏政府公用及私人需用,拟准共结购美金五十万元。该团准备用以结购美汇之卢比及国币,拟令彼等自行缴交中央银行结购,请鉴核去后。正静候核示间,而该团催询甚急,且谓西藏已选派代表出席国民大会,实彼等电噶厦促成,其意显在藉此以邀美汇及出国护照之获准。经告以大会百忙,容俟闭幕后当尽量设法转请迅赐核定。此时,团员苏康、邦达养璧二人因天气渐热,水土不服,先后患病,该团因此益显焦躁不安,催询更急。逮大会闭幕,世〇随于五月七日亲谒主席,陈明一切。当奉训示,美金外汇目前结购困难,可酌增赴美考察旅费;饬询明该团赴美英考察商务之行程、时限、旅宿等费报核。遵经一面派员询明外交部,该团一行共需旅宿膳食等费美金二万七千余元,并呈复主席蒋;一面告知该团副团长常庆及团员邦达养璧。越日,团长夏古巴率带副团长常庆、团员邦达养璧三人同时来见,再度详述此次所请结购美汇之用途。现外汇既有困难,拟即于五月十七日先回上海停留十余日,购买用品,再赴香港住一星期,购买用物,然后回加尔各答,转往新德里,向印度政府洽购美汇。如洽购不成,美英之行或即作罢;如洽购成功,再赴美英考察,云云。世○当告以如必需出国赴美英考察,定由我中央外交部或中国驻印大使馆发给护照。夏古巴谓,如印度政府准结外汇,再由中国发给护照,理固应然,但情不可却。世○当郑重告以由我中央外交部或驻印罗大使发给护照为宜,复告以主席面谕,赠送旅费系出自主席德意,宜可领受。夏古巴当称,主席盛意至为感激,惟旅费早经西藏政府发给。伊等现所希望者,前请购买生丝及西藏与内地商务进出口货运免税,及免缴外汇保证金一节,仍乞准予所请。此一段商洽经过情形,本会业于三十七年五月十三日,以京藏机字第六九七号呈报主席,并抄同原呈通知外交部在案。

旋奉主席三十七年五月十七日府交字第一六四一八号代电,以西藏商务代表团赴美旅费,可特准赠给美金五万元。至所请准给该团美金外汇五十万元一节,究应酌给若干数目,应与中央银行洽商。等因。遵经派员与中央银行洽办,一面转知西藏商务代表团。据该团团长夏古巴等面称,总统德意至深感激,惟仍称旅费早经西藏政府发给,只有心领感谢。至美金外汇事,前承五月八日面告外汇困难,已于翌日电呈西藏噶厦。现因返印之期已定,对总统盛意亦惟有感谢。但一再声明,此事对中央与西藏和好感情关系决无影响。等语。旋该团遂于五月二十日参加总统就职典礼,并向钧院张前院长及其他院部长官辞行后,当晚乘车离京赴沪,洽购生丝。据称,约旬日后赴香港小住,酌购货物,再转印度。本会除派员会同经济部派员赴沪协助洽购生丝外,并将该团离京赴沪及旬日后赴港各情,于三十七年五月二十八日京藏机字第七二九号函达外交部查照,并请电令驻印度罗大使注意该团返印后之行动,及出国护照务由我大使馆填发在案。嗣该团在沪因办理购买生丝等手续,耽延日久,至六月二十六日,该团一行始洽妥机座飞港。行前本会曾电请香港李主任委员大超及外交部派驻香港郭特派员德华等,予以关拂。至七月六日,忽接该团七月一日自香港来函,略谓拟于七月三日由港飞马尼剌转美等情。当即探知,其出国护照系由美国驻港总领事加以签证,并即电询香港郭特派员、李主任委员准复属实。一面分呈总统及钧院暨函外交部;一面致函该团,询以在京晤洽时,曾告以如必需赴美英考察,应由我中央外交部或中国驻印大使馆签发护照。现在既由香港直接赴美,关于出国护照签证事,系经托何国办理,嘱迅予见复。一面商请外交部,转电我驻美大使馆转致该团;一面电令本会驻藏办事处转达噶厦:一、望西藏政府训令夏等遵照在京再四声明赴美英决无商谈政治使命,不得对外作任何政治商谈或发表政治谈话;二、望西藏政府训令夏等,今后旅行应与我驻美使领馆商定,并使用中国使馆护照各在案。以上为本案经过情形。

至该团道出香港,未派员随同注意其行动一节。一则因该团原已面请由中央外交部发给护照,嗣因所请美汇未成,该团遂表示仍回印度,向印度政府洽购,只请就该团由印来京之护照上加以签证,且派员监护,需用款币结请外汇亦感困难,是以未派。本会既已于该团离沪赴港之前,电托驻港郭特派员、李主委等照应,原不虞有疏漏。二则因该团系表示返印洽购美汇成功后再行赴美。接准六月初九日外部外(37)欧一一三七号代电,已分电驻印驻加使馆注意,并应防止其请领他国护照。等因。深佩外部防范已甚周密,自无再派员随行之必要。至该团于抵港后,匆促间能取得美国驻港总领事之签证,则非本会始料所及。

抑有进者,中央对藏现时在联络情感,促进政治关系之阶段。西藏商务代表团此次留京数月,虽所请外汇因目前库存不裕,未能满足其愿望,但对中央之优予招待,则深为感激,已为汉藏感情奠立和好之基础。若对其出国赴美英考察商务,采取干涉态度,纵能阻止,然必中怀怨望,有伤和好,且彼等终将另行设法达成出国之目的而后已。如此则与中央目前对藏维持现状,增进情感,以求安定之方针不无违悟,似非计之得者。凡此可能之顾虑及必然之影响,前于邀请关系各部会及钧院邓参事翔宗会商时,均曾计及。

奉令前因,谨将该团此次来京及赴美经过情形,据实申复,无任惶悚,并深感虑事不周,致生疏忽,而引为罪戾。既并将本会先后呈主席蒋三十七年四月二十三日京藏机字第六六〇号、三十七年五月十三日京藏机字第六九七号及三十七年五月二十四日京藏机字第七一六号文各一件抄呈。伏乞钧院鉴核。

谨呈

行政院院长翁

全衔许〇〇

中华民国三十七年八月十八日

〔蒙藏委员会档案〕

10. 蒙藏委员会为西藏商务代表团向美洽商借款事致国民政府等呈

(1948年8月19日)

呈　京藏机字第893号

案查关于西藏商务代表团夏古巴等赴美案,本会曾于七月养日电饬驻藏办事处以下列两点意见转达噶厦:(一)西藏政府应训令夏古巴等不得对外作任何政治商谈及发表政治谈话;(二)望西藏政府训令夏古巴等今后旅行应与我驻美使馆商定,并使用中国护照去后。嗣闻该团抵美后,言论行动颇有逾越常轨之处。复于八月缉日电令驻藏办事处,根据前电所示意见转达噶厦,切实纠正在案。

兹据该处陈代处长锡璋未谏电呈称:

委员长许钧鉴:未缉电敬悉。前奉午养电,经遵照所示两点向各噶伦阐述。彼等仅含糊答谓,自当尊重中央意旨,云云。正筹谋进行间，兹据密报，夏古巴等曾密电西藏政府，谓西藏向美借款等事，美方可能商谈，但应由一国居间。等语。藏政府复电令夏古巴等，关于与美商谈事项不得泄露于任何国家，云云。藏方是何居心目的，已甚明显，应如何筹策防制，可否由职处再向噶厦作较强之表示？伏乞鉴核，训示祗遵。职陈锡璋叩。未谏。印。等情。据此。除电复该处长仍照前电所示意见再向噶厦严正表示，俾克纠正夏等在美行动，并函请外交部对夏等商谈借款事预筹对策外，理合备文呈报，恭请钧座鉴核，训示祗遵。谨呈

总统蒋

行政院院长翁

全衔①

中华民国三十七年八月十九日

〔蒙藏委员会档案〕

11. 蒙藏委员会关于西藏商务代表团赴美动机经过等情复立法院公函

(1948年8月24日)

公函　京藏机字900号

案准贵处三十七年八月十四日宪处文字第一四六一号笺函，嘱将西藏商务代表团人员之组成与背景暨赴美之动机，并其真实目的以及出国前后经过情形查明见复。等由。兹分项详复如下：

一、西藏商务代表团之组成与背景。该团由团长夏古巴、副团长常庆及团员苏康、邦达养璧四人组织而成。夏古巴为西藏摄政打扎贫微时施主，在西藏原无若何地位，打扎摄政后，擢为仔本（西藏

---

① 此件卷宗"委员长"一栏，系白云梯签字，下有"代"字。

政府财务官），并任钞票局总办，为打扎之亲信，颇具权力。常庆现任西藏钞票局帮办，在藏原亦碌碌无闻，其所以得任此职，亦由打扎栽培之力。苏康系西藏索康噶伦之胞弟，现任藏军代本之职（略如团长，西藏兵制以代本为单位），谙英语。其父藏人称之为老索康，任西藏外事局局长，一门鼎盛，为西藏具有实权人物。邦达养璧原籍西康宁静，为西藏巨商。其弟邦达饶干及邦达多吉于民国二十二年十三辈达赖圆寂西藏政变时，在宁静发动民兵反抗藏政府。事败后，多吉退至巴安，现任康南民兵大队长；饶干由印前来内地，现任本会委员；惟养璧始终服务于藏政府，现任卓木总管，汉语极流利，因在西藏进出口贸易上具有实力，故与夏古巴等结合，相互利用。

二、赴美之动机及其真实目的。该团携来西藏摄政及噶厦呈中央文件内称，"为谋西藏大众福利计，兹派仔本夏古巴、堪琼常庆等前赴印度、美国、中国……考察西藏进出口贸易之盈亏情形。"等语。又据夏古巴等向本会委员长表示，西藏进出口贸易向为印度所控制，西藏羊毛、皮货、牛尾、麝香等售与美国者均系由印商转手，不能直接换取美金。又西藏寺庙所需黄金，亦无能直接购自美国，颇受束缚之苦。彼等此次出国考查，在设法解脱印度经济之控制，另谋出路。将来如能以过去运经印度出口之藏产货物如羊毛、兽皮等改经内地出口俾西藏能获得所需要之美汇，而内地沿途运道亦可藉以繁荣，中央与西藏均蒙其利，惟应请免于依照现行进出口贸易办法缴纳出口外汇保证金，以示扶植之意。等情。根据本会及各方情报，该团所称各节当系实在，自属可信。惟西藏与中央关系脱辐已久，闭关自主观念牢不可破。又西藏政府上下官吏于公私权利素无清晰界限。该团此次出国，名为谋大众福利，实则藉谋经营私人生意。观于该团在京、沪、杭各地参观时，对工厂及各部门建设均漠然不感兴趣，惟热心打听物价，则其目的所在，已昭然若揭。因此若中央能予以相当优惠，则对中央表示恭顺尊重之意，否则即生携贰之念。故该团出国之真实目的，除上述者外，尚有观察国际环境，探听政治行情，以供西藏政府决策之意（国防部郑厅长介民前次出席本会商讨西藏商务代表团请求事项会议时曾有此语）。

三、出国前后经过情形。此次西藏商务代表团系于去年十月中由藏赴印。据报原拟先赴美国，证以西藏政府呈中央文内"派仔本夏古巴等赴印度、美国、中国……"之语气，自属可信。又英人统治印度时期，对藏素抱野心，煽动挑拨，常欲使之脱离我国，故藏人入印，向来不须任何护照，并可由印径赴英国，而亦无须我国中央政府签发护照。为维护国权，自应加以纠正，而扭转机运，尚须假以时日。本会曾于三十六年六月二十日京藏字第五三四一号呈内，分别陈明主席蒋及行政院在案。该团旋因在印接洽美金外汇未获圆满，乃始决定先行来京，请求中央准予结购美金外汇二百万元。同时并呈请中央发给出国赴美英考察商务护照。又审知中央即将召开行宪大会，故一面对西藏选派代表出席事迟迟不予遵办，一面频频表示亟等返印赴美，请求中央对所请美汇事迅赐决定。本会以奉行政院三十六年十月二十四日四防字第四三五三三号训令指示（一）护照暂不发给，（二）先予商谈西藏选派代表出席大会及立监委问题，（三）优予招待之三项办法，遂遵与商洽一切。当时距国民大会开幕尚有相当时日，乃派员陪同该团赴沪杭各地考察参观。在此期间，本会为慎重处理，博采众议，曾于三月五日邀集关系各部会及行政院邓参事翔宗开会，对该团所请美金外汇及出国赴美英考察商务暨繁荣西藏与内（地）商务等问题详加商讨。当经决议办法三项，连同会议记录，于三月十日分呈主席蒋鉴核及行政院秘书处查照转陈在案。旋奉主席蒋三十七年三月十五日府交字第一五六四二号代电，饬对西藏商务代表团赴美英考察商务一节设法劝阻。遵经婉劝该团暂缓出国，可将所拟考察事项报请中央政府代为办理。据该团长夏古巴及副团长常庆、团员邦达养璧等先后面陈，拟赴美考察商务贸易，纯系谋改善西藏经济，增进公共福利，并采购机械、黄金，以备回藏改进产品、装备佛像，一再声明决无政治商谈之使命。并详陈西藏现时经济受印度币值换算率之损失情形，又赘述彼等所需美金外汇，计西藏政府公用及私人需用者共需美金二百万元，请以卢比四分之三、国币四分之一准予结购。并恳请外交部迅赐发给出国赴美英考察商务护照，以利遄行。当经本会据将以上情形于三十七年四月二十三日京藏机字第六六〇号呈报主席蒋，并拟办法两项：一、请转知外交部准予发给西藏商务代表团出国赴美英考察商务护照，并密令有关使领馆密切关照，暨由中央遴派熟习藏事及谙熟英语之干员随行，注意协助；（二）该团所请外汇属于西藏政府公用及私人需用，拟准共结购美金五十万元。该团准备用以结购美汇之卢比及国币，拟令彼等自行缴交中央银行结购，请鉴核去后。正静候核示间，而该团催询甚急，且谓西藏已选派代表出席国民大会，实由彼等电噶厦促成，其意在藉此以邀美汇及出国护照之获准。经告以大会百忙，容俟闭幕后，当尽量设法转请迅赐核定。此时团员苏康、邦达养璧二人因天气渐热，水土不服，先后患病。该团因此益显焦躁不安，催询更急。逮大会闭幕，本会许委员长随于五月七日亲谒主席，陈明一切，当奉训示，美金外汇目前结购困难，可酌赠赴美考察旅费，饬询该团考察商务之行程、时限、旅宿等费报核。遵经一面派员询明外交部该团一行共需旅费、膳宿等费美金二万七千余元，并呈复主席蒋；一面告知该团副团长常庆及团员邦达养璧。越日，团长夏古巴率带副团长常庆、团员邦达养璧三人同时来见，详述此次所请结购美汇之用途。现外汇既有困难，拟即于五月十七日先回上海，停留十余日购买用品，再赴香港住一星期购买用物，然后回加尔各答转往新德里，向印度政府洽购美汇。如洽购不成，美英之行或即作罢；如洽购成功，再赴美英考察。云云。许委员长当告以如必需出国赴美英考察，当由我中央外交部或中国驻印大使馆发给护照。夏古巴谓，如印度政府准给外汇，再由中国发给护照，恐办不到。许委员长仍郑重告以由我中央外交部或驻印罗大使发给护照为宜,复告以主席面谕赠送旅费系出主席德意,宜可领受。夏古巴当称,主席盛意至为感激,惟旅费早经西藏政府发给;伊等现所希望者,前请购生丝及西藏与内地商务进出口货运免税及免缴外汇保证金一节,仍乞准予所请。此一段商洽经过情形,本会业于三十七年五月十三日以京藏字第六九七号呈报主席在案。旋奉主席三十七年五月十七日府交字第一六四一八号代电,以西藏商务代表团赴美旅费可特准赠给美金五万元;至所请准结该团美金外汇五十万元一节,究应酌给若干数目,应予〔与〕中央银行洽商。等因。遵经派员与中央银行洽办,一面转知西藏商务代表团。据该团长夏古巴等面称,总统德意至深感激,惟旅费早经西藏政府发给,只有心领感谢。至美金外汇事,前承五月八日面告外汇困难,已于翌日电呈西藏噶厦。现因返印之期已定,对总统盛意亦惟有感谢。但一再声明此事对中央与西藏和好感情关系决无影响。等语。旋该团遂于五月二十日参加总统就职典礼,并向各院部长官辞行后,当晚乘车离京赴沪,洽购生丝。据称约旬日后赴香港小住,酌购货物,再转印度。本会除派员会同经济部派员赴沪协助洽购生丝外,并将该团离京赴沪及旬日后赴港各情于三十七年五月二十八日京藏机字第729号函达外交部查照;并请电令驻印罗大使注意该团返印后之行动,及护照务由我大使馆填发在案。嗣该团在沪因办理购买生丝等手续耽延一月有余,至六月二十六日,该团一行始洽妥机座飞港。行前,本会曾电请香港李主任委员大超及外交部派驻香港郭特派员德华予以关拂。至七月六日,忽接该团七月一日自香港来函,略谓拟于七月三日由港飞马尼剌转美。等情。当经电询香港郭特派员、李主委,准复属实,并悉其出国护照系由美国驻港总领事就西藏政府发给彼等文件上加以签证(外交部消息系另函签证)。经一面分呈总统及行政院暨函外交部,一面致函该团,询以在京晤洽时,曾告以如需赴美英考察,应由我中央外交部或中国驻印大使馆签发护照,现在既由港直接赴美,关于出国护照签证事,系托何国办理,嘱迅予见复等由,商请外交部转寄我驻美大使馆转致该团。一面电令本会驻藏办事处转达噶厦:一、西藏政府应训令夏古巴等不得对外作任何政治商谈,或发表政治谈话;二、望西藏政府训令夏等今后旅行应与我驻美使领馆商定,并使用中国使馆护照各在案。以上为该团出国前后经过情形。

至该团道出香港竟得由港赴美者,一则因该团原已面请由中央外交部发给护照,嗣因所请美汇未成,该团遂表示仍回印度,向印度政府洽购,只请就该团由印来京之护照上由我外部加以签证。本会既已于前电托驻港郭特派员、李主任委员等照应,原不虞有疏漏。二则因该团系表示返印洽购美汇,成功后再行赴美。接准六月初九日外部外(37)欧一(137)号代电已分电驻印驻加使领馆注意,并应防止其请领他国护照。等因。是外部防范已甚周密,本会因此未再派员随行该团赴港。至该团抵港后,匆促间能取得美国驻港总领事之签证,则非本会始料所及。

总之,西藏自清末民初与中枢形成脱辐,现时尚在联络情感,促进政治关系之阶段。西藏商务代表团此次留京数月,虽所请外汇因目前库存不裕未能满足其愿望,但对中央之优予招待则深为感激,已奠立情感和好之基础。若对其出国赴美英考察商务采取干涉态度,纵能阻止,然必中怀怨望,且彼等终将另行设法达成出国之目的而后已。如此则与中央目前对藏维持现状,增进情感,以求安定之方针不无违悟,似非计之得者。凡此可能之顾虑及必然之影响,前于邀请关系各部会及行政院邓参事会商时均曾计及。准函前由,相应函复,即希查照密存参考为荷。此致

立法院秘书处

(会戳)敬启

三十七年八月(二十四)日

〔蒙藏委员会档案〕

12. 驻纽约总领事张平群劝阻夏格巴等在美勿作政治性谈话等情致外交部电

(1948年8月26日)

南京。外交部并转许委员长世英：

二十日致西藏商务代表团电,群本日已面交。据团长称,本团系商务性质,对美官方从未谈及政治;对记者之谈话,本人并不重视。群答以美国系民主国家,而新闻记载直达人民,经国会能左右政府之政策,故对记者谈话亦有政治影响。彼又称,彼系高级官吏,记者有问又不能伪言不知。群称,记者所问而不愿答复者,尽可拒绝不答,此为一般惯例。许委员长来电联络,欲唤起贵团之注意,望以后再无作政治性之发言。彼答以本人并无意阻止中央与西藏之友善关系,本团既是商务性质,日后当遵守诺言,不谈政治,并称将直接电复许委员长。

张平群

〔蒙藏委员会档案〕

13. 外交部为西藏商务代表团向美借款等情复蒙藏委员会代电

(1948年9月3日)

外交部快邮代电 外(37)欧一20680号
蒙藏委员会密鉴：

关于贵会转饬驻藏办事处将中央对西藏商务代表团在美活动意见两点通知噶厦办理事,贵会八月十九日京藏机字第八九四号公函敬悉。关于贵会来函所述夏古巴等曾向美接洽借款等事,美国可能商谈,但谓应由一国居间一节,当由本部密电驻美顾大使,向美政府探询有无此事;并告以如有此类事项,美方应先与我接洽。

又饬查报西藏商务代表团在华府及纽约与美方洽商何等事项。兹据驻美顾大使八月二十六日复电称,经与美外部与商部负责人详谈,据告,夏古巴等或有借款之意,但美国事实上及法律上均不可能,故不愿其正式提出。即关于商务问题,藏方希望运美者为羊毛手织品。藏人不懂洗制羊毛方法,运输尤为困难。藏方拟购机器,但不允美方派技术人员赴藏训练,且付款运输均有问题。总之,夏古巴等除考察美国一般情形外,其真正用意何在,似系未明白表达。等情。准函前由,相应电复,即希查照参考为荷。外交部。欧。

〔蒙藏委员会档案〕

14. 外交部调查西藏商务代表团赴美签证与英政府交涉等情致国民政府签呈

(1948年9月17日)

……

讵该团于抵港后,即于七月三日由港飞美。本部接获此项密报后,立即电饬驻香港郭特派员调查,据复称:该团持有西藏当局所发旅行证件,由美国驻香港总领事馆在该证件上签证,准入美境。等情。本部以美国驻香港总领事馆未先征询我国政府意见,即行签证西藏政府自发证件,不但违反国际通例,并有损我对藏主权,乃由本部叶次长于七月十二日向美驻华大使馆提出下述口头声明与质询:(一)西藏当局对外无独立办理外交之权,其所发旅行证件,不能替代中国护照;(二)夏古巴等在美无权与美政府洽商事件;(三)美驻香港总领事于发给夏古巴等入境签证前,何以并未通知我驻港郭特派员;(四)美政府对西藏素以承认中国之主权为原则,此次接受西藏地方当局所发证件,中国政府颇为诧异,如此非美驻港总领事私人之错误,是否为美政府变更其对西藏态度之表示,此点盼美政府予以说明,该美国大使馆人员当答称:美国向来承认中国在西藏之主权,且美国政府亦无变更其对西藏立场之意,至本部所询各点,当转陈美大使向国务院查明后答复本部。等语。本部同时密电驻美顾大使,指示下列各项:(一)密洽国务院,查询该项签证是否曾经国务院核准发给,并向国务院说明该团仅系商务考察性质,倘其有对美政府机关接洽及交际事宜,我驻美使领馆当代为洽办,如有正式交涉事宜,应由中美政府直接磋商,(二)设法与该代表等取得联系,[岂]剀切告中央诚心协助西藏人民,该团在美言行,必求谨慎,如有对外接洽,应先与大使馆磋商,并由我使领馆出面代洽;(三)对该团在美言论行动,严密注意,随时具报,对其在美考察,可以主动方式酌予协助照料。本部又以该团亦有由美赴英企图,乃电饬驻英郑大使密告英国外交部,如该团申请赴英签证,英国领事馆应令其呈验中国护照,否则不予签证。

七月十七日据顾大使电告,经以我国态度亲告马歇尔国务卿,据答,美对西藏,拟完全尊重中国意见办理。另据国务院主管人员告,驻港美总领事并未于夏古巴等所持旅行证件上签证,仅于另一普通纸上签注可入美境,此项签证并无损害中国对西藏主权之意。等语。同日,又据驻英郑大使电告,经向英外交部查询,据该部主管人员称,该团在南京时已由英国驻华大使馆予以签证,我大使馆人员当斥以西藏为中国领土,英方不应未征中国政府同意即行签证西藏当局自发之旅行证件,该主管人员无言以对,仅示歉意。

西藏商务代表团一行六人(团员四人,助理二人)于七月七日飞抵旧金山,英驻金山总领事则亲往机场迎接,似已先有接洽。该代表团在金山向新闻界发表谈话谓:此行来美,拟与美方谈判,以西藏牦牛尾交换美国机器,并拟往美京谒见美总统。又谓,西藏与中、苏、印三大国毗邻,若予一国以特权,势难不予其他二国,故只得对三国一律排斥,但希望与美国建立优良之关系。等语。七月十五日,该团由金山抵芝加哥,美国商务部驻芝加哥代表略予照料。我驻美大使馆事前已通知驻芝加哥区总领事,遵照本部指示注意办理。该团在芝加哥时,由我总领事馆领导参观各大工厂。七月十九日该团由芝加哥抵华盛顿。除我大使馆派员在机场接待外,美商务部亦有代表一人在场照料。该团团长夏古巴见新闻记者时,仍谓西藏对中、苏、印三大邻邦不愿有偏倚。该团抵华盛顿前,我驻美大使馆已将我方意旨及美政府态度告知美商务部,促其注意,并商获美国务院中国司司长保证,美方亟欲避免西藏代表团来美之任何政治上意义。七月二十日,夏古巴偕邦达养璧往谒顾大使,顾大使当面告彼等,关于该团在美考察及接洽商务各事,大使馆当予协助,美政府亦愿与大使馆洽办有关该团各项事宜,并嘱其对外发言,务求谨慎。夏古巴等答称:对外人询问,不愿多说。又据夏古巴告顾大使,该团在华府事毕,即赴纽约,在纽约一个月,即赴欧,然后回藏……

中华民国三十七年九月十七日

〔国民政府档案〕

15. 外交部为西藏商务代表团在美活动详情致蒙藏委员会代电

(1948年9月22日)

外交部代电　外(37)欧一字第22387号

蒙藏委员会许委员长勋鉴:

极密。关于本部办理西藏商务代表团赴美案情形,前经于七月十七日以外(37)欧一字第76802号代电密电查照在案。兹将本部最近办理此案情形,续行电达如下:

七月十七日,据顾大使电告,经以我国态度亲告马歇尔国务卿。据答,美对西藏,拟完全尊重中国意见办理。另据国务院主管人员告,驻港美总领事并未于夏古巴等所持旅行证件上签证,仅于另一普通纸上签注可入美境,此项签证,并无损害中国对西藏产权之意。等语。同日又据驻英郑大使电告,经往英外部查询,据该部主管人员称,该团在南京时已由英国驻华大使馆予以签证。我大使馆人员当斥以西藏为中国领土,英方不应未征中国政府同意即行签证西藏当局自发之旅行证件。该主管人员无言以对,仅示歉意。

西藏商务代表团一行六人(团员四人,助理二人)于七月七日飞抵金山。英驻金山总领事则亲往机场迎接,似已先有接洽。该代表团在金山向新闻界发表谈话谓,此次来美,拟与美方谈判,以西藏牦牛尾交换美国机器,并拟往美京谒见美总统。又谓西藏中、苏、印三大国毗邻,若予一国以特权,势难不与其他二国,故只得对三国一律排斥,但希望与美国建立更优良之关系。等语。七月十五日,该团由金山抵芝加哥,美国商务部驻芝加哥代表略予照料。我驻美大使馆事前已通知驻芝加哥区总领事,遵照本部指示注意办理。该团在芝加哥时,由我总领事馆领导参观各大工厂。七月十九日,该团由芝加哥抵华盛顿。除我大使馆派员在机场接待外,美商务部亦有代表一人在场照料。该团长夏古巴见新闻记者时,仍谓西藏对中、苏、印三大邻邦不愿有所偏倚。该团抵华盛顿前,我驻美大使馆已将我方意旨及美政府态度告知美商务部,促其注意。并商获美国务院中国司长保证,美方亟欲避免西藏代表团来美之任何政治上之意义。七月二十日,夏古巴偕邦达养璧往谒顾大使。顾大使当面告彼等,关于该团在美考察及接洽商务事,大使馆当予协助,美政府亦愿与大使馆洽办有关该团各项事宜。并嘱其对外发言务求谨慎。夏古巴等答称,对外人询问,不愿多说。又据夏古巴告顾大使,该团在华府事毕后即赴纽约。在纽约约一月,即赴欧,然后回藏。

本部以西藏当局擅发出国旅行证件,派遣该夏古巴等赴英美活动,而该夏古巴等在美妄作政治谈话,对我使领馆反示戒备之意,殊属越轨,我中央亟应对西藏当局有所表示。乃由本部王部长与蒙藏委员会许委员长商定办法如下:

(一)要求西藏政府训令夏古巴等,不得在外作政治活动或谈话，并训令彼等今后旅行须先与中国驻使商定；

（二）训令西藏驻京办事处，自行宣布已参加国大、立法院及监察院，并无独立之意。

以上各项正由蒙藏委员会与西藏当局洽办中。

该团赴华盛顿主要目的原在谒见美总统。本部据顾大使七月二十二日及二十三日电称，该团携有达赖喇嘛亲署之照片及函件，拟送致美总统；又有藏首相致政府函，均拟于谒见美总统时亲递。并已请美商务部代向总统府订定接见日期。商务部以此事转询国务院，国务院又与大使馆洽商。该院认为上次战争期间，美国情报人员入藏工作，颇受藏官方优待，故对该团请见总统事，不愿实加拒绝，否则势必影响美国人民与西藏人民之关系，盼大使馆洽征该团同意，由大使馆代请白宫订期接见。二十二日顾大使邀宴该团时，趁机探询所携函件内容。彼等答称，奉达赖喇嘛之命，各件须面递，不肯告知其内容。本部遂电饬顾大使：（一）向美方郑重表示，该团仅属技术性质，我国政府认为总统无予接见之必要。且该团赴美，未经我国政府核准，而美国务卿又已表示尊重中国在西藏之主权，则该团在美，美政府不应予以官方接待。美总统如予接见，即予以政治上地位，中国政府不能赞同。（二）如美方坚持准许该团晋谒总统，亦应由我驻美大使率领前往。函件内容如无法于事前探悉，应请美总统于收阅后，饬抄副本送我大使查考。顾大使遵于八月三日请美国务院代向白宫约定晋见美总统日期，并即告知夏古巴。夏古巴颇惊异，询已否发函代约，并谓于印度等处晋见当局，均未经我使节偕往。对随我使节晋见美总统事，未获西藏政府准许，不敢擅专，商请另筹其他办法。并再声明，该团来美专为研考与美直接通商途径，确无其他企图。顾大使当告称，凡国内要员晋见他国当局，由驻使偕往介绍，乃国际仪节通例。该团如觉不便，亦可不往，而将所赍函件、像片等交由大使馆代递。将来如有复函，亦当由该馆转递。夏古巴云，当俟研究后再告。顾大使恳切告以我国与西藏唇齿相依,安危与共,中央对西藏极为关切,方今国际局势动荡,如西藏政府思另觅出路,一入漩涡,前途实堪危险,为中国计,为西藏计,应以力图安宁为上策,如有政治意见,尽可向中央开诚陈商。彼答,当俟回藏后报告云。旋据顾大使电告,该团通知大使馆,决定不见美总统,所携函件、像片交国务院转递。本部仍恐该团再行自往请见美总统,当再饬顾大使通知国务院,届时仍应由我国大使率同晋谒。顾大使当再向国务院申明我方立场,希望美国政府慎重处理。据国务院主管人员告,如该团重申前请,仍当依照我大使馆主张办理。该团在华府期内,仅见到美商务部低级人员。据悉其谈话从未超过商务范围。至于西藏当局致美总统函三件、达赖及摄政像片各一张,已由该团交请国务院转递。三函内容,仅系普通问候及布达友好之忱等语。至此,该团企图单独晋见美总统之事遂告一段落。

该团既未达单独晋见美总统之目的,乃于八月九日由华府赴纽约。我驻纽约总领事馆派员往车站迎接,并妥予招待。当日前往迎接者,并无美国官方人员。现该团在纽约行动正由我总领事馆随时严密注意中。据该团在纽约称,仍拟在纽约勾留一月,然后前往英国。

查该团所持旅行证件,已经英国驻华大使馆签证。而据顾大使电告,若强迫该团在美换领我国正式护照,事实上已难以办到。且此时若强其换领护照,美政府未必协助,且势必益西藏当局对中央之怨意,故本部对该团由美赴英拟不加阻止,惟对其在英行动,则须预加防范,以免越轨。本部已密饬驻英郑大使,即向英国政府申明我国立场,请其于该团抵英后,照我方意见办理。

查此次西藏商务代表团前往美国,固有其政治上之用意。而该团赴美前,美国驻香港总领事擅予签证;该团抵美后,美政府颇示以优礼。此事背景,颇堪注意。前据顾大使七月二十四日第八六七号来电析陈观察意见,略谓美政府所以对西藏表示好感,盖欲利用西藏为将来对苏联之空军基地。等语。该电业经本部译转贵会许委员长，并已由本部密转国防部何部长参考。以上情形，相应密电参考为荷。王世杰。欧。
中华民国三十七年九月〈二十二〉日

〔蒙藏委员会档案〕

16. 许世英请履行诺言不谈政治致夏古巴电
(1948年10月2日)

伦敦。中国驻英郑大使天锡兄：△密。久违至念。请留转西藏商务代表团夏古巴团长公鉴：

执事等在美，曾对报界有涉及政治性之谈话，引起各方注意与责难，对中央与西藏之和好关系不无影响。经电请执事等履践诺言，勿谈政治，并经张平群总领事电告，执事等已接受英之电告，决履行诺言，今后不谈政治。此次抵英后，即望履践在京时即历次对世英诚恳表示不谈政治之诺言。至所企祷，并盼电复为荷。许○○。申。

〔蒙藏委员会档案〕

17. 外交部抄送驻美大使暨驻纽约总领事关于西藏商务代表团在美购械等事致蒙藏委员会代电
(1948年10月19日)

外交部快邮代电　外(37)欧一24609号
蒙藏委员会许委员长密鉴：

兹抄寄驻美顾大使十月八日第九十八号暨驻纽约张总领事十月九日第三三二号关于西藏商务代表团在美购械等事极密电各一件，敬希察阅为荷。

外交部
中华民国三十七年十月十九日

附一:十月八日驻美大使馆第98号电

南京。外交部:

机密。71号电敬悉。请转呈总统,申卅枢明电敬悉。藏商务团购械事,经询美外部中国司称,并无所闻,似非事实。该团曾有意向美借款四百万元,在其未提出前,美方即已表示拒绝,不似有此购械巨款。又探据该部军火司称,未曾发出任何运藏出口证;或接有请求,当经向其申明,彼亦同意,倘或有藏方申请出口证,须即与我大使馆接洽。并询以是否可能运藏军器混入运英,或代为设法出口证中。彼称无法知晓,并谓战后由美输往各国军械数字均密未发表。各等语。纽约方面,经饬我总领事馆密查,亦未得何迹象。除仍续查外,先复鉴察。又该团尚在纽约,已将部电转知驻纽约总领事馆遵照具报,容续陈。

顾维钧

附二:十月九日驻纽约总领事馆第332号电

南京。外交部:

密。本晚以欢送西藏代表团席间,谈及(一)该团因船位难得,改定本月二十三日伊丽沙白皇后船赴英;(二)夏团长告群,西藏政府向印度交涉西藏货出口结汇美币事尚未成功。缘在战前西藏出口货皆售与印度,而西藏所需亦购自印度,自战后西藏需要印度多不能供给,而须向美国购买,故西藏需要美汇,印度则以西藏在未订新约前须遵守前西藏英国之条约为要挟,不允结汇,故西藏羊毛出口,尚未有具体办法。关于该团在美购军火事,经大使馆密令本馆调查,群除密查外,略探其口气。该团自认曾赴西点军校参观,又赠艾森豪威尔达赖喇嘛照相;团员苏康,亦系西藏军部职员,该团对军事问题似不无兴趣。惟西藏现有军器向来由英印购买,美方军火是否令其配备,不无疑问。又据有关方面称,美军火商不轻易与

223

生人交易,军火出口亦需国务部〔院〕出口执照,如此庞大数字之售予,国务部〔院〕并未所闻其事。余容再报。谨闻。

张平群

〔蒙藏委员会档案〕

18. 蒋介石为西藏商务代表团赴美时如有荒谬之谈应饬我驻外使馆立予纠正事致外交部代电

(1948年10月26日)

代电　字第60629号
外交部王部长勋鉴:

三十七年九月十七日欧一22093号签呈函,兹核复如下:所称美驻港总领事及英驻华大使馆均对西藏代表团所有西藏自发之旅行证件并未征我政府同意,即予签证,经该部叶次长向英驻许华大使馆及饬我驻英郑大使向英政府口头声明我国立场,英美两国亦均口头微表歉意一节,并无书面纪录交换存照,尚欠周妥。为将来交涉预留地步计,应相机向英美两国提出书面声明。又该代表团夏古巴飞抵旧金山时,曾对新闻界发表政治性之谈话,该代表等今后如有类似荒谬谈话,并应饬我驻外使馆立予纠正为要。蒋中○。(三十七)酉寝。枢明。

〔国民政府档案〕

19. 蒋介石为商定要求西藏当局训令夏古巴不得在国外作政治活动等办法督促切实办理事致蒙藏委员会代电

(1948年10月26日)

国民政府电　枢(明)字第60629号

蒙藏委员会许委员长勋鉴：

据外交部王部长三十七年九月十七日欧一22093号签呈节称，西藏当局擅发出国旅行证件，派遣夏古巴等赴美英活动，该夏古巴等抵美妄作政治谈话，殊属越轨，中央对西藏亟应有所表示。经与蒙藏委员会许委员长商定办法如下：（一）要求西藏政府训令该夏古巴等不得在国外作政治活动或谈话，并训令夏等今后旅行须先与中国驻使商定。（二）训令西藏驻京办事处自行宣布已参加国民大会、立法院、监察院，并无独立之意。正由蒙藏委员会洽办中。等情。希切实督促办理，并将办理情形具报。蒋中正。（卅七）酉寝。枢。

中华民国三十七年十月二十六日

〔蒙藏委员会档案〕

20. 外交部关于西藏商务代表团贸易要求之意见复行政院秘书处公函

（1948年10月）

案准贵处本年十月五日（卅七）六财字第四四一七二号公函，略以关于西藏与内地货运往来及免税一案，准工商部函复，略以该西藏商务代表团此次来京，其动机及任务既无明白表示，往来活动似亦未尽遵循正规，即以径由香港请领护照出国赴美一事而论，亦觉殊有未是。本案目前似可暂从缓议。等由。经陈奉谕：应如工商部所议办理。等因。函达本部查照。等由。

本部认为，西藏商务代表团未经中央政府核准，且未持我国政府所发护照，擅自出国；出国后之各项活动，得复未尽遵循正轨，固多有不足之处。然我中央政府似仍应从大处着眼，在可能范围内力谋加强内地与西藏间之经济关系。此项经济关系之加强，将可促进内地与西藏人民间感情之沟通，并为将来西藏问题政治解决之一助。关于西藏商务代表团前提之各项贸易要求,其中关于西藏与内地来往货运免税之要求,似可予以接受。至于藏货经内地出口免结外汇及在外国购货免税进口之要求,如现在难予采纳,自可暂从缓议。我中央政府对于此等要求,分别决定准否后,似应明确答复藏方,俾其不致完全失望。

除将本部意见函达蒙藏委员会,并征询该会意见外,相应函复,即请查照转陈为荷。此致
行政院秘书处
中华民国三十七年十月　日

〔蒙藏委员会档案〕

21. 驻法大使钱泰为夏古巴等在法国活动情形致外交部转蒙藏委员会电

(1948年11月22日)

南京。外交部并转蒙藏委员会:

878号电计达。西藏代表团一行六人二十日午刻搭车赴英,在巴黎游览,均由馆员引导,与法官方人士尚无接触。罗大使情报所称请加入联合国事,询诸胡副秘书长世泽,尚无所闻。而该团长对报馆询问,亦云对联合国并无兴趣。又据该团长面称,以麝香易货,法商仅以法郎结算,且出价较印度市价为低;而绣金线出品,亦不如战前,故接洽毫无成就。彼等在英,拟勾留二星期,转赴瑞士、义大利,再经印度返藏云。

钱泰

〔蒙藏委员会档案〕

22. 驻英大使为西藏商务代表团在英会晤梅休情形致外交部电

（1948年11月27日）

南京。外交部并转蒙藏委员会许委员长：

日昨西藏商务团曾访外次梅休，据远东司长司卡雷告本馆，完全系拜会性质，仅作寒暄语，并云嗣后该团如与英外部谈及任何问题，必以内容知本馆。但司氏相信不致再有谈话。等语。余再详陈。

郑天锡

〔外交部档案〕

23. 郑天锡关于英首相宫内大臣拟接见夏古巴等情致外交部转蒙藏委员会电

（1948年11月30日）

急。南京。外交部并转蒙藏委员会：

925号电计达。昨晚外交次长梅休于谈话中述及西藏商务代表团拟谒首相及英皇。锡除当时表示诧异外，并于本日与梅休恳切谈话，以该团来英前，本馆段、程二参事屡次向英外部交涉，如晋谒当局，应由本馆派员陪往，今英政府不顾本馆坚请，仍许其直接晋谒，殊感惶惑。目前中国虽在极度困难中，而中国民族必能克服困难，为世界不可侮之力量，希其顾念二国友谊，勿因细故而使我国民众对英有混水捞鱼之感。梅休谓，英国对此并无任何政治作用，一向认为西藏为自治，而受中国宗主权 UNDER CHINESE SUZERAINTY，此政策至今不变。至于访谒首相，乃非正式之拜会。英皇因病不能接见，仅由宫大臣 LORD CHAMBERLAIN 代见，亦不刊载宫报。英国对此种非正式拜会，即对于未经承认之政府其派员来此,亦往往行之。并谓夏古巴将以其总理之函呈英王,当由宫内大臣代收。等语。锡当答,吾等早知该团以商务为名,实欲作政治活动,故愿英国政府考量利害,接受我方意见。经锡反复陈说后,梅休谓彼本人深为锡言所动,惟英国政府对该团不能不有平常礼貌,允其非正式谒见首相与宫内大臣,实与中国宗主权并无抵触,歉难改变,此事深盼我方谅解,并谓我方之主张当转告该商团。等语。谨闻。

郑天锡

〔蒙藏委员会档案〕

24. 郑天锡报告与英外交部次长辩论西藏商务代表团拟谒英王事致许世英电

(1948年12月1日)

急。南京。外交部并转许委员长:

931号电①计达。锡本日又往访英常务次长 SIR ORME SARGENT,再谈西藏商务团拜访英首相及英王事。双方辩议,与昨日见梅休谈话相同。惟该常务次长谓,英与西藏曾签有拉萨协定,向有往来,故对之不能不加以礼遇。锡力与辩论,昔年甚至有以领事资格与一省督抚签立协定者,此皆陈旧历史。最后常务次长谓,当注意我方交涉各点,并允与政务次长再加商讨,惟不能允前议有所变更。但又称,该团拜会绝无政治作用。等语。谨再奉闻

郑天锡

〔蒙藏委员会档案〕

---

① 附注:931号电——关于西藏商务代表团拟谒英首相及英皇事与梅休谈话情形及英方态度。

25. 郑天锡力劝西藏商务代表团勿得单独晋见英王情形致外交部电

(1948年12月1日)

急。南京。外交部：

931号电计达。三十日嘱程参事、谭总领事赴旅馆力劝夏古巴，谓照外交惯例，任何国家有重要人物来英欲拜访政府当局，俱有该国驻使引见；如该代表单独去见英国国王及首相，将引起外边种种误会。夏古巴答称，抗战胜利后西藏曾派代表团至印度，拜访英总督，未曾由中国驻使陪往，又此次经美拜访国务卿等等，亦未由顾大使引见。我谓，印度与英国情形不同；且当时未得中国大使陪往，故美总统不接见该团。又谓，未奉西藏政府命令，不敢有所变更。我又问，西藏政府是否有命令不准该团由中国大使引见异地政府？彼答，并无此项命令。我谓，夏代表前次赴大使宴会时曾表示彼一家等语，今应尊重中国主权，以示合作。但其仍称未奉西藏政府命令，彼等不能自由变更，且谓并无政治作有，务请大使切勿生气与误会。最后，我仍请其再作慎重考虑。特电奉闻，并请转许委员长。

郑天锡

〔蒙藏委员会档案〕

26. 蒙藏委员会请签发西藏商务代表团免结外汇证明致中央银行代电

(1949年1月30日)

代电　藏院第0182号
中央银行公鉴：

查西藏商务代表团购运国产绸缎、瓷器，由沪经印运藏，请予免结外汇一案,前经本会呈奉行政院核准,并分行贵行查照,发给免结外汇证明书在卷。兹据该团代理人邦达饶干函称,除前已共运七十箱外,现续有四十箱包装完毕,即可启运,恳转请贵行续予发给免结外汇证明书前来。相应电请贵行查照前案,迅锡签发免结外汇证明书,以便该团早日报关启运为荷。蒙藏委员会。元。印。

〔蒙藏委员会档案〕

27. 蒙藏委员会为西藏商务代表团购运国产物品免税免验事致上海江海关代电

(1949年1月13日)

代电　藏字0183号
上海江海关公鉴:

查西藏商务代表团购运国产绸缎、瓷器等物品,请予免结外汇并免税免验一案,前经本会呈奉行政院核准,并转行贵海关查照办理在卷。兹据该团代理人邦达饶干函称,除前已共运七十箱外,现续有四十箱包装完毕,即可启运,恳转请贵海关免税免验前来,相应电请查照前案,惠予便利为荷。蒙藏委员会元。印。

〔蒙藏委员会档案〕

28. 外交部抄送驻孟买总领事报告西藏商务代表团抵孟买后情形电致蒙藏委员会代电

(1949年3月1日)

外交部快邮代电　穗外(38)欧一第00360号
蒙藏委员会公鉴:

兹抄送驻孟买领事馆一月四日关于西藏商务代表团代电一件,即希密存参考为荷。

外交部

中华民国三十八年三月一日

附 驻孟买领事馆一月四日代电抄件

外交部部次长钧鉴：

西藏商务代表团于十二月二十三日由罗马乘机来印，于二十五日深夜抵孟。本馆奉三号电准予招待照料，曾派员赴机场迎接。该团共有六人，除团长夏古巴外，尚有团员常庆、苏康、邦达养壁及随员二人，均持西藏地方政府护照。事先印方并获得西藏方面之通知，故该团抵印后，孟买机场之海关与移民局等均给予外交官员之待遇。该团全体人员均曾先后来印，对印度各大城市之情形至为熟悉，团长夏古巴通晓印语，随员二人均在印求学，曾在印有长期之居住，故抵此后出入频繁，行动诡密。职曾亲赴旅馆访问，严密注意其行动，并设宴款待，及于离孟前至车站送行。该团始终无人前来本馆一行表示答拜，且再三答称，来孟买仅系过路性质，并无任何任务，因之亦不欲本馆为之公开介绍。在此共留六日，于三十一日下午乘火车赴德里，拟在该处逗留一周，然后转道加尔各答返藏。又据该团员称，其由藏出发后，曾于上年一月间首先赴德里一行。今于途程之末又往德里，深虑有其他作用。除已将详情随时报告驻印大使馆外，谨此奉闻，敬祈鉴察。

驻孟买领事王荣第

〔蒙藏委员会档案〕

29. 行政院抄送外交部报告西藏商务代表团在欧洲各国活动情形呈致蒙藏委员会代电

(1949 年 3 月 11 日)

行政院代电 卅八穗七字第 1184 号

蒙藏委员会：

据外部本年一月二十日呈，为呈报西藏商务考察团在欧洲各国活动情形，请鉴核。等情到院。除复饬续报该团在印活动情形外，特抄发原呈，电仰知照。行政院。寅真。七外。

附　抄发外交部呈一件

附　抄原呈

关于西藏商务代表团赴美活动及本部处理此案情形，业经于三十七年九月二十二日以外(37)欧一字第二二三八六号呈具报在卷。兹该代表团离美赴英及由英返印情形暨本部继续处理本案经过续行呈报如下：

本部前奉三十七年九月三十日总统枢明字第六〇五四〇号代电略开，英国为该代表团设法在美购得价值七百五十万美元之物资，多为军械，希注意。等因。本部当即电饬驻美顾大使密查具报。旋据顾大使电称，经询据国务院中国司称：未闻此事。该团确曾有意向美借款四百万，惟美方在【其】未正式提出前即予拒绝，不似有此购械巨款。又据国务院军火司称：未曾发出任何运藏出口证，亦未接有任何请求，倘藏方申请出口证，该司当即与我大使馆接洽。又经国务院转询美商务部及其他部门，均称未闻此事。等语。又据驻纽约张总领事电称，经探查该团团员口气，彼等自认曾赴西点军校参观，又曾以达赖喇嘛照片赠与艾森豪威尔，该团团员索康原系西藏军部职员，故该团对军事问题似不无兴趣。惟据有关方面称，美军火商不轻易与生人交易，军火出口亦需国务院出口执照，如此厅〔庞〕大数字之售与，国务院并未闻其事。等语。据本部观察，该团在美时密有洽购军火之事，然似无任何成就。本部早悉该团在美活动必赴英国，故所有该团在美活动情形均经本部随时通知驻英郑大使，并饬其于该团抵英前预为布置，俟该团抵英后妥予应付。

该团于去年十一月七日乘伊丽沙白皇后号邮船由纽约赴法转

英，于十一月十二日抵达巴黎。我驻法大使馆曾派人照拂，但该团对我方态度异常冷淡。旋据驻法大使馆电称，该团团员经法过英之过境签证系由驻纽约法国总领事馆发给。彼等除在法游历外，拟调查以麝香交换法国绣金线。据该团团长夏古巴告称，法商仅允以法郎结算，且出价较印度市价为低，而绣金线出品亦不如战前，故接洽毫无成就。该团与法国当局并无接触，对于联合国方面亦无所活动。等情。

该代表团于十一月二十日由法赴英，当日抵达。我驻英大使馆虽早已获悉，但英外交部东南亚洲司司长仍事先以电话通知该馆，该司曾派一低级人员赴车站迎接。十一月二十六日，该团往访英外次梅休。事后据英外部远东司长告我驻英大使馆谓，该团往访完全系拜会性质，仅作寒暄语，并云嗣后该团如与英外部谈及任何问题，当以内容告知该馆。等语。十一月二十九日，郑大使于与英外次梅休谈话中获悉，该团拟谒英首相及英皇，英方有意予以接见。郑大使当即提出交涉，告以该团赴英前该馆已屡告英外部，如该团晋谒英当局，应由中国大使馆派员陪往。而英政府竟不顾该团坚请，仍许其直接晋谒，殊感不解，请英方打销单独接见之意。梅休答谓，英国当局接见该团并无任何政治作用，英国向认西藏为自治而在中国宗主权下，此政策至今不变。至访谒首相，乃非正式之拜访。英王因病不能接见，仅将由宫内大臣代见，亦不刊载官报。英国政府对此种非正式之拜会，即对于未经承认政府之人员亦往往行之。夏古巴拟以西藏总理之函呈英王，当由宫内大臣代收。等语。郑大使当告以中国政府早知该团以考察商务为名，实欲作政治活动，故望英政府考虑利害，接纳我方意见。梅休仍坚谓：英政府对该团不能不有平常礼貌，允其非正式谒见首相及宫内大臣，实与中国宗主权并无抵触，歉难改变原议。等语。郑大使复派员往劝夏古巴等，彼等亦坚持单独晋见之主张。十一〔二〕月二日，郑大使复往访英外部常务次长，再谈此事。双方辩论此事，与郑大使与梅休谈话大意相同。该常务次长并谓，英与西藏签有拉萨协定，向有往来，故对之不能【不】加以礼遇，对于前议不能有所变更。英政府及该团既均坚持此种态度，我驻英大使馆虽已努力交涉，终未能阻止该团单独晋谒英首相及宫内大臣。据驻英大使馆报告，该团在英时我驻英大使馆对其行动随时密切注意，并派员暗中查访；细察各方情形，该团在英期间似尚无其他重要政治活动。

该团于十二月十日离英赴瑞士，于十一日抵日内瓦。该团赴瑞士系游历性质，未与该国政府及工商方面接触。在瑞士仅留四日，于十五日飞往罗马，十六日抵达。该团在罗马时曾由我驻义大使馆派员陪同参观，此外并无可疑行动。

该团旋于二十三日飞印，于二十五日抵达印度孟买，于本年一月一日抵达德里。本部于该团返印前已令饬罗大使严密注意其返印后之行动。据罗大使一月四日电称，该团拟留德里一星期，与印度洽商结购美金外汇事，事毕即返藏。罗大使为防止该团在印再有越轨活动计，特于该团抵达德里前夕，亲函尼赫鲁谓，该团本系地方政府派遣，乃闻在欧美时颇受帝国主义及对华恶意者影响，遂有越轨表现。该团回印如对印度政府提出任何有关中国主权或中国行政完整之问题，请不但不予鼓励，并请拒绝与议，当中国困难之时，望印度政府本法权及道义立场合作。等语。一月三日，印外次梅农奉尼赫鲁命令复称，保证印度政府无意与该团讨论任何涉及中国主权及行政完整之问题，更未曾梦想在中国自身困难时使其受窘。等语。其辞意颇好。

除当继续注意该团在印活动情形，容后续报外，理合先将该团离美活动情形及本部处理此事之经过呈报，敬乞鉴核。

〔蒙藏委员会档案〕

（三）新疆省政情

1. 吴忠信主持新疆工作日记（节录）
（1945年8月—1947年3月）

（1）日记节录之一（1945年8—12月）

三十四年八月一日　星期三　阴历六月二十四日

整日分别与有关部门主管人员计议额敏、塔城沦陷以后政府应取对策，深感现状下军力不足，运输与供应力量亦甚薄弱，殊以为虑。晨间与警务处胡处长谈话时，余告胡曰：塔、额既陷，精河，乌苏、绥来、沙湾皆受威胁，迪化以西沿公路线各县秋收将受打击，资为匪用，尤为大害。而绥来西山之匪又必迅速增强实力乘势进扰，后患堪虞。且精河、乌苏、绥来诸地直通天山之小道，星罗棋布，伊犁盘匪可以随时循小路出击，因此西路各县南北受敌，我将无安枕之日。而今天山已等于被敌匪掌握，可虑孰甚！

午后接见西北公路运输局副局长沈圻，沈对新局转变亦颇关切，并有鉴于新省军事运输之紧迫需要，允许负责将西北公路局所有存车二百辆，装载汽油、士兵暨军用物资，一次西运入新，以救眉急。渠拟日间离迪赴兰，亲自调度该项西行车辆，并赴渝一行，将此间交通运输真相详报中央。余则叮嘱沈副局长可先迅电兰州该局调度，俾资迅速，而应急需。果尔，则预七师两团及将达星星峡之蒋汉、城师一团官兵暨汽油等物资可望提早运到，于当前危机，不无裨益。

傍晚得广委员禄密函一件，历叙苏联对新疆之一贯策略及伊犁事变之演化，结论主张我中枢应将伊犁事变提请联合国安全理事会，依据宪章公平处断。广委员曾任驻苏领事有年，对苏联情形相当熟悉，密函所述，不无见地。兹除将原函及所附简历一份转陈总裁参考外，特为抄录如左：(一)广委员三十四年八月一日密函；主席钧鉴：敬密禀者，禄半年以来默察伊犁事变之演化以及其他地方之骚动情形，究其主动力固系苏联，但苏联格于国际情势暨同盟国之系，尚未敢揭破其假面具，公然侵略。目下所用之方式乃系窃盗行径，仅利用昔年由苏逃新之各色民族及地方不肖之徒，接济军火，并配合以化装之红军，破坏治安，攻城略地，冀达其换梁偷柱之诡计，今且有窜扰塔城、焉耆、阿克苏、库车之趋势。设塔城失守，则伊犁、塔城、阿山将连成一片；果阿克苏、库车、焉耆任何一地被其突破，则南北疆行将隔绝。秋令将届，如更进而由北沙窝一带出没于东路，交通破坏，则迪化将成孤立之势。禄目睹时艰，实深焦虑，因不揣冒昧，仅将一得之愚，奉献主座，以资采择：一、外交方面，苏联欲置新疆于其卵翼之下之企图，已有百年之历史，并非起自今日，前后运用之政策虽有不同，而其目的则始终一致。时至今日，又以所谓共和国之美名欺骗匪徒，使堕陷阱。苏联既已煽动匪徒造成事实，组织伪共和国，则在其整个目的未曾达到以前，并在可能环境之下，决不失信于匪众而轻易取消其临时招牌。我方如向苏联直接提起交涉，则苏联必将置身事外，藉词推诿。我方如以邻邦关系请其协同解决，则必将提出使我方不能接受之苛刻条件，致使交涉不能成功。故禄之愚见，上项问题，非中苏间之问题，乃一国际问题也，应将苏联煽起匪患之资料搜集齐全，由中央政府径向联合国提出，以求公平解决。如此办理，在未获得公平解决以前，最低限度亦能阻止匪方得寸进尺之野心。我方如在顾虑种种，不愿揭穿内幕，使世界各国不明真相，反认为系内部而不注意，则正中苏方之诡计，将依据其固定计划继续侵略，不达目的不止也。良以苏联系一不讲信义之国家，凡利于己者，无不悍然为之也。二、军事方面，如能将伊犁事变提请联合国安全理事会依据宪章公平处断，则在其处理期间，我方似勿庸积极进攻，急应将伊犁匪区外围线严密封锁，使匪不能越雷池一步，杜绝勾串，一面即将各处之另〔零〕星股匪，或痛剿，或宣抚，陆续扫荡，以清内患。果如此，则民心安定，胜券可操，必要时进攻伊犁，不难一鼓荡平也。以上所陈，早在主座洞察之中。惟禄心所谓危，情不自禁，如蒙鉴原愚诚，则不胜感激之至。专肃，敬叩崇安。职广禄谨禀。三十四年八月一日。

广委员简历：广禄，年46岁，新疆宁西县人，毕业于北平俄文法政专门学校，历充新疆省政府驻京代表，参加国民会议代表，立法院立法委员，监察院监察委员，驻宰桑领事，驻塔什干总领事，现充新疆党部执行委员。

八月二日，星期四，阴历六月二十五日

昨今两日两度与供应局刘局长云瀚商谈应付新省当前问题之对策。刘亦承认新省局势危急，供应局责任綦重，第运输事项困难万端，颇有力不从心之感。于是余提出意见三点：其一、新疆目前难关，惟军政部陈部长辞修兄亲自前来主持，庶可解救。除由余径电陈部长表示外，刘局长亦当电转此意。其二、刘局长来新未久，人地生疏，余爰推荐王处长树堂、罗代参谋长戡芬为供应局高级顾问，俾得协助。罗代参谋长军事学识与经验均富，王处长原籍镇西，熟悉新事，今后贡献于刘局长者必多。其三、供应局将有足供一营兵应用之新式武器到达，余促刘局长迅速利用该项武器组织一营部队，以备万一，并希逐渐扩充之。刘局长甚表赞同，决定俟武器到达后，先武装供应局全体职员予以训练。

兹将余致陈部长电录后，限即到。重庆军政部陈部长辞修兄、亲译。密。新省情况日见紧张，非以紧急处置加强车运、空运，恐难挽回颓势。此项艰难任务，又非有吾兄之毅力热忱，不能发生效力。敬祈赐行有效方法以慰颙望为祷。详情由刘局长详陈。弟吴忠信冬叩。余复上总裁一电，略述目前新局，仍须在军事及外交上想办法，并发动大量车运、空运以资挽救。原电如下：特急。重庆委员长蒋：密。自额敏、塔城失陷后，新省局势日艰。目前仍须在军事及外交上想办法，并发动大量车运、空运，以资挽救。否则，将来糜烂太甚，即欲收拾，亦不易也。谨此电陈。职吴忠信叩。未冬。

新疆地处边陲，宗教复杂，益以过去环境特殊，致人民对本党主义认识未深，故党义之灌输，至感迫切。为此，余特函呈总裁，请准增加本年宣传事业经费新币一万万四千五百万元，以为印刷三民主义之用。兹将原呈节略录后：一、本省地处边陲，环境特殊，对各宗族宣传三民主义，灌输国家意识，至为迫切，以往宣传经费支绌，工作未能开展，与强邻相较，实瞠乎其后，如不急图补救，后患不堪设想。二、本省宗族复杂，文化落后，过去六大政策及马列思想流传甚广，已成积重难返之势。以语文歧异（至少须用汉、维、蒙、哈、俄五种），内地一人一钱可办之事，本省需用五人五钱。且宗族文字远较国文为繁，国文书籍一册译为宗族文字，则在三册以上，对于宣传工作实有事倍功半之感。三、本省与内地交通不便，内地来书均系国文，不适本省各族应用，而书量极少，不能不在本地增印，藉图补救。四、自省党部成立迄省府改组以来，各族民众对中央政策日渐明了，对政府之拥护日渐增强，研究主义之热情，亦趋高涨，正可乘机供给党义书刊，加强各族团结与对主义之信仰。故拟比照知识人口数字，赶印三民主义二十三万五千部，计维文版十万部（每部七百元）、哈文版四万部（每部七百元）、蒙文版四万部（每部七百五十元）、国文版五万部（每部三百元）、俄文版五千部（每部四百元），计共需新币一万万四千五百万元。

八月三日，星期五，阴历六月二十六日

晨举行省政府委员会第一〇三次会议。

额塔既陷，沙湾地位益为重要。上月中旬沙湾县属小拐有匪扰乱，赴阿山交通因之阻断，情势颇为严重，今幸暂告平息。余派民政厅副厅长华声慕、宣抚委员会副主任委员赵剑锋率领宣抚人员，日内专程前往沙湾宣抚，以期稳定民心。华、赵等并拟顺道招抚绥来西山之匪，此举如能达成目的，则不特我心腹之患可除，仰足予匪敌以重大之打击（下略）。

八月四日,星期六,阴历六月二十七日

得李总司令八月二日自哈密手函,告述此次进剿镇西匪患情形甚详,爰录于后:主席钧鉴:此次哈匪由阿山远道来扰镇西,其目的所在,系为裹胁哈镇两县之八千哈民并威胁哈胞首领附匪。幸赖钧座德泽被于人民,林县长岳玉对该县哈胞平日治理有方,匪所谋未遂,得未酿成巨变。复经我军在马涧沟迎头痛击,毙匪近百,生俘二匪,并击毙其首领一名,匪不得不仓惶引退,窜伏于镇西北之北山中俟机蠢动。上月巧日职由迪返防后,即先后由哈抽兵进入北山进剿,匪无法立脚,迅向镇西北之纸房(离镇西四百余里,靠蒙古边界)方向流窜,藉图牵制。现大股匪徒虽已远飏,但难保其不乘机卷土重来,除令各进剿部队继续搜剿残匪外,并于通阿山之各要口屯兵,严阵以待。惟哈密、镇西、伊吾周围九百余里,地广兵稀,条条是道,巧妇殊难为无米之炊耳。(下略)

八月五日,星期日,阴历六月二十八日

……昨晚接总裁手令,饬严令地方各级文武官长抱定誓与城共存亡之决心。等因。除遵办外,即以急电复陈。兹将两电录左:(一)总裁八月四日侍机手令。限二小时到。迪化吴主席:密。地方各级文武官长守土有责,如有长官擅自撤退不尽职守者,应依律就地处决,并严令各级官长抱定誓与城共存亡之决心,以重职责,而保国土为要。蒋中正手令。八月四日侍机印。(二)复呈总裁未微麟电。限即刻到。重庆委员长蒋:密。八月四日侍机手令奉悉。除即严令地方各级文武官长恪遵外,谨此复陈。职吴忠信叩。未微(八月五日)麟印。

额塔既陷,新疆军事形势为之一变,今后对策如何,言人言殊。西路方面:或有主张精河撤守,巩固乌苏,惟如精河放弃,乌苏必随之难保,则乌苏县属油矿亦濒于危境。阿山方面:或则主张安全撤退,或则主张战败再退;然事实上倘阿山不守,足使全新局势益趋恶劣。朱长官于此忖虑至再,曾经请示总裁。顷接总裁复示:无论精河、阿山，皆须坚守，不得撤退，中央即可增援。等因。因之，今后新省军政各级人员当依奉总裁上项明示，准备一切焉。

去月杪，余与朱长官以额敏，塔城相继失守，曾联电总裁自请议处。今日晚间奉总裁复电。"应无庸议"，并承勉励尽力坚持，以挽危局。兹将总裁复电原文录之于后：限二小时到。迪化朱长官并译转吴主席：午世会电悉。密。额塔弃守，匪势滋蔓。际此多难之秋，兄等责无旁贷。务希尽力坚持，以挽危局。所请议处各节，应无庸议。中正。未歌（八月五日）侍参印。

八月六日，星期一，阴历六月二十九日

阿山哈族最高领袖艾林郡王前随高专员赴俟已半载，协助宣抚，安定地方，颇有劳绩。昨日此间特派专机飞承化接艾林郡王到迪述职，同来者有省政府委员加里木汗（年六十一，承化哈族、前充台吉，现兼阿山副专员，熟习经典），先后投顺之阿山匪首苏来满（年五十五，科克托海哈族牧民，不识字）与努尔和加依（年三十三，科克托海哈族牧民，不识字），萨布尔拜藏根（年六十二，布伦托海哈族），那比（年二十九，承化哈族牧民）以及加里木汗之子哈米提（年二十四，承化哈族、第一期中训分团毕业，现充承化县党部主任干事），苏来满之子布哈尔（年二十五，科克托海县哈族牧民）等数人。艾林群化等一行抵省后，由省府优予招待。余于今日午后四时在新大楼略备糕点与艾林等见面，并作三小时之恳谈。诸哈胞当此盛暑，犹着老羊皮袴皮帽皮大衣，泰然无所不适，可想见游牧边地生活之一斑。余首问各人飞行辛苦，渠等皆系初历飞行，对飞机迅速舒服，同声惊羡。余随而向艾林郡王、加里木汗委员在河赞襄庶政，备致嘉许，对苏来满、努尔和加依两人之毅然来归，深表赞佩。苏来满不禁慨然曰："此次只身输诚，无礼为敬，实怅愧耳！"艾林郡王正色倾苏来满而曰："苏来满，汝今投顺政府，且已谒见主席，主席待汝宽厚亲切，有如子弟，汝应将汝反叛暨投顺经过报告于主席之前，藉邀恕赦。苏来满体高而壮健，面赭须短，态度忸怩，渠于是少事思索,追述以往略谓:叛变动机全为反抗前省府暴政。去秋与努尔和加依带领阿山哈民盘据北沙窝从事扰乱东西两路各县治安,威胁省城。旋闻吴主席来新主政,与民更始,并奉书劝告,此时余等已立意服从政府,惟因率领之哈族民众皆系阿山各地游牧牧民,于理必须陆续遣使返籍,始可投顺,是本人之所以延至今日归向政府者,原因即在于斯。"继之,加里木汗谓余曰:"自主席抵新主政,普遍宣抚,并将艾林郡王送返阿山,各地附匪牧民为主席感召,争先归向,其犹被匪胁持者亦无不亟欲回来,免遭战乱流离饥寒交迫之苦。主席可称哈族游牧救星。"余答曰:"非余一人之力,君等贡献亦伟,亦可谓哈民笃信宗教,穆圣降福使然。"余复申论,本人对人以诚,持己以信,不说谎,不骗人欺人之特性,强调政府与人民互相信任之重要,并对苏来满、努尔和加依两人曲予慰勉,政府对其毫无恶意,无庸犹豫,本人爱护之忱尤切,艾林郡王与加里木汗委员可为见证。苏、努两人深表感奋。余为艾林郡王辈详述国际形势与本省匪患前途,结论谓:抗战八年,日本即将溃败,国际环境对我非常有利,中国已跻世界四强之一,战后复兴决无问题。若言新疆,政府军事力量正日在增强,叛匪之肃清,不过迟早事耳。目前中国如同大厦一座,十分坚固,新省匪乱彷彿大厦某一室之窗户略有损坏,对于整个大厦影响固甚渺小。况且中国此次抗战乃为保全领土与主权之完整而战,苦战八年,义无反顾,乃今全面胜利即将到临之日,岂容将国府某一部分授予他人,或任人侵占之理!因此,新疆必然永远为中华民国之领土,其理至明。艾林郡王等闻语均笑而点头。

最后余与各人研求阿山局势,各人发表意见甚多,可归纳下列数点:一、阿山匪患不靖,迪化东西两地将无宁日。今年八九两月为最紧要时期,因此对哈巴河与布尔津间三千户哈民当陆续从山地夏窝迁居平地牧场,政府若不及早准备维护,渠等牲畜将为匪方劫夺目标。二、外蒙匪徒对阿山企图凡二:一系围攻承化,一系劫夺上述牲畜。现外蒙军队已侵驻新疆土地,分布阿山各处者约五百人。情形严重,与者迥异。三、目前仅赖宣抚力量不能济事,否则艾林郡王留阿山既久,应奏全功。为今之计,惟有加强武力,以资应付,凡我兵力可达之地,民众必能归向。四、秋寒雪降,北沙窝可以人住,故政府须先期布置而掌握北沙窝,以防后患,甚或军民配合,武装二千人自北沙窝径迫窝斯满匪区,实为根本剿匪之策。……阅艾林郡王带来阿山高专员亲笔函,令人心忧,原函如下:礼公主席钧鉴:敬肃者,日前因腿部麻痹症,曾电恳辞职。惟现因塔额失守,阿区动摇,新事如此,何敢自惜!致劳钧念。誓必奋斗到底,以报知遇之殊恩。此间惟粮弹与士气深可顾虑,如政府迅予明令,尚可预为措置,俾人力少受损失。沙乌增防最关紧要,因根本所在,须力固始可转移危局。谨此专肃。恭请钧安。职高伯玉谨禀。八月四日

塔额既陷,阿山处于孤立状态,内有以外蒙为□援之窝斯满匪众时欲乘隙进犯,北面吉木乃匪氛嚣张,南面通路之沙湾匪徒亦随时可以卷土重来,西面侵占额敏之匪亦有向东扩张势力之可能,故今日之阿山,局势岌岌可危。翘首北望,忧念曷极!晚间特与朱长官通电话,同觉阿山现状之严重,阿山不保,整个北疆将被糜烂。救急之方除请中央迅速加强本省空运外,一宜牵制窝斯满,二宜飞机轰炸扰乱额敏,三宜确保沙湾,四宜控制绥来西山之匪,五宜自和靖策应以牵制天山之匪,如是使阿山我军只须单方面应付吉木乃,或能相持较长时间,不致瞬息变色。

八月七日,星期二,阴历六月三十日

阿山为北疆屏障,亦我国西北国防所在,昨因与艾林郡王等谈话及读高专员手函后,至晚思念阿山,忧伤阿山彻夜未寐。今日晨起即以电复高专员,切致勖勉,电文如下:阿山高专员伯玉同志:密。艾林郡王齐到手书,诵悉种切,辛勤奋勉,企佩时殷。当此地方骚乱之秋,正吾人报效党国之会。阿山屏障北隅,动关全局,尚希协同军事,镇定支持,不胜盼祷。至于补给等各项布置,现正由长官部

妥为规划，自当随时电达。嗣后情形尚希电告。吴忠信。未虞办印。

现在吾人对青海骑五军早临新境之期待，尤为迫切。上月末，余曾电请青海马主席饬骑五军速来，顷得马复电略谓，该军全部八月五日可抵酒泉西南玉门县属之白阳河，在彼休息一周后继续前进，不复休息直开哈密等语。计期本月末或下月初可望抵哈密。余心为之稍慰，当即电复马主席请转令该军从速西进。……新疆戈壁纵横，满眼荒漠，交通艰滞，无论汉兵汉民留驻此间，一旦有变，能进能守而不能退，否则只有全体毁灭。以往史实斑斑可考，于今犹然，伊犁事变，塔额失守以及今之阿山孤立情形足资证明。凡我留新汉族同胞，务须共同警觉，否则祸及眉睫，不堪设想矣！……本省迭遭匪患，流离载道，安缉救济殊感急切，惟地方财力有限，势非中央补助不可，爰以代电呈请总裁并分函赈济委员会、善后救济总署拨款办理，以竟事功。电函原文如下：一、上总裁未微代电。重庆。国民政府主席蒋钧鉴：新省迭遭匪患，流离载道，而伊犁、塔城、阿山三区受祸尤烈。关于安缉抚慰救济等项工作，关系綦重。本省虽已积极举办，但为财力所限，非中央予以大力补助，难竟事功。兹拟（一）关于撤退民众之收容等临时救济事项，拟请由赈济委员会拨款办理。（二）关于各匪区复员等善后救济事项，拟请由全国善后救济总署拨款办理。除已分函许委员长及蒋署长外，谨再电呈，尚乞赐予主持，以安边氓，不胜企幸。职吴忠信叩。未微印。（三）致许委员长函。静仁先生委员长勋鉴：陪都聆教，至慰积忱。揖别以还，倏又逾月，近维公私绥吉，谅符□颂。新省远处塞外，连年被匪骚扰，流离载道，而伊犁、塔城、阿山三区受祸尤烈。对于撤退民众之收容救济等项工作，关系綦重。本省虽已积极举办，但为财力所限，大有左支右绌捉襟露肘之势。贵会总理全国赈济事宜，用敢奉函左右，并造附经费预算一份，尚乞惠赐主持，俾解倒悬而慰边人之望，不胜企幸。专此，即颂勋祺。弟吴忠信敬启。八月七日。附新疆省伊阿塔各匪区撤退民众赈济费用概数：1. 查本年由伊区各县局撤退乌苏者四千丁口,阿区各县局撤退迪化区者五千丁口,塔城霍布克撒退者一千丁口,共计一万丁口。此项撤退民众之救济,截至冬令止,约需新币九千九百五十万元,即法币四亿九千七百五十万元。2.(略)(四)致蒋署长函。廷黻吾兄署长勋鉴:揖别以还,即维兴居佳胜,谅符肘颂。新省远处塞外,频年被匪骚扰,流离载道,而伊犁、塔城、阿山三区受祸尤烈。关于安缉善后,医药抚慰与夫衣粮复员等项赈济工作,允宜妥为筹办,俾安民心而固国防。惟此项用款约需国币陆拾玖万万捌千万元,本省为财力所限,无法负担。遥念贵署综理全国善后救济事宜,而吾兄洞察边情,关垂素切,用特造具新省伊塔阿三区善后救济预算一份,函达左右。尚乞惠赐主持,俾解倒悬而慰远人之望,不胜企幸。专此,即颂勋祺。弟吴忠信敬启。八月七日。附新疆省伊阿塔匪区善后救济用款概算。1.伊犁区人口五十万,此次遭灾极重,平定后需要救济者以人口五分之一概算,尚需十万丁口,阿山区人口七万,平定后需要救济者至少三万人,塔城区以霍布克蒙民受灾惨重,全区需要救济者至少一万人。以上三区应受救济者共十四万人。2.〔略〕。

迪化及附近自本月五日晚起大雨,直至今晚始转晴意。雨水过量,加之各处调节水量之堤坝不耐冲击而至崩溃,乌鲁木齐河之浅滩河床难于容蓄,因而泛区成灾。沿河两岸,东边;南至南梁,北至西大桥,西边;南起碾子沟,北至十家园子、新市区、和阗街、西大桥均成一片汪洋。西大桥靠东第五桥区损毁,桥面顿形倾塌,仅北缘一线之街勉可通行。房舍破漏倾塌之居民扶老携小东西逃难,厥状堪悯。余对被洪水侵害之居民深为关怀,爰指派市委会张主任委员、社会处顾处长、警务处胡处长、省会警察局刘局长会同察看,并饬令社会处负责调查灾情,再行酌情予以救济。

八月八日,星期三,阴历七月初一日

……午后四时与艾林郡王暨加里木汗委员谈话达两小时,关于阿山匪乱经过及政府应有准备,剀切论列,而我人对阿山事态之严重性,尤获更深刻之认识。兹将谈话内容纪略如后:艾(艾林郡王)曰:阿山哈族叛变之始,全受外蒙煽动,已无置疑,而实际上已上外蒙之当,殊可痛惜。余抵达承化后即发动招抚工作,遣人深入匪区相机劝说,牧民先后来归者为数不少。然而时至今日,外蒙对阿山之恶意日趋明显,其欲吞并阿山之心益为迫切,因之对我方宣抚工作深具戒心,严加防范,凡发现我宣抚人员,必被逮捕,近则押送窝斯满,远则遣至外蒙,使我宣抚工作倍感棘手,难图进展,亦可见徒赖宣抚工作决不能解决阿山问题。同时,承化为阿山区首府,外蒙遂行其奸计,自须夺得承化而后甘心。今年五月二十日窝斯满在外蒙之怂恿与奥援助下,集匪千人分三路围攻承化,承化方面事先得讯,即配合国军、归化军及马那提部准备抵御,旋双方接触,相持七昼夜,至是月三十日匪不支而退。其后匪方以外蒙派来之达列力汗匪众为主体,会同窝斯满残匪共计九百余人,第二次大举进攻,达列力汗复声言,如不能攻下承化,则布尔津与哈巴河间三千余户哈牧牲畜无由夺得。我方复配合各军对抗,匪又败遁山中。以上两次战役,归化军出力尤多。余曰:两次胜利,亦艾林郡王与加里木汗委员两人协助之功也。艾续曰:匪首哈巴斯犹未知达列力汗之败也,亦率众三百进扰承化,我以归化军百五十人阻截,匪先占领山原高地,经我军奋勇迎击,毙匪五十余,中有匪首二人,损失甚重。匪徒败退之间,闻悉苏来满将降,拟将其胁持送往外蒙,苏来满畏而走承化,输诚政府,并有意晋省谒见主席,适逢飞机莅至,余即与加里木汗等伴其同飞迪化云。艾又曰:现哈巴河,布尔津间山地夏窝有哈牧三千余户,彼辈将在阳历八九两月陆续移牧上下平原,兼事农业。惟因缺乏武器,无力自卫,以防裹胁人心惶惶,故派克库乃台吉往承化请求拨发枪三百支,以固实力,或以马那提所部移驻游牧保护,并恳用奇台我军牵制窝斯满。如若不然,牧民手无寸铁,无法抵抗匪方袭劫,一旦匪至,必致束手被擒,届时即有驻军往援,牲畜已为裹胁过界矣。余曰:余对汝所述,甚为明了。窝斯满执迷不悟,政府决予痛剿。汝等二人,一系郡王,一系台吉,皆哈族有地位之领袖也,我可负责告汝,今我中枢一方面正与苏联商谈外交,一方面所派大规模之骑兵即将开入新疆,因之今年新疆形势胜于去年。况且我等到新将及一载,对于此间真情业已相当清楚,而本省最大多数同胞对政府信念甚深。重庆蒋主席关怀新疆綦重,时在设法巩固新疆实力,俾足应付。现在迪化飞机甚多,大批新汽车亦正陆续驶新。我人亦知今年布置北沙窝一事非常重要,一则可以牵制窝斯满,二则可以保障东西两路治安。本人一颗诚心,期望哈族游牧根本上获得安居生活,减少乱离痛苦。艾曰:主席此心,本人衷心倾仰。中国地广人众,国力雄厚,新疆之属于中国,阿山之属于中国,被胁牧民之迟早必能回归皆为当然之事实。不过在现状下,八九两月之阿山大局变化,不能不请主席特别注意。加(加里木汗)亦曰:外蒙与窝斯满为欲达到占领整个阿山之目的,故自今年五月起迭次围攻承化,迄今据报,匪方仍在积极准备进取,有外蒙匪兵七千之助,其目标有二:一为攻略承化,一为抢劫哈巴河、布尔津间牲畜。如两项目标均能达到固属最佳,否则任得其一亦可满意。因之在最近期间,不仅哈(哈巴河)布(布尔津)间哈牧随时有受袭之虞,承化形势亦已入最严重之阶段。余答曰:当予注及。加又曰:阿山事变之初,外蒙派人至窝斯满处,给他五百支,其交换品为羊与马,故窝斯满将阿山边境牧民牲畜集送外蒙,此为第一次。第二次则在去年九月间,羊马总数较第一次尤多,乃系外蒙给予钢枪二千支之代价。余曰:于斯可见匪区牧民损失之巨与生活之苦矣。是民不愿乱,渴望平安,其理亦明。本来阿山匪乱不难解决,关键在去冬之伊犁猝发事变,无法兼顾。当时我人到新未久,诸事认识不清,而旧人或离或押,无从咨询,不然事先布置,或不致酿成伊犁事变,既起变故亦可从容应付,及时□平而不至扩大。余复曰:依余判断,新疆哈族前途唯由国民党料理,希望最大。盖本党主义以助人为目的,一片好心。余心又爱民弥笃,以余衰老之年来新主政,尤其亟欲哈民生活改善。余又谓艾曰：余在渝出席六全大会期间，曾将艾林郡王夫妇情形报告蒋委员长，深蒙嘉许，即发表哈德万福晋为军事委员会参议，并称愿来日有机会与艾林郡王夫妇见面。余继之向加曰：加里木汗为省政府委员，此番到省首次与余晤面，余不胜快慰，当电陈委员长。艾曰：八九两月为我人对付匪人之最佳时机，因在此时期雪犹未下，匪处水将告罄，民可望归，况复匪正迭遭挫败，力量未固，可一鼓而破之。至北沙窝面积辽阔，位置冲要，一入雪季水盛道多，处处是路，若被匪占资为根据，危险殊甚。加曰：阿山哈民对政府之要求颇为一致，只须政府相信哈民，则抽集数千壮丁决无问题，以之协助政府作战，不到一月，阿山匪乱可全部平定。余曰：军民配合共御叛匪自为上策。耿耿此心，无时不在救援阿山之中。试问，我军先据北沙窝如何？苏来满、努尔和加依可胜此任否？艾加同曰：自然可以。东路哈民四千，政府发枪而驱之，岂惟守备北沙窝，抑可反劫匪财，甚而巩固承化，奠定河山。（谈话至是告终）

八月九日，星期四，阴历七月初二日

伊犁事变，迄今瞬已九月。在此期间，余孜孜不倦者，先求政府本身内部无歧见，进至党政双方无歧见，更求取党政军大团结。虽各方所表现之事实容有未达至善至美之理想境界，但民众信心已得，大局因之未臻过分恶化，聊堪自慰。夫所以能致此者，概为：一、总裁对本人信任。二、中央及地方对本人尊重。三、本人在党国历史悠久，从未失过信用。四、本人事事虚心，尊重他人意见，毫无自私自利之心，所谓开诚心，布公道，乃余处事之最高准则。（下略）

八月十日，星期五，阴历七月初三日

……财政部国库署杨署长绵仲、行政院陈专员盛兰、国库署马科长忠良等来迪半月余，与省有关各方酬酢及咨商，颇为忙碌，迄今任务告一段落，定翌晨乘便机离迪返渝。西北公路局沈局长圻亦拟同机飞兰调度入新车运。今日午后沈局长、杨署长等先后莅临辞行，余告以本省财政与运输问题之严重急迫及其症结所在，希中央及各方予以有力援助,藉过难关。

喀什区晋省献旗致敬代表一行十二人将于本月十五日专车离迪回喀,余除厚赠礼物、相片,并饬员准备热烈欢送外,并于今日午后八时在新大楼设筵饯行。到首席代表阿西木大毛拉、领队马宝善经理、全体喀什代表及省府秘书长、邓厅长、周委员、胡处长、保安司令部罗代参谋长等二十人。正宴会间,新疆日报社记者送进号外一页……新疆孤悬塞外,区域辽阔,交通梗阻,庶政建设诸多不便。余抵新伊始,即注意及此,经十月来之潜心研求,多方探讨,深感补救之道端在缩小省区、繁荣咽喉地带及扩大军事区域,即重行划分为山北省(辖现伊犁、塔城、阿山、迪化四区),山南省(辖先阿克苏、焉耆二区),昆仑省(辖现喀什、莎车、和阗三区)及安西省(辖现哈密、酒泉二区及宁夏之额满纳旂)四省,并在军事方面将甘、宁、青、新四省划为一个军区,合并指挥。兹已拟就关于重划新疆省区建议一文,乘杨署长明日飞渝之便,带陈总裁。此亦余主新十月之一得也。兹将建议全文录后,用志纪念。密呈——关于重划新疆省区建议——查新疆省雄踞西北,为中原屏障,徒以掌握未固,动成睽隔之局。间尝考求其原因,约可分为两点:第一、新疆面积之大,冠于全国各省,几四倍于四川,十六倍于浙江,鞭长莫及,形势使然,加以内而宗族复杂,外与邻邦接壤,一省政府之耳目有限,因应难周,欲维持表面之安宁,犹感不易,遑论积极经营与建设。第二、新省距中枢过远,交通落后,其赖与内地联系者,惟有经猩猩峡而达河西之一线。在一线中,尤其由哈密、安西以至酒泉之六百五十余公里中,沙碛遍野,地多不毛,举目荒凉,人烟稀少,此在地理上已形成隔绝之势,宛如人类咽喉之被梗阻,上下自感不通。新省之所以塞外孤悬,□此故耳。根据以上所述,则补救之道不外:1.缩小省区。2.繁荣咽喉地带。关于前者,前人亦多论及。在左宗棠倡建行省时,即拟建为二省,设巡抚总督各一,一治乌鲁木齐(即迪化),一治阿克苏。清末更有人主张(说载中外舆地图说集成),仿湖南、湖北、山东、山西之例,分新疆为二省,在天山之北者为山北省,天山之南者为山南省。省各设巡抚,一治乌鲁木齐,一治阿克苏,上设两山总督一,以管理军事。嗣后亦多类此议论,洵可资为参考。关于后者,论及尚鲜,但其重要性则更超过前者,或以为此段沙碛地带,繁荣维艰,殊不知秦筑长城,汉开四郡,艰难困苦,视今倍蓰,然为保障民族生存,国防安全,遂不惜牺牲一切以完成之。为今之计,何以异此!故亦应以秦汉克服万难之精神而为此拓荒建边之举也。且安西、玉门、敦煌一带,北接马鬃山而通外蒙,南凭祁连山而□青海,左顾右盼,气象万千,自古即为通西域纽带,得之则向,失之则叛,往事昭然,可以复按,故其在军事上尤富有极伟大之价值,而全国仅有之油矿即在玉门,更应早筹发展之计。

为欲达成上陈之缩小省区与繁荣咽喉地带之目的,则建置尚矣。兹拟以新省现有区域再加入甘肃之第六(酒泉)行政专员区及宁夏之额济纳旗重行分划,共宜建为四省,其名称及辖境谨议如下:1. 山北省,治迪化,辖现伊犁、塔城、阿山、迪化四行政督察专员区之地。2. 山南省,治库车,辖现阿克苏及焉耆两行政督察专员区之地。3. 昆仑省,治莎车,辖先喀什、莎车、和阗三行政督察专员区之地。4. 安西省,治安西,辖现哈密、酒泉二行政督察专员区及额济纳旗之地。

附注:(1)山北省辖境较大,但在现形势下,阿塔伊三区均无法使与迪化分离,俟将来许可时,可再增划一省。(2)迪化为北疆重镇,毋庸赘述。安西地位之重要,亦如上陈。至库车为古龟兹国地,北凭天山,南控大河,西通喀什,东御焉耆,历代称为冲要,汉班超及唐安西都护,均曾驻此。莎车即叶尔羌,东北通阿克苏,西北接喀什,东控和阗,东南趋昆仑山至阿富汗及印度,自古为通西藩孔道。故拟以此两地为山南及昆仑两省省会。(3)哈密镇西等处,在清代末建省前均属甘肃,故可与酒泉、额旗合建一省。(4)宁夏之额济纳旗划建安西省后,可将绥远之鄂托克旗划归宁夏。以上所陈,不过其荦荦纲要。至于省界之如何勘定,区县之如何调整与增设,则须俟原则确定后指派专人详细规划,俾其妥善而便实施。再此种建置,系以政治与军事之建设与利益而立论,如绳之以人口与经济条件,自不免有扞格难行之处,但如政治与军事上之建设巩固,则人口与经济诸问题,当亦不难积渐解除也。至于军事方面,甘、宁、青、新四省形势完整,在国防上成一天然领域,实应合并指挥,不容分割,似可将该四省(如能照所拟将省区重划后则共有七省)划为一个军区,设最高指挥部于酒泉,赋予较强之权力,以资控制而适应政治上之要求。

管见所及谨陈如右,是否有当,敬乞钧裁。谨呈国民政府主席蒋。新疆省政府主席吴忠信。三十四年八月十日

八月十一日,星期六,阴历七月初四日

……下午,马良骏、乃孜尔、刘文龙三位老先生先后莅新大楼道贺抗战胜利,余恳与接谈,倍觉欣忭。马良骏大阿洪若有所感而曰:主席心地之善,未之先见,惟心善乃能得民,民得而后地安。言时穆然。刘文龙先生对重划新疆省区意见颇表赞佩,渠谓:左宗棠倡导分省时正值伊犁独立或请暂止,左慷慨言曰,正因伊犁独立倡议分省,以显决心耳。今日主席提出重划省区意见,亦遇伊犁沦陷未复,其理相同。盖六十年前新疆建省,使新疆为中国领土,今主席之分省计划,又足表示经营新疆、建设新疆、繁荣新疆之决心与远见。

阿山宛师长、高专员急电,报告匪方围攻承化,我军失利情势危急,请派飞机轰炸,等情。额塔既失,阿山难保早在我意料之中。前经电请中央以紧急处置,加强本省车运空运,期挽颓势,旬日未见反应。今阿山告急讯传,除藉日寇投降消息嘱宛高等勉力撑持外,无米之炊,巧妇难为,不胜忧虑。……傍晚,军分校学生因强行进入戏院观剧,与特务团士兵发生冲突,结果枪死军分校学生一名。于是全校学生武装入城,向朱长官请愿惩办凶手,声势汹汹,情

形紧张。余于晚饭后走访朱长官,主张和平调停,迅速了结免生枝节,影响治安。至夜分后一时,军分校学生始撤退返校,静候调解,一场风波暂告平息。如此军纪令人百感交集,痛惜已极。

八月十二日,星期日,阴历七月初五日

午时得阿山高专员电报,匪自本月十日对承化发动攻势以来,于十一日连射迫炮百余发,形势益迫,若不速援绝难支持,故请转恳总裁派机轰炸承化顽匪,以解重围。余即将高专员电转陈总裁,请速饬派轰炸机助战,并派运输机运济粮弹,以解危急而励士气……又据阿山警局八月十一日电告,此次哈匪围攻承化及炮轰我阵地及市区详情如下:1. 哈匪于十日下午四时攻袭承化各阵地,并以大炮猛烈轰击我方碉堡,双方战斗已达极点,我方张营以负伤士兵过多,放弃堡垒数个,退至上街。哈匪武器强烈,我方仅能把守阵地,无力出击。2. 十一日,匪以迫击炮向市街射击六十余发,民众受伤者二十余名,炸死者二十余人。匪向警局射击七炮,仅将办公厅两窗炸毁,礼堂房盖及马厩各落炮弹一枚,人无损失。专署后院落弹一枚,医院落弹一枚,均无损失。现匪仍以炮及机枪攻我各阵地,双方战斗激烈,军民均盼来飞机轰炸,以安人心。另悉,库车黑莺山亦有匪警,八月十日早十时,匪百余进攻黑莺山中口子及西口子我军,并将黑莺山巴扎占去。查黑莺山为通库车之大路,距库车仅二百华里,距拜城一百二十华里,并通铁力买提达坂、铜厂山及克孜河滩等处。匪企图阻断达坂之通行及扰乱后方与库车拜城,我人应特加注意也。

八月十三日,星期一,阴历七月初六日

新疆公路管理局副局长胡白华前赴西路各县视察公路,适逢迪化附近大雨成灾,东西两路公路桥梁几全被雨水冲毁,损失浩大,短期不易修复,经胡副局长就地督导,于西路诸被毁桥梁地点架设便桥便道,一俟水落即可勉强通车。胡副局长已于昨日返抵省垣,今日向余报告沿途见闻,择要志后:1. 西路各县,无论乌苏、沙湾、绥来、呼图壁等处均有土匪出没,值此秋收已届,若不迅予补救,影响甚大。而绥来西山之匪近来胁迫东山居民甚紧,政府尤应注及。安专员文惠、蒋师长德玉同认民众自卫力量尚可运用,例如,绥来之西安集海,曾遭匪徒劫走千羊,当地居民自动追击,夺回羊群并毙匪数名,生擒数匪,足以证明。现各地民众表示,政府既无力保护人民,人民愿以自力为之,惟请政府拨给枪弹,以资运用。故安专员、蒋师长拟请以三百枝枪分发西路民众,必能发生效力。2.沿途驻军纪律不佳,不负责任;其一,三道河子为绥来、乌苏交通孔道,又为赴沙湾之交岔点,面临西山,北负沙湾,哈族民众甚多。此地驻军一连,自任连长到任后,所有一切铺垫、灯油、烧柴给养,均向民众恶索,并每月逼使当地牧民供给食羊一只,使当地保长多藏匿他处,不敢回乡,哈民亦多怨言。洎乎哈匪出没于三道河之四周,焚杀抢劫,民众恐慌,请求派兵追击,该连长则以无马为辞置之不理。现在匪徒窜扰安集海、三道河子、乌拉乌苏、石河子一带,民众多向绥来迁徙,交通为之中断。其二,上次小拐归化人叛变,警察派出所被围,沙湾民团出动解围,军队则以无命令为辞,不出沙湾县一步。似此情形,则驻守县城之军队,其任务仅在县城之内。然而匪徒窜扰之地方多在四乡,四乡有事保护之责究在谁身?即以沙湾言之,沙湾为出产米粮之区,每年公家采买者在万石以上,故其精华全在四乡。四乡无恙,农田可保丰收,迪化亦受惠不浅。如果四乡匪人窜扰,民众迁移县城,则沙湾县城之食粮尚不免发生恐慌,岂能接济他县?故城防军之活动范围应明确规定。3.沙湾县本属塔城区之一县,以其小拐距额敏仅四站之遥,又经大小拐可通阿山,由车排子至小拐亦只一站。现在阿山既不平静,额敏又发生事变,车排子亦有军事,沙湾县南面三道河子至绥来一带又有土匪出没,似此沙湾四面均有军事,如欲保护沙湾,必须有重兵驻守,始能调度裕如。

胡副局长离去后,余即往访朱长官,转达安专员、蒋师长所请拨枪三百枝以供民用一语,朱以枪枝尚未运到,准先由驻绥来之骑三十二团拨余枪三十枝应用。朱又谓,黑鹰山通库车、拜城、阿克苏各口均已为匪占领,我军伤亡颇巨。驻阿克苏新骑二师第五团团长赵汉琦亦以文(十二日)电报告老莺山被匪骑一团侵占,拜城旦夕难保,等情。查拜城为库车与阿克苏间交通中心点,若为匪得,南疆往来将困之中断,故须增援坚守。另悉,新骑十一师师长向超中抵达库车后,与阿克苏赵团长感情不睦,此种不良现象,理应迅速消除,以全大局。爰经决定由朱长官电向规劝,由余电赵勉慰。目前新疆全省到处匪患,千疮百孔,局面益趋紧迫,我等处身斯间,职责攸关,岂能坐视失败,为国家民族之罪人。因立召供应局刘局长云瀚共商大计,嘱刘速电军政部陈部长辞修兄予以补救,俾解危急。同时由余再度电请总裁采取迅速有力援应办法,以挽颓势。兹录上总裁电如下:上总裁未元麟电。特急。重庆委员长蒋钧鉴:密。新省自塔额沦陷,霍布克、阿山均被围攻,目前库车、拜城、阿克苏均告急,呼图壁、绥来、乌苏附近时有匪警。倭寇投降,而他方谋我仍未稍杀。拟请采取迅速有力援应办法,以挽颓势。谨密上陈。职吴忠信叩未元。麟印。

八月十四日,星期二,阴历七月初七日

午后迭得马主席子香兄三电:一告骑五军八月中旬(恐俟八月下旬或九月中旬之误)能到哈密;二告骑五军在酒泉、玉门、安西借用军粮,拟请转恳中央准由甘肃军粮抵偿或拨代金偿还;三告马步康、马禄两部抗日八载,值兹抗战胜利之时,拟请调回青省整编补充。后二者当为转陈中央核夺。兹录三电全文于后:(下略)今日阿山方面复来电告急,电文甚简明,曰:承危,粮、弹绝,速援,飞机!飞机!飞机!飞机!其渴望飞机迫切之情可见。运输机今日午后已由兰飞回迪化,定明晨飞阿山运投粮弹,是承化被围之危,或能稍趋稳住,复拟以福安之骑兵一团兼程往援,倘能一鼓而解承围,则裨益大局,殊非浅鲜。

晚间于新大楼设筵欢宴最近抵迪之阿山哈族头目,到艾林郡王、加里木汗委员、苏来满、努尔和加依、萨布尔拜藏根、那比、哈米提、布哈尔等八人,并邀艾林木江千户长、哈文委主任委员萨墨、广委员禄、邓厅长、曾秘书长、周委员、胡处长、罗代参谋长、陈书记长、扎副处长克勤、钟处长棣华等作陪。席间,苏来满提供意见数点:1.如由苏来满集率武装哈民千员赴阿袭击窝斯满,颇具把握,至少限度足以牵制窝斯满并夺取其所劫之羊群。2.今冬阿山匪方或不作占据北沙窝之企图,良以苏来满与努尔和加依两人既在迪化,足资应付,匪方将不能逞。3.匪方最惧空军与骑兵配合进攻,故欲制敌匪于死命,非增强空军、骑兵不可。4.阜康为省城之前卫,亦匪徒窜扰之重要目标,诚宜多驻骑兵于此处,以巩防务。至十时许始席散……

阿山战役经过:本年六月八日,达里力汗台吉率众一千二百余人大举进攻,先分三面围攻承化(1)将军山(2)红墩渠(3)卡夏。我方由马乃提(福海投诚匪首,现充保安大队长)在将军山负责,其他两面即由承化部队及归化军蒙族军堵击。马部击毙匪徒二十余人,匪众逐渐败退。未几,匪又集中全力向红墩渠进攻,仍未得逞,当即败往山内。适窝斯满亲率所属来援,达里力汗台吉以围攻失利,劝阻前进,而窝斯满必欲攻克承化。乃又挑选九百人反攻,至且木尔奇克地方与归化军接触,结果匪死十二名溃退。复于六月十一日至冲户尔与当地归化军相遇,又击毙十五人。该匪等计划失败,而哈巴斯犹未探得消息,竟率劲旅三百余名由沙尔乔口进犯,但事先已被加里木汗牧夫飞往承化报告,我方急派归化军入山堵截,否则有利地形已被匪占据。后由牧夫引导归化军绕道进攻,利用重机枪扫射,将匪首苏里加力勒拜都拉等五十余人击毙,遂即溃散。匪方虽迭遭挫折,然其觊觎承化之心迄未稍懈。本月十日午后又大举围攻,武器精良,攻势猛烈,五日来我军浴血苦战,已濒粮尽弹绝之境,局势垂危,现正设法援济中。……防守阿山之政策:固守阿山之政策,可分东西两路,甲、阿山西面与苏交界布、哈、吉(即吉木乃)三县,可扩充马乃提实力,责任守护。乙、阿山东面应以哈族组织游击队两千人,从奇台经哈拉马循戈壁北进,直捣青河、富蕴匪巢,此路游击队可令奴尔和加依率领,留苏来满于迪化,另以朱开(奇台县副县长)、吉海(孚远县副县长)等哈族头目各率一部游击队协同进行,以资牵制,此种游击队即以北沙窝为根据地,随时进攻。

八月十五日,星期三,阴历七月初八日

裕民县长牛焕章、警察局长张鹏程、保安队附宋乐勋未灰(八月十日)电称:塔额裕三县午俭、陷、(八月二十八、三十、三十一)三日相继失陷,专员偕各机关部队去苏。职等奉专员命退塔,途悉塔已陷,即由山路于午灰逃到沙湾,仅县长局长各一人,官长四人,保安队官兵六人,等情。关于牛县一行今后行止及救济事宜,已嘱民政厅、警务处会商办理。

阿山高专员电告承化粮弹即绝,毫无接济,势难固守等情。查运输机今晨已飞阿山运济粮弹,高专员此电之发,概在飞机到达之前。兹将高电录后,限即刻到。迪化主席吴:密。匪围攻承市四郊,军民苦战,粮弹即绝,屡奉令固守,但粮弹均毫无接济,无粮无弹,如何能固守。承化失,阿山区即总崩溃矣。谨闻。职高伯玉。未删叩。印。(下略)

八月十六日,星期四,阴历七月初九日

拜城已于本月十四日沦陷匪手,阿克苏区专员乔根以阿城兵力甚薄,电请速派陆空军增援。余即电勉乔专员坚〔艰〕苦支持,并将乔电转报总裁。各电原文如左:1.阿克苏区乔专员未删电……。2.复乔专员未铣电……。3.上总裁未铣电。急。重庆委员长蒋:密。库车阿克苏之中点拜城县于日前被匪攻占。顷据阿区专员乔根电称,闻匪约五百余人,有一部已由老虎口向冰达坂前进,似有截断冰达坂后路企图。阿克苏系南疆全线之主要点,但现兵力甚薄,敢请速派陆空军增援,等情。查新省地面辽阔,匪踪飘忽,非有大量空军难收宏效。乃此间现有飞机多缺乏飞高飞远之性能,亟须迅予加强。除已电饬该专员督励所属,坚〔艰〕苦支持外,谨此电陈。职吴忠信叩。未铣印。

晨间至第三招待处访晤张次长,谈话历一小时半。关于本年内将召开之国民大会,各省市应办事项,张次谓新省亦应依法办理。余以新省情形特殊,尚须详为商酌。午后一时在新大楼欢宴新近抵迪之张次长、韩书记长、赵主任、杨军长、乌参政员等。邀有省垣党政军各机关首长陪席。宾主三十余人,情绪融洽,三时许尽欢而散。

八月十七日(下略)

八月十八日,星期六,阴历七月十一日

上午十时、十一时,英新旧领事高兰汉、刁茹乐、美领华瑞德,先后至新大楼答贺战事胜利,余以茶点香槟款待,与美领华瑞德接谈。美领事对伊犁近情颇致关切,愿听其详。余笑谓之曰:他日君若非领事或大使而系普通美国平民,余亦无主席身份,则当详告一切。华领事深寄同情。余又谓,中美两国官民相晤,无论新谊旧交,彼此均无隔阂,自然流露亲切之感觉,斯乃两国友善之原动力,以往如此,未来尤是。华领事不禁鼓掌称然。旋与华领事谈及此次美国使用原子弹之成果,同感不仅促使今日本加速投降,抑将使将来发动侵略者有所警惕。

据报匪徒围攻霍布克益紧,宫庆大喇嘛被俘等情,经与朱长官叙谈,以我两人名义再电总裁,请速派多量远程飞机来新协助,否则现状不易维持,并附即使中苏外交好转,将来收复沦陷区亦非远程飞机不可之句。供应局局长刘云瀚拟于日内赴渝报告业务,朱长官以刘职责綦重,不能离去,征余意见。余认本省供应问题急待解决,刘之赴渝报告实亦必要,朱长官因表同意。余于是召刘局长至新大楼谈话,并希其能迅速回迪……

八月十九日,星期日,阴历七月十二日

中训团新疆分团于今日上午九时在该团中山团举行第七期毕

业典礼,参加者来宾暨该团全体官生共三百余人。余亲临主持,行礼如仪后,即席训词……本省临时参议会首次大会定九月一日开幕,此为余主新任中重大事件之一。南疆各地议员十余人于今日午后抵迪。本月八日渠等车过拜城,而十四日拜城沦陷,前后相差不过五六日,车稍迟延,则必被阻拜城以西,不能来省将影响大会法定人数,如是则大会能否如愿开幕,实无把握。按全省参议员总数六十,法定人数应为四十,顷因南疆议员之赶到,已超过法定人数。将来至开幕时或可至五十人以上。故大会之举行完全不成问题,亦云幸矣。

八月二十日,星期一,阴历七月十三日

……日前得西宁马主席未删总机电,报告骑五军到达地点,并谓拟在哈密休息两周,俾免人马疲劳损失,等情。惟查哈密向不产粮秣,且缺乏燃料,大队人马不能久留,经将此事实电复马主席,并盼其先派代表来迪商决一切。兹将来往两电录后:1. 西宁马主席未删总机电。特急。迪化吴主席礼公赐鉴。密。遵查本部骑五军元晚(十三晚)已由白杨河出发,计分九个单位,暂一师直属为第一单位,由该师长率领,今日已到玉门,其余八个单位继续跟进,沿途不再停止,直达哈密。恳祈准在哈密休息两周,俾免人马疲劳损失。是否有当?敬请核示祇遵。以后情形遵当随时电报不误,谨闻。职马步芳叩。未删(八月十五日)总机印。2. 复马主席秘精未哿电。即刻到。西宁马总司令子香兄:未删总机电敬悉。密。查哈密向不产粮秣,且缺乏燃料,在哈以西,如鄯善、吐鲁番勉可休息,草料则以呼图壁及绥来附近较为丰富。关于今后待商之事甚多,拟请先派一负责代表迅速飞迪,以便商决一切为荷。弟吴忠信。秘精未哿(八月二十日)印。

内政部张次长维翰、新疆供应局刘局长云瀚等定明日同机飞渝,渠等于下午先后至新大楼辞行,余作函数通,由便机带渝分致偕子、厉生、立夫、果夫、辞修诸兄,各附抄前寄总裁之《重划新疆省区建议》密呈一份,俾请指正与主持。

午后五时,接见南疆五区到会参议员十七人,首先慰劳各人旅次辛苦,旋即告以中苏友好同盟条约缔立之意义及日本无条件投降之影响,谓：中苏友好同盟条约既成,两国安全之维护与经济之合作,均得合理之解决,两国关系自将益臻亲密,新省毗邻苏境,各项问题亦将因此约而日趋好转,全疆人民幸福安乐之来临,为期已不在远。日本无条件投降消息紧随中苏条约之缔成而传出,所谓无条件投降即彻底的投降,故在此次战争中,日本已彻底的失败,将不易回复原状。中国已彻底的胜利,业跻世界强国之列。中国强盛,新疆亦必繁荣,斯乃一定之理。今日诸位在此相会,迎接胜利,尤感欣喜也。各人闻言同声兴奋。谈话历半小时。兹将各参议员名单抄如后。(下略)

八月二十一日,星期二,阴历七月十四日

晨六时三十分赴欧亚机场为张次长送行。九时举行党务会议,讨论中共问题。查自日本接受无条件投降以来,苏军连日向东北四省猛进,业已抵达沈阳、长春、张北、承德诸地。而延安方面又不服从总裁命令,关系濒于决裂。今日我国抗战虽告胜利,将来如何接收东北,调协中央,工作至为艰辛。此不独可能引起内战,或将重导国际关系于不安。不禁令人痛心疾首之至。

阿克苏区晋省献旗致敬代表一行十人,由该区专员公署第二科科长张宗寅领队,已于本月十九日晚十一时半抵迪,下榻维文总会,宣抚委员会已派专人妥为招待。今日午后四时,余于新大楼首次接见全体代表之际,适逢保安司令部罗代参谋长报告我军已于前晚(十九晚)克服拜城,代表等闻信不胜鼓舞。四时三十分与各代表摄影而别。(下略)

今日连得佳讯三则：1. 拜城克服,我进援部队已于十九晚开抵城中。2. 我机昨今两日迭炸霍布克之匪,昨日我机飞临时,发现包围霍城匪约六七百之众,当即予以轰炸,并机枪扫射,毙匪甚多,匪仓皇奔逃山中,现霍城之围解。3.阿山(承化)被围,经以运输机输送粮弹,士气转壮,今匪徒已退,局势已趋缓和。根据上项事实,发生两点感想:其一、只须我军立定反攻决心,失地未必不能收复,拜城之役可证。其二、运输机、轰炸机同感急需,霍布克阿山两地已著成效,故新省如有适量之各式飞机协助运输配合作战,则匪患可平,大局可望转危为安。接西宁马主席未筱总机电,重申前请,拟准骑五军在哈密休息周余,等情。此事昨已电复,兹抄来电如下:西宁马主席未筱总机电。限即刻到。迪化吴主席礼公赐鉴:密。遵查骑五军此次由白杨河继续前进,盛暑长征,含辛茹苦,哈密以下多系沙漠,加以沿途兵站欠周,粮秣燃料时感缺乏。该军此次行军跋涉,人马备极艰苦,仰恳赐照前电,准在哈密休息周余,以期焕发,否则一旦遭过劳损失,无济于事,实所憾也。肃再奉恳,并赐垂准为祷。马步芳。未筱(八月十七日)总机印。

八月二十二日,星期三,阴历七月十五日

……午后四时,召集省府各厅委处长于新大楼举行座谈会,嘱各厅处对九月一日召开之省临参会大会应行事项,迅速准备,限期完成。并宣示各部门依据三种精神悉力以赴之:第一、加强收抚民心,第二、消除各族民众对本党主义之疑忌态度,第三、改廿前省政府时代之风气。座谈会复商定以下各务:1.本月二十七日祭孔大典之仪式,2.编列省参议员及阿克苏区代表之宴会招待与参观机关名胜日程,3.阿克苏与和阗两区献旗、献伞之时间。历一小时散会。

八月二十三日,星期四,阴历七月十六日

自从日本接受无条件投降,中国抗战获致全面胜利之喜讯传至塞外,关内各地留新人士人心浮动,咸欲乘此凯旋,束装回里,省视家园,意殊迫切。尤以东北籍人士,九一八事变后,不甘敌伪压迫,辗转万里来到新疆,十载以还,艰辛备尝,忽闻日本投降,东北光复,赋归之忧,急如饥渴,纷纷请准东返,颇有急不及待之感。惟兹事应先考虑之点有二：第一，关内留新同胞供职各政府机关者为数甚多，几达各机关工作人员综〔总〕数十之八九。本省人材缺乏，骤难补充齐全，遽任离新，自将遗误庶政，影响大局。第二，此事亦须详细计划与充分准备，倘计划准备不周，沿途徬徨辛苦，恐受损失！今日见留新东北抗日军将领王勇等十余人联名呈请将孤孀老弱废疾及无以谋生者遣送回籍，词意恳切，爰嘱先调查确实人数，以便请示中央，并派顾耕野、王勇、孙庆麟、赵剑锋、张凤仪等五人办理此事，俾期妥善。兹录原呈于左。（下略）

午前召省党部陈书记长、谢处长、孙处长及省政府曾秘书长、邓厅长、佘厅长等六人谈话，嘱六人在将来临参会大会期间，随时交换意见，期使大会有关各务顺利完成。

午后接见财政厅卢厅长与中央银行迪化分行经理马彦章，据告：中央先后运迪之省名钞券截至今日已达新币十五万万元，折合法币四十五万万元之谱，迪行奉总行命，此项钞券不任流通市面，惟查新省本年度发行省券之数已达新币四十万万元，犹感不敷，今后情形益艰，诚需大量中央钞票补充，以资救济。爰经决定电请中央准将前项存迪之中央省名钞券早日发行，藉应亟需，而安金融。

八月二十四日，星期五，阴历七月十七日

晨八时半，加里木汗委员偕苏来满与努尔和加依来谒，面赠獭皮一张，随闲谈国内外近情暨本省剿匪现状、盛道承化与霍布克两地解围之关系重大。加里木汗谓民国建立瞬已三十有四年，阿山哈族同胞无不知晓三民主义为除民疾苦造福群众之唯一正途，匪徒扰乱地方，违背民意，他日终归绝灭，无庸置疑。欢谈三十分钟而别。

九时举行省府委员会第一○四次常会，决议要案多起，摘要录下：1. 关于三十四年粮食征购运拨办法，前交有关部集商。倾据所拟意见，其运输办法之一，拟利用塔里木河水路运输，筹设塔里木河水运公司，开办法由供应局、省政府各半负担。决议水运部分由建设厅主办。2.哈巴河县政府呈请该县三十三年田赋因遭匪患,户民逃亡,拟请免征,以示体恤,等情。决议通过。3.本省公路管理局签请将本省客货运费每吨公里增为七十元(原三十五元)。决议先电中央请予补贴。4.新疆省政府南疆行署组织规章草案业经拟定。决议规定增设副主任二人,并将草案呈报中央核定公布……午时召临参会议长色以提艾买提、副议长胡廷伟谈话,时间达一小时半。色议长历历道述新疆今昔,颇多感慨。末曰:自主席莅新,维护宗教,爱民如子,使全新同胞恍然由悲惨地狱重登快乐天堂。顷者南疆各地民心日定,其愿协助政府抵御匪徒安定地方之诚意,既深且重。以库车为例,本年六月下旬匪方曾大举猛攻我钱免买克大坂,当时谣诼纷云,人心惶惶不可终日,经由本人会同各族阿洪头目宣慰安抚,力图镇定,进而督率各族人民团结一起,协助政府与驻军准备御侮,不数日而局面转危为安,是民众信赖政府之深,可资佐证。最后,余对此次临参会大会寄以最殷切之期望,并曰:大会在汝等正副议长两人领导下,进行顺利,结果圆满,可预卜焉,君等如需本人协助之处,无不乐为也。再拜称谢而辞去。

关于苏方派机运送食物接济阿山苏领馆事,前经与朱长官共同商定,准其派机前往,惟以阿山城郊不靖,不能负其安全责任。今准外交部王部长电请仍照原议办理。原电如后:外交部长王部长加电。即到。迪化朱长官、吴主席勋鉴:密。关于苏方派机运送食物接济阿山苏领馆事,前经准其派机前往,惟以阿山城郊不靖,殊难负责,经电傅大使转知苏方在案。兹据傅大使十九日复电,将此种情形转告苏外部。但嗣又接迪化特派员公署冯秘书电称,奉朱长官面谕,哈匪接近承化市,飞机场已无我军驻守,已告苏领请其暂缓派机前往,除已向苏外部解释外,我方似应维持原议,以免苏方另生枝节。复查我方既已声明不负安全责任,准其前往,此次不便加以拒绝,请仍照原议办理。并请速电复为荷。王世杰加印。

阿山宛师长、高专员来电略称:匪首达列里汗函所云,匪有再攻承化可能,恳速派飞机运送粮弹。等情。

晚与朱长官谈话。据今日我机飞往霍布克所得征象,霍布克城似已失守,飞机到达上空时,地面无反应,且电讯亦已断绝。惟最近博乐同古(在乌苏东南,绥来东北)之役,我驻军以寡敌众,激战三昼夜,本月十八日将匪击退,遗匪尸八十具,可谓空前之胜利,殊可喜也。

八月二十五,星期六,阴历七月十八日

阅阿山高专员未马未养两电,藉悉此次匪徒围攻承化经过,并知今后承化以粮弹问题最为严重,余除复电对承化军民英勇御匪切致嘉勉外,并拟将承化粮弹困难情转报中央设法解救,兹录来往三电录后:1.阿山高专员未马秘机电。限即到。迪化主席吴:密。(1)青富匪由大利利汗率领千数百人,外蒙军五百余,附迫炮三门,小钢炮数门,重机数挺,七日集中喇嘛召,庚日(八日)下午四时迫近承化,五时许匪即猛攻,开始炮击。十一日我阵地一段被毁,守军稍撤,幸援队迅速赶到,复将阵地夺回。嗣后匪众恃优势火力屡进屡退,对战至删日(十五日),匪即动摇,有撤离模样(据报外蒙军五百余携炮于是日撤退)。铣日(十六日)晚匪移转集结于红通渠,四处焚烧房屋,抢割小麦。皓日(十九日)晨,红通渠匪全数撤退,退往方向在侦察中。(2)承市驻军民众及公务人员奉委座电令后即决心死守,各机关人员及民众多数武装分布市街及山头阵地,担任战守勤务。匪攻正急时,民众自动输将,冒密集炮火携食物纸烟送到阵地,并修筑工事,人心愈益振奋。匪围攻六昼夜,市内落炮弹三百余,除官兵不计外,公务员及民众伤亡三十余人。(3)承化自被匪以来,最大困难即为粮弹问题。春季因子种缺乏,未能大量播种,今经匪众人马践食,待获小麦十去其七八。以承化驻军及民众情绪论,对防匪一节,咸具最高信心。惜粮弹缺乏,则为当地不能解救之严重威胁。如军食不能解决,匪虽去,阿山亦不能守。今匪众已离市郊,恳钧座趁机伤派飞机大量运送粮弹,俾备不虞为祷。职高伯玉。未马(八月二十一日)。2.阿山高专员未养秘机电。特急。迪化长官朱、主席吴：密。承化食粮现状，在匪围攻前曾屡电详陈，而今承化之严重危机，食粮仍占十之六七，总计当地产粮仅供民众两月食需，毫无把握。匪扬言九月再攻承化，果如此，则能否收获尚成问题。本年冲户受天旱影响，除供给布尔津一县军政粮外，绝无余粮外运。承化脚力极缺，道路时被阻塞，即有粮亦难望如期到达。月来民众及各机关早已以洋芋代粮，福海撤退人员抵承后，食口突增数百，食粮困难更形加重。前电请派运输机三架及电报食粮情形，确为阿局之迫切要求，决非故意夸大，徒扰钧座视听。迪化运输机一架分用支援承霍，无论有无间断，即日运输亦不足两处当日消耗。将来不但军食重要，民食须政府接济，且千里送粮难保无缺。恳钧座对阿局加以严重重视，速请中央拨派运输机三架及早筹备运送。并请电示为祷。职高伯玉。未养(八月二十二日)秘机叩。印。3.复高专员未有电。承化高专员伯玉兄：未养、未马秘机电悉。密。军民应战英勇，艰苦支持，卒使城垣克保，至堪嘉尚。迭电所述粮弹困难情形，经已转报中央，尚未奉复。现仍除即再电中央设法外，特此先复。吴忠信。未有(八月二十五日)印。

民政厅副厅长华声慕、宣抚委员会宣抚处处长赵剑峰，日前相偕赴绥来宣抚，昨返省垣，今日午时来见，首告最近博乐通古与三道河子战役经过。据称，博乐通古驻军一连与数以千计之匪相持三昼夜，卒于本月十八日将匪击退，匪遗尸八十余具均哈族。□获轻机枪五挺，炮弹数十发，判断毙匪实数当在二百以上(匪方进攻，例以哈胞为前锋，哈胞作战足裹马鞍，人死马曳尸回，否则不吉。上列遗尸八十具，仅计未及曳返之数)。三道河子亦驻军一连，匪于本月二十日进攻，我军潜伏林间，沉着应战，匪亦不得逞，只劫得运粮车数辆，焚毁我油车一辆耳。旋华副厅长与赵处长报告此行观感，分下列诸点：1.绥来东山民众情绪尚佳，已派人深入西山匪区民间活动。2.绥来对策：安定(保护)东山，压迫西山。匪方企图，一系威胁东山,一系侵占三道河子,切断乌(苏)绥(来)交通,并使南北之匪联成一起。三道河子附近公路两旁森林密布,绵亘甚长,失则难复,应驻重兵。3. 绥来东西两山之间重要通道为鞑子桥与清水河,应各驻相当兵力,防西山之匪窜扰东山。另派有力部队积极进攻西山匪巢,相机夺回牧民与牲畜。一个月以后,时入冬令,进剿不易,匪必窜扰益烈。4. 伊犁匪方正兴修直达绥来西山之道路,以利攻战。5. 沙湾之小拐地位重要,该处遍地麦穗已成熟,应派兵保护收割,并巩固沙湾外围。6. 伊犁、塔城两方对匪徒冬服互相推诿不发。7. 四十五师声誉甚好,驻沙湾之马营亦佳,而驻绥来之三十二团深得民心,如能加以补充,可攻西山之匪。

得重庆李参事宇尧电,告以总裁派郭寄峤为第八战区副长官兼参谋长,嘱其赴新等情。余即往访朱长官告以此事,朱表示欢迎。乃复电李参事,转知寄峤早日西来,共济时艰,并略道新疆困难之处,希就近与有关方面洽商,俾得救助。兹录两电如下⋯⋯

八月二十六日,星期日,阴历七月十九日

⋯⋯晚得重庆广播消息,我国政府于今日将中苏友好同盟条约及有关协定、照会与记录等全文公布。广播中并述其内容要点八项。此事为我国家重大事件之一,故录所知要点八项如后:1. 中苏友好条约签定目的⋯⋯ 2. 苏联对华三项声明:第一、苏联声明给予中国以道义的、军需的、及其他物质上的援助。此项援助当完全给予中国中央政府(即国民政府)。第二、苏联重申尊重中国在东三省之完全主权及领土行政之完整。第三、苏联声明关于新疆问题,苏方无干涉中国内政之意⋯⋯查此次中苏友好同盟条约之订立,既以共同对付日本为对象,因此日本在短期内将无再度发动侵略之可能。一般认为该项条约广泛而现实,如能顺利实践,中苏两国和平基础得以奠之。条约中规定许可外蒙独立,两国今后将以外蒙为缓冲,其余新疆与东三省各项之声明,足使两国关系底乎澄清。就苏方利害言,将因中苏之友善,在亚洲无复后顾之忧,从此折冲欧洲较为便利。就美国言……就中国言,收复东北意义重大,安定新疆较易入手,此后注力建设新疆,重分新疆省区,经营咽喉地带,始属必然之趋势……

八月二十七日,星期一,阴历七月二十日

今日为先师孔子诞辰,我国政府又规定为教师节。全国各地年必隆重举行祭孔盛典。新疆迪化旧址在文庙街。杨增新时代即将孔庙拆卸,改修作为他用,祭孔典礼废止已十余年。余有意修复旧典,使民众对于发扬固有文化更有深刻认识,前经令饬市委会在新疆公路局重建孔子庙,并筹备致祭陈设事宜。今日上午八时半,余率本市各机关法团、各宗教首长、学校师生代表共五百余人,在新之大成殿举行祭祀。余主祭,陪祭者为刘文龙,桂芬两老先生,于乐声悠扬中开始仪典,上香、献花、贡爵、行三鞠躬礼毕,由钱院长海岳恭读祭文,继由桂芬讲演孔子世家与学说,历一时之久,评尽分析,听者莫不动容。十一时宣告礼成,全体摄影以志纪念。兹将祭文原文录后:维中华民国三十四年八月二十七日,新疆省政府主席吴忠信谨以香花酒礼致祭于先师孔子之灵曰:维我中华民族,积五千年之历史,奠光荣灿烂之文明。实赖先知,觉世牖民。大哉先师,睿圣天生,秉铎洙泗,械朴作人,六经制作,大义炳麟,其律己勉人之道,见人格之伟大,不厌不倦之度,仰化育之殷勤,于施教则主无类,问礼问乐,用集大成,于各族则尚平等,存亡继绝,扶倾济弱,一视同仁,而礼运一章,阐仁义礼乐之要旨,以大同政治为归宿,其崇高理论,尤昭然若揭日月而并行。总理既秉一贯之道统以革命,总裁复恢宏其遗志而继承,当海水之群飞,率全民以战争,为世界持公里,为人类求生存,卒天河之荡秽,睹光狱之再清,是皆由于中华民族,濡涵沐浴于教泽之久,益足证先师之道,师表万世,弥纶磅礴,不间中外与古今。迪化向有孔庙,自戊辰以来遗迹湮沦,蒸尝之不享者于今十八春矣。忠信下车伊始,睹而屏营,悯微言之垂绝,嗟圣道之荆榛,爰卜爰度,乃斧乃斤,庙工告竣,揭虔妥灵,谨修释奠之礼,用慰仰止之忱,旌旗奕奕,俎豆莘莘,边民瞻其盛者,靡不舞鼓以作新,惟西陲之僻远,故德化所陶甄,冀宗族之协和,蔚奎娄之成文,用以仰赞建国之盛治,无忝先师遗教之精深,宫墙之在望,庶胙蠁之式凭。尚享。(下略)

八月二十八日,星期二,阴历七月二十一日

……5.进攻额敏之匪,计由乌什水窜来约九百余名,由托里窜来约一千六百余名,由阿山窜来约六百余名。三面围攻,故于二十八日将额敏攻陷。土匪占领额敏后,即派代表焦乃成及匪首一人赴塔说降,并探塔城有无动摇情形。而平专员接见代表后,即召集塔市各军政机关首领、部队排长以上之官长讨论撤退办法,当场决议于七月三十日上午十时以欢迎援军为名,齐集巴克图卡,以便再向苏联撤退。裕民方面,曾连续派员赴塔报告并取联络。至三十日夜十二时三十分,奉专员命令二件,一嘱至必要时撤塔,二嘱着速撤塔。当时裕民我方力量垂尽,又无援军到达,土匪迫近县市,不得不依据专员命令作撤退计划,飞报专员备查,并拟定七月三十一日晚八时,各机关眷属及职员并汉族民众等离市经新地村向塔城撤退。牛县长率县府职员、警局官警及保安分队等统共三十余人在后掩护。但在未撤完之先,仍派妥探四人分赴通塔大道侦察。至距县市五十华里处一棵树以东,得悉塔城失陷,专员带领所属已退苏联,而是时土匪跟踪追击,已无退路,又值塔城开来汽车四辆满载匪兵迎头截堵,在此情况紧迫之下,牛县长等不得不将公私物品及眷属并汉族民众妇孺等抛弃于新地村以西山沟中,改变撤退计划,转经山里向乌苏、沙湾方向撤退,途中经过老风口,夜间失踪科长二员、党部干事一员、警局翻译一员并步枪四支、全鞍乘马四匹(县府印信系由建设科长石国俊负责,党部钤记系由兼秘书干事殷喜三负责。因该员等失踪,随之遗失)。八月经加尔巴沙干地方与匪遭遇,相持二小时,匪方人数较多,我即利用夜暗脱离战斗。是役我失踪军警职员计十二人,枪十二支,全鞍乘马十二匹。八月四日,在钱克交力地方与匪遭遇,相持半小时,匪方因火力较我为弱,自行撤退。我因日暮山路不熟,又无伤亡,故未追击,继续后撤。至八月九日下午五时到达沙湾县城。

中央银行先后运迪之新疆省流通券综〔总〕值新币十五亿元,曾经余与朱长官联电中央准予发行,藉以调剂市面,旋得中央复电照准。此间中央银行迪化分行奉令后,订于今日起公告开始发行。该项新疆省流通券计一百元、五十元两种。一百元券颜色正背面均为雪青色,五十元正背面均为钱青色。午间据报,该项流通券背面维文系"在支那土耳其斯坦流通"字样。查支那土耳其斯坦或东土耳其斯坦之名,向为敌方分化新疆之口语,今日伊犁伪组织亦即应用此名,若令该项钞券流通,于政治上殊属不利。余爰急召中央银行迪化分行马经理、财政厅卢厅长、印刷厂祁厂长等会商补救办法。据马经理谓,今日一上午已发行新疆省流通券一百元券计九百六十四万元(合国币四千八百二十万元),当经决定,今日午后起暂停发行。(下略)

八月二十九日,星期三,阴历七月二十二日

……先后接青海马主席未回有两电,承告即派马秘书长骥离青来迪,及青海骑五军第一梯团约下月二日可达哈密,甚慰。比即电复。兹录各电如下:1.西宁马主席未回电。特急。迪化吴主席礼公赐鉴:密。未哿秘精电奉悉,遵即派本府马秘书长骥乘下次班机飞迪,到时赐见指示一切为祷。马步芳叩。府秘机侔未回(八月二十四日)印。2.西宁马主席有辰总情电。迪化司令长官朱、主席吴钧鉴:密。查骑五军分九个梯团次第行进,第一梯团梗日(二十三日)已达安西,约申冬日(九月二日)可达安西,约申冬日(九月二日)可达哈密。其余八个梯团逐渐次第到达。每一梯团在哈密只休息两日,继续前进,到七角井分行两路。骑五军军部及骑五师均由北路行进,七一师全部由南路行进。嗣后行程另电呈。不适之处尚祈指示为祷。职马步芳叩。有(二十五日)辰总情印。3.复马步芳未艳电。特急。西宁马总司令子香兄：府秘机伻未回、有辰总情两电均敬悉。密。兄派马秘书长来迪，至表欢迎，尚希早日命驾为荷。所示行军程序，尽虑周妥，弟极为赞同，除即通知哈密及沿途各站照料外，特此电复。弟吴忠信。未艳（八月二十九日）印。

外交署冯主任秘书转来莫斯科傅大使八月二十四日电，略以七月二十二日（恐系七月三十日之误）有大批华人约一千四百人由新疆省塔城逃入苏联境内，拟遣送该等回华，请我方派人至塔什西北中苏交界之图鲁朵尔提山口接收等情。查该项逃苏人员当系塔城沦匪后撤退入苏之政府官员眷属。查此次新省各区专员中，以阿山区高专员坚〔艰〕苦支撑迭摧顽匪为最难能可贵，塔城区平专员之不战而退为最无用。顷闻塔城华人千四百安全在苏，可望接收返国，差堪自慰。余阅傅大使电后，除即电令喀什区专员张爱松派员前往指定地点接收并予安置外，复电复傅大使照办矣。兹将傅大使电录后：莫斯科傅大使八月二十四日第 80 号电。冯主任秘书：据苏联外部称，七月二十二日有大批华人约一千四百人，由新疆塔城逃入苏联境内，其中有县长及其他军民官吏及眷属等。据云系因地方发生变乱之故。苏联闻讯后，即饬地方当局妥为收容。惟该地粮食困难，特暂时将该批华人遣送某集体农场，并拟遣送该等回华，请我方派人至喀什西北中苏交界之图鲁朵尔提山口接收该批逃入苏境难民。等语。查苏联对于逃入苏境之人，向以罪犯看待，发往各处工作，此次对于我国大批难民既予收容，并自动通知提议遣送回华，实为中苏盟约空前之一种友谊表示。除致谢外，拟请吴主席迅即派人至约定地点接收此批难民。并请电复。傅秉常。八月二十四日。第 80 号。

八月三十日，星期四，阴历七月二十三日

……据警务处情报谓：阿山匪首窝斯满有意投诚，等情。晚间招苏来满与奴尔和加依研究剿抚阿山匪众办法，历二小时。兹将警务处情报录后：警务处情报。据阿山警局八月二十八日电称，据匪区逃回蒙民秦德报称,1. 窝匪在富县对大众说:我从前带领七个人逃匿山中,彼时无此主张,后因环境之关系,致造成现在局势,牧民饿毙者很多,牲畜亦损失过甚,本年阿山作战又死亡壮丁三百余名,拟将最近由外蒙领到子弹发给有枪之牧民,准各回原游牧,但此次领到子弹,达列里汉坚主进攻承化。嗣后各游牧可自由投诚,吾亦不阻挡,我现无其他主张,心想只可随游牧投诚政府。2. 外蒙境内吐布逊科力地方所设临时以畜易货市场,最已停止。3. 蒙方边卡近来严禁匪部牧民到其边卡附近,并将去年到蒙境内居住之哈民九十余家全部送到青河。4. 青富匪部游牧现迁至吐尔根苏伯吐、库尔吐、哈拉二次河会流等地。

八月三十一日,星期五,阴历七月二十四日

昨晚接张部长文白兄来电,略谓:总裁命其赴新研究划新疆为四省及解决伊犁事变等问题,渠尚在考虑中。电中复以各项意见为询。余俟将此电转告朱长官后,拟电复欢迎文白兄早日来迪面商一切。

九月一日,星期六,

……八月初旬余曾密呈总裁,建议将新疆划为四省,盖此不特为经营新疆之必要措置,抑亦建设西北巩固西北之先决条件。至八月三十日接重庆张文白兄未感电,略谓:奉总裁面谕,赴新划新疆为四省兼研究解决伊犁事变问题,等语。溯余今夏在渝时,曾向总裁推荐文白兄前来西北,当时因文白兄不克分身,未邀允准,而今如愿以偿,且重划省区之举亦可望实现,不胜快慰。余即于今日以申东麟电表示欢迎,藉对来电中所询各点一一详复。兹将两电录后:1. 重庆张部长文白骑未感电。特急。迪化吴主席礼卿先生:密。亲译。昨午奉委座面谕,令治前往新疆,将新疆划为四省(河西划归新疆)兼研究解决事变问题。因系边疆关系,须军民合治,并研究用何名义及划分四省后之主席人选,等因。聆谕之余,甚感踌躇。当谓,逸民、礼卿两先生在新,极为适宜。又数日前,委座前命郭寄峤调为第八战区参谋长兼保安司令(按系兼副长官)。治谓逸民将如何？委座谕将调回中央。治又谓礼卿先生指挥寄峤甚好。委座又谕新疆局面须有变更。言时态度相当坚决。治允考虑后再行具复。兹特将经过情形奉告。而有请教于先生者数事：(1)新疆划为四省，记先生曾谈及有所建议，不知详情如何？(2)划分四省后之人选，不知尊见如何？惟曾奉委座谕，边疆与内地不同，主席与各厅长均须增设副席，由中央与地方各分任正副。(3)解决伊犁事变方法如何？苏联在中苏友好条约中已提出保证，对新疆问题无干涉内政之意，表示甚好，谅可循政治谈判途径，以求解决否？(4)四省之上军事与政治一元化机构，以用何种名义为合式？此人地位应由德高望重如先生者出而担任，始可达成使命。治拟向委座推举之。以上诸点，敬祈详赐指示，不胜感祷。迩来尊体建康何似？匪患情形如何？为念。张治中叩。骑未感(八月二十七日)印。2.复张部长申东麟电。即刻到。重庆政治部张部长文白兄：骑未感电敬悉。亲译。密。台驾即将莅新，至深欣企。承询各点谨陈如下：(1)新疆(仅并入河西之酒泉一行政区)划为四省，弟经于八月十日电呈委座建议，文稿曾抄寄罗偕子先生参阅，除电其复抄一份送兄外，并请就近一索。(2)划分四省后之主席人选，弟意应俟分省确定后再缜密考虑，总以身强有志气而识大体者为遴选标准。至主席与各厅长应增设副席一节，在事实上目前新省之厅长、处长及专员、县长多已有副席之设置，即将来增设副主席亦甚易易。盖此项人才，弟经早为中央储备之矣。(3)解决伊犁事变方法，似仍应以军事与政治并用，因外交关系虽已好转，如我武力不足以平乱，则匪方尽可逍遥自大，故我必胁之以威，使其感于外既无援，内有所惧，始不难帖然就范。(4)四省军政一元化之机构及名义，弟目前正在研究中，容再奉闻。总之，该项划分四省之议既为巩固西北必要之图，亦为配合国内外环境一劳永逸之良策，应即早实施。如能在国民大会之前予以公布，俾便收入宪法规定之中，尤为妥善。逸民兄对新省主张与弟全同,而对吾兄之来尤表欢迎。至于弟个人出处,总希能早息仔肩,承拟推荐,不胜感谢。如此次分省成功,亦即弟主新任务之完成也。再目前匪情,阿山方面虽前已解围,近又发现匪踪,塔城、伊犁仍有扩大之势。南疆拜城曾一度陷匪,现经收复。但阿克苏一带仍时有警讯。喀什区之蒲黎,在中苏条约签定后,有匪自苏界分数路窜入,将其攻占,现我正设法清剿中。并闻。弟吴忠信。申东(九月一日)麟印。

九月二日,星期日,阴历七月二十六日

阿山匪徒前曾一度敛迹,近复猖獗。今日高专员曾两度飞电告急,并谓匪方指挥官为苏籍俄人波里诺夫。阿山情势危急已远甚过去数次。兹录原电如次:1.限十分钟到。迪化长官朱、主席吴:△密。阿区日来情况已至最后关头,东西之匪已合流,分向承、布、哈三县进攻。各地粮弹均在万分困难之际。匪方附有重型迫炮、汽车。我则数经匪扰,物力已至山穷水尽。如日内无轰炸机来援,必全区沦陷。谨闻。职高伯玉。申冬(0735)仁叩。印。2.限三十分钟到。迪化长官朱、主席吴:△密。攻布哈匪指挥官为苏籍俄人波里诺夫。苏方已声明不干涉新省内政,但仍利用土匪攻略我城市,如此,我政府实受苏方外交欺骗,似应向苏方提出严重抗议,以挽危局为祷。职高伯玉。申冬(0755)义叩。

午后接得长官部迪化行辕办公厅情报,对各县匪情列报甚详。兹抄录于后:第八战区司令长官迪化行辕办公厅情报。九月二日。1.车排子之匪,昨续有增加,我守军骑一团,于东西撤至□□□、该部已退至老西湖,匪尾追甚急。乌苏兵力单薄,已进入严重阶段。2.精河永集湖匪巢,未卅汽车运输甚忙,不外补足粮弹,增加兵力。又精乌间电线已不时被匪破坏。3.布尔津方面,匪约四五百名,未陷起昼夜袭扰县城。世晨匪猛扑布城,扼守哈萨坟之我军,并企图破坏通哈已河冲户之渡口,未逞。东午匪以迫炮轰击县城,军民颇有损伤。匪以汽车输送粮弹,企图夺取布城。据报,匪指挥官为苏联人波里诺夫。4.库阿区匪,大部仍在冰大坂南二百二十里之克洛峡一带休息,并赶制熟给养。又铁列买提大坂南二十里,未艳到匪数十。黑鹰山一带亦有匪一部四出侦窜,判断该方面刻正深入南疆之一切准备。顷据报匪千余,未卅已开始由黑子不拉克(冰达坂南二五〇里)及克络峡,分两路向阿温进窜。5.占领蒲犁之匪,除某籍人一部外,余为柯塔等族。未卅匪二百余进攻莎车叶城间之七七力克要隘(距莎约四百余华里),我正堵击中。6.哈密区佥由外蒙窜抵老苦水匪数名,马十四匹、驼八十、步枪五支,向南湖方面窜去。

综观各处匪徒,近日均积极蠢动,显为有计划、有组织之协调行动。彼方虽表面上不干涉新省内政,窥其实际,仍未放松□□新省之经营。盖匪方常有重武器及新式枪械之发现,并有汽车输送粮弹,增加兵力。且此次进攻蒲犁之匪,多为苏人,而布哈一带匪徒又为苏籍军人波里诺夫所指挥。故今日新疆之匪乱,已非单纯之内政问题。昨日余与朱长官联名致电委座,曾申述此点。倘今后外交上不再谋有效之办法,则此种局面势必愈演愈劣。以我方现有之兵力、装备、补给各情形而论,匪特不能剿灭匪类,即维持现状亦颇感困难也。

今日接郭寄峤兄来电,对于来新襄赞军事,似尚有待。余接电后当即转送朱长官阅,朱亦甚望其从速来新。兹将其原电抄附于后:重庆郭副长官未世电。特急。迪化吴主席礼公:△密。宇龛兄转示戍电奉悉,极感关怀。峤奉委座电召来渝,嗣以日寇投降,拟令峤赴华北或西北、东北,最后始决议谕令来新。峤亦以中央如不能对新省当前救危要项有适当解决,则峤来新亦无以为助。刘云瀚兄已数晤,并积极向有关部洽办一切中。谨先奉复。郭寄峤。未世印。

西宁马主席子香兄未世来电称:马秘书长已于未艳由空军第四路刘司令派机飞兰,不日即可飞新。余已饬筹备下榻处所,及招待各事。晚据喀什张师长报称:苏机三架曾飞蒲犁及我阵地上空侦察,并获匪对空符号。安谧之南疆,此后恐亦将多事矣。

九月三日,星期一,阴历七月二十七日

……长官行辕送来本日情报,各处匪徒近日蠢动益炽,乌苏告紧,承化断援,而迪化附近发现股匪,盱衡大局,忧心如焚。兹摘录数项如左:1. 我骑一团东日由车排子南撤后,匪尾追南下,并占领头台。我骑一团冬日在老西湖占领阵地掩护乌苏之守御。2. 绥乌间之安集海,叛哈千余,其一部已被我击溃,俘匪首二,老弱百余,牲畜二千余。但独山子南之承化寺,冬晨前复被匪占领。又小拐附近复有哈匪二百余盘踞。3. 迪化外围,据报哈匪三百余,东午由阜康水磨沟窜至距迪六十华里之虎狼峡即分两股,一股窜距迪东四十华里之甘沟,另一股有由迪东北三十里之芦草沟、石仁沟一带向迪化南达板城附近山地进扰模样,已饬五八师驰剿。4. 承化附近克木齐、红墩、阿苇滩等处,距市区约四五十华里内发现散匪,正派兵清剿。匪占霍布克后,匪旅长波里诺夫已率匪一团,由霍进扰布县。又哈巴河境,未卅已发现匪九百余,窜至距城二十里处,并由哈属东山及霍布克窜来两股,人数不明,其与吉木乃匪企图合攻哈县。其一部百余已渡哈巴河向县城进击,并致书恐吓守军投降。5. 哈什区匪占蒲犁后,由苏边增匪甚众,并宣布居民十五至四十岁,均须当兵。又匪千余,拟于最近即攻喀什城,惟进迫英吉沙之匪已被托衣布伦三十六团王连截阻,颇有斩获。6. 库阿区未世匪五十余,窜拜城西北百六十华里之老虎台,其大部驻黑子不拉克附近。据俘匪供,匪准备以乌眷山地铁列买提、黑鹰山、冰达坂各处之匪分路协攻阿克苏,现大邮鲁都斯山内共有蒙匪三团、苏人五十,黑鹰山世晚增到匪二百余。

晚据警务处报称:骑五军第一师师长韩有文率领骑兵官佐一二四员、兵士五〇三名、马七四五匹、迫炮四门、重机枪六挺、轻机枪二挺、步枪一四三枝、炮弹三二〇发、步弹五〇三三〇发,于上月二十八日抵猩猩峡,三十日抵哈密。行军迅速,纪律严明等语。兹当精乌前线匪势日炽之际，此批援军到来，颇足令人兴奋。

九月四日，星期二，阴历七月二十八日

自上月二十一日匪伪一部由苏境越入我蒲犁县境，并将蒲犁县城攻陷以后，我孙县长及守城官兵即不明下落，对于渠等之安全，无时不眷念于怀。今日外交署冯主任秘书祖文转来王外长九月一日电，谓我军一部已退入印境，或即系渠等在无法抵抗时，不能不出此一途也。兹将王部长原电及余与朱长官复电分录于后：王部长九月一日电。据加尔各答陈总领事质平卅日电称，顷据于 Jangaatingbb sence 及 daaubb jangce 等自印境喀什米之 Misgar（在新印边境五十公里处）来电，盟友苏联军一千五百人突于八月二十二日晨六时向 Tishkurghan（按即蒲犁）我军进攻，我军仅有七十名与战死伤多名，乃退至 Cintike（疑即明铁盖达坂），苏军二百名继续进迫直抵 Thogas（无法查出）。我军粮食军械损失净尽，现退入印度 Misgak（见前），请速设法援助，等语。除设法查明入印人数外，并请示处置办法，等情。仰即密陈朱长官、吴主席查明实际情况电部，以凭核办。王世杰。九月一日，第520号。复王部长电。即到。重庆外交部王部长，贵部驻迪特署转示吾兄申东第520号电敬悉。查未马有匪骑一部由蒲犁边界布伦口西北约六十华里之乔库塔衣越入我境，当日进据布伦口，养晨进攻蒲犁。守城保安队队长以次伤亡甚重，续由警局隋局长会同孙县长率官警迎击，终因众寡不敌，于午后八时退出蒲县，下落不明。蒲犁失守后，通信隔绝，孙县长等是否率部退入印度，尚未据报。朱绍良、吴忠信。申支。迪辕。

今日又接宛师长、高专员告急电两通，谓布尔津已至最严重之阶段。匪人乘汽车源源而来，我军则孤军困守，弹尽粮绝，危急万分。又称，此次攻陷额敏与霍布克之匪，总指挥为苏联前派新疆中将军事顾问拉托夫，匪众百分之三十系苏联正式战斗兵。查阿山自塔额失守后已成孤立状态，如布县不保，承化恐将为伊宁之续矣。

言念及此,能不令人心酸。余与朱长官已据情电陈委座。兹将高宛原电抄录于后:宛师长高专员申冬秘四电。限二十分钟到。迪化长官朱、兼司令吴:据布尔津申东电称:本日上午十一时匪首波里诺夫(归化人)派人送信,大意如下,该匪二月自称伊由伊犁河率领胜军攻占伊塔额,并消灭霍布克邵连,前来布尔津,要求布县于本日午后二时投降,否则即集中兵力将布县毁灭,等语。并据送信人言,有汽车四十辆,运输步兵及炮弹等项前来,自昨日上午起共发现汽车四辆,本日发射八十炮,为轻重型两种迫炮。匪人日内似有大举进攻之企图,职等除誓死抵抗外,恳请转电迪化,并饬归化队火速前来增援,等情。除饬固守外,请速派机轰炸并侦察,截断其后续部队,谨闻。职宛凌云、高伯玉申冬秘四叩。印。宛师长、高专员申冬秘九电。限二十分钟到。迪化长官朱、兼司令吴:密。据区警局随汽车赴省李育民、马立务二人,由布尔津匪方逃回报称,该等随汽车抵额敏后,值伊犁之匪大举进犯,额敏沦陷,遂被匪获。嗣后匪派徒众三团,每团携电台一部,由拉托夫(苏联前派新疆中将军事顾问)为总指挥,波里诺夫协助之。匪众百分三十系苏联正式战斗兵,携最新式山炮两门及精良轻重武器甚多,进攻霍布克。霍城失守后,匪派十人赴省谋刺长官去后,复派两团(每团约一千五百人)分攻布哈两县。后匪首拉托夫令该李育民等来承劝职等投降,并有汽车八辆在后运输供给,等语。查苏联既与我国缔结友好同盟表示不干涉新疆内政,但其直接蚕食新疆阴谋,较前进行更为积极。兹有下列意见:1.请转委座向苏方提出严重抗议;2.我方为加强外交后盾,请速派轰炸机来阿解围,以杀匪势;3.布尔津受匪主力围攻,已将弹尽粮绝,危急万分,日内如无支援,实难保守。如布县不守,阿山为匪囊中之物,更难幸免,请饬火速投送粮弹,谨电奉闻。职宛凌云、高伯玉。申冬秘九叩。印。……。长官行辕送到本日情报,乌苏前线情况愈劣,布尔津自昨晨起,情况已不明。……。协助军事,安定地方,为余数月来所提示之工作重心,凡所设施,无不以军事第一为标的。但过去长官行辕缺乏有系统之情报供给，故军政合作尚不无遗憾。自九月一日起，行辕按日汇送情报与余，余当因应机宜，一本初衷，随时予以充分协助，俾期军政配合无间。今日据报，前沙湾小拐叛变之归匪五十余，近又窜回小拐。余立即召安专员文惠来新大楼，饬其明晨即返绥来，派一二妥人前往小拐，设法招抚，以收政治运用之效。盖匪人数次攻阿山，我归化保安队立功最多，此次如能招致渠等反正，消极方面可以安定地方，减杀匪势，积极方面，并可资我用也。余并关照安专员对渠等迁住绥来之眷属，应特别优待，以示我政府宽大仁慈与爱护人民之至意。午后刘参议腾轩来见，报告此次来乌情形甚详。并面交谢义锋军长致余一函，对精乌前线敌我态势及匪人企图有所陈述，□谓匪方意图为攻取乌（苏）独（山子），窒息精河，进窥迪化。余即据情转报委座并复函慰勉。兹将其原函、复函及余上委座电分录于后：谢义锋军长来函……。复谢军长函……。上委座电，重庆委员长蒋：〇密。顷据驻乌苏新二军谢军长义锋函称，此次匪顷全力由塔额南下，而绥来安集海等地哈民又相继叛变，独山子固尔图散匪亦不时出没，凡此均足证明匪确有整个计划，以图攻取乌独，窒息精河，进窥迪化。以我目前兵力预测将来趋势，殊觉悚栗。故新省局面现已至严重阶段。值此抗战胜利之际，中央如忽视边陲，而不迅予转用大军扑灭顽强，则拖延所及，必成燎原之势。等情。除就近请朱长官设法增援并复该军长坚守城池外，谨此电闻。职吴忠信。申微办。印。

东日由阜康窜扰迪化县属甘洪、芦草洪、石仁洪一带之匪，一二日来将该数处住居之哈民洗劫一空，并赶走羊三万余头，向阜康迪化间之山中窜去。今日一哈族保长解一哈族匪来迪，报告被劫经过，该匪系乘马被击伤而被俘者。甘洪一带被劫百姓，今日亦群至迪化县府门前，请求救济，号啕痛哭，厥状至惨。经多方抚慰，始相率归去。本市哈族领袖艾林郡王等闻讯极为愤慨，表示非除此败类不可。东山南山哈族同胞并自愿出马、出粮，请求政府发给枪弹，前往剿逆。余嘉其忠义之情,已慨然允诺,当即决定由鲍尔汉专员、艾林郡王及沙力士三人负责率领,于明晨出发;警官学校陈副主任宜生亦准备率领一部分毕业警官,驰往阜康,以截断匪徒后路。余今晚十时特召鲍、艾、沙、陈等四人前来新大楼面授机宜,并加勉励,因羊群每日只能行走二十五公里,故匪徒行动必缓,预料此行必能获致完满结果。

九月五日,星期三,阴七月二十九日

……据报有不明国籍之飞机两架,今晨八时及十一时两次轰炸乌苏,死伤平民甚众。余得讯后,不胜骇异。盖飞机炸弹与汽油等件,非高度工业化之国家不能制造,区区匪徒何能有此配备,显系彼方乘我中枢复员,不暇西顾之际,将我新疆造成糜烂之局,以遂其蚕食我领土之野心。当此中苏友好同盟条约甫经缔定之余,彼方一面高唱不干涉我新疆内政,以遮掩国际间之耳目,一面则助长匪势,以破坏我主权领土之完整,其用心之险恶,莫此为甚。余俟各外宾去后,立即召集各厅委谈话,警觉各人对当前局势之认识,抱定自身工作之信心,以迎接更严重之局势之到来。朱长官于午后上委座电中有"外侮凭凌,万不得已时,职决自戕以报党国及钧座,请派大员赴兰计划善后"诸语,可见新局已至万分紧迫。余难安缄默,故亦急电委座请洞察实情,决定因应大计,并速派大员来新,以共挽危局。兹录原电于次:上委座电。限二小时到。重庆。委员长蒋:○密。关于新省南北疆之匪情,迭经朱长官及警务处胡处长电陈,计邀钧詧。综观目前新省情况,实为国际问题,比诸七七事变前之华北形势,颇为近似。为今之计,既非政治运用所可奏效,亦非空言外交所能为功,拟请钧座洞察实情,决定因应大策,迅以速效方法,加强军事力量,并即加派大员来新,共挽危局,不胜待命之至。职吴忠信叩。申微酉印。

长官行辕送来情报,本日各地情况愈形恶化,到处告警,益令人万分焦急。兹抄录于后:一、乌苏方面,1. 乌城郊江支已不断发生小战斗,支晚起携有重武器之匪向我北郊阵地猛攻,正激战中。2.俄重轰炸机两架,本晨八时及十一时两次飞炸乌苏,死伤甚重。3.支晨匪四百余骑围攻四棵树,未逞。电线被破坏,公路匪埋地雷多处。4.匪数百骑向我独山子油矿南五十里之八音洴压迫,该处自卫队已不支撤退。二、精河西永集湖之匪,江晨一时向我猛攻,我五七一团沉着接战,匪前仆后继,死伤颇众。匪另一部出现于固尔图东三十里,截断电讯,精乌公路时被阻绝,精粮已无法运往。三、沙湾北之沙门子至小拐,已为匪数百占领,小拐已成匪之根据地。四、库阿方面:1.拜城县长支日抵库,据称,匪约二三百冬酉围攻拜城,守军骑四团之一连下落不明。该县长突围逃出拜城。黑鹰山附近民众已附匪被匪裹胁青年达千余人。2.克络峡匪约千余,分向阿克苏温宿进犯。温城东北西郊江戌现匪之先头部队。五、喀什区我骑十二师□团之一二两连,在托衣布伦与苏兵千余激战三昼夜,匪势益猛,该两连于三十转进至阿哈他拉防守中。匪以宗教号召,随处发给民枪,从者日众,现博士塘(喀什西南一百五十里)又遭匪扰,有进攻喀什企图。喀什守军张希良部维族占三分之二,殊可虑。六、阿山区:1.承郊之红墩渠,江申被匪占领。2.伊匪一团申江前进占福海,即以两连留驻,余他窜。3.布尔津电讯迄未呼出,未东午后有失守之可能。查东西两股匪徒似已会合,人数约在六千以上。4.围哈巴河之匪续增至四百余,守军力单,粮弹均缺,已退守冲呼。

午后六时半,接承化宛师长高专员急电,血泪织成,字字辛酸,令人不忍卒读,当经转陈总裁。兹录宛、高原电于次:宛师长、高专员申微秘电。限五分钟到。迪化长官朱兼司令吴:○密。(1)布尔津确于冬日下午失守,近正积极向承化推进中。据估计三二日内抵承化。按机械化装备,人数超过五千,推测投弹之力量,最大限度能支持三日。职部等只有准备牺牲而已。粒弹能否再有补给,祈钧座斟酌,职等再不请求矣。(2)钧座等及委座对阿山有何援助,均已缓不济急,阿山今后再无情况可报,此系最后一电,不过最后向钧座奉告,职等好随先烈英魂而尽最后一滴血。但钧座等不决战,亦要尝受同样痛苦。迪化不久将作阿山之续,大好山河善自扶持,无限前途努力争取,夫复何言,洒泪电陈,不尽欲言,并请转达中央为祷。职宛凌云、高伯玉。申微秘叩。印……

九月六日,星期四,阴八月初一

今晨读报,蒋主席与毛泽东已单独谈话两次,对各项问题均已普遍交换意见,此后将对个别问题作具体讨论,如谈判能得完满结果,则今后建国大计,即可顺利推行矣……刘特派员于今晨上午由阿拉木图飞返迪垣。午后三时特来新大楼向余讲述此次中苏友好同盟条约签订经过。渠谓由莫斯科返迪途中,以中苏新约签订之故,甚觉高兴,但一到迪化,如知真实情况如此,不禁令人倍感骇异。余笑谓渠曰:兄等过分信任别人也。渠亦颔首而笑。

自匪主力围攻乌苏以后,精河前线已感腹背受敌,但我军尚能坚守阵地,殊深钦慰。午后,朱长官与余通电话,据称,五日敌大军猛攻精河前线之沙山子,并以飞机六架整日更番轰炸助战,我军坚守阵地,沉着应战,结果毙伤敌千余人,并俘获人马甚夥。我军一营亦牺牲泰半,足见我军作战之英勇,同时亦可知匪人亟欲谋我,虽冒极大之牺牲,亦志在必胜。但此千余敌军,均为我良民,一时受少数败类之蛊惑,竟致捐躯沙场,殊属可怜耳。

晚,长官行辕召集军事会议,咸对目前局势表示悲观,并主张请余去重庆一行,以设法挽回此颓势。会后朱长官与余谈话,谓目前困难无法解决,中央又无一兵一弹增援新疆,至万不得已时,惟有一死以报国人。余当即安慰渠曰,余等二人精神尚好,还可为国家多做事情,当此紧要关头,请万无灰心,只要我等一本初衷,贯彻到底,相信新疆困难局面必可打开。余并谓中枢因知新疆问题复杂,处理不易,始命我等来此主持军政,我等亦应以我不入地狱,谁入地狱之精神,担负此艰巨任务,相信我等今日之努力,千百年后亦不致为人遗忘也。渠对于此言,亦表同意。至余即去重庆一节,中央意旨如何,尚不可知,应由渠先电总裁请示,如复电须余一行,余当立即去渝。渠已允照办。

长官行辕送来本日情报,各线战况兹分录如左:一、乌苏阵地微旦再被突破,守军老兵伤亡殆尽。匪后续部队不断以汽车开来,乌苏危急,绥乌电话今晨一时起被截断。二、精河西永集湖及沙山子当面之匪,已增至三千余。江晚发动第二次总攻沙山子一带,碉堡被匪炮轰毁,官兵死伤殆尽。沙山子及八家户微晨已被三面围击。又微晨八时三十分精河上空发现飞机五架,去而复返,更番轰炸扫射。据俘匪供称,苏空军基地为大河沿,并有机四十余架,将降落该地,匪炸我精乌飞机有三星红徽,投弹重五十磅。三、库阿方面,未世克络峡匪千余。申东申江匪三百余,利用黑夜向阿温进犯,均被我击退。匪窜温宿西北百四十华里山地,其一部集于阿色尔、黑鹰山、老虎台、黑子不拉克及拜城一带,搬运粮食,组织民众。四、阿山无线电昨晚十时半起,迄今午止,未叫出,正设法联络中。

九月七日,星期五,阴八月初二

……上午九时,举行一〇七次常会,决议要案多件。兹摘录如左:一、据民政厅、田粮处会签,为本省积谷事宜,是否仍由民厅主办,或移交田粮处办理一案;决议依法移交田粮处办理。二、据卫生处拟呈,中医甄别委员会组织章程,业由本府秘书处略加修正,请公决一案;决议通过,审查标准应从宽。

会后,将新省近情电告罗委员长佶子兄,原电如次:特急。重庆蒙藏委员会罗委员长佶子先生。〇密。新省匪势近益猖獗,塔城失守,阿城危在旦夕,南疆之蒲犁、拜城,亦均沦于匪,乌苏、精河被围,战事激烈。前日曾有某国飞机二架,轰炸乌苏;六架更番轰炸精河。并据报匪后方尚有飞机甚多。我虽士气尚旺,迭挫凶顽,但以力量薄弱,局面殊属严重。除已迭呈委座外,特此奉闻。弟吴忠信。申虞麟印。

中午与刘特派员谈话,余询及此次中苏友好同盟条约对新疆问题为何未作具体决定,谈时是否忽略此点。刘答曰:当条约起稿时,余对新疆问题特别提出,苏联尊重中国在新疆领土主权之完整及中苏两国同意互相帮忙,以维持新疆之和平与秩序。苏联地方官应协助平息当前之事件两点。但条约签定时,并未载入。盖此次谈判甚为匆忙,因谈判时,苏忽对日宣战,并进兵东北,我方乃全力注意东北问题,希望早日签字,以便约束苏联行动,故对新疆问题未能全部顾到。余曰:此次条约对新疆事件过分忽视,错已铸成,追悔无及,将来新局继续恶化,虽得之东隅,亦难免不失之西隅也。渠颔首以答。余继谓,今日补救之道,惟有对中苏谈判情形及记录各件,详细研究,再向苏作具体有力之商洽。渠亦甚表同意。午后即本此意电陈委座……

午后四时,美领事华瑞德来访。渠首对乌苏轰炸情形表示极为关怀。并问飞机从何而来？余答以匪人此次轰炸乌苏、精河,前后出动飞机八架,以所需空中地上工作人员及汽油等点判断,其非全出匪人自力,不言可知。渠继问我方过去是否曾使用飞机轰炸土匪。余答谓我方在迪飞机甚少,且一切措施均出于防守,过去从未飞往伊犁、塔城、阿山一带轰炸,盖此等地方亦为我政府之人民也。渠继谓明日美有大运输机来迪,依照美复员计划准备将驻此之气象台撤退,问余意见如何,余曰:此事余不便作主张,不过以私人立场而言,现正当土匪猖獗,同时乌苏又被轰炸,美气象台遽予撤退,难免不影响人心,而气象台过去在此相处甚好,我人亦不无依依之感。渠频频点首,未言其他。至此余并重复表明两点:第一,此次乌苏被炸,我方死伤平民甚多,余心甚感不安,同时现尚有万余难民正由乌撤退,政府亦积极设法救济中。第二,气象台撤退事,我个人无何意思,不过能暂留最好。最后余询渠对新疆匪患看法如何,渠答曰,站在领事立场,只能代表政府传达侨民与政府间之意思,其他一切不便表示。不过今日可得而言者,即新疆现正如一只船航行于大风浪之中,总望其不致翻沉,并随时祷告希望上帝永远保护此船安然无恙。余曰:我虽非基督教徒,但亦时常祈祷上苍,保护此船之安全,俾大家均有此船可坐,倘一旦翻沉,不但船沉海底大家无船可坐,而海面上亦将从此不得太平矣。华闻言大笑。分别时,余并表示请美领随时帮忙之意。

长官行辕本日情报,各方情况分志如下:一、乌苏方面:1.微日苏军匪四千余,附野炮十余,飞机两架猛攻乌苏北郊。自拂晓至深夜,肉搏激战,我精锐部队损失殆尽,当夜转移内围阵地。截至鱼午,乌苏已入被围状态。鱼酉起,匪以山野炮轰城,到处起火。虞晨已入混战状态。2.独山子油厂人员,申鱼开始撤退,但守备仍加强中。3.虞晨匪机二架投弹五枚,并以机枪向我扫射,另一架盘旋后退去。二、精乌方面:1.精乌交通已断绝。2.沙山子、八家户微日苦战终日,匪死伤千余,我五七一团张营伤亡殆尽。微亥前我已放弃沙八两阵地,匪尾追猛攻,其一部三百余鱼午在精河北郊,另一部四百余在南郊发现,均向城厢攻击,一部已窜入中心区。截至虞晨,我精河西岸警戒阵地又被包围,我碉堡工事多为匪炮及飞机炸弹轰毁。敌有各式大炮约三十门。三、库阿区,匪四百余鱼午十时半分两路进扑温宿,县府被占,警局被围。截至鱼申正与骑五团之一部激烈巷战中。四、喀什区,蒲犁失守后,匪集中步六百人,骑千余,向喀什推进。我骑三十六团驻托衣布伦之一连,被匪千余夹击,未世移守英吉沙南十五里之阿哈他拉。刻英莎道路已断。五、迪化南郊柴窝堡西海子附近,鱼午发现骑匪二百余,正派队搜剿。

晚,长官行辕召开省防会议。余派曾秘书长及罗代参谋长代表出席。在开会以前,朱长官电话询余对精河撤退之意见。余答以此事各方看法不同,委座曾令坚守精河乌苏,谢军长亦主守。但精河郭师长岐在早即主撤退,均各持之有故,余表示:顷刻之间,不能作肯定主张。

九月八日,星期六,阴八月初三

今晨致张文白兄一电,告以新省当前危机请便陈委座……八时许,顾处长耕野、赵副主任委员剑锋、补给处张处长凤仪及孙庆麟、王勇诸人来见。渠等以匪势猖獗,不甘坐视,愿召集东北留迪闲散人士,组织自卫队捍城杀贼,忠之情溢于言表。余当即嘱张凤仪负责与保安司令部罗代参谋长详为计划,俾臻□□□,相谈良久,始辞去。顾等均系东北人,际兹故土光复,不亟亟于回家欢聚,而愿舍身杀贼,其志洵为可嘉,余深为感动。

苏领馆叶代总领事前日与刘特派员同机飞迪。今晨偕康副领事往访朱长官,渠请朱与余电话,谓欲求一见。余当请渠等即来新大楼谈话,约一小时许。余并餐以香槟果点,相谈甚为诚恳而欢洽。话题由苏京庆祝胜利情形,谈到中苏新约之缔订及日本失败之原因。最后并谈及新省情形。兹略志谈话大要如下:

余:中苏此次友好同盟条约之缔订,不仅可以表示贵我两国政府之友好合作,即两国人民亦莫不欢欣鼓舞,以庆祝此约之成功。盖友好同盟四字,有感情与利害之两重含义,贵我两国壤土相接最广,历史交往亦久,不仅感情向极融洽,而利害尤多相同之处。此约之签订,不但亚洲之侵略势力将从此消灭,而永保安定,即世界之和平秩序亦必因此而愈加巩固矣。我国父孙中山先生与贵国开国元勋列宁先生生前所致力之中苏合作携手并进之理想,今日得以完全实现,吾人实不胜其欣慰。今后吾人应发挥条约之精神,使贵我两国愈臻亲密,尤应使妨害条约精神之事件不致发生,以奠定东亚之永久和平与安乐。叶:领首微笑。余:中苏两国自革命后,均在向同一目标前进,不过贵国进步较速,而我国进步较缓。盖贵国在革命前因有广大人民,在欧洲不断奋斗业已渐立强国之基础。我国则不然,但譬如骑马然,贵国日行十里,我国日行五里,速度虽有不同,然吾人已立志,毕其途程,故最后亦必能与贵国同达一目的地。叶:连声应诺。余:日本此次之失败,完全由于其政略战略之错误。七七事变前,余与一日本高级军官相见,为之分析中国近五十年之历史。余谓今日中国在亚洲之形势，正如行至十字街头然，倘任何一方面对之有所侵害，则其他方面必加以援助，盖对其自身之利益攸关甚巨。再如某国向中国表示真善，中国亦必乐与精诚友好合作，毋少顾虑。但日本昧于此种形势，欲将中国囊为己有，此其政略之错误也。再日本侵略中国，倘能适可而止，或尚能苟得于一时，但其贪得无厌，不仅欲并吞整个中国，并猝然发动太平洋战争，以遂其独霸东亚之野心。殊不知我中华民族有其不可征服之因素存在，而英美两国又为世界和平之两大支柱，自不容侵略势力滋长，此日本战略之错误也。今贵我两国缔结友好同盟条约，共同防止亚洲侵略势力之生长，维护世界之和平，实为两国政略之成功。叶：贵主席今日所谈各点，余甚为同意。余：说话最难得人同意，今日君同意我言，余至为高兴（余乃开香槟飨之）。叶：新疆近况如何？余：余奉中央之命来新主政后，即以敦睦中苏邦交，安定地方秩序为职志。现虽中苏新约缔结，邦交愈臻亲善，但新省内部匪乱未平，地方不靖，余衷心至感惭愧。近日匪方且有飞机轰炸乌苏、精河等地，五日已有八架出动，昨日续来轰炸，平民死伤甚多，余心至感悲痛。但我机从未飞伊犁、塔城等地轰炸。盖该地皆我平民也。叶：敝国对于贵国所感困难各点向极同情，贵国抗日战争初起，敝国首先即以道义物资相援助。余：对贵国此种崇高伟大之友情，敝国人民即妇孺老幼，亦莫不同深感谢。今新约成立，相信贵国对新疆事件亦必能给予更多之援助。叶：需要如何援助？如能告余，当转报敝国政府。余：容后再请刘特派员转达，因渠与君等感情甚好，且能俄语也。叶：甚善。今日对主席所言一切，余均极为同意。余：君等对余所言愈同意愈使余高兴。叶、康大笑。

是时两领起辞，余分执其手而言曰：中华民国事即苏联事，苏联事亦即中华民国事，余新疆省主席之事，即贵领事之事，贵领事之事，亦即余之事。贵我两国利害相同，休戚与共，实不可分离也。两领再拜而别。谈话经过，余亦至感兴奋愉快。

午后继续接座申鱼，□周两电，原文如次，悉获委座申鱼电，限一小时到。迪化、朱长官、吴主席均鉴：八密。极密。申东各电均悉。（一）增强新省兵力，正筹划实施中。（二）关于苏方援济叛匪之证据，希先设法搜集。中正。申鱼会令一亨边印。重庆委座申阳已侍恭电。限一小时到。迪化朱长官吴主席：申微各电均悉。〇密。中央对新疆军事及外交已另有计划，兄等对当前艰危局势，惟有镇定，照常工作，各方不可自乱脚骤，各部队尤须固守阵地，不可擅自移动为要。中正手启。申阳已侍恭微。重发。印。

近以局势日紧，迪化军粮、民食应充分准备。尤以军粮存量无多，仅由焉耆运济，缓不济急。特嘱曾秘书长、卢厅长召集有关机关商讨抢运迪化南北两路附近各县存粮，以济急需。会议系在午后两点钟开始，至八时始完。会后听曾秘书长及卢厅长报告结果，决定尽可能发动现有车辆包括西北公路局、省公路局、中央银行、合作社、警务处、供应局等机关之卡车及民力兽力积极抢运。二三日后即可相继出发，预计在本月二十日以前，可存足供迪化两月所需之粮。月底可供四月之用。余特叮嘱三点：（1）确保沿途安全。（2）解决汽油问题。（3）车力、民力、兽力各须运费，应照平时增加一倍，以示激励，立饬照办。阿克苏乔专员来电，以温阿匪徒大举进攻，为加强防守力量，减少后顾之忧起见，决定将公务人员眷属疏散喀什。汉族居民自愿疏散者，政府当予以种种便利，其不愿疏散者，亦听自便，请余转令喀什张专员，俟疏散人员到达时，按人拨济粮食。余亦觉有此需要，当令张专员照办。并将蒲犁失陷，喀局亦紧各情电乔，嘱对安全问题应特别考虑。

九月九日，星期日，阴八月初三

……下午马秘书长骥、马军长呈祥、杨军长德亮、李总司令铁军、张参谋长鑑柱等抵迪。余派曾秘书长、周委员前往机场迎候。五时许，均来新大楼拜会。当此剿匪军事紧急之际，渠等均前来臂助，余心至感欣慰。

今日奉委座电,对新省军事部署已派郭副长官等前来襄助。兹录原电于次:重庆。委座齐侍恭电。限一小时到。迪化朱长官:虔亲迪电悉。○密。已饬军令部、航委会、侍从室各项高级人员同郭副长官寄峤,即日飞迪,吴主席暂缓来渝可也。中正。齐侍恭印。

晚阅各处情报、乌苏谢部撤出后情况不明。据安集海方面报称,谢军长似已向独山子方面退去。精河郭师长突围后已率部到沱。我精乌据点至此已全失矣。南疆方面匪仍围攻阿克苏。库车以北亦发现土匪。迪化东二十华里之葛家沟,八日晨亦窜来骑匪百余。瞻前顾后,不胜忧戚,所幸我骑五军部队已源源开到。今日据报,该军一二两团,六七两日已相继抵哈,在此军民□隍之际,亦可稍资镇定矣。

临时参议会全体参议员昨联名电呈委座,报告新省匪情,请迅挽救方略。原电如次……

九月十日,星期一,阴八月初五

中央警官学校迪化分校今日举行毕业典礼。余上午十时亲往训话,当以修身、爱民、勤谨三点训示诸身,历时一小时许,十一时半始返。

接总裁申佳侍参电,对于当前应变镇乱之道有所指示。原电如次:限两小时到。迪化朱长官并转吴主席:○密。兹派郭寄峤参谋长前来为兄襄助一切,望静镇静守,安定大局为要。精河部队不应擅自撤防,须知一退却即全军在途中被歼,万无逃命之望。只要我军各部能固守稳定,必能转危为安。当此军心动荡之时,要在军民主官必须坚守镇静,决无大事。此中正对外对内从全局考虑之结论,绝非不负责任之空谈也。希即通令各级军民长官,交代无令擅退者,不论何人,皆照临阵脱逃论罪,必杀无赦。蒋中正手令。申佳申侍参参印。

晚上与马呈祥军长谈话,据告骑五军已商定决集中布防,一师驻奇台一带,一师驻吐鲁番一带,军部仍设迪化。并先由哈密抽调一团车运到迪,以资迅速由本省送马八百匹,将来即驻扎南山。余并谓马曰:今日局面虽甚紧张,但民心仍甚安定,其原因有二:(一)贵部开到。(二)东干回始终无异动,因东干回在回教中向处领导地位,各族回教同胞均为其马首之瞻。尤以维族同胞为甚。过去新省历次变乱均系东干发动,别族响应,此次东干回众始终对政府亲信,不能说不是政治上之一大成功。现贵军到达,回教同胞对政府信仰,更为加深,余不胜欣喜。马军长亦谓渠今日偕杨军长德亮亲到各礼拜寺拜访,经历二十余处,各寺阿洪民众均极欢欣,盖回教人两军长连袂游览各寺者,在新尚属首次。回民振奋影响甚大。马军长并言迪化青海同乡甚多,甘肃河州人在此亦不少,渠虽离家万里,犹如置身故乡,衷心至为高兴。谈至十时许始辞去……

九月十一日,星期二,阴八月初六

上午九时,召开党政联席会议,余即席宣读总裁申佳、申侍参手令,并嘱党政各首长,应本临难毋苟之精神,严守自身岗位,督饬所属益加奋励,以期同心协力,度此难关……

九月十二日,星期三,阴历八月初七日

前与苏领馆叶代总领事谈话后,曾由刘特派员先以私人名义,叩询其对新省当前匪乱是否愿意出面斡旋。今日刘特派员来谈,渠昨日往访叶塞夫,谈话之间,叶颇有介入调解之意,惟表示须有一具体办法,始能向莫斯科报告,等语。余当即会同朱长官据情电请委座请示。原电如此:限两小时到。重庆委员长蒋:密。据外交特派员刘泽荣兄面报,顷与苏联驻迪叶总领事谈及新疆匪乱谓:尚请贵领事予以帮忙,俾草消弭。叶答称,要我帮忙,必须有一具体办法,始可向敝国报告云云。揆其态度,颇有介入调解之意,等语。谨即电陈可否照刘特派员九日致外部电中两项主张调停办法办理之处?伫候核示祗遵。职朱绍良、吴忠信。申文秘酉印。

接张部长文白兄十一日电,拟约同麦斯武德、艾沙、伊敏等来迪疏通,兹将来电及复电分录于后:一、重庆张部长未真电。限即时到。迪化吴主席礼卿先生:申庚电奉悉。密。关于新疆紧张情形,所有先生与逸民兄五日以后来电多曾阅知,委座极为系念。治原定今日成行,以无机改于明文日(十二日)起飞,在兰宿一宵,元日可到迪。此次事变,先生主张军事与政治并重,不知对方能否指派代表,以觅取政治谈判线索。兹拟约同麦斯武德、艾沙、伊敏诸位来迪疏通,尊意如何,请速电示。由兰州谷主席译转,以便遵办。弟张治中叩。真(十一日)未随印。二、复张部长电。限一小时到。兰州谷主席亲译:密。请转张部长文白兄。真未随电敬悉。麦斯武德等之来,如有益于大局,甚所欢迎。弟朱绍良、吴忠信。申文未印。

中央银行此次由渝运来之新疆省流通券,国币七十五亿元,以经办人员过度疏忽,票面竟印有维文"支那土耳其斯坦通用"等字样,幸发现尚早,即予停止发行,否则当此匪伪假名"东土耳其斯坦"以行号召之际,影响匪浅。但此项纸张、印刷等费之损失,亦不可谓不巨矣。近日匪氛日炽,拟即将该项钞券全数焚毁,以免他虞。再,迪化省库存有黄金五万余两,亦拟交便机带兰,以策安全。今日上午余特专电委座请示。

晚与马军长呈祥谈话……马军长辞去不久,郭副长官又来访谈,渠力劝余早日东返,并表示如余仍愿坐镇迪垣,亦应先将家眷送走云云。

九月十三日,星期四,阴八月初八

张文白兄于十二日午后离渝飞兰,今晨由兰西飞,下午三时抵此。同来者有中央党部张委员静愚、立法院王委员曾善、政治部第一厅邓厅长文仪、青年团秘书处长刘孟纯、政治部秘书童世纲等九人。余亲往机场迎接,异乡逢知友,已属人生之乐事,况当此新局危急之际,渠又系衔最高当局之命,前来襄助一切者,余衷心至感欣慰。

晚余即约集张部长、朱长官、郭副长官、李总司令、马军长、航委会王副主任、供应局刘局长及刘特派员等在新大楼会谈,对当前军事、政治、外交、供应各问题,均经详为商讨。张始深切明了此地局势之严重,无论兵员粮食,均不足久持,尤以军粮存储量仅足敷一二日之需。现虽正由迪化附近各县抢运,但一旦交通被阻,全迪军民即有断炊之虞。当以张之名义,重将此地实际情况电呈委座,并定明日午时,由刘特派员约同苏领前来新大楼,与张部长作私人间之谈话,以寻求外交上之解决途径。兹录张部长呈委座电文于后:限即到。重庆委员长蒋:密。(一)职今日下午飞抵迪化,最近匪情,朱长官已逐日报告。(二)据朱长官判断,匪已到绥来附近,距迪化仅有二日程途,随时有由侧面窜扰迪化可能。(三)现在守备迪化之兵力,仅有六营,连九分校学生一营在内,正赶调骑五军及四十六师一部增援,但最速亦须八至十日后,始能陆续到达。(四)粮食储运情况,据刘云瀚报告,以现在运输力量,如交通无意外变化,每天可运到五天粮食。省府方面已在城购积粮食,可支持十天。弹药方面,计有步机弹一百余万发。(五)此间从长官以下,均具守土决心。职对李总司令铁军,已郑重而严厉转达钧座意旨,令其本成功成仁之精神,激励部属,共抱与阵地共存亡之决心,保卫迪化,如有擅弃阵地,立予枪决。渠已表示接受。(六)目前急待解决之问题,为官兵士气之振奋,兵力之增厚,运输力量之加强,至后方防线过长,防务空虚,难保匪无扰乱交通线之企图,亦宜加防。(七)职已接见刘特派员,并与朱长官吴主席商定,由刘转约苏联总领事,于明日晤面,询其意见,如其愿出面调停,必须先由匪方停止进犯,派出代表与我方代表洽议政治解决途径,结果如何,容续电呈。(八)钧意如何?迅乞指示。职张治中。申元亥印。

九月十四日,星期五,阴八月初九

航空委员会王副主任叔铭,今晨离迪飞渝,余因张部长、朱长官、郭副长官之敦劝,不得已将家眷同机送渝。省府各厅委眷属,现以匪警日急,留迪徒自警扰,且影响各人工作情绪,今日午后亦专机送嘉峪关暂住。刘文龙、乌静彬同往。

本省首届临时参议会,自九月一日开会以来……

中午张文白兄及刘特派员在新大楼与苏驻迪领馆代总领事叶塞夫谈话,历一小时,经过颇为欢洽,叶已允将调停匪乱之意转达苏政府,张当将晤谈结果电呈委座。原电如次:限即刻到。重庆委员长蒋钧鉴:密。申元亥电计已呈览。职今日约苏领来谈,询其对新局意见,渠称此全系新省内部事,当中苏双方在莫京订约时,曾正式声明不干涉新省内政,因苏联对新疆向无领土野心,据其个人看法,现时最好设法和平解决。职当表示在原则上同意,并询其愿否代为疏通阻塞和平解决之道路。且必须使匪方立刻停止军事行动,以便双方派出代表正式商谈,否则一旦军事行动扩大,恐再无和平解决之机会。苏领允将此意转达,并请示莫斯科。因其个人极愿帮忙,但无政府明令,决不能有所行事。并云,此事最好由中国政府向苏联政府提出,较易有效。又称,渠个人无法与对方(指匪方)接洽,只有驻伊宁之苏领可代设法,惟此事非经莫斯科不能通电,等语。查此间情况,万分紧迫,据各方面负责人员之观察,除非匪中止前进,迪化殊无把握确保。目前救急办法唯有外交一途,盖此为问题症结所在,至为明显,似不宜讳疾忌医,即必须对症下药,先谋保全迪化,然后徐图补救,否则迪化一失,局势全非,今后纵能恢复,亦须费极大之力量与极长之时间,且夜长梦多,变化难测,恐影响中央威信太大,务请钧座当机立断,勿拘泥外交常轨,免致错失时机,可否急电驻苏傅大使,即向苏政府提出和平解决新局,并今后中苏在新经济合作意见,挽苏方出面调解,一面由钧座派员赴苏协同傅大使进行交涉,俾于最短期内,使形势趋于和缓,始能从容作其他适当措施,以期弭平变乱,恢复全疆,当可迎刃而解。敬祈迅赐裁夺施行。职张治中。申寒戌。印。

关于疏散迪化人民案,前经余及朱长官、郭副长官联名电请委座核示。今奉复电,已准照办。当即饬曾秘书长召集有关机关人员,商讨疏散办法及一切应行准备事项。

九月十五日,星期六,阴八月初十

……今日据报,苏方曾广播有骑兵两团、飞机二十架叛变。如此消息属实,或即系苏方对新省匪乱之托词。盖匪方军事全由苏方策划支持,苏人参加作战者为数甚多。最近精乌之役,并有飞机轰炸助战,事实俱在,昭然若揭。其欲掩盖世人耳目已不可能,乃发出此项故弄玄虚之声明,以作其支援匪伪之解嘲也。午后一时,张部长自军分校视察归来,即接见各族代表广录、华声慕、沙力士、阿世忠等七人,渠等表示意见两点:(一)近日匪势盖炽,前方军事节节失利,迪化近且大受威胁,深恐中央有放弃迪化,放弃新疆之计划,致使我大好河山沦为外蒙第二。渠等身为新疆人民,对此极为忧虑。张部长当肯定答复,中央不但不放弃新疆,并将不顾一切以规复失土。前此余在迪化各界庆祝抗战胜利大会席上,声明确保新疆永远为中华民国领土之提示,于兹又得一印证矣。(二)代表等反复说明,新疆绝无民族问题,全新疆人民均一致拥护政府,今日假有外援之少数匪徒,绝不能代表民意,我全疆人民之公意,则在拥护国民政府之领导,以建设人民安居乐业之新新疆。而此辈匪徒,扰乱社会治安,危害民众利益,丧心病狂,实为全疆人民之公敌,诚恐中央不明此点,请求推派代表赴渝报告真象。张当鉴以此事可请示吴主席,等语。余原拟派色以提、艾林、广录、华声慕、马云文等五人随张部长飞渝报告,嗣询张部长意思,决定渠等暂缓去渝。

午后……六时许,余与王委员曾善谈话,王谓,此次在迪虽只留两日,然就现感所得,对于过去对新观念之错误,纠正不少。盖自中苏友好同盟条约签定以后,中枢一般人士,均认为新疆外交上已无大问题,但来此后,始知真实情况如此,实出于吾人意想之外。渠并谓,昨与色以提谈话,色曾力斥麦斯武德、艾沙、伊敏等人之主张,认为渠等今日鼓吹狭义的民族主义,实属别有用心,而全疆人民之公意,则正与渠等论调相反。且今日伊犁匪伪亦非新省内部民族问题,纯系外来之挑拨离间,等语。张部长连日与此间各族人士谈话,对于此层亦已相当了解。故决定明日飞返复命。
九月十六日,星期日,阴八月十一日

……自匪伪攻陷乌苏、精河后,其先头部队近已进迫绥来附近。迪化为省垣重地,动关西北全局,形势至为重要,为防御匪徒袭击,加强固守力量起见,特决定赶筑附城防御工事,现迪化全市共有一百五十保,规定每保抽调三十人,合计每日征集民工四千五百人。全部工程,自今日开始,大约十日可成。兹据报称,各族人民为确保其自身之安全与田园庐舍均能深明大义,踊跃应征,且工作极为努力。吾人有此广大之民众力量,何愁迪化不保,匪患难灭。

今日据阿克苏骑五团赵团长汉奇电报,匪后续部队续到二百余名,均系俄人。伊犁伪主席艾力汗已率大队由冰达坂向南移动,等语。查阿克苏孤城固守,兵力单薄,颇为危险。如阿克苏不守,匪可南下与蒲犁之敌遥相呼应,夹攻喀什,则南疆大势去矣。而匪首艾力汗复亲率所部倾巢出击,足见其企图不小。余接电后,除商请长官部设法增援外,即饬拨款一部,犒劳该团将士,并传令嘉奖,以励士气。该团赵团长,年青有为,现年三十一岁,系前新疆军校毕业生,去冬伊犁土匪进攻冰达坂,企图窜扰南疆,赵率部击退,确保要塞,使局势转危为安。此次匪围攻阿克苏,赵复镇静指挥,坚忍守御,独撑艰局,勋劳卓著,余为加强军政统一指挥起见,前已令其兼代该区专员。倘使新疆各地官兵,均能如赵团长之英勇,则区区匪徒将不足为患矣。

今日张部长文白兄于离迪前,对于新政与余商定三点:其一,迅速改组省府。其二,以朱长官暂代主席,调余赴渝述职。其三,派余赴南疆布署。以上三点,由张部长面陈总裁择一决定。余并请张部长代陈四语:曰听命令,曰听天命,曰军事失败,曰政治没有失败。盱衡目前新疆局势,彻底改组省府,一新内外耳目,诚为迫切之举。爰于送走张部长后,再电张参酌并迅促成。原电如后……
九月十七日,星期一,阴八月十二日

今日下午三时,余召集省府各厅委处长举行座谈会。讨论当前急要事项。席间,余曾勖勉各同仁,应面对当前困难,不能有所慌张。匪伪虽假有外援,吾人亦当抱定不生事亦不怕事之精神,与之周旋,尤应随时警惕,以迎接更大困难之到来。余并告各同仁,余近十余日以来,夜不成寐,对当前各项困难问题,无时不萦回五衷,兹就思虑所及分别述之:其一,关于疏散者,应分别缓急,通盘计划,老弱妇孺尽先疏散,而年富力壮者,则政府应加以把握与利用。关于疏散之各项手续,应力求简便,沿途治安,亦应预为筹划。依据此项原则,当经决定人民请求晋关者限制尺度特别放宽,护照亦改由省会警察局发给,以减少不必要之周折。至于公务人员之疏散,亦经先行厘订剿匪军事时期,省级机关公务人员紧缩办法五项,规定各机关人员除在工作上必须留用者外,其他人员可予以停薪留职或准其请假。其愿意参加军事组织者,即送警务处编制。其二、余指示今后各机关汇往内地款项,应报省府备查。过去已汇者,亦应补报,以免公私混淆不清。其他关于省库所存黄金,运兰存放。动用库存白银购买粮食,护送南疆参议员回籍,及焚毁废券等问题,均经详细讨论,最后并决定将塔里海提等案犯连同其私财黄金等物,由机运送关内,以静待解决,兹将省级公务人员紧缩办法抄录于后:剿匪军事时期省级公务人员紧缩办法。一、本办法所称省级机关,以在迪化向财政厅请领经费之机关为限。二、各机关公务人员,有志参加军事组织者,经主管核定,得报名由本机关造册送警务处,即日编训,仍支原薪。三、各机关公务人员,在工作上必须留用者,应照常工作,加倍努力,除其眷属准予先行疏散外,绝对不许请假离职,应随同主管机关进退。四、各机关公务员,除参加组训及必须留用者外,由主管长官考核,予以停薪留职或准其请假。其薪金仍准发至十月底止。其欲迁居迪化以外各地者,本人及其眷属所需旅费,准照疏散眷属旅费标准之规定给予。五、上述二、三、四项停职及请假人员,由各主管机关造送名册三份,以一份送省府备查，以一份送交财政厅为发款之考放（另须由各机关造具领款计算清册），以一份送交疏散委员会统筹车辆之分配。

今日据报，哈密苏商务处职员，近日公开活动，四处刺探军情，调查过境军队番号，并经常放映电影，吸收各族民众，借势宣传反动。窜扰镇西、哈密近郊之土匪，闻与彼方亦有勾结。前此苏驻华大使彼得洛夫由渝飞苏时，藉口天候不佳，在我安西降落，实际系调查我军事设备及当地情况。由此可知彼之图我，无微不至。

九月十八日，星期二，阴八月十三日

今日为"九一八"第十四周年纪念。据报，我外长在英已与莫洛托夫提出新疆事件，如此消息属实，正恰余意。盖苏联乃一不守信义之国家，如吾人对其支持匪伪之技始终缄默，彼必得寸进尺，有加无已。伊犁事变发生后，余即主张循外交途径解决，但以当时对日战事方酣，中枢本多求友少树敌之外交原则，始终隐忍。中苏友好同盟条约签订以来，苏联不但未能遵守其不干涉新省内政之诺言，反而变本加厉，支使匪伪向我大举进攻，并有进占迪化，糜烂全疆之企图，吾人已至忍无可忍让难再让之地步，如苏方仍不改弦易辙，余以为即撕毁中苏新约亦在所不惜。盖此不仅中苏两国间之问题，实世界全面和平之所系也。

上午据谢军长电话，精河撤退部队一千余名已于昨日退抵绥来。其另一部，系由郭岐师长率领，于撤出精河时，遇匪截击，失去联络。依各方判断，或已退入乌苏南山中，该方面均系荒山旷野，寂无人烟，渠等必饱受艰辛矣。午后接张文白兄自兰州来电，略谓：顷接岳军兄电话，苏联方面已有答复，愿出任调停，等语。此或系苏方因恐我将伊变真像〔相〕公诸世界，引起国际间之公愤，而不得不急求结束也。

盖自乌苏、精河被飞机轰炸后，世界人士对此已极为注意。近日美国宣布外交政策，要求苏联遵守一切国际协定，即可见国际间反苏势力之增滋。以苏联现有实力，仍不敢肆行无忌也。今苏既愿出任调停,新局或有急转直下之势,不过吾人仍应照常准备,不可息忽。余以为吾人正可乘此时机,以全力痛剿绥来前线之匪,先将乌苏收复,然后再与之谈判,庶不致过度吃亏。

沙湾警局陈局长今日前来报告人民撤退情形,谓现有二万余人均流离沙绥道上,一部分曾遇匪袭击,死伤四五十人,余当饬其立即返回,加意安抚与救济……

九月十九日,星期三,阴八月十四日

上午十时,色以提议长偕南疆各区参议员来访,渠等表示,最近北疆匪势猖獗,南疆亦渐受波及,对于桑梓安全,极为关怀,亟欲返家。一面宣达政府德意,剀切说明利害,一面协同地方,防止匪势蔓延,请余予以协助。余当对渠等爱护邦家,深明大意〔义〕之精神,备致赞许。惟以拜城尚未克复,喀什、和阗、莎车三区参议员,尚不能用汽车直送喀什。当决定由省派车送至焉耆,再骑马绕道尉犁、婼羌,并电令沿途各地军政当局,妥为招待保护。除色以提拟仍留省外,馀均定日内启程。众辞去后,独留色以提议长谈话。色此次来迪,所得印象极佳,对于政府各项设施,亦有明确了解,余特以阿文回教教义一册亲笔款衔面授之曰:此书为汝到迪之最大收获,希珍存之。色捧书再谢不止。余复在所存回教经典中,请渠检出一册题名书上,以留纪念。并谓渠曰:余将来无论至何处,必随身珍藏此书。色极喜,再拜而辞。

中午接外交部甘次长乃光十七日电,谓苏联政府已正式表示愿意出面调解新疆匪乱,并经呈请委座,复请苏联饬驻伊宁领事通知匪方,即派代表来迪商洽。原电如次:即到。迪化朱长官、吴主席、张部长:△密。本月十七日,苏大使彼得诺夫来部面称:据苏联驻伊宁领事转报苏政府称,有回民数人,自称新疆暴动之人民代表,向该领事声请并暗示希望俄人出面为中间人,担任调解彼等与中国当局所发生之冲突,并声称暴动人民原无意脱离中国,其宗旨在于使回民在新疆较占多数各地如伊宁、塔尔巴台、阿尔泰、喀什区达到自治之目的。该代表等，列述过去新省当局对彼等之种种压迫，苏政府因关心其与新疆接壤地区之安宁与秩序，如中国政府愿意，则准备委派驻伊宁领事试对中国政府提供可能之协助，以便调整新疆已造成之局势。等语。经面呈委座，奉谕答复苏方要点如下：（一）关于新疆回民暴动，承苏政府愿意协助，我政府甚为感谢。（二）关于边疆人民待遇之改善，蒋主席亦有表示，政府对新疆人民甚为关切，此次事变，政府已严饬张部长治中赴新调查，实为改善待遇之张本。（三）我政府甚望此次事变分子，派代表到迪化，向张部长陈述意见，以便商洽解决。政府必根据既定政策，使新疆全体人民，在政治经济上与内地获得同等待遇。（四）苏联驻伊宁领事愿意协助，请即代为通知并介绍彼等到迪化晋谒张部长，商洽进行和平解决办法。至该代表等之到迪，我将力为保障。以上各项，已于十七日面告苏大使。特闻。甘乃光。筱印。

查余前与苏驻迪代总领事叶塞夫谈话后，曾由刘特派员先以私人名义，询问苏方是否愿意出任调停，张部长到迪后，亦曾约叶塞夫询问此意，渠两次均允报告莫斯科。此次彼得诺夫向我外交部表示，则谓系伊犁暴动回民代表自动向苏驻伊领事请求调解，故意表示其驻伊领事与伊变并无关系，并谓暴动人民原无脱离中国之意，其宗旨不过在要求回民在新疆较占多数各地如伊犁、塔城、喀什、阿山等之自治，窥其用心，不外在将我新疆之一部，造成苏联之国防外围，企图榨取资源以遂其变相占领之企图。此种手段，苏联使用于国际间已数见不鲜。外蒙既已独立，如新疆再不保，则我西北藩篱尽撤，门户洞开，内地各省亦时虞侵陵，防不胜防矣! 余以为新疆目前事小，中国将来前途事大，谈判时，其他条件尽可让步，而领土主权及国防所阙之要略则绝不可变更也。

午后三时，接见伊犁区警察局长兼乌县县长梁若节，渠对乌苏失守经过，报告甚详，认为敌匪尚未迫近城垣，军事当局如能沉着应付，决心死守，则乌苏必不致失陷如此之速，一方面可使匪焰稍杀,一方面迪化亦可从容部署,不致如此慌张,同时精河部队亦能从容撤退,减少损失,其关系全局,至为重大。余当加以勉慰,并希其短期内仍返前线,协助军事,料理一切。

四时接见镇西参议员阿通拜克及哈族代表阿地巴依、巴克什等三人。余对渠等过去协助政府保卫地方之精神,深表嘉许,希仍继续努力。并各赠捷克式步枪一枝,子弹五十发,表示本人对渠等信赖之意,渠等亦甚为高兴。五时召集省府各厅委处长谈话,余告以中央现正用外交途径解决新事情形。并谓目前战局想不致继续恶化,对于前此疏散人口及一切应变办法,可审度情形办理。

喀什张专员电告英吉沙被围,喀什危在旦夕,请速派飞机轰炸,并空运部队、枪枝接济,等语。余复电告以匪方已愿意和平调停,希镇静应付,并即告刘特派员,请其转告驻迪苏领,希望在此准备进行和平谈判之时,设法使南疆方面事态不再扩大,以免影响整个谈判。刘即往苏领馆转达此意。据返谈,苏领已允报告莫斯科。兹将致张专员两电附录如后……

阅甘次长来电,可知伊宁匪方愿意和平谈判。苏联方面允负介绍及协助调停之责。如此则新事将由外交途径解决,实为必然,实亦余摆脱主席职务及改组省府之机会,乃再电文白兄请转呈总裁改组省府。如蒙许可,余即率同省府同人呈院辞职,原电如左:限二小时到。重庆政治部张部长文白兄亲译。密。新疆问题既由外交途径求解决,省政府应即彻底改组,一新内外耳目。拟请转呈总裁参酌,如蒙许可,弟即率同省府同人向行政院呈请辞职。伫盼赐复。弟忠信亲笔。申皓(九月十九日)未印。

晚,朱长官一民兄莅新大楼谈话,历两小时之久。余谓过去我俩之间,彼此容或认识不清,经过此次在迪共事,感情弥增。但情深朋友不能不互作一评语,依兄一年来观察,弟为人最大毛病何在?朱曰:太直。余谓曰:兄则太细。所评均当,不禁相视大笑。余复曰:余处事方法不多,但心直性诚是真。朱急曰:兄办法多!办法多!

九月二十日,星期四,阴八月十五日

此次乌苏失守,沙湾撤退,各地居民弃家逃亡者甚多,亟待救济抚缉,爰派顾处长耕野亲往呼图壁一带料理。顾前晨启程,昨夜始返,今晨据其报告,呼图壁难民约五千余人,已按人各发救济费。此辈均带有牲畜,多流连城郊,时有被小股匪人袭击之可能,亟需调兵保护,以安人心。至沙湾撤退民众,约一万余人,现甫抵绥来境内,均已派人前往料理。据报,彼辈由沙湾撤出,既有匪人追击,而沿途溃军复肆意抢劫杀伤,生命财产损失甚重,至今犹惊魂未定,厥状至惨。余据报后,极为痛心,倘使军风纪再不设法整饬,则民心所背,剿匪军事前途,绝无希望。当立饬顾处长将此种真象〔相〕报告朱长官、郭副长官,异其设法挽救。

今日为阴历中秋节,阳历九月二十日,去年此时阳历十月一日,适余启程来新。时光易逝,瞬经一载矣。回溯余到任之初,原拟除旧布新,与民更始,不意伊犁变起,匪徒假借外援,竟以自治独立相号召,浸浸有弥漫全疆之势。余深恐有负中央付托之重,及违背平素固边之怀,夙夜焦思,力图挽救。一面积极宣抚,安定地方,一面刷新政治,以招徕民心,卒使大局稳定转危为安。证诸新疆过去一地有变化他处纷起响应之史例,不能不谓已获初步成功。但以余过去数年主管边政之经验,边疆各宗族,因文化低落,智识上既无判断是非之能力,精神上亦时呈离心之势,有时畏威甚于怀德,故政治必须有军事相配合,始能运用自如。而外交政策不能坚,亦足以动摇政治。近数月来,新局之急剧恶化,未始非军事力量薄弱,外交不能断然处置之故也。余殚精竭虑,诚无愧于心,不过新省为我西北之屏障,设一旦受制于人,则国基动摇,危在旦夕,瞻前顾后,能不黯然。惟望我中枢早定因应大计,一面固应谋求外交解决,一面仍应充实兵力,加强各种配备,否则纵使能得一时之苟安,而于国防大计亦无补益也。

晚七时,在新大楼设便餐邀朱长官、郭副长官共度佳节。酒后畅谈一切,兴致甚佳。时阵雨骤降,淅沥可闻,朱诗意勃发,赋诗数首,至午夜始散,余亲送出门。雨过天晴,孤月高悬,大地有如白昼,凉风拂面,已感衣单,远望天山雪影,不禁神驰霄汉。如此江山如此月,益令人爱恋不已。

九月二十一日,星期五,阴八月十六日

上午九时,召开第一〇八次省府委员会议,通过新疆省免费供应药品实施办法,及限制各机关查报公有财产牲畜办法等案件数起。

关于疏散迪化老弱妇孺案,自奉委座核准后,当曾转商刘特派员,对于各国驻迪外交人员之安全,亦应请示外交部预为筹划,以免临时仓卒。今日刘接外部复电,属于不得已时,可将渠等暂送哈密或兰州。原电如次:四五六号电悉。二二三号电计达。倘迪化情势仍属紧急,于不得已时,可将驻迪英、美、苏各领馆人员暂送哈密或兰州,以策安全。其交通工具等事,应请省政府筹备。仰知照。并将办理情形电部。甘乃光。十九日

下午六时,在新大楼宴请骑五军马呈祥军长、韩永福副军长、马如林书记长及军部秘书、参谋人员等共十三人。席间,余为渠等畅叙余生平往事,渠等均极感兴奋。临行并赠军部西药两箱。

今日接张文白兄申皓电。兹将原电及复电分录于后:限即到。迪化朱长官逸民兄:借省府密。吴主席礼卿先生:密。治昨返抵渝,谒见委座,奉谕告:(一)苏联于删日(十五日)下午通知我方,谓对方派代表赴伊宁镇事声明不愿脱离国家,但要求自治。次日我即答复苏联,谓承协助至谢,并允其介绍对方代表至迪化,谅已阅及。(二)王外长在英,莫洛托夫谈及此事为临时现象,不久可平息,请放心。(三)似此对方当无再犯迪化企图。委座又谕,闻乌苏已克服,确否?日来情形如何,祈电示,余容续闻。弟张治中。申皓(九月十九日)未随治印。电复张部长。即刻到。重庆政治部张部长文白兄:申皓随治电敬悉。〇密。乌苏并未克复,而喀什仍告吃紧,迪

化近郊且时有哈匪活动，如对军事不想办法，尚任外交拖延，结果恐难乐观也。青海骑兵已抵奇台，精河部队有千余人退至绥来。并闻。弟朱绍良、吴忠信。申箇亥。印。

晚，呈委座电一件，请即彻底改组省政府。上总裁申箇亥麟电。特急。重庆委员长蒋钧鉴：密。新疆问题现既由外交途径解决，省政府应彻底改组，一新内外耳目，除已请张文白兄面陈外，谨电呈乞鉴核。职吴忠信。叩。申箇（九月二十一日）亥麟。印……

九月二十二日，星期六，阴八月十七日

……八时许，军九分校主任宋希濂兄来新大楼访谈，历三小时许。渠有意率一部分军分校学生前往南疆工作，余甚嘉其志。

午接文白兄申哿秘电，藉悉已将"听命令，听天命，军事失败，政治没有失败"四语及改组省府，调余赴渝或派余赴南疆三点面陈总裁。惟总裁仍以余不宜离迪为复。在总裁心目中，有余留居迪化，对于维系民心，协调军政，不无裨益。然，至今解决新事重点已在外交，余实无再留必要，倘能离去，于公于私均无害。余志已决，不达目的不止也。兹将张部长电录后……

近两日来，绥来前线虽无甚变化，但据报，匪在安集海积集三千余，内多为俄匪，并有装甲车四辆。三道河子匪方汽车亦往来频繁，似有大举来袭之模样。英吉沙西南之苏盖提及衣格子牙等地，连日匪我均有激战，匪方总指挥官一名被我击毙，已不支溃退。但我骑二团姜顺福团长亦于衣格子牙阵亡。足可想见战斗之激烈。姜团长年轻有为，与赵汉奇团长同为南疆各团长中最忠、最有希望之人物，此次不幸阵亡，实为我新疆之一大损失。综观近数日来匪各方积极蠢动，并未丝毫放松，由外交途径解决虽已有线索，然吾人在此时更应加紧准备。盖消极方面可防止匪人乘隙而入，免受暗算。积极方面且可作外交谈判之后盾而不致被匪要挟。现在运输、械弹、士气均亟需加强。今据张部长电告，经召集各有关部门商议急救办法，结论如下：一、空运部队赴新疆办法；只有增拨卡车三百辆,以加强运输。二、增调部队一师入新;由军令部统筹计划。三、火力加强问题;军政部已有械弹一批在启运途中。四、新疆现有部队整编问题;未有结论。张部长电中并称,中央深知新疆军事问题严重,不过咸认缓不济急。由此可见,中央对新疆军事,亦办法无多,惟有希望用外交方法解决。但无武力作后盾,徒赖外交折冲,将来必难得满意结果。今日张部长又曾电询刘特派员,驻迪苏领已否接其政府训令,转约对方代表至迪化,渠俟匪方代表抵迪日期确定后,即飞迪商谈。

新疆省临时参议会全体参议员,以最近匪势猖厥,全疆震撼,今日特联名电呈蒋主席,请充实地方武力,以固国防。兹录原电如次……

马呈祥一团,今晚八时分乘汽车到迪,士兵虽经长途跋涉,但精神甚为饱满。枪刺森森,军容颇壮,汽车过处,市民夹道观望,均面呈兴奋喜悦之色。

九月二十三日,星期日,阴八月十八日

今日据报,绥来前线之安集海有匪三千余,附山野炮数门,正积极构筑工事,严密戒备,以防我之反击。英吉沙东南衣格子牙之匪五百余,经我骑二团击溃后,已窜抵莎车西之黑孜。阿克苏前线无变化。

昨据张部长文白兄来电,告以总裁仍不欲余离新他去。余思忖至再,确认当前新省问题一为军事,一为外交。余在此间政治作用已成过去,不如选一有助于军事及外交者来新主持,收效更大。爰重电张部长陈述意见,请其促成。电文如下……

九月二十四日,星期一,阴八月十九日

最近国际间美、苏对立之形势,日益尖锐,其症结所在,厥为美国方面欲控制太平洋上日本之委任统治各岛。苏联不愿放弃其地中海殖民地之要求。依余观察,如此种争执未能完全解决,则伦敦举行之五外长会议断难有所决定。且此种短兵相接之斗争,恐即为三次世界大战之根源。盖苏联既未能放弃其世界政策,近且得寸进尺,气焰逼人,美英诸国当难坐视此种情势之继续发展。今日报载柏林四强运动会开幕前夕,苏忽宣布退出。德人之盛传美苏战争一触即发者,并非全属捕风捉影之谈。世界大局如此恶转,新疆事件将亦受其影响。近日匪方虽提出愿派代表来迪谈判,而仍进扰不息。今日据报,精乌之匪拟以苏军两团绕北路进攻奇台,以哈匪两团进攻南疆。英吉沙衣格子牙之匪,经我击溃窜抵黑孜后,复分两股企图进犯莎车、喀什。

附辛亥伊犁记变概略及匪时事……

关于改组省府问题,前接张部长电谓,俟事变解决后再言省府改组为佳。余复党如省府改组之举在事变解决之后行之,外人必将视为匪方所提条件,有失政府威信,不若先自改组,以示诚意,较为得当。余乃以申回戌电致张部长重申所见。电文如下:限即刻到。重庆政治部张部长文白兄:密。申哿秘电所示俟事变解决后再言省府改组一节,弟考虑再四,深觉如先经妥洽方式使事变解决,而后改组省府,国内外必将以此为匪方所提条件,殊失政府威信,远不若先自改组,以新耳目,而示诚意也。特电请便陈参考。弟吴忠信。亲申回(九月二十四日)戌。印。

九月二十五日,星期二,阴八月二十日

上午接见保安司令部副官处长宋守中。渠面递辞呈,申述以往遭逢,近以身体多病,无法应付处务,深恐有所贻误,恳余准其辞职。呈曰……

青海骑五军分驻北路之第一师,近已接防奇台,并将继续到孚远、阜康等处接防。南路之一师已全部达鄯善,将来即担任吐鲁番、托克逊、达坂城等地之防务。至车运到迪之一团,连日正配备乘骑,现已配齐二百八十二匹。明日预备派该团士兵一连,乘汽车携带马鞍前往马耆取马。晚七时,召集省府各厅委处长举行座谈会,讨论难民救济及留迪南疆参议员返里事宜。

接张部长文白兄电,据告,二十三日晚复向委座报告改组省府之意,又未蒙许可。据张部长观察,在事变未解决前改组,无从谈起。为之奈何!兹录张电于后:限即到。迪化吴主席礼卿先生:密。申漾亥麟及申养、申皓三电敬悉。先生前嘱四语及建议三点早经代陈。昨晚复向委座报告先生之意,未奉谕。以治观察,在事变未解决前改组,无从谈起。先生处境,素寄同情,务请稍从忍耐,以后如有指示,定必遵为转陈,非敢有所吝言也。张治中。申敬(九月)。

晚,上总裁电,报告匪方动态。综论匪方企图,在欲将新省沿边各区先行占领,造成特殊事实。苏方亦正配合此一企图,以求构成其国防外围,故甚可能表面出面调停,而内取拖延姿态,俾匪方目的达成后,再进行谈判。反观我方,兵力已成强弩之末,唯一期望,厥在外交,故在外交上应亟起直追,加紧运用,促苏方早日实践调停,嘱匪方速派代表也。兹录原电如后:限即到。重庆委员长蒋:密。目前匪方动态:(一)主力控制乌苏、安集海一带,威胁迪化。(二)窜扰昌吉、奇台,牵制后路,并派散匪向各处以及迪化近郊活动。(三)积极围攻阿克苏,期更囊括喀什、莎车,俾与蒲犁打通。综括上述情形,匪方企图,显欲将新省沿边各区(莎车、喀什、阿克苏、伊犁、塔城、阿山)先行占领,造成特殊事实。苏联政府亦正配合此一企图,以求构成其国防外围,故甚可能表面出面调停,而内取拖延姿态。俾匪方目的达成后,再进行谈判。至反观我方对策,在军事上倚恃中央来援,缓不济急,似成绝望,而新省现有兵力,复有强弩之末之势。现所唯一期望,能使西北大局转危为安者,厥在外交。若外交上再不急起直追,任其拖延,则将来演变,尚难逆料。因此,职觉在重庆、莫斯科及伦敦各方,现对苏联外交,必须迅速加紧运用,促其早日实践调停建议,嘱匪方即将代表派来。当此美苏感情不甚愉快之际,苏方或亦不能不有所忌惮也。职吴忠信叩。申有(九月二十五日)戌麟。印。

九月二十六日,星期三,阴八月二十一日

上午十时,至骑五军军部访晤马军长呈祥。该军军部现暂住东门外前一二八师师部,俟老满城新址修葺后,即全部迁往。余向马军长询问该军到达情形甚详,最后并勉励渠曰:此次贵部入新固边,关系至为重大,汝年事尚轻,前途未可限量。余又再三叮嘱该军驻定地点后,应切实注意警戒与联络,因哈匪行纵飘忽,出没无定,偷袭盗马为彼辈惯技。倘不预为防范,易为所乘。该军副军长韩荣福抵迪后,即患回归热,现虽体温已退,但尚不能起床,余略致慰问后即辞去。

十一时前往军分校访宋主任希濂。宋迎出谓余曰:承蒙老先生亲自驾临,实不敢当,以后请随时电召趋教可也。渠执礼甚恭,态度亦至为诚恳。该校学生现正建筑七道湾方面之防御工事,全部工程期月可完。七道湾在城北二十里处,两面山岗对峙,形势极为险要,为迪化北上阜康之孔道。将来该校学生即担任该方面之防务。

午间,刘特派员接张部长电,关于中苏经济合作,张已面呈委座,奉谕可继续谈判,并已由外交部通告傅大使。如此项谈判能顺利进行,并获得良好结果,新疆问题或亦可随之好转。

今日情报,攻阿克苏之匪,昨竟日炮击,城内落弹六百余发。绥来西石河子有俄匪六百余,附飞机两架,上标为"东土耳其斯坦"等字样。有酉支进犯昌吉之讯。呼图壁南山之哈族,近亦全部叛变附匪,窜往昌吉县北集中。英吉沙方面皓日向我衣格子牙进攻之匪,系苏比尔扎草夫团。是役被我骑二团击毙者有苏上校团长比尔扎草夫、中校副团长晤拉聂夫及迫击炮手哈得诺夫等五十余名。并俘虏二十七名。现匪复由蒲犁乌恰派来大批援军,附新式器。沿途强拉人马,麇集英吉沙东南黑孜一带,总计三千余人,似有再犯英吉沙模样。

九月二十七日,星期四,阴八月二十二日

上午鲁效祖来访,渠出狱以后身体迄未复原,近拟携眷返兰休养。余以其年高体弱,已允为之接洽飞机座位。余等谈及新疆近况时,渠认为不致再形恶化,并相信新疆绝无民族问题,今日之匪乱,全系外来之挑拨使然。继谈论西北国防,余谓我西北国防重点,应为阿尔泰山与昆仑山。如此两山不能掌握,不但西北门户大开,安全难保,即中原各省,亦将有芒刺在背之感。渠甚以为然,并谓阿尔泰山,不仅为我西北国防军事之要地,并为我国家资源之宝藏。金矿蕴藏之富,早已闻名全国,当杨增新主新时,曾询其南北疆执为重要,渠即谓,北疆重于南疆。盖南疆虽农产富饶,其价值仍逊于阿尔泰山也。苏联之所以不放弃新疆之经营者,其目的即在夺取阿尔泰山。渠曾任阿尔泰道尹有年,足迹遍历阿区各地,其言洵可征信。其后,余等又谈及做人问题,同认修身为做人之基本条件。余并曰:修身必先修心,佛学至高无上之道理,即万物均存于心。且佛学对生死更有精辟之见者,认为生死本无分别,如吾人能警觉,死字不仅对事业上能积极进取,对操守上亦必能丝毫不苟,倘使不能了解个中真义,反而更为消极,则更为堕落。今世对佛学一知半解者,往往即会发生此种危险。最后余并出示今春罗代参谋长视察南疆时,带来喀什张希良师长送余之佛像二尊,鲁对于考据亦颇有研究,鉴赏之余,并谓此即所谓健驮罗式造像,系唐时遗物,西域精绝国即今于阗一带,往往为握地者所发现。盖因西域接近舍卫,佛教盛极一时,梵宇伽兰,所在皆是。此种雕塑,虽无杨惠之、张仙高、王耐儿等之玲珑透剔,然其妙相庄严,实启塑作先河,以后云岗石窟用直保圣,要皆导源于健驮罗之作风者甚多,于东方历史上最有价值,至可宝贵。等语。

下午接见徐伯达。徐曾任伊犁区行政长,为新疆所谓十大博士之一。因羁狱得肺病,出狱后病体如故,生活萧条,余曾补助其医药等费,现拟晋关医治,请求搭乘便机,余当即照准,并赠送旅费法币十万元。今日并派员致送马军长茶、糖、饼干等物。

关于改组省府意见,本月二十四日余曾以申回电张部长,说明若在事变解决后改组,易被误认此为匪方所提条件。顷接张部长申宥秘复电,略谓总裁意于事变解决后同时解决省府改组与重划省区问题,惟允再向总裁婉陈,先电余回渝述职。余即复电张部长,对所示先电余回渝一节,表示欣慰。盖此举不仅余对新疆问题可向总裁作一详细报告,即对整个西北大局,亦可从长商讨。兹录来往两电如下:一、重庆张部长申宥秘电。限即到。迪化吴主席礼卿先生:密。申回戌、申敬午电敬悉。申梗戌秘及申敬秘电计已邀览。关于新省府改组事,在委座意念中,当于事变解决后随同新省重划省区问题同时解决,届时当不致被误为出之匪方要求,致损中央威信也。惟先生之意,治极同情,当再向委座恳切婉陈,先电先生回渝述职,从长计议。苏联对介绍对方代表至迪一节,尚未见复,如对方代表应邀抵迪,治当即飞迪参加谈商也。此电请交寄峤兄一阅。张治中。申宥秘。印。二、复张部长申感戌麟电。即刻到。重庆政治部张部长文白兄:密。申宥秘电敬悉。申梗戌秘及申敬秘电亦均奉到。弟事迭烦转陈,至深感幸。承拟先请委座电弟回渝述职一节,殊感必要。盖此不仅弟对新疆问题可向委座作一详尽报告,即对整个西北大局,亦可从长商讨,而对吾兄处理西北各事及兄来西北之名义,其需弟向委座进言者,尤当力予建议,期能有所裨益也。目前绥来形势尚稳,青海骑兵北路一师已集奇台,日内可分防孚远、阜康。另一师之一团,早到迪化,余两团已集中吐鲁番,将分驻托克逊、达坂一带。迪化人心现亦较安,惟匪攻阿克苏甚急,恐难久守,喀什姜团长在英吉沙激战阵亡。匪方伤亡亦重,现在沉寂中。知注并闻。弟吴忠信。申感,戌麟。印。

九月二十八日,星期五,阴八月二十三日

上午马军长呈祥偕该军参议马金科来新大楼,面谢昨日馈赠各物。近因该军入新布防,迪化附近各县散匪似稍敛迹。据报,阜康县属紫泥泉有匪二三百盘据,连日在北路一带骚扰抢掠马、驼、羊群甚多,彼等拟俟降雪后窜据北沙窝,或返回阿山。现以骑五军先头部队已到达奇台,日内并将接防阜康、孚远,匪徒甚为恐慌。据被俘哈民返回称，渠曾遭痛打拷问青海部队已至何处，同时部分附匪哈民，近亦纷纷返回庄园，并谓过去均系良民，一时受匪裹胁，现青海部队到来，安全已有保障，此后绝不再与匪徒来往。最近阜康回胞曾派代表来迪，要求马军长趁雪未降，北沙窝无水之际，速派骑兵痛剿紫泥泉之匪，纵不能扫穴犁庭，至少亦可将牲畜夺回。阜康民众，并自愿出马二三百匹，以供军用。马军长已允其所请，一俟到迪之一团骑兵，马匹补充齐全后，即开往兜剿。现迪化及附近各县人民，对青海骑兵纪律森严，声势浩大，至为赞佩，属望亦甚殷切。倘使此次一举歼灭紫泥泉之匪，则其他各地匪徒将闻风丧胆，民心益可安定，且亦青海骑兵初步表现威力之机会也。余对马军长面加勉励，并嘱多研究敌情地形，万不可轻敌。马金科参议系本地人，对新省民情地形均甚熟悉，爰嘱尽量提供意见，帮助马军长规划一切，最好能将剿匪军事应行注意事项，作成守则，交马军长转告各战士，俾能知己知彼，始可百战百胜也。

南疆参议员决定明晨搭乘供应局军服车至马耆，然后再分道各返原籍。余除电饬各当地军政人员加意照料保护外，并各送老羊皮大衣一件以资御寒。至色以提议长，余原拟留其在迪协助一切，嗣以渠返家心切，不便强留，亦决定明晨同返。

今日各线战况无变化。

九月二十九日，星期六，阴八月二十四日

昨夜一夜风雨，今晨即寒冷如冬。上午八时赴临时参议会为南疆参议员送行。渠等均着余昨日所送之皮大衣，原拟为渠等途中御寒者，不意今日即可适用。渠等均系盛夏来省，倘无此一袭粗裘，今日必感困窘也。余并为渠等致别词：(一) 本人到新一年来，土匪随处扰乱，不过此仅系暂时问题，将来必可平定。余再重申保证新疆永远为中华民国领土，有中国必有新疆。今日我抗战已胜利结束，丧失已久之台湾，且能光复，现有之大好河山，自不能任人割取。今日新疆之问题，并非新疆一地之问题，也不是中国一国的问题，而是整个亚洲,整个世界的问题。倘使新疆一日不安定,则全世界之和平秩序亦将无法建立。(二)中央对新完全与内地各省同等看待,绝无轩轻之分。今日少数不明大义之人,高唱自治之口号,实欲借此分化新疆。今日吾人谈地方自治,应遵照总理遗教,经过军政训政宪政之一定程序,然后自治始能名实相符,不致为人利用。内地各省推行训政工作,已历十余年,新疆则为时甚短,而新疆参议会之成立亦较其他各省为晚。吾人今日只有循合法手续,加倍努力,急起直追,以期赶上内地各省。(三)余已宣布明年内普遍成立各县县参议会,以发挥民意,培养自治基础,希各位领导民众协助此项工作之推行。(四)余重新告诉大家,本人绝对尊重宗教,不仅消极的不加干涉与阻挠,而且还要积极的加以提倡与保护。(五)此次为本省临时参议会第一届第一次大会,将来还要继续召开第二次大会,希望各位届时带来更多的民意与更宝贵的意见。在休会的时间也希望各位能把各地的情形告诉我们,以作我们今后施政的参考。词毕,由色以提致词,渠表示此次大家亟欲返家者,因知南疆少数地方已有匪徒扰乱,深恐匪势扩大,桑梓糜烂,故决定兼程返里以宣达政府德意,并誓死拥护政府,动员全南疆民众,务使老者及在宗教上有地位者均参加宣传工作,年青力壮者均帮助维持治安。当余致词时,渠等曾数度起立,表示感激与拥戴。比辞出,渠等均送至车旁,颇有依依惜别之意。

关于由塔城逃入苏境之大批难民,苏方前请我派员至伊尔克什坦木接收。今据刘特派员抄转甘次长九月二十七日电,据傅大使巧日电称,苏外部表示伊尔克什坦木交通工具缺乏,请我方派车辆至苏联境内窝什接运。此项车辆与苏方当局接洽后,即可开入苏境云云。当以阿克苏、喀什一带匪警频传,交通梗阻,无法派车接运。复请外交署刘特派员电转甘次长原文如次:外交署刘特派员、并即电转甘次长:九月二十七日第534号电敬悉。嘱派车接运逃苏难民事。查阿克苏、喀什一带,现正频传匪警,交通梗阻,容俟道路平靖时再行设法接运。相应电复,即希查照转电为荷。朱绍良、吴忠信。申艳秘。印。

九月三十日,星期日,阴八月二十五日

据汤副司令位东,呼图壁县长丁立南今日电称,沙湾县退呼难民二千余人,并有大车八百余辆,流落呼图壁县境,食住均成问题,而呼北乡黄草湖一带,则粮食委弃于地,无人收割,特建议将沙湾县政府暂设黄草湖,以收容该县逃呼难民,并可抢收粮食。余以其所见极是,即允照办。爰令张权镇仍回该县县长职,并暂兼绥来、沙湾、乌苏三县民众自卫团临时指挥官。责任分别整编该三县自卫队,掩护民众抢收冬粮,并协助军队,保护交通。

阿克苏赵汉奇团长今日电报,匪昨晚曾集中主力,并以猛烈炮火掩护,由南门搭梯攻城,我方以火力薄弱,匪人曾有十名登上城墙,均持冲锋机枪及手榴弹,幸赖我战士英勇用命,与之肉搏,卒将其扫数击毙。我连长洪亚东以下官兵数十员名,奋不顾身,亦为国捐躯。匪并曾数度派人爬近城门放火,均未得逞。阿城保卫战已进入最高峰,我军以五六百之众当贰千余之匪,且后援无济,粮弹日少,伤毙兵员更无法补充,匪则由伊犁源源增加,阿城命运之危殆,可以想见。

今日喀什张希良师长电称,乌恰西依塘一带,俭日窜到苏匪莫乌良诺夫团五百余,企图进攻乌恰。又,乌恰属八村柯族头目一不拉引号召柯族四百余附匪,曾两度派代表赴某国洽运武器,并扬言将进扰喀什。查乌恰毗邻苏境居民又多为柯尔克孜人,彼等平时散居深山,易受外方挑拨离间。该县仅有少数保安队及警察,形势至为危险也。

得张部长申俭电告,总裁近不在渝,周后可返,届时再请召余回渝述职。余即复电,申述西北应有范围,当包括甘、宁、青、新四省。总裁前命张负西北总责,即应以此四省为管理对象,否则必致有运用不灵之苦。至重划新疆省区,短期似难实现。现张部长即将前来西北负甘、宁、青、新四省总责,并兼领新省主席,然后徐图分省计划。兹录两电如下:一、重庆张部长申俭秘电。特急。迪化吴主席礼卿先生:密。申感戌麟电敬悉。委座顷不在渝,约一周后方返,拟再请召先生回渝述职。当于委座归来后恳切陈情不误。近况仍祈时赐电告。张治中。申俭。(九月二十八日)秘印。二、复张部长申三十申麟电。即刻到。重庆政治部张部长文白兄:申俭电敬悉。密。极。秘。北疆匪情近无变化,惟阿克苏匪围攻益急耳。间思西北范围,应包括甘、宁、青、新四省,委座前命兄负西北总责,即应以此四省为管理对象,若仅将新疆划为四省,而使兄负其责,必致有运用不灵之苦。且新疆划为四省之议,乃发动于阿山乌苏尚在及南疆未乱之前,以现在情势言之,恐牵涉外交与军事,短期似难实现。故弟意兄现即可前来西北,先负甘、宁、青、新四省总责,并兼领新省主席(如兄不驻迪化,可派员代理),然后再徐图将新疆划为四省,并原有者共为七省,仍由兄挈其纲领。如此则缓急先后似较适当,与目前环境亦可配合。不知尊意以为如何?中央现对西北,一方应有一断然处理,不可再采观望及拖延态度,一方应促苏联从速转嘱匪方派代表来洽,以期问题之了结也。并陈以备参考。再,此电幸勿与他人道及为祷。弟吴忠信。申三十。申麟。印。

十月一日,星期一,阴八月二十六日

今日据鄯善县长时常吉电称,艳日由善出发空军站,水利勘测总队、财政厅等眷属疏散车十三辆,行抵惠井子地方,突遭哈匪截击,当击毙空军总站排长一名,士兵二名,朱长官侍从副官罗德仁亦被击毙,幸各机关眷属尚无伤亡。同时又据七角井设治局长博大正电称,西盐池驻军叛变,排长被杀。驻七营长梁循初闻警带兵驱车驰往侦查,行至惠井子遇匪七八十人,以机关枪扫射,当死十七人,返回者十二人,梁营长无恙,等语。查西盐池惠井子位于鄯善与七角井之间,沿途荒凉无人居住,但为东去哈密必经之道,当此剿匪时期,后方交通线之安全,至为重要。过去迭传匪警,余均促请军事当局切实注意,增加防守力量。对于各机关眷属之疏散,余亦曾再三叮嘱,应以安全第一,讵知言犹在耳,竟有此次不幸事件之发生,殊属令人痛心。博局长电报,且谓系西盐池驻军叛变,余已饬其详查速报,倘确系驻军叛变,余实不禁为新疆前途忧。盖近月以来,部分军队纪律欠整,生事扰民,迭有所闻,诚宜速予以有效之整饬,俾期达成爱民保民军民打成一片之目的。

据警务处转据喀什警局申感报称,喀什西他什米里克窜到苏匪百余,在该地积极征集维塔村各族青年,已成立部队者约六百余,有迫击炮三门、轻重机枪六挺、步枪三百余枝,手榴弹三百余枚。又乌恰属柯族八村头目一不拉引,号召附匪之柯族,已达千余,并推一不拉引为司令,刻正征兵抢劫粮马中。是喀什之危险性迄未过去,其命运将决定于阿克苏之能否确保。匪若攻占阿克苏,则喀什垂手可得也。

杨增新治新轶事甚多,迪化遗老皆能侃侃道之。兹且述其惨杀案二件如下:(下略)

十月二日,星期二,阴八月二十七日

上午九时举行党政联席座谈会第五次会议。计到党委马良骏、华声慕、广禄、吕乐甫,省委加里木汗、邓翔海等二十一人。席间余致词,对疏散迪化老弱妇孺之用意加以解说。次就内外情势之好转详为分析,并勖勉各同仁加强信心,严守岗位,以应付当前危局。余谓现在迪化一部分老弱妇孺之疏散,其用意在决心坚守迪化,吾人疏散妇孺后各机关人员应加倍努力,勿稍懈怠。各级首长应对部属严加督饬,如有懈怠及不法行为,决依战时军律办理。外人有谓军队骚扰百姓者,要知少数新兵未受训练,决非全体纪律不好,机关首长应注意一般人民对军队以偏概全之错误观念。现在最要紧者为自信心之加强。我迭言新省与中国有如此悠久之历史与密切之关系,有中国必有新疆,此为颠扑不破之道理。在座有如此多之党政人材,另有如许军队,安能随便放弃新疆。现有两个现象甚佳,一为人民心理均一致相信政府，相信国家。一为军事力量日渐加强，精河一团之安全退至绥来，实不容易，此可表现我军战斗力充沛，同时后方仍在增加队伍。青海骑兵已到，纪律战斗力均好，剿匪甚有把握，今后将继续增加军队。纪律好必能效命疆场，将来军民更能打成一片，此就本身情形而言者。其次，就对外环境言，抗战胜利，日本打倒，已失土地均经收复，国家此时绝无失土之理。至中苏三十年友好条约之精神，大部分系于新疆问题，新疆问题如不好转，即为中苏条约之失败，世界危机之再起，故彼得洛夫曾向我外部表示愿和缓此事。蒋主席已表示准匪方派人来迪接洽。中央并已决定派张部长来迪。现匪方代表即将派来，同时伦敦五外长会议王外长已向莫洛托夫谈及新疆问题，莫氏表示此系暂时问题。今日报载苏联已照条约在三个月内撤退东北军队，可见其绝对遵守条约。故就内外形势看新疆问题，均不致再形恶化。望转嘱各级同仁，务当振奋精神，切勿沮丧，有毅力就可克服困难，自信绝无可败之理。旋由顾处长、邓厅长报告难民救济情形，余均分别加以指示，并饬保安司令部将所存旧衣分发难民，并指示办理救济者要有己饥己溺之精神，始能办理完善。

下午四时往访鲁效祖满城寓所。渠见余至感激异常。寓所房院甚大，约五六十间，原系前伊犁屯垦使张培元所置。鲁住此已近二十年。自二十六年鲁下狱后，即为公家没收，用作妇女会办公之地。门窗破落，已非昔日旧观，鲁言及心伤，现拟返回甘肃原籍，已全部价售供应局矣。渠告余曰：被押八年，前后换监狱七处，最坏者为第二监狱，房屋狭小，黑暗潮湿，羁囚是处达三年之久，健康因以损毁，至今胃疾未愈，腿犹行动不便，但同房年青者多已牢死，余尚能保此残生，亦云幸矣。言下不胜悲戚。渠并历述介绍盛世才来新之经过。盛本在南京参谋本部工作，由渠介绍于金树仁，并陪其从东北取道西伯利亚铁路来新。时盛夫人尚婴儿在抱，鲁沿途照料。到新后即寓鲁家。初金树仁尚不拟重用盛氏，赖鲁之力为吹嘘，始得任参谋室主任,其对盛可谓仁至义尽矣。乃盛氏执掌政权后,不但无丝毫报答,反将其无端下狱,身受痛苦,同难友好□怨余之引患入新也。言至此时,余等不禁大笑。鲁并谓盛本满洲旗人,自认汉族,学识较低,修养不够,至为害新省不少。鲁又谓过去中央大员如黄慕松、褚民谊、罗文干诸氏之入新,其失败之原因,皆由于先怀私意所致。余告鲁三十一年秋,余来新疆时曾与盛世才作二小时之长谈。余当时向盛曰:中央对新绝对信任,此后新疆需要中央帮忙,中央即帮忙。如不需要中央帮忙,则中央必一本过去政策少加过问。其后盛世才之所以倾向中央,亦即中央精诚之所感召也。余等谈会约历一小时,归时已夕阳欲坠矣。

今晨曾致张部长一电,申论新事对策,外交、人事、军事三者应速谋补救,缺一不可,请其转陈总裁。电文如左:特急。重庆政治部张部长文白兄:密。新疆局势虽严重,并非不可救药。如中央要新疆这块大土地,应用最速方法办理:第一、对苏外交。第二、调整人事。第三、加强军事。此三者缺一不可也。倘中央仍拖延观望,必致全疆沦陷,则对国家对人民对新疆之历史,将遗恨无穷。弟本爱党爱国之热忱,不得不痛切请求也。请便中转报总裁为荷。弟忠信亲笔。酉冬(十月二日)。辰印。

十月三日,星期三,阴八月二十八日

……苏联驻迪代总领事叶塞夫今日向外交署刘特派员谈称,已奉莫斯科复电,伊犁匪方代表业经派定,候我方指示来迪途径后,即首途电迪。刘当即来新大楼商谈,余认为此系地方事件性质,最好即由地方决定,以免徒稽时日。郭副长官亦认为此系八战区事,无须请示中央。爰请刘特派员转商朱长官,朱亦同意。乃约定明日上午十时仍由刘特派员答复苏领。新省月来阴霾满布之情景,至此或可望打开矣。

南山哈族自卫队长司马益,由鲍尔汉专员陪同,于下午六时来谒,报告南山自卫工作情形,甚详。余当加以勉励。南山因接近省垣，居住哈民沐浴政府教化较易，故渠等始终竭诚拥护政府。上月阜康境内散匪侵扰迪化城北之石仁沟一带时，渠等曾自动请缨杀贼，忠诚可见。辞去时，余并赠送司马益手枪一枝，以示信任之意。

今日据喀什张师长希良申陷电称，盘据英吉沙南苏盖提之匪五十余，经我军进剿，向衣格子牙方向溃逸。毙匪八名，俘匪排长一，兵二。我续向衣格子牙进攻中。轮台东北茶汉乌苏之匪，亦于申俭被我击溃，向乌拉斯台沟溃逸，我军追击九十余华里。是役，毙伤匪百余，并击毙苏匪首一员……

十月四日，星期四，阴八月二十九日

上午十时，刘特派员前往苏领馆答复匪方代表到迪途径及应注意事项，结果甚为圆满。余并将洽谈情形电告张文白兄，促其速飞迪化，以便进行谈判。原电如次：限二小时到。重庆政治部张部长文白兄：〇密。昨午后，苏驻迪领事向我外交署刘特派员洽询，谓奉莫斯科电转据伊犁匪方告称，代表即可派出，应循何路及如何到达迪化，等语。经与一民、寄峤两兄商讨后，已于今晨答复苏领如下：一、代表何日到达第一线附近，应即先行电告，以凭派员带车在第一线候接。二、代表到达第一线附近后，应先遣两人乘马沿公路到我第一线联络，以便派人迎接。但先遣乘马者到我第一线前方约一千公尺时，应手举白旗，俾我第一线部队易于识别，而免误会云云。除已由刘特派员电达外，想伊犁代表短期即可来迪，尚祈台驾迅速西飞洽谈一切，不胜企切。何日启程，乞即电示。弟吴忠信。酉支未麟。印……

我向英吉沙南衣格子牙攻击之骑二团，酉东续获大胜。匪三百五十余已被击溃，毙苏指挥官一员，俘苏匪再尼丁等十二名，并毙匪百余，马百余。获高射炮二门，迫击炮一门，轻重机枪四挺，步枪百余枝，炮弹三箱，马二十余匹。我仅阵亡士兵三名，伤十余名，士气大振。英吉沙又复转危为安矣。

十月五日，星期五，阴八月三十日

上午九时，召开省府第一〇九次委员会议。计到出席委员加里木汗、周昆田等九人。列席顾耕野、陈希豪等六人。当通过限期成立迪化、焉耆、哈密、阿克苏、莎车、疏附、和阗等七县县参议会。又以各县草场原为牲畜养育之处，并非出粮之地，牲畜纳税草场征粮，似嫌税收过重，且草场之牧民多不习惯种地，草场既不产粮，强使缴纳额粮，必感困难。余为纾息民困，不惜政府减少税收，亦于今日将各县草场额粮提会决议，一律豁免。

此次乌苏被匪攻陷后，驻扎该县之某方少将指挥波里诺夫迫令乌苏回族中坊寺阿洪马有才致书与迪化回教大阿洪马良骏。并派回民马万来、古福忠携信前来。渠等行抵昌吉县属阿州工地方，即将原函及匪方通行证等送交当地自卫队。当由昌吉县府将该马万来、古福忠二名连同信件等于本月三日解送来迪。据其供称，上月七日匪由塔城、伊犁调来维、哈、蒙、锡索各族匪人约五千余人，及苏联之正式军队约有三千余人，总共七八千人，由波里诺夫指挥进攻乌苏县城。我军于是夜十一时由东门及北门撤退后，匪之前锋部队即进入城内。至其后尾部队于次日早晨陆续进入城市。夺获我军步机枪甚多，并有小型坦克一辆，美式汽车数辆。匪人之武器本不敷分配，攻陷乌苏后，平均每人即有枪一枝。匪入城之次日，即派当地之维族乃思尔丁为县长，哈族沙力汗为副县长，维族司马益阿吉为公安局长。其机关悬有白旗，上缀红色月牙及五星，并有维文东土耳其斯坦字样。我军退守绥来后，匪曾在乌苏各游牧抽调壮丁：蒙族四苏木游牧抽壮丁一百人，哈族游牧约千人，维族数百人，所发枪械多得自我军，装备齐全后，即开前线增援。匪方每日由伊犁、塔城驶来汽车甚多，均运输军需品及弹药，入夜往来汽车更为频繁，运走者究为何物，尚无所悉。至匪方兵力配备情形，独山子约有一千余人，多系苏人，安集海约有一千余人，三道河子约三千余人。并在各地赶修工事，以防我军反攻，等语。查马万来现年五十一岁，甘肃临夏人，民国七年即来新以佣工为生。古福忠现年四十九岁,甘肃徽县人,系民国十年来新,在乌经营小本生意,渠等不甘为虎作伥,自动将匪方证件、通行证等物缴呈,实属深明大义。同时亦可证明陷匪各地人民,多系迫于事实,无法出走,并非甘心附贼也。至渠等此次所持匪方通行证系由匪首波里诺夫亲自签署。据云波为苏联现役军人,此实为苏联支持匪伪之有力证据。

阿克苏赵代专员汉奇今日电报,我运输机昨日前往投送弹药、钞票,多落匪人占领区。当曾派队出城抢取,以匪方火力猛烈,阵亡连长颜治新一员,士兵伤亡二十余名,但我亦夺获票弹不少,并冲入匪方炮兵阵地,获八二迫击炮一门,炮弹五十余发。另据报称,我机昨日续往投送炸弹,多落城内,并由飞机观察,匪多在城东北郊,城内房屋炮毁甚多。

得张文白兄酉支秘电告,本月十二日抵迪,关于增兵一节,计划增调有力部队一至二师赴迪,以便调整充实原有部队,等语。余即电复,对增兵一节,认为应争取时间,从速办理,否则转瞬严冬将临,虽欲办而不可能矣。兹抄来往两电于后:即到。迪化朱长官逸民兄、吴主席礼卿先生:密。关于邀集对方代表赴迪谈商事,昨由苏联大使到外交部面称,谓已得对方同意,并请治于启程前一周通知,以便转知对方如期抵迪,等语。弟经复知于本月十一日由渝起飞,十二日到达。又关于增兵一节,昨再与蔚文、为章两兄恳谈,彼等原则上已同意增调强有力部队一至二师赴迪,以便将原有部队加以调整充实,现正从速计划进行中。知注并闻。此电并请抄送刘特派员。弟张治中。酉支,秘印。复张部长酉微戌麟电。即到。重庆政治部张部长文白兄:密。酉支秘电敬悉,经已抄转刘特派员矣。台驾即将西来,同深欣企,惟与对方谈判,恐难获得满意解决,我应争取时间,加强准备,否则严冬瞬届,虽欲办而不可能,匪方仍可发挥其战斗力量。此时首要者诚如来电所示,增兵一两师(北方抽有力部队似不可能,或抽调在渝之部队),同时调整新疆人事,健全作战指挥机构,俾期有备无患,而免顾此失彼之虞。特电布臆,尚希察夺。弟吴忠信。酉微(十月五日)戌麟。印。

十月六日,星期六,阴九月一日

中午为鲁效祖及前东北抗日将领高玉山、吴义成、臧景芝等饯行,并约蒋德玉师长作陪。高等四人均曾被盛狱禁,余来新后即予开释,并聘为保安司令部中将顾问,迭与晤谈。渠等虽饱尝铁窗风味,仍不减当年豪侠之气。近以东北光复,拟去渝晋谒委座,请求派回原籍工作。因其眷属等达四十余人,飞机座位有限,故决定搭车内返。

喀什西南他什米里克之匪,经我军于申有进剿,已不支溃退,当将他什米里克克复。查喀什各地匪徒,除少数民众被迫附匪外,余均某方派来乌柯等族。据所获某籍俘供称,由某方入新之匪,多系参加对德战争之游击队员,蒲犁、喀什附近约有一千余名,渠等均持新式武器。巩固斯方面某方近又派牙尔效夫负责指挥,并装设无线电台,似有大举南犯模样。

近来少数维人,常以东土耳其斯坦一名代替新疆。其用意盖在自存特殊,以达成其政治上之企图。查土耳其民族本发源于中亚细亚。自十九世纪以来,土耳其学者将乌孜别克、塔吉克、柯尔克孜、维吾尔、土耳克满及哈萨克等族所住地方统称土耳其斯坦。俄国势力扩张到中亚细亚并与中国定界后,土耳其斯坦遂分属于各国,于是乃有东土耳其斯坦、西土耳其斯坦、南土耳其斯坦等名词之流行。东土耳其斯坦即指西起喀什,东迄哈密,北至天山,南达昆仑之地。北疆原称准噶尔,自不在东土耳其斯坦之内。当十九世纪末叶,土耳其民族复兴运动兴起,一方面在国内实行维新运动,一方面在国外宣传大土耳其民族统一运动,并曾由苏丹阿不都麦吉提与俄国谈判,愿以巴尔干半岛斯拉夫民族居住的地方,换取俄属中亚细亚土耳其人居住之地。卒遭俄国拒绝。但大土耳其主义者仍继续其宣传工作,在二十世纪初叶,塔塔尔斯坦所出版的刊物,也鼓吹土耳其斯坦的独立。俄国革命以后,将俄属西土耳其斯坦划分为乌斯别克斯坦、哈萨克斯坦等共和国。从此便禁止再用土耳其斯坦之名。第一次世界大战，土耳其失败以后，土国陆军部长安利宛帕厦逃往柏林，组织土耳其青年党，在中亚细亚一带从事反布尔塞维克运动，结果为苏军所败，大土耳其主义者在西土耳其斯坦成立独立国的运动遂告失败。其一部分军官和散兵逃至新疆，在喀什、阿克苏、伊犁一带盘据，成立学校，宣传大土耳其主义。如喀什之哈的尔（现任参政员），阿克苏之苏皮札丹，积极倡导成立东土尔其斯坦共和国。从此新疆屡次发生变乱，均以成立东土耳其斯坦政府相号召。如民国二十一年喀什沙比提大毛拉所组织的东土耳其斯坦联邦共和国。民国二十六年南疆匪乱时，匪军所组织的土耳其斯坦共和国。二十九年阿山匪首窝斯满成立的土耳其斯坦汗国及伊犁匪徒此次所用之东土耳其斯坦共和国，皆为少数匪徒及一般狭隘民族主义者所用为号召之工具。而一般民众固不知东土耳其斯坦为何物也。

余默察当前环境，无论谈判结果如何，军政人事之必须一元化，则为不易之图。爰将此意电请文白兄代陈总裁参酌。原电如左：即刻到。重庆政治部张部长文白兄：密。酉微戌麟电计达。弟默察当前环境，无论谈判之结果如何，军政人事之必须一元化，则为不易之图。弟意此项调整仍须即早实施，或尽先更换主席，其他厅委则可从长计议，再行遴派。兹以爱国家爱边疆之立场。特再电达，务乞代陈委座，俾供参酌，不胜企荷。弟吴忠信。酉鱼。午麟。印。十月七日，星期日，阴九月初二日

伊犁匪方代表即将来迪。我方已派定新二军徐副军长汝诚偕同宣抚委员会宣抚处长钟棣华、外交署科长水建彤，于今晨携车前往绥来前线等候。近旬日来，绥来前方战况，均无变化……

阿克苏被围月余，我赵汉奇团长孤军固守，处境至为艰苦。今日据其电称，我军六日拂晓分两路向匪袭击，右翼由房副团长率领五六两连向东关及卡坡上匪主力据点进攻。左翼由职亲率五个排

及团部新兵、警察队及专署卫兵等向城北关阵地及西北角匪人指挥部同时分别进攻。匪据优势地形猛力顽抗,火力非常猛烈,我官兵均奋不顾身激战四小时,肉搏数次,匪人不支,纷纷向温宿方向逃窜。计击毙匪百余人,内有穿黄呢制服苏籍指挥官三人,查其肩章系校官级,毙匪马七十余匹,获重机枪二挺,波浪林轻机一挺,冲锋机枪二挺,步枪三十四枝,不完备无线电机两副,弹数十发,各种子弹两万余发,马十一匹。并夺回前日飞机误投匪阵弹药两包。我伤官两员,阵亡一员,士兵阵亡六名,负伤十余名。午后又接其来电略谓,我军大捷返城用膳后,午刻即以骑兵三连向温宿追击,残匪闻风遁逃,向扎木台方面窜去。我再克温宿县城……

十月十日,星期三,阴九月初五日

甫庆抗战胜利,又欣逢三十四年国庆。全国各地今日必狂欢异常,独新疆一隅,苦于崔苻。放眼大局,盱衡新事,不禁万感交集。回溯余去年此日就任省政之初,即以天理、国法、人情为依据,睦族善邻为指标,安定全局为职志。一年以来,临深履薄,戒慎将事,不作非分之想,不务高远之谈,循序渐进,实事求是,以承又值匪乱,迭乘之日,暴戾恣睢之余,除弊实重于兴利,安定应先于建设。故如释放牢囚,以解除恐怖,抚缉流亡,以遏阻乱萌,减免捐税,维持币信,无一而非当务之急。至于保障信教自由,促进宗族平等,召开省参议会,推行地方自治,起用各宗族人才,勤求民瘼,接纳民意,更无一而不深洽舆情。第以环境所限,未遑建设,距离理想尚远。然余已殚精竭虑,自省无愧也。

上午九时,在西大楼举行庆祝大会。到会千余人,由余主持,并致词:(下略)

下午一时,外交署为庆祝国庆,在署茶会招待迪化苏、美、英领事暨领馆高级官员,并约党政军机关首长作陪。余亦前往参加。席间余简致短词,略谓:今日为民国三十四年国庆纪念日,亦抗战胜利后第一个双十节。我人非常愉快。承各国外交人员参加庆祝,尤深感幸。兹以此香槟一杯,敬祝四大盟国领袖健康,并祝各位快乐,等语。苏联叶代总领事,并曾面告余谓,伊犁代表约十二日上午十时到达绥来前线,当日即可抵迪。余即电告张部长文白兄。原电如次:限二小时到。重庆政治部张部长文白兄:密。顷据苏联领事面告,伊犁伪方代表约文日(十二日)午前十时到达我方指定地点,预计当日可到迪化。特闻。弟吴忠信。酉蒸。申印。

关于前任非法没收之人民财产,曾于本年七月初旬电呈委座,请饬军法执行总监部或会同司法部派员来新,就近清理,迄今未蒙复示。今日复以酉灰电请核示。兹附录原电如下:即刻到。重庆委员长蒋:密。午虞所陈请饬军法执行总监部或会同司法部派员来新,就近清理前任没收人民之财产一案,迄今未蒙复示。查该案关系中央在新威德,人民注视至切,拟请迅赐核示,俾资遵照。职朱绍良、吴忠信同叩。酉灰。印。

十月十一日,星期四,阴九月初六日

上午刘特派员来谈。据昨午苏叶代总领事向其谈称,此次伊犁匪方来迪谈判之三代表,系以拉合木江沙比尔哈吉牙夫为首。按拉合木江即系中委麦斯武德之胞侄,塔兰其族,年三十余。幼年留学土耳其君士但丁堡,精通俄文、俄语。曾任伊犁苏联贸易公司合同商人,伊犁事变后即任伪军团长。善词令,性狡猾,素为地方人士所不齿……

刘去后,余即与郭副长官、邓厅长商谈代表到迪后招待事宜,当决定派省党部广禄委员、民政厅华声慕副厅长、宣抚委员会钟棣华处长、保安司令部方振汉科长四人专负招待之责。

鲁效祖定今午搭中航机飞兰,余派沈秘书至其寓所代表送行。并赠新旧诗数首以留纪念。

晚接张部长酉灰电,谓十三日可抵迪……

月来南疆各线,我军均获胜利,全般形势已转危为安。际此匪我谈判前夕,军事上有此差强人意之表现,对谈判前途诚不无小补。兹将胜利经过概况分志于下：一、英吉沙方面。盘踞英吉沙南苏盖提苏哈维匪五百余，于九月十九日经我骑一师第二团团长姜顺福率全团官兵进剿，战二时，匪不支向英吉沙南衣格子牙溃退。是役毙匪百余，并获械弹甚多，我乘胜追击，经激烈之冲杀肉搏，收复衣格子牙，毙苏匪团长比尔扎草夫，副团长晤拉聂夫，迫击炮目西木谟夫，描〔瞄〕准手哈得诺夫，弹药手苏来蒲诺夫及哈、维匪等共五十余员名，伤匪百余名，并俘虏二十七名。我姜团长奋勇冲杀，不幸阵亡。残匪窜逸莎车西之黑孜。至九月二十三日，黑孜之匪三百余，附迫击炮二门，分两路夹攻衣格子牙。我守军一连与匪激战二时，转进至英吉沙。至十月一日，骑一师第二团鞠副团长率官兵五百余进剿衣格子牙之匪，路经苏盖提与哈匪五十余遭遇，经一度冲杀，将匪击散。是役毙匪八名，俘匪排长一员，匪二名。当续向衣格子牙进攻，经冲杀三次，将匪击溃，收复衣格子牙。是役毙苏匪指挥官一员，哈、维匪等百余，马百余匹，俘虏苏匪南尼丁等十二名。并获高射炮二门，迫击炮一门，轻重机枪四挺，步枪百余枝，炮弹三箱，马二十余匹。我阵亡士兵三名，伤十四名。二、阿克苏方面。盘踞扎木台、拜城、黑鹰山三处之哈、维匪，共计一千五百余人，附轻重迫击炮八门。于九月二十三日进占温宿，回攻阿克苏。又于九月二十四日由伊犁窜到苏匪任连长之蒙兵一连，与进攻阿克苏之匪，合股以猛烈之炮火，围攻该城，曾数次火烧北门，均经扑灭。并以炽盛火力，掩护搭梯攻城，亦经我守军击退，伤亡甚重。俘虏机枪一挺，步枪一枝，弹八百余发，匪一名。至十月四日，我守军出击，获迫击炮一门，弹八箱，机枪一挺，步枪三枝，手枪一枝，匪伤亡甚重。我骑五团颜连长奋勇冲杀，不幸阵亡。十月六日，我骑五团赵团长及房副团长，各率官兵三百余员名，分两路同时向阿克苏东关及城西北郊匪主力地点出击，经数次白刃肉搏，毙苏匪（校官）指挥官三员，匪百余，马七十余匹，获轻重机枪五挺，步枪三十四枝，电台二部，步、炮弹二万余发，马五十一匹。匪不支向温宿溃逸。我军乘胜追击,于十月六日晚收复温宿。溃匪向扎木台逃逸。三、焉耆、轮台方面。轮台东北察汗乌苏,于九月二十三日由伊犁经杀人不拉可窜到哈、维匪五百余,附迫击炮二门,机枪八挺,犯扰该地。至九月二十八日,匪向我阵地猛扑,肉搏六次,经被我守军预七师第二十团张营击退,当乘胜追击九十余华里返防。匪向轮台北乌拉斯台方向溃逸。是役毙苏匪指挥官一员,匪伤亡百余名。我伤亡士兵十余名,阵亡连排长各一员。

十月十二日,星期五,阴九月初七日

上午九时,步行至特别招待处视察。该部在省党部左侧,去省府不过百码之遥。原系前督办公署政训处,后改为保安司令部特别党部。现特别党部奉令撤销,经副官处加工修葺,即辟作特别招待处。屋分两院,都三十余间,前院洋楼一座,尚称整洁雅致。此次伊犁代表来迪,准备即下榻于此。现内部一切均已布置就绪矣。

兰州第八战区前参谋长张鑑桂电称,此次张部长来迪,梁寒操、彭昭贤、屈武、张静愚、王曾善、邓文仪等十五人,亦将偕来。梁等另机飞兰,现正候张部长率领飞迪。

伊犁匪方代表拉合木江沙比尔哈吉牙夫、阿合买提哈生木夫、阿不拉海依尔哈吐烈等三人,于今日下午六时四十分抵迪,住特别招待处。我方当派广委员、华副厅长,外交署楼科长等前往欢迎。代表等自称系"大土耳其斯坦回教人民共和国"派赴中华民国全权代表。七时零五分即分乘汽车两辆前赴苏领馆谈话,历四十分钟辞返。拉合木江年约三十六七,伊犁塔兰其族,身材细长,留胡,着黑绿色军服、红军帽、黑皮马靴,带马刺,佩手枪及五星金质证章一枚。阿合买提年约三十余,伊犁塔兰其族,着黑绿军服、红军帽、黑皮马靴,佩五星金质证章,人精干,言谈规矩,曾被押迪化多年,在第二监狱服烧馕工役。三十三年十月十二日由余开释。渠在招待处向我方人员表示其一年来之印象称,政府对我们不错,政府释放各人中,好人也有,坏人也有,等语。阿不拉海年五十余,伊犁哈族,阿五力汗辅国公之弟,曾任副千户长,身材肥大,像貌粗鲁,着黑绿色军服、黑马靴,佩五星金质证章及绿色土耳其国徽之长方形证章。

午后一时,在新大楼宴请骑五军最近到迪各员。计参谋长郭金梁,军需处长张凤麟,军械处长马希哲,副官处长马福禄,参谋处长巨生元,军医处长高步沄,兽医处长马海清,秘书卢沦,课长李纲等九人。并假西大楼宴请此次阿山突围来迪之李梦白等五十余人。由曾秘书长代表招待。藉表慰劳之意。

十月十三日,星期六,阴九月初八日

张部长文白兄原定今日飞迪。今接其由重庆来电,以到延安后又曾奉召返渝,故明日始可返新……

十月十四日,星期日,阴九月初九日

张部长一行昨午飞兰,今日由兰飞迪。此间党政军各机关首长均往机场迎候。余于下午二时半抵机场,飞机于三时着陆,张下机后与欢迎人员一一握手,虽经连日飞行,精神仍甚健旺。同来者有国防最高委员会副秘书长梁寒操,中央组织部副部长彭昭贤,中央委员张静愚,陕西省建设厅长屈武,立法委员王曾善,政治部第一厅厅长邓文仪及随从人员等共十五人。新疆省党部委员杨为,兵工署技正张华戬亦同机到迪。张系老友张亚威之长子,奉署令来迪计划整理此间兵工厂事宜。张部长及其随从人员由余与朱长官接引至新大楼,梁副秘书长暨彭副部长等则下榻东大楼。各人稍事休息后,即与迪化有关各负责人在新大楼会谈。计到张部长、朱长官、郭副长官、梁副秘书长、外交署刘特派员泽荣、李总司令铁军、供应局刘局长云瀚等八人。对新疆整军问题,余认系当前首要工作。目前北疆虽有四个步兵师、三个骑兵师,论理实力已相当雄厚,但或以兵额短少,无法补充,或以武器窳陋,作战能力薄弱,故人事与配备均亟需调整。至于外交方面,余主张应先得苏方谅解,盖新疆外交关键在苏,众亦同意。会后,余便餐招待全体谈话人员,并预祝朱长官明日寿辰。朱带醉先辞去。

此次张部长文白兄奉命来迪,将与匪方代表和平谈判,结果当视苏联态度如何而定。此项谈判将为新疆历史上值得记载之一页。查新疆事变以来可分两个阶段:第一个阶段为伊犁沦陷后至乌苏沦陷前,在此十阅月之时间中,除塔城、阿山因直遭受攻击致先后陷匪外,其他各区县内部皆无猝然响应变乱之事实,洵属新疆历史上之创例,设非政治运用得宜,民心向附,乌克臻此!第二阶段为乌苏陷落以后,匪势进迫绥来附近,迪化危在旦夕,卒克平安度过至于今日者,其原因除政治收获以外,则青海骑五军之到达与外交情形之转变,关系綦巨。乌苏之遭受轰炸及其陷落,激起中枢怵目,致有苏方自愿出任调停之举,而我方能确保南疆,迭挫匪焰,其有利与匪方谈判,尤非浅鲜。夫南疆确保,匪焰迭挫之远近原因,其始为释放囚犯之沿途宣传,譬如下种。次为派罗戡氛之宣慰南疆,譬如灌溉施肥。最后关键则为赵汉奇、姜顺福两团长之忠勇用命,一成功,一成仁,及焉耆左专员之协助军事,而有察乌苏之大捷,要如开花结果耳。于兹余不得不一述赵汉奇团长之经历及御匪始末:赵汉奇团长现年三十一岁,山西宁武县人,民十九毕业新省师范后,二十一年五月任哈密第三路剿匪指挥部少尉秘书,翌年九月,调升卫士队少尉班长,二十三年升中尉班长,二十四年七月升教导团一营二连上尉连长,民二十五调第五连连长,二十六年二月调升特科大队少校大队附,同年十月调副官处少校副官,二十七年二月调航空队少校股长,同年十月考入新疆陆军军官学校第四期骑兵科肄业,三十年十二月毕业,任二十一团第三连少校连长,三十一年十二月调骑兵第十团少校参谋长,三十二年六月升中校参谋长,三十三年调骑二师第五团中校副团长,三十四年五月升充骑五团中校团长兼阿乌温指挥官,八月兼阿克苏区行政督察专员及区保安司令职。溯去冬伊犁沦陷,匪军入侵冰达坂,时赵为骑五团副团长,率部固导该处,匪卒不得逞。今岁骑十一师师长向超中坐镇库车,赵升任团长,负责捍卫阿克苏,向、赵二人意见不同,余以赵人地熟悉,爰商请朱长官电嘱向师长接纳赵团长意见,以利军事。其后阿克苏情势紧张,赵团长以专员乔根办事不能应手,余遂电赵团长由其兼任专员,俾收军政统一之效。盖余用人向秉至公,绝无畛域之见,与赵团长虽未一面,心知其作战勇敢,堪寄守城全责。阿城之固守,喀什之转危为安,此亦最大原因也。至喀什姜顺福团长(山东人)于保卫英吉沙之役中身先士卒,虽不幸殉职,其功绩不在赵团长之下。一并志之,以示不忘。

十月十五日,星期一,阴九月初十

上午十一时,张部长约苏领事叶塞夫来新大楼谈话,请其转约伊犁代表见面。据悉,伊犁代表来迪后,自称系"东土耳其共和国"代表,应与中央政府代表处于同等地位,否则不允晤谈,并即返回伊犁去。

正午十二时,余在新大楼设宴,为张部长等洗尘,并邀请朱长官、郭副长官及各机关首长作陪,共到五十五人……

据报,伊犁方面之苏匪,其大部有于九月下旬返国之传说。盘踞蒲犁之匪徒,酉佳派沙一提等六名赴沙车一带侦察我方军政情况及进行反宣传工作,当被我军逮捕。据供称伪政府主席艾力汗曾于未江在伪东土耳斯坦解放报公布施政方针九项,其主要内容为积极铲除匪区内之汉族,建立独立自由之政府,并经常派遣匪徒持伪东方真理及伪东土耳其斯坦解放报分赴各地,煽惑民众,言论至为荒谬云。

拜城之匪五百余,附步枪二百余枝,酉元经我军进剿,不支溃退,我当将拜城克复。南疆公路阻塞月余,至此复通矣。

十月十六日,星期二,阴九月十七日

上午张部长赴苏领馆答拜。中午朱长官、郭副长官假西大楼联名宴请张部长、梁副秘书长及同来人员,邀余作陪,朱扶醉而返。

关于伊犁代表坚决要求以同等地位谈判事。今张部长嘱刘特派员将我方意见告知苏领,请其转达,并请苏领协助解决事变。据刘特派员今晚得苏领电话,谓午后伊犁代表等赴苏领馆时已将我方意见转达。另据报称,伊犁代表等自今日午后由苏领馆返回招待处后,态度已趋和缓,言谈之间,不复再有"东土耳其斯坦"之字句矣。

晚省府全体厅委处长假新大楼欢宴张部长等。昨晚张部长召胡处长谈话,张询其对于邀请麦斯武德、艾沙、穆罕默德伊敏等人来新之意见,胡当答以就目前情况而论,渠等之来有利无害。旋张部长征询余与朱长官之意见,余等均表同意。张爱嘱空军第四路司令刘国运转电兰州,即日派机送麦等来迪。预计或可于二三日内到达。

据报,盘踞英吉沙南依格子牙及勿依他克等处之匪,已达四百余人。大肆抢掠粮草,强拉壮丁,并捕去妇女十五名,现匪正构筑工事,准备待机出动。窜扰喀什西老乌恰及思母哈那两地附匪民众,经我军进剿,毙匪首十名,逃苏者五名,民众正安抚中。拜城东北库里千方面之匪二千余,酉真经我军击溃,窜退黑鹰山,我正追剿中。

十月十七日,星期三,阴九月十二日

伊犁代表拉合木江、沙比尔哈吉牙夫、阿合买提哈生木夫、阿不拉海依尔哈吐烈等于今日上午十时,由刘特派员陪同来新大楼与张部长介绍见面。由宣抚委员会宣抚处长钟棣华担任翻译,彭昭贤、屈武、王曾善、邓文仪均在座。张与代表等略事寒暄后,即谓中国系由五大民族组成,有如一大家庭,彼此相处已有若干年历史,宛如兄弟手足,在家庭长期相处。兄弟间有时固难免不有意见不和之处,但绝不能因此影响兄弟间之感情与家庭之团结。今日新疆之事,正与此例相同。此次苏联大使彼德洛夫向我外部声称,谓有伊犁暴动回民代表数人向苏驻伊宁领事宣称,彼等并非愿意脱离中国,不过因过去受政府压迫,故起而反抗,彼等要求苏政府出面调解。中央为明了与解除新民之痛苦起见,故特派余来新疆,听取暴民代表申述其所受之痛苦。并寻求解决办法,等语。当张部长说明该等系伊犁暴动人民代表之原情后,彼等答谓,苏政府介绍我等为暴民,因我们"东土耳其斯坦尚未取得苏联政府之承认"云云。张部长复询代表等对于解决事变之意见及条件。代表等当以请张部长发表中央意见及条件为复。全部谈话历一小时半,未得结果。

中午省党部公宴张部长及同来人员。

麦斯武德、艾沙、穆罕默德伊敏三氏午后飞抵迪化。余派曾秘书长暨各厅长、委员等代表赴机场迎接。麦等下榻军分校校园。午后六时来新大楼拜会余与张部长。余首先表示对于渠等之来甚为高兴。麦斯武德答谓,主席高兴,余更为高兴。余并谓,三位在中央多来,此次返回原籍,希望本服务中央之精神,于公于私,均请多多帮忙。至此,张部长曰:各人为桑梓之事帮忙,乃义不容辞也。谈未久,麦等辞去。

麦斯武德等辞去后,余即召集曾秘书长、周委员、张委员、胡处长及邓、卢、余、许四厅长举行座谈会。关于麦斯武德、艾沙、依敏之招待与麦等应否和伊犁代表见面等问题,有所商讨。当决定由余明晚先设宴为渠等洗尘,以后各厅处再分别招待,并随时将主管业务向彼等详加解说,俾使其明了年来施政情形。至于麦等是否可以与伊犁代表见面,或参加谈判一点,余认为因麦等均在中央供职,此次又系三人同来,目标甚大,如参加谈判,或将引起苏方之嫉忌。同时伊犁代表是否真能代表匪方意见,尚属疑问,故决定如谈判能顺利进行,麦等以不与匪方代表接触为宜。如谈判发生困难,则可审度情形,请渠等出面斡旋。余准备即将此意提供张部长参考。最后余并说明与匪方代表谈判吾人应持之态度。余谓:当余在重庆出席六全大会时,曾面总裁请示,倘新疆要求独立自治,将如何办理?总裁答以不可承认其独立自治,纵使事变不能解决,即任其拖延,亦所不惜。余并曾向宋院长说明不能听任新疆独立之原因。因承认新疆独立,其他各省亦纷起效尤,中央将无法应付。故余已向张部长表示,应在不违背法令与省制之原则下解决事变。与会各厅委对余之意见,均一致赞同。余又谓:此次谈判,中央虽已派张部长前来办理,但此问题固为本省问题,故吾人应正视现实,不可徒存观望心理,随时均应缜密研究,并提供意见,以协助张部长完成此一任务。会谈至深夜始散。

十月十八日,星期四,阴九月十三日

上午余与张部长、朱长官、郭副长官、刘特派员、梁副秘书长、彭副部长昭贤、屈厅长武、张委员静愚、王委员曾善、邓厅长文仪、刘处长孟纯等会谈。关于匪方表示先请张部长提出解决事变方案一点,有所商讨。当由张部长本取消伪组织,改编匪军,民选匪区县长等要点草成方案数则,由刘特派员译成俄文,先送达苏领馆。余并留与会诸人同进午膳。饭后,余与梁副秘书长谈诗,张部长与朱长官对弈。

余将本人历次讲演词各捡数份送与伊犁代表团阅读。据报,渠等收到后,即聚神阅读,对余年来施政情形及历次主张颇感兴趣云。

下午张部长派彭昭贤、屈武、王曾善等三人前往特别招待处慰问伊犁代表,告以麦斯武德抵迪之消息,并嘱其无事时可由招待人员陪同出外游玩。据云:渠等态度亦较前驯服。

据报:乌苏独山子油矿被匪占领后,近已由苏联派人前来提炼,每日可出油五千加仑,除供匪之前方需用外,余均运往塔城、阿山各地存储。前传盘据库车北黑鹰山一带之匪,系由伊犁伪主席艾力汗亲自率领说不确。近据探悉,乃系艾力汗之子艾山汗托日率领。拜城溃匪,近已窜抵黑鹰山,有待援出扰之模样……

十月十九日,星期五,阴九月十四日

上午九时召开省府委员会第一一〇次常务会议。在迪各厅委均出席。席间,邓厅长翔海报告恢复国民大会代表选举事务所,及筹组新疆省地方自治协进委员会等项工作进行情形,并决议迪化市民意机关在市政府未成立前,暂交迪化市政委员会办理等案件数起。

十一时张部长接见苏领,请其将我方谈判意见转达伊犁代表,苏领已允照办。同时麦斯武德等亦在东大楼与伊犁代表初次见面。据云,麦斯武德与其侄拉合木江见面时,彼此拥抱接吻达两分钟之久,因感情过于激动,卒致痛哭流涕。盖麦之家属被盛世才惨害者达十余人,现仅存三数人耳。

下午三时,余赴军分校校园拜访麦斯武德等。余与渠等作长谈,历一小时之久。余表示希望麦等能在迪久留,俾对省政之推进能多多帮忙与协助。渠等以学识浅陋,恐力不从心为答,态度谦逊。余复谓渠等曰,余亦平庸乏术,尚请不客气指教。麦等同谓,主席乃过去中央数一数二之人物,但愿留新久长,则深幸甚。

谢军长义锋近自绥来前方归来,今午亦至军校访客,与余相值。余切致慰问,并告以胜败系兵家常事。关于此次乌苏失守经过及我军困难情形,余经迭电委员长陈明。谢闻言释然。

军官大队大队长孙庆龄、副大队长焦焕庭,联袂来谒。对队枪械、经费、眷属给养等有所请示。余均一一详加指示。焦及该队军官十余人,并联名呈请余介绍渠等入党。余备致嘉勉,并即嘱党部负责人员专案办理。

下午五时,刘特派员携中央解决新疆局部事变提示案一份,前往特别招待处送交伊犁代表。据代表等表示,此次来迪系代表"东土耳其斯坦",今以暴民代表视之,与原意不合,渠等不敢负此全责,拟即返回伊犁请示后再来迪商谈。惟其等态度甚好,拉合木江并向刘特派员云,我很感谢张部长给我们之提示,并希望很顺利的再不要流血,很和平的解决。阿合买提亦谓,现在全世界业已和平,我们决不例外的愿意在任何角落里流血而破坏整个和平,等语……

十月二十日,星期六,阴九月十五日

上午十一时,张部长在新大楼第二度与伊犁代表谈话。张首询代表等对昨日刘特派员面交之中央解决新疆局部事变提示案之意见。拉合木江答称,新疆自杨增新、金树仁、盛世才执政以来,人民所受痛苦,不堪言状。在此数十年黑暗专制下,文化日益落后,人民生活日益恶化。尤以盛世才时代为甚,社会恐怖,民不聊生,且人民无辜被陷害下狱,迫使兄弟离散。吾人不甘被人消灭,为争取自身之生存与幸福自由,故起而挣扎奋斗。张部长谓,过去中央因全力对付日本,无暇兼顾新疆,致使汝等遭受如此痛苦,惟希体谅中央处境。今日本已无条件投降,大敌已除,中央势力亦已深入新疆,余可保证,今后新疆绝不致再有以前之现象发生,等语。张继与之分析国际大势,说明中苏间相互之关系,并对政府与中共之谈判声明"已在和平、统一、民主、团结之原则下成立协议。故新疆问题,亦必能得到和平解决"。至此,拉合木江谓,我们的意见是要求独立。张即令其解说独立之内容。答以不愿脱离中国版图,外交、军事听从中央。至地方行政、教育等等则由地方处理。张部长乃就独立、自决、自治之含义,详为解释。并谓,汝等所要求者,名义虽为独立,而内容确非独立,乃系一种高度自治。此种高度自治,总裁曾早有宣示,在抗战胜利后,定予边疆各宗族以充分高度自治之权利。张复表示,倘一旦新疆失守,中央必以全力收复,矧今尚未失去欤。拉合木江曰:余等此次来迪,见闻所及,深感中央对新疆关怀綦切。至所提示之十二项方案,拟即带回伊犁与我政府及民众等研究后再作决定。最后代表等郑重声明,希望此次事变,再不致流血,即用和平方法,顺利解决。谈话历三小时,至下午二时三十分始散。

下午六时,梁寒操、邓文仪、涂公遂三氏,去招待处访问该代表等。梁为之解释民主政治谓,现在我抗日军事胜利,即将全面实行民主。新疆亦不能例外。在民主政治实行以后地方官吏皆由人民选举,地方事务亦由人民自行处理,关于地方自治的实施与民主政治的内容,在三民主义中已有很详尽之说明。请问诸君,是否读过三民主义？拉合木江答，三民主义第一部我们已经看过，其余的还在研究中。梁复与之分析中苏政治之特点。并谓，苏联之各个联邦共和国，亦只能说是自治，而不能谓为独立，因其外交、军事、经济等最高权力，都操在中央政府手里，等语。

晚张部长假新大楼宴请苏领馆叶代总领事、吴副领事、马商务委员等。余与朱长官、郭副长官闲谈关于此次中央解决云南事件，朱谓，两军冲突，死伤达千人以上，诚属莫大遗憾。此事倘由余或吴先生处理，绝不致演成武装冲突。旋余为之谈述三十一年秋，余首次来迪与盛晋庸谈话之经过。当时余特别强调，中央坚决信任盛氏，将来新疆各项工作，需要中央协助与否，全由盛氏决定，从未言及中央对新之要求，对其后盛晋庸之倾向中央，实不无影响。朱、郭亦甚以为然。

赵代专员电报，我骑五团追击部队，由房副团长率领，□□攻克阿瓦特（即盐山口）。十八日占领卡则木大克各要点及鲁尔朵克。并已与拜城方面出击之我军会师。匪退踞英买力，我军仍续攻中，即可封锁通伊犁道路，等语。阿克苏方面之情势已复归原状，此可差强人意耳。

附中央对解决新疆局部事变之提示案：中国各民族一律平等，为国父在三民主义之民族主义中所昭示之原则。中央秉承国父遗教，对于边疆各族，素以扶助其政治、经济、文化之平衡发展，为达成民族平等之一贯政策。蒋主席业有剀切之昭示。惟在抗战期间，不得不着重于击溃暴敌，以争取国家民族之自由、独立为前提。故对于边疆人民，虽备极关切，但事实上容有不暇兼顾之情形。现敌人日本，业已无条件投降，建国之伟大工程，即将开始，全国人民将永享自由、平等之福利。人民对于国家，同时负有维护其统一团结之义务。此次新疆发生局部事变，中央深感遗憾。惟不可因此而影响各族之感情与国家之统一。爰一本宽大之怀，遵循国父遗教与蒋主席之宣示，以扶植边疆人民自治，解除其痛苦，促进其发展为解决事变之方针。特提示如左:(一)扶助新疆人民政治、经济、文化之平衡发展,俾与内地人获得同等待遇。(二)尊重各族之宗教信仰,对各宗教之教堂、寺院妥加保护。(三)尊重各族固有之文化与风俗、习惯、语言、文字。(四)依法保障各族人民之身体、财产、言论、行动、居住、出版、集会结社之自由。(五)实施地方自治,其办法如左:甲、现在变乱中之县份,在恢复秩序后三个月内,完成乡镇保甲之选举。六个月完成县参议会之选举。实行民主政治。乙、县参议会成立之后,依县参议会组织法之规定,对于地方人民福利事项,有条陈建议之权。对于地方行政人员违法行为,有检举监察之权。丙、县参议会成立六个月后,得就当地人民德望素孚,学能兼优者选举二人,由政府择委一人为县长。丁、为辅助县长处理公务,由政府委派副县长。戊、各区行政专员由省政府保荐,中央任命,并得选用地方人士。其他行政人员,亦以多数选用地方人士为原则。(六)以后政府应切实考虑减轻赋税,严禁摊派,并积极扶助其发展农、工、商业,以提高人民之生活水准。(七)普设各级学校,推广社会教育,以提高人民之文化水准。小学校并一律分别使用各族语言文字。(八)变乱区域内,所有军事行动,应即停止,限于一个月内恢复事变以前一切状态与秩序。并取消事变期内,一切不合法之组织。(九)参加事变之武装组织,应即妥为资遣返回原籍,各安生业。(十)参加事变之分子,一律免究,并保护其生命及居住之安全。(十一)因事变而被拘押者,相互查明释放,其财产被没收者,亦应查明发还。(十二)参加不合法组织之成员,一律给资遣还,余由政府考核分别任用,俾有充分为国家服务之机会。

十月二十一日,星期日,阴九月十六日

上午十一时,张部长与苏领谈话。苏领告以伊犁代表定于明日离迪,仍循原路返伊。在到达绥来前线时,以来时同样之方式通过。并谓已电知伊犁方面,饬其转令前线知照矣。代表等约旬日后可再来迪化,张已决定在迪等候,并以纺绸、湘绣、衣料、茶砖等分赠该三代表,以示我宽大与优厚之意。

晚七时,张部长在新大楼为伊犁代表饯行。席间,张历述中国自汉代以来经营新疆之经过,及盛世才统治新疆方法之错误,致使新疆人民均陷水深火热之中。今日新疆局部事变之发生,完全系由盛世才所造成。并谓,去秋省府改组,中央调整新疆军政,其目的即在除去过去积弊,而登新民于衽席之上。但不幸省府改组未及一月,而巩哈、伊宁即先后发生事变,影响新政之推行,诚非浅鲜。而中央入新部队,亦系为解放新疆而来,汝等反与之相战,实所痛心。现中央对新并非如过去之暴力统治,而是从根本上设法解决,极力改善各宗族之生活,发展新疆之政治、经济、教育、文化等项事业,使新疆各族人民与全国人士共同享受平等之权利。词意恳切,代表等极为感动。并即席表示,此次系完全为着和平不流血的解决新疆问题而来,会后中央之民主政策及张部长之十二项提示案,如果均能彻底实现,我们东土耳其斯坦才能永久享有和平、幸福的生活,才能有保障。最后,我们为了感谢张部长之诚意和追求真正之和平,愿在中华民国民主政治之旗帜下,共同过着永久和平之生活,等语。宴会历五小时半始毕。双方态度坦白,谈话中掌声时起,空气颇为融洽。

午夜后四时,沈秘书报告一切均已准备妥当。代表等决定明(二十二日)晨启程,由钟处长棣华、方科长振汉率同四十六师士兵两卡车护送。余特电嘱方科长对代表等到达绥来后之伙食等问题,应请徐副军长汝诚妥为布置。通过前线时,亦应特别慎重,以防万一之误会。并对刘特派员俟代表等动身后再告知苏领馆,请其即电伊犁方面知照。

奇台警局报称,据近由承化逃出之金夫李仁谈称,宛师长于申齐由承化退出后,哈族市民立悬白旗,并开始残杀汉人,抢掠物品,惟娶哈妇者,则可幸免。渠系藏于地窖内六日后,始逃出者。

十月二十二日,星期一,阴十月十七日

伊犁代表等于本晨七时动身。下午方科长振汉自绥来以电话报告代表等已于本日午后三时，安全通过全线到达彼方矣。

宛凌云师长之家属，前随艾林郡王等由阿飞迪，迄今已三月有余。阿山沦敌以后，宛师长下落不明，其家属之接济，已告断绝，生活困难几至无以为炊。余特一次赠给新币两万元，并嘱副官处按月拨赠给养与燃料，以示优待征人之意。

今日与张部长闲谈新省人事及分省问题。关于重划新疆省区，自余向最高当局建议后，已引起中央人士之热烈研讨。有以新省经济条件不足，而主张划分两省者，亦有主张分山南、山北、阿山三省者。据云，总裁指示，最少应分为四省，与余所建议，暂分山南、山北、昆仑、安西四省，并视今后情形再将山北省分为两省或三省之主张，似甚相近。惟总裁意见，昆仑省应改为和阗省，省治即设和阗。盖和阗离边境较远，可减少外来之威胁，诚属高远之见。余并告张部长分省之时机，应在此次事变完全解决后为宜，张亦同意余之主张。

阿克苏赵汉奇部自与拜城方面之马团会师后，连日向匪追击，已进抵托克其，距冰达坂仅四十里。匪粮断绝，预料收复冰达坂或可于短期内实现。

十月二十三日，星期二，阴九月十八日

上午九时，在新大楼召开中国国民党新疆省执行委员会第四十五次会议。除报告中央方面最近对本省党务之指示外，并对各县书记长略有更动。

社会处顾处长耕野，因其妻卧病兰州，签请给假赴兰探视，余已准其所请。但社会处处务现以匪乱未平，各地人民转徙流亡，救济事宜不能一日无人，爰派省党部委员广禄暂行兼代。又省委张宣泽，自兼任迪化市政委员会主任委员以来，市政日有进步。关于街道之翻修，桥梁之建筑，公园及市内水道之整理，辛勤擘划，颇著劳绩。张为人和平、诚恳、聪颖有为，各方对之均有好评，近迭请辞去兼职。余以其情词恳切，已商取朱长官同意，准其所请。盖朱为张之岳丈也。至所遗迪化市市政委员会主任委员一职，余已遴派金绍先代理。余所兼任之新疆日报社社长一职，则以省府秘书处主任秘书张振珮接充。

近各方盛传苏联内部发生变乱，扑风捉影，莫衷一是。今据中央社伦敦二十二日路透电，伦敦每日快报驻华盛顿记者称，据华盛顿讯，史达林不久即可摆脱一部分战时工作，将较大权力交与外长莫洛托夫。史达林今后将日益成为年高德劭之政治家，而将冗务交由部属执行。史达林战前唯一职务为共产党总书记，战时为苏联全国最高军事统帅人民委员会委员长。此项消息之传出，显系苏联内部已有问题，前此之谣传，蛛丝马迹，实不无原因。盖苏联自战胜德国后，其对世界之政策，日趋积极，气焰高涨，大有肆行无忌之势。举凡与苏联接壤之国家，无论西欧、中东与远东，几无一不与之发生纠纷。其制造傀儡组织，蚕食别国领土之作风，视战前犹有过之。而国际间反苏势力，亦与之俱增。全世界爱好和平之国家，对于苏联此种影响安全秩序之举措，自必同加反对。苏联于此似已不能不对其现有作风，加以考虑。史达林大权之转让，或即为缓和当前国际局势之故。前苏联朱可夫将军表示将访美一行，但事隔多日，仍未见诸实现，此或为苏联军事领袖与史达林间发生裂痕之迹象。史达林之交出战时军事大权者，或可作为此事之说明。

关于发还盛前主席没收人民之财产一案，以关系中央在新威德。七月中旬电呈委座请示，并以酉灰电催请迅赐核办在案。兹奉委座酉铣参电，谓已饬军法总监部会同司法行政部办理。原电如此……

近奉行政院训令，以第六次全国代表大会开会时，尧乐博士、伊敏等三十四人亦曾提案请政府将新疆无辜被押人民完全释放，充公之财产予以发还，饬即迅速依法切实办理。查前任无辜被压人民，余任之初，即已全部释放，并资遣回籍。牢狱为之一空。对没收之财产,亦已呈由委座饬令军法总监部会同司法行政部办理。当将此案办理经过情形,于酉有电报政院矣。

十月二十四日,星期三,阴九月十九日

方科长振汉等今日返迪。据其报称,途中曾与阿不拉海依尔哈吐烈谈话。阿亦能国语,据其表示,此行对政府观感极好。中央方面之意思,亦必能得到伊犁人民之拥护。不过伊犁方面之大权,多为苏联哈萨克斯坦共和国派来伊犁工作之人员所掌握。人民根本无从过问此事。并谓下次拉合木江或已不能再来迪化。据各方猜测,阿合买提系苏方派伊工作人员。在渠等留迪期间,表面上虽由拉合木江为首,实阿合买提则暗中操纵。拉合木江、阿不拉海之一切行动,似均视阿合买提之□指气使为转移。每当渠等接见宾客时,如有阿合买提在座,其他二人言谈态度似均有拘束之色。再阿合买提自称系伊犁人,在伊被捕,但据拉合木江告阿不力孜(阿亦伊犁人,系塔里海提之堂弟)则谓,曾在安集延读书十余年,于民国二十六年在塔城被捕。由此可见,阿合买提究为何地人,尚属疑问。至该代表等此次留迪期间,苏领往返频繁,此间各宗族人士均鄙视之。并谓其假借东土耳其斯坦回教人民共和国之名义,实际上不过为外人鹰犬而已。

另据前线来人报称,乌苏沦陷后一部民众不及撤退,其中不乏曾到省城之人。当匪军到达乌城后,询及迪化及省府年来施政情形。咸谓年来在吴主席领导之下,除旧布新,万民昭苏。匪军聆悉,认为现政府既极力为人民谋幸福,何必再以兵戎相见,似有懊悔之意。此亦可证明伊犁之傀儡组织,纯为外人操纵也……

十月二十五日,星期四,阴九月二十日

前保安司令部顾问王勇、高玉山等现已决定乘省府疏散车晋关,余分赠渠等旅费,并备致勉励。南疆公路工程处处长刘良湛,偕战时运输局专员徐以枋来新大楼访谒。对南疆公路施工情形有所报告。渠等以近奉中央命令,于今冬完成路工,日内将赴婼羌一带督导工作。

承化我军政机关自九月六日撤出后，即情况不明。兹据该区警察局长李梦伯、三十三团团长戴奎一逃回报称，承化原驻兵力计有骑兵十一师三十三团、一二八师步兵一营、暂三师步兵一营及金夫保安队、马拉提保安队、警察队等，共计一千六百余人。自霍布克于八月二十一日起被匪占据后，额塔之匪即与吉木乃之匪会合围攻哈巴河与布尔津。当局以哈巴河孤悬边境，无法固守，乃自动放弃。而盘据承化东山之匪，复于八月三十一日由达列力汗率领，窜抵承化市东南十五里之红渠一带骚扰。九月二日布县失守，情势益急。高专员、宛师长本拟坚守承化。至九月五日东西两路匪徒蜂至，高、宛乃失坚守信心，私向决定撤向外蒙。职等则坚主撤往冲户，利用余粮坚守待援，并伺机突围，以全忠节。但赞成宛、高之意见者多，乃于六日晨二时被迫随同撤退。至离承化东北四十里之乌拉苏沟，遇匪截击，沿途且战且走，八日薄暮抵达外蒙边境乌尔木格图。时有据卡匪徒四百余人，宛师长即派擅长蒙哈语之邢排长前往洽接。匪方表示蒙哈早已团结，自二十八年迄今，所有枪械均系由外蒙供给，目的系驱逐汉族。并与宛师长一信，略谓，请钧座即饬部属将枪械缴出，民众立回承化，决不伤害，等语。宛接信后，复命警局科长傅鹏云（锡伯族）及邢排长再往交涉。彼方仍坚持其要求。此时宛师长即正式请高专员为代表前往洽降。职等知悉后，悲愤填膺，抱定宁作中国鬼，不死异域地之决心，即私与迫击炮排长商通，抽借马匹，各选愿突围者共得二十余人，于八日晚九时屏息而出。至天明，检点同行人员，已达六十余人，即取道南返。越二次子河，仅剩二十余人矣。当即经黑子戈壁，二昼夜未食，宿途中因感绝望，或饥渴难耐而自杀者数人。过乌伦古河，为哈拉嘛衣戈壁，又昼夜无水草。再南为将军戈壁，亦经二天三夜，于九月二十日及二十一日先后到达奇台。各批计有警局四十余人，携有步枪、手枪二十余枝，三十三团六十五人，携有步枪五十枝、机枪两挺、手枪五枝，等语。可歌可泣,令人感动。渠等到迪后,余曾饬曾秘书长设宴慰劳,并饬有关部门妥予位置,以安其心。兹再补志篇末,用彰忠烈。

十月二十六日,星期五,阴九月二十一日

两三日来,阴霾满布,天候骤冷,今天突降大雪,茫茫遍野,皑皑一色。想南国此日,正秋高气爽也。

前以阿克苏被围,英吉沙告紧,喀什南北均受威胁,处境危急。而当地驻军首长张希良、尹洪芳意见不合,尹有勾结疏附县长沈立中,征收处主任周智远等人,密谋倒张之说。长官部据报告,除将尹洪芳先行停职,调省听候法办外,并电慰张师长安心服务,勿受挑拨离间,以加强军政协调。余亦将该沈立中、周智远免职。

张部长与伊犁代表两次谈话,纪录业已整理就绪。兹抄录于后:张部长治中对伊犁暴动人民代表致词纪录(一) 三十四年十月十七日。

中华民国是汉、满、蒙、回、藏五大族,和若干少数民族所构成的一个国家。这几个民族都是很亲爱的如同兄弟手足,处于平等的地位。我今天以中央政府代表的地位来接见各位,心里感觉很高兴,我们就如同兄弟手足见面一样。我们各民族都是亲爱的弟兄,由这些弟兄构成了中华民国这个大家庭。今天这次会面,等于一家人坐在一起,心里当然感到无限的愉快。

不过,我们并不否认,同在一个家庭的弟兄,对于有些问题大家意见不一致,甚至因此吵吵闹闹,也是难免的。可是吵闹是吵闹,但不会损伤弟兄的和气和破坏家庭的团结。所以我们相信过去弟兄们,虽然也会曾发生过意见,但都是一时的偶然的,不会影响到弟兄间的和气与家庭间的团结。本人这次代表中央政府到这里来,为的就是**恢复**弟兄间的和气与家庭间的团结。

在过去新疆也曾发生过民族间的问题,我们相信这当然是一时的,偶然的。本人今天奉到中央政府与蒋主席的命令和大家见面,听取各位的意见,以便商量一个解决的办法。本人希望能够很快当的，很顺利的，使得弟兄间的和气与家庭间的团结得到恢复。我们并不否认，在过去省当局有些措施，颇有对不起全省同胞的地方，但是各位可以了解中央的情形，中央实在也有照顾不到的地方。去年秋季以来，中央虽然也想调整改善新省的局面，但是抗战工作正在紧张进行中，中央事实上不能以很大的力量，费很多的精神来顾及新省。同时在新疆省府刚刚改组的时候，接着就发生了伊犁事变，所以到今天为止，中央对改善新疆局面和爱护新疆人民的意思，还没有方法能够表达出来，这是中央感到非常遗憾的地方。但是今后情形就不同了，现在抗战业已胜利，中央已经可以拿出很多的力量和精神来顾及新省。中央今后必然本着爱护新疆，培植同胞的精神，来改善全省人民的生活，提高全省人民的文化水准，从经济、政治、教育各方面来努力，力求符合全省人民的要求，达成全省人民的愿望。这一点我可以告诉各位，中央是具有充明的诚意与力量的。因此，本人这次代表中央到这里来，很希望弟兄间的感情，很快能够恢复，新省的问题，很快能够得到解决，使一切都恢复正常状态，以便积极的开展我们各项的建设工作。我可以重复地，郑重地告诉各位，在新疆问题迅速而又圆满解决之后，在弟兄间感情迅速恢复、家庭间团结迅速巩固之后，中央一定尽力把新疆按程计功地建设起来，把人民生活循序而进地改善起来。

各位这次到迪化来，使命重大，相信各位一定和本人的希望相同，和中央希望相同，和全省人民的希望亦复相同。各位如有意见，请尽量地提出来，我们愿意详加研究，求得共同一致的解决。

张部长治中对伊犁暴动人民致词纪录（二）。三十四年十月二十日。

现在我们要站在国家的立场，也就是中央的立场和各位说几句话。中央对边疆的一贯政策和爱护边疆同胞的真诚态度，我应该郑重的向各位说明。在我想，因为交通和通讯的不便，伊犁方面的同胞，对于国际大势与国内情形，也许有不十分清楚的地方。因此，我想首先就这点和各位说一说。

各位当然知道,这八九年来我们最重大的一件事情,就是对日抗战。我们和日本的战争,从民国二十六年开始。我们为什么要和日本抗战?这个理由各位一定都知道,就是因为日本帝国主义强占我们东北四省,成立伪组织,就是最著名的九一八事变,我们不能让我们的领土被敌人侵占,所以我们要抗战,一直到收回我们的领土,得到最后胜利为止。

在抗战之初,我们也知道日本是一个很强的国家,拿实力来说,我们不能和它对比。当时日本约有一万架飞机,军队可以动员到五百万,而我国只有不到一千架飞机,三百万军队。但是我们要收复我们的失地,保持我们国家领土的完整,我们深信终必获得最后的胜利。我们独立打了三四年之后,苏联、美国、英国都先后起来帮助我们,到现终于把敌人打到无条件投降。在中国战区的日本军队,完全缴械,包括东北和越南北部,有二百万军队被缴械。仅仅是中国内地,由我们军队缴械的,也有一百多万人。大家要知道,我们这次的胜利,是历史上空前伟大的胜利,是经过全国军民八年多的艰苦奋斗才获得的伟大的胜利。

这一次抗战,开头是中国和日本的战争,结局是世界大战的结束。而这次世界大战,最初是中国和日本作战,其后是英法和德意作战,是苏联和德国的作战,最后是中、英、美、苏联合对日作战。以地区来说,在欧州〔洲〕方面是英、美、苏对德、意,在太平洋方面,是中、美、英、苏对日本,合起来说,就是中美英苏联合对德意日作战。结果是我们得到了胜利,这种胜利也是历史上空前的胜利。

在胜利之后,我们特别和苏联订立了友好同盟条约。这个条约的有效期间是三十年,它最主要的内容是双方保证维护对方主权与领土的完整。就是说,任何一方的主权和领土,遭受到外来力量的损害时,其余一方应该起来帮助对方来抵抗,来作战。

本来,中苏的友好,不自今天始。苏联对中国的帮助,由来很久。在二十年前，我们还在广东的时候，苏联便帮助我们在黄埔建军，建立革命的武力——国民革命军。到了民十五年，我们誓师北伐，苏联又帮助我们打倒北洋军阀，完成国家的统一。到了这次对日抗战，首先起来帮助我们的也是苏联。他供给我们人才、技术、飞机、大炮和军火。同时也给我们以许多精神的鼓励。总结起来，苏联帮助抗战，这都具有道义的感情的帮助。

到了今天，我们已成为世界五强（中美英苏法）之一，我们的国际地位已经大大地提高。这种伟大的收获，一方面是由于我们能够坚持抗战，但同时也得力于盟邦的帮助。在抗战还没终结，我们已经取消将有一百年历史的不平等条约，而首先对我放弃不平等条约的是苏联。这次大战终结，首先和我们签定友好同盟条约的也是苏联。所以从以往和目前苏联对我们的情形来说，我们相信友好同盟条约签定之后，中苏关系一定一天天地更加亲善，这是可以断言的。

以上是我们国内和国际的大概情形。为什么我要说这两段话？这是因为现在的国家和国际的关系，实在太密切，任何一个国家不能脱离国际的关系，正如一个国家的任何地方，不能脱离国家的关系一样。在二十世纪今日，我们不但要有国家的观念，尤其要有世界的眼光。自从这次胜利之后，中国的国际地位，已经获得历史上最大的光荣，这种光荣，不只是伟大领袖和中央政府的光荣，乃是全国人民的光荣，是四亿五千万全体同胞的光荣，凡是中华民国的一分子，都有其在世界上的光荣。当然，你们各位也同样获有这种光荣，那是不待言的。大家也许已经在报上看到，我们的台湾已经被敌人占据了五六十年，这次被我们收回来。当我们的飞机飞到台湾的时候，当我们的接收人员到达台湾的时候，一般人民都是欢欣鼓舞，无论男女老少，都非常热烈地欢迎我们，他们以能够回到祖国的怀抱为光荣，以能够重作中华民国的一分子为光荣，他们的欢欣是发自内心的。为什么他们这样欢欣？这理由很简单，比方一个家庭子弟，看到父兄做了很大的事业，替家庭增加了无限的光辉，做子弟的当然欢欣爱戴。中华民国好比一个大家庭，我们和你们都是这个大家庭的子弟，中华民国的光荣，当然是我们每一国民的光荣，当然值得我们欢欣爱戴的。

不过抗战虽然胜利了，未来的工作还很多。是什么工作，就是建国的工作。我们要完成建国的工作，首先要国内没有问题，在抗战期间所存留下来的问题，都要赶快解决。现在国内大体说，已经没有什么问题。比方共产党问题，本人两次到延安。毛泽东先生也到了重庆，现在问题算是大体解决了。双方谈商的结果已经在报上发表，各位大概已经看到。共产党主张和平、民主、统一、团结，国家需要和平，需要统一，政治需要民主，内部需要团结，中央当然也是这样的主张。在谈商中间，共产党还有一个重要的表示，就是愿意在蒋主席领导之下，实现三民主义，建设自由幸福富强的新中国。这个表示已经明白地载在会谈纪要上面。

中央对于国内一切问题的解决，都抱着统一的态度。对于解决这次新疆局部事变，也是这样的主张。就是秉着一贯和平、民主、统一、团结的精神来求得圆满的解决。我说这种话完全是真诚的。比方拿这次我代表中央交给各位的"中央对解决新疆局部事变之提示案"来说，各位经过详细研究之后，就可以了然。别的不说，就拿这个提示案的第五项来说，它规定在各县选举乡镇保甲，成立县参议会，选举自己的县长，行政专员由省府保荐，并得选用地方人士，其它行政人员也以多数选用地方人士为原则。县参议会对地方人民福利事项，有条陈建议之权，对地方行政人员的违法行为，有检举监察之权。以上这些权利，因为时间的关系，在内地省份的人民目前还没有完全做到（将来当然是一样的）。这可以证明中央对新疆同胞特别的关切，人民获得了这些权利，就是实行民主政治的基石，也就是给人民自治以最大的保证。所以从名词上说，无论民族自治、地方自治，它的内容都不外如此。又比方关于新疆人民的福利,我们认为今后要增进新疆人民的福利,首先要从经济开发做起。我今天可以告诉大家,中央今后一定以较大的力量来帮助新疆,从事经济的开发。不仅如此,中央正准备和苏联进行经济合作的商谈来促进新疆经济的发展。中央是只为人民利益着想,决没有丝毫想在新疆与民争利来得到什么好处的。又比方关于文化教育方面,这个提示案里,规定尊重各族的宗教信仰和文化风俗、习惯、语言、文字(第二、第三条)、普设各级学校、推广社会教育,以提高人民文化水准,并用各族语言、文字来实施教育(第七条)。各位可以明白,这里面完全没有同化的意思。各位用不着为过去省政当局的态度与措施而发生怀疑。我们是中国各民族一律平等的国家,大家平等相待,没有什么叫同化。说到这里,我还要坦白对各位解释一下。我们在民国十六年统一全国以后,以至于三十三年十月省府改组以前时代。中央对于新疆,可以说管不到,对于新疆人民,虽然备极关切,但是因为鞭长莫及,所以也爱莫能助。更说明白一句,过去的新疆当局,许多措施有对不起新疆人民的地方,对新疆同胞有压迫与苛刻的地方,但是这绝对不是中央的意思,不是国民政府的意思。只因为鞭长莫及,中央力量达不到,这是中央对边疆同胞深表遗憾的。去年十月改组了省政府,中央政令刚好能够达到新疆,但伊犁事件就在此时发生,所以中央的意思没有方法表达出来。此外,还有一个原因,就是我们抗战军事正在紧张的时候,所以中央也没有多少精神和力量来顾及新疆。由于伊犁事件暴发得太快,和中央正集中全力抗战的两种原因,所以中央对新疆同胞的关怀,更没有办法完全表达出来。不过现在大战打完了,我们完全获得胜利了,中央今后一定以较大的努力来帮助新疆,来照顾新疆,来扶助新疆人民,从政治、经济、文化各方面求得平衡发展,使他们和内地同胞一样得到同等的待遇。过去的一切,凡是不合乎人民要求,不合乎人民希望的,中央一定决心彻底、加快改善,使到它能够符合人民的要求,符合人民的希望,这是我今天可以郑重向各位提出保证的。

中央对于新疆同胞的态度和方针，既如上述。那么中央对新疆同胞有没有要求呢？很简单，中央只要求新疆同胞八个字：拥护国家，服从政府。此外，就没有别的要求。再重复一句，今后中央一定以较大的力量帮助新疆，建设新疆，新疆人民所不愿意的，中央一定加以纠正，新疆人民所希望的，中央一定努力替他们做到。而中央所要求新疆人民的，就是拥护国家，服从政府。我们认为中华民国是统一的、团结的、民主的、自由的国家，各民族都站在平等的地位自由地生存，自由的发展。拥护国家、服从政府是人民的义务，也是人民的光荣。全国人民都应该以得为自由、幸福的中华民国的国民为光荣，我们相信各位一定了解这点，一定以得为中华民国的国民而光荣。

我要向各位说的话已经完毕。最后想给大家讲一个故事。我从前读书的时候，曾读到一个故事，大意是这样：一个放羊的人，每天把一百条羊放在山里，有一天忽然失了一条羊，他一定要上山把失掉的一条羊找回来。旁人对他说：你有一百条羊，失掉一条羊有什么关系？为什么把九十九条搁在一边不管，去找一条羊。他说，这九十九条羊是不会走失的，那一条羊却已经走失了，我不能不特别关心，一定要把它找回来，使它同样得到我的保护。于是他上山去找，结果终于被他找到了。他就非常高兴。别人问他为什么这样高兴。他说，这是我所追求的一条羊，现在被我找回来了，我当然高兴。这是大家知道的故事。我们中华民国有四亿五千万人，新疆最多也不过四百多万，大概等于全国人口的百分之一（当然，只是伊犁、塔城、阿山几个区的人口，还不过几十万）。这百分之一的人口，等于一百条羊中的一条，而且现在这条羊并没有失掉，我们必须设法使它不会失掉，就算是失掉了，我们也一定把它找回来。我们因为这条羊不会失掉而欢喜，相信这条羊也会因为没有脱离羊群，被失掉在深山里而同样欢喜。因为它倘若被失掉在深山里面，孤孤单单的,恐怕要感到离群之寂寞和悲哀了。

十月二十七日,星期六,阴九月二十二日

新省驻军因番号复杂,驻地分散,致督饬难周,统率不易。迭据各方报告,各地驻军风纪欠佳,时有扰害人民权益之情事发生。委座对此亦极为关怀,常加垂问。张部长近与余及朱长官商谈及此,佥认应即时严加整饬。爰决定代表委座,由军委会、长官部、省政府、省党部、省参议会等机关,各派代表组织临时军风纪考察团赴各地考察,并访问民间疾苦,传达委座对新省军民关注之德意。以郑文仪为团长,广禄、刘永祥、阿世忠、萨立士、邹树声、华声蕃、王曾善、匡俊涟、李帆群、张挺军等为团员,定日内由迪出发,先视察绥来、奇台等地,然后再转赴吐鲁番、焉耆。该团并携有委员长告驻新国军书词,至为恳切。余以近日天已降雪,特每人赠送官长皮大衣、棉中山装、毡桶、皮帽各一套,以资御寒。梁副秘书长等十七人以离渝时,天气仍暖,未多带御寒衣备,近向省府借衣,余亦各赠官长棉军服一套。

据苏领告知,伊犁三代表业已安抵伊犁。

蒙藏政治训练班同学在新工作者十余人,大都尚能勤慎奉公,无忝职守。但其中仍有一二人未能尽如人意,如哈密县长蔡儒祖,为人本极老成持重,故余特畀以哈密县缺。讵其到任以后,迭以军需供应浩繁为词,呈请辞职,年富力强,即畏难图安,殊非余所期许,近已准其辞职,遗缺并派二十九集团军秘书陈守平接替。卢桂森过去在蒙藏委员会工作期间,亦能吃苦耐劳,并勇于任事。今年夏间,奇台县长邱壁山因案撤职,余以卢与当地驻军长官徐汝诚有旧,特派其接充斯职,原冀军政协调,必有建树,乃以其好大喜功,不切实际,且御人乏术,致各方迭有烦言,近又被人控告贪污,余已将其免职,并饬有关部门撤查究办。所遗奇台县长一职,另以王德淦接充。王亦政训班学生,精明干练,或能无忝厥职。此外,最近并任王忠烈为鄯善县长,王为政训班第二期学生,原由中央党部派新工作,旋调民厅供职,学养俱佳,颇受邓厅长之倚畀,此次之出长鄯善,亦系邓厅长向余推荐。

十月二十八日,星期日,阴九月二十三日

（略）

十月二十九日,星期一,阴九月二十四日

（略）

十月三十日,星期二,阴九月二十五日

（略）

十月三十一日,星期三,阴九月二十六日

（略）

十一月三日,星期六,阴九月二十九日

余为积极推行本省地方自治起见,前曾通令凡本省专员公署所在地各县,各级民意机构,统限本年十月底以前完成。其他各县县参议会,亦应于明年内普遍成立。兹据报称,除伊犁、塔城、承化三县因受匪患暂缓成立外,余焉耆、哈密、阿克苏、疏附莎车、和阗等县,均已如限一律依照法定程序建立完成。迪化县参议会亦于上月三十日举行首届一次大会,会期三日,已于昨日圆满闭幕。余今午特假新大楼宴请该县全体参议员。计到奴尔沙赫、摆克勤、齐中庸等十三人。并邀该县县长邢隽藻、副县长及县党部书记长等作陪,以示慰劳之意。晚,张部长假新大楼宴请苏领馆代总领事叶谢夫夫妇暨副领吴麻索夫、康斯坦夫妇、商务委员马尔果夫,外交署刘特派员夫妇等。叶领今日始由阿拉木图返迪。

十一月四日,星期日,阴九月三十日

……今日与朱长官商定处理西北之方案两则,由朱赴渝建议总裁,并已告知张部长。余与朱长官同认西北军政必须一元化,在此原则下决定方案。（一）以张部长为西北行营主任兼新疆省主席。行营设于兰州,迪化设立办事处,张可视事实需要分驻两地。（二）朱长官仍长八战区,以郭副长官寄峤驻迪指挥军事并兼新省主席。除此两项方案外,如果中央仍欲余继续主新,则可请发表寄峤为新省府委员而暂代主席,俾余乘暇前往中央报告一切。朱长官认为目前中央对西北应予彻底检讨,因余明了西北政治情形,故即不改组省府。朱亦望余赴渝一行,共商西北根本大计。并且值此中央与伊犁匪方正式进行谈判时期,余继朱而离此,亦可谓一种诚意表示,其于谈判或有裨益。据余观察整个西北(包括陕、甘、宁、青、新及延安、内蒙)如需用兵,则朱长官当回西北主持。如以和平方式求取解决,则留张部长在西北较为合适。余与朱长官均认为张部长在抗战八年中,奔走各地,辛勤卓著,去年军政部改组,张之呼声甚高,结果属于陈诚。今夏中苏莫斯科谈判,总裁原拟定张随赴莫斯科,旋易熊式辉。此次接收东北,总裁已决定由张办理,最后又属熊式辉。今日中央为酬答张部长,将西北交张总管,固亦宜也。至余本人,无论如何,离开新疆,已属当然。余爰再亲笔函总裁,请另简贤能,早息仔肩。原函请朱长官面陈。其文如下:总裁钧鉴:新疆军政必须一元化,省政府必须改组方可针对环境,应付裕如。信无意再留此间,亦无再留必要。务请另简贤能,此乃为新疆全局着想,并非规避责任,统希谅察为荷。余情请一民兄代陈。敬请钧安。忠信敬呈。十一月四日。

十一月五日,星期一,阴十月初一

午前七时,一民乘机启行,余送至机场,到党政军各首长凡数十人。一民系去年八月三十日抵新,奉命兼代省主席职务,至十月四日,予抵新始交代,光阴易驶,已一年又一月矣。在余莅任之初,保安司令部事,予未允接。该部系因新疆边防督办公署裁撤后始成立者,在此剿匪时期,一切军需供应,均由保安部承办,关系极大,事务亦繁,为一切便利起见,仍由一民兄兼管为宜。一民坚谓此职为省主席当然兼任之事,不便代庖,予始允接收。好在担任参谋长一职者为于平远兄,平远曾任侍从室第一处组长,与一民兄同机莅新者,一切事务可由其就近秉承办理,俾利事机,予并谆谆以安定地方、协助军事八字,切告省府同仁,尽省府力所能及,无论人力、物力、财力无不悉予协助。一年以来,军政间感情融洽,毫无隔阂,人亦无闲言者,职此故也。一民智力过人,予尝称其为参谋长人才,如在总裁帷幕,擘划运筹,其所建树,当不止此。频年以来,坐镇西北,安定边陲,解决新疆问题,煞费苦心,惟自去岁九月一民来新主持军事,始终以暂时作客心情指挥部队,未有整个作战计划,亦未组织行辕,参谋人才太少,对兵力之运用欠灵活,于交通工具之调动复不紧张。参谋处长王为天,器局狭小,既未见过大场面,措置自难裕如。运输司令班淦,不识大体,委卸责任,供应不给,损失车辆不少,对军事失利之影响极大。再加以将骄兵悍,系统不同,不能层层节制,指挥上至感困难,又平时积习太深,军纪荡然无存,兵不能卫民,而实足以扰民,民怨沸腾,其何能得民之助。一民御下宽厚,固其美德,而赏罚不立,遇紧要关头复不能断然处置是其病也。予对其此次之行,不无怅惘,期其再来,重整旗鼓,挽救危局,固不独予之私愿也。因就感想所及,拉杂记之。

下午二时偕张秘书、徐秘书往游红颜池。其地距城约七八里,四面重山濯濯,中凹成池,水即汇积其中。建设厅曾于三十年利用该池改建蓄水库,于洪水时期,引乌鲁木齐河之水入库储蓄,次年春耕时,即引池水灌田。该项工程系于三十年九月经始,至三十二年九月已告竣工。全部工程包括两种:一、引水渠,由乌鲁木齐河之上游,掘渠一道,经流绕燕儿窝山坡直达池内,共长五公里,宽二至五公尺,水深一公尺,底坡百分之一至千分之一。该渠道之附属建筑物,计有进水闸一座、防洪坝长八百公尺、泄水闸一座、跌水闸一座、渡水槽一座、桥梁四座、跌水退水闸一座、渡槽一座、急水槽一座,长一百公尺。二、放水渠,为放水灌溉计,由池内经山谷直达至乌鲁木齐河之下游掘放水渠一道,共长三点五公里,宽三至五公尺。该渠道之附属建筑物,计有隧洞放水管一条,长一百六十公尺,闸门两座、跌水槽四座、渡水槽一座。

该地面积原有六一〇,〇〇〇平方公尺,水深约四公尺,水量约有一,二〇〇,〇〇〇立方公尺,经修建后水深十公尺,存水量亦增至六,七〇〇,〇〇〇立方公尺,最大水量并可增至一八,〇〇〇,〇〇〇立方公尺,较原湖原有水量增加十五倍。但以修建设计之不完善,就工程效用言之,尚未能达到预期效用。本年度复由建设厅会同行政院水利勘测总队于五月间成立迪化水利工程处补修引水渠、放水渠,凿通库内挡水石梁,并改装储水库闸门,池内水量已可全部放出。上年度该池放出水量三,〇〇〇,〇〇〇立方公尺,除渠道渗漏与蒸发消耗外,约增溉耕地面积八千亩。本年度经加工后,放出水量五,五〇〇,〇〇〇立方公尺,除消耗外,增溉耕地一万五千亩。现全部改建工程完成,预计明年可增溉农田三万二千亩。

晚间刘特派员来谈,据苏领告渠,伊犁代表八日可来迪,由中苏航空公司派机往接……

十一月六日,星期二,阴十月初二日

上午马军长呈祥过防,渠近曾赴东西两路巡视该军驻防情形。该军入新部队连同今日车运抵迪之特务团,共计七团,均系骑兵,其布防情形,计迪化两团,昌吉、阜康、孚远、奇台各一团。南路方面,达坂城、托克逊各一团。此外新调青海炮兵一团,亦已到达酒泉,预计半月后即可抵新。迪化外围兵力配备,已差强人意,纵使此次谈判破裂,迪化亦不致如两月前之岌岌可危矣。

下午刘特派员泽荣来谈,明日为苏联二十八周年国庆纪念日,苏领馆拟举行盛大宴会。惟据苏领表示,去年国庆日,领馆方面曾邀请各机关首长、社会名望人士、各宗教头目及各文化会负责人。但结果除去机关首长外,大都未到,致座间虚席甚多,颇为扫兴。希望明日被邀请各人均能参加。余认为此事纯系个人自由,其参加与否,政府不便从中授意。不过,余亦希望渠等均能自动参加,藉表两国人民之亲爱友善。

晚，与张部长、郭副长官、卢厅长谈论新疆财政及分省问题。卢厅长对新省军政各费数目之庞大及筹措困难情形，谈述甚详。分省问题，张部长认为新省经济条件太差，以暂分两省为宜。

十一月七日，星期三，阴十月初三

上午十时，余偕刘特派员泽荣前往苏领馆道贺，余因不善酒，故先去早回，未参加宴会。十一时，张部长、郭副长官、梁副秘书长，偕同麦斯武德、艾沙、伊敏及此间各机关首长暨各族文化促会主任委员等数十人前往赴宴，闻席间宾主颇为欢洽。

社会处代理处长广禄，已于昨日到处办公，今午偕副处长郝登榜来谒，对该处近况有所报告。

近据乐土驿警局报称，沙湾我军政机关自本年九月十三日撤退后，匪军十六日始行入城，数约五六百名，内多系俄人。经派原充商会会长之维族头目沙比提为伪沙湾县长，并成立军警督察处及征收局，搜括农村食粮运济乌苏一带之匪军。伊犁匪伪代表来迪后，伊方曾由沙湾抽调壮丁二百余人，车运伊犁，集中训练，其厉兵秣马之情形，仍有加未已。前据报迪化西郊地窝堡之中苏机场装有电话机一部，该场苏人利用是项装置，经常窃听迪化与绥来之间之通话，以刺探我方军情，当饬警务处严密调查去后，兹据复称，确有窃听情事。余以此事关系重大，已送请长官行辕密请注意矣。

近日各线匪情均无变化，阿克苏北托百克大坂及冰达坂一带之匪，总计六千余，仍扼险盘据，与我军对峙中。

十一月八日，星期四，阴十月初四

伊犁代表原定今日乘机来迪，因气候不佳飞机未能往接。

据警务处报称，苏领馆近曾召集全体馆员开会，由该馆秘书主席曾宣称：我国政府业由外长莫洛托夫负责，一切措施将有所变更。目前吾人要求大家者，即自今日起加紧努力，务使新疆之归化族完全加入苏籍，俾重返祖国。等语。另据报称，苏领馆近购买大量米面，分发加入苏籍之归化人，藉以笼络。

十一月十日,星期六,阴十月初六

……伊犁大雨,匪伪代表仍不能启行。骑五军参议马金科来谈,渠日前随马军长呈祥赴托克逊视察,昨日返迪。报告,托克逊一带马瘟流行,日有倒毙,好马一经传染,数小时即行死亡,该处骑五军马匹已倒毙百余匹,兽医亦束手无策,唯一办法,只有将病马隔离以免传染。情形颇为严重。

午后接见哈密回部双亲王伯锡尔,伯年约四十许,与余谈述过去新疆情形颇详。据谓,在杨增新、金树仁时代,一般人见不到主席,在盛世才时代,一般人不敢见主席。尤其在盛世才时代,百姓无时不在恐惧忧惶之中,未入狱者不知何日入狱,已入狱者不知何日将死。继叙其家世,谓王府系在哈密,民十九,其祖父沙马克苏特亲王逝世,金树仁拟实行改土归流,爰调其父聂诺尔亲王来迪居住,寄寓胡沙音巴依家(即今南花园),并寄存金数百两、银数千两,及其它贵重物品多件。其后胡沙音被捕下狱,其父所存财物亦连带被没收。其父去世后,渠以当时环境益形恶劣,乃由哈密迁居鄯善之苏巴什,有地千余亩,自筑小屋,日以耕种自娱,深居简出,不问外事,不过仍时感忐忑难安耳。直至去年省府改组,盛世才离新后,始由苏巴什来迪,重度自由之生活。余告以年来施政重心,即在解除恐怖,救人生命。并谓三民主义之政府,即是民治、民有、民享之政府。不但消极的保障人民生命财产,并有积极的为人民谋最幸福与最快乐的生活。伯谓过去亦尝阅读三民主义,不过其中精深奥妙之道理尚不尽了然,并希望能面谒总裁致敬。余已允助其实现。嗣谈及尧乐博士时,渠谓尧十三岁时即受养于其王府中,及长畀以翻译工作,兼司王府总管之职。尧聪敏过人,国、维语均极流利,但国、维文均一字不识。盛世才上台后,曾任其为哈密警备司令云。谈话历两小时余,临行余属其领导人民帮助政府推行地方建设工作,并赠以茶砖两块,近影一帧,以资纪念……

十一月十一日,星期日,阴十月初七

余重划新疆省区建议一案,最高当局已交内政部核议,今接曹经沅先生来电,内政部意见拟划为三省,以甘肃酒泉等县合新疆吐鲁番等县划为安西省。张部长厉生并表示必力促其成。兹录经沅原电于次:迪化省府曾秘书长转恕公:有电奉悉。据纯鸥兄云,内政部议复新疆应划为三省,已呈院以甘肃酒泉等县及新疆吐鲁番等县划为安西省,厉生云必力促成,属告公。纯鸥两游西北,颇悉边情,现驻酒泉杨军长亦其同乡至好,人地尚洽,厉生曾有保荐纯鸥外任主席之表示。今有机会,拟请公加电厉生推荐,属代呈,乞酌示。沅成。江。印。

公路局陆局长振轩,呈报本省现有汽车总数及其运输力与改善办法,计算周详,所见甚是,洵可资为参考,特摘志于次:甲、本省现有车辆总数。一、供应局直接管辖西北路局拨来之英国新军长一百七十余辆、汽七营俄式车一百四十余辆、辎四团美式及俄式车共约一百六十辆,以上共计四百七十余辆。二、新省公路局俄车一百二十二辆、美车十六辆,共一百三十八辆。全省共计有运输车六百余辆。乙、运辆能力。运输能力应以车公里计算,即每车行使一公里为计算单位,例如往吐鲁番运粮一车(以装十三石计),自迪化往返,需使用三百七十车公里运输力,此能力之强弱,视车辆之好坏,油料之供应及调派之情况而定。故本省之运输力可估计如左:路局之一百三十八辆车中,有赴渝未返者十四辆,在阿山失险者十五辆,待件不能行驶者九辆,可供运输者仅有一百辆。约略计算,以受油料、轮胎、电瓶、水箱等重要机件供应不足之影响,每月仅得八万车公里之成绩,即平均每车每月仅驶行八百公里,但其中百分之六十五系供军用(约五万二千车公里),百分之二十五供班车,百分之十为自身油料及公务运输。二、供应局之车辆,小半系新车,其他亦系陈旧者。总计四百七十辆车每月之运输力,能得三十七万六千车公里。换言之,如全部调在焉耆、迪化间运粮,每月约能运到一千三百五十吨。全省运输力每月约有四十五万六千车公里,以应本省目前需求,实属太少。三、改善意见。(一)修筑正式公路,一面可以增加行车速度,一面可以减少油、胎配件之损耗,复因周转加强,不必增加大量汽车。(二)改善油、胎配件之供应,使车辆毋庸停修待件而虚靡时日。(三)增设保养场及选任有经验之技术人员,使车辆不中途抛锚。(四)改善装卸及办理业务手续,不使车辆作不需之停留。

本省物资缺乏,一切军需民用,多仰给于内地,而幅员辽阔,南北相距即以于阗至阿山计算亦达三千四百余公里,约等于由广州经粤汉、平汉、北宁等铁路而达沈阳之里程。东西由猩猩峡至伊犁亦有一千四百余公里,约等于由上海经南京、徐州而达西安之里程。以此区区之车辆运输力,供应此广大之区域,自难免不捉襟见肘应付维难。其所提改善意见,虽尚切实际,但均非本省财力、物力、人力所能担负,唯有请求中央设法改善。

十一月十二日,星期一,阴十月初八

……午后接见喀什骑兵第十二师副师长尹供芳。渠于最近奉召来省,据告南疆各地,军民协和,社会安谧。英吉沙被攻之日,该城人民表示:我等只须有一袭大衣御寒,其他一切均可贡献政府。其拥护政府之诚意于兹可见。南疆同胞对于匪伪极具戒心,盖匪骑所至,征兵枪马,庐舍不安。对于苏联之支持匪伪,挑拨离间,尤表忿恨。尹又谓,目前南疆唯一隐忧,厥为喀什军政当局之不调协,双方误解甚深,至今尚未消除,亟应设法补救,等语。查此案余前据报告后,即已会同长官部,将喀什军政人员予以适当之调整矣。

据绥来警局电报,近由匪方逃来投诚之穆光炳,曾充阿克苏校长,于去年由迪返伊遭逢事变,被匪征赴前线工作,致得乘机返回。据其谈述匪方近况如下:一、伊犁匪主席艾力汗,系维族大阿洪,副主席艾非木拜系维族王子。二、绥来前线,现有维、哈、归、回各族匪兵共三千余人,由苏籍哈族师长司卡克拜及伪政府副主席波里诺夫负责指挥。波系苏人,曾充苏联驻哈密第八团副团长职。三、匪方现有轻坦克两辆,装甲车两辆,其他各色武器多系苏方供给。四、匪方给养困难,待遇低微,排长月薪仅四百元,士兵二百元,因之厌战心理高涨。五、被俘国军多被押送伊犁做苦工。

十一月十三日,星期二,阴十月初九

……伊犁代表拉合木江等三人,于本日上午十一时三十五分,由伊乘中苏公司民航机起飞,一时三十分抵迪。刘特派员泽荣偕张部长代表童世纲曾往机场迎候。代表等仍下榻特别招待处,由宣抚委员会宣抚处长钟棣华负照料之责,梁副秘书长及彭昭贤等曾前往慰问。拉合木江谓:我等返伊后,曾召集东土耳其斯坦回教国民众大会讨论中央之十二项提示案,阿山之达列里汗、乌斯满及塔城均有代表参加。对于原提示案大部分均表示接受,尚有小部须要求中央修正。渠等又谓,系国民大会选出之全权代表,并表示有权处理一切。态度言谈均较上次轻松云。

近日各线均无战事,英吉沙属衣格子牙、破城子及铁工厂等处盘据之匪,均已自动撤退。

十一月十四日,星期三,阴历十月初十日

上午十时接见乌苏曲屯、丁曾两喇嘛。今春,曲屯等自迪返寺,旋逢匪徒窜扰及寺,劫持曲屯至绥来西山,历四日,露宿林间,日仅发开水二碗,羊肉二三两,茶盐米面缺如,苦不堪言。四日后,匪伤其外出宣传招降,幸得脱身走省城。据谓,当时西山有匪三百余,约三十余名为苏籍人。现乌苏沦陷,曲屯等无法回寺,住宣抚委员会,由政府供给食宿。今日相见,余备致慰藉,各赠藏香两把,小裌裤两套,并嘱多事诵经,为地方平安祈祷。

十时半接见焉耆来省之焉耆蒙文区会主任委员桑格吉(五十四岁)和硕特旗老纹喇嘛克木其柯(三十三岁)、吐尔户特根佳活佛强子特莫鲁木(三十九岁)。桑格吉等此行拟赴青海塔尔寺礼佛,缘民十七和靖县嘉活佛离新入藏,至今未返,现驻锡塔尔寺,桑等藉参拜云。继谈及焉耆匪情,据称,去秋今春先后两次被匪裹胁蒙民共计千户,聚居深山,冬窝无着,情形可怜。匪区无米无面,以往仅赖穹古斯接济粮食,现穹古斯粮源亦尽,匪方斫被胁蒙民之牲畜而食。据逃回之蒙民称,匪区所存牲畜已不多,且时有倒毙,仅剩少数马驹与母马,不久亦将食尽。况居无冬窝而匪方又不尊佛教,被胁蒙民精神物质两感痛苦,皆有生不如死之语。桑格吉谓翌岁正月雪深马瘦,行路艰辛,我军倘能控制唯一可行之达坂,必能一鼓而平之。

……新疆问题关系中苏问题,亦世界问题之一环。解铃犹仗系铃人,愿苏联政府熟图之。

张部长文白兄上午约苏联叶代总领事谈话,下午五时接见伊犁三代表,历三小时。代表等退后,余与张部长欢谈至午夜,乐而忘倦。溯民十六余与张部长初次相识,十八年来感情与日俱增,在京在渝时相往还,对余尊重备至,获其关照之处甚多。张两度飞迪商谈解决伊犁事变,与我同住新大楼,晤谈机会甚多,尤以此番二次来新,滞留时间较久,尤多畅叙。张对人热情,处事心细,惟体质较弱耳。总裁创办黄埔军校,张追随最久,黄埔第一期至第四期担任团长与入伍生总队长。第五期至第十四期任该校教育长勿替,桃李遍全国,不下五万人。复任航空学校校长,空军将领毛邦初等皆出其门下。现任政治部部长兼三民主义青年团书记长及中央训练团团附,领导干部人员为数亦夥。今日奉命前来西北,并先莅新解决事变及主持分省。张部长与西北回教将领马主席子香兄等感情均好,将来主持西北军政,当无困难。余系老友,于公于私均欢迎其来,并当就余所知,详为告述,以利其事业之开展。

十一月十五日,星期四,阴十一月十一日

午后四时,麦斯武德、伊敏、艾沙联袂过访,畅谈两小时,并款以咖啡糕点,情绪颇为融洽。麦等首先赠送皮大衣及呢服等物。余为述主新一年经过,诸如开释囚犯并资送回里、宣布不征兵、不征马、不征驼、裁减税则以及人民来往自由,解除社会恐怖,无一非为新省同胞生活上、精神上求便利与改善。不幸就职未匝月而伊犁事变爆发，影响省府施政计划，殊非浅鲜。事变以还，省政重心端在协助军事安定地方，而本人固无时无刻不在图谋战事早日结束，与民休息。余又谓以往服官中枢甚少会客，抵新以来则无论各色人等一概接见，待以至诚，期年之内，南北疆重要人物几均晤及，各方民众对政府之信心綦切，凡未被匪沾区域，人民协助政府合力御侮，卓著成绩。盖本省多难之余，民众渴求安定，人同其心，心同此理也。麦等闻言颇为悦服。余又告曰，中央治理新疆，耗资垒万，新疆军政建设各费，设无中央担负与补助，全省人口不过四百万，其能胜此重负耶。最后余申述治新之道：政治之基本系为人民之生活与生存，是政治之首要在经济，如经济问题亦即衣食问题不得解决，则其他徒属空论。至所谓自治，亦非一蹴可几，必须经过相当步骤并具有必备条件，否则仅拥虚名，于事实无补。我中央政府实行全国民主乃必然之趋势，新疆为行省之一，当然不能例外。本人主新以来，选拔地方各族优秀分子担任县长、副县长者为数甚多。秋间召开省参议会，复计划于明年内普遍成立各县参议会，凡此种种，要皆以实施省县自治为最后目的。余尝向民众明白表示中央如何对待内地各省，亦必如何对待新疆，不分轩轾也。余末以病人为喻：新疆如人体久病大病之后，唯一需要为休养，大肉大鱼之滋补，尚非其时。麦等颇然余说，为之莞尔。至六时许始握别。

去岁剿匪军事进行以来，截至最近为止，我军阵亡师长郭岐一员（一说郭尚在）、副师长杜德孚一员、团长彭俊业、姜宣铨、陈永钦、潘佑仁、王克任、赵倬如、阎志发、姜顺福、韩方琚等九员，师参谋长曹日暄、丘健民等二员。失踪师长宛凌云一员、副师长徐克义一员、团长李振声、范传文等二员。综计我军团长以下官兵死亡损失约一万五千名，而人民被匪杀害者亦达万人以上。查新省原有部队为四个骑兵师（新骑一师、新骑二师、骑十一师及骑十二师），两个步兵师（暂三师及一二八师），经过历次剿匪战役，至今仅剩三个骑兵师一个步兵师。中央入新部队为四个步兵师,即预七师、四十五师、四十六师、一九一师之一团及暂五十八师是。其中以预七师损失最大。该师共三个团,伊犁之役,五营完全消灭,其余各营亦多残缺。近该师驻焉耆之二营剿匪甚为得力,师长李禹祥自前线负伤归来,日前已飞兰休养,在迪向余告别时,余曾以贵师在新疆剿匪事业中已尽其最大力量,等语。致其敬意。四十五师与一九一师之一团损失亦重,惟均已补充齐全。新疆原有部队在北疆者为骑兵师一师,加以中央四个步兵师及青海两个骑兵师(即骑五军骑一师、骑五师),故现在北疆共有四个步兵师及三个骑兵师。新疆原有部队在南疆者为两个骑兵师(在喀什、阿克苏等区作战,亦有相当损失),并有中央步兵一师,故南疆共有两个骑兵师一个步兵师。综计新疆全省军队,共有官兵六万四千七百四十名;马二万二千八百另五匹;驼二千零三十八头(保安团队、警察及边卡队等亦有万名,尚不在内)。

十一月十八日,星期日,阴十月十四日

阅建设厅视察萧华及民政厅视察左应璠书面报告二份。萧华奉命视察南疆各区建设,滞留南路凡五阅月之久,耳濡目染对南疆政治军事近况及意见,胪列甚详,立意亦称允当。左应璠滞留阿克苏时,正值阿克苏围城之战,叙述阿克苏却敌经过实情令人鼓舞。用将萧、左两人报告节录如左:(一)萧华南疆视察报告节略。(甲)政治:南疆以维族为主,故政治之动向应以维族为中心,维族内向则政治安定,维族异动则南疆生变。此次哈匪南侵,广为宣传,期发动当地百姓反抗政府,杀尽汉人,以实现其所标榜之"东土耳其斯坦共和国"。但除柯、乌、哈族附匪较多外,维族则为数极少,则全力帮助政府供给情报、修筑城堡、献粮捐款、慰劳将士,任劳任怨,竭尽忠诚,为数十年来所未有之现象。试考其因,厥有数端:一、盛世才据新十有余年,各族备受压迫痛苦,自省府改组以来,一依天理国法人情为归旨,保障宗教上之自由,维持阿洪头目等之地位,提拔各族优秀分子参与政府要职,尊重各族首领所提贡之意见,致各族人士无不欣然景从,拥护政府,信仰主义,爱护本人,遵守法令,此乃政治上之成功,为绝无疑义者。二、考过去某方曾在南疆大肆宣传,威胁利诱,无所不用其极。然稍具知识之百姓对某方手段已深切了解,且认清此次土匪系受某方之煽惑策动,将来必无良果,故不敢盲从附和,此某方宣传政策之失败也。三、南疆各地物产丰饶,人民衣食问题极易解决,安居乐业,与世无争,拥有巨资之巴衣阿洪更不愿轻举妄动,致遭损失。四、各地警察局大部分尚能尽忠职守,处置有方,于危急时肃清嫌疑分子,控制全城,使守城官兵无内顾之忧。五、抗战胜利之消息传来,增强各族同胞对于大中华民族之自信心,即有反抗政府之意念,均以中央此后可有余力保护新疆,亦不敢重蹈民二十二年与二十六年事变之覆辙。六、地方政府临变镇定,兵临城下绝无仓皇失措之象,是故军民悦服,益增其对政府之信心。七、以往汉人赴南疆者,非牟利商人即贪污官吏,均为人所轻视仇恨,近一年来政府所派南疆从政人员中优秀分子较多,尚能淬励奋发,调和宗族感情,增进地方建设。因此,近来各族对于汉人之印象较为改观。惟尚有切要事项须请政府积极改进者:(一)加强宣传力量。(二)增进军政团结,免除新旧隔阂。(三)派兵增援,以振人心。(四)整顿各地贸易公司,防止舞弊。(五)保送有志青年赴内地求学。(乙)军事:南疆各族文化落后,统治首重武力,武力强则民慑服,虽偶有小变,亦可立时弭平,否则徒恃政治力量,实难维持,益以外力从中离间,尤感棘手。此次来侵哈匪,人数较多,武器精良,赖我将士用命,徼幸获胜。如阿克苏之役,匪方人力、武器均胜守军数倍,幸骑二师五团训练有素,赵团长智勇兼备,军政合一,造成战史上之奇迹。惟两次大捷,均属冒险而行,倘有蹉跌,则南疆变色。喀什军事当局深以兵力单薄,不敢出击,后路无援,人力武器无法补充,仅能作困兽之斗。英吉沙两次获胜,亦为徼幸而成。为今之计,应速派大军开往补充,适宜分配,经常驻守,则无虑矣。

（二）左应璠保卫阿克苏略记节略。八月十日阿克苏驻军团部传出日本向盟国无条件投降之喜讯，万民腾欢。接着消息传来，匪人已离拜城不远，于是阿克苏预定扩大庆祝抗日胜利之壮举，因匪情之紧张，从简举行。庆祝抗日胜利之次日，匪情益紧，全城军民、公务员除少数人动摇外，均准备与贼拚命，与阿克苏共存。人民佥认抗日战争尚且胜利，何况毛贼！省城有的是军队，还怕这点土匪。阿克苏城虽小，可是坚固，守二月三月，省城军队当能到来。因情势日迫，在民众及公务员一致誓与贼拚之情绪下，阿克苏自卫团成立。保部令派林县长为团长，冯副处长为副团长，内分两个中队，第一中队全系公务员，第二中队全系商户等民众，除老弱残废外，全城民众均参加自卫团。旋拜城失守，该处眷属暨县长等机关公务员先后退阿，阿城情势益迫，但大家决心拚命，城门封闭，只留西门交通，军队出发，守城工事日夜加紧工作，乡间送柴草米面之车拥门而进，民众对军需供给迅速，足证民众拥护政府之表现。库车驻军克服拜城之消息传阿后，民众感戴政府之欢声满布各街，又加强与贼拚命之决心与精神。继之，破城子、冰达坂军事失利之消息传来，情绪紧张，某机关先行撤退眷属赴喀，予民众以不良影响。因军事失利，武力薄弱，故将自卫团一二中队全部拨分驻军，与士兵配合，枕戈而待。匪人窜至温宿包子洞，当地乡长头目逃阿报信，多数民众逃往他处，除少数地痞流氓附匪外，余均安居，足证民众对政府之拥护。九月六日早，乌什保安队抵阿，十一时许温宿失陷。下午四五阿城被围，匪人围攻六日，枪炮日夜攻击未曾战胜我军，连攻不下，退温休息。我军以攻其无备之战略，黑夜全部下城向温攻击，拂晓贼张惶退却，我军克复温宿，毙匪二三百名，获炮三门，枪马甚多，贼向盐山口一带逃窜，温宿各机关照常恢复工作。至九月二十三日贼匪卷土重来，温宿又陷。当日阿城复围，此次匪势增加一团，共有二团。贼愈攻愈紧，我愈打愈沉着。我方俱乐队冒弹雨于城角、城门上、阵地里、炮台下，轮转跳舞歌唱。某晚，南城上贼甫登城，即遭击毙，城下继续拥来者三四十名亦同时饮弹毙命。又于某夜，北门被匪烧着，卒为我击退。全城男子除老弱残废者外，无论何人均荷戈守城拚命，城内妇孺自挖防空洞躲避枪弹，毫不惊惧。飞机来阿之日，全城欢腾，士气愈壮，于十月六日拂晓，守城军民全部下城，由赵团长亲率向贼进攻，布置妥当，冲锋号一响，向敌冲去，枪声密发，贼匪不支，卒被击溃，我跟踪追击，贼向盐山口一带逃窜。此役毙敌约四五百人，我方阵亡负伤者亦有三四十名之多。获机关枪、步枪颇多。贼退山内后，库车驻军复由拜城与阿克苏驻军会师，贼即鼠窜伊区。南疆军事要口黑鹰山、破城子及冰达坂均经我军占据。阿克苏各机关恢复工作，交通已畅，南疆中心之保卫阿克苏光荣战即从此结束。惟城关被烧之民房颇多，当局正组织救济委员会筹划救济云。

十一月十九日，星期一，阴十月十五日

上午十时，驱车赴老满城骑五军军部访晤马呈祥军长，谈约一小时。据兰州方面传来消息，西宁近日发生兵变，惟马军长尚无所闻。又据马军长言：青海军队以抗战胜利，特准休假两月，官兵获得饷银，均回家团聚，战枪、战马随同回家，假满归队。此种风气为他省所无，亦青四五年来之第一次云。马军长豢狼犬一头，貌颇魁梧，能随军步行入新，殊为难得。别时余嘱马军长谨慎警卫，出行多带侍从，以备不虞。盖马目前地位重要，不可疏忽也。

据阿山警局布置之潜伏工作人员在奇台报告阿山撤退后匪方之行政军事动态，附述于后：（甲）行政方面，阿山伪行政长窝斯满于旧历八月三十日抵承，窝某原不欲就任斯职，经苏联军事指挥官拉托夫及匪首达礼汗之敦请，始就职。副行政长爱买提，年三十六，原为伊犁文化会会长。尚有蒙族副行政长一人，名不详。承化伪县长仍为穆华西，副县长为乔海扎楞之子，名不详，系中训分团毕业。伪金矿局长阿不沙的克，年四十，系塔斯别克游牧之藏根，九月二十二日派金夫百余名前往金沟开始挖金。伪贸易公司经理为马力勋,于九月间开始营业。伪区警局正副局长维、哈各一,均系伊犁来者,名不详。现有维、哈警士百余,武装齐全。福海伪县长奴尔木哈买提,年三十二,中训分团毕业,原为该县副县长。福海副县长二人,一为乔古太原,乃该县藏根,一为巴音木汗,年三十五,原为哈孜别克游牧之校长。福海伪警局长那思木汗,年三十六,原为该县文化会会长,副局长哈不拉汗,三十二岁,原为哈孜别克游牧牧民。福海伪警局现有警士三十余名,均系哈族,各有枪枝。(乙)军事方面,承化敌总司令达里汗率匪二千余,现驻承化附近。有迫炮六门,轻机枪不详,各式步枪千七百余枝。副总司令二人,一为沙尔拜,年四十五,一为阿不都索,年四十。两人原皆为哈拉哈游牧之匪首。承化附近四周经我所筑之防御工事及炮堡等,现均悉数破坏。福海伪团长扎克,年三十二,率匪四百余名,有轻机两挺、手提式十枝,余皆各式步枪。扎匪防区为福海至乌河大桥一带,并终日派兵沿河巡查。马拉提原为我方保安队长,在撤退时被匪扣押,一周后释放,并率归化军三十名开赴西路,据判,系赴精乌一带增防。苏籍指挥官拉托夫伤冲户归化军选拔三百余名,装备齐全,于九月十五日开往西路,并委派巴里斯为团长。巴未就职。(丙)其他方面,我第八团团长范传文,福海县长张希仁,因破坏福海建筑被拘押。阿区警局科长以上人员均被押捕。其余军警均解塔城。福海汉族户民六十余家全部释放回福。承化商民及妇孺均留承。

十一月二十二日,星期四,阴历十月十八日

午前九时约集鹏九、郁文、凌云、莲溪四厅长、胡处长国振及宣泽、昆田小鲁来新大楼晤谈。关于省政近状及明年度概算两事,略谓余去年九月奉命主新,事前不敢贸然担任,盖即在对外问题。不料到此甫逾月而遂有伊犁事变发生,真不幸而言中矣。今年五月赴渝出席六全大会,又迭向总裁请辞,仍未获允。九月间乌苏失陷,时局紧张,未敢言去,曾函总裁谓一切当唯命是听。两月以来,张部长文白两度来新主持与匪方代表谈判，可望解决。目前外间纷传予有辞职之说，而朱长官适于两周以前赴渝出席整军复员会议，遂谓军政首长均将更调，致引起各机关工作人员心理上之不安。余等既为公务员，且各主持一部分事务，言语行动，关系非浅，不应存五日京兆之念，亦不应抱作一日和尚撞一日钟之想。我人应提高政治道德，从积极方面努力工作，应作之事不必搁置，来年计划应克日编拟。本省应自明年起开始建设，故明年度概算应紧缩不必要之开支，增列建设经费。保安司令部机构庞大，开支浩繁，拟请中央接收。其所属官佐士兵，除由警务处另组保安警察队安插外，其余呈请中央分别编入中央部队，或予资遣。各专员区保安团队及边卡队改编为国境警察，归警务处管辖，藉省经费，而一事权。新疆学院及女子学院拟予合并，另请中央设立国立新疆师范学院及国立新疆工业专科学校，以资造就专门人才。并注重宗教语文讲习，尚拟于相当时间通饬各机关，无论何宗族人均应通晓本族语文及其他宗族语文，否则不得派任县长、局长及征收主任等职，以资激励。惟此限制须在若干时间以后实行耳。其实一年以来所任县长副县长多本此旨，不过未明文规定耳。余谈至此，继询各人意见，咸以明年财政极感困难，本年收入连牧税、田赋在内共为二十二亿新币，支出则为四十八亿，又粮食折价十四亿尚未在内。明年度中央已有明令免收田赋，则本省即应少收新币十一亿余。又关于牧税一项在本省应视同田赋，亦应请中央蠲免，如获免纳，则又短收五亿余。田赋、牧税两项共减收十七亿余，则明年度全部收入仅五亿左右，其余开支均应恃中央补助。如仍照今年预算不予核定，亦不予补助，仍恃发行新币以维开支，通货膨胀，势必蹈以前省银行省票之覆辙（前省行发行纸币每一千六百两合法币一元，危险殊甚）。目前财部主张在新省发行流通券，仍一元合法币五元，殊非解决新省币制之法。此事即由郁文兄代拟一呈寄请总裁，详述此间经济金融危机，应饬由财政部以关金运济，概算核定以后，新币停止发行，已往发行之新币,将来以中央所给物资陆续换回,藉资挽救。至十一时许散会……晚间与寄峤论及新省军事,余谓,即使政治谈判决裂,除我发动攻势外,在六个月以内不致发生战争。盖匪方作战,利于秋季,人有粮,马有草,用能各处驰突,如今年阿山、塔城、乌苏诸役,均在八九月之间,可为例证。至于我方作战,则宜在四五月间,因粮草均系素所储备,只须天暖地干(二三月间雪初溶,不宜行军),即可动作,不必待秋季也(又查清左文襄公平定新疆,其用兵时季,南疆、北疆亦不相同,北疆在春后,南疆在秋后,因北疆天寒,宜于春后,南疆天暖,故宜于秋,亦可为我人参证)。现天气既不利于匪,而彼如欲向我进犯,亦必须各路齐举,兹分析言之:(一)南疆匪既未能得手,亦不敢轻于窥伺,近以大雪封山,更欲动不得。(二)北沙窝一带,匪虽可借雪冰为饮料,横渡大漠,但为数有限,至多不过一二千人,无济于事。(三)绥呼正面,现我大军云集,力量雄厚(布置于大迪化周围之各据点中,即骑兵一项,已有十个团之多),匪当不敢尝试。由此以言,可判断在六个月内无战事。寄峤亦深以为然。查现由奇台至迪化及绥来前方,我共集结骑兵十个团,若此置十个骑兵团于一线,实中国近代作战态势中所不多观。此外,在此一线,并配有步兵亦十个团,因之,匪欲来犯,洵非易易。惟南疆现时仅有一个步兵师与两个骑兵师,兵力略嫌不足,似宜趁此冬令,及时增强,并派重要将领前往布置,以备不虞。哈密至酒泉一线,为新疆军事后方要点,该段实力亦感单薄,倘能一并予以充实,则新疆军事前方后方均臻巩固矣。

十一月二十四日,星期六,阴历十月二十日

本月初旬,朱长官赴渝开会,余托其转陈总裁一函,请准辞去主席职,不知结果如何。顷悉朱长官已返兰州,将暂住。余乃电朱长官询问,原电如下:即刻到。兰州朱长官一民兄:密。顷闻大驾返兰,至深企慰。此间谈判已告一段落,该代表等拟日内再赴伊犁请示,约一周回迪,如无特殊变化,前途自可乐观也。弟前托陈总裁之函，结果如何，尚乞惠告为幸。弟吴忠信。戍敬印。

自塔城失陷后，我军节节失利，迪化各族人民心理虽尚称安定，但少数维族青年心理则呈动摇，兼有苏联领馆之怂恿支持，内地来新之中央军校毕业维族学生苏丹等大肆鼓动有新疆为东土耳其斯坦领土，依斯兰教徒备受汉人之压迫等等荒谬言词，并拉拢党徒，组织不轨团体，进行反动活动。自伊犁代表来省后，该等认为可能和平解决，活动曾一度消沉。至去月中旬麦斯武德、艾沙伯克、穆罕买提、依敏伯克等三人来新后，复多方煽动，到处奔走，号召各族青年要求高度自治。麦等并先后在军校住所开会三次（第一次本月十八日，参加人数尚少，第二次本月十九日，参加者五十余人，第三次本月二十二日，参加者达一百五十余人）。复在南关各寺坊向民众煽动（宣称希望大家拿出解决新疆自治之意见，要求中央政府解除土耳其民族所受之痛苦，将新疆之权利交与土耳其民族八分，余二分仍归于中央，吾人应争取十足之权利才是。并嘱各大阿洪依麻目等在做礼拜时可向民众讲解，大家可不要像以前那样恐惧而不敢说话），一般动摇分子，对政府公然辱骂，且谓汉人已无力量，把政权赶速交给我们，否则准备刀、斧、木棒、石头等予以消灭。等语。因此益影响知识幼稚，心理动摇之一部分维族青年，联络在迪苏方，予以精神物质之援助，企图夺取政权，成立东土耳其斯坦共和国。或谓，现在伊犁的青年，只有百分之十要求自治，但自麦斯武德等来迪后，迪市之青年，百分之九十均要求自治，比伊犁犹多，可见麦等在迪影响之一斑。盖麦等之言论与苏联及伊犁匪方如出一辙，其后果足以分化中央与新疆、政府与人民、人民与人民间感情（不仅排除非回教之各族人民及东干回，且激烈反对倾心政府之回教人民）。渠等多年来深蒙中央优礼，此次回新，余亦曲尽照料之责，结果反鼓动滋事，为匪张目，引出许多麻烦，实深痛心。兹略述因麦等来新后激起之迪化维族青年阴谋组织三起之内幕如下：（甲）依明江领导之组织：依明江年三十，吐鲁番维族。该组织于本年九月间曾积极活动,在军人中进行反宣传,彼时计已拉拢参加者约三十余人。至十月间,该等活动稍减。本月初又曾活跃,以吐古若里(即苏丹,服务本市供应局)为首,得苏领馆援助,散发传单,密谋暴动。艾沙曾迭至依明江家中联络并予指示,主要会员约三百余人。(乙)塔依尔领导之组织:塔依尔年二十五,巴楚维族。渠自称,月来在迪进行革命活动,一面吸收同志,一面宣传,自参加军校开会,听艾沙说不要怕,有意见即可提出,于是很多青年胆力益大,积极进行组织活动,俟机夺取政权,驱逐汉人。(丙)买合苏特领导之组织:买合苏特年二十,联合本市维族青年,受苏领馆之指示,并援助武器,分八个小组,曾领到苏领馆发给之活动费,每组新币三十万元,正在准备暴动。

余尝谓:新疆问题症结不在新疆,而在苏联与中央,其意为新疆问题非新疆内部问题,或所谓民族问题,而系苏联鼓动主持及留居中央之新疆人士的不明大体所造成。证诸一年来新省匪乱暨最近发现之迪市三起阴谋组织,可见余言之不谬。麦斯武德、伊敏、艾沙诸人,论其学问才具声望,原卑卑不足道,而狭隘底民族观念极深。中央少数人士不悉其底,蕴卯□翼□□□□□□益张其骄矜心理与非分之想。此番张部长邀其回新,原冀其于解决伊犁事件有所协助,讵料此辈回新以后竟接连集会鼓动,大事自我标榜掀起反动风潮。有人谓渠从前用新疆的招牌欺骗中央,现在用中央的招牌欺骗新疆。诚非虚语,用心可谓趁火打劫,不止沽名钓誉,从中取利而已,其尤堪痛心者,渠等来迪以后竟与苏领秘密往返,其企图不言可知。余商口张部长,请将麦等早日送走□□□□□□□□□□□□□□□□□□□□□□

十一月二十五日,星期日,阴历十月二十一日

当此伊犁代表与张部长谈判期间,苏联驻迪、驻喀领馆阴谋工作未尝稍弛。据喀什方面消息,喀什苏领有命令拿货出售时,如有人妨碍,故意将自身弄伤,藉以引起交涉。喀什苏领馆值日官室,佩

小枪站岗,还有自动步枪(数不详)机关枪三挺云。又据迪化消息,本月十九日下午八时许,由迪化苏馆右大门驶入三吨大汽车一辆,车箱盖以布单被风吹开,在电灯光下窥得车箱满载步枪,直驶至领馆办公室楼下之地下室内卸藏。迪化苏领馆外院计库房三间,一间储石油两大桶,每桶盛油一百余吨。里院之库房在领事办公室地下室,二间储汽车零件,二间储电灯器材,一间储汽油三大桶,每桶存量约一百余吨,另一间储药品,内中套有小库房二间,存储物品甚为秘密。又该领馆副领事乌立马索夫近指示迪化维族教育青年秘密联合,援助武器,并发给大量活动费,俟机暴动,其暴动时间,俟伊犁方面攻至迪化附近时,以电灯公司之汽笛为信号,动手杀汉人。据谓,目前在迪化参加此组织者约有三四千人。近在苏领馆准备就绪之武器,计有马克沁重机枪三十挺、五响快枪一千余枝、十响钢枪一千余枝。以上系由苏领馆所援助者,此项武器代价,已商定将来占领新疆后再行偿还。复据报,伊犁方面派大批人员往哈密进行活动,不久,喀什亦将起事响应,云云……

十一月二十六日,星期一,阴十月十二日

供应局局长刘云瀚前赴南疆焉耆、阿克苏、库车等地视察各供应站,今日飞抵省垣。与刘同来者有焉耆区专员左曙萍、和硕大喇嘛夏克嘉等数人。午后一时,刘局长即至新大楼晤谈,刘谓,南疆各地安谧,民心安定,人民对政府信仰弥坚,在历次剿匪战役中,民众协助驻军,合力御侮,颇著表绩,殊以为慰。

政治部厅长邓文仪随张部长来新,瞬已月余,曾率领军风纪视察团往南北疆工作,甚著辛劳。近以政治部大会举行在迩,张部长届时恐不克主持,邓厅长则不能不前往料理,故邓定明日乘小飞机先行飞兰输渝。

午时起大雪飞舞,至晚积雪盈尺。晚间,新省妇女运动委员会假西大楼举行晚会,欢迎张部长暨其他中央来迪人员。七时许,余陪张部长同往观看,晚会节目有音乐歌舞及话剧。第二中学归化族女生表演叠罗汉,动作活泼敏捷,最受人好评。九时三十分晚会始散。

本省大学教育有新疆学院及新疆女子学院两处,皆在迪化,内容空虚,亟须改进。今拟将该两院合并为一国立新疆师范学院,以便充实人力财力而培养中小学师资。并为造就农工业技术人员起见,拟增设国立新疆工业专科学校一所。上述计划,业经缮成函呈,由邓文仪厅长便带重庆转陈总裁核示。兹录原呈于下:上总裁呈。三十四年十一月二十六日。窃查本省新疆学院及新疆女子学院组织庞大而学生甚少,徒有虚名,糜费颇巨。省府改组以还即筹虑再四,亟欲从事改进,俾使渐趋合理。第因时局影响,迄未付诸实现。唯省库奇绌,人材缺乏,实难担此重任。拟请将该两院合并为一国立新疆师范学院,以便充实人力财力而培养中小学师资。此意与六全代表大会决议发展新疆教育事一案意义相合,似属可行。再者本省各项工业原料如棉丝、布革等类,出产丰富,拟请设立国立新疆工业专科学校一所,以便造就工农业技术人员,培植实业干部。是否有当,理合签请钧座鉴核。并祈令饬教育部办理,以利边疆教育而培建国人材,实为公便。谨呈主席蒋。

十一月二十七日,星期二,阴十月二十三日

……伊犁匪方代表拉合木江等三人于本月十三日二次抵迪谈判解决事变,已历两周,与张部长会谈多次,今晨乘中苏机飞伊报告,并约定短期内重来迪化,俾作最后之协定。此次代表等来迪时,携有匪方对中央提示案十二条之复书一份。其文如下:对于以和平方式解决与新疆穆斯里曼(回教徒)武力冲突事件,中国政府代表所予之提示案。新疆回教人民代表之意见。

中央对于解决新疆局部事件之提示案,吾人研讨之后,认为毫未注意回教人民之愿望,并亦不能满足我们的要求。提示案所谓中国国内所有民族一律平等为国父民族主义中所昭示之唯一原则。中央政府秉承国父遗教,对于边疆各民族之政治经济与文化扶助其平衡发展，以求民族平等之实现，乃中央政府之一贯政策之宣言。此类词句，早为新疆回教人民所熟知，但迄未实现，且更进而成为一种形式之宣传。此种昭示与宣传，丝毫未能阻止汉人对于回教徒之宗教、习惯与民族文化之压迫、轻视及侮辱。以前所实行之暴虐政治，决不能谓为民主政治。例如公安机关（指警务处及其前身。译者注）不根据法律行使其职权，公务机关不任用回教徒，因事前来接洽之回教徒常遇汉族公务人员之轻侮，所有公文均用人民所不谙之汉文办理。人民因事接洽，除受公务人员之骄傲与自作威福外，所欲接洽之事件，亦多不得解决。对于无辜人民，尤其对于回教人民中之上等人物，并不经过法律手续，惟凭暴虐之私意与公安机关之侦察，即加以逮捕下狱。

我回教人民代表谨郑重陈明，我回教人民自东土耳其斯坦自归入汉族政权以来即遭受此种暴虐政治之待遇。

我人曾恭读蒋委员长统帅于一九四五年八月二十四日在国防最高委员会与国民党中央常会临时联席会议之训示："目前国际间之民族主义业经获得解决，吾人现应解决国内之民族主义。吾人之政策为国内各民族中之未具有自治能力者，应予以协助，使其获得自治之能力。对生活于边疆之民族，于其具有自治能力之时，即可予以自治。"此项训示，使我人深感满意。新疆回教徒根据上述训示，并自信已有相当之自治经验。因此认为所有新疆回教人民占大多数之地区，要求真正的高度自治权为合法之行为。

根据以上之原则，吾人要求下列各项：

一、在上述高度自治（按：直译为完全自治）范围以内，请予回教人民选举彼等相信之地方人士为行政官吏之选举权。武装冲突解决以后，在两个月期限内，应完成行政官吏之选举。

二、请取缔对于宗教之歧视，并予以信仰宗教之完全自由。

三、国家行政机关与司法机关之文书均用回教人民固有之文字。

四、在小学、中学及大学中,均用回教人民固有之文字施教,并广泛的发展民众教育。

五、请确定民族文化与艺术之自由发展。

六、请确定出版、集会、言论之自由。

七、请按照每一人民之实际生产力,并视其力量,规定税率。吾人经明了人民对于政府经济上应负之义务,自当量力负担。但此项负担之数额,应以不妨碍新疆回教人民及其他人民生活与经济发展为标准。

八、请给予商民以对国内外贸易之自由。

九、请准予在各区组织民族军队。参加此次事变之军队,按照国家军队之编制,予以改编。但应保存其民族形式。部队之缺额,并应由回教人民中补充。军队之教练与命令,应用维、哈语文行之。

十、新疆省政府之组织中,应按回教人民人口之数目,准予参加回教徒代表。

十一、为争取自由而参加事变之回教人士,应予一概免究,并确实保证嗣后不以任何藉口加以危害。武装冲突事件解决以后,在三天以内,所有为争取自由而参加事变之人,一律予以释放。

上述代表之十一项意见,经张部长等逐项答复如下:中央政府代表对于新疆局部事变之人民代表所提出要求各项,经再会商决定如左:

(一)政府给予新疆人民选举彼等相信之地方人士为行政官吏之选举权。其实行程序为于事件解决后三个月内由各县人民选举县参议员,成立县参议会,然后由县参议会选举县长。县政府各级人员除副县长应由省政府委派外,其余均由县长保荐任用之。在县长尚未实施民选以前,现在事变区域内,得由人民代表就当地德望素孚,资历学识及能力适合之人士提出名单向省政府保荐。由省政府予以审查任用。各区行政督察专员系对省政府负责,应由省政府向中央保用。各县参议会成立之后,并依法选出省参议员,参加省参议会,以代表人民公意,监督并协助省政府推行政令。至省政府主席是否由人民选举,应俟中央召集国民大会,制颁宪法之后,遵照宪法之规定办理。

(二)政府取缔对于宗教之歧视,并予以信仰宗教之完全自由。

(三)国家行政机关与司法机关之文书,国文与回文并用。惟人民上呈政府机关之文书,准予单独使用其本族文字。

(四)在小学,用其本族文字施教,中学以国文为必修科,大学则依照教学需要,并用国文与回文施教。

(五)政府确定民族文化与艺术之自由发展。

(六)政府确定出版、集会、言论之自由。

(七)政府按照人民之实际生产力,并视其力量规定税率。人民经明了对于政府经济上所负之义务,自当量力负担,但此项负担之数额,应以不妨碍新疆人民之生活与经济发展为标准。

(八)政府给予商民以对国内贸易之自由,至对外贸易,则应俟中央与外国商定贸易办法后依照办理。

(九)政府准将参加此次事变之部队,除年龄、体格不合标准及不愿继续从军者应予遣归外,其余按现有人马、武器实数,依照各县定额,尽先改编为保安团队,如有多余时,再依照国军编制,编为国军。其建制以团为最大单位,但应保存其民族形式。嗣后遇有缺额时,应以本族人民补充之。其教练及命令,用本族语文为原则。其各级军官,仍用其原有之军官,但应分期带职调送军官学校补习,其应受之军官教育,期满得回任原职。该部队应由政府派遣教练人员协助训练。编为国军后应随时听候调遣。关于上述部队之集合地点与点验、改编之实施办法,另行规定。

(十)新疆省政府之组织中,准予参加回徒代表。

(十一)政府对参加事变之人士,一概免究。凡因此次事变而被拘捕之双方人士,应相互查明释放,发还财产,并相互切实保证嗣后不得以任何藉口加以危害。

张部长与匪方代表商谈多日，其重点为第九项"请准组织民族部队，保持民族形式"与第十项"新疆省政府之组织中准予参加回教徒代表"两端，亦经张部长分作具体答复。兹录之如下：

（一）关于新疆局部事变人民代表所提要求之第九项，中央政府代表之具体答复如左：甲、要求原则：请准予组织民族部队、保持民族形式。乙、答复要点：一、据代表等之解释，所谓"民族部队"系指地方团队而言。现在新疆省政府对于地方保安团队，原决定尽量裁减，并早已付诸实施，原则上本不应再行编组，致增加人民负担。但为顾全事实起见，姑予特别通融，将参加此次事变之部队，斟酌地方情形，编成保安团队。二、参加事变中之年龄体格不合标准及非志愿从军者，均应予以遣归。三、保安团队之编成，应按现有人马及武器数字，一经点验之后，依照现行编制，予以编成。四、保安团队之单位，一般以中队为单位但如有必要时，得合编为大队，最大单位不得超过团之编制。五、关于所要求以后各该部队缺额由其民族人民补充，教练及命令，以用其本族语文为原则各点，可予照办。六、各该部队军官应分期带职调训及由政府派遣教练人员各点，各该部队自应遵办。丙、贵代表等于再次来迪化时，应提出如下之具体意见及资料：一、参加事变部队之人员、马匹、武器实有数量表。二、现有部队各族成分及其可能编成之单位数。三、各该部队开始集合、点验及改编之各地点与日期。四、希望各该部队之今后驻扎地点。五、希望各该部队之今后待遇办法。

（二）关于新疆局部事变人民代表所提要求之第十项，中央政府代表之答复内容如左：甲、答复主文：新疆省政府之组织中，准予参加回教徒代表。乙、具体办法。一、新疆省政府之组成，由中央政府予以扩充委员名额为二十五人（原有名额十三人）。二、二十五名省府委员中，中央政府直接任命十人，由各区人民代表保荐中央政府任命十五人。三、在中央政府直接任命之委员中，包括主席、秘书长、民政厅长、财政厅长、社会处长、教育厅副厅长、建设厅副厅长、卫生处副处长各一人，及专任委员二人。四、在各区人民代表保荐中央任命之委员中，包括副主席、教育厅长、建设厅长、卫生处长、副秘书长、民政厅副厅长、财政厅副厅长、社会处副处长各一人及专任委员七人。五、各区人民代表保荐中央任命之委员，应依现行新疆省行政区域，分配如左：（子）在事变区域内之三区，得保荐委员六人，内包括教育厅长或建设厅长一人，民政厅或财政厅副厅长一人，卫生处长或社会处副处长一人，专任委员三人。（丑）其他七区共保荐委员九人，但每区应有委员一人，内包括副主席及其余之厅长、处长或副处长、副秘书长、副厅长各一人，专任委员四人。

附注：贵代表等再次来迪时，应将该三区所保荐之委员名单连同履历提出。

伊犁匪方代表先后两次来迪谈商之详细经过，张部长曾随时电呈总裁，兹将其中重要之三电分录如后：（一）酉皓（十月十九日）未电。特急。重庆委员长蒋钧鉴：密。酉筱未电计呈。职接见对方代表时，渠等所以不提出意见之原因，据一般观察，当系由于职坚决拒绝接见所谓东土耳其斯坦共和国代表之故。因其所预定提出之意见必含有要求我方承认该伪组织之条件，如是则商谈即无法进行，故请求我方先行提示意见再定对策。此二日以来，职与朱长官、吴主席及同来之梁寒操、彭昭贤、张静愚、屈武、邓文仪同志等详加研讨，遵循中央对边疆之已定政策与不违背现行法令制度之原则下，拟定中央提示案，其要旨在使对方撤销伪组织与解除武装，拟于明日将提示案交付对方代表，并予开导训示。容续电呈。兹谨将提示案全文电陈，敬祈鉴核示遵。提示案全文如下（照录全文，见上月份日记）。职张治中。酉皓未。印。（二）酉马（十月二十一日）辰电。特急。重庆委员长蒋钧鉴：密。酉皓未电计呈。卯晨职接见对方代表，面交提示案后，渠等表示拟携返伊犁向其"政府"报告，俾详细研究之后，始能答复。继称：渠等来时所负使命在要求伊犁、塔城、阿山、喀什四区之独立。职当诘以所谓独立,与该方前向苏联声明并无意脱离中国一语显属前后不符。渠等展转解释,最后表明所谓独立之意,系指地方政治、经济、军事等应由人民自行管理。至国防、外交、交通、币制与行政,自应听由中央主持,等语。察其意向,似仍不外要求自治。但渠等对"民众自决""民族自治"与独立等名词并无明确之概念,故不免有所含混而已。(中略一百五十余字)晚间,职复约苏领晤谈,因往还较多,其态度似渐坦直。职询其对解决事变问题之意见。渠表示对方不脱离中国,自为基本原则。但依渠观察,对方对于中央提示案,似尚难满足。渠云希望能令对方代表先返伊犁一行,渠个人认为十天八天以内,对方当可再派代表前来继续商谈。又云我政府对苏联虽有亲善之诚意,但地方反苏之气氛似仍浓厚。职当询其有何事实,渠谓拟俟政府对此有所表证之后再行说明。察其词意,不无弦外之音,似亦可约略窥见苏方对新疆问题之一种看法。综合以上情况,似无强留对方代表之必要。经与朱长官、吴主席商定,拟于明日护送渠等离迪。兹为安定此间人心与表示中央诚意起见,职拟再留此数日,以待对方返回迪化继续商谈。仍乞核示,余容续呈。职张治中。酉马辰。印。(三)戌敬电。限即刻到。重庆。委员长蒋钧鉴:密。戌巧电计呈。前昨两日连续接见对方代表,动以感情,析以法理,晓以利害,猪音焦舌,反复再三。渠等所持各点,仍略如巧电所陈。据称:(一)请根据民权主义予人民以选举及罢免官吏之权。从省主席以下均实行民选。其员额以各族人口为比例。(二)官厅文书除省级并用国文、回文外,各县专用各族文字,小学全用本族文字施教,中学以国文为必修科,大学施教请以回文为主。(三)对外贸易请在原则上予商民以自由。(四)请求组织民族部队,保持其民族形式,并适用征兵办法,照规定年龄征调服役,等语。职经详加考虑,予以答复要旨如次:(一)关于省府组织问题:(甲)省主席是否由人民选举,应俟中央召集国民大会制颁宪法之后,遵照宪法之规定办理。(乙)省政府仍须由中央任命之主席执行政令。(丙)中央任命省府人员,当予各族贤达以充分参预省政之机会。依据以上原则,提出下列具体办法:(甲)省委名额由现在之十三人增至二十五人。(乙)二十五人中,中央直接任命十人,各行政区人民代表保荐中央任命十五人。(丙)中央直接任命之十人中,包括主席、秘书长、民财两厅长、社会处长、教建两副厅长、卫生处副处长及专任委员二人。(丁)各区保荐中央任命之十五人中,包括副主席、教、建两厅长、卫生处长、副秘书长、民、财两厅副厅长、社会处副处长及专任委员七人。(戊)事变之三区得保荐省委六人,包括厅长一人、副厅长一人、处长或副处长一人,其他七区共保荐省委九人,包括副主席、副秘书长及厅长、副厅长、处长或副处长各一人,皆由中央任命。(二)关于官厅文书问题,因各级机关均属于国家,来往公文自不能不用国文,故规定并用两种文字。但人民对官厅行文得专用本族文字。至大学教育,依其需要应并用各种文字。(三)对外贸易一节,政府准许商民对外贸易,但必须遵照中外通商办法之规定。(四)关于编组部队问题,准将参加事变部队斟酌地方情形,编为保安团队,如愿编为国军亦可,但须听候调遣。并允许以后如有缺额,仍用其本族人民补充。教练及命令用其本族语文。此外并规定(甲)年龄、体格不合标准及不愿继续从军者,应予遣归。(乙)按其实有人马、武器数字予以编组(如对方照此原则改编,预计不超过三团之数)。(丙)一般以中队为单位,必要时得合编为大队,最大单位不得超过团之编制。(丁)对方应提出现有人马、武器数字,各族成分,与可能编成之单位数及集中听候点验之地点与日期。以上对案,经多次说明以后,该代表等表示:一则无权决定,二则所需各项军事资料,尚未携带,请求再飞返伊犁研议之后再行来迪答复。预计一周或五日可返。惟渠等个人均已深切了解,并获良好之印象云云。职当告以此为中央最大最后之让步,决不能再有所要求,且务须于渠等所称之期间内返迪,否则恐不能久候。连日商谈经过大要如此。关于最后提示办法,职曾询苏领意见,据谓,此案已显示极大进步,渠个人认为对方纵不能百分之百满意,但预料可能由此获得解决之基础。现在问题似已集中于省府选举与部队改编两点,能否获得协议,虽难臆断,惟据若干迹象判断,可能接受职所提最后让步之意见之公算似已加大,如无特殊变化,将可乐观。职仍拟留此以待。余容续呈,并乞核示。职张治中。戌敬。印。

在先后两度谈判过程中,张部长每次谈话总在三四小时以上,唇焦舌敝,忍耐过人,殊足钦佩。犹忆上月中旬伊犁代表第一次来迪谈判,当时余即向张部长提供意见两点:一须多与苏领来往,诸事均先与商讨,征取意见,俾尽其协助调停之责。二在不违背省制原则下进行谈判。以后余复请张部长耐性谈判,不必心急,苟有折磨碍难,亦不灰心。现谈判虽未完全结束,而能达今日地步者,未始"忍耐"两字之成效。观伊犁代表两度来迪,态度傲慢,目中无人,且言词狡诈无常,不易就范,一切均必向驻迪苏领馆请示,受苏领馆指使,此路人皆知者。所谓匪我谈判,实际背景如此,实为奇耻大辱,皆因国弱与兵败之结果。设非迪化及南疆等七行政区安然尚在我手,与夫青海骑兵之入新,使迪化附近转危为安,匪我必成城下之盟矣。虽然,此次事变能否解决,全在苏联之一念,即使侥幸暂时告一段落,若苏方态度不根本改变,则仍有随时重发事变可能。

十一月二十九日,星期四,阴历十月二十五日

迪化回族青年穆光炳,省立师范毕业,派赴阿克苏服务,去冬由阿主伊宁完婚,遭逢伊犁事变,滞留伊宁九阅月。今年八月被匪方征调入伍,转战精河、乌苏、绥来一带。本月初旬由绥来前线乘隙涉水逃返我军阵地,顷来省垣报告伊犁沦陷后及匪方前线情形甚为详尽。据称,伊犁事变中,汉族同胞被匪无辜杀害,为数甚多,幸存汉人虽未被征入伍,其行动也极不自由。近复将伊区生存汉人集中惠远城居住,藉便监视,启程时,只准携带少许物品,其他财物只得遗弃,损失甚为浩大。汉人至惠远后,被迫服拆除城垣之劳役。又

谓,苏方曾更以游击队一师助匪攻精乌,惟今已全部调返彼国。苏方并将历次补充匪众之枪炮武器,凡易识别得自苏联者,正在陆续收回,为绝助匪证据耳。现匪在绥来前线,实力有限,迨悉青海骑兵西开,匪众心理不安,前线之匪,日间睡眠,夜则掘壕构筑工事。冬服至本月初旬犹未发下,雪夜露天,不胜寒冷之苦云。

苏联对于新疆,在盛世才执政时,利用盛实行共产,俾新疆入其范围,结果失败。苏方警觉扶植汉人(盛实满族)之失策,乃改变方式,采取外蒙办法。所谓外蒙办法,即先笼络佛教及王公活佛,继之逐渐插进共产主义,至相当时期起来消灭佛教及王公活佛。今苏联对于新疆,利用回教及狭义民族主义者,煽动支持,激起伊犁事变,冀其脱离中国而独立,将来亦必须消灭回教,压制地方人士,实施共产,窃新省为己有,手段甚为阴毒。由是观之,新疆问题决非内部之民族问题,而系中苏两国外交问题,亦国际问题之一面,奈国人能彻底了解斯义者不多,令人惋惜。目前苏联谋我益亟,不独对新疆一地时时与我为难,即对战后之东北,依中苏友好同盟条约规定,苏军应于本年十二月三日以前全部撤退,迄今惟无撤退迹象,抑且迫使我接收东北官员不能立足而有引中共势力伸张东北之企图。现我赴东北官员已全体撤回北平,决定将来随军进驻东北,前途如何,殊难逆料。我国久战之后,国力衰微,疮痍满目,亟待苏息,内部又不团结,故对于苏联,苦无强力应付,事事隐忍,痛心孰甚!又据前数日广播消息,我外交部对于中苏问题,曾请苏联明白表示态度,旋得苏方正式答复实行条约,话虽如此,尚待事实证明。另悉,朱长官一民周前在渝与记者谈话谓,中国境内除中共自有军队外,在另外一个角落——新疆,亦有一支特殊武力,人数三万余云云。溯自伊犁事变,迄今一年有余,我人为顾全环境,始终隐忍,未将事变宣布,今朱长官在渝谈话,可谓公开宣布之第一人。

十一月三十日,星期五,阴历十月二十六日

上午举行省府委员会第一一四次常会,讨论事项之重要者如下:(一)社会处签请成立冬令救济委员会,并拟具组织规程草案,经省府秘书处修正,提请公决。决议:在不增加预算原则下照办。(二)民政厅提议拟具本省各县参议会成立办法三项,请公决。决议:设治局除外,其余各县统限三十五年三月成立临时参议会,三十五年三月底以前一律成立正式参议会。组织规程通过。(三)财政厅签报:前任财政厅长彭吉元移交库存金银等项贵重物品。原移交册列交洋金钻石七十九包、各种表一百五十七个、珠串珍珠二百十四两四钱,以全数均未移交,无从点收。业经咨复彭前任,提请公决。决议:报行政院,并由财厅函彭前厅长。

午时马军长呈祥偕骑五师马师长成贤来访,马师长系青海藏族,操国语。据马军长告:日前孚远西面之三台居民被匪抢劫,骑五军驻兵一排闻讯赶至,匪已远遁,驻兵追赶五十里,遥见匪众约二十人正于河边架火煮羊,立予痛击,匪仓皇逃避,我尽夺回其所虏赃物,并毙匪数名,夺得马匹枪枝若干,大胜而归云。

十二月七日,星期五,阴十一月初三日

目前新省金融问题,亟待解决者甚多,就中尤以统一币制,遏止通货膨胀,加强金融机构为急要,特呈中央采择。兹分述如下:

一、统一币制,现省内流行之钞票有二种,一为法币、一为新币。其比值为新币一元当法币五元,新币由省府发行,法币由中央发行。依据本年春季财政部戴司长来新拟具整理新省币制办法,新疆省政府应将印刷厂交由中央银行接收。统一发行自属必要,惟该办法所拟发行之新疆地名流通券,仍按一元当法币五元行使,与原有之新币等价,是发行权虽告统一,而币制仍未统一。窃以为既由中央银行统一发行,与其发行与原来新币等价之新疆地名流通券,增加将来整理之困难,莫如径行发行法币(或运钞来新或在迪印钞均可)较为简捷,自新疆省政府预算奉核定后,新币即停止发行,至已经发行之新币,暂仍维持与法币原来之比价,照常通用,除向内地汇款可吸收一部分不再发出外,勿庸急于以法币收回,以期节省法币,而免刺激物价。另由中央专案拨发相当于其流通额价值之物资,责成省政府或中央银行运新销售,以物资吸收新币回笼,不再发出,期于二年内,吸收尽净,币制完成统一。

二、遏止通货膨胀。现有新省境内流通之新币约四十亿元,法币约五十四亿元,两共折合法币约二百五十四亿元。全省人口仅约三百六十余万人,而人民经济以农业、牧畜为主,工商均未发达,生产既属有限,交易亦甚微弱,实不足以消纳如此巨额之钞券。新省物价高涨为全国冠,胥由于此,而军政开支,日益浩繁,有增无减,长此以往,物价之涨风势将愈演愈烈,财政经济,兼受其困。治本之道,自以促进农牧增产扶助工商发展为要务。但发展农牧工商,必须先行投资,又不得不暂行增加通货,需时久而成效迟,不足以救燃眉之急。端在紧缩开支,政治机构未设之机构不再增设,已设者设法裁并。驻防军队宜采精兵主义,减少员额,增加待遇,充实装备,辅以充分运输工具,驻扎据点已可控制全面。如此紧缩后之军政开支,军需物资并宜尽量减少就地采购,由内地以实物运新补给。政费方面,亦宜尽量在内地换取物资,运新销售,再以售价所得,支付政费,以期节省钞票之发行,遏止通货之膨胀。为运输是项物资宜请中央拨发大量汽车及其油料配件,交由省府专用,任何机关不得以任何理由扣阻。如此行之数年,视本省农牧工商发展之情形逐渐减轻内地对本省物资之供应,将来并可进一步供应内地之所需矣。

三、加强金融机构。新省现有金融机关一为中央银行,二为新疆省商业银行。中央银行仅在迪化、哈密两地有行,南疆五区,人民经济原较北疆繁荣,反付缺如,而军政经费之调拨亦至感困难,虽由商业银行代为办理,但其能力有限,实不克胜任愉快,至少应在喀什等处增设中央银行,以为南疆金融之中枢。再新省农业牧畜亟待扶植,人民资力微薄,实不足与谋规模较大时期较长之发展,宜由中国农民银行来新在南北疆各设分行一处,以充分资金办理农业贷款、畜牧贷款、水利贷款、垦殖贷款,期以数年,扶植新省农牧渐趋繁荣,以为发展工商之基础。

现在新疆军事政治机构亟待改组,一切皆待与伊犁谈判之结果。余即欲先文白兄赴渝述职,决不能在此流连。迭与文白兄商讨,渠感觉管军事者(指一民兄)业已离开,余如再走,恐人心摇动,渠云:不管伊犁谈判将来结果好坏,保证改组省府使我走开。余只得听之。

十二月九日,星期日,阴历十一月初五日

据木垒河王县长报称:苏方对阿山游牧监视甚严,木县留阿山哈族多愿向政府投诚云云。兹摘抄王县长报告如下:(一)窝斯满被任伪阿山行政长,科克色格为副行政长,大里木汗为司令。窝斯满本人则在富蕴。(二)承化原有苏军三百人,现已移驻额敏,正抽调哈匪壮丁千名向承化集中。布尔根有蒙匪五百余名。匪原拟大举犯奇、木两县,后闻国军大增,尚未决定。(三)阿山每游牧房子十顶,即有苏籍哈匪一人监视。自本年夏季以来已征收草头税三次。苏方正缴收阿山游牧所有手提式及机枪。窝斯满仅许阿山哈族等到白塔山牧放牲畜,但不准迁移房子。木垒河县未投诚哈族房子三百余顶在布尔根河两岸,除内斯坦被任伪青河副县长外,其余受匪压迫,多愿向政府投诚,现正秘密连〔联〕络中,并称十一月底派代表二人至木县面洽云云。

十二月十一日,星期二,阴历十一月初七日

晨举行省党部委员会议。党委马良骏大阿洪挈其九龄幼子同来参加,余面赠糖果一包,礼金二千元,以表宠爱。此童正月生,与光叔同年而长七月。马大阿洪今年七十八,七十得子,可谓奇观。马大阿洪出狱以还,与余时相往来,深觉其对于回教经典研究深邃,思想清晰,而涵养尤深,固无愧为一省宗教领袖。马氏最喜与余谈话,对余崇敬特甚。去年伊犁事变后,迪化及附近各县回族民众安之若素,马氏关系最大。今日会后闲谈间,马谓:民间对主席尊敬备至，皆呼活菩萨。余曰：不敢，惟主新以来，笔下未杀过人，口上未杀过人，心里未杀过人。马起立言曰：心不杀人，是否至上。言下不胜钦佩之感。

迪化地方法院院长岳成安奉令内调，所遗院长缺，高等法院已委派刑庭庭长王文连接充。今日午后王、岳新旧两院长至新大楼拜会，余详询该院情形，并切致勉励。

十二月十二日，星期三，阴十一月初八日

报载长春消息，长春中苏要员关于国军空运及各部门接收问题之谈话，现已圆满落一段落。张嘉璈、蒋经国返长后，曾两度与苏军各部主管人员马林诺夫斯基元帅等接触。据悉，几次会谈均本中苏友好同盟条约之原则进行，现留北平之各省市接收人员，将克日来长云。可见东北局势似已好转，东北、西北异地同情，苏联对新疆问题，或亦有暂松一步之望。惟伊犁代表返去已历半月，尚无来迪消息。据驻迪苏领谓伊犁方面对代表等带去之中央方案须经详细商讨，费时较长，代表之重来迪化，决无问题云云。

附述新省羊毛品类及洗织概况如后：新疆羊毛可分六种：第一和阗于阗、第二库车、第三库尔垒罗埠、第四镇西、第五焉耆、第六西北疆。此六种又各分春羊毛、秋羊毛、羔子毛三种，故共有十八种。品质各异，而制出物品之价格亦高低不同。羊毛在纺线织制以前，先予涤净。春季羊毛虽毛绒细软，但毛内含有不洁净之物甚多，若油质、渣滓、尘土诸类。其洁净方法，根据美国保存法，则有两端：第一、用大锅炉加水与肥皂热之，将羊毛掷入锅中，待洗净捞出晾干。第二、将春毛抛入泡水池（池内放有冷净水）两昼夜，然后提出，再掷入流水槽，经过流水两次，连洗十二道方净，提出晾干，再捆成吨。经此二法涤净后，始可保存十年不坏，永不生虫，否则两年即生虫，经虫咬啮，即破不堪用。至秋羊毛与羔子毛，毛内仅含尘土，只须筛过，即可置存十年不窳。和阗于阗羊毛，其春季者为绒毛，秋季者为棕毛，两者合而为一，最宜织制细织品。其成分：绒毛

(春羊毛)需百分之七十,棕毛(秋羊毛)需百分之三十。所谓细织品,即细呢也。织制细呢,用绒毛做明线,取其质细腻。棕毛做暗线,取其有拉力(即结实之意),如此织成物品,不仅细腻结实,抑且美观。此外,尚有一种传棕毛,新疆各地皆产,可以之纺毛线(打毛线衣用)或织细织品,均甚合宜。惟毛内含有百分之三十之油泥,故须用如春季羊毛两种涤制法加以净洗,然后可用。

十二月十三日,星期四,阴历十一月初九日

午后得偕兄电告:奉总裁电谕,须老成持重之大员宣慰内蒙各盟旗,经偕兄呈复请特派余为宣慰专使,代表总裁前往宣慰云云。按,总裁已于十一日偕夫人飞平巡视,或因到平后耳闻目击,深感对内蒙宣慰工作之重要,故有此谕。惟余认为内蒙二字范围过狭,不如改称蒙旗宣慰特使为佳。然而,无论如何能有机会摆脱此间,是至愿也。兹录偕兄来电及余复电如下:(一)重庆罗委员长文电。急。迪化吴主席:密。励兄电谕须老成持重之大员宣慰内蒙各盟旗。弟呈复大意如下:(一)请特派兄为宣慰专使,代表总裁前往宣慰。(二)原有之蒙旗宣慰使、蒙古宣慰团、蒙旗宣导团一切人员,悉由兄督导指挥云云。弟意或能促兄早日离新也。俟励复示,再奉闻。罗良鉴。文(十二日)印。(二)复罗委员长元电。即刻到。重庆。蒙藏委员会罗委员长偕子先生:文电敬悉。密。承示各节,至深感慰。如能改称蒙旗宣慰特使,似更妥善,否则即称专使,亦无关系。惟标明内蒙二字,范围过狭,应以泛称蒙旗为宜。特电布复,伫候嗣音。弟吴忠信。亥元(十二月十三日)。印。

依余观察,现在内蒙(包括热、察、绥、宁及东北之兴安诸省)地位极为重要,内容之复杂纷乱,则较之新疆,犹有过之。余主管蒙藏多年,对于内蒙实情与人事自较熟悉,果欲派余前往,义不容辞。矧余留新之作用已成过去,久图离去而不获,能获此职,于公于私皆乐为之。

夜雪,与文白、寄峤两兄促膝谈。余首述中国哲学"空"之真谛,余谓:"空。"非虚无之意,空不离用,小者鼻空呼吸,杯空盛水;大者海空容潮汐,天地空而滋万物。继论"民主"。意义曰:本党革命奋斗之对象,满清时代为专制君主,北伐前后为割据军阀,抗战时期为日本侵略者与汉奸。迄今抗战胜利,此等对象均已过去,今后本党唯一武器,则惟实行民主政治,如是不特可博全国上下之拥护,且能引起国际之同情与协助。否则,若舍民主而不用,国人皆将讪我党为专制、军阀、侵略者或汉奸,即外人亦必不我重也。余又列举主新一年余来成立省参议会及限期普遍成立各县参议会诸事实,皆为民主政治作准备。民主政治乃今世最大之潮流与必然之趋势,虽新疆各种条件均嫌不够,但不能不预作准备,急起直追也。余谈话历三小时,文白、寄峤默坐谛听,颇为动容。

十二月十四日,星期五,阴历十一月初十日

……阅昆田近撰《革命哲学源流汇记》稿,中引先哲关于民贵君轻之语甚多,爱不忍释。盖此种重民爱民之主张,系余生平所同感而力行者,今后仍当坚持而益求其宏〔弘〕扬,尤望国人共同努力焉。兹摘录先哲遗言数则,藉与国人共勉之……

十二月十五日,星期六,阴十一月十一日

据莎车区警察局本月十三、十四两日电告,上月十九日叶城县属乔甫村被匪三十五名攻占,我派守该地官警二十名因受附匪民众夹击,全部壮烈牺牲,仅艾白益拉一人负伤冲出。十二月十二日敌匪百余,配有轻机、掷弹枪进攻叶属旗盘山(距县城一百七十华里),我三十六团守军一排向后撤退,该山已失陷云云。

英美苏三国外长会议定于今日在莫斯科开会,预料除商谈管制日本问题外,将涉及伊朗与巴尔干诸问题,各方对此会均寄以无穷希望。就整个国际情势以观,余预测民主主义与共产主义之美、苏决不能妥协,纵令一时和平,最后仍必冲突。现在双方均积极布置外围,争取时间,倘一旦战事发生,则中国首当其冲,而新疆、内蒙、东北尤将先蒙其害。目前苏方势力已侵入上项地区,既占先着,我方甚受威胁,其对策:(甲)国共两党合作,统一国家,建设国家,安抚人民,实行民主,并用种种方法使将来美苏战争时,我能获得诚恳友好之中立,以免介入第三次大战。(乙)一面运用政治,一面准备军事,以阻止苏方在新疆、内蒙、东北势力之前进。现在东北、北平已设立行营,统一军政,而西北(甘宁新青)之统一军政大员应速确定,尤以新疆军事指挥机构及军政一元化应立即实现。

十二月十六日,星期日,阴历十一月十二日

晨接佶子兄寒电,关于呈请派余为内蒙宣慰专使一事,余曾表示"内蒙"不如改为"蒙旗"。顷据佶子兄电谓:内蒙两字系根据励电原文,既承指示,当谋修改。励赴平未归,并闻……

十二月十七日,星期一,阴历十一月十三日

骑十一师师长向超中昨由库车抵迪,今晨与之晤谈,备致勉慰。午时与马呈祥军长谈话,据告,日前孚远呼图壁各有小股哈匪出劫,均被驻军击返北沙窝,并截回其所劫马羊。马军长又谓:得马主席子香电告,渠此次赴渝出席复员整军会议,中央各方对之颇示优礼,引为欣感。关于青海部队整编事宜,亦经圆满解决。惟重庆各方纷传余将辞职离新,马主席深为忧虑云云。余答曰:去秋余奉命主新系出于总裁坚劝,当时仅答允暂时负责。今夏赴渝出席大会时曾面请总裁更易,承面谕暂先回新。兹主新瞬已一年有余,深感新省气候风土,年老不宜久居,意欲离新,惟迄未获准,能否如愿,不敢逆料。如果将来目的达到,则对于骑五军在新一切,亦当妥为托付,俾得照料,请转电马主席放心可也。马军长闻语唯唯。最告渠告青省奉中枢令,负责修筑婼羌通都兰公路在青海之一段,青省府已将预算呈报,定明年开工云。查婼羌通青海都兰公路之修筑,较现正兴工之婼羌至甘肃敦煌线尤为重要,因该路距离外蒙较远,中经太吉乃尔之富庶地带,故在军事上与经济上皆有莫大之价值。余久有修建该路之建议,今竟实现,欣喜曷极。

伊犁匪方代表返伊已历三周,犹无来迪消息,张部长在迪等候，与余谈话时间益多。今日余谓张部长曰：兄已露头角，殊堪欣幸，根据两个月来之相处，深望兄在"藏"字上特别下功夫。若对近时一般人士，□□□□到"重"之一字。关于余个人出处：退休在野，是为上策，供职中央，是为中策，服务地方，是为下策。余复说明对苏态度曰：抵新之始，抱有"希望"，伊犁事变后，表示"失望"，至乌苏被飞机轰炸，则告"绝望"。

十二月十九日，星期三，阴历十一月十五日

伊犁匪方代表于上月二十七日离迪时约定一周后再来，兹渠等返伊已三星期有余，犹无重来迪化消息，张部长以如此久候，有失中央威严。曾于本月十六日上电总裁，请先离迪回渝，俟代表到迪再飞迪化。今午接奉总裁复谓，如代表仍无消息，准先返渝。现张部长定明日嘱刘特派员赴苏领馆询问，表示迟迟不来，不能久等，日内拟回重庆一行……

十二月二十日，星期四，阴历十一月十六日

……午时刘特派员莅新大楼谓：方晤苏联叶代总领事。据告伊犁匪方代表定后日（二十二日）到迪。张部长原拟本月二十三日返渝，今代表既不久再来，返渝日期只得延缓。

感冒加重，咳嗽不止，且微有寒热，请军人医院莫院长济民诊治，云系感冒影响大气管发炎，服药后日内可愈，午后未离床，殊觉无聊……

十二月二十一日，星期五，阴历十一月十七日

今日整天未起床，莫院长早晚为我诊治两次，寒热已退，咳嗽已稀，身体较昨舒服多多，明日可起身行走也。

晚间，寄峤来视，坐我床边，听我议论。余谓：现在我国军人，尤其是高级将领，须具备两项条件，一具国际知识，一是民主精神。盖美国已表示以全力协助中国之建设与复兴，在军事方面，将派遣陆海空军事代表团来华插入各部队工作，并将予以不客气之指导，若我军人缺乏国际知识与民主精神，将不能应付局面，此必须速予注

意者也。余又畅论立业经验,余曰:无论成何事业,时间两字最为重要,亦即必须假以时间,决非幸致。以余个人为例,余二十三岁加入同盟会,从事革命工作,至明年,余为六十三岁,适四十年。在此四十年中,余目睹推翻满清,打倒军阀,取消不平等条约,击溃日本,余厕身是间,认清路线,坚定意志,不畏排挤,不受利诱。至于今日,在中国革命史上总不失革命一分子,论中国革命,不能无我,其故无他,四十年漫长之时间□使然耳。又,余过去长蒙藏委员会,主持边政历八年之久,起始三载无所表现,其后入藏主持达赖坐床,收回我对藏主权,视察西北,促成河西撤兵,将河西疑难打开。凡此贡献国家不为不大,今日论熟悉边情人物,舍余其谁属,斯亦八年长时间主管蒙藏之后果也。余言至此时,寄峤急曰:吴先生不仅为熟悉边政之唯一人物,仰且系边疆具有巨大势力之人。余续谓:汉之张博望、班定远能成为历史上大伟人,亦因终身奔走西域之故。兄现年不过四十余,若能留驻边疆较久时日,必可成名,甚而三五载后即有大表现,届时回到中央,军政或军令诸部,非子其谁属!惜余年迈,力不逮矣,倘如兄之年,则继续效力边陲,亦所愿也。以今日边疆在国防上之重要,事诚大有可为,望兄好自为之,倘若干年后我尚在人间,当能亲眼看见吾兄之成功。寄峤颇为感动。

十二月二十三日,星期日,阴历十一月十九日

……中苏机今午离迪飞阿拉木图,回时将接伊犁代表来迪,如无其他变化,伊犁代表可望明后日到达。

兹附述新疆财政、经济概略如下:前清同治末年,伊犁为回匪陷据,被俄罗斯驱逐代管;光绪九年始经左文襄公收复,改设行省,当俄国订有伊犁条约,准许俄商在天山南北自由贸易,英印亦援例效尤,于是货物之出入,概不纳税。而新疆政费度支之所赖以维持者,即为各省协饷。其土著人民,大部为游牧生活,经济情形至为简单。庚子后,中原多事,各省协饷逐渐减少。迨至宣统元年几经断绝,以致政费无法维持。并因驻军王高升等捣毁津商,迪化重要市

廛全部被焚，藩台王树枬为补救财政并修整市容计，印象龙票一百万两（票面红钱四百文折合湘平银一两），周转流通十余年。民国八年，省长杨增新与俄国及英印正式通商，订立关税条约，外货入口始行纳税，于是收入遽增。继又陆续裁兵，缩减开支，民国十年前后，不但收支适合，而岁计且有盈余，所以当时以现金兑换官票尚须贴水。人民生活极感丰裕，为新疆财政之最好阶段。金树仁主新后大事招兵，军费增加，其用人行政亦渐趋紊乱，收入则偷属中饱，支出则浮冒舞弊，以致财政日非，经济日窘，纸币发行日以增加，三两、五两之大额省票纷纷出现，人民生活亦逐渐困难，卒致二十一年匪乱继起全疆糜烂之结果。民国二十二年盛世才执政以来，脱离中央关系，封锁口内交通，财政、经济、金融三位一体，完全操纵于外人之手，矿业、农牧、工商各项生产，无不为外力所把持。以言开支，则任意批发，漫无标准，不知预算、计算为何物。以言通货，则五十两之省票，报纸石印，昼夜赶造，汽车、火车装载不及，其流通总额不可以数量计。以致农村破产，工商凋敝，纷乱复杂，莫此为甚。民国二十三年由财政厅长兼外交办事处长陈德立与裕新土产公司经理鲍尔汉，以争取外援名义向苏联进行借款，其贷款额名为金卢布五百万，三年后本息归还，而实际苏联所付贷款，均系陆续运货，不纳关税，且以大价折合，直至四五年之久，已经实行还本，而其货物尚未交齐。但新疆每年所有之土产以及矿与现金，完全被人藉词统治席卷而去，亦即用贷款方式进行夺取原料操纵经济而已。并藉此派来顾问专家、技士多人恣意把持，实行侵略。厥后逐渐加深，愈演愈甚，致有政治几乎变态，版图几乎变色之危局。民国二十五年，省银行行长张宏与办通沪、津、平各处汇兑，口内物资流入甚多，经济情形曾一度好转，一年后即被人引为政治错误予以制止。二十八年张宏与任商业银行行长兼财政厅长时，废止省票发行新币，以为法币之辅币，在票面上印有每月（或十角）兑换国币一元之注明，流通以后，金融甚为安定。但于次年张被囚禁，并将新币与法币价值区分，改为一与五之折率，以免新疆经济混合于中央。由此币值日跌，物价日涨，金融日益紊乱，经济日益恐慌，每况愈下，致成不可收拾之势。

新疆经济基础建筑于畜牧业上，皮毛土产为主要之资源，旧日对外贸易章程有不准母畜出口之规定，为禁止打胎，规定溜胎羔皮由土产公司专买，其意在加强牲畜繁殖，而维经济之来源，其措施尚属允当。二十七年财政厅长周彬修改对外贸易章程，准许母畜出口，变更溜胎羔皮及一般土产专买办法，故自二十七年以后，尤其在三十及三十一年两年，新省所有之牲畜，均被外人搜集出口，每年所产之皮毛土货，亦被外国遍设机构，深入游牧直接吸收迨尽。新疆经济从此根本削弱，形态日益恶化。

自民国二十二年至三十二年之十年过程中，新疆经济在外力统治及六大政策控制之下，民众不敢积蓄资产，不留生活余地，任意挥霍，公私浪费，以有限之生产，供无节之消耗，颓风败俗，亦为经济破坏之主要因素。民国三十二年，外力束缚勉强摆脱之后，封锁经济，停止对外贸易，物资来源遂告断绝。只恐经济关系影响于政治，而忘却因政治顾虑危害于经济，因噎废食，造成今日之枯竭状态。

十二月二十四日，星期一，阴历十一月二十日

据报：本月十六日晚，泽普县政府及警察局被匪包围，匪众约百余名，配有轻机、手榴弹、掷弹枪等武器。经警局官警及区局所派增防官警二十名与保安队十名奋勇抵抗，激战至六时，匪不支，退至距泽普五十里之哈释克栏杆。是役我受伤警官二名，警士一名，阵亡警士一名。

……附述清末及民国以来新省卫生事业概况：新疆地处边陲，清末匪乱平定，于光绪四年设省后，迪化仅有三五家药商卖中药，中医亦不过三五人而已。嗣后内地到新之人增多，中医亦随之增加，各县始有中医诊所与药铺，然其中多数不学无术，官厅对之亦

从无管制办法。而神教医病之风气靡于全省,汉族人民病者遍请道士巫婆焚香诵经,符咒招魂。维、哈各族除请阿洪诵经祈祷外,或则施舍,或请巫人术士念咒跑绳(系绳于屋中央,绳端下垂,邀多人强拉,病人绕绳飞跑,跑时配锣鼓,并杂以多人歌唱。闻有将病人惊死者),或燎苇草点长命灯。此外,自己滥草药服用。维族中不问症如何,概服泻剂,哈族中患花柳病者即服砒霜、红矾、断肠草根等毒药。至蒙族病人率多请喇嘛活佛念经舍药,情形与他族类同。

辛亥以后,迪化成立中医学校,招收学生数十名,传授中医技能,毕业后分派各县充任官医生。复在迪化及各区县成立牛痘局,训练人员,施种牛痘。自此之后,婴儿死于天花者逐渐减少,惟当时仅注意旧医,对于新医,无人倡导,而所训练之中医,亦缺乏深刻之研究,政府未加管理,庸医杀人之事仍有,疫病流行更无办法防疫,任其蔓延。至民国二十二年以后,政府始决定医疗机关,首先在迪化成立医院及药房。二十五年成立哈密医院,旋伊犁、喀什、塔城、阿克苏医院,伊犁药房等亦先后成立。二十七年成立和阗医院,二十八年成立阿山医院、焉耆医院、阿山药房,并在疏勒、绥来、绥定、博乐、霍尔果斯、巩留、巩哈、特克斯、精河成立诊疗所。二十九年与三十年间成立温宿、额敏、温泉、鄯善、奇台、库车诊疗所及莎车医院、喀什药房、精神病院。三十一年成立拜城、镇西、于阗、沙湾、叶城、巴楚诊疗所。三十二年成立且末昭苏、布尔津诊疗所,并曾于三十年将各县诊疗所一律改为县卫生院,复裁撤疏勒诊所。至今本省共有医院十处,分设各专员所在地,共有病床九百四十架,迪化另有精神病院一处。此外,全省有县卫生院二十五处,省药房四处。各地医院诊疗病人向不收费,住院病人不但医疗需用药品及施行手术不收分文,且饮食全由政府供给,各地药房售药价格特别低廉。政府每年用于保健方面之经费为数甚巨,二十八九两年全省保健费每年为新币六十五万九千余元,三十年为一百四十三万元,三十一年为一百八十四万四千余元,三十二年为二百十余万元,三十三年为六百余万元,三十四年不详。三十一年始规定各医院、诊所门诊办法:初诊四角,复诊二角,军警学生及赤贫人民仍然免费诊疗。三十二年开始收少数病床费用。三十四年七月一日实行全省药品免费,渐走向公医制度矣。

十二月二十五日,星期二,阴历十一月二十一日

本月初旬在阜康附近被骑五军俘获之阿山派来匪徒居努斯送省已多日,今晨余予接见,并以诚恳和善之态度与之谈话历一小时半。居努斯年三十七,阿山青格里河(即青河县)牧民。据其供称:阿山匪首窝斯满为欲探听现在政府一般情况,派居努斯等二十人往阜康,意欲将阜康头目艾则里乡约、阿比利相约设法捉送阿山询问。居努斯等于本月二日前后由阿山骑马启程,到达阜康后听说艾则子与阿比利均在城内,因同伴不守纪律,意欲劫掠马匹回阿,第二日为当地驻军剿击,渠等纷纷溃逃,居努斯单骑落后,马腹缰断,跌下马来被追兵生擒。关于阿山近情,居努斯谓:阿山内部组织颇形紊乱,日常用品甚感缺乏,天天吃肉,并无粮食,抢夺成风,赋税苛重,民众生活已不堪问。现民间存留牲畜已极有限,今冬尚能勉强度过,来春必至告竭之境。窝斯满与达利力汗台吉意见不睦,民众多拥护窝斯满,反对达利力汗。窝斯满并未到过伊犁,民众心理均倾向政府,不倾向苏联。窝斯满亦谓,我哈族游牧决不能脱离阿山,过去投往苏联之哈氏均遭死亡。奔向外蒙者亦牺牲殆尽,可资殷鉴。现窝斯满之意,今年冬天政府如进兵阿山,彼等必被消灭,如派代表到阿山,则彼等投诚有望。阿山有军队二千人,均系当地哈族,在承化由达利力汗与维族人毛拉德义子予以训练,有各种枪三千枝,轻机枪、步枪、苏式连珠枪、自动步枪在内。其给养乃在各游牧摊派,今年已派牛马、驼一万,羊二万只。此外尚有匪众千余人,分在各游牧过冬,枪仅二百余枝,由哈巴斯负责统带。阿山、归化保安队因所占地形甚好,不易攻下,故未向窝斯满投降。至阿山蒙古自卫队,在阿山失守后由太平副专员负责带领向外蒙逃窜,经达利

力汗紧追,双方遭遇,伤亡惨重,太平亦负伤,月余毙命,自卫队亦无形解散矣。居努斯相貌端正,头脑清楚,渠来迪后,因政府不以匪犯看待,事事妥为照顾,非常感激,今日又承余传见,恳切与谈,尤为其意想不到者。彼言谈间感赞骑五军枪法之准,马术之精,匪辈犹望尘莫及。又谓此次留迪多日,对于政府之好意已甚了然,将来返回阿山,当将此间情形报告窝斯满并宣达诸游牧云云。余见其衣衫褴褛,临行时特赠棉服皮帽等物,渠拜谢至再而别……

伊犁匪方代表拉合木江、阿合买提、阿不都哈依尔等三人于今日下午三时三十分由伊宁飞抵迪化,入城后仍住特别招待处。据悉,此次匪方态度又趋恶化,其带来意见书之主要内容如次:(一)要求省府委员增至二十五人,由中央指定十人,由省参议会选举十五人。(二)省府副主席、秘书长、财政厅长、社会处长、民政厅副厅长、建设厅副厅长、教育厅副厅长、卫生处副处长并委员二人,由中央委派。至主席及厅长(除财厅厅长外)、处长(除社会处长外)等由地方选举。(三)在事变解决之一月内,将一九四五年因事变所开来之中央部队完全撤回。(四)事变结束后,全疆警察机构一律解散,至将来之警察,应由当地之回教徒组成之。从上列各项看来,匪方无异欲中央在新力量全部放弃,谈判前途,将增加一层困难也。
十二月二十六日,星期三,阴历十一月二十二日

午前先后接见警务处股长周春晖、补一团团长赖国光、省党部会计室主任瞿尔炽夫妇等数人。周股长,籍隶辽宁沈阳,年三十九,东北大学肄业,民国二十四年由徐伯达介绍来新,曾任天山日报社(即新疆日报社前身)社长、阿山报社社长、教育局长等职。长于文墨,号称十小博士之一,二十六年冬被捕入狱,本春出狱后供职警务处,所入有限,生活贫寒,余特赠国币拾万元,以资周济。查所谓十大博士与十小博士,皆为知识分子,除傅希若、边燮清两人外,余者东北籍,尤以十大博士均属辽宁开原籍,盛世才之小同乡。十大博士入新较早,故在新职位较高。十小博士在二十六年间始来此,

此二十人多数均曾与中共发生关系,及后盛世才先后一一押之入狱,今日均能保全生命,洵为幸事,渠等将来回返东北,或可有所贡献也。兹将十大博、十小博士经历列表以明之。(下略)

蒋特派员经国于今日午后五时许专机飞抵迪化,余派省府曾秘书长、周委员代表前往机场迎接。随行同来人员有我国驻苏联大使馆参事胡世杰及东北外交特派员公署秘书张伯英两人。胡参事供职驻苏使馆十余年,操俄语甚流利,此番接收东北期间,暂改派任东北外交副特派员,协助与苏方折冲,今则赴苏复任大使馆参事之职。蒋特派员下机后即至新大楼休息。晚间,余设宴为之洗尘,并邀张部长、郭副长官、苏联驻迪总领事叶谢夫、副领事康斯坦、商务委员马果林等作陪,宾主情绪颇为欢洽。

宴罢,余与蒋特派员谈话。此次蒋之奉命赴苏,全为商谈中苏在东北之经济合作事宜,此可于昨晚总裁电中见之。总裁所示东北经济合作之具体条目应在撤兵以后商谈一节,可称卓见。盖苏联当局只有利害,不顾信义,不可不慎。新疆问题完全为对苏外交问题,新疆问题之解决与否,只看苏方之一念,但新疆问题拖延下去,对于苏联有利无碍,将与东北问题及中共问题等同时解决,似有可能,故目前苏联实无单独解决新疆事件之诚意,此点,余与蒋特派员及张部长三人俱有同感。惟余希望蒋特派员到莫斯科后相机能对新事向苏方一提。最后,余指出此次伊犁匪方代表带来彼方四项补充条件之一,即要求撤退一九四五年内所有中央入新部队,该项部队实指青海骑五军而言,良以骑五军士兵骁勇善战,声势浩大,对于匪之镇压力量已见成效,况为回教部队,尤具政治作用,苏联与匪方对之最觉芒刺在背。蒋特派员深以余言为是。

十二月二十七日,星期四,阴历十一月二十三日

蒋特派员经国今日在迪酬酢甚忙,午间苏联驻迪叶总领事约往领馆聚餐。午后四时外交署刘特派员在署以茶会欢迎。晚间张部长于新大楼设宴洗尘,并邀伊犁匪方代表拉合木江、阿合买提、

阿不都哈依尔等三人与蒋见面。

附述清末及民国以来新疆教育概况及其变迁。新疆远处边徼，隔绝塞外，一线交通，复有梗阻，加以宗教复杂，宗教信仰不一，语言文字风俗习惯亦各不相同，不但彼此疏远，甚且互相仇视，此种错误思想，必须发挥教育功能，提高国家观念，汇流宗教文化，方能纳思想于正轨。惜以往执政者对于教育事业或莫〔漠〕不关心，或有意利用，故教育之成果，于国家民族毫无补益。兹将清末及民国以来新疆教育概况及沿革略述于后：甲、清末教育概况。同治初年迪化设有红岛书院，光绪年间被毁于匪。左中〔宗〕棠平定新疆后，于迪化设博达书院，镇西设松峰书院，奇台、绥来亦前后设立书院，均置山长一人，由地方政府资聘之。各县分设义塾，但维民逃避入学甚于差徭，富有者佣人以代，且当时塾师多属内地游幕之客，教材多为百家姓、千字文、三字经之类，实非维民所易了解，故深为厌苦，收效甚微。光绪三十二年本省提学使杜彤始废书院创新学，于省垣设高等学堂一所，旋又改为中学。各县设蒙养学堂各一所，复即改为两等小学。嗣为造就师资计，于省垣中学内附设简师班，一年毕业。继又增设迪化师范学堂一所，三年毕业，分发各县充任小学教员。此外继有实业、法政、中俄巡警、裁判、武备等学堂之设立，但为时不久，时值袁大化巡抚新疆，力主练兵，奏请清廷停办各学校，于是杜彤所树立之教育基础，摧毁殆尽矣。乙、民元以来教育概况。（一）杨金时代：民国以来杨、金相继执政，对教育不甚重视，虽有少数学校设立，俱无成绩可言。兹就当时设施概况分述于下：1. 小学教育。全疆各县陆续设立小学九十五处，计一百二十余班，约有学生四千一百余人。2. 中学教育。民元于迪化设立旧制中学一所，并附有简师一班。民国五年，设迪化师范学校一所，但均历时未久即行停办。民国九年至十五年期间，迪化中学及师范两校次第恢复，计迪化中学毕业者共五班，学生一百六十余人。迪化师范毕业者共九班，学生三百二十余人。3. 专门学校。民国十二年成立俄文法政专门学校一所,后又改为俄文法政专门学院。毕业学生共五班,计九十余人。(二)盛世才时代:民国二十二年盛世才主政之后,学校虽大量增加,但学生程度太差,且班级多而人数少,又以六大政策为教育中心,与中央教育宗旨大相违背。兹将当时学校之数量分志于后:1.国民教育。公立小学六二九所(中心国民学校一一九所、国民学校五一〇所)学生约九万余人。各文化会设立学校共一五一五所,学生约一十五万余人,幼稚园二所,幼稚班三处,学生共三八七人。2.中等教育。初中设有迪化一中、迪化二中、塔城中学、伊犁中学、伊犁女中。喀什中学六所。高中有新疆学院附属高中、女院附属高中两所。师范学校有迪化师范及和阗、莎车、喀什、阿克苏各简师及女院附属师范六处。职业学校计有塔城、和阗、阿克苏、喀什四校。但甫派筹备,盛氏即离新,一切充实内容及招生等工作,均系余到任后始办理完竣,以培植农业、纺织、造纸、制革、蚕桑等项人才。3.高等教育。改俄文法政专门学院为新疆学院,先后办理教育、政经、文史、土木工程、机械等系。迪化女中改为新疆女子学院,陆续成立教育、中国文学、医学等系。但均系三年毕业,不合中央学制。4.社会教育。设立省民教馆十处、阅报处三十四处、俱乐部五十五处、公共体育场二十二处。但均设备简陋,有名无实。丙、最近教育设施情形。余莅新以后,一面遵照中央法令,一面参酌地方情形积极加以整理,兹将最近实况分述于后:1.国民教育。(一)训练师资。在阿山、阿克苏、和阗、哈密、焉耆、喀什六处设国民教育短期训练班,训练不合格之小学教师,以期加强教学技能。(二)健全校长人选。(三)翻印小学教科书。(四)充实学校设备。(五)修建校舍。(六)举办辅导工作。(七)发展幼稚教育。本拟在迪化、伊犁两幼稚园各增一班,并在阿山、塔城、喀什各增设幼稚班一班。因阿山、伊犁、塔城环境特殊,仅在迪化幼稚园及喀什各增设一班。(八)改设中心国民学校。今年改国民学校为中心国民学校一百所。(九)增设国民学校,今年增设一百所。(十)扫除文盲八万余人。2.中等教育。(一)慎选校长人选。(二)延聘优良师资。(三)购置图书仪器。(四)整理各校班级。(五)发展中学教育,喀什、和阗两地各增招新生一班。(六)发展师范教育,喀什、和阗、阿克苏、莎车各简师均增招新生一班。哈密增设简师一所,女院附属师范增设一班。(七)侧重职业教育。增设迪化农校、迪化护士助产学校,并在和阗职校、喀什职校各增一班。(八)推行导师制度。(九)励〔厉〕行劳动服务。(十)加强国语及维文课程。3.高等教育。(一)延聘优良教授。(二)增设国语专修班。4.社会教育。(一)增设民教馆三十六所。(二)整理各县体育场。(三)举办电化教育。(四)推行识字教育。(五)举办美艺展览及各种运动竞赛。(六)加强国语教育,各县设立国语夜校。其他如选送学生赴内地中央政校、边疆学校、中央测量学校、西北医学专科学校、三民主义青年团中央干部学校、西北农业专科学校约一百余名。

十二月二十八日,星期五,阴历十一月二十四日

蒋特派员经国于今日上午九时离迪飞阿拉木图转往莫斯科。胡参事世杰、张秘书伯英随行,计期三十日可抵达莫京。蒋特派员临行谓此去不过一周,下月六日左右东返将重临迪化。盖离渝时总裁嘱其必须于下月十日前赶返重庆。

午前举行省政府委员会第一一六次常会,当经决议要案多起,计有:(一)拨款一百二十余万元为省救济院制本年度贫民冬服之用。(二)本省驻京办事处奉令裁撤,于明年一月底撤销,事务交重庆贸易分公司办理。(三)由本年度省药房事业费项下拨发卫生处购置药械费共计二百二十余万元。(四)调整迪化市煤炭价格,八道湾煤窑改为每筐一百五十元,私窑改为每筐二百二十元。(五)成立地方教材编辑委员会,并通过组织规程及委员名单。(六)本省推行县市自治财政及监督管理办法,依照各县市参议会成立先后,专员所在地之七县及迪化市自三十五年一月实行。其在三十五年三月底成立参议会之各县自七月一日实行。设治局不实行。

十二月二十九日,星期六,阴历十一月二十五日

晨先后接见日前抵迪之新省党部委员赵波及新派疏勒、哈密、呼图壁三县党部书记长谭○○、赵翼鸿、杨茂林。赵委员年三十五,陕西兴平县籍,中央政治学校毕业。谭书记长年五十九,湘人。民初任许汝为兄副官军需,曾见余于桂林,民九来新工作。二十余载岁月已使其须发皆白,乃今不辞跋涉,奉派赴疏勒办理党务,老而益壮,厥志可嘉,余除面致勉慰外,复特别补助旅费法币五万元,以示体恤。

与警务处胡处长国振谈话。胡对于匪我和平谈判表示悲观,而谓:匪方对我拖延,我亦拖延自己。余谓:目前要着为调整军事机构,统一指挥及派大员驻节南疆。午时接见艾林郡王与鲍专员尔汉,渠等最近两度往迪化西路呼图壁一带乡间招抚哈民,昨日始返。据称,呼图壁东山近有哈匪出没,惟人数不多,呼图壁骑五军驻军正拟派兵镇压,适逢伊犁匪方代表第三次到迪,奉令暂缓派兵,以免引起匪方误会,影响谈判,而由艾林郡王、鲍专员等联名修书送达东山牧民转致政府关怀之意念云云。余对艾林郡王等奔波辛苦,深表钦佩。艾林慷慨答曰:为国家与地方之平安,此乃应尽之义务,路途辛劳,何足道哉。谈约半小时始兴辞而别。

前军官大队大队长孙庆麟原籍辽宁辽东县,九一八事变后绕道苏联撤退入新,历任要职。旋遭囚禁,出狱后参加政府工作,颇为忠诚。秋间军事失利,匪势滋蔓,乌苏、精河相继陷落,省垣顿呈风雨飘摇之象。孙氏目击时艰,倡议筹组军官大队,自任大队长,号召留迪之退伍军人集中训练,俾备协助捍卫省城,此举在当时安定人心激励士气上,裨益匪鲜。顷以迪化及其外围我实力增强,局面已趋稳定,爰将军官大队撤销,孙在此已无负责之任务,而久离家园,回乡心切,定日内搭车赴兰转往东北。今日特来辞行,余助以旅费,并面致慰勉。念东北抗日同胞撤退入新,十余年来或死或囚,艰辛备尝,牺牲殆尽,高级将领中仅剩孙庆麟、张凤仪等数人而已,令人

惋惜。爰为述"东北军入新前因后果与惨状"，用留纪念。东北军入新之前因后果。（下略）

十二月三十日，星期日，阴十一月二十六日

前日接奉总裁电，以麦斯武德等在迪开会活动，嘱予注意，昨经复电遵办。查此番麦等回新，挟持一贯之狭隘民族观念，开会宣传，怂恿暴动，表面上虽未收成效，但内在之恶因已种，殊可虑也。虽然余仍一本爱护边胞之道，曲与周旋，值此岁暮之日，复派员致送麦等三人各法币二十万元，俾资度节，盖亦冀其有所感悟也。兹将与总裁来往两电附录如后：一、总裁三十四亥宥府军义电。迪化。张部长、吴主席：密。据报，麦斯武德等近在迪化召集哈文会以及新疆日报社职员阿不都拉等开会，扬言恳请政府实现民权，否则将以刀斧为解放武器，并在各教堂散发传单，等情。希注意。中正。三十四亥宥（十二月二十六日）府军义。印。二、复呈总裁亥艳电。急。重庆。主席蒋：三十四亥宥府军义电奉悉。密。所示麦斯武德等在迪言论各节，委属事实，除饬严密注意外，谨复。职吴忠信叩。亥艳。印。

午间，约张委员宣泽与陈副主任宜生两对夫妇便餐……

十二月三十一日除夕，星期一，阴历十一月二十七日

关于连日来张部长与伊犁匪方谈话情形，其结果，除民族部队一项由代表等另电请示彼方政府外，其余各节，在原则上均已通过。惟条文内稍有更正者。计（一）关于省府主席及副主席是否由民选，俟国民政府召开国民大会制颁宪法后遵照宪法办理之一条，整个取消；（二）增加一条为在宪法颁布普选未确定为止，省府委员之选出，得依照第十条办理之；（三）原规定之事变区委员为六名，现改为七名；（四）省府应选副主席二名，一名由事变之三区内选出，一名由其他七区选出；（五）原条文内之所有事变字样，一律改为专员区字样。以上之更正，均为本日谈判所通过，亦足见张部长让步之程度。兹决定于三十五年度之元旦日（即明日）上午十时

在新大楼双方签字。但是否能够如愿,尚难逆料。兹录张部长最近呈总裁两电藉明此次谈判之一斑焉:一、张部长上总裁亥艳申电。限即到。重庆。委员长蒋钧鉴:密。亥感未电计呈。两日来分向苏领及对方代表作多方说服工作。关于对方此次增提之三条:(一)取消政治警察。(二)撤回国军。(三)今后警察由当地回教徒充任。经坚决拒绝后,对方代表声称,因无撤回权力,当向伊犁请示,自愿暂行搁置不谈,仍请先就此次经过修改之要求十一条作具体研究。今晨会谈结果,问题已集中于省府组织及部队改编两项:甲、省府组织问题,对方要求于三个月后省参议会成立时即选举省主席及副主席。在选举以前之过渡期间,省府之临时主席由中央任命。委员名额照上次所定为二十五人,但除原定厅、处长分配办法外,并要求民政厅长由地方人士充任。又对前次规定由地方人士保荐之省委十五人之分配办法(事变三区保荐六人,其他七区保荐九人),表示无须作次规定,有欲提出全部名单之意。职当予答复:(一)将来省主席是否由省参议会选举,应俟国民大会制颁宪法之后,遵照宪法规定办理,此时政府亦无权允许。(二)民政厅长仍应由中央直接任命。(三)省委名额必须就全省各区作合理之分配,俾符众意。乙、部队改编问题,前次据代表等表示,希望编为地方团队。但此次所提条件,则改为应照国军编制,编为民族部队,并要求全省各专员区,均须编组民族部队,经职严词驳复,彼等勉强同意改为仅将参加事变之部队改编。但其希望编成之数额,及职上次令其提供之人马武器各项资料,迄未提出,仅谓:1. 希望原则上先允许参加事变之部队,照国家编制改编。2. 此次部队编成单位、数额及驻地,希望由职予以指示,俾向伊宁请示。3. 保证在原则上中央允许此次部队改编之后,决不致因数额问题有所争执,致影响问题之解决,等语。职经多次令其先行提出希望编成之数额,俾便考虑,并就上次提示之部分遣归人员、武器之点验应受调遣派员训练等问题,再加申述,但彼等仍坚请先由职提出数额及驻地,始便商定。

关于此点，职原拟以团为最大单位，数额则以三团为限。但根据长官部之调查统计，伪军人数达三万余，步骑枪约二万枝；机枪约千挺，迫炮约七十余门，仅绥来正面，即有步兵二团、骑兵五团，及独立连队各一，步机枪俱全。今对方对于数额、驻地两点，所以固执不肯提出者，似有试探政府意向之意。职拟今晚邀约吴主席、郭副长官、李铁军、宋希濂等就此次问题详加研究之后，再作答案。如蒙钧座指示，乞迅赐电衹遵。综合两日来情况，该代表等与苏领业已明了凡有损害政府威信、国家主权之条件，决非我所能接受。虽其增提各案，能否撤回，彼等尚在请示之中，若无故令拖延甚至破裂之意，或易就范，惟尚待情况演进而定也。余容续呈。职张治中。亥艳申。印。二、张部长上总裁亥世未电。限即到。重庆。委员长蒋钧鉴：三十府机电奉悉。密。最近折冲结果将对方要求之十一项经予斟酌修正后作成正文。其关于部队改编之数额、驻地与改组省府之委员分配等问题，则另提附文两件。职今日再分别约晤苏领及对方代表商谈，以现在征象观察，能否于元旦日签订，今晚当可判定。职拟无论签字与否，均准于一月冬或江日启程返渝。谨电鉴核。职张治中。亥世未。印。

今日为三十四年除夕，约张部长、麦斯武德、艾沙、依敏三委员，及随张部长同来之彭副部长昭贤、张委员静愚、王委员曾善、屈厅长武、刘处长孟纯、童秘书世纲暨郭副长官等在新大楼晚餐，藉共辞岁。原定六时入席，以张部长与匪方代表谈话时间过久，延至八时后始进餐。餐前，余陪麦斯武德等闲谈。余为述文化交流之道理谓：汉族文化，历史渊久，文物昌盛，其他宗族效之者则兴，弃之者则衰，以往史迹斑斑可考。以有清一代为例，清室提倡满族子弟仿效中原文化，学习汉族语文，即清代历朝帝王亦无不精通汉文者，结果满清帝室能绵亘将三百余年，满族文化因之提高，及后帝室虽绝，满族后裔仍有路可走，未尝落后。如在新省，满、锡各族子孙不乏优秀，保持相当社会地位，非无因也。惟清室对待蒙族之政策则不然,不使蒙族学习汉族文化,绝其往来,致蒙族文化不进,故步自封,无由与汉族并驾齐驱,至于今日,仍有一蹶不振之势,在当时,不可谓非清室政策之成功,而其后果竟一至于此,不禁令人痛惜不止也。麦斯武德等闻语频频点首。麦并谓:回教圣经亦言,凡文化低落之民族,应该学习较高民族之文化,否则为先主所不许,斯与主席方才所论不谋而合。麦言时殊有不胜钦敬之感。

(2)日记节录之二(1946年1—3月)

三十五年一月一日,元旦,星期二,阴历三十四年十一月二十八日

今日为三十五年元旦,亦抗战胜利后第一个新年。午前十时于西大楼举行迪化市各界元旦庆祝大会。中央军校第九分校二十期骑兵第五中队学生毕业、中央警官第三分校语文班毕业、正科预科学生开学等典礼同时与庆祝大会在西大楼合并举行。与会者有各机关、法团、学校首长、职员、学生千余人之众。会场壮〔庄〕严隆重,情绪极为热烈。开会前余率各界首长在东大楼前空场遥祭国父陵墓,于悠扬之军乐声中,余焚香点烛敬礼。祭典完毕后至西大楼主持元旦庆祝大会,奏乐行礼如仪后,全体向元首肖像行三鞠躬礼,后向余与张部长行一鞠躬礼,再相向行礼拜贺毕,张部长代表颁发国民政府授军九分校主任宋希濂青天白日勋章。继即进行军校、警校毕业礼。最后余请张部长致词。张略示谦逊,而曰:今日本应由吴主席向各位致词,因余年事较轻,爰为代劳。张部长致词历三十分钟,对于服务边疆各级干部今后应有之认识及对未来建国任务,均有剀切详尽之说明。词毕,复有来宾代表省党部陈书记长希豪致词,阐明庆祝三十五年元旦之空前伟大意义及当前建国建军建警之重要性。末有军警两校毕业学生代表致答词,由张部长领导宣读军人读训。两校学生唱校歌毕,于高呼中华民国万岁,蒋主席万岁声中宣告礼成。

党政军各界暨各宗族头目向余拜年者接踵而至,新大楼整日

充盈欢笑热烈、活跃融和之气氛。

午时在新大楼设宴招待第二十九集团军团长以上人员,以示慰劳,并致庆贺新年之意,到李总司令以下各师长、参谋长、团长等二十人。席为西式,并备白兰地酒,各人开怀畅饮,其乐融融。余精神亦倍感兴奋愉快,先后起立致词凡三次之多。余首对本省前方剿匪将士年来浴血苦斗,切致敬佩与慰劳之意。次述新疆军事失败之原因:一为天时之奇寒,二为地形之不熟,三为新旧部队联系之生疏。我中央部队入新甚暂,对于上述天时地利等困难,自然无法克服,致遭遇惨败,非战之罪也。余复引述去夏赴渝向总裁陈述之语曰:军事之成败,必须视能力之发挥程度而定,如我将士能力已完全发挥无遗,虽败犹成,反之,若其能力并未完全发挥出来,虽然成功,亦是侥幸成功,非真成功,不足道也。此次伊犁事变,我前方将士在冰天雪山之间与匪搏战,其艰苦真相,洵非外人所能想像,我前方将士格于自然环境,军事虽节节失败,但每一官长,每一士兵固已尽其最大努力,故事实上虽然失败,精神上则已成功,不可抹煞,总裁甚以余言为然。余旋申论一年来对于新疆政略战略之主张:政略为尊重宗教、调洽苏联八个字。前四字自信已做到,后四字虽时时小心,未曾与苏联有何裂痕,但调洽两字总不能说成功,致劳张部长有来新之行。战略为确保天山,巩固河西八个字。前四字惜未办到,致匪得到处奔突,幸河西尚称巩固,使我有后援可恃,未至一败堕地之惨境。上面政略战略十六个字,应付将来新疆局面仍属重要,希望诸位一本此旨继续努力。最后余因鉴在座各军官年事均轻,即以对小兄弟般之不客气口吻勉励各人特别在得军心、得民心上面用功夫,抱定终身服务边疆之志愿,效法汉朝张骞、班超及清时左文襄公之精神,戮力巩固国防巩固边陲,安定大操场之新疆,收复与保持已失之阿尔泰山与摇摇欲坠之喜马拉雅山(大操场之两头石狮子),将我青天白日国旗插至大操场照壁墙帕米尔高原之上。李总司令与侯师长亦先后起立致词,对余推崇备至,而曰:只有吴主席最是明白我们,同情我们,爱护我们,协助我们。其感奋之情,溢于言表。宴会时间达二小时半,共饮白兰地酒二十余瓶,几均至于酩酊大醉,气氛之热烈兴奋,叹为未之先见。余屡次起立说话,总是满堂掌声呼声。李总司令领导全体三呼吴主席万岁,历十余次之多,尤可见当时热烈情景矣。兹为记留一席难得之欢聚,特将参加人员全体姓名附录于左:第二十九集团军团长以上在迪人员名单,中将总司令李铁军、少将参谋长赵德驹、机要室主任赵英扬、副官处处长钟希同、军法处处长张广阜、第七预备师师长侯声、副师长李祖唐、胡声扬、参谋长蔡沂、十九团团长高戍光、二十团团长李益增、二十一团团长陈海洲、骑兵团团长邓尔登、暂编五十八师师长叶成、副师长朱鸣刚、少将副师长兼政治部主任李毓南、第一团团长刘行、第二团团长杨彩藩、第三团团长李存中、骑兵团团长刘大魁。

关于和平解决伊犁事件之条款,昨已草拟完毕。今晨十时,张部长派王委员曾善与刘处长孟纯等二人至特别招待处,与代表等校对国维文、条文。在校对时,代表等又提出几点要求:(一)要求保留彼等带来之意见书中之原标题,如民族解放运动及武装冲突等字样。(二)事变区,彼等要求包括阿克苏及喀什等区。(三)要求警察局局长、报社社长亦由民选,并以当地回教人为当选者。(四)在条文中之现有行政官吏准予保留,并呈省府审核加委一条,彼等取消呈省府审核加委等字样。(五)彼等要求在正式之条文文尾,应增加如下之声明:关于撤销中央部队、取消警察机构、省府主席由民选等三项意见提出后,经中国代表张治中将军予以拒绝,但人民代表并未承认收回以上之三项条件。嗣后中国代表张治中将军,并予人民代表以自由向政府陈述意见之权。上述诸要求,双方争执达四小时之久,终未获得协议。最后王委员等见于长时争论未能结果,不得不退返新大楼报告张部长。张部长即命刘处长孟纯偕刘特派员持条款全文往会叶总领事于苏领馆,刘处长率直告以代表等要求之无理。叶总领事竟答谓：代表等要求均颇合理，政府可以接受，实告君等，所议各项条文，代表等曾全部告我，并征我意见，其要求修正各点，即系根据余之指示而为者。如此情形，刘处长等始知该代表此番刁难全出于苏方之唆使，无再说余地，爰即辞回。张部长本定今日与代表签字，既经波折，今日签字已属无望。余慰张部长曰：能签字固佳，不能签字亦无所谓，盖主要问题关于匪方武装之改编问题目前既商定不谈，则该项条文之签定，其价值不大。余又谓：兄此次来新与匪方谈判，已使此间紧张局势和缓三月，厥功已甚伟矣。苏方倘不改变态度，仍从中主使教唆，则所议条文虽经全部签订，亦仍是白纸黑字，随时可以撕毁。新疆和平基础之能否奠定，端视国际情势与苏联之意志为转移，固不在中央与匪方和平条款之签订与否也。张颇表同意。

一月二日，星期三，阴十一月二十九日

张文白部长代表中央与新疆暴动区域人民代表签订以和平方式解决武装冲突之条款，凡十一条略称：（一）政府给予新疆人民选举彼等相信之当地人士为行政官吏之选举权。（二）予人民信仰宗教之完全自由。（三）国家行政机关与司法机关内之文书，国文与回文并用，人民呈文准单独使用其本族文字。（四）小学、中学用其本族文字施教，但中学应以国文为必修科，大学则依照教学需要，并用国文与回文施教。（五）政府确定民族文化与艺术之自由发展。（六）政府确定出版、集会、言论之自由。（七）政府按照人民实际之生产力，并视其力量规定税率。（八）政府给予商民以国内外贸易之自由。但对外贸易，商民应遵照中央政府与外国所订商约之规定。（九）新疆省政府之组织应由中央予以扩充委员名额为二十五人，内中十名由中央直接派定，包括主席、秘书长、民政厅长、财政厅长、社会处长、建教两厅副厅长、卫生处副处长，其余十五名由各区人民代表保荐中央任命之，包括副主席二人、副秘书长二人、教育建设两厅长、卫生处长、民财两厅副厅长、社会处副处长

(余见附文一)。(十)准予组织民族军队,以回教徒人民为原则。此项军队之数额,及驻地另行讨论作成附文二,俟签订立始发生效力。此项军队之教练及命令以用维、哈语文为原则,其军官分期调送军官学校补习。此项部队应由政府派遣教练人员协助训练,驻新中央军队,不与此项军队同驻一处(余见附文二)。(十一)事变迄今,双方拘捕之人士,于事件解决十天以内,相互开释,并保证今后不得以任何藉口加以岐〔歧〕视。其附文一,计三条:(甲)各区保荐委员十五人中,事变区内之三区可保荐六人。(乙)上项委员六人中,包括副主席一人、副秘书长一人、教或建厅长一人、民或财副厅长一人、卫生或社会处副处长一人。(丙)其他七区委员九人,包括副主席一人、厅长、处长或副处长、副秘书长、副厅长各一人。以上条款十一条及附文一,计三条,由张部长函该代表等声明,应俟中央政府正式核准之日,发生效力。至附文二,系关于事变区内之参加部队,参照国军重新编制一节,经双方同意补充规定,计共五条,尚未签订,盖尚须该代表等向伊犁方面请示也。

综观以上条款第二、三、五、六、八、十一等条,关系较轻,惟第一条,各区专员、副专员,由当地人民保荐,专署职员由专员任用,将来我于各行政区既失控制作用,推行政令,则必至感困难。第四条,小学、中学用其本族文字,将来施教上,亦必感为难。至对其思想之转变更不易着手。第七条,政府视人民之力量规定税率,且曾载明人民负担之税额,以不妨碍人民之生活与经济发展为准,是则将来本省税收各项必极减少,且收纳困难。第九条,省政府委员二十五人,其他各宗族占去十五人,将来对于会议席上,决议各案很难把握。民厅、财厅虽由汉人担任,而各区专员、县长均系其他宗族,不易控制,何能收指臂之效,中央将来补助地方之款,如不予充分,财政厅长必致左右为难。教育、建设两厅关系非浅,由彼方担任,前途殊未可乐观。第十条,准予组织民族军队,军队而冠以民族字样,殊为不妥,无异我已承认民族问题,且所订各条款,彼方只有权利而无义务，并未明白规定停止军事活动，此为最大缺点，宜其连日以来，仍向莎车方面极力围攻，将于其他各区再成立伪组织，以为要挟之具，而其他各区人民，亦必将仿效事变区之所为，以其有利可图也。故此项条款虽已签订，而问题仍未解决也。匪方且要求喀什、阿克苏两区归其范围一并谈判，此明明是主使者苏联要以阿、塔、伊、阿、喀五区为其国防外围，其用心已可想见。此次谈判期间，匪方事事请示苏联，每一晤谈之后，必赴苏领馆一行，签字之夕，本不须苏领参加，此层总裁来电亦曾属及，张部长初拟签字后，约请苏领事晚餐，因该条款缮写校对需时较久，遂延至晚饭后始签订，苏领时亦在座，曾主张修改条文，张未之允，亦可见苏方之态度也。然在苏联方面，可谓收获甚大：第一，硬使民族成为问题，将使我方难于应付。第二，匪方事变区域，我不驻兵，无异已成化外。我损失甚大，苏方向无信义可言，且其图新之心始终未懈，我方或以为签定条款后可获暂时安定局面，事实上未必可能，但在此三个月以来，利用谈判时期，我方军事布置加强，亦不可谓无收获也。惟余最感痛心者，自伊犁匪乱以来，我方战死官兵及无辜人民，男妇老幼被匪杀害者，约三万余人，此仇未复，而反与匪方和平谈判。匪方初犹骄慢异常，拿出东土耳其斯坦字样，俨然敌体，经我方驳斥，始改变态度，殊为可恨。彼既须事事请示苏联，我方亦必须与苏领竭力周旋，此予痛心之余，尤以为奇耻大辱者，惟以文白部长两度来新与匪方谈判，在新凡八十日，匪方代表两度回伊犁请示，耽延甚久，迟迟复来，文白兄坚忍相待，先后与匪方代表谈话凡十余次，每次均在四五小时以上，以极大宽容之态度，唇干舌燥，絮絮不休，期能转变其心，悦服其意，使其就范，始有如此之结果，孤诣苦心，容人之所不能忍，其精神实值得佩服也。再该代表等第三次来迪时，曾提出续增之条款三项，要求三十四年度入新之军队，撤出新省，并将警务机构撤销，此尤不近人情，侮辱我国家太甚，何能忍受。已经文白兄严词拒绝，几费周折，令其撤回。当该条款签订之前数日，曾与文白兄等一度会谈,予本不主张即予签订,盖因该条款既如此不合理,而尚有保留之附文未经决定,是仍未彻底解决,予内心在此三月以来,极度不安,急于求去,迭经函电陈请,迄未邀准,虽万分忍耐,终日如坐针毡,奈何奈何。衡以公忠体国之义,应有深谋远虑之建议,为将来应付新疆局面之参考。约举大要,应注意如下四点:甲、加强军事布置;河西应驻重兵,并须有大量机械化部队;驻新军事机构应健全组织,统一号令,不受牵掣,主持其事者,必须有埋头苦干精神。乙、改善政治;军民分治,加强军权,实行合署办公,加重主席及秘书长职权;增设国立大、中学,大量保送各宗族优秀青年入内地求学,归军统局负责管理;培植在新汉族优秀青年,加强把握其他七个区县政工作干部。中央应在西北设置经济机构,如西北贸易公司之类,大量投资操纵新省经济。丙、外交运用;对苏仍采竭力敷衍态度,以待国际形势好转。丁、内部团结;中央选派省府委员十人,应以富有组织能力者为标准之一,团结一致,一德一心,共谋应付。

再中央应设置管理新省党政军一切事宜之机构,以专责成,俾遇事能明确迅速处理,以赴事机,庶几将来,新省局面不致蹈治丝愈纷之弊也。以上四项,不过荦荦大者,当另拟详细计划呈报总裁以备采酌。

接重庆佶子兄电,关于拟请派余宣慰内蒙一事,谓总裁以余在新不克前往,等语。兹录原电如下:迪化。吴主席;密。顷励电谓:兄在新疆不克前往宣慰。嘱再遴选候核,等语。特电奉闻。关于兄之行止,实为悬念,望随时赐示。罗良鉴。艳。印。

一月三日,星期四,阴历十二月初一日

张部长文白兄来迪磋商和平解决伊犁事变业已两月余,于今日午前十时专机离迪回渝。同行者有张静愚、屈武、麦斯武德、艾沙等数人。彭昭贤、刘孟纯、王曾善等三人则仍留迪化与伊犁匪方代表保持接触。余与张部长同车送至机场即回。张部长行前,余曾说张返渝后对于办理谈判经过最好勿向外发表,尤其不可过分宣传,盖初步条件虽经签定,问题仍未了结,总裁能否认可批准犹未敢必,中央各方对该项条件恐亦毁誉皆有,此不可不注意者也。至于个人出处,时至今日,更无再留新疆之必要,能早日离开此间,是为至愿,况复新省问题错综复杂,危机潜伏,中枢应迅速决定因应方策,刻不容缓。以余对新疆及整个西北局势较为明了,殊有赴渝向总裁面陈之必要,除托张部长转请准余离新赴渝外,并于今日午间径电总裁请示。原电录后:即刻到。重庆。委员长蒋:密。张部长文白已于上午十时起飞,本晚宿嘉峪关,明晚宿兰州,徽抵重庆。关于此间一切,已托代陈。惟各种情形错综复杂,职有面谒报告之必要,务恳准即回渝,以资献替。谨此电呈,伫候示遵。职吴忠信叩。子江(一月三日)午印。

午时在新大楼宴请军政部驻新供应局及中央军校第九分校高级官佐。到供应局副局长彭邦机、李甲三、主任参谋罗莘求、组长荣致中、吴觉然、陈宗荣、徐燦如、肖景鄹、吕学丞、团长曾适存、李力生、营长吴赞荣、第九分校主任宋希濂、副主任唐井然、处长刘臻、谢淑周、张振武、科长吴锡钧、赵钟灵、主任孙浮生、王凤麟等共二十余人。席间,余首对供应局全体同人半年余来在新省部队补给供应上,工作努力,卓著成绩表示慰劳之意。继述培养新省军事干部人才之重要。勉第九分校各同人为边疆、为国防努力工作,作育英才,意义殊为深长也。二时许尽欢而散。

一月四日,星期五,阴历三十四年十二月初二日

中午宴请省党部科长以上及中训分团处长以上人员。到省党部书记长兼中训分团教育长陈希豪、省党部委员马良骏、吕乐普、广禄、赵波、金绍光、朱拥华、周昆田、曾少鲁、委员兼组训处长谢永存、委员兼宣传处长孙浮生、秘书孙润生、人事室主任范寿颐、会计室主任瞿尔炽、文书科长陶沄、事务科长李少侠、组织科长朱国鑫、指导科长王肇智、训练科长刘玺、编审科长霍汉琦、宣传指导科长

穆忠耀、电台台长秦雅彤、中训分团主任秘书卢澄、教务处长徐知林、训导处长包奠华、大队长张桂亭等。席间，余起立说明今日之宴为表示共贺新年，勉励大家工作更努力。继之，陈书记长、广委员、朱委员及赵委员等先后发言，情绪热烈。陈书记谓，一年来本省党团工作进步全赖主席英明领导与指示所致。广委员言词中对余一年来施政备致称赞。朱委员近自南疆视察归来，亦谓南疆各族人民对余拥戴之忱，可叹观止，因之地方安定，民心向归，非倖致也。赵委员到新不久，初次见余时曾嘱其多看多听少说，彼承认恪遵所嘱以来，得益甚大。最后，余重起致词，提出智、仁、勇三字，勉励大家在学问、道德、体育三方面同求进步。视今日在座诸同志年事均轻，若能多多在智德体三者上面用功夫，日新又新，则事业前途未可限量。词毕，掌声如雷，一座兴奋。三时许，尽欢而散。

新疆学院教授徐家骥夫妇及崔果政夫妇等即将内返，下午六时，余特设宴为之饯行。由教育厅许厅长、新疆学院丛副院长晶碑、女子学院钱院长海岳及新疆学院、女子学院两校讲师王曾贻、胡则寅、刘子健、张雅韶、赵熙等陪席，赴塔什干之涂治、李传隆两教授已回迪化，亦邀其参加，以示慰劳之意。餐前，听涂、李两人报告此行经过：渠等奉派赴塔什干参加乌孜别克共和国国立中亚大学二十五周年纪念典礼，于去年十二月四日离迪飞阿拉木图，翌日乘新塔车转塔什干，七日午后二时抵达。寓国家旅馆，八日晚八时参加庆祝大会开幕典礼，此后数日为参加科学讨论会及参观各机关，十四日离塔，翌日抵阿拉木图候机返国。因连日天阴多雾，不便飞航，遂顺便参观哈萨克共和国建国二十五周年纪念展览会、阿拜益博物馆、哈萨克共和国科学院。二十九日天始放晴，乘中苏机飞返迪化。涂、李两人此行所得见闻，印象最深者有二端：1. 建教合一：苏联教育制度与我国略有不同，即普通教育由教育部管理外，其他专门性质学校则分隶于各建设部门，例如医学院由卫生部主管，工业学校由工业部主管，故各主管部可按照其需要培养其所需之各种干部,而与建设计划密切配合。同时干部之培养,着重于实验,不务空谈,故学即能用。2.贪污盗窃并未绝迹:苏联统治虽严密,法令虽森严,但贪污盗窃亦时有发生,尤其在战时,但规模并不远大,仅求个人之温饱,故尚不影响建国工作。苏联现正加紧复员(据云军队复员已八百余万人),准备实施第四期五年计划,计划内容尚未公布。闻其总目标为:一、重点破坏区域,二、轻重工业并重(按苏联重工业虽已奠定基础,但轻工业尚落后,故本期五年计划,轻重工业须同时并进),三、工业中心有迁移西伯利亚之趋势。至于乌孜别克共和国之第四期五年计划之特点为农村电气化,多半利用小型水电厂,据云已有相当成就。

北沙窝匪首哈巴斯顷致信在迪之苏来满与努尔和加两人,探询政府态度,畏惧政府派兵进剿,语气中似愿投顺政府。余深怜匪区民众生活艰苦,阿山匪如来归,不仅出民水火,且使伊犁方面声势削弱,对于匪后主持者苏联亦一重大打击。余爱派努尔和加偕居努斯同往北沙窝晤哈巴斯,转达政府不究既往接受投诚之意。努尔和加等定翌晨启程,今日特来向余请示。余除表明政府关怀阿山全体民众及对窝斯满、哈巴斯等匪首可予宽容外,并希望全新哈族同胞应有两点认识:第一、哈族同胞须自求出路,勿为他人利用,盖过去一切坏事均推在哈族身上,及有好处则尽被他人占去,故哈族始终是罪人,功却在人家,我实在替哈族抱冤,盖真正明白哈族解救哈族者其惟政府耳。第二、实际言之,哈族中固不乏优秀分子,坏人实占极少数,但因生活与环境所限制,其视线失诸近而小,今日哈族同胞亟宜将视线放大放远,放大即认识国家民族与夫世界关系,放远即了解自身过去及将来利害,倘能如此,则哈族同胞必可对以往有所警觉,而图补救,是为哈族兴衰最大关键,亦即今日哈族起死回生之唯一时机,否则长此下去,堪为哈族前途忧焉。

一月五日,星期六,阴历三十四年十二月初三日

午间在西大楼宴请省府各厅、处、局、科长以上人员及中央在

新各机关首长等一百五十余人。坐定后,余首起立致词,对各同人一年来工作辛苦,深为欣感,藉斯岁序更新,相聚一堂,面致慰劳,并抒贺忱。席分四行,各行相互劝饮,复各分派代表向余举酒致敬。社会处代处长广禄与建设厅副厅长艾林郡王先后起致简短谢词,博得掌声满堂。百余同人无不开怀畅饮,其情绪之融洽,兴致之热烈,实为历次宴会所罕见,亦足象征新疆前途非无希望也。席将终,余不禁以满腔兴奋之情重起致词曰:观乎今日在座诸位同人兴趣之浓厚与进酒之勇敢,使我缅想新省将来无限乐观,盖无论办理任何事情,先要有兴趣,继之以勇敢,如能具备此二条件,事无不可成者。诸位在此数小时内已充分表现兴趣、勇敢,则今年新疆必定更有进步,即诸位同人今年无论在业务方面或个人身体、学问、道德方面均当有莫大之上进。余又以清、慎、勤三字为勉,希望各人处事对人,除抱定兴趣与勇敢两种态度外,并在清廉、谨慎、勤奋上面多多用工夫云云。至下午三时许始尽欢而散。

晚六时宴警务处及省会警察局科长以上人员。到警务处处长胡国振、副处长刘汉东(兼省会警察局局长)、乌迈尔、马云文及警分校副主任陈宜生(主任系胡国振兼)等三十人。席间余致词略谓过去一年来新省警察工作非常辛苦,无论在省城在外县,我警工人员已尽其最大努力,无忝厥职,外县若干地方警察协助驻军抵抗匪侵,卓著成绩,省垣警方迭破重要暴动案件,防患于未然,使局面转危为安,殊足赞佩。而许多沦陷区域之警察同志能不甘投敌,不畏险阻,退回后方,尤堪称道。今后新省警察工作益为重要,望警察同人本以往优异成绩与良好精神加倍努力,并益求个人学识与修养之进步。在现代社会中,一个人思想、学问不能进步必致落伍。余复引述民初余于南京担任首都警察总监时情况与现代警察工作对照,说明三十余年来我国警政之进步,以资勉励。至八时许席散。
一月六日,星期日,阴历三十四年十二月初四日

余主政新疆一年又三个月,在此期间,党政军各级同人和衷共

济之气氛,实为他省所无,尤其各级同仁对我十分尊重,十分服从。渠等工作努力,辛苦备尝,余为表示慰劳感谢之意起见,爰乘新年之期,分日约请诸同人餐聚一堂,矧余离新在即,此事虽未向外间发表,但在过去数日之聚餐中,余精神上仿佛有与同人告别之意焉。

据驻迪化苏领馆见告,蒋特派员经国一行已于昨晨离莫斯科,今日可抵阿拉木图。此间中苏航空公司本拟今日派机往接,因此间天气欠佳,改明日起飞,如是蒋特派员概须延至后日(八日)抵迪。现迪化无运输机,余除嘱此间空军总站速电兰州方面设法调派飞机来迪外,并电请总裁饬航委会迅派机来接。又张部长今日可飞返重庆,所请代向总裁进言准余离新返渝一节,不知结果如何,余已另电询问张部长,若能与蒋特派员同机东返,实大佳事也。兹分录上总裁及致张部长各电于后。(下略)

一月七日,星期一,阴历三十四年十二月初五日

阅周春晖函,关于新省今昔分析至为详悉,特将全文录左:主席吴公钧鉴:自蒙超拔,恩感再造,久思晋谒,恐失唐突,前承召见,如沐春风时雨。以公之道德经纶,主宰斯邦,实国之干城,民之父母。惜过去之种因太深,匪患日亟,致部分人民弃来苏之恩,造身后之悔。传曰:使善人为邦,百年可以胜残去杀,氓之蚩蚩,未足语此,殊可哀也。窃以本省地逼强邻,外患重于内忧,即清高宗规复兹土后之历次变乱,因虽内酿,端多外铄。赤俄立国以还,觊觎新疆,有加无已,盖彼之中亚各小邦民心未附,必外侵以制离散一也,与新省接壤之彼边境国防薄弱,欲扩张缓冲地带二也,建瓴东下以争中土三也,本省为良好之依赖经济市场,且富于矿产,欲置诸彼力下而食其果四也。杨、金二氏掌新政二十余年,其失在未能教示边氓,视中国为祖国,而绥缉地方,保持领土完整,执古圣勿求备于一人之义,固未可厚非。二十二年盛氏假外力囊括全疆,隙自我开,盗始入室,寝假而操纵我经济,而兵屯我哈密,而煽惑我人心。盛氏为人

长于思考,勇于残杀,强于果决,明于运用人性之弱点,依赤俄而又惧其势张,倡异端而又恐人之去已,苟患失之无所不至,故以恐怖悚人心,以缧绁巩独裁,十余年来,民怨殷深,元气耗损。继彼去职,伊变随发。中央虽续派大军来新而终不能消平叛乱者,匪有敌助,一也;要隘繁多,戈壁万里,分兵防则遭个个击破,集兵战则隙空无一人,二也;内地军队不习本省地形水土,三也;在战略上匪人惯以某一据点胶着我大军,而以别骑截我后,而我则此应彼失疲于奔命,亦即匪求某据点之相安,而以后方迂回彼此相安,我则失于求整体之相安,而以某据点保持现状,在战斗上处于被动,四也;匪专以游骑掠我牧民,迫之附从,我则以兵力关系,莫能均保,五也。夫据地僭窃之匪与一般掠劫之匪不同,首未能斩,根终不除,至今日和平谈判虽告成功,将来赤俄必与我展开政治争衡,以夺我民心,且南疆战祸未艾,其用意或在于彼地再造一伪政府以胁我,殷忧未去,高枕无期。世变以还,古道凌替,当战祸孔亟时,人怀朝不保夕之情,恣意挥霍,以取快于一时,战祸稍定,又兴衣锦还乡之思。兼以本省自盛氏末期,财政已趋破产,军兴以来,供应又复浩繁,以至物价暴腾,民不聊生,一般公务人员收入,多不足以赡妻子,吏治因以难清,廉风因以莫振。凡此种种,皆系丧乱中人情之常,然此风不戢,政治不获清明,民心无由安定。

夫新省民众非皆好犯上作乱之人,且十年来血腥教训,去今匪远,赤俄之铲宗教灭人性等事迹尤近在比邻,故一年来伊犁虽有伪组织之号召,去岁秋初塔阿虽失,南疆虽危,一般民众仍未为动,较之过去历次本省变乱,星火每致燎原,乃不可同日语。时代殊异,民智日开,今后必须肃法纪以警贪顽,利生产而解民艰,上下一心,与赤俄争取人心,而保持此先民遗产。故今后本省之政治任务,其艰巨将十倍于往昔。至军事之布置,交通之开发,阳关古道之再达,与夫其他宗族官吏之善驭,皆须好自为谋。本省之兴废存亡,发轫于此枢纽,今日盖非常之局,必应以非常之智与力,使非常为常,必须先去非常期中之常，始克有济。晖曾检点过去十年来集于脑集于箧之资料，准备草拟新疆问题一书，以荙荛见公诸当世，惜无时执笔。

查晖流落边疆已逾十载，北堂白发，时切屺瞻之思，丧乱饱经，久了功业之念。过去学既无所成，重负家国深思，今后惟思于清苦中励性情，以求寡过。果邀天之眷，得返故乡，诣先严墓，尽守草心，愿已足矣。盖人各有所秉，运际实授自天，知命乐天，始可无患。惟蒙我公知遇，饱德沐泽，回首过去，恨逢公之晚，而惜岁月空掷，以老大徒伤之年，不克有所报也。谨略陈下情，尚祈鉴察。晖久处边疆，妻子道路，所遗一女又在兰州，乏人照料，虽自排遣，难却乡思，果如天之赐，畀晖将来能生还玉门，赎游方有违之罪于慈亲，博些许成就于文字，则尺寸所得，皆赐自我公，愿以余生报效左右。临书惶恐，不尽欲言，拜诵政安。职周春晖拜呈元月七日。

一月八日，星期二，阴历三十四年十二月初六日

晨在新大楼举行党务会议。会后与马委员长骏谈话，余询及回教禁食大肉（猪肉）、禁饮酒类一事。马答称：回教固戒酒与大肉，但穆罕默德尝告诫其信徒，若饥无食，渴无水，生命垂危时，则以大肉救饥，酒物救渴，亦所许可，否则抛弃酒与大肉自甘饿死、渴死，在穆圣面前，仍属有罪。由是观之，回教之戒大肉与酒，原非绝对者也。

上午致张部长电，请其速电告余能否与蒋特派员同机东返。午时得张部长昨日所发子虞随电，承告关于余离新事，须待昨晚晋见详陈。午后接总裁电示已饬航委会于今日派机来接蒋特派员。据午后消息，蒋特派员因苏境大雪，尚未到达阿拉木图，此间中苏机亦以气候关系，不克如期西飞，预计两三日内，蒋特派员当可抵此。值斯和战未定之时，余在此间，既已应付维艰，亦难胜此任务，实有即先离新回渝，向总裁报告一切之必要。爰于晚间特电总裁请准与蒋特派员同机东返，并电请张部长就近向总裁进言，俾促成此事。兹将今日各电录后：（一）致张部长子庚电。即两小时到。重庆政治

部张部长文白兄：子鱼戌电奉悉。经国约明日可到迪,弟能否随机同返,盼速电示。弟吴忠信。子庚。印。(二)重庆张部长子虞随电。限即刻到。迪化吴主席礼卿先生：鱼戌电奉悉。密。在迪三月,诸承款待,益多匡导,至为感谢。昨下午四时许抵渝,适为礼拜。委座在黄山休息,今日始谒于国府,以时间关系,不能久待,仅报告经过概要,尊嘱只好待今晚晋见详陈。惟过兰时与逸民兄谈及,据其判断,在新省府未发表改组以前,恐不易邀准先行离迪。但治仍当竭力进言,敬祈释念,余容续报。张治中。子虞随。印。(三)重庆总裁子虞府军平电。限一小时到。迪化吴主席：子鱼戌电悉。密。已饬航委会于庚日派机来接,希转知蒋特派员可也。中正。子虞府军平。印。(四)复总裁子庚亥电。限二小时到。重庆。委员长蒋：子庚府军平电奉悉。密。查新省局面,现虽由外交途径告一段落,但尚在和战未定之时,为策将来之万全,必须早有充分之准备。职在此间既已应付维艰,亦难胜此任务。上年曾迭请辞职,未蒙示复。兹届形势转捩关头,默察前途,尤觉有即先离新之必要,特重申前请,拟乞惠予赐准,公私同幸。再此间各情,错综复杂,职体验较久,知之较深,亟需回渝向钧座报告,以备采择,而便布〔部〕署,此盖欲以有利于国家,尚乞亮察。且现有郭副长官寄峤在迪照料,职之暂离,毫无影响。倘将来钧座认识仍须返新,自当遵命再来,祈释注。蒋特派员经国因苏境大雪,尚未到达阿拉木图,预计两三日内当可抵此。职念迪渝交通万分困难,拟即与蒋特派员同机东返,如何之处,伫候电示祗遵。职吴忠信叩。子庚亥。印。(五)致张部长子庚亥电。限二小时到。重庆。政治部张部长文白兄：密。弟顷上委座一电,大意谓：现当新局转捩关头,觉有先离新之必要,特重申前请,拟乞惠准离职,再此间各情,错综复杂,亦须回渝报告,以备采择,拟即与蒋特派员同机东返,伫候示遵,云云。弟在此间之境况,三月以来,兄知之最悉,务乞就近向委座进言,俾弟早得还渝,不胜企幸。且现有寄峤兄在迪照料,弟之暂离,毫无影响。即将来委座倘仍需弟回新,弟自当遵命再来,并希释注。弟吴忠信。子庚亥。印。

一月九日,星期三,阴历三十四年十二月初七日

　　蒋特派员昨抵塔什干,今日可抵阿拉木图。中苏机准备明日飞阿拉木图迎接,是蒋特派员约十一日可抵迪化。又航委会派来专机今日自兰州续飞哈密,明日可到迪。昨晚余上委座请先离新之电,如蒙委座复示许可,尚能赶上蒋特派员专机同返。惟据今晨张部长来电,谓奉委座谕仍希稍待。如是欲与蒋特派员同机东还,犹恐不能如愿矣,不胜怅怅。兹录张部长电于后:限六小时到。吴主席礼卿先生:密。嘱事昨经代向委座详陈,奉谕仍需稍待。此事候经国侄返渝面商后当再为陈情,余容续电。弟张治中。子齐(一月八日)戌随。印。

　　午后与来新协助张部长与匪方谈判之彭副部长昭贤、王委员曾善及刘处长孟纯三人谈话。渠等于今日上午曾访晤伊犁匪方代表拉合木江等于特别招待处,以和平条款甫经签定而如何南疆匪势滋蔓叶泽两城先后侵占为询,嘱其转告伊宁迅速设法制止,以利谈判之继续进行。代表等表示最近南疆此等事实全不知道,并称:伊犁事变初期,南疆匪众确由伊犁方面指使,嗣后则双方失去联络云云。依余判断,最近南疆匪之动向,可能为苏方另行导演之一幕,最后目的,当在喀什、阿克苏两区,俾与伊犁、塔城、阿山三区联为一气,构成毗连苏方边境之整个安全地带。余又向彭副部长等历述一年余来新疆局势之演变情形,几次难关均侥幸度过,而能保有今日之局面,实系新疆命运、国家命运使然。余又论及目前新疆无论为和为战,均须迅速完成军事部署,加强军事力量,并积极布置关外安西、玉门、敦煌三县,使河西益臻巩固,如此则新局主动在我,后援不绝矣。彭副部长与新省发生关系较早(盛世才主新时派长民厅而未到任),王委员系回教信徒,刘处长对新事认识最为清楚。余爰勉励三人继续为新疆努力,贡献必多。

　　晚间,刘处长见告:匪方三代表自称奉伊犁方面电令返伊,定

明早乘中苏机飞伊，何日重来不能预订云云。据闻午后代表等由苏领馆回来即作此表示，当为苏领之授意。苏领可能因我方提出南疆匪情为询未便置答，又恐代表等留迪时久，接触较多，于彼不利因促代表等速回，藉达其拖延之目的。

一月十日，星期四，阴历三十四年十二月初八日

南疆公路自去年九月经始以来，工程进行颇为顺利，据该路工程处长刘良湛本月六日电称，由婼羌到甘新交界该路终点之芨芨台，业已试车成功，计全长四〇五公里六八〇公尺，实际行车时间共三十六小时三十六分，共耗汽油一〇六加仑。全线路基宽九公尺者占百分之七十四，宽七公尺半者占百分之五，宽六公尺者占百分之二十一。工地气温降至零下三十六度，但兵民雇工及员工精神仍甚振奋，预计至本月底即可全部竣工云云。在本省人力缺乏与天然环境限制之下，该路能于短期内完成，亦堪庆幸也。

前准中央银行函送新疆省流通券维文字样照相两种，一为"新疆省使用"，一为"新疆省钞票"，属鉴定译文，是否合用经交财政厅核办。兹据签复：经约集本市各机关熟谙国文、维文之高级人员共同研究，鉴定结果：（一）原译文"新疆省钞票"系"新疆省纸币"。（二）原"新疆省使用"系"新疆区使用"。（三）维文中无钞票专字，而纸币二字一般人观念亦甚模糊，故应于背面译印"中央银行"、"新疆省"使用等字样。查本省发行之新币与中央银行拟发之新疆地方流通券，前已签呈最高当局，请准停发以一币制有案，兹准央行前函，已饬财厅仍照前议拟复，如必须发行新疆地名流通券，即请查照鉴定意见，加印维文，以增人民之信念。

一月十一日，星期五，阴历三十四年十二月初九日

晨间接奉总裁复电，以此时不适离迪为嘱。午后张部长来电中亦谓，总裁对余回渝述职一节，似有顾虑，仍希稍待。是余欲与蒋特派员同机东还已成绝望，不胜怅怅。兹录总裁及张部长两电如下。（下略）

一月十二日，星期六，阴历十二月初十日

午前彭副部长、王委员与刘处长三人来谈。昨日彭偕刘特派员往访苏领，就询关于南疆匪势蔓延之意见及其后果，请苏方协助解决此事，使事态不致扩大，而免影响将来继续谈判。据称，苏领毫无表示，态度亦甚恶劣，足证苏方对南疆企图须夺得喀什、阿克苏两区而后甘心。伊犁匪方代表业于昨晨返伊，不知何日再来，苏领态度又如此，彭等认为继续折冲之对象既失，前途甚属悲观，渠等三人似已无再留迪化之必要，拟即随蒋特派员便机返渝报告。余思忖至再，深觉彭等在目前遽即离新，易被匪方与苏领藉口将延宕谈判之责加诸我方，且可影响此间民心之不安，尤足以使张部长在中央处境益难，故望彭等加以考虑，最好再留些时，等候演变。承彭等接受余之意见，决定暂不返渝。

蒋特派员经国于午后二时三十分由阿拉木图飞抵迪化，仍下榻余寓，张秘书伯英随行。蒋特派员稍事休息即与余谈话，据渠谓：(一)新疆与东北外交不应认为地方问题，应认为国家问题，由中央向苏联政府交涉，较易收效(此点余十分赞成，余素来主张如此，张部长前在迪化与伊匪代表谈判，余即主张在莫斯科与重庆同时进行)。(二)苏联对新疆事变不甚注意，惟表示愿意帮忙。至于伊犁匪方所提要求撤退中央驻新部队一节，斯达林初谓不知，嗣经询外长莫洛托夫知确有其事，斯表示不应该。(三)苏联希望与新疆经济合作，尤其希望共同经营独山子油矿，其他钨矿及铁路等等亦均谈及云云。查伊犁匪乱完全由苏联在幕后主使，苏方表面上总是装聋作哑，以掩盖世人耳目。苏联侵略新疆之目的，在政治方面为分化我宗族，军事方面完成其国防外围，今更在经济方面公开提出合作，则司马昭之心，路人皆知矣。

晚间，蒋特派员赴外交署欢宴。余于新大楼晚饭时听张秘书伯英闲谈旅苏两周之见闻。据张秘书谓：自阿拉木图至莫斯科，途中除塔什干城较为繁华外，余均一片荒凉，人烟寥落，较之新省犹有逊色。莫斯科为苏联国都所在地,建筑伟大,固不愧为世界都市之一。但有三点值得一提:第一、抢案众多,治安机关莫奈之何;第二、女工触目皆是,男工则不易见;第三、食用物品严格统制配给,私人商店货物稀少,欲购一支牙刷、一瓶牙膏、一盒香烟,亦不可得。黑市市场货品亦少,物价昂贵,破旧西服一套需法币百万元,桔小如栗,每枚售至法币三千元以上,其他可以想见。阿拉木图人民生活贫乏现象尤其显著,居民衣衫破陋不堪,该城抢案尤多,最近接连发生数十件,枪决五十余人,而抢风卒未稍戢,居民多不敢上街,蒋特派员留彼时,出入必须跟随两辆警卫车严密保护,以防截劫,其居所特设于山上,亦所以便利警戒耳。从张秘书以上所述情景,余可判断以目前之经济状况,一般人民生活实难满足与解决,致抢案迭出,眼前影响治安事小,长此下去,不久恐将出事也。

一月十三日,星期日,阴历三十四年十二月十一日

蒋特派员经国于今晨飞兰转渝。余于晨五时半起身,七时相偕乘车往机场。彼于上车前再三辞送,余曰:老送小,长辈送晚辈不必客气。乃罢。彼在车中告余云:就苏联方面观察,今后二十年内不会有战事。苏联此次大战死亡二千万人,元气大伤。余谓:将来世界大战,中国最好中立。彼曰:恐不易办到,未来大战,东北可为导火线之一。旋余以苏联科学家多否为问,彼曰:很多,苏联懂得原子弹之制造,但其财政不克应付制造该项武器,苏联又认为原子弹已成旧的武器(言外尚有比原子弹更新武器之意)。余车送蒋特派员至机场后即原车返城。

余与蒋特派员谈话间,曾将迭次表示辞职经过向其说明,并谓:今后新事无论为和、为战、为拖,余均无再留之必要,军事、外交均不需要我,依余能力,政治已做到最高点,无法再求前进,且余年迈,塞外严寒气候不宜久居,而我心脏衰弱,不能忍受苏联主持下之伊犁伪组织之刺激,况复中央在今日对新疆暨整个西北应作一番综检讨,有余在渝,亦可就近贡献意见,将来中央如仍需要余在

西北奔走,当尽力以赴之,在所不辞也。余请蒋特派员务须将余意转陈总裁,俾得早日离开新疆,并托代呈总裁函一件,函中除分析目前新局及说明余无再留必要外,末又建议三案:(一)省府暂不改组,而准余请假回渝,由郭寄峤兄兼代主席积极部署南疆军事;(二)发表张文白兄为西北行营主任兼新疆主席改组省府,并令张即来接任,续作和平折冲,新疆军事则授权寄峤兄;(三)发表张部长继任新省主席,局部更调省委及各厅、处长,张可暂缓到差,由其保荐一人暂代主席,续作和平之商谈。全函长约二千字,兹特录之于左:上总裁函。三十五年一月十二日。主席蒋钧鉴:新疆局势经张部长文白与伊宁代表签订和平解决条款之后,表面上似趋和缓,但实际上则错综复杂,变幻万端。最近南疆之匪进犯莎车,叶城、泽普相继失守,而在喀什附近匪之主力仍未移动,似有伺机进犯之企图。蒲犁方面之匪亦续有增加,其窥伺南疆之动向,渐趋明显。此种行动,可能为某方另行导演之一幕,最后目的当在喀什、阿克苏两区,将来或与伊犁、塔城、阿山三区联为一气,构成毗连某方边境之整个安全地带。计自伊宁事变发生,迄今年余,赖钧座德威之感召与政府宽仁之措施,加以人民怵于过去遭受某方蹂躏之历史教训,南疆全部始终拥护政府,协力阻止匪势之蔓延。去秋阿克苏、焉耆告警,当地军民奋勇抵御,卒告敉平,仅蒲犁一隅以某方支援最力,尚被盘踞。是南疆之幸获保全,实由于人心之向我,亦赖南疆人心之未失,故北疆匪患终局限于三区,否则全疆有糜烂之虞,西陲无安寝之日。然以最近情势推测,某方对南疆之野心迄未稍戢,则伊宁之暂时和缓,自不容遽抱乐观。今后南疆之得失,亦即全疆之得失,倘不以全力争持,必致局势全非,樊篱尽撤,将来之西北,永无国防之可言。而现在南疆兵力单薄,处处空虚,交通线有随时被截断之虞,调兵转饷,均难适机应变。目前虽已尽可能作移转兵力之部署,但某方如志在必得,自非现在之兵力所能应付。即令暂时南疆局势不致恶化,而北疆今后之经营已感棘手,自必着重南疆之安定，庶克树立国防重点于天山南路，以沟通河西，屏障关陇。故今日主要之措置厥在确保南疆，而确保南疆，则必须集精兵于河西，以一部出阳关故道，以保和阗，一部由北疆循焉耆、库车以达阿克苏、喀什。且此项军队之调动，必须迅速，如能在伊犁事变尚未全部谈判成功之前，即完成部署，使对方企图利用拖延之方式，以争取窥伺南疆之时间，结果转而于我有利。否则在此可能长期拖延局势之下，我不能把握时机，迅谋有效之措置，则南疆与全疆之前途均不堪设想，此忠信所不能不恳切为钧座陈明者也。

忠信自前年十月奉命主新，甫下车即遇伊犁事变，全省骚动。年余以来，殚精竭虑，于极端危疑震撼之中，谋所以安定地方收拾人心之道，自顾才穷力索，久欲退让贤能，但迭次陈情，均未奉准。初谓守边有责，何敢告劳，惟时至今日，无论新局前途，为和、为战、为拖，均非忠信所能堪任。盖和则循张部长所签条款，省府必须改组，忠信自宜卸仔肩，战则须力谋军政之配合，使一切政治部署，均能悉应军事之要求，以忠信之年龄，加以心脏衰弱，头常眩晕，亦不能胜繁剧。拖则一面须保持和议之接触，一面须加紧军事之整备，自宜使政治方面适应和议之折冲，军事方面加强指挥之机构。忠信在此既不适于政治之要求，亦无补于军事之措置，故今日言去正合时宜，此非敢为个人计，实为国家尤为全疆之前途计，不容不坦率陈明者。至于当前局势，和、战、拖三者似已成为三位合一之综合体，因和迄未绝望，战则仍在局部进行，而在和战并行之姿态下，即造成一拖之局面。在某方未达到占领喀什、阿克苏两区，或此种企图未完全失败之前，拖之局面即将延续。故我之对策，亦应于和战均可之中，谋全局之平安度过。故此时省政之措施，即应着眼于适应此种局势，俾能应付裕如。以忠信管见，比较合理之办法，有下列三案：(一)省府暂不改组，而准忠信请假回渝，在假期内，主席职务暂由郭副长官寄峤兼代，使其一面对南疆军事作积极之部署，一面在政治方面表示省府虽有改组之可能，但必须对方在军事方面就我范围,始能达次一阶段,以此种姿态促对方之重新检讨其决策。另一方面,仍设法使伊犁方面之谈判,保持不即不离之关系,以徐待局势之推移。(二)明令发表张部长任西北行营主任兼新疆主席,但省委及厅处长则仅按签定之条款发表中央直接任命之十人,其余名额暂悬,以示留待对方提出之意。同时令张部长即来接任,续作和平之折冲。而新疆军事,则授权于郭副长官,畀以指挥军队之适当名义,并致力于南疆之军事部署。(三)发表张部长继任新省主席,省委及各厅处长由张部长斟酌作局部更调。同时张部长可暂缓到差,由其保荐一人暂代主席,继续作和平之商谈。以上三条,似均较忠信留任为宜,敬祈裁夺。惟无论如何,今日维持新局,必须先有可恃之力量,然后能和、能战、能拖,否则一切均处被动之地位,和则忍气吞声,拱手让人,战则兵力不继,转运维艰,战争夜长梦多,变幻难测,地失不可复收,权丧不可复得,事势之危难,宜莫过于今日。敢请钧座当机立断,迅赐裁定。尤其切望中枢各主管部门,痛念边疆今日处境之艰危,抛弃蹈常袭故之作风,以全力支撑危局于不坠,则新疆幸甚,国家幸甚。余托蒋特派员经国面陈,并乞示遵。肃此敬请崇安。吴忠信谨上。三十五年一月十二日。

一月十四日,星期一,阴历三十四年十二月十二日

上年九月间,精河、乌苏相继沦陷,匪迫绥来,迪化局势朝不保夕。嗣由危局而日趋稳定,至今我复由稳定而渐趋主动。夫新局之所以能暂时转危为安达成今日态势者,在军事上固因骑五军入新之镇压,在政治上由于民心之归向,而在外交上张部长三月来之外交运用关系亦大。设无苏联之表面放松,出负介绍谈判与调停之责,虽有青军与民心,犹恐不克得到当前情势。反之,徒凭外交好转,匪方愿意谈判,若无青军与民心,则迪化亦必难保全,乌得谈判余地乎。故过去三月余新事之转捩,外交、军事、政治相互作用,始克臻此,三者缺一不可,尤以外交为最显著之决定因素。此次张部长毅然与对方签订和平条款,各方对之议论甚多,在张部长个人自

不无损失,惟是项条款之签定,在政治方面作用甚大:第一、和缓匪方军事行动,我可从容布置;第二、表示中央之宽大,内外耳目均可一新;第三、匪方如能履行条款,则伊犁伪组织取消,全省臻于统一,即或条款内容有缺点,尚可徐图补救;第四、如对方有意拖延,其军民必感觉中央待遇之优厚而厌恶某方,我则可收攻心之大效。

以上各项意见,当本月十二日蒋特派员经迪之际,已恳切告之,嘱彼转陈总裁,盖亦支持张部长之意耳。是日,余复致电张部长,请其再就近与蒋特派员商酌,俾设法使余早日东还。翌日蒋特派员离迪前,又将余最近与总裁来往函电及最重要之一月十二日函呈,另抄一份,并函由蒋特派员带转张部长。兹录致张部长函电各一件如后:(一)致张部长子文戌电。即刻到。重庆。政治部张部长文白兄:密。蒋特派员经国过此,关于兄此次外交谈判之经过以及弟必须离去之原因,均已与之详细恳谈,务乞兄再就近与经国商及,俾设法使弟早日东还为感。经国明日飞兰,寒可抵渝,并闻。弟吴忠信。子文戌。印。(二)致张部长函。一月十二日。文白吾兄勋鉴:别来想兴居佳胜,谅符臆颂。兹将兄离迪后,弟与委座来往函电抄陈一阅,最重要者为弟一月十二日之函,系托经国带陈,乞赐详察,不知尊意以为然否。弟在此间之情境与必须离去之原因,兄知之已深,毋庸再述。惟希能早赖大力,获解倒悬,不胜企幸。如须俟对方提出名单,再改组省府,则不知等待至何时日,殊非弟所能耐。雅不若早派代理,或省府局部改组,较为妥善也。专此奉布,尚祈卓夺。即颂勋祺。弟吴忠信敬启。一月十二日。

一月十五日,星期二,阴历三十四年十二月十三日

晨复致张部长一电,请其对余呈总裁函中所拟办法,促使早日实现,电文如下:即刻到。重庆。政治部张部长文白兄:密。经国回渝,计已晤及,带件谅已达览。弟此番呈委座函中所拟办法,良为目前解决新省问题最要之图,时机亦最切当。务祈吾兄设法把握,俾

早实现，无任企何。如能使弟先行返渝，以便助兄计划与部署，尤为妥善。特再电布，尚乞随时示教是幸。弟吴忠信。子删已。印。

中国边政学会一部分在迪会员，发起组织新疆分会，迄今月余。该分会已筹组就绪，征求新会员工作，进行亦极顺利，迪化各界人士申请加入者已近百人。今日下午三时，该分会假西大楼举行成立典礼。（下略）

一月十六日，星期三，阴历三十四年十二月十四日

上午接见新疆钨矿工程处处长韩春暄君，韩黑龙江人。前年伊犁事变猝起，其夫人与两孩及该处工程人员均未退出，迄今生死不明，言下不胜悲切之感，余亦深表同情。韩君上次请假赴渝，日前返回迪化。据云此次接收东北，人事未能处理妥善，将来问题必多，就今后人事与外交种种推测，东北前途亦未可乐观。

本省公路管理局局长陆振轩君任职以来，因该局车辆油料、配件等先后受兵站总监部与供应局之统制束缚，致业务无法推进，而该局经费浩大，概由省府负担，殊感困难，本拟拨归中央管理，以一事权，奈中央又不肯接收，在此种情况下，陆君深觉事事棘手，恐多贻误，迭请辞职，余以接替无人，均未许之。今日陆君复至新大楼面谈，重申前请，词意非常恳切，余至此实难再为强留，只得照准，其遗缺拟即以交通部龚次长学遂（字伯循）推荐之孙文奎君接充。陆君精明强干，学有专长，为余所器重，余力劝其将来在民主政治之怒潮中注力民营事业，成就必大，陆君甚以为然。

一月十七日，星期四，阴历三十四年十二月十五日

留迪之哈族头目，努尔和加前接阿山重要匪首哈巴斯来函，询问现政府真相，颇有投顺之意，余爰派努尔和加持余函偕同前由窝斯满派来之居努斯前往北沙窝与哈巴斯晤面，相机予以招抚。努尔和加与居努斯于本月五日由迪启程，昨日返抵省城，今晨十时联袂莅新大楼谒余，并呈上哈巴斯复函。兹录哈巴斯复余函及致努尔和加函如后：（一）哈巴斯复余函。三十五年一月十三日。主席兼保安

司令吴钧鉴：我们对于公派来的努尔和加、居努斯表示诚恳的欢迎。信件的内容完全明白了，我们决不将中国的领土及人民让送给外人，我们只反对盛世才的残暴政策，其反对的原因如下：1.没收了我们的经典。2.逮捕了我们的宗教领袖（毛拉）。3.收缴了我们的枪械。4.毁坏了我们的寺院。同时我们在那时候得不到自由平等和一切问题的公正解决，并非法逮捕无辜民众。我公奉中央命令来新奉行三民主义，给予人民以自由平等和正确路线。对于此事，我们相信能接受我们的要求和给我们公平的解决。我公给我们的信，我已转送了窝斯满及达里力汗台吉，与他们商量进行接洽投诚，并拟晋省与公当面提出要求解决。此地所有一切详情，可问努尔和加、居努斯二人便知。本年一月二十五日以前派人晋省联络。最后祝公前途光明，并祝国家强盛。职哈巴斯英雄。三十五年一月十三日。（二）哈巴斯致努尔和加等函三十四年十二月十五日。苏来满、努尔和加二位仁兄钧鉴：近来全游牧平安，你们的家眷在福蕴哈三藏根处居住。现时我们的土地和人民快要划归苏联了，此后应如何办理，请你们想一想。现在我新疆所实行的是否以往暴虐政府时代的政策，或已实行新的政策和法令，请示知一切，给我们来〈信〉详细说明。政府不要派军队剿我们，若军队出来剿办的话，恐民畏惧逃往阿山。此信特别对阜康哈民需要保持秘密。并问候胡色音，他的兄弟在此间亦平安。我所派去三个人和信件，只许你们三个人察阅转报政府，万勿令其他人知晓为叩。此祝健康。弟哈巴斯。旧历十一月十八日（即十二月十五日）。

努尔和加此行在北沙窝居两日，与哈巴斯派来迎接之三人同住野外，其地去哈巴斯居处一站。第二日，哈巴斯莅努尔和加处晤谈，经努尔和加转达政府态度后，哈巴斯约定本月二十五日再派代表三人来省进行投顺。哈巴斯并请努尔和加将其不愿使人民与土地断送外人之意转告政府，尤盼政府帮忙保全阿山。哈巴斯年仅二十八，为北沙窝匪首。北沙窝包括青河、福海、富蕴三县，居民多哈牧,现有枪二千余枝,权力均在哈巴斯手中。努尔和加谓:此次政府书信送达后,窝斯满与哈巴斯即将信公诸各游牧。继之,窝斯满北上阿山,行前嘱哈巴斯留居北沙窝勿往,相约两星期互通消息一次,窝斯满如此举措,盖欲藉民意与武力为后盾也。查窝斯满属哈族开来部落,发动叛乱最早,阿山哈匪多拥戴之。去秋承化之陷落,系伊犁方面艾力汗亲率苏联正规军攻下。伊方既占承化,即派苏联人某为阿山专员,而以窝斯满副之。旋窝斯满抵承化,闻伊方已派定苏联人为专员,未入城即折回,而谓:阿山反抗政府已数年,伊犁事变在后,实受阿山激动而然,故阿山叛变实为伊犁事变之先导,后来者岂能干涉我阿山事乎!窝复向伊方称:阿山人少物少,决不能自立为国(因伊犁与苏方均愿阿山独立)。苏联与伊犁方面于是表示阿山一切由窝斯满全权处理,窝斯满即起用接近政府之人物如穆华西、马立勋等,亦所以对政府表示姿态也。至阿山副专员达利力汗,年四十一,好酒,系由外蒙逃来,是否共产党徒不可知,思想似较与苏联接近,惟非开来部落,在阿山哈族中威信不大,且彼所属部落从军者不多,故一般判断:倘窝斯满与哈巴斯甘心倾向政府,达利力汗恐尢力阻止,况达某为哈族贵族之一,其真心附苏犹为疑问。今日余向努尔和加等表示意见:第一、请转告哈巴斯,政府自当协助保全阿山,盖任何国家皆不愿领土丧失,请彼放心。第二、窝斯满之声明阿山事不用外人(指苏联与伊犁)来管,自己事由自己管,即与政府磋商和平,亦由阿山直接与政府为之;不假手他人,此种见解最为贤明。第三、总观窝斯满与哈巴斯两人,殊有令人可佩之处,一即存心保全领土,二即不出卖哈族,其出发点完全为公,因此今后余对彼两人十分信任矣。

一月十八日,星期五,阴历三十四年十二月十六日

莎车匪众前昨两日又大举进攻,均被我军击退,毙匪百余,获战马百余匹,捷克式步枪百余枝,匪方指挥官亦死之,从面貌服装及所配手枪观察知系苏籍,是伊变由苏联主使,又得一有力证据。

兹将莎车周专员来电三件录后,藉明此次大捷经过:(一)莎车周专员子铣午参电。特急。迪化。司令吴:密。匪或从有关方面得知我援军不久将至,极欲赶快攻陷莎车。今晨六时又大举进攻,火力甚烈,我除固守汉回两城外,军警同时出击,将匪包围,激战至十时,匪已失战斗力量。击毙匪甚多,已生俘者十余名,得马数十匹,枪枝甚多,尚有一部约数十名,正在缴械中。据报,匪方指挥官已击毙,从面貌服装及所配手枪观知系苏籍。余俟续报。职周芳冈。子铣午。参。(二)莎车周专员子铣申参电。特急。司令吴:子铣午参电计达。密。截止现在,尚有少数匪潜伏城郊附近房中抵抗,枪声犹继续未断,正在搜索歼灭中。此役我大捷,击毙匪百余,获战马百余匹,捷克式步枪百余枝,子弹无数。据捕获匪供称,匪由叶城方面挑选精锐匪徒三百余人作先锋,即现在被击溃之匪,尚有三四百人在后继续进攻,现先锋队既失败,后续部队或暂退或继续进攻不得而知。至蒲犁方面,均经源源接济,等语。似此匪必于今晚或日内大举反攻,仍甚危急,除商同关团长督饬严防以待援军外,仍恳迅饬援军驰来莎车增防,并乘势收复泽普叶城,再进克蒲犁以消匪患。此役我方阵亡官兵十一名,负伤官兵二十余人,除送医院医治、追悼安葬外,职经代表钧座发给三十六团及苏连全体官兵犒赏全新币十万元、区警察局全体官警新币贰万元、自卫团新币一万元以资鼓励。又莎车药品缺乏,恳转饬设法接济。顷据报匪增援约二三百人回城东南门外与潜伏未退之匪,正准备反攻,今夜复有激战,除电张师长外,统祈鉴核电示祗遵。职周芳冈。子铣申。参。(三)莎车周专员篠午参电。特急。迪化。司令吴:子铣申参计达。密。匪昨日下午增援盘踞回城南门外高地及附近房屋。晚六时开始向我射击,我早有准备严阵以待,至十二时左右匪火力较猛,我由城运往土制大炮两门,向匪猛射,此炮于防守颇发生威力,匪因此稍退,同时将匪盘踞房屋设法引火燃烧,至二小时匪遂一面抵抗,一面退却,我军乘势出城追击,匪全部向泽普方面退去,我军恐深夜在外受匪包围，随仍返城固守。似此情形，匪力量并未出击，谅于日内必再大举攻犯，恳督饬已到喀之援军立刻来莎增防。乞电示遵。职周芳冈。子筱午参。印。

一月十九日，星期六，阴历三十四年十二月十七日

日前余曾以子删巳电请张部长对余呈总裁函中所拟解决新省问题办法，早日促成。昨得张部长复电谓拔牙后卧床静养，一俟痊可，当面陈总裁。余此即电复，并将此间情况略为告知。兹录来往两电于下：（一）重庆张部长子筱随电。特急。迪化。吴主席礼卿先生：子删巳电奉悉。密。经国回渝已晤谈，各情均悉。弟删日拔牙三枚，微感不适，现尚卧床静养，嘱事时刻在念，未敢忘怀，一俟痊可，当恳向委座面陈不误。弟张治中。子筱随。印。（二）复张部长子巧电。特急。重庆。政治部张部长文白兄：子筱随电敬悉。密。拔牙后望静心调摄，早复健康。此间一是如恒，前派赴阿山招抚人员昨已返迪，结果甚为良好。莎车方面铣篠连获大捷，毙匪百余，获捷克式枪百余枝，匪指挥官亦阵亡，局势已臻稳定，堪以奉慰。弟吴忠信。子巧印。

对于匪方之企图，依余观察，匪方原拟一面谈判，藉以拖延时日，一面在各方策动扰乱，使能逐渐扩张势力。在南疆方面，彼先夺得叶城、泽普，原期一鼓可下莎车，而其最大目的犹在声东击西以袭取喀什、阿克苏。最近莎车我军大捷，喀什兵力亦已增强，匪方欲图再举，洵非易事，倘我军乘胜追击，则叶泽之规复，并不困难。阿山方面，匪方之进驻北沙窝（距阜康约三站），最初目的为扰乱我东路之奇（台）阜（康）木（垒河）各县，经我青海骑军及时驻防东路，迭次予以痛击与穷追，使北沙窝之匪众无丝毫活动余地，甚且畏惧青军进攻北沙窝（北沙窝匪方盛传东路青军有六万人，匪何能相抗），爰有向迪化送信试探政府态度之举，斯又出于匪方意料之外者。正面绥来玛纳斯河西岸匪军过去不时向我射击威胁，非无乘势渡河东进迫我作城下盟之意，奈我绥来兵力亦甚雄厚，不为所动。综观

目前匪我军事形势,我方实力不在匪下,我方如能军政配合,运用得宜,再加以积极补充军备,则军事可由稳定而渐渐转入主动地位。

一月二十四日,星期四,阴历三十四年十二月二十二日

阿克苏区代表阿不都瓦以提郡王一行去秋到迪以后,因时局紧张,曾送往兰州暂住,日前由兰返新,今晨余接见该郡王及同行之麻木提(温宿商会会长)、买买提(乌什商会会长)、哈吉牙合甫(护送赴兰者)等四人,聆该郡王道述所见口内风光,不胜响慕,并愿将来有机会再进关一莅平津京沪等地,益广眼界云云。余谓:不到关内,不历江南,不知中国之伟大,希望新省同胞将来均能有此机会,则对新疆对国家皆可发生良好印象也。旋阿郡王以匪军近日对抵阿克苏之中央部队作恶意宣传谓骚扰百姓,军纪恶劣,自请乘回乡之便组织宣传队,以资抵制。余谓:政府早已注及,希望到阿后相机进行可耳。

去年塔城不守,专员平戎以下官民眷属退入苏境,其生活之艰苦,不言可知,政府早拟接其返国,因时局与交通关系,迄未成事。(下略)

一月二十五日,星期五,阴三十四年十二月二十三日

上午十时在新大楼会议室召开省府委员会第一一八次常务会议,通过要案多起,兹摘志数案于次:(一)函行政院水利委员会抄送本省水利建设五年计划及经费表,请查核酌助经费器材案,近准行政院水利委员会代电抄送水利复员计划暨善后救济计划工作项目表,嘱查照参酌编送。本省虽非沦陷省份,勿须编拟复员计划及善后救济计划,但以幅园〔员〕辽阔,人口稀少,水利未尽开发,荒地多未开垦,加之匪患经年,大军西上,农产更感不敷供应。为国防计,必须移民与兵垦兼进而实行兵垦移民,则非大兴水利不为功,故特根据实际需要饬建设厅编拟本省水利五年计划,自三十五年起逐步进行。惟本省近年被匪滋扰地方财力极端支绌,实施水利工

程所需费用自非地方财力所能担负,爰经决定检同该项建设计划暨经费表,函请水利委员会着助经费并拨助器材。全部计划包括农田水利、航运工程、排水洗碱、防洪工程等四部,如能全部实施,则可化沙漠为绿洲矣。(计划另附)(二)将绥沙垦民遣赴尉犁开垦案。尉犁位于南疆公路中心,全县人口仅九千八百余人。其地水草丰足,宜耕宜收,据该县报告,可安垦民二千户一万人,如以其地为中心,沿公路南北继续推进,则南疆垦务之发展,当不让于沙湾。爰据该县所请,饬由民厅先按垦民一百户五百人拟具计划,经决定如下:一、筹拨垦民:绥沙被匪退迪垦民约千余人,如待沙湾收复后遣回,恐误春耕,即先遣其赴尉开垦。二、运送办法:请长官部饬供应局就往南疆运粮空车之便运至焉耆,再饬焉耆专署筹车转运。三、沿途给养:按过去移垦先例,请饬财厅于沿路各县筹拨现品。四、沿途食宿:按过去移垦办法,令饬沿途各县派人准备招待。五、垦殖贷款:约需壹千叁百柒拾陆万贰千元,由省库贷发。六、预计收获:垦地五千亩,每亩收小麦三斗五升,计可收小麦壹千柒百五拾石,除归还籽种食粮外,可余壹千叁百余石。(三)设立塔里木河航运局案。整顿塔里木河航运已详见本省水利五年计划,值此剿匪军事时期,本省军需供应浩繁,但以交通工具缺乏,南疆运粮向赖毛驴输送,费时既久而运量亦小,故整理塔里木河实为当前之急务,故特饬建厅召集有关方面详加商讨,在中央补助经费尚未拨到以前,先就本省财力所及成立塔里木河航运局,定造船费二千万元由省府与供应局平均负担,并设局长一人,由焉耆专员兼充,关于该局之编制计划,由局长拟具呈核。(四)增加公教人员待遇案:本省因交通不便,物资缺乏致物价之高甲于全国,而公教人员待遇微薄,生活至为清苦,爰经决定自本年一月起迪化市区各机关公教人员生活补助费基本数增为三千元,加成数按俸薪二十六倍发给,其他各区亦分别予以调整。

附抄水利建设五年计划。

农田水利:完成迪化、哈密、焉耆三重要基点之急要水利。(一)缘由:本省目前军政中心偏重北疆,故水利建设须从北疆入手,而北疆之中,又须自迪化、哈密办起。迪化为省会所在地,且为军事重镇,全县人口逾十二万,而耕地仅二十六万亩,粮产不能自给,影响非浅。哈密为内地入新咽喉,四周二百公里皆不毛戈壁,当地粮产有限,军需仰给于酒泉及吐鲁番,实为兵家之大忌,故迪化、哈密二区水利最为急要,应以全力举办。俾二处粮产(包括饲料在内)可以自给。至于焉耆,地广水丰,为本省开发农田水利理想之冲积平原,将来不难成为全疆粮库。在地理上既为全疆之中心,又与迪化、哈密鼎足为三大基点。该处所增产之粮食,可就近供给北疆,故该处最近虽不缺粮,但为充实全疆粮食以应建设需要起见,该区农田水利应即大量开发。(二)五年实施限度:迪化灌溉区增辟水田六十万亩,哈密灌溉区增辟水田三十万亩,焉耆灌溉区增辟水田三百七十万亩。三区合计增辟水田四百六十万亩。(三)实施方法:一、迪化灌溉区:迪化县境内可能增辟之水田为数不多,故必须更于邻近各县充分利用水源开辟,俾五年内增加水田共达六十万亩。子、扩充红盐池蓄水工程:迪化、乌鲁木齐河平均低水流量约每秒六立方公尺,两岸旧渠林立,溉地共六万余亩,三十一年,于河之东岸,利用红盐池天然洼地建筑蓄水库,库之设计,有效水深为十公尺,容量为一九,〇〇〇,〇〇〇立方公尺,如全部蓄存可供给约三个月。每秒二.五立方公尺之流量,即可增溉地三万余亩。惟该库完成后以进水渠及放水渠容量隘小,又以放水闸门操纵失灵,迄未能依照计划储足,所蓄水量不及原计划三分之一,耕地增加无几。三十四年曾将放水闸门修理,并将其前面阻水石梁一道炸除,俾闸门底上有效蓄水量均能放出。自三十五年度起,蓄水量即可增加,其进水渠及放水渠应于三十五年秋季储水前完成扩充整理工作。为达到迪化近郊尽量增加耕地起见,红盐池应作更进一步之利用,三十六年至三十七年度拟将进水渠全部掩盖以防冰冻,使冬季照常进水储蓄,并重建高低水位二道。放水闸门及涵洞以钢门及钢筋混凝土管替代现有之木门及木管,使有效储水深度增加至二十公尺,有效储水量增加至五〇,〇〇〇,〇〇〇立方公尺即可供给三个月。每秒六.五〇立方公尺之水量,如充分利用,应可增辟迪化近郊农田十万亩。丑、完成沙湾新盛渠:沙湾居北疆准喀尔盆地之中央,水源丰美,土地平沃,为迪化附近理想之垦殖区。旧渠多半淤废,亟须积极整理开发,以为北疆粮食供应之中心。新盛渠计划系引玛纳斯河水溉沙湾西北农田十万亩,以三十三年十月开工,原拟于三十四年度完成,乃因地方不靖,进行艰难,三十四年八月奉命暂停全部工程,除渠道土工完成过半,临时拦河坝桥梁及分水坞完成外,其他建筑物材料已就绪正待砌筑,因地方不靖暂时停工,三十五年度应即复工,以竟全功,并积极进行移垦,俾于最短期内垦足十万亩。寅、办理马纳斯河蓄水工程:玛纳斯河水量春耕时期至感不足,新盛渠计划因受此限制未能尽量发展,倘于上游办理蓄水工程,将夏季洪水或秋冬间水蓄存,则新盛渠至少可再扩充十万亩。此项蓄水工程应于三十六年及三十七二年内完成。卯、办理大小拐灌溉工程:玛纳斯河俗称母子河,即沿途获得地下水源之补充而水量递有增加,沙湾新盛渠工程完成后,下游大小拐推测仍有相当水量可供开发农田至少十万亩之用。此项工程拟于三十八及三十九两年度办理。辰、整理吐鲁番、鄯善、托克逊、阜康、乾德、昌吉等县水利:吐鲁番、鄯善、托克逊三县以坎井著称,农田相当丰富,境内山溪因有大戈壁横梗潜没地下,故开渠引水困难较多,今后该三县水利之发展应注重以科学方法改良坎井,使增加效率,并在可能范围内办理蓄水开渠工程,例如托克逊白杨河之蓄水工程,及吐鲁番之大河沿开渠工程等,五年内拟增辟农田十二万亩。至阜康、乾德、昌吉等县,或则利用山水,或则利用泉水办理蓄水工程及整理旧渠应同时进行,五年内拟增辟八万亩。二、哈密灌溉区:哈密居天山南麓,其可耕地带离山脚自二十五公里至四十公里不等,附近山溪以十数计,水量均不甚大,水出山口后,均投入戈壁,戈壁向南倾斜度自百分之五逐渐展缓至百分之一左右,自山口筑渠引水穿度戈壁,必须全部用水泥,或相当材料砌护,始能防止渗透与冲刷,故工程均相当艰巨,必待水泥供应便利后始能圆满解决。惟因国防上之需要,必须提早举办,五年内期增辟水田三十万亩。子、办理头道沟灌溉工程:头道沟位于哈密 正北,为附近山溪之较大者,距耕地亦最近,约二十五公里。旧有石□子渠,为刘锦棠先生所筑,该渠通过戈壁部分,无砌护设备,致渗漏率每公里约达百分之三,水量抵达耕地者无几,溉地可八千亩。倘另辟新渠,以水泥铺砌,则以平均低水流量每秒四立方公尺估计,溉地当在七万亩以上,新渠需砌护部分约二十公里,工程费较五道沟工程减少三分之一至二分之一,故拟先予举办。为迅赴事功起见,拟一面施测设计,一面参照五道沟(即民权渠)计划,准备材料开工,期于三十六年底完成放水。丑、头道沟蓄水库:头道沟水源虽较五道沟为平稳,但春耕时期仍嫌缺水,不能尽量扩充耕地,故蓄水工程仍不可少。该沟峡口之上有一小盆地,两岸为岩石,似可利用为蓄水库址,将秋冬间水尽量储蓄,以补春耕时之不足。头道沟新渠灌溉面积,应供可达十五万亩,该项蓄水工程,拟即查勘设计,于三十六年度开始建筑,二年完成。寅、五道沟灌溉工程:五道沟水源仅次于头道沟,其灌溉区和什泉乡,在哈密□西三十公里,土质最称肥美,惟自沟口引水以□灌区渠道,须通过四十公里宽□戈壁滩,工程至为艰巨,三十三年曾加施测,并拟具民权渠计划,因工费过巨,暂拟缓办。该沟春耕时期最感缺水,蓄水工程尤不可少,惟沟身峭窄,尚未觅得适当蓄水库址,将来或须在灌溉区设法挖塘蓄水。该渠完成后,如水量经济利用,可溉田七万亩左右,拟于三十八年开始,二年完成。卯、试办深井灌溉:哈密地下水源相当丰富,井费工而效少,将来拟采用深管井,以电气抽水灌溉,估计每管井可溉田约一千五百亩,三十五年度拟先试办一个,俟有成效再行推广,五年内期装置五十个，溉田约八万亩。三、焉耆灌溉区：焉耆为全疆水利中心，开发之可能性最大，五年内拟仅就配合各项建设所需要者。计划开发之工程，规模既相当开展，渠道又不患渗漏，故每亩所需之工程费远较北疆为轻。子、办理开都河灌溉工程：开都河为焉耆平原主要大河，平均低水流量约每秒一百立方公尺，两岸草原广阔，总面积不下七百万亩，可耕地不下五百万亩，原为蒙族牧地，但因土地荒废过多，开垦亦为该族所欢迎。灌溉工程拟分三期办理：第一期三十五年至三十六年，自开都河北岸开渠，经和靖及和硕县境而达博斯腾河，先灌溉平原北部五十万亩；第二期三十七年至三十八年，于开都河建筑拦河坝，同时扩充北岸渠道系统，增溉一百万亩；第三期三十九年，自南岸开渠，辟南岸水田一百万亩。丑、建筑博斯腾湖节制闸：博斯腾湖面积广大，乃开都河之尾，如于其出口（哈满沟）建筑节制闸，以调节出水量，则该湖可成为世界大蓄水库之一，对于孔雀河之灌溉及航运裨益非浅。该项工程，拟于三十六年开始建筑，二年完成。寅、办理孔雀河上游大渠：博斯腾湖节制闸建造后，孔雀河水量获有调节，两岸农田可大量开辟，三十七年拟于库尔勒修筑孔雀河上游大渠，灌溉库尔勒至尉犁间东岸土地七十万亩，三年完成。卯、办理孔雀河下游大渠：尉犁、婼羌间铁干里一带，昔为富庶之区，自孔雀河改道，始归荒废，为繁荣南疆公路起见，该处水利亟应整理开发，拟于尉犁东南部修筑孔雀河下游大渠，灌溉西岸良田五十万亩。自三十六年开工，三年完成。四、经费估计：上项水利工程估计共需省币（百亿）一〇，五〇〇，〇〇〇，〇〇〇元，折合国币五二，五〇〇，〇〇〇，〇〇〇，非本省财力所能独立担负。事关移垦实绩，故必须以整个国家力量举办，其工程费用由国家投资，将来即以灌溉收益担保偿还。至各项工程所需物料，俟初步测设完竣再行拟订。

整理各县旧渠并推行小型水利。一、缘由：本省各县旧渠为数綦多，但或则工程简陋，效率不佳，或则年久失修，日即淤废，且系统紊乱，无合理分水制度，以致每年用水吃紧，时辄发生纠纷，亟应普遍勘查，以科学方法予以整理，使效率增加，纠纷平息。此项工程分散各地，应督促各县发动民力办理之。又小型水力如坎井、水库及小型等皆民力所可胜任亦应奖励民间自行推行。二、五年实施限度：以科学方法整理原有水渠，使增辟水田一百万亩，发动民力兴办小型水利如坎井、水库及小型等，使增辟水田三十万亩，合共一百三十万亩。三、实施方法：普通查勘各县局水渠系统及可办之小型水利工程，协助各县代为计划，其工程较大者并派技术人员指导，由各该县人民分别整理举办。四、经费来源：上项工程以发动各该县人民义务劳动办理为原则，必要时由政府贷款补助。

  航运工程。（一）完成塔里木河航运工程。一、缘由：本省过去航运未曾举办，因受天然之限制，将来亦难期普遍发展。惟南路塔里木河水道全长数千公里，水势浩大，为全疆唯一巨流，必须求其通航，俾南疆过剩之粮产由水道集中焉耆而转运北疆。二、五年实施限度：先整理塔里木河本流，使能通航再进而求与孔雀河及博斯腾湖连贯成大水网。三、实施方法：整理塔里木河。塔里木河本流长一千八百余公里，自阿克苏东南一百五十公里阿瓦提汇合葱岭南北河、和阗河及阿克苏河，始为塔里木河本流，东经轮台正南胃干河自西北来往之。又东流至尉犁南孔雀河自东北来会后东南注入婼羌境内。罗布淖尔、阿克苏河水势湍激，勉强可求通木船或皮筏。塔里木河上段自阿瓦提以迄沙雅，东南河身散漫淤浅，整理之法宜自两岸利用桐树筑成透水式排水坝，俾落淤固滩，固定中水位河床而维持通航水深；中段自沙雅至轮台正南，河床较为整齐，惟多急湾及浅滩，宜裁湾取直，并于浅滩处筑束流顺坝。下段自轮台正南以尉犁，河水清澈，惟多义巷湖沼，枯水时期水深不足宜堵塞支流，并浚泄水道。进行计划：第一年办理平底木船及皮筏之试航，详细勘察水道，俾决定具体整理方法。于上段试办透水固滩束流工程，并酌办初步整理工程；第二年上段固滩束流工程及下段浚泄工程,同时开始先勉求平底木船或皮筏之通行;第三年全河加紧整理,俾低水时期维持通船水深〇.八公尺;第四年继续整理,俾低水时期维持通船水深一.〇公尺。是年试航平底汽船;第五年继续整理,俾低水时期维持通船水深一.二公尺。(二)孔雀河上游大渠航运工程。为求塔里木河水运延展至库尔勒,孔雀河上游大渠应逐段建筑船闸使其通航。该项工程应自尉犁做起以迄库尔勒。三十七年开始建筑,至三十九年完成。(三)博斯腾湖湖口船闸,及哈满沟索道工程。自库尔勒上溯至博斯腾湖,须经过水流湍激之哈满沟,该沟长约十一公里,高差五六十公尺,如欲完全渠化,工费过巨,拟仅备湖口一闸,其余暂备索道,俾塔里木河所运农产品经孔雀大渠、博斯腾湖而直抵和硕,然后由陆路接运至北疆。该项工程三十八年开始,二年完成。(四)经费估计。上项航运工程,估计共需省币六,五〇〇,〇〇〇,〇〇〇元,折合国币三二,五〇〇,〇〇〇,〇〇〇元。工费过巨,应俟具体计划拟成后请求中央贷款补助进行,将来即以航运收益付还借款。

水力工程。(一)缘由。本省若干工业中心缺少燃料,必须利用水力以为原动力。惟本省建设实以发展农业为主,故办理水力,应以不妨害灌溉用水为原则。(二)五年实施限度。于迪化、哈密等处尽先开发水力二千匹马力。(三)实施方法。先自小型着手,配合工业、农【业】需要,逐渐扩充其工程建筑,应尽量与灌溉计划相配合,以求经济。一、哈密头道沟水力发电工程:哈密目前缺煤,将来虽可大量开采,但西北铁路系统完成后哈密为河西以西之主要煤站,供应必仍多困难,故哈密水力发电工程仍属必要。头道沟坡度陡峻,将来新渠完成后全程二十五公里,高差约达七百公尺,以每秒三立方公尺流量估计,倘全部利用,可发电二万余匹马力。哈密最初二年内,工业上所需要之马力估计经约二百匹,以后三年递增至一千五百匹(主要为深管井灌溉用),该项动力可于新渠上就哈密附近预设数道跌水依次利用,逐年增加水力机械单位供应发电。

二、迪化水磨沟水力发电工程。迪化煤产量相当丰富,目前发电可毋需水力,惟为示范起见,拟仍利用水磨沟水力发电以补充迪化原有火电力。水磨沟泉水终年不绝,故冬季供电不致间断,如以流量经常每秒二立方公尺,跌差十五公尺估计,即可发电约三百匹马力,较现有火电力增加一倍以上。此项工程自三十六年开始至三十七年完成。三、筹备迪化红颜池及焉耆哈满沟水力工程。迪化红颜池引水渠终点与乌河水位差约达五十公尺,如将引水渠扩充经常流量,除去红颜池蓄水所需外,可利用部分假定为每秒三立方公尺,则可发生一五八〇匹马力。焉耆哈满沟长约十一公里,跌差约六十公尺,经常流量以每秒四十立方公尺估计,则可发生二万五千匹马力。此二处工程较大,五年内或暂无开发需要,拟先详细计划,并作开工准备。四、制造小型水力机械。旧式水轮效率太低,拟设计制造小型水力机械以为倡导,并附带制造抽水机械,以供饮水及农业上之用。(四)经费估计。上项水力工程,估计需土木工费省币三〇〇,〇〇〇,〇〇〇元(电气工程费另列)可由省政府与人民合资举办,所需物料俟详细勘测设计后再行拟订。

挑水洗碱。(一)缘由。本省土质多带碱性,目前开发水利应尽量避免碱质特重之地区,但灌溉日久,地下水位抬高,卤碱难免上升,故必须同时办理挑水工程。消极方面避免卤碱上升,积极方面实行洗碱,改良土地。(二)五年实施限制。改良土地一百万亩。(三)实施办法。就重要灌溉区分期举办,按期观察挑水效率而决定下一期工程之进行方法,以期工省效宏。一、乾德挑水工程。乾德居乌鲁木齐河之下游,为迪化附近唯一产米区,以泉水灌溉惜地下水位太高,稻作生长不茂,收获不丰,如办理排水工程,使地下水位降低,可使七万亩稻田改良,增加产量,而排出之水又可用以灌溉北部荒地约一万亩。此项工程拟自三十五年度开始至三十七年完成。二、沙湾及大小拐挑水工程。沙湾及大小拐土地平衍,实施灌溉后,难免地下水位抬高卤碱上升,故必须办理挑水工程以防之。三十五年开始至三十九年完成。三、哈密挑水工程。哈密土质大部分碱性甚重，必须挑水洗碱始能种植。灌溉工程开始后，此项挑水工程亦须同时进行，以五年完成。四、焉耆挑水工程。焉耆平原，滨湖地区，受博斯腾湖倒灌影响发生水渍，碱性甚重，将来湖口建筑节制闸后水位抬高，水渍情形更将严重。因此，计划中之开都河南北二渠灌溉区，应尽量选择上游优良土质之较高地区，将来视要情形再向下游发展，同时加筑挑水工程。（四）经费估计。上项挑水工程，估计需省币六五〇,〇〇〇,〇〇〇元，折合法币三,二五〇,〇〇〇,〇〇〇元。如本省财力不能担负，亦可请中央贷款补助，由灌溉收益担保付还借款。至所需物料，须待具体计划拟定后再行拟订。

防洪工程。（一）缘由。本省各河流都为山溪，每年夏秋两季山洪暴发，水流奔突，沿河城镇农田辄受其害，故必须防治，以保护重要城镇及灌溉区。（二）五年实施限度。根本防治方法当须于上游造林，或办理水土保持及拦洪水库，以减少洪水峰。惟规模既大，绝难于短期内收效。目前治标，可先于重要城镇或灌溉区作堤防工程，以御泛滥。（三）实施方法。观测水文，相度水流，布置堤防，以御漫溢冲刷。一、迪化市区防洪工程。迪化市紧傍乌鲁木齐河建筑，每逢汛期，乌河水涨，沿河房舍辄遭冲塌淹损，尤以西岸新市区为甚。三十五年度，拟于市区两岸修筑防洪堤，并逐段加筑排水坝，以保护堤防，使不受激流冲刷。二、沙湾、绥来、大小拐灌溉区防洪工程。马拿斯河两岸每年必有泛滥农村，损失甚大，沙湾新盛渠计划曾于拦河坝上游修筑防洪堤一段，三十四年最大洪水时，两岸农田得免淹没。三十五年拟再向上游接修约十公里。至绥来、大小拐灌溉区亦须建筑防洪堤，以资保护。自三十七年开始，二年完成。三、孔雀河下游大渠防洪工程。孔雀河下游与塔里木河及胃干河会合，每逢涨洪辄滥一片，将来办理孔雀河下游大渠时应先修筑防洪工程。于三十八年完成。（四）经费估计。上项防洪工程，估计需省币二八〇,〇〇〇,〇〇〇元,折合国币一,四〇〇,〇〇〇,〇〇〇元。为节省工费起见,拟大部分发动有关区域民众办理。所需物料,如柳枝等,就地征购,详细数量应俟具体计划完成后始行决定。

午间,方发张部长子养电,告以伊犁代表尚未抵迪。旋接张子哿亥随电,谓已再代向总裁请求准余返渝。总裁笑答:你既不能去,他怎能回来。电中又谓,顷奉命主持政治协商会之军事三人小组会议,恐须一月始得头绪云云。由此可见张部长将来此主持新事,惟须在一月之后。余之离开新疆,原则上已无问题,当静候张之来也。兹将来往三电录后:(一)致张部长子养电。即刻到。重庆。政治部张部长文白兄:子皓酉随电敬悉。密。弟事迭费精神,至深感激,尚祈随时注意机缘,使弟能早离去为幸,稍缓弟当再迳呈委座言之。对方代表昨未到迪,并闻。弟吴忠信。子养(一月二十日)印。(二)重庆张部长子哿亥随电。限即到。迪化。吴主席礼卿先生:密。今午委座官邸会报,治尚卧床静养,因想再为先生陈情,力疾前往,郑重提出:礼卿先生每日有电来,希望回渝甚切,如委员长不准他,恐要将这位先生急坏了。委座笑答:现在你既不能去,他怎能回来。治答:他现在回来作为述职,没有关系的,去年他在重庆住了五十多天,都是由秘书长代行,开会由民政厅长主席,很好的。委座答:请他等一等也没甚要紧。治已数次进言,皆未邀准,只好再俟机会再提。现委座命治负责主持三人小组会议,复杂困难,恐须一月始得头绪。经国回渝,适治拔牙不适,仅在床前报告数语,言数日后自东北回来再详谈。务望先生用最大忍耐等待委座决定。适为时机关系,未能迅即如愿报命,私衷万分难安,敬请鉴原。弟张治中手上。子哿(一月二十日)亥随印。(三)致张部长子养申电。即刻到。重庆。政治部张部长文白兄:子哿亥随电敬悉。密。迭蒙代陈,至荷盛情。弟现当遵嘱忍耐,以待决定。尚祈兄随时代为斟酌是幸。莎车方面我屡获战果,其关键在塔吉克族匪兵哈里买买提以父被匪杀害，又令其当兵，因乘枪杀伪团长巴牙克，向我投诚，亦可见匪众之离心矣。并及。弟吴忠信。子养（一月二十二日）申印。

一月二十六日，星期六，阴历三十四年十二月二十四日

今日复电请张部长俟蒋特派员回渝时与之谈商，使余早日离此，电文如下：即刻到。重庆。政治部张部长文白兄：密。关于弟之去留一事，前承电示俟经国回渝后再行商洽。现想经国不久当可抵渝，特再电陈，务乞届时惠予谈商，鼎赐进言，俾弟得早离此，是感。弟吴忠信。子宥（一月二十六日）戌。印。

一月二十九日，星期二，阴历三十四年十二月二十七日

午后致张部长一电，申述目前新疆情势实已届最后决定阶段，倘长此拖延，惟恐发生意外变化，请其迅向总裁进言，促其决策。兹录原电于后：限即刻到。重庆。政治部张部长文白兄：密。新疆局势，吾兄在此观察至为周详，弟亦迭有建白，中枢计已彻底了解。目前情势实已届最后决定阶段，倘长此拖延，转虑发生意外变化。务祈迅向委座进言，促其决策。弟此种意见纯系为新局着想，决非因个人求去念切，希望早卸仔肩也。请代于委座前详切陈明，并盼电示。弟吴忠信。艳。印。

晚间，莎车周专员、李高参先后来三电，报告进攻泽普情形，并称已将泽普克服。由是推测，叶城旦夕可下。匪方如无苏联大量接济，南疆一角可以暂保。

一月三十日，星期三，阴历三十四年十二月二十八日

午后二时许，据报：英国驻迪领事刁茹乐于下午一时半左右以手枪自杀。经派卫生处姚处长驰救，并命省府曾秘书长、警务处胡处长、省会警察局刘局长会同外交署刘特派员前往察看，因击中头部要害，弹由右太阳穴直穿，急救无效，延至二时五十分毙命。生前留下遗书两纸，一系打字机所打，大意谓其遗物请新任领事高来汉转交其妻，一系笔书，略云对己无好处，对人无利益，等语。至自杀原因，尚难确定。惟彼奉命调职历时已久，迄未办理交代，迭经大使

馆电催返国，亦滞留不行，似有不能离职或不能离迪之严重原因，其生死关键，殆即决定于此。余除嘱副官处、省会警察局会同外交署协助料理后事并择定归化公墓为其安葬处所外，已急电报告总裁。原电如下：限二小时到。重庆。委员长蒋钧鉴：驻迪化英国领事刁茹乐，自去年四月奉调后迄未离迪，忽于本日后午一时半在英领馆用手枪向其头部自杀，有遗书一纸，系属新任高领事收转遗物与其妻事。除由省府及外交署派员帮同料理其后事外，谨闻。吴忠信叩。子三十。印

一月三十一日，星期四，阴历三十四年十二月二十九日

杨军长德亮定明日随彭副部长昭贤等东还便机赴酒泉，日内即将返新调防阿克苏，今日上午十时特至新大楼向余辞行，并请指示。杨首先说明驻哈密期间帮助地方推行政治之详情，次言在西北多年掌兵之经过，最后表示从未介绍地方行政官吏。余谈话要点如下：（一）以杨军长过去成绩言，堪称顶完全之军人，希望其能长期服务边疆。（二）现在新疆政治唯一要事在使人民获得休息。（三）大凡无论在何处做事，尤其在新疆做事，必须兼得军心民心，始克有成，对于非中央各部队，更应格外爱护，使其安心为国效力。（四）阿克苏团长赵汉奇坚守围城，卒能却敌，是为成功。喀什团长姜顺福苦战英吉沙，虽以身殉，喀什因此保全，可称成仁。此二人皆系新省旧部，值得我人赞扬。（五）南疆各级人民热烈拥护政府，协助剿匪，已多表绩。（六）以往中央部队在新迭受挫败，已大失威信，但威字一时不易恢复，必须先从恢复信字做起，倘我中央部队能以不扰民，而保民爱民，人民自然相信，由信而后渐渐可以生威。余与杨军长谈话时间继续二小时之久。关于整个西北问题以及处事做人道理亦均论及。杨军长系回教徒，云南人，中央军校毕业，精明强干，正是有为之时，如能善自努力，将来对国家，尤其对边疆，建树必多。随张部长来新协助谈判之彭副部长、王委员曾善、刘处长孟纯等定翌晨乘机离迪飞兰转渝。今晚刘处长与余晤谈，藉便请

示一切,余爰向其表明意见数项,嘱为转告张部长:第一、中央对西北及新疆大局,应迅速厘定决策,不宜拖延,尤盼张部长早日西来主持一切,以免贻误时机。第二、依目前情势,中央可先发表张部长任西北行营主任,至新省主席一职,则以郭寄峤兄暂代为宜,并由郭负责布置军事,亦足表示我方并非事事可以让步之态度(此项措置,刘处长极为同意)。第三、新疆及西北经济前途并非无望,以言新疆,畜牧农矿均称丰富(新疆贸易总公司积存羊肠与生丝数达百数十吨,将来交通便利,运销国内外,即为本省一项大宗收入)。总裁云建国之基础在西北,洵非虚语。将来似可组设一西北企业公司,加工制造西北土产,则不独有益民生,繁荣地方,且可根本解决新疆问题,藉经济力量使摇摇欲坠之新疆牢牢入我掌握之中。

二月二日,星期二,阴历三十五年正月初一日

今年农历元旦,各机关同仁暨各宗族领袖前来拜年者为数特多,约在百人以上,余一一亲自招待,情绪热烈愉快,为多年来所未有。且近日迪化物价较跌,人心安定,新年市面颇具熙攘康乐之态。余即将此间近情电告张部长,原电如下:即刻到。重庆。政治部张部长文白兄:密。南疆军事,上月艳日克服泽普,三十日午前克叶城,又蒲犁、叶城、莎车之交通要点卡群(匪方根据地)亦于世午后克服。现物价较跌,人心亦定,旧历新年市面颇具熙攘康乐之态,敬以奉闻,并贺春喜。弟吴忠信。丑冬申。印。

二月四日,星期一,阴历正月初三日

今日张部长自渝致刘特派员一电,大意谓,渠所主持之三人军事小组会议即将结束,不久即可来迪与伊方继续洽商未了事宜,惟望伊方在一星期内将条文规定由彼方提出之省委名单送渝,以便与中央名单同时发表,否则在张部长抵迪之后再行提出,势须再回渝请示决定,不免稽延时日,徒劳往返云云。惟以余预测,如无特殊变化,伊犁方面(亦即苏联)绝对不愿先提出名单。盖对方并不欲使

问题迅速解决,长时拖延,对彼诚有百利而无一害,虽然究竟名单提出与否,亦可认为对方有无谈判诚意之试金石也。

二月六日,星期三,阴历正月初五日

张部长日前电云:总裁已面嘱其暂时担负西北及新疆之责任。顷复据朱长官自兰州电此间张委员宣泽谓:张部长将任西北行营主任。第八战区司令长官部将撤销,嘱留在迪化办事人员撤退兰州。就一般征象推测,张部长来新似无疑问,第不知究竟何时始能前来耳。

二月九日,星期六,阴历正月初八日

昨得重庆来电,传闻中央将任麦斯武德为新疆监察使。查该员前次来迪,余曾优予招待,奈其言行欠妥,留下许多是非,予社会以不良影响。当今新疆局势,尚在动荡不定中,若此说果确,自必益增麻烦。经与郭副长官详商,决定电呈总裁,请加考虑。余对麦等私人毫无成见,惟鉴彼等一向高唱大土耳其主义,分割国家,不可不慎也。兹录呈总裁电于后:限即刻到。重庆。委员长蒋:密。风传麦斯武德即将任新疆监察使。查该员过去言行均为钧座所深悉,当此新疆形势尚未安定时期,如此说果确,恐使整个局面益趋紊乱与危险,似应仍加考虑。特电奉陈,敬乞裁夺。职吴忠信、郭寄峤叩。丑佳。印。

二月十日,星期日,阴历正月初九日

今日先后发张部长两电,其一,痛述苏方斡旋和平毫无诚意,目的在拖延时间,便其布置,我如随之拖延,甚为危险,目前应立即发表张部长为西北行营主任,并先派员暂代新省主席。盖新省府改组问题已酝酿半年,余若再恋栈,亦觉太无聊太无人格,万一在三月一日前,中央仍无一定决策,使余不克东还,余只有电请病假,在新疆择地休养也。另一电为推荐寄峤兄回皖担负军政责任,此事当张部长在新时曾表示同意。今日寄峤名义不定,势难安心,不得不为之向张部长重申前议耳。兹将两电全文录后:(一)致张部长丑蒸电。即刻到。重庆。政治部张部长文白兄：丑虞随电敬悉。密。昨苏领事访刘特派员声称：据伊犁方面复告如先提出省委名单，实有不便，仍希张部长到迪后继续商谈云云。关于苏方从中斡旋一节，弟始终判断其未具诚意，以今观之，尤可确信。揆彼方之意，自以拖延为手段，而便其另一方面之布置，我如随之拖延，则使本身之困难日增，并因循松懈，坐待时机之丧失。两相比照，危险孰甚，凡此情形，当为吾兄所深悉。弟常觉有关西北军事政治之调整，决非一次命令即可解决，应分别轻重缓急，保持弹性，厘定步骤，用二次或三次命令逐渐解决。故在目前应立即发表兄为西北行营主任，至新疆省府，可先派员暂代主席，以渐次改组。如此举措，实最适合西北当前军事外交政治之环境，尤可使兄将来应付裕如也。新省府改组问题已酝酿半年，迄未实现，苏联、伊犁近均知之，弟若再恋栈，亦觉太无聊太无人格矣。最近朱一民兄既内调，第八战区即将撤销，新省军事究将何属。当斯对方正作有计划谋我之际，倘中央仍抱一贯拖延观望之态度，而弟迭次建议不蒙采纳，弟之责任，固无法继续，且使西北局势愈趋愈下，展望边圉，实使弟无限失望。万一在三月一日之前，中央仍无一定决策，使弟倒悬于此，不克东还，在不得已中，弟只有电请病假，在新疆择地休养，一切不予闻问耳。叨在知末，用敢披沥陈情，尚乞鉴宥愚衷，并示复为幸。弟吴忠信。丑蒸。印。（二）致张部长丑灰午电。（略）

二月十二日，星期二，阴历正月十一日

关于招抚阿山哈匪之进行情形，上月中旬匪首哈巴斯函约于上月二十五日派员来迪商洽，经余再令努尔和加等先期赶到阜康迎接。昨日努尔和加偕哈巴斯代表克宁、伊尔的汉等数人返抵省垣，带来哈巴斯及匪区其他头目手函，请求政府接济匪方米麦粮食、茶糖，并准阿山方面占省府副主席一席，及同样准许组织民族部队。又谓此次阿山代表所以延迟启程晋省原因，为等候在承化之窝斯满之复示故也。到省之克宁与伊尔的汗两人均为富蕴牧民，克宁担任阿山匪军排长,系努尔和加之胞侄,伊尔的汗在窝斯满身旁从事政治秘密工作有年,今日余接见彼等时款以茶点,切致勉慰。据彼等面称:伊犁方面曾请窝斯满赴伊商谈,窝斯满因闻伊方日来大事逮捕各族头目,惧不敢往,仅派马立勋、巴弟等三人代表赴伊(查马立勋、巴弟均系由余开释出狱后派往阿山工作者,两人现任阿山区伪县长职)。余向克宁等表示,所请接济食物,可无问题,复曰:新省哈族同胞,其天赋智力并不在他族之下,惟因教育落后,生活不定,易为他人煽动利用,殊可惜也。实则哈族同胞安分守己者居大多数,仅一小部分被人利用而为非作歹,外人不明真相,往往误认所有哈民均属不良分子,将所有坏事均加诸哈族身上。凡我哈族,对此不能不觉悟警惕,夫真正明白哈族、同情哈族、解放哈族者,其惟政府耳。克宁等闻语大为感动,将辞,余并各赠棉衣、皮帽、毡筒、衬衣诸物,以资激励。至对阿山今后招抚工作,自当加紧勿懈,藉分散伊犁匪势。余拟日内再派努尔和加、胡赛音副县长等偕同克宁等深入阿山匪区,分别往晤窝斯满与哈巴斯,转示政府宽厚之至意,俾达归附政府之最后目的。

关于传闻麦斯武德将任新疆监察使事,日前余曾上电总裁请加考虑。惟据今日新闻电消息,国防最高委员会十一日上午例会通过麦斯武德继罗家伦任新疆监察使。夫中枢对麦氏过去言行,未尝不知,此间一般人皆认为中央所以毅然出此措置,或系应付苏联及伊犁匪方之一种姿态,且藉此可以拉去麦氏国府委员位置,而将来新省府改组,使其亦无竞争副主席余地。此类推测,非无理由。然余总认为目前发表此类消息未免太早,势必引起新疆各族拥护政府人士之失望,而少数狭义民族观念分子,益将肆无忌惮。余爰电询张部长对此事事先有无所闻,电文如下:致张部长丑文电。即刻到。重庆。政治部张部长文白兄:密。极密。发表麦斯武德为监察使,似觉太早,中央是否另有作用,兄事先有所闻否? 忠信。丑文。印。

二月十三日，星期三，阴历正月十二日

今日张部长先后来两电，一系致刘特派员询问伊犁匪方不便先提省委名单之原因何在，一系复余丑蒸电告以已内定渠任西北行营主任并兼新省主席。新省将设一警备总司令，拟请寄崤兄于警备总司令、行营副主任及副主任兼参谋长三职中择一担任。经余代询寄崤兄意见，寄崤表示可担任行营副主任不兼参谋长。已将此意复告文白。至余之离新问题，文白兄电中谓在三月一日前无论如何必恳切进言，使余得先返重庆。兹录来往各电于后：（一）重庆张部长致刘特派员丑真戌随电。即到。迪化省政府请译转刘外交特派员绍周先生：密。丑佳电奉悉。商谈之文及关于省政府改组之附文一，既经双方签署，中央为求问题之速即解决，自当就其中可先执行者付诸实施。治认为先由伊方提出省委名单之办法，并无不便之处。现中央经内定组设西北行营，由治主持并兼新省主席之职，惟因伊方未提出名单，故明令未能发表。请即转请苏领转达伊方，如彼认为不便，则不便之原因何在，即祈复电。治俟军事三人会议完毕后即来迪化，惟确期尚难预定也。弟张治中。丑真戌随。印。（二）重庆张部长丑文午随电。限即到。迪化。吴主席礼卿先生：亲译。密。丑蒸电奉悉。循诵再三，曷胜感喟，以先生望重高年，犹为国家、为领袖受此苦难郁抑，实在委屈之至，在三月一日前，弟无论如何必恳切进言，使先生得先返重庆。关于组设西北行营并兼新省主席事，委座早一再言及，在今日情况下，似已确定。惟军事三人会议在紧张进行中，一时无法分身，遂暂缓发表明令。关于新省军事机构及人事问题，军委会方面始终认为东北设置保安司令长官部已属不妥，不宜一错再错，且更虑引起宁、青两省之感想。新省只能设一警备总司令，弟已一再向委座进言，请先明令成立，均奉谕稍待，其意殆将与行营命令同时发表，似已不便再提。今日已将先生来电转请委座核示，务必促成先生回渝及新省军事机构与人事问题之先行决定，故请释念。又关于寄崤兄之位置，保安司令长官既难实现,现拟:一、行营副主任;二、行营副主任兼参谋长;三、新省警备总司令,请为征询其意见示复,以便转报委座核定。又寄峤兄如愿就一、二两项,则须常驻兰州,盖弟大部时间须在迪化也。如何祈速复。弟张治中。丑文午随。印。(三)致张部长丑元戌电。限即到。重庆。政治部张部长文白兄:丑文午随电敬悉。密。(一)恃在知末,故敢渎陈,迭累清神,惭感骈集,想吾兄当亦有以谅我也。现新省问题不久既可决定,弟当遵待来命,期于三月一日前东返,兹不另电总裁也。(二)嘱询寄峤兄意见一节,经与详谈,渠以兄既任西北行营主任,自应帮忙,可担任行营副主任,常驻兰州,为兄料理一切。至于参谋长职务,则决不肯兼,请兄另行物色,特电奉复。弟吴忠信。丑元戌。印。(下略)

二月十七日,星期日,阴历正月十六日

晨间接重庆中央执行委员会通电,嘱迅即会同有关机关策动成立人民自由保障委员会,以期获得人民同情,预防异党混进云云。经即电复遵照办理,并将办理情形具报矣。兹将来电录后(下略)。

午后先后与王副监察使籍田、梁局长若节晤谈,王副使以中央既经发表麦斯武德为新疆监察使,自愿引退东还,请余于将来离新时偕彼同行,余允之。梁局长系伊犁区警察局长兼乌苏县长,今乌苏既陷,伊犁未复,彼逗留迪化,实际上已无工作可言,顷奉重庆戴雨农兄电召返渝,另有任用,翌日即行离新,闲谈中渠对中央以麦斯武德为新省监察使一举表示意见谓,此后反动分子不但可以公开活动,肆无忌惮,且将被认为合法之活动矣。言下不胜唏嘘。晚得刘处长孟纯自重庆来电,告以返渝后与张部长晤谈情形,并对在迪招待表示感谢。原电如下:限即到。迪化。吴主席礼公钧鉴:密。纯文晚抵渝,翌晨晋见部长,因军事三人会议方在紧张进行中,至为忙碌,一切均未详陈。惟对我公事已向委座恳切报告,并已有电奉闻。一俟部长稍暇,当再将我公意旨详为陈述,结果如何,容续呈。此次诸承殷遇,并叨训诲,感念不忘,谨虔致谢意,并候兴居。晚刘孟纯叩。丑铣。印。寄峤兄于夜间告余谓,已电请一民兄在渝就近催促张部长速即来新,使寄峤能早日离迪赴兰办理长官部结束及行营筹设事宜云云。此次张部长迟迟不能来新,致新事各方面处于停滞状态,殊非计之得者,若西北任务之艰巨,新局关系之重要,必须专心致力于此,万不可因军事三人会议而顾此失彼,贻误边局,否则无妨由寄峤暂代主席,俾责有所专,以军事准备作外交后盾,待他日与伊犁谈判成功,再彻底改组省府,张部长正式出任主席,固亦不为迟也。

二月十八日,星期一,阴历正月十七日

对于新疆当前和战之意见。目前新疆敌我形势:我方军事已有相当布置,而士气旺盛,人心悦服,正可以有为。敌方则兵困马瘦,气势不张(就新疆历史言之,土匪必须在秋高马肥时方能大肆活动),实我反攻乌苏唯一良好机会。若至秋夏之交,敌我谈判仍无希望,此时敌方准备业已完成,即可向我发动攻势,胜则占领迪化,扩大独立组织,败则退守伊塔,仍可待机再举。由此敌方胜败伸缩自如,我则毫无伸缩余地。夫迪化为我军事、政治、经济以及一切之重心,将来万一绥来失利,迪化不守,则全疆瓦解,即或南疆一部可以幸存,亦无补于西北大局。故今日我人急盼张部长来新继续谈判,于最短期间达到和平之目的,否则打人不如先下手,诚宜把握时机,立即反攻乌苏,预先粉碎敌人秋季攻势之企图。盖敌人如在乌苏被我消灭,迫至秋季决无再攻乌苏能力,万一苏联出兵干涉,我方正好趁此揭破中苏外交不生不死之僵局,公开新疆问题之内幕,从而必可获得国际之同情与帮助,何况世界潮流所趋,民主共产决不相容,将至决斗之时乎。总之,今日新事,无论如何计划,如何谈判,均应积极准备,力求自身军政之健全,必须随时随地能攻能守,确有保卫大迪化立于不败之充分力量,斯乃我当前急要之图、刻不容缓,惟望中央有关部门,彻底明白新疆实际危险情形,急谋有效之援助,否则闭门造车,因循苟且,坐误时机,致使大好河山拱手让人,地失不可复收,权丧不可复回,陷国家民族于万劫不复之深渊,岂计之得者。时手不再,愿国人三复斯言。

二月十九日,星期二,阴历正月十八日

曾秘书长、周委员以张部长迟迟不来,致余心绪非常不安,特电刘处长孟纯,请张部长早日履新。电文如下:急。重庆。政治部刘处长孟纯兄:密。铣电奉悉,已分转同仁,兄等此次莅迪,款接多疏,久聚暂别,翻觉怅然。此间自文公部长来主新政之消息传出后,各方均极欣慰,惟盼文公早日履新,以慰喁望。且以各机关准备接交,人心不无动荡,为地方计为兄等之将来设施便利计,均以文公早来为宜。礼公主席近患失眠,情绪甚恶,尤盼早日东归,稍事休养,至希吾兄转达文公为幸。把握匪遥,特电布臆。弟周昆田、曾少鲁。丑皓。印。(下略)

二月二十二日,星期五,阴历正月二十一日

关于发表麦斯武德为新疆监察使一事,此间人士佥信此时即予发表,未免太早,余为斯曾电询张部长。今晨得张部长复电谓彼亦主张稍缓发表,惟于院长不以为然云云。兹录张部长原电于下:特急。迪化。吴主席礼卿先生:丑文电奉悉。密。麦斯武德事,记曾与先生谈及,亦蒙同意。惟此时发表,确系嫌早,事前曾托屈经文向于院长婉商稍待,未蒙允可,好在麦一时尚不致到任视事也。张治中。丑哿随。印。(下略)

二月二十四日,星期日,阴历正月二十三日

日来重庆各地学生举行爱国示威游行运动,要求苏联撤兵东北,取消所谓东蒙自治政府,正告中共以国家民族为重。口号中并有不能断送新疆之语。此项示威游行,风起云涌,行将伸展全国,复引起外邦之注视。盖苏联如此窃盗行为,步步侵略,不顾信义,此可忍孰不可忍!本月九日上海申报社论,标题:"光明氛围中的乌云"。(下略)

二月二十七日，星期三，阴历正月二十六日

晨接重庆张部长电告，已奉总裁面谕准余回渝述职并出席二中全会。多时渴念，一旦如愿以偿，欣喜曷极。余即与空军站洽商拟定后日（三月一日）启程飞兰转渝，并电呈总裁报告。至离此后省府各务由曾秘书长代拆代行，遇有重大事宜，则就近请示郭副长官。兹将各电录后：（一）重庆张部长丑宥随电。限六小时到。即到。迪化。吴主席礼卿先生：密。顷奉委座面谕，先生可回渝述职，并出席二中全会，等因。特此奉达，并请代约李总司令铁军、陶总司令峙岳同来。治将于俭日偕马歇尔特使等赴各地视察，约一星期可返渝，诸容面叙。张治中。丑宥（二月二十六日）随。印。（二）复张部长丑感电。即刻到。重庆。政治部张部长文白兄：密。读报欣悉三人小组会议圆满成功，至深企佩。顷奉丑宥电示，尤所感荷。弟拟于寅东启程，约江抵重庆，除另电呈总裁外，特此电复，诸候面详。李、陶两总司令亦经代约，并及。弟吴忠信。丑感。印。（三）上总裁丑感电。即刻到。重庆。委员长蒋：密。顷得张部长文白丑宥来电，转示遵谕：即回渝述职并出席二中全会，等因。兹拟于寅东由迪启程，江可抵渝。关于职离此后之省府各务，悉由秘书长曾少鲁代拆代行，遇有重大事宜，则就近请示郭副长官寄峤后办理，并陈。职吴忠信叩。丑感。印。

晚间，召集省府各厅、处长座谈，郭副长官亦被邀参加。余即告以后日即将赴渝，此行将请中央迅速改组省府，并促新任早日来新，希望各同仁在此短期内仍须继续努力维持，准备交接。最后余表示与各人共事年余，和衷共济，相处融洽，不胜感激，愿大家牢守此种良好精神，将来无论在何时何地服务，均能成功。

三月一日，星期五，阴历正月二十八日

今日为余离迪东还之日，晨起特早，新大楼陆续涌进送行人。大客厅、小客厅、会议室、办公室皆座无虚席，晨光微曦灯影模糊的走廊里，亦塞满着黑压压的人头，荡漾着一片融和的感情。

余于晨六时早膳毕,即与送行人员一一告别,并集合省府各厅、处、科长级同仁约五十余人谈话,勉以各守岗位,照常努力工作。七时与郭副长官寄峤步出新大楼大门,省垣各学院、中学、师范等学生代表百余人在门口列队相送。余向彼等致简短训词,勉其用功读书,培植服务基础,以备将来为边疆努力。旋即偕郭副长官登车出城赴机场。积雪未融,大地仍是白色一片,塞外春寒,殊非内地同胞所能想像。七时半抵达机场,瞥见欢送行列绵亘甚长,约三千人左右,有各机关首长、各族领袖、各寺阿洪、全市保甲长、骑五军驻迪高级官佐等。余于军乐悠扬声中下车,保安司令部巫代参谋长率领全体欢送人员立正敬礼,余步行巡视行列,并一一握手致谢。苏、英、美三国驻迪领事亦来相送,盛情可感。各族同胞对余依依不舍,多至泣下。送行人中年长者有九十三岁之依明阿洪,八十余岁之艾林木江千户长与土洪阿吉以及马良骏大阿洪、阿不都热合满阿吉等,在此冰天雪地,寒风砭肤之早晨,渠等以风烛残年伫立雪中,含泪相送,使余心中万分感激,万分不安,爰特予以慰问,渠等益觉悲不胜情,挥泪呜咽,此情此景,余将永志不忘也。八时登机起飞,同机者有李总司令铁军夫妇及王副监察使籍田等十余人。原拟至嘉峪关稍停,接酒泉之陶总司令峙岳上机后即日飞兰。不料今晨迪化、哈密间天空气候非常恶劣,层云密布,不辨西东,一路机身颠荡甚剧,同机人员几均呕吐。所乘系军用运输机,飞行年日较久,既无坐〔座〕椅,暖气亦停,窗孔无塞,寒气如刺而入,机内气温降至零下四十余度,余幸坐驾驶间,较为舒适。飞机翻越天山时,云霾浓密,方向迷失,机身盘旋两峰间,几致与山石相撞,驾驶员拼力扭转升降机纽,费时甚久,始使飞机升高至一万六千英尺,最后幸能勉强飞过山巅,余目击各驾驶员工作紧张情形,不禁为之捏汗。既逾天山,驾驶员等精神已感疲乏,同机诸人亦皆不堪颠簸,因此于十时半临时降落哈密。事后据诸飞行人员谓:今日气候实不宜起飞,然因在迪化机场时见到欢送者如此之多,情绪如此热烈,若不冒险飞行,将受全迪化人士之指责。其语虽率真可喜,而情景之危险亦可想而知矣。

三月四日,星期一,阴历二月初一日

今日兰渝间气候甚佳,阳光和煦,飞机于上午九时由兰起飞,一路飞行平速,十二时十分抵重庆九龙坡飞机场降落,吴处长叔仁暨蒙藏委员会旧同仁均至机场迎接。余仍寓昨年来渝寄居之上海银行海光楼。

午后罗委员长俉子、马主席子香、朱长官一民(现调军委会副参谋总长兼办公厅主任)诸兄先后来会。朱一民兄谓中央对新疆军政之调整,大体虽定,困难甚多。马子香兄于本月一日抵渝出席大会,相见时,余表示此次骑五军入新,使新疆局面转危为安,厥功甚伟,尤以该军纪律严明,新省人民信仰弥深,此皆吾兄训练有方,有以致之。继问此次来渝有无请求,子香兄答曰:此次除出席大会外,无所请求,又谓:以下两事亦拟不提,(1)骑五军入新用九万万余元,中央陆续发还共计四万万三千万元,所余之款,不再请偿。(2)青海曾有骑兵两师东开参加抗日,战事胜利后呈请调回青省整理,现在中央既将两师编成一师,以马步康为师长担任剿匪,已完全遵办,此事已可谓告一段落云云。由此二端,余益觉子香兄心地坦白,能顾大局,令人敬佩。

三月五日,星期二,阴历二月初二日

晨接交际科通知书谓:总裁于今日上午九时三十分在中四路一〇三号官邸接见,准时往。相见后,承频频以辛苦为问。旋余袖呈处理新疆及西北问题之节略暨筹设西北企业公司节略各一份,并逐条予以扼要说明。最后附陈数事。(一)关于新疆人事问题。余谓新省人才储备似无问题,余主新年余擢用各族优秀分子及声望人士,多至数十,要皆竭诚拥护政府者。今日新省人事,问题不在地方,而在中央。盖目前在中央之边疆人士,非惟不能帮助政府解除困难,抑且增加政府麻烦,渠辈不为中央,不为地方,而完全为自己打算,对于国家民族毫无裨益。其实处理边疆人事并非无望,悉视中央有否领导人物而已,如对在中央与在地方之边疆人士,中央具有适当之人予以合理的领导,则一切自易着手,否则长此以往,将何以应付敌党,运用民主乎!本人新年余,差堪自慰者,其惟领导各方面团结一致,使党政军成为一体耳。总裁颇以为然。(二)关于新省府改组问题。余请总裁从速改组,不宜拖延太久。总理问应如何办理,余谓前托经国带渝转陈之三方案可以采择施行。总裁嘱余将三方案大意重述一遍后,即询以何人代理新省主席为妥。余答:问文白兄。总裁谓:文白明日即返,当再详商。(三)关于新疆经济问题。余谓:新疆经济不与整个西北经济打成一片,决无希望,西北经济不与全国经济打成一片,亦决无希望。喻如中国经济不与美国经济打成一片,必感棘手,其理正同。总裁颇为动容。(四)关于郭寄峤兄。余谓:寄峤到新半年,对新省军事整顿布署调度甚为努力,卓著成绩,故若仅赖青海骑五军之入新而无郭之半载努力,新疆局势不能如今日。总裁闻言笑容满面,颇为高兴。余又曰:寄峤军事、学问均好,年纪又轻,诚国内有数之将才,安徽在今中国局势中,地位非常重要,若能令寄峤回皖主政,实最理想。总裁对此虽无明白表示,但甚为感动,而谓待文白回来后细商。(五)关于余个人。余谓:余个人事请总裁不必烦心,余年已老,加以心脏衰弱,精力不够,今后供总裁奔走或料理私事可耳。总裁连声曰:此次辛苦很了。余与总裁谈话历四十分钟,辞出返抵寓所已近十时半矣。

兹将处理新疆及西北问题之节略暨筹设西北企业公司节略分录如下:(一)处理新疆及西北问题节略。三十五年三月五日面呈。主席蒋钧鉴:兹以体验所得,拟就处理新疆及西北问题之节略一份,奉请采择。耑肃,祗颂崇绥。附节略一份。吴忠信拜启。

节略:甲、军事。一、保卫大迪化:伊犁、塔城、阿山既沦于匪手,精河、乌苏亦相继失陷,敌我对峙于绥来,迪化因成为军事前线。匪如战而失利,可以退保伊塔,我如战而失利,则迪化立受威胁。夫迪化为全省重心所寄,倘有疏忽,全疆必有瓦解之势。匪方现操可胜可败之局,而我则只能胜不容有败,故建立确保大迪化之充分力量,为当前最要之图。至其办法:1. 以新疆现有兵力、武器、弹药等之力量,仅敷一次会战之用,而后续补充则非有半年不达,故现亟应早作准备,迅作兵员、武器、弹药等之补充。2. 健全指挥机构,并改良交通,俾加强作战设施,以一年来之经验,交通问题关系军事之胜败,必须设法解决。3. 应驻相当兵力于吐鲁番、鄯善、哈密一带,以维持东路交通,并为保卫大迪化之总预备队。4. 以新疆幅员之大,戈壁之广,交通之不便,非有强有力之空军不足以制胜,此层必须迅立整个计划,急付实施。5. 自乌苏沦陷以来,补充之到达者甚少,如不早为之计,则六月至十一月为匪方活动时期,我将陷于手忙脚乱状态之中。二、充实南疆:北疆之完整形势,既为匪寇所破坏,亟应充实南疆加强力量,坚守阿克苏及喀什,以为战略、政略及经济上之枢纽,而作确保大迪化及规复伊、塔、阿三区之政略、战略上之支撑。三、巩固河西:河西走廊关系甘、青、新三省之安全,必须力求巩固,一方防止外蒙势力之南下,一方为新省后方仓库。尤其敦煌、玉门、安西一带,在战略上地位重要,复为甘肃油矿所在地,更应特加注意,力求巩固。四、开辟青新边区:新疆之北部与西部易受苏联及外蒙之威胁,而其内地联络,现仅凭河西走廊一线,尤易为外蒙所乘。查在婼羌属朵斯以东,柴达木河以西,敦煌以南,昆仑山以北一带,地多水草,为我汉族祖先发祥区域,环境隐蔽,比较安全,极适宜于军事上之设施,应作久远之计,速予开辟,建立新的国防根据,以为河西走廊之辅助,而为整个新疆之策应。乙、政治及外交。新疆外接主义不同之强邻,蹈瑕抵隙,无所不用其极,因之政治与外交应相互为用,以应付此同一对象,在根本上,吾人须知对方之传统国策,系欲挟新疆为其国防外围,绝不肯有所放松。彼为遮掩国际耳目计,或间有张弛之态,但吾人应洞察底里,勿为虚词所骗。兹更略言我方应持之方略如下:1. 能做不能说,须脚踏实地,在事上努力,尽量减少口头宣传,以避免对方之疑忌与破坏。2. 新疆宗族虽多,但以时久相习,均甚融洽,且以历史上之教训,对于对方之恐怖政策,极表愤慨,故实际上无所谓民族问题,此点吾人应深切认识,勿为别有作用者所制造之分裂思想所摇惑,尤不可以自疑其为复杂,致生错误。3. 新疆政治须采外自治而内训政之方式,在可能范围内应尽量减少其特殊性,期能迎头赶上内地政治之水准。4. 对方之特务工作无孔不入,我应严密防范,并加强我方之特务,调用优秀之特务人才,以资应付。5. 由历史往例,回教之向背,关系西北之治乱,故必须尊重回教,掌握回教,以为安定西北之定力,而免对方挑唆。6. 在外交上取拖延方式,以掩护军事掩护政治为其主要目的,只须不损害国家之权益,均可与之敷衍,俾资等待国际及其本身之变化。7. 有关新疆外交上之重大事件,应由中央以整个国策为依据,与莫斯科直接谈判,俾避免对方职业外交者之操纵把持。丙、经济金融。经济金融为军事、政治之命脉所寄,必须与中央打成一片,然后新疆之掌握始固,惟过去因环境关系,及本身条件之不足,新疆经济悉在苏联操纵包办之下,以故与内地之关系日疏,人民甚至数典忘祖,不知己身为中华民国之国民。为今之计,亟应将新疆之经济金融与内地建成依存关系,俾能休戚同感,并便利军事、政治之设施。兹更言其要:1. 中央必须认定经营边疆为一赔钱事业,尤其是新疆,应以大量资金经营之。2. 由中央及地方政府,并联合人民,组织西北企业公司,办理甘、宁、新、青、绥五省对内对外之企业事宜,相互依赖,畅通有无,使其经济关系打成一片。至现有之新疆省贸易公司,可并入西北企业公司。3. 金融方面,应(1)中央银行迅在新疆各区县增设机构。(2)中国农民银行即来新疆设立分行,办理农贷。(3)新疆省银行由中央投资,依法派任董监事。(4)统一新疆币制,停止新疆省银行之发行。4. 开发新疆之蕴藏,繁荣新疆之经济,及奠定西北之国防,均须展延陇海铁道伸入新疆。其路线可一由祁连山以北之河西至哈密,一由祁连山以南之青海至南疆。至于孰先孰后,则应由中央斟酌情形以决定之也。

(二)筹设西北企业公司节略 三十五年三月五日面呈。主席蒋钧鉴:窃以经济建设为建国工作之首要,经济统一为民族统一之前提。查我国西北甘、宁、青、新、绥五省乃今后国防要冲,而地旷人稀,资源未辟,宗族复杂,风习互殊,论民生则凋敝艰苦,论政治则散漫疏寓,尤宜在经济上迅作适当措施,一以繁荣其地方,一以加强与内地之联锁。因特拟即组设西北企业公司,由政府作巨额投资,并酌募商股,俾担负是项任务。初期经营应不惜亏损,由政府补贴以奠定公司坚强不拔之基础。至于内部组织,悉遵照公司法之规定,期臻妥善。所拟是否有当,理合检同筹设西北企业公司节略一份。敬请鉴核。耑此肃陈,祗颂崇绥。

附呈筹设西北企业公司节略一份。吴忠信拜上。

节略:我国西北甘、宁、青、新、绥诸省人民经济久停滞于农业、牧畜阶段,土产虽丰,外销无路,以致人民生活及文化水准较之内地各省落后殊甚,在现经济中实尚为处女地区,有迅谋发展之必要。而地土广,人口稀少,矿产遍布,蕴藏极丰,大有发展之余地。兼之今后世界交通主力由航海进而为航空,诸省在全国版图上由边陲转变为门户,以国防经济言,西北之开发,实已不容稍缓,爰就管见所及,拟筹设西北企业公司。节略如下:一、定名:西北企业公司。二、宗旨:发展甘、宁、青、新、绥五省人民经济,兼为西北国防经济培植基础。三、业务:第一期置重于贸易之发展,以五省农牧土产推销内地各省及苏联、英、印,以易取其工业品,供应五省日用必需品,助长五省农牧之增产,以增强人民购买力,并提高其生活水准。第二期,置重于轻工业之发展,筹设纺织染工厂,谋五省自产棉毛之加工;筹设面粉碾米厂,谋五省自产麦米之加工;筹设制革工厂,谋五省自产皮张之加工,诸如此类,不细列举;谋五省民生日用必需品之自给,进一步提高其生活及文化水准。第三期,置重于矿产之开采,举凡轻工业所必须之矿产如煤铁等,对内地各省及外国可易货之矿产如金、玉、钨、云母、碯砂等项,次第开采,增强五省对外购买力,并奠定五省民生工业自立之基础。

以上分期仅就公司业务之置重点而言,实际经营则视公司人力、财力之所及,及事实需要,斟酌举办,并非截然划分。同时对于五省交通之发展,水利之兴修,及人口之移殖,均当予以协助促进,俾与公司业务之发展相配合。至关国防重工业,自须俟诸政府。四、组织:完全遵照公司法,采官商合办性质,依股本之比例,分别选派董事及监察人,董事长由中央就所派董事中指派之。择适宜地点设置总公司,并视业务需要,得于各省工商巨埠设分公司或办事处。五、资金:暂定资金为法币四十亿元,由中央投资二十亿元,由甘、宁、青、新、绥五省各投资法币二亿元,募集商股十亿元,视业务发展,准商股逐渐增加。中央与各省投资,并得以其现有企业归公司经营之方式行之,以收统筹发展之效。

午间致电迪化周委员,告以谒见总裁经过,电文如下:即刻到。迪化省府周委员彦龙:密。本晨九时半奉召晋谒委座,历时四十分。首先报告西北暨新省一般情形,及其对策。次请从速改组省府,委座询余意见,余乃重申前提三方案,委座谓:候张部长返渝后详商。(下略)

三月六日,星期三,阴历二月初三日

晨九时,新疆省党部书记长陈希豪来会。陈系先余数日离迪来渝参加二中全会者,据告日来大会空气,对外交、经济、财政攻击甚烈。张部长文白兄偕马歇尔、周恩来等巡视各地,今午飞返重庆。午后五时余特往晤于其寓所桂园,并在彼处共进晚餐。据彼云:此次巡行周日,各地情形尚称良好。随谈处理西北及新疆问题。余以昨呈总裁之节略二份送与参阅,最后张部长决定担任行营主任兼新疆主席,惟主席一职拟于接任后派员代理,以资缓冲。余等谈话时间历五小时,末复约定明午邀李总司令铁军、陶总司令峙岳及宋主任希濂等在桂园共商一切。

三月七日，星期四，阴历二月初四日

晨间，粮食部徐部长可亭兄过访，于评论最近国际大势后，关于国内现局，渠谓各地经济情形同深严重，民不聊生，粮食问题亦感困难。至中枢人事，彼谓国内各党派多有拥张岳军出长政院之意，惟国民党方面对此反对甚烈，故宋院长子文在目前大致可无变动云云。

午时赴张部长文白兄寓所午餐，在座有李总司令铁军、陶总司令峙岳、宋主任希濂、刘处长孟纯等数人，共商西北大计，论题多集中于军事。余首对治新政策发表意见谓：盛世才利用恐怖政策控制一切，余则实施解放，以苏民困，惟解放非无限度，其权在我，故能相安，将来文白兄主新，势必利用自由政策（亦即民主），斯时权在民手，倘利用不当，必增麻烦，故实行自由政策之始，犹宜保持限制，不能过份放任，譬如缠足已久，非顷刻即可放大，须以热水慢慢泡浸，否则不便行走也。对于新省改组，余力促张部长速付实现，兹彼拟请先发表由中央派定之委员十人，请余代为计划。军事方面，余亦提出数项意见，第一、新省问题在过去一年半中是军事第一，现在与将来还是军事第一，我们每个人均先须有此认识，三个月内气候转暖，草长马肥，敌方将随时攻我，在今后三个月，我方务须完成治标准备，始克应付，军事条件有何不足，速予改正补充，尤其交通一项，应速设法加强，至交通任务何隶何属，先须决定，以专责成。第二、边疆尤其新省各部队将领须达成"得军心"、"得民心"，六个字，对部属严加管教，军心得矣，对人民纵不能保，最低限度亦要不扰，则民心得矣。第三、宋主任希濂年轻干练，为湖南黄埔学生中最有希望之将领，故应给予相当位置，庶几妥善。最后关于西北军事之编制与人事，经共同拟议如下：1. 西北五军之分配，拟定新疆二军、河西一军、青海、宁夏亦各一军。2. 郭寄峤兄以西北行营副主任驻兰州，陶峙岳以西北行营副主任兼参谋长驻迪化，宋希濂任新疆警备总司令,李铁军任河西总司令,拟请示总裁决定后发表。

晚间,曹经元、陈立夫诸兄来访,立夫问:尧乐博士财产先准发还,将无以应付其他人士,且尧某身在中央,尤恐边人起厚彼薄此之感。致迪化周委员电,告以张部长决定任西北行营主任兼新省主席,原电如下。(下略)

三月九日,星期六,阴历二月初六日

到渝后即患感冒,今日上午始首次出席二中全会。午时赴白健生、李鹤龄两兄会宴,座客皆系皖籍中委。晚间李明、杨思广兄过访,旧游久别重遇,欣喜可以相见。渠历述在申被俘经过,颇为动听。昨据张文白兄告谓:伊犁方面近有表示,望其迅速赴新继续谈判,否则中央故意拖延,无形中将使谈判决裂云云。匪方态度竟至如此地步,实堪痛惜。

三月十日,星期日,阴历二月初七日

上午七时三十分李应生运启兄来访,欢谈一小时半。李系合肥小同乡,清廉公正,各方对之均甚尊重。渠住处在化龙桥,本拟早日返皖料理家务,旋闻余将来渝参加大会之讯,渴与余一面,故将行期展延,专诚之心,使余感激。

中枢公祭立法院副院长叶楚伧、故军事委员会上将参议李烈钧、及故监察委员李梦庚。今日上午在陪都纪念馆举行,余于九时前往参加。到全体中央委员及国府各部会长官,由总裁主祭,领导行礼后,全体默哀致敬,十时许礼成。

旋便道访晤章嘉大师与马子香兄等于胜利大厦。子香兄谓,青军在陕西之一师,可调至甘肃为张部长之护卫,在新之骑五军两个师,悉听张部长调遣,其余在青海各部队,将来如有需要,亦可随时供张部长驱策云云。子香兄如此爱护国家,拥护文白兄之精神,余于公于私,深为感佩。盖料理西北事务,必须取得回教及部队之同情,兹子香兄既作如此表示,则文白兄此去把握必多也。

中午访文白兄于桂园，谈三十分钟，未能尽言，渠因奉总裁召赴山洞谈话，余即同车送至山洞，车中续论新省府改组问题，彼此交换意见，文白兄请余先为草拟办法，余返寓后即开列意见数点，当日送与文白兄参考。兹录所拟意见如下：新疆省政府改组，拟分两次实施，兹将第一次改组方案开列如后，以供参考。

新疆省政府委员兼主席吴忠信、委员兼民政厅厅长邓翔海、委员兼财政厅厅长卢郁文、委员兼建设厅厅长佘凌云、委员兼教育厅厅长许莲溪、委员兼秘书长曾少鲁、委员于达、张宣泽、周昆田呈请辞职，应即照准。

任命张治中兼新疆省政府主席。任命陶峙岳、邓文仪（或张爱松、左曙平）、卢郁文、鲍尔汉、广禄、王曾善、刘孟纯、赵剑锋为新疆省政府委员。邓文仪（或张爱松、左曙平）兼民政厅厅长，卢郁文兼财政厅厅长，鲍尔汉暂代建设厅厅长，广禄暂代教育厅厅长，王曾善兼秘书长（秘书长关系重要，由王担任是否胜任，尚请慎重考虑）。

附记：（一）新疆省政府委员原额为十一人，兹已开缺九人，发表八人，尚余一人，暂予保留，俾有伸缩余地。其他委员阿西木、加里木汗二人之缺，可暂不开，俟省府大改组时再定去留。（二）以鲍尔汉、广禄暂代建设、教育两厅厅长，卫生、社会两处处长及各厅副处长之职暂不发表，表示等待伊犁方面及其他各族人士之参加。（三）社会、卫生两处处长可暂不提，在省政府未大改组前，可以省令派员代理。（四）各厅副厅长，在省府未大改组前，亦可以省令派员暂代，如民政厅副厅长华声慕、财政厅副厅长张宏与、周崇勋、建设厅副厅长艾林、满楚克扎布等均可以府令派委（否则渠等均系现任，无须加委，俟将来再说亦可）。（五）在中央之新疆籍人士，以及在新知名人士，可暂不提，以保留伸缩余地，亦可使渠等持有希望，俟将来省府大改组时再斟酌办理。否则目前即行决定，倘有欠善，易受批评，致生不便，此点应特别注意。（六）现在新疆固以外交居首,但人事问题亦甚重要。若其始人事处理不妥,不但影响外交,而且影响内部。且新疆人心确实拥护中央,如人事处理不当,又必影响人心,此事实最重要者。(七)中央一般自命边疆学者之言论,万万不能尽信(否则信行其言,致滋事端,彼等则不负责任)。各方推荐之人,如不能环境配合,亦切不可以接受,总以不增加省府当前困难为原则。(八)新疆省府依照上案改组后,新任人员应迅速赴迪化就职,并斟酌新疆实地情形,妥善处理一切,收效较宏。(九)南疆行署案已通过,似宜派员前往主持,其人选,由省委中择一担任,或另派其他人员,均无不可。

新疆省府改组,目前已有早日实现之望,余主新一年又半,情形较为熟悉,兹受文白兄之托付,爰为开拟上列方案,并特别附述应行注意各端,无论为国家、为地方、为朋友,皆不能不直言以告,而前任之为后任拟议规划,实为仅见。

昨得迪化邓厅长鹏九寅鱼民秘机电,关于国大代表补缺事,拟以分区选举办法办理,请转陈中央准予备案,等情。当经函请张部长厉生准予备案,并电复鹏九。兹录来往两电如左:(一)迪化邓厅长寅鱼秘机电。特急。重庆。冉家巷十九号吴处长转呈主席钧鉴:密。关于国大代表补缺问题,国选总所来电谓:须由省临参会选举,等因。当经复电,文曰:本省正式省参议员选举,正办理中,正式参议会预计五月初即可成立,故临参会第二次大会未予召集。(下略)

三月十一日,星期一,阴历二月初八日

二中全会今晨九时举行开会以来第二次总理纪念周,余准时参加,由蒋主席领导行礼,即席训词。(下略)

麦斯武德既经发表为新疆监察使,自不宜再兼任国府委员。余以为将来国府改组,如仍须于新疆维族安置一人,则色以提艾买提议长堪以当之。今日余特函荐总裁,原函如下:主席钧鉴:敬启者,协商会议后,人事应有变更。麦斯武德现有新职,当然不能兼任国府委员。此后国府委中如仍须于新疆维族安置一人，拟推荐现任新疆临时省参议会议长色以提艾买提充任。该议长系维族库车总阿洪，现年五十岁，声望甚好，忠实可信，必能不负委任。如国府委员不一定须有新疆人参加，则作罢论可也。专肃敬请钧安。吴忠信敬启　三月十一日

迪化郭副长官寄峤兄寅微电（三月五日）今日始到，大意谓迪化民众闻余离迪之讯，不及恭送，在家哭念，情至惨切。匪我近情：南疆匪增调二三千人反攻莎（车）、英（吉沙），将惊动乌（恰）、阿（图什）。绥来之匪，运输频繁。阿山匪首窝斯满复函要求由伊宁总洽。并闻对哈巴斯不满。我方则南疆兵停，北疆粮尽，殊堪忧虑云云。查新疆问题即未解决，某方决不轻言放松，危机随时可以猝发，早在意料之中。目前对策，一方面惟请省府从速改组，并望张文白兄等及早赴新，应付一切。一方面亟愿中枢洞悉边局危急，刻不容缓，迅予有效之援助。否则三个月内雪开草长，敌可到处奔突，局面益不可收拾，坐误时机，悔之晚矣。余已将寄峤兄来电抄送文白兄，促其注意。兹录电文如下：急。重庆。新疆办事处吴处长叔仁兄：请详呈吴主席礼公：密。〈甲〉连朝滞哈，无任驰系。顷闻平安抵渝，极慰。此间民众依恋万状，据马良骏面告：民众闻讯，不及恭送，在家哭念，情至惨切，益征我公德望之隆，感人之深，虽在新艰苦年余，良可稍慰。〈乙〉连日匪益嚣张，南疆方面仍对峙中，某方及伊方增调二三千人以上，刻向莎英反攻，乌恰阿图什边界将有动警。马纳斯河西部匪方汽车多辆，日夜运输。乌思满达里力汗丑齐复函：要求由伊宁总洽，并闻对哈巴斯不满，已令哈部及哈民集结，其企图在侦察中。〈丙〉车油停供两月，贻误至大，南疆兵停，北疆粮尽，各部武器太坏，不能作战，均在忧虑中。郭寄峤。寅微（三月五日）。印。

三月十二日，星期二，阴历二月初九日

晨赴财政部国库署分访刘文龙老先生及杨署长绵仲，藉面辞后日之邀餐。刘老先生自去秋新局紧张，乘机飞渝，寄居国库署，瞬

将半载。见其精神甚佳,殊以为慰。彼云:短期内拟赴迪一行,整理家务,然后迁家关内作长住之计。杨署长曾一度留迪研究新省财政,故于新省实际困难情形相当明了。谈及新省昨今两年省预算问题时,余谓:去年度新省预算至今年一月始奉核准,致使过去一年之财政至感困难与不便,幸省方竭力樽节支出,故超支数目当不过高,卒得勉强度过。今岁新省财政困难实况,尤甚于往年,而省方所存印券纸只够维持三个月即将告罄,故望今年度省预算早日核准,以资预筹补救。杨署长深表同情,并云:三十五年度以后中央统一新省收支,必须首先整理币制,取消比率,仍一面节约支出,接近平衡,其不定之数,仍只有出之于补助。此则为国家百年大计着想,应予勉力负担者。如斯意见正与余平素主张不谋而合。旋谈战后国家财政经济对策,彼谓:国内一般人士主张先平抑物价,均衡收支,而后紧缩通货,斯实不甚合宜。不如先行紧缩通货,而后徐图物价平抑与收支平衡,较为可能。余颇以为然。

得迪化周委寅真电告:伊敏主持之独立社会仍在继续扩展中,华声慕及广禄等均情殷赴渝,云云。关于新省国大代表补缺问题,昨据内政部张次长纯鸥面告:所拟以分区选举办法办理,已准予备案并径电迪化知照。余即电嘱周委员转告邓厅长。

三月十三日,星期三,阴历二月初十日

张部长文白兄定今日向大会报告边疆问题。余于上午九时前特赴其寓所提供意见数点,余谓目前边疆问题症结所在,内蒙方面是盟旗制度与省县制度之斗争,新疆方面是共产青年与宗教阿洪之斗争,至于西藏则纯粹封建神权社会,一切落在时代之后,姑且不谈。而应付蒙古、新疆,关键全在如何应付苏联外交与共产党耳。文白兄颇以为然。

午后二时访马主席子香兄于胜利大厦,并晤骑八师师长马步康(字子庄)、青省民政厅长马绍武。与马主席畅谈西北经济问题,余谓:西北军事与政治既定,今后重力将在经济,必须从根本问题之经济上谋求西北之出路与发展。余复将西北经济必须与全中国经济打成一片,中国经济必须与美国经济打成一片之道理重为申述一遍后,关于所拟筹设西北企业公司,将来如能实现,希望青省参加,万一不克实现,希望青省自筹办法,藉为青省经济辟一坦途云云。马主席闻之颇为感奋。并告:青省储存大宗羊毛皮张,羊毛存量达一千万斤,其他麝香、鹿茸等物亦颇不少,将来拟即将之运售省外,易取所需,其于青省经济舆人民生活,裨助必多。

晚赴嘉陵宾馆王主席东原宴,九时返寓。(下略)

三月十四日,星期四,阴历二月十一日

上午下午均出席大会,会中先后与陈部长辞修、张部长文白、宋院长子文等谈话。与陈部长商谈郭副长官寄峤回皖事。彼谓:寄峤不仅为国内数一数二之参谋人才,亦标准治边人物,若令离新他适,将使张部长内容空虚,致生不良影响。故为张部长打算,为新疆打算,此对寄峤似不离为宜。将来能离,当为注意使其主皖。惟现任皖主席李品仙,各方虽多非难。(下略)

关于张部长赴新事,今晨总裁面嘱迅速赴新,拟先发表张为新省主席,于下星期二行政院会议即可提出。张部长定本月二十日启程,准备于二十五日以前赶到迪化。

宋院长系此次来渝后首次会面,与谈甚欢,当余论及中国经济必须与美国经济打成一片始有出路时,彼非常同意此说。

三月十五日,星期五,阴历二月十二日

晨发迪化周委员一电,告以寄峤兄回皖与文白兄赴新各事,原电如下:特急。迪化。省府周委员彦龙:密。(1)昨晨与陈部长辞修商谈寄峤兄回皖事,陈部长允为注及,惟谓:中央如调动李主席品先,必需白健生兄有所表示云云。希转告寄峤兄。(2)昨日委座面嘱张部长速赴新疆,拟于最近先发表张部长为新省主席,后约号日可启程来迪。忠信。寅删。晨印。

上午九时出席全会,通过例案多件。中午有五处请宴,酒席均

甚名贵,值此民不聊生,犹如此奢侈,心殊不安也。下午访李石曾先生,不晤多年,彼此畅谈哲学,甚为欢洽。(下略)

三月十七日,星期日,阴历二月十四日

二中全会,上午十九次大会,通过边疆问题决议案,原文如次:查我蒙、藏、回三族同胞俱为构成我大中华民族之一员,而其分布之地区,更为我领土不可分之一部。本党之于各边疆同胞,向本扶助发展之旨,提携并进,期其共臻于富强康乐之境。第以抗战军兴,顾抚容有未周,致使边胞愿望或未能尽如所期,缅怀既往,曷胜眷念。今抗战胜利,建国之责任应由我全国同胞共同负之。本大会爰本此旨,将有关各案详加审查,决议特就各案之精神及报告检讨之要点,决定左列数端,期其迅速实施,以达成国内各民族之团结统一,而奠国家长治久安之基。(一)在根据三民主义五权宪法组成统一民主国家之原则下,宪法中须明白规定保障边疆民族之自治权利。(二)改组后之国府委员及行政院之政务委员中,均须有蒙、藏、回三族忠实干练之同志参加。(三)蒙、藏、回三族贤能人士,须有充分机会参加各院、部、会实际工作。(四)于新疆之国民大会代表名额中,酌增蒙、藏、回三族代表名额,由中央推选之。(五)改组蒙藏委员会为边政部,使蒙、藏、回三族干练人士得参加实际工作,担负实际责任。(六)在边疆民族所在地各级学校之施教,应注重本族文字,并以国文为必修科,由教育部斟酌施行。各级机关之行文,以国文及本族文字并用为原则。(七)中央对于边疆各地自治制度,须按照各该地实际情形作合理之规定。(下略)

三月十七日,星期日,阴历二月十四日(略)

三月十八日,星期一,阴历二月十五日

上午九时出席中央纪念周,蒋总裁主席,并训话,大意如下:(一)关于东北问题,必须与苏联继续外交谈判,在苏军未撤离东北之先,决不与中共商谈东北问题。(二)关于民族问题,应遵照总理遗示,联合汉、满、蒙、回、藏成为国族,决不容分割,或为他人利用。(三)关于今后党务,凡新当选之中央常委,要以身作则,不可因当常委后即不革新(盖此次当选常委,属于革新运动派之少壮者不少)。(下略)

三月十九日,星期二,阴历二月十六日

晨间,盛前主席晋庸过访,畅论新政之今昔。盛亦谓:新疆问题关键在苏联,去岁新局之克勉强维持,骑五军入新关系最巨。盛居渝半年,平日深居简出,容貌殊见清癯,境遇非得意也。

关于张文白兄继任新省主席一案,今日行政院会议尚未发表,据文白兄云:总裁主张俟文白到新后再发表。晚八时,总裁招待余及傅主席宜生、孙主席连仲、王主席东原、薛长官岳、陈部长辞修、张部长文白等十数人晚餐。席中余谈述西北大局,颇感兴奋。蒋夫人宋美龄女士亦出席参加招待,对余特别殷勤,深表感激。蒋夫人以盛晋庸近况见询,余喟然曰:晋庸兄清瘦多矣,新疆被惨杀人民为数固夥,要皆苏联所为,不能归罪盛氏一人。惟晋庸最后逮捕一批人员,未免多余耳。餐后,总裁招余与文白谈话。总裁首先询问余曰:文白赴新好吗?余曰:很好,不过很辛苦的。旋文白报告主新方针历十余分钟。余谓:当前应计划保卫大迪化。总裁连声曰:很对、很对。余又表示须速改组省府。文白谓:俟和平谈判成功再改组。余乃曰:速改组好办事。最后余问总裁关于曾慕韩事所上之函。总裁谓已看过。余即转呈曾之主张国民大会制宪后即应行宪,并请总裁约曾见面……

三月二十日,星期三,阴历二月十七日

张部长文白兄准备明日赴新,但尚未能确定。余特往晤谈,告以料理新事,关键在对苏外交,一切措施,须采不声不响之方式进行之,切忌夸大与宣传,致使内外猜疑。余又表示只须余精神犹在,当为其尽力支持与协助。关于回新人士麦斯武德等,余主张须谨慎应付,不可过度放任,以免滋事。张部长答曰:吴先生,我两人治新意见百分之八十相同,惟对于麦斯武德等观点则有异处,我乃欲利用麦等以反苏也。余闻语大笑。返寓后即电告迪化周委员,以张部长不久即行来新,在省府未改组前,务请各厅、处同仁加意维持,以全终始。电文如下:即刻到。迪化。省府周委员彦龙:密。〈1〉关于发表张部长任新省主席一案,昨晨行政院会尚未提出,据张部长面告:总裁意,拟俟彼到新后再发表云云。昨晚偕张部长晋谒总裁,同时面恳总裁从速改组省府,以利工作。〈2〉张部长准备明日启程来迪,但尚未能确定。〈3〉在省府未改组前,务请诸同仁加意维持,以全终始,无任企祷。忠信。寅号未。印。

三月二十七日,星期三,阴历二月二十四日

上午九时约刘处长孟纯莅海光楼谈话,渠将随张文白兄赴西北就任西北行营秘书长职。爰特恳切面告料理西北应注意各事,嘱其转达文白。余谓:边疆民族知识落后,惟力是从,一切皆视权力而转移,谁有权位,即听从谁,对于国家领土主权等观念向称薄弱。此番麦斯武德诸人返新,渠等目前虽表示反苏,但其东土尔其斯坦思想决不放弃,势将运用权位,拉拢组织,掌握人民,造成势力。以新疆人民之无知,若谓麦等难于如愿,则未敢言必。而邻邦苏联又必然的利用机会,对麦等大肆诱惑,随声附和,不久麦等恐将由反苏而亲苏,卒至新疆独立,将何以堪?过去盛晋庸虽得苏联支持主新十余年,最后苏方要求盛氏脱离中央宣布独立,而盛氏反而脱离苏联拥护中央者,原因在盛氏及其左右认识国家民族耳。关于寄峤,余谓:寄峤与文白感情素佳,但时久同驻迪化,似不相宜,最好寄峤能早到兰州办事。刘处长亦深以为然。

午间,接文白兄电话谓:伊犁代表已于二十五日到迪化,渠必须早日赴迪继续谈判,以维信用,已面请总裁准予辞去军事三人小组会责任,东北之行亦作罢论,拟日内飞新云云。

迪化周委员来电云:新大楼已由副官处接收清楚,甚慰。兹录原电如下:特急。6611。重庆。主席吴:漾电奉悉。王曾善、尧乐博士、麦斯武德等一行于本日午前抵此。伊犁匪方代表亦同时到迪。

新大楼已由副官处接收清楚。职于前日迁住小鲁处,并闻。职昆田叩。寅有。印。

三月二十九日,星期五,阴历二月二十六日

张文白兄偕夫人及刘文龙先生、刘处长孟纯等于今晨九时飞兰转迪。余抵九龙坡飞机场送行,酝酿数月新疆军政之改组,至此又进入一新阶段,现即等待发表改组省府之正式命令。

文白、寄峤二人皆余好友也,余为维系二人感情计,特电彦龙,嘱其转告寄峤,必须与文白融洽。原电如下:即刻到。迪化。省府周委员彦龙:密。极密。〈1〉张部长文白已于今晨九时飞兰转迪。〈2〉寄峤将来前程极为远大,目下与文白相处,必须注意融洽,于公于私均有裨益,希密告为要。忠信。寅艳已。印。

三月三十日,星期六,阴历二月二十七日

国民政府昨晚发布命令:新疆省政府委员兼主席吴忠信,另有任用,所遗新疆省政府主席职务,派张治中兼理。此令。余即电嘱迪化省府曾秘书长,俟张新主席到迪后立即办理交代。至省府各厅、处之改组,则尚有待,或须视与伊犁暴动人民代表谈判获得结果后,方可发表也。兹录致曾秘书长电于下:即刻到。迪化。省府曾秘书长小鲁:密。国府二十九日命令已发表张部长文白兼理新疆省政府主席,希于张部长到迪后立即交待,并将办理情形随时电报为要。忠信。寅三十午。印。

迪化曾秘书长等来电,略谓尧乐博士到迪后宣达中央德意,倡言汉回一家,攻击独立自治,大受民众欢迎云云。闻之不胜欣慰。兹录电文如下:急。6611。重庆。主席吴:密。尧乐博士来迪后,向各族领袖宣达中央德意,嘱在三民主义领导之下,汉回一家,拥护中央,服从领袖,勿为野心分子所诱惑,并力辟独立与高度自治等谬论,及某某等之荒谬主张,大受民众欢迎。职等谨以钧座名义,致送尧君国币五十万元,以备零用,并闻。职少鲁、昆田、翔海叩。寅俭民秘。印。

三月三十一日，星期日，阴历二月二十八日

自余前岁十月一日离渝飞新主政，距今适为一年又半，新疆在此一年半中匪氛未尝稍息，余日在剿匪战乱中工作，边荒年迈，主持省政，不遑闲暇。举凡应办之事，应尽之心，无不诚惶诚恐，悉力以赴，自问对国家，对地方，对自己，惟忠、惟诚、惟勤，可谓心安而理得。去年九月，伊犁匪敌更大举东侵，乌苏沦陷，匪众迫近绥来，迪化危在旦夕，而能使大局转危为安者，上帝保佑中国，青军增援入新，人民拥护政府使然，余之老命老面子幸免保全者亦在此。

溯于前岁在渝奉命主新之际，曾一再向总裁陈明此行毫无把握。总裁面谕：你去，人家相信你。其势不得不去。抵新履任之始，即以天理、人情、国法六个字为治新方针；抚辑流亡，豁减赋税，救济贫乏，以苏民困；释放囚犯，尊重宗教，以安民心；保障各族头目，以顺民情；宣抚北疆，宣慰南疆，安定社会，巩固后方；召开省临参会，选拔各族优秀人才，培养民治基础；协和全省十四宗族同胞，融洽党政军各界，俾臻团结，而利工作。凡此种种，无不尽其最大努力。无乃邻邦苏联根据其一贯之谋我策略，乘我军政交替根基未固之际，利用地方无赖，鼓吹狭义民族观念，掀起伊犁事变，随之进窥塔城、阿山，扰乱南疆各地。新省同胞甫从恐怖暴政中脱身，喘息未定，复陷于兵慌马乱之惨境，益增中央西顾之忧。旋苏联方面传达伊犁暴民有作和平谈判之表示，苏方愿任介绍与协助之责，中央爰派张部长文白兄赴新与伊犁暴民代表商谈解放事变。然而事实证明，双方谈判完全由苏方作祟，要挟愚弄与操纵，伊犁代表事事须请示驻迪苏领，而对我方则刁猾傲慢，倔强无理，令人忍无可忍。余□尝言：新疆问题，关键在对苏外交。今中央既循外交谈判途径解决事变，余在新作用已成过去，以余年老性直，尤不堪忍受苏联与伊犁暴民代表之无理态度。曾经迭次呈辞，均未邀准。上月杪始奉命先行来渝述职，并出席二中全会，心慰大半。今复获准辞职，由文白兄兼理主席，且彼已启程赴新，殊可喜也。

余对西北局面,向来主张甘、宁、青、新四省必须融成一体,党政军三端必须一元化,始克应付裕如。现在文白兄以西北行营主任兼理新事,甚为得当。文白系余好友,感情极佳,此次前往西北,原出余之推荐,而成立西北行营又系根据余之建议。顾西北关系重大,新疆为中国之大门,文白兄此去责任艰巨,深望好自为之,邦国前途,实利赖也。

(3) 日记节录之三(1947年3月)

伊宁事变亲历纪实　　佚名

三十六年三月四日。南京救国日报

——一个从血泊中逃出者的自述——

记者附言——新疆是我们西北的国防堡垒,正如美国华莱士说:"新疆是中国的大门"。此一大门,正开在另一大国最长的边缘之上,自从伊宁变乱迄今,虽已签订协定,但其严重局势,随某一大国之军事安全空间之无限度扩展而有加无已。伊宁事变亲历纪实为海关某关员于伊宁叛乱时亲身经历之事实的记载,通过此一记载,此次伊宁事变之动机、背景,与夫将来发展之趋势,均洞若观火,此不仅为我国边疆史之重要文献,仰为我国救亡图存之暮鼓晨钟,愿本报读者加以研阅,并广为传观。

前言:余为一海关关员,于民国三十三年间由兰州奉调赴新疆,抵迪化后即派往伊犁分关服务,至同年十一月七日(即苏联国节日)伊犁事变突发,分关同人鲜有幸免,余惨遭囚辱,九死一生,仰赖上苍保佑,得庆生还。然伊关同人,凡属汉员,尽遭拘禁,事后或被杀害,或致病亡,或告失踪迄今仍无下落,所遗眷属弱小,状至凄惨,余虽蚁命获保,而虎口余生,精神体质,均饱受打击,痛定思痛,不寒而栗,溯往追来,感触万端,兹将亲历目睹及所确悉之一切经过始末,追述如次:

甲、事变起因。(一) 政治——吾国自辛亥以还,杨增新、金树仁先后统治新疆,均用愚民政策,闭关自守,时值第一次世界大战,俄国战败,发生革命,无暇外顾,而我国内部诸省,方谋革命统一,以致新疆鞭长莫及,成为割据形势,毫无国防可言。以言官吏,则任意搜括民财。以言军队,则腐败不堪。新省物产丰富,生活水平极低,人民易于谋生,因无外人挑拨,得以苟安者二十余年,迨至盛世才主治新省时,大变作风,尤以与马仲英对抗时,盛氏借用苏联兵力,平定马乱。自此时始,新疆政治大变,各机关均用苏联顾问,红军第八团常驻哈密,盛氏更吸收大批中国左倾份子,担任政治工作,思想大变。旋以第二次世界大战发生,苏联又于新省设一农具制造厂,制造军器,制配飞机,供苏对德作战之用,此时新疆名为中国之一省,而实际上主权已告旁落。及至苏联对德作战不利,西部对德军占据,大有不支之势,于是苏联将人力、物力集中西方,盛氏遂利用时机投向中央,改亲苏为仇苏,拟将苏联势力排出新疆。于是严禁人民与苏联人民接触,密布侦探于苏联领馆周围,驱逐以前所吸收之左倾分子,而行政则仍用亲苏时之恐怖政策,极尽残酷逮捕刑杀之能事,乃至日甚一日,人民生命财产,且不保夕,数年亲苏洪流,思欲阻止于一旦,是岂可能,必有横决之一日也。未几苏联反攻胜利,对于新疆已失之权利,思复取回,遂利用人民怨恨盛氏之心理,笼络新疆异族青年、宗教领袖,而造成亲苏势力,以谋不轨。余于民国三十三年八九月间回教库尔班节时,曾见伊犁苏联领事亲至各大回教团体、寺院等处拜节送礼,夜间街头巷内,俱发现用苏产报纸,以维文印就之传单,宣传推翻新疆政府,视其所用纸张,及整齐之印刷,显系外人所作。未几盛氏内调,新省改由中央统治,于是苏联认为时机已至,再不发动变乱,中央势力日增,复日欲占新疆恐不易矣。(二)经济——新疆西南毗连印度,西北接壤苏俄,地大物博,矿产丰富,为最理想之经济市场,及原料供给地。满清时代已为俄国所唾涎,苏联自大革命后,仍思染指,及至盛氏借用苏联兵力平定马乱,苏联即在新疆树立势力,组地质考察团,开发乌苏附近油田,采掘温泉、博乐乌矿、阿山金矿,更组新疆贸易公司,以谋商品之推销。对于南疆,则利用盛氏权力,阻止英货自印度输入,严禁人民购用,独霸市场,于是苏联货物充斥市面。及至盛氏倾向中央后,所有各矿均被收回,贸易公司亦被撤销停办,苏联与新疆之贸易,遂立即停顿。此时货物来源断绝,物价高涨,盛氏即实行平抑物价,商人囤积居奇,造成黑市,走私之风勃起,新疆牲畜颇多,苏联于对德作战期间,缺乏牲畜,对于偷运牛羊马匹至彼国者极为优待。新疆边界辽阔,牧场与苏接连,极易过界,过界后即有苏方人员引导,并给予所换之货,偷运而回。走私者以维、哈两族为最多,新省警察局利用眼线报告,缉获颇多,缉获后犯人被押入狱,货物充公,甚至倾家败产,此时倘甲与乙有隙,即诬告乙走私,警察不待调查真相,即将乙捕押入狱,非刑拷问,屈打成招,荡尽家产,因此造成异族之仇恨,外人则利用走私分子,鼓动作乱,偷运武器,伺机狡逞,以谋夺取新疆。此亦暴动主要原因之一也。(三)民族复杂——统区民族有维吾尔、哈萨克、喀尔基斯、塔兰其、乌孜别克、塔塔尔、归化(即白俄人入中国籍者)、蒙古、锡博、索伦、回、满、汉等族。其中维吾尔族占百分之五十,哈族占百分之三十,其余各族共占百分之二十。哈、维、蒙三族以游牧为生,散居山中,毫无文化可言。维、塔、乌、归、回族半农半商,锡、索等族业农,汉族则大半业商,塔塔尔族多富翁,拥有多数牛羊马匹,置房园于市区,享受安逸生活。该族与归化族均系于苏联大革命时被算逃入中国者,生活习惯接近西方。至于其他各族,除汉、满、蒙、锡、索诸族外,余者均系土著,与自苏联因实行社会主义不堪饥饿而逃来者有别。彼等均通俄语,苏联自对德作战后,人力缺乏,遂利诱彼等取回国籍,扰乱新疆,故彼等有双重国籍,一为苏联籍。总之,该区民族极为复杂,文字言语各异,认识甚低,吾国未能普及教育,注入国家思想,故极易受外人挑拨而发生变乱也。(四)宗教不同——各族除汉、满、蒙、锡、索信佛教,归化信天主教外,其他各族均信奉回教。信仰不同,习惯迥异,外人则利用此点,挑拨离间,助异族组织国家,脱离中国,而为彼之附庸。

乙、事变经过。(一)伊犁区——由于上述种种原因,外人遂不惜重资笼络无知之异族,夸耀彼国物质文明,宣传新疆政府腐败。一面秘密活动组织,一面偷运军火,不时自边界经大西沟、果子沟、北山至巩哈一带,待机而动。关于上述种种活动,如偷运军火,异族青年赴苏联领馆开会等事,在事变以前,分关查缉员麦树德(塔塔尔族人)曾数次谈及,当时亦有人以此情报供给当局,但未能采适当措置,此时盛某已有被调之讯,方欲大肆搜捕中央来新工作人员,派亲信赴各区消灭异己,建立势力,巩固自己地位。而中央武力,此时尚未伸至新疆,于是一般异族暴动分子,遂乘机首先自巩哈起事,为首者三人,一为塔塔尔族之法提克,一为归化族之亚历山大,一为维族之爱尼。爱尼力大无穷,新疆有名之巨盗也,被捕多次,最后自迪化越狱逃回至巩哈,联络维、哈各族,攻击县城,巩哈失守时盛某已调离新疆,省府派民政厅长邓某赴伊犁视察,未能将事变真像〔相〕报告政府。军事当局派参谋长曹某任剿匪总指挥,又派一杜副师长襄助一切,彼等莅伊后,俱以为小丑跳梁,不难一鼓荡平,是时伊宁方面已有不稳之势,曾有人向伊犁专员公署后面向专署院内放枪,击毙士兵数人。专署后即为苏联领事馆,枪乃由领馆内树上射入者。此事当局以碍于邦交,未曾设法彻查,即以不了了之。仍专以巩哈为重心,派驻伊宁之中央军第三营往剿,伊宁遂成空城,仅以警察维持地面,公私各方,多以伊市不稳情报供给当局,竟拒而不纳,反以为造谣生事,华侨商人要求组织自卫团,发给枪枝守卫伊市,亦被拒绝,此时当局如能联合回、汉二族组织自卫团,未尝不可保卫伊宁于无事,消弭此次变乱于无形,因多数回族仍倾向中央也,且暴动分子乃试探性质,见当局有备,即不敢大举矣。比及第三营将巩哈收复,当局方以为匪已剿平,而伊宁市枪声突起矣,时为三十三年十一月七日(即苏联革命纪念日)晨六时。巩哈收复，暴动分子即率众由山中小路乘隙捣虚，直取伊宁，法提克率哈族骑士扑伊宁东梁之龙王庙，爱尼则扑西沙河子，全市隐伏分子遂起而响应，然此时彼等枪枝尚少，每一队数百人只在前之数人持步枪或手枪，余者皆持木棒，大声疾呼"呜拉，呜拉"，声震耳鼓，时守城者维族警察携枪四散，只余西沙河区局关门固守，第三营尚有兵力一连，实业公司有预七师一连，土产公司约兵力一排，专员公署约一连，均各关恃固守，城外飞机场守军一连，空军教导队约二百人尚未被攻击，亦不敢进城相助。枪声起时，黄关长锡祺与余及余之妻闻枪声四起，愈响愈近，遂急至财政局探视，见其后门大开，衣物乱弃于地，已无一人。复打电话至专员公署，亦无人接，未几闻街上马蹄声、喊声、枪声不绝于耳，余认为机关为攻击目标，武力较优之空军教导队已不能通过，遂决意携关防及重要文件等冒弹而暂赴民家躲避，至十一月十二日，专员公署已被攻破，正式宣布成立东土耳其斯坦人民共和国政府，仍至各家枪杀汉人，时各路口已血尸遍地，有被枪击毙者，有被木棒打死者，衣服均被剥去，惨状目不忍睹。余当时恐连累所藏处之房主，遂商同黄关长，仍逃回海关，将关防文件等焚毁，备以殉职。正在此时，适有乌孜别克族人名雅礼者，素与余认识，赴海关探视余之下落，见余等仍在海关，竟即携黄关长及余与妻逃至彼家，不令外出，雅礼则每日出外探听消息。翌日雅礼回报云：余等初次所藏之汉人家已被害，衣物全被抢走，海关已被查封，区公安局及实业公司亦相继攻破，只余城外之飞机场、空军教导队、鬼王庙三处仍由国军据守。每日白昼枪声较少，入夜则机枪、步枪及炮声不绝于耳。雅礼出外归来报告消息，谓现在成立之政府已有友军帮助，且运来大量武器，如轻重机枪、自动步枪、重迫击炮等，故唯一自迪化至伊宁之公路咽喉二台果子沟，已被伊等占领，南路冰达坂通南疆，东路土大坂通库车，灯篓寺通精河各要隘，均为伊等占领。国军四路不通，已无法增援，粮弹全靠飞机供给。未几，伊等又占领电台及机场附近小山，控制飞机降落,我军飞机只能以降落伞投掷粮弹,然多为伊军抢去。国军约有兵力二营,曾自迪化冒险越北山增援,至距伊宁机场约十余公里处之潘金圩子,此时市内暴动分子大部已准备退走,车马预备妥当,其军事首领已逃至霍城,惜空教队之指挥曹某不肯突出与援军会合,致援军迷路被困,大半被敌消灭,只有少数逃回。于是暴动分子认试验业已成功,可以四出大举攻击,乃先取霍城,复陷惠远,继得绥定,复而扫平巩留、巩哈、特克斯、河南各县,而此次事变之局势造成矣。

初伊宁失陷后,霍城尚存,尼堪卡因接近边卡,孤立无援,县长即通知边卡各机关及一部分边卡队,速退回霍城,以备坚守,故支关主任徐肇显即率职员迁于霍城,徐主任以职务关系,一日率尼堪卡之中运站赵站长等前往尼堪探视边卡情形,至边卡附近,即被匪军掳获,押至芦草沟,其中一伙伕被放回到霍城送信,令霍城投降。据该伙伕谓,掳获徐主任等之军队为白种人,掺俄语。霍城接信后仍不投降,结果终被攻破,所有各机关人员多被残杀。黄君锡祺与余藏于雅礼家中,直至十二月六日,突来数人,持枪将黄君及余押赴区警察局,所有随身仅有之衣物,俱被没收。黄关长及余被押赴区局后,全身即被搜索,所有口袋中一切物件如钞票、表、自来水笔等,俱被搜去,旋即押送狱中,夜间提出审问颇详,年龄、籍贯、出身,事起时在何处,曾否抵抗,海关有无货物金子等,审问完毕,黄关长即与余被分禁两处,约半月后,余被提出清除厕所时,见黄关长亦被押于冰块便粪间,时已面黄肌瘦矣,但未能交一语。此后余又被提出过堂数次,在深夜,最重者有一次问余曾在何校读书,曾在何地工作,工作地有无英美领事馆,与英美领馆有无来往,彼云彼等已调查清楚,黄锡祺与余均为英美两国工作人员,英美欲在新疆树立抵抗苏联势力,一再追问,令余承认似此等奇异问题,令余不胜惊异,当然不能招认,于是动用非刑,赤烙加身,此时余已置生死于度外,绝口不认,请求枪毙,彼见余坚不承认,无法再问,又押入大狱,此后又审问数次,威逼利诱,仍无结果,后余以精神及身体打击太甚,更以监中囚犯过多,空气恶浊,便溺皆在监中,每日发饼干两枚,共约半斤,饮生泥水,坐卧均在湿地,遍身生虱,于是得伤寒病在监中,病体犹受异族欺侮,盖监中亦有维、哈各族盗犯也。直至三十四年三月间,飞机场空教队等处已被攻破,余蒙上苍保佑,病不治而愈。时伊之所谓东土耳其斯坦政府内政部长兼警察局长为一维族青年巴索夫,即今新疆省府副秘书长,彼在事变前曾任伊宁中学教员兼翻译,与余认识,曾受汉族教育,接近汉人,一夜,调余审问毕,即云太对不起,以前警局负责为他人,业已他调,黄关长因病重业已由阿君通融放回休养,待其病愈后仍将押回。并云:于翌日即可将余放回。因经彼调查,余等来伊宁不久,办事和平,时于各民族以平等待遇,未曾开罪于人,名誉颇佳,故作特别处理也。讵料翌日阿君亦患伤寒病,不能到局办公,直至五月间,阿君病愈,已由伊方内政部调宣传部长,于是余之被释又成搁置矣。黄关长自被释放,病势颇重,幸余之妻仍在雅礼家中,黄关长亦即回雅礼家,经余之妻悉心调护,伤寒病日轻一日,但精神方面忽失常态,时哭时笑,语无伦次,于上年三月间竟尔逝世。死后经友人备棺葬于东梁,嗣后余之内人赴东梁查看,见其死时所着之内衣已凌乱,弃于墓外,显系棺木衣服已被匪人盗取,盖彼时异族穷人作此事者甚多也,后向伊方警察局交涉开墓验尸不准,遂作罢论。直至七月间,伊当局复大举搜捕前次未被逮捕之汉族公务员,于是监狱顿患人满,余即被押往惠远。时值天气炎热,余于监中已得痛病,押送军士皆骑马,余及其他犯人步行,一路鞭行,至惠远已不能动。在惠远每日发蒸馍两个,作苦工修城墙,伐树锯木,抬大木头。至十月间天气已冷,逼令赤身涉犁河至河南砍柳回来作抬把子(筐),每至无力工作,即受鞭打,食不饱,力不足,被囚者死亡无数。而精河、乌苏又被伊方攻取,被俘国军亦囚于惠远,至一院中,闻塔城、阿山亦被攻陷,伊方飞机亦不时飞于天空,异族人兴高采烈,视汉人牛马不如,余自以为今生至此已失矣。至十一月十六日，余与其他十余人忽被提释放回伊犁，始知此事已谈判和平矣。回家后又被召至区局，由伊方内政部长兼总局长训话，谓释出后绝不准泄露监中秘密，所审问之话绝不许对外宣露，否则经秘密工作人员查出，即提回枪决云。于是余即终日在家休养，而且腿愈，亦不能外出。余妻即赴苏工厂做工，每日得工资八十至一百元，购米面回家维持生活。尼堪支关主任被房后，拘押于芦草沟，其夫人在霍城守候，嗣以接徐君由芦草沟来信云不日将解回伊犁，徐夫人即携其四龄之子、七龄之女，于三十四年六月旬由尼堪随难民至伊，抵后又生一女，百方探询，迄不得徐君下落，衣物资财本已尽被抢掠，携子抱女乞讨为生，言之酸鼻。稽查员韩旼闻余释出，曾数次至余家探视，彼云因彼通俄语，伊方内政部曾数次招彼为伊政府作特务工作，均经拒绝。至三十五年一月间，伊政府大举向人民筹款组织青年团、暗杀团，伊市汉人时有失踪者，韩君遂于一月某日十时被捕失踪，大约与彼之拒绝为伊政府工作有关。至和平谈判告成，王税务司及新疆关同人关怀心切，极力奔走，会同省政府及外交特派员公署与伊方修一公函，并洽妥中苏航空公司飞机，派由四等二级税务员夏绍武携阿函乘机赴伊犁，于本年八月二十三日将余及徐肇显眷属，仍由中苏民航机接回迪化，始获自由。（一）塔城区、阿山区——自叛军完全占领伊犁区后，即沿公路大举东下，时国军坚守精河，于三十四年七月间，叛军抄精河后路，攻占乌苏、精河。国军后路切断，遂弃精河后退，终以无处觅得水源，扫数被俘。乌苏被匪占据，塔城守军已不能退返迪化，未经抵抗，即由行政专员率各机关工作人员越界逃往苏联。塔城分关同事王良、陈荫枢，亦只得随专员越界入苏联集中营。叛军及得塔城，又攻陷阿山，于是三路围攻迪化，此时张部长治中莅新与暴动区开始谈判和平，暴动分子亦知如攻迪化，则牺牲必大，且苏联亦未公开援助，于是由迪化苏联总领事出面调停，叛军遂变更方式，开始与中央谈判，终于本年六月六日签字，政治方面准许新疆人民自行选举县长,并由暴动区推出数人担任省府委员及厅长等职。军事方面,该区内除边防由中央负责外,治安由六个保安团负责,保安团由暴动区地方组织之。于是伊犁、塔城、阿山三区军事冲突告一段落。(三)南疆——伊犁事变之起,本属试探性质,见伊犁攻下,遂正式成立东土耳其斯坦共和国,向人民征收牛羊马匹,送至伊犁换取武器,并派人秘密起南疆活动。起初南疆人民尚存观望态度,不敢贸然从事,于是伊犁方面于三十四年八月间,即派宣传部长阿巴索夫(即今日之新疆省政府副秘书长),率骑兵一团,越冰达坂,攻阿克苏,结果惨败而回。此后再未敢向南疆进攻。然未数日,即有数千持新式武器之喀尔基斯族马队,自苏联边界闯入南疆,占伊塘,取叶城,攻和阗,陷蒲犁,叶城支关主任刘奏璋冒弹雨闯围,逃至和阗与该关主任边霭普乘马月余,越过大戈壁逃回迪化。蒲犁支关主任刘建勋因匪徒追至被捕,经七日非刑拷打后,即被惨杀。匪人攻取南疆数城,掠去食粮财物后,即退入棋盘山,招集异族青年在山中训练,国军因地理不熟,兵力不足,未敢深入搜剿,以致此辈仍在该处盘踞,食粮用尽,必有出而为害之一日。总之,南疆虽无大规模军事行动,然由彼等所扰之地点,如蒲犁、和阗、叶城等处,可以断定其居心,纯系破坏中□交通而企图独占新疆也。

丙、东土耳其斯坦人民共和国之政府组织。

在人民委员会之下,分为总司令及主席,总司令掌军队指挥。主席之下设军政、监察、宣传、内政、宗教、教育、财政、农林各部。在内政部之下设有政治警察(特务机关)。各部门均有苏籍指导员一人,所有行政设施,统由该指导员决定之。军事领袖名帕利诺夫,前为归化族,曾被盛氏监禁,后被苏联要回。此次事变,又被派来伊犁任总司令之职。军政各部重要职位,维、哈、塔塔尔、归化四族占多数,而神经中枢则在莫斯科。

丁、苏联主动事变之证明。(一)供给武器——新疆土人本无新式武器,事变之前,自苏联不断偷运至边区山中。民国三十七年七月间,大西沟曾由警局截获数件,旋被匪徒抢走,逃回苏联,警局人员追至边界,苏方守军向我方警察开枪,遂任匪人安然过界,未能缉获。又于十月间,伊犁之巴颜岱派出所亦曾从哈族人麦粉袋中搜出枪枝子弹。至事变时(即三十三年十一月七日)早晨枪声起后,山中哈族结队赴伊犁苏领馆领枪,其时枪支尚少,仅为首之数人持有冲锋机枪,待至攻占霍城后,边卡弹行无阻,军火大量输入,异族男子随时可至匪司令部领取枪支藏匿,余之乌孜别克友人雅礼先生因时势所迫,亦至司令部领枪回家后即云:大量军火源源自苏运到,观其所领回之步枪,为苏联造,手枪为德国制。至攻我空军教导队时,入夜即见大队汽车灯闪耀,自西方开来,旋即机枪声、炮声大作,彻夜不绝,天明炮声渐稀,未几即闻汽车向西开去。雅礼先生回家报告余谓:每至夜间,苏联友军即来助攻,天明即去,彼每夜赴总部任招待友军之职,直至伊犁全被匪人占据。我机场飞机已扫数被我机场工作人员破坏,而伊犁上空竟不时发现涂有星月标记之飞机飞于市空,并参加轰炸精河、乌苏等处国军。(二)军队参战——除雅礼先生外,余尚认识一回族青年,被迫服务叛军伤兵医院,彼确见有多数苏联红军,着叛军服装,参加对我军作战。余被捕入狱后,余之妻亦见雅礼先生比邻工商会院中驻有正式红军。(三)政治指导员——各机关派有苏联顾问,指导一切,余在惠远被押时,最末一次受审,其问官即一苏联人,因彼曾告余日本投降消息,并云:不要忘了我们苏联是中国的朋友。(四)被捕汉人有押赴苏联受审者——在余于伊犁被押时,有一同监汉人,前曾在伊犁警察局服务,于三十三年十二月间解往苏联受审,询彼为何监视伊犁苏联领事馆,以及新疆之特务工作情形及组织。翌年四月间方由苏联送回伊犁,与余同监,至同年六月间之某一深夜,即被提出砍死。(五)停战后伊犁所抽壮丁及粮草运往苏联——余最后之房东,系一回族领袖,彼有一子被征任叛军排长,消息极为灵通,彼云于本年三四月间，伊犁所征壮丁及所存粮草，因已与迪化停战，遂扫数运往苏联，测其用有二：一为充实苏联人力物力，二为将壮丁运至苏联加以训练，以图复举，此事颇堪注意。（六）和平条件签字后，暴动区首领逃往苏联——东土耳其斯坦政府主席艾礼汉及一部分特务人员，突于去年七月十八日夜间离伊逃往苏联暂时隐避，以图再来。

戊、暴动区最近情形。（一）政治方面——自和平谈判成功，条件宣布后，东土耳其斯坦名义取消，改为行政区，原有之主席艾礼汉离伊他往，所有各部门均改为局，但名虽改而一切行政措施仍旧，旗帜、徽章、符号亦未改，各机关不用汉人，汉人权利自由毫无保障，市内汉人时有被殴者，汉族女子晚间亦有被强奸轮奸者，倘汉族与异族发生纠纷，经官判断必败诉，言语行动稍有不慎即有失踪可能，操纵暗中势力者有一青年暗杀团，即去年一二月间所组织者，墙壁不时发现传单，印有杀回灭汉等字样，盖"回"字即指汉、回而言，因彼等倾向中央也。汉族人口统计，已自七万余减至七千余，十分之九已因事变被害，或因饥寒、疾病而致死，所余十分之一，已于本年八月间路通后离伊往迪化，或向内地迁移，倘至明春，恐伊、塔、阿三区将无汉人居住矣。（二）文化方面——各族学校均有，惟汉人儿童无人教育。自前岁开始谈判和平后，曾令汉族办一小学校，终以政府不发经费，未能顺利办成。至于所注重灌输之中心思想，则纯使人尊崇苏联，卑视中国，故各影院均放映苏联影片，一般民众皆以能操苏联语为高尚，其思想极不易挽回。该处有汉文报纸一、民主报，亲苏报纸也。伊犁已有三万余人加入苏籍，将来演变不知□□□底。（三）工商业方面——该处毫无工业可言，盖其政策亦不令其有工业也。一切日用品皆由苏联输入，如布匹、纸张、磁器、金属品、糖、茶、火柴、纸烟、化装〔妆〕品市面充斥，皆来自苏联，商人除汉族外，均可自由以牲畜、皮毛、食粮等土产运赴西邻换货。（四）治安方面——和平签字后，暴动区开始复员，多数枪支未被收回，抢案不时发生。张兼主席治中于本年八月底赴伊犁巡视，被暴徒掷以瓜皮、土块，随员被人以枪击伤腿部。塔城于变乱时，越界赴苏联之政府官员，于本年九月间由外交部交涉，自苏联送回迪化。首批返迪者有塔城分关关长王良及陈荫枢君，均平安赴迪，而最末一批，则于经塔城时被惨杀四十余人，伤三十余人，凶手仍逍遥法外，省府至今仍无法处理。

己、新疆现状。人民已自由选举县长、专员等行政人员，实行地方自治，除哈密专员及县长仍为汉人外，余者均已改为维、哈等族。省府各厅长，汉族亦占极少数，地方各机关现亦尽量容纳异族职员，彼等更进而要求中央机关录用异族分子，惟彼等知识甚低，文字不通，气焰甚高，毫无纪律，在彼等心目中，人民无法律为自由，政府无权力为民主。张兼主席抱小不忍则乱大谋之目的，维持引导，俾使此等不受外人挑拨之复杂民族不脱离中央怀抱，但中央不速派重兵至新疆，以武力作行政后盾，恐仍有不堪设想之一日。如再有事变，全疆必同时响应，因国军数量不敷分配，装备不佳，不能应付事变明甚。行政人员百分之九十以上已属异族，变乱可同时发生。本年春，南梁一空军人员被维族暗杀，凶手被捕，法庭询问不能定罪，反被暴徒抢走。最近哈密附近南岩，距哈密仅六十公里，又发生哈萨克向国军攻击之事，经省府宣抚，为首者已招赴迪化予以官职，然该处至今仍未平定。国防军至今亦不能开入伊犁、塔城、阿山三区，危机实未解决，绝不能视新疆为单纯之土人变乱。以余推测，政府如不积极准备，新疆将来有两种变化之可能：一即外人利用时机，使异族发动全面武装大暴动，将中国势力完全驱出新疆；二即采取和平方式，使新疆政权渐入异族之手，而后步外蒙后尘，藉外人援助，脱离中央，宣布独立，为苏联之附庸。惟今日之新疆，大半数人民如富室、巨商、老年人以及宗教等，均不愿脱离中国投入苏联怀抱，因彼等深知共产主义于彼等不利。其余者无知无识，无所适从，政府似宜急速整顿新疆局势，以挽狂浪之沦倒，否则三年之内,新疆必非我国所有矣。

综上所述,系余身历其境,既饱尝人间地狱生活,复目击惨无人道之现状,间以在狱时闻诸军政各界之难友,及住狱前后闻诸房东暨各有关之友人,更兼以于返迪化后所见所闻,皆属真情实况,信而有征。是以现时和平虽已告成,而实际固危机四伏。余虎口归来,创痛巨深,力疾搦管,百感交并,深望国内贤达,弗以边远而忽视之。

〔吴忠信档案〕

2. 内政部为会商麦斯武德等建议新疆高度自治致蒙藏委员会函

(1945年10月6日)

内政部公函　渝城民字第三七八号
中华民国卅四年十月六日

准行政院秘书处本年十月一日和(一)字第三六四八〇号通知,转奉国民政府交下麦斯武德等函,请予新疆高度自治之表示一案。到部。兹定于十月十六日上午九时在本市神仙洞后街九十八号本部驻渝办事处开会商讨,相应抄同原函函请贵会派员届时出席为荷。此致
蒙藏委员会

　　计抄麦斯武德等原函乙件

　　抄件
　　主席钧鉴:敬肃者,恭读八月廿五日报载钧座关于完成民族主义,维护国际和平训示,无任钦崇。钧座为达成国内各民族平等自由计,确定方针,积极推行,以实现国民革命整个计划,予职等无限之希望。同时,关于忽视各民族自由平等之意见及抑制其独立自由

发展之妨害,亦有详尽指示,使职等之希望更形增加。现钧座本国内各民族一律平等之原则,明白宣示,允外蒙独立,予西藏高度自治,但新疆人民不能享受此原则之待遇,至为惋惜。职等钧座厚爱,职等亦竭诚拥护钧座,效忠祖国,是以中心有感不敢缄默。夫外蒙、西藏获此厚遇,钧座谓彼等有悠远之历史,且其民族聚居一处,与其他宗族杂居已设省分之边地迥然不同。凡已设省之区,除新疆外,其他省区情形容或如是。盖新疆历史之悠远,与民族聚居一处之特征,较之蒙藏有过之而无不及。新疆除土著人民突厥族外,其他民族不及十分之二,如此少数他族之什居于蒙藏亦然,固非其他设省之区所可同日而语。窃查新疆人民之文化教育程度有逾外蒙开始独立运动之时,及西藏今日情形,事实昭彰,有目共睹,而新疆民族之地位尚远不若西藏,则与国父遗教及国民革命整个目的暨钧座之训示,似有不符,若然则钧座所焦虑之民族间纠纷,恐难平息。夫新疆之设省乃满清专制及帝国主义强暴之结果,而国民革命以还,满清制度摧毁殆尽。职等深望钧座本此精神,不以省之观念视新疆。是以职等对于国家民族仍竭诚努力团结。管见所及,谨以奉陈在此。在此短促时期而求圆满收效,安定民心,则有所请求者。

(一)恳请钧座亦予新疆有高度自治之表示,如是则于国父遗教、国民革命之目的、建国大纲及第一次代表大会宣言及钧座此次训示各民族一律平等之原则,均符合无间。各民族平等既达,而国内之安定,国际之和平可期,民间彼此之隔阂仇恨亦可泯于无形矣。

(二)新疆自治实现之前,如新省政府改组,则省府委员、主席与各级官吏均按新疆民族人口之比例任用土著。如中枢以新疆人员目下无相当资格能任主席者,则盼选派具有下列条件之员任用之。

甲、熟习新疆一切问题,尊重新疆人民之权益,要求平日对新疆人民具有同情、公道、爱护、进步、客观及远大眼光者。

乙、主张实现

国父民族主义对内之遗教者;

钧座训示,并具民主观念者。

丙、深明苏联之一般情形及民族政策者。

丁、洞悉世界各国之回教情形者。

戊、了解世界局势并谙外交者。

以上各端,若能办到,庶几不致贻新疆于危殆矣。职等因知新疆今日之人民,主治脱离祖国者颇不乏人,且已酿成事变,实属不幸。若中枢竟以新疆为已设省之区视无纠纷之虞,不予以相当之政治地位,则新疆人民从此失望,民心不安,地方恐无宁日,亦属国家之损失,兴念及此,忧虑频仍。故敢竭忠直陈,敬祈俯鉴采纳。不胜迫切企祷之至。耑肃恭请钧安。

职　穆罕默德伊敏
　　麦斯武德
　　艾　沙
　　哈的尔　　同议上
　　依引玛衣

〔蒙藏委员会档案〕

3. 内政部抄送会商新疆高度自治案之纪录致蒙藏委员会函

(1945年10月20日)

麦斯武德等建议请予新疆高度自治之表示一案,前由本部邀请贵会及关系机关派员参加会商在案。查新疆问题,现正由中央统筹规划中,本案似应俟原则确定,再行核议,较为妥适。相应抄同会议纪录,密请查照为荷。此致

蒙藏委员会藏事处

　　附会议记录一份

内政部民政司启

十月二十日

麦斯武德等建议请于新疆高度自治之表示一案会议记录

一、时间　卅四年十月十六日

二、地点　内政部驻渝办事处

三、出席人　军令部　王景敖

　　　　　　军政部　王有鲸

　　　　　　外交部　吕同仑

　　　　　　蒙藏委员会　熊耀文

　　　　　　内政部　王蔚佐

四、主席　王蔚佐

五、纪录　刘海城

六、讨论结果：

（一）原建议第一项请于新疆以高度自治之表示一节。查遵照主席昭示：外蒙古及西藏本有其悠远之历史,且其民族聚居一处,与其他宗族杂居,已经设省之边地迥然不同。新疆似不得循例要求,又新省为西北国防之重要基地。就国防观点言,亦不应实行高度自治,致滋纷更。但目前可积极督导该省推行地方自治,以奠定民主之基础,并可在可能范围内准许逐步实施县以下各级自治人员之民选,以训练其行使四权。

（二）原建议第二项关于省政府高级人员之人选一节。查所陈省府主席人选之标准五项,不无见地,可供考虑。至省府厅处长及委员,除重要单位长官,如民政厅处、保安处长等外,余似可酌用该省人士,以收因地制宜之实效（事实上,现该省府委员已有本地人士担任,各厅处均设有副厅处长,各县亦均设有副县长,悉以本省人士充任）。

〔蒙藏委员会档案〕

4. 潘祖焕陈述新疆不宜分治之意见呈

(1945年10月27日)

敬肃者：祖焕久居新疆，稍习边事，民国二十四年至二十六年八月以前，曾任钧院咨议。查报新省事件，为前钧院秘书长现兼院长翁，及前政务厅长现善后救济总署署长蒋所知。近传政府拟照东北例，划分新疆为数省，窃以为不可，谨以不宜分治之理由，缕呈如下：

（一）人口稀少：查新省面积，据二十五年内政部统计，约合一百八十余万平方公里，为我国地方最大之省，而戈壁沙漠占全面积约三分之二以上，耕地有限，又以交通不便，水利未兴，人口未能繁殖，为我国居民最少之省。据民初新省邮政局调查，全省人口约三百万，其中百分之八十以上为回教之维族，其男子年至十五六，女子至十三四即行婚配，且为多妻制，生产率甚大，三十余年之生聚，口人似应大增。惟该省人民生活几同上古，缺乏卫生知识与设备，死亡率亦复不小，虽无精确统计，敢言人口增殖实甚有限，即假定人口能加一倍，亦仅六百余万，与内地大城市，较只六、七县之人口，今以六、七县之人口分治于三、四省政府之下，似有画蛇添足之嫌。

（二）财力不足：新疆在前清为受协省分，民国以还，协款终止，就地筹款，每年岁入至民国廿年间约壹仟余万元，以壹仟余万元之收入分作数省省政府之开支，势不敷用。再加人民担负，边民生产力有限，实难胜任，勉强行之，人民不乱，即将设法投入英苏国籍，民初维族人民逃税，有此先例。若由中央补助行政经费，何如筹款专为新省之交通，先求经济之发展，一俟财政充裕，人口增加，再行分治，似亦非晚。

（三）事无前例，不合民情：新省自前清光绪十一年建省，迄至民国，均由设于迪化之省政府治理，其组织且较内地各省简单，半世纪以来虽少发展,实甚相安。二十一年该省发生乱事,实由当局处理失当,非关分省不分省,且该省大多数民族宗教、言语各异,政令宜简不宜繁,守旧性强,改革宜渐不宜急。

据以上理由新省在目前似不宜划分省治,敢贡一愚,当否,伏乞鉴核施行。谨呈
国民政府行政院

潘祖焕　谨上
三十四年十月二十七日

〔行政院档案〕

5. 内政部关于新疆民族同化问题意见及建议等情函
(1946年1—4月)

(1) 函之一(1月2日)

内政部公函　　渝民字第0001号
中华民国卅五年元月二日

据本部政务次长张维翰三十四年度视察新疆省内务、行政报告内称:新疆居民四百余万,而宗教则有十四种之多。过去政治不良,加以外力诱惑,常思脱离本国而独立,近则要求高度自治之说,甚嚣尘上。窃以我国历代治理新疆,汉唐至清或专事羁縻,或仅以军人力镇慑,或以宗教维系。对于教育方面,少所努力,以故各族间仍各保持其特殊风习,牢不可破。十四宗族中,以维吾尔族占最大多数,亦称缠回,数约三百余万人,性敦厚而富忍耐,为人煽动,亦易趋于极端。次则哈萨克族,数近四十万人,性殊剽悍,恃勇好杀,不重信义,难于安抚。再次则归化族,居于伊犁、塔城、阿山各地,数约二万余人,其血统、语言、文字、风俗,仍不失斯拉夫民族之本质。虽以帝俄倾覆,归化我国,迄未正式取得国籍,且甚轻视我国。伊犁事变后,阿山、塔城相继告警,实为该族之阴谋,亟须加以妥善处

置,以免再酿他变。其余则塔塔尔族,乃蒙古人与俄罗斯人之混血种。乌孜别克族系蒙古后裔,其生活习惯均带有欧俄之彩色。柯尔克斯族与哈萨克血统极近,而性习亦与相似。以上三族,人数虽少,每易为苏联所利用。又如塔兰其族,实为维吾尔族之移垦于伊犁者,不能称为一族。塔吉克人数约八千,居于南疆蒲犁境,知识低落,不足为患。至若锡泊、索伦俱为满族,而多汉化。蒙人约六万,亦已汉化。此外,尚有所谓东干回者,亦称甘回,又称汉回,以别于缠回而言,系为我汉族之信奉回教者性多狡猾,忠诚不足,为历来回乱因素。汉人之居于新疆者,不过二十万人,多数为公务员与商人,共占全省人口二十分之一,每遭变乱,辄遭残杀。总括该省人民,虽分十有四族,而以维吾尔族为最多,只须善为绥抚,自可相安无事。至于哈萨克、归化俄、乌孜别克、塔塔尔、柯尔克斯各族,易为苏联所利用者亦不过六十余万人耳,故今日言民族同化者,实应有所分别。其一、应如何以汉族文化灌输于维吾尔族,使逐渐同化,而不致受国际阴谋之胁诱。其次,则如何使归化俄、哈萨克、塔塔尔、乌孜别克、柯尔克斯等族融合于汉族文化,而分散其反动力量,均有待于详密研究等语。查新疆远处西北,情形复杂,亟应妥筹具体办法,以固边围。除分函各有关机关外,相应函请查照,提供意见,并希与本部随时联络,共策进行为荷。此致
蒙藏委员会

          部长 张厉生

(2) 函之二(4月6日)

内政部公函 渝民三字第1963号
      中华民国卅五年四月六日

  查关于新疆民族同化问题一案,前经本部召集各有关机关开会,商讨纪录在卷。除依照原纪录讨论结果第五项拟具对于新疆问题之建议,呈请行政院鉴核外,相应抄同原会议纪录及建议,函请

查照。此致

蒙藏委员会

计抄送会议纪录及建议各一份

部长 张厉生

新疆问题讨论会会议纪录

一、时间 三十五年三月五日上午九时

二、地点 内政部驻渝办事处

三、出席人 组织部 旷典

军令部 邱绍琼 柳长勋

蒙藏委员会 周文蔚

内政部 王政诗

教育部（未到）

四、主席 王政诗

五、纪录 刘海城

六、讨论结果：

（一）对新疆各民族予以适度自治。

（二）尽量选拔该地各族人才参与地方机构，并在南疆择地设立学校，予该地青年以初步训练，以便毕业后免费送入内地就学。

（三）慎选派往新省官吏，并切实提高其待遇及重新订定奖惩办法，绝对禁止贪污。

（四）尊重当地民族利益，发展其经济，并改善边民生活暨加强与内地经济之联系。

（五）根据张次长视察报告指示各点，及组织部、军令部、教育部对本案书面意见，暨上述各项原则，拟订具体办法，呈院核示。

新疆问题之建议

一、对新疆各民族予以适度自治。

二、尽量选拔该地各族人才(尤其维吾尔族)参与地方行政或自治机构。

三、慎选派往新省官吏,并切实提高其待遇,及重新订定奖惩办法,严厉禁止贪污。

四、速于南疆一带择地设立学校,予该地青年以短期训练,俾毕业后选送内地,免费就学。此项办法如成绩良好,并应逐渐及于全省。

五、运用各族固有文字、语言,普及国民教育。

六、尊重当地民族利益,发展其经济力量,并改善边胞生活,加强与内地经济之联系。

七、尽速延展陇海铁路,直达迪化,增强该省与内地交通。

八、策动当地政教领袖常来内地观光,并奖励各族与汉民通婚。

〔蒙藏委员会档案〕

6. 国民政府军委会军令部抄送罗定对新疆问题之意见电
(1946年2月22日)

代电　(卅五)令亨字第二二六九号
　　　中华民国三十五年二月廿二日

行政院勋鉴:兹随电抄送主席交下罗对新疆问题之意见一件,敬希查照参照为荷。军令部。丑养。一亨边。附罗定新疆问题一件。

新疆问题
一、新疆之重要

新疆地处西北,占全国领土六分之一,人口稀少,交通梗塞,以言国防,重要第一。昔左文襄公谓保新即保秦陇,保秦陇即保京师,诚为至论。观于秦汉匈奴,唐宋突厥,岁时犯边,毫无宁处。自清收复新疆,归入版图,改建行省后,外杜强邻之觊觎,内定杂族之反侧,百年来相安无事。现在日本毁灭,英美亲善,海防暂告无虞,惟有陆地与强邻毗连万有余里,彼则交通发达,我则往来维艰,彼则雄图世界,我则自身难保,倘一旦有事,彼必先发制人,我惟有扼守新疆,陈师鞠旅,以捣其背,彼虽握有交通亦不得不顾虑后方之威胁,此我西北国防惟一之地利,亦即我民族生死存亡之关头耳。况新疆机场天然,油量丰富,他年空军发达,适合训练,此又军事上不可不注意者也。以言资源,农产、矿产、畜牧、鱼盐,已引起全世界工业国家之注意,如阿之金矿、乌苏之油矿,博乐之钨、铀矿,清格里河之白金,特克斯之红白宝石,拜城之铜矿,温宿之铅矿,阜康、昌吉之铁矿,和阗之玉石。据某方在盛世才亲善之下,考察开采者有三十余种,内有贵重金属数种,此种记载,有资源委员会索科长曾赴新调查甚详。又如全新疆所产牛羊、马匹、皮毛、棉花、粮食、矿盐、水果等,为内地各省之冠,尤以阿山紫貂,焉耆龙马,吐鲁番葡萄,哈密甜瓜,最为著名。他若全疆河流湖沼之鱼,天山之木,尚属原始,无人问津。以言国际形势,地处欧亚中心,倘他年总理实业计划告成,土西铁路衔接,欧亚交通孔道,必不在西伯利亚,而在我国,此又可断言者也。

二、现在新疆之混乱

(一)保留虐政

新疆自盛世才去后,中央派朱长官、吴主席先后到新,人民愿望有如时雨,从此否去泰来,复为中华国民。殊知事有大谬不然者,朱长官宽大为怀,不喜多事,吴主席竭诚望治,不能自主,故长官登台讲演,开宗明义,不咎既往,率由旧章。夫盛世才害民祸国,毁法乱纪,罪大恶极,国人皆曰可杀,为何不咎既往?如盛世才能犯法不咎既往,而人人亦可以犯法不咎既往,自由行动,其如法治之谓何?盛世才背叛三民主义,从信异端,一切法度遵从异端,如何能率由旧章,既要率由旧章,何必更动新政,故一念之差,遂酝成燎原之势,如警务处原系某方组织,受过某方训练,杀人越货,引同盗匪,人民痛恨,不共戴天,贸易土产公司粮栈,皆系盛世才私人组织,纯属害民机关,亦即贪官污吏藉公营私之所。今长官来新,不步刘邦入关除秦苛政,乃率由旧章,一仍如前。尤可怪者,中央审判团到新清理积案,释放冤囚,发还财产,而入新不自爱少数公务人员,被盛党勾引,强占不发,甚至警处财厅赫赫牌示,称盛前督办判处有案,碍难发还等语。又如新疆被难人民,依法组织被难请愿团,向政府申诉,而政府非惟不理,且从而恐吓,他若禁止言论自由,入关自由,均是盛世才害民祸国惟一利器,今仍留而不去,重累新民。古云:人急造反,狗急跳墙,是谁之过欤?

(二) 贪污成风

在新公务员有大买卖、小买卖之称,故兰州《杂志月刊》、西安《秦风日报》,满载东风西渐,贿赂公行。又如沙学浚教授由新归来发表,新疆问题,不是中苏问题,不是中共问题,实是政治问题,由此可想而知。如警务处合作社经理苏上达,原系囚犯,一无所有,现藉经理名义,往来于内地贸易,现成迪化大华公司财东。社会处长顾耕野,副财厅长张洪舆,贸易土产公司于化龙,均系囚犯,现与张宜泽结纳,藉公营私,在迪化设有华新商行。前盛世才驻兰州裕新土产公司经理刘耀庭,存有公家货物价值三万万余元,当盛世才离新时,商同本公司职员,勾通张宜泽,私自吞没,现在兰州设有天丰面粉公司,刘耀庭、张宜泽、于觉生、苏上达为股东。王荆璞原名王玉山,去秋得张宜泽之助,藉有公家护照,往来秦陇贸易,在兰州设有西北企业公司、森森铁工厂,于觉生、张宜泽、王荆璞为股东。于觉生于二十三年向新疆裕新土产公司承制造织袜机一千架,当领得新币三千八百万元,此中黑暗,不言可知。焉耆蔡团长每连兵额不足四十名,每日向驻地人民索取大连干柴四十辆,就地转卖于商民,又领取马粮,不交马吃,转卖于焉耆分银行一万六千余斤。迫变乱事起,马瘦不能骑,有兵不能用,本应撤职处办,反升副师长以资鼓励。该团士兵纪律大坏,在焉耆打家劫舍,层出不穷,甚至以少数之茶,向蒙古人民索取牛羊马匹,蒙民不堪其扰,乃相率入出从匪,事传中央,去令撤查,终是敷衍了业。

（三）党政军警不能联系

在新省办党者,只限于迪化,不能运用到乡村,为政者只在公文程式用功,关于秕政之改革,保甲之办理,民团之组织,土匪之侦缉,驻军之联络,全无通盘计划,苟且偷安,得过且过。统军者深居简出,不越迪化一步,军训之堕落,军纪之败坏,土匪之充斥,人民之怨望,敌人之谋我,贪污之成风,全无知觉。他若调度、处理、侦察、剿办各方法,都是头痛医头,脚痛医脚,着着失败,处处退却。办警者承盛世才之机构,包办一切,独树警务系统,与地方行政不发生联系,形成党政、军、警各自独立之僵尸机构,毫无能力。

（四）自卫解体

办保办团原系治匪良法,历年剿办巨匪,成效卓著。当前年哈匪滋扰时,吴主席拟定计划,剿抚兼施,责令县长办理保甲,办理自卫,一时匪势顿挫。时有阜康自卫队长某,被东山哈匪杀死父兄,劫去财产,该队长义无反顾,率队报复,而民厅长某以为冤冤相报,祸无了日,伪游阜康,诱捕该队长,就地枪决。因此,各地自卫队长闻乱惊慑,相互解体。在消极方面,暗地通匪,闻昌吉亦有同样之事件发生。

（五）不用新民

得民者昌,失民者亡,古训昭昭,我何多言。总理说政治者,管理众人之事也,然则政治离开群众谈不上政治,军事离开群众谈不上军事,至若剿匪,更不能离开群众。今新省人民,以言文化,与内地相差甚远,然以桑梓情关,其保卫地方之切,与内地来新人民为高。若以生活条件,与战斗条件一致而论,则又非新疆人民不可。今新政府离异新民,不任新民,使新省本地旧有军官赋闲于外,不能与政府合作剿匪。又如尧乐博士对于种族素有声望,对于军事富有经验,他若朱柄、宫碧澄皆为新省杰出,尚息影关内,未曾起用。

(六)指挥失当

新疆长途戈壁,气候寒冷,关于指挥、布置、战守、通信、补给、装备、运输等事宜,与内地大不相同。今驻新作战部队,步步为营,稳扎稳打,摹仿江西剿匪成法,以致处于被动地位,处处受人攻击,受人包围,受人个个击破,甚至汽车运输部队,在中途被人截击,全部缴械。尤可怪者,新疆地处寒带,一切装备须与寒带适合。今以内地装备之兵移到寒带作战,故前年在伊犁作战之兵,不是打死,多是冻死,现有许多冻残伤亡流落在新。

(七)旅新同胞多死于难

新疆变乱,种族仇杀,历史事实,令人寒心。前年伊犁事变,其口号杀汉灭回(汉回),闻说在伊犁汉人约有十万,现消灭殆尽,他若乌苏、绥来、沙弯、呼图壁等地,近年由内地移去之难民,幸免无几。

甲、治本

(一)建筑西北铁道

新疆重要,举国皆知,故年来中央积极建筑陇海铁道,开设驿店,移殖难民,奖励到新,结果仍是杯水车薪,其原因虽说变乱相乘,关卡封锁,要亦数千公里长途戈壁,商旅仍视为畏途,惟有建筑西北铁道,征复戈壁,方克有济。查宝鸡到天水铁道已成,惟天水到永登段约四百公里,纯是土山建筑,似感困难。由永登达新疆,全系戈壁,无大山大河,工程容易,如能使用新式开路机建筑天登段,其余填土铺轨,计日可成,且天山煤铁丰富,枕木可采,头屯河铁厂可用,如能建筑钢厂,则西北铁路不成问题,西北铁路告成,则西北国防军事、政治、经济、建设、文化皆可迎刃而解,京奉铁路,可资借镜。

(二)实行裁兵屯垦

现在抗战结果〔束〕,复员裁兵应遵从总理计划,实行兵工政策,以固国防,而消内患。说者谓内地人烟稠密,如能将剩余之人口移植西北,以实国防,一举两得,莫善于是,但理论与事实,刻难吻合。要在西北铁道告成,征复戈壁,减轻运脚,奖励出关,则熙来攘往,自然移植,京奉铁路可资明证。为今之计,惟有将实行裁编之兵编成工团,给发工具,先行筑路,举办交通,同时开发水利,筹划屯垦。查南疆开都河、塔里木河,沃野千里,水源旺盛,人口稀少,土地未辟,加以天候和暖,适宜种植。又查北疆伊犁河、额尔齐斯河,平原旷野,水源亦盛,气候虽较南疆为冷,然亦适宜种植,故伊犁曾有新疆仓库之称。某方垂涎,虎视至今,但裁兵屯垦事业甚巨,先须有缜密计划,然后次第施行,方为有济,若贸易裁兵,贸易屯垦,定属失败,历史事实,昭然若揭。兹拟订纲要如左:

(一)裁兵纲要

1. 将全国所有裁之兵有家愿归者,送还于家,无家难归者,分别职业编成工团,直属于全国兵管理处,或劳动局。

2. 工团可按照现有军队编制,但兵额可以增加,官员可以减小,不设营部,只设队部。

3. 在全国建设工程事业,工团有派遣工作之优先权。

4. 已编工团未曾派出工作以前,得由政府每月酌量补助生活,但既派出工作以后,需要达到自食其力,每月生活补助,可由政府酌量当时情况次第裁撤。

(二)屯垦纲要

1. 选定屯垦地区域,测量水利,计算工程,分段建设,限期兴工,限期完成。

2. 建筑住舍,开办农场,筹备农具,选择子〔籽〕种,备办牛马,以便及时耕种。

3. 新疆土地平坦,适用机器,工兵受过训练,适合集体,究以集团耕种,分团耕种,可按当时环境来决定。

4. 每年收获农产品,除垦地自给外,悉由公家收买。

乙、治标

(一) 整理现有公路

新疆变乱日亟，领土日蹙，为今之计，整理西北公路，配备车辆，调整人事，健全机构，取销扣车之恶习，奖励商车之自由联运。

(二) 健全地方政府

简派大员主持新政，澄清吏治；简派大员主持军事，整饬军纪；简派大员执行法令，肃清贪污，但各主管官对于上项所举之缺点，在各范围内须自各矫正，从新调整，毋蹈前辙。

(三) 收拾人心

新省自盛世才反复叛乱后，人民憔悴，如水益深，加以朱长官承前虐政，酝成亡城失地，贪污成风。为今之计，惟有遵〔尊〕重新省民意，速将国贼盛世才、李英奇、李博霖、邱宗濬、邱毓芳、邱毓熊、汪鸿藻、彭吉元、盛世骥、刘汉升等交执法部提解新省，会同当地被难人民推选代表，检齐证据，依法审判，以彰国法，而平民怨，并将其在新所没收人民贵重财物一律抄没，以裕国库。同时将上项所检举之贪污分子从严惩处，以快人心。

(四) 平定匪类

此次新省变乱，一方面是盛世才激起民变，一方面是盛世才勾引外力，同时地方政府毫无能力，形成现在割据局面。为今之计，惟有办保练团，图谋自卫，务使军、政、党、警发挥本身力量，与民合作，收复失地，若以政治外交来谈判，终是落空。因为人家要谋我新疆，我方不能放弃新疆，新疆人民知识落后，一举一动，全系人家指使，外蒙已矣，夫复何言？愿我政府选择良好军队，装备新式武器，筹备充分补给，调整运输机构，一举夺取阿山、塔城、伊犁等处，深沟高垒，屯粮固守，然后驻重兵于乌苏，相机策应。同时划分剿办区域，配合当地民团，次第宣抚，次第清剿，方不落空。

(五) 取消币制比价

新币折合法币，其价为一比五，与新疆人民毫无益处，新省人民生于斯,长于斯,只求安居乐业于斯。关于货币之使用,与内地不发生关系,而且新省人民厌恶新币,欢迎法币在市面使用,并无比价之区别,就是贪污分子,藉有比价便宜汇兑,买卖居中渔利,侵蚀国库,损失甚大。如上项所举,以一穷囚,不到一年,便能开设公司,大做财东,其他可想而知,为今之计,取消币制比价,免得贪污作祟。若以优待公务人员起见,可以正式加薪,毋使贪污操纵,紊乱市面金融。

(六)取销后方检查

检查封锁是对敌方,不是对自己,即偶有之,亦是战时暂时,今新政府承前秕政,在猩猩峡设立关卡,留难行人,以致小商人糊口,难民扣留关卡,冻死饿死不知凡几。查猩猩峡系通甘省要道,在昔杨、金封锁割据称雄,盛世才封锁祸国害民,朱长官封锁贪污成风,甚至亡城失地,中央有所不闻,请即撤销,免得不法利用。

(七)其他事项

他若推行全民教育,选举贤良方正,实行地方自治,以及开发建设,各项要政,要在相时而动,量力而行,兹从略。

〔行政院档案〕

7. 国民政府关于注意新疆归化等民族加入苏籍致蒙藏委员会代电

(1946年3月28日)

国民政府代电　府军(义)字第3035号

蒙藏会罗委员长勋鉴:据报苏联驻迪化领事馆自举办恢复白俄国籍以来,归化族前往登记者甚多,维族、哈族亦有前往登记者。该领事叶夫谢也曾召集南梁之归化族开会,劝诱归化族向该领馆登记,可设法送回苏联,并使安居乐业。会毕,归化族前往登记者更多等情。希注意。中正,(卅五)寅俭。府军义。

中华民国卅五年三月廿八日

〔蒙藏委员会档案〕

8. 内政部关于新疆各族加入苏籍致蒙藏委员会代电
（1946年10月11日）

内政部代电　户字第0591号
中华民国卅五年拾月十一日

蒙藏委员会勋鉴：密。准国防部及外交部先后电函，抄送新疆保安司令陶峙岳电送有关新疆各族加入苏籍专报一份，请查照参考各等由到部。除存备参考外，相应抄同原送专报一件，密电查照参考为荷。内政部京户三。真。印。附抄一件。

专报

新疆各族加入苏籍之由来

查苏联对我新疆欲攫为己有，久费心机。自去岁德日崩溃，气焰益盛，其对我宗族间情感之离间，社会秩序之破坏，明密兼施，不遗余力。始则助长哈匪攻占伊、塔、阿各区，近复宣布曾已丧失苏联籍之归、哈各族准予恢复苏联国籍。究其用心，要不外对我新疆作广布间谍之准备，供其操纵，以实行各种破坏阴谋，而达成其侵略野心。

甲、起因

（一）环境驱使　去岁七月，塔城、阿山区先后被匪占据，而迪化岌岌可危，鹤唳风声，震荡全疆。汉人纷纷内迁，致使一部归化族发生动摇，以为一旦苏军进占迪化，即无处逃避，生命无以保障，生活更受威胁，与其屈辱于将来，不若及早倾苏，以图苟全。

（二）受苏方之宣传蛊惑　苏方为布置侵略本省之潜力，而大批收买归化族及各族动摇分子，拟作间谍之准备。二月九日，驻迪苏领馆召集本市南梁归哈各族约三百余人,谓:中国政府终必消灭归化族,苏联对民众之安全与生活无不设法保障,凡愿参加苏籍者,每月按个人需要发给各色布一丈六尺,津贴若干元,并得免费看电影等种种荒谬宣传。造成各族倾苏心理。

(三)政府与归化族之隔阂　查由苏联红军驱入新疆之归化族,原系一武装齐全之军队集团。当一九一八年苏联革命成功确定国籍时,彼辈均未加入苏籍,其仇恨共产之心理自属显然,乃盛氏执政,不唯不予合法,利用其仇苏心理,反对该族,始而解除其武装,继而大肆消灭。目今所余青年以新疆既无彼等深造服务之机会,对其父兄所受痛苦复非亲历其境,率多模糊不清,加以苏联之宣传利诱及左倾分子之从中挑唆,致使彼等之仇苏观念无形消失,代之以亲苏心理。

乙、经过概述

查驻迪苏领馆总领事叶夫谢也夫本年二月一日宣布恢复归化族国籍。其布告内称:本总领事奉苏联最高苏维埃主席团一九四五年十一月十日及一九四六年一月廿日命令如下:(一)在一九一七年十一月七日以前为俄国之人士而已失国籍者与其子女,有享受同等国籍权利之优待。(二)在满洲里(即东北各省)、新疆省、上海及天津等处之俄侨,均有恢复苏联国籍之权。(三)凡被取消国籍者均可自愿恢复其国籍,但须在一九四六年四月一日以申请入籍,并应检呈申请书、简明履历、身份证、职业证及一切有关之证明文件等一份,或直接间接,或邮递呈交本馆,均为有效。如以上所指文件不完整者,可具证明,亦为有效,以便转告苏联最高苏维埃备案。(四)一九四六年一月廿日起开始办理入籍事项,已在本馆组成委员会,以总领事为委员长。此委员会专门办理入籍证书,或返回苏联之居留证书之核发。(五)自本年二月四日起,本馆办理接受凡在新疆之俄属各族人士恢复苏联国籍之手续。自该项文告张贴后,前往登记者络绎不绝。二月九日,该馆召集会议时,即有三百余人参加。我政府曾电请外交部复电准由归化族自定其去留，不参加者应正式补行入中国国籍之手续。本省警务处即开始登记参加苏籍分子，此时拟入苏籍之归化族咸恐如被迫回国，又感在新财产放弃之可惜，更受本市面之谣传，谓东北恢复国籍之苏人，凡居留中国过久者，终与我国有特殊关系，均处死刑，余则派遣边境工作之影响，因之前往入籍者曾一度停顿，徘徊观望，陷于进退维谷之境。迪苏领馆睹此情状，乃拖长登记入籍时间，宣布归化族入籍登记由四月一日起展至七月一日止，又复加紧拉拢各族动摇分子（维哈居多）参加。自此就迪市有关该案事件之发生，即曾见迭出。如（一）南关阿不都热衣木汉之妻艾则汉（原系归化，改用维民）携子前往苏领馆参加苏籍，经该馆发给苏籍证后，终日与其夫口角，逼其一同加入。（二）中正南路二七二号刘旭华之妻秀热取得苏籍证后，准备带子返苏。（三）南梁河头巷门牌九号住户哈生木生（哈族）入苏籍后，逼其妻艾衣及克巴拉一同加入。（四）引诱省立二中学生（多半归化族）参加苏籍，曾一度影响该校开课。（五）南梁商人哈斯木（已入苏籍分子）云：苏领馆非常欢迎哈、塔、维各族加入苏籍。如入苏籍，每月按个人需要发给津贴，并自四月三日起，每星期一、三、五日下午八时在该馆俱乐部放映电影，准许入籍者免费参观。计三月五、六两日每次参加者四百余人；电影内容多半宣传苏联人民生活优裕，科学发达，国力富强，以使各族无形中发生好感（并将加入苏籍者依调查所得列入附表）。

丙、将来可能发展及对策

查在新落户之白俄约有二万余人，过去虽未正式履行加入中国国籍之手续，但均由省府发给公民证，承认其为归化中国之公民，尚能受政府之约束。此次参加苏籍，如我政府采取放任态度，则新省之白俄将继续投入苏联怀抱，其他各族难免相继效尤。且此等恢复苏籍之各族白俄分子，必仍居留新疆，如此政府失去管理控制之权势,将予苏联对我布置大批间谍活动之绝好机会,而增强其对我侵略之力量。故为防患未然计,我外交部似应向苏方交涉,凡恢复苏籍者,须遣送回国。否则,即应针对苏方之所为速谋对策,以杜后患。

〔蒙藏委员会档案〕

9. 中央执行委员会组织部关于鲍尔汗等在南疆活动情形致蒙藏委员会代电

(1947年1月9日)

蒙藏委员会公鉴:据报新疆省政府副主席鲍尔汗、教育厅厅长赛福鼎在南疆喀什大肆活动,煽惑宣传,鼓吹南疆青年效法伊宁革命精神,脱离中国,以完成东土耳其斯坦之独立,并欲在南疆建立武力。赛福鼎经常出入于苏联领事馆。建设厅厅长伊敏宣传新疆在中央领导下,要求自治,但不能脱离中国。赛福鼎以论调新奇,颇为一般青年所盲从。伊敏则无人声援,不受欢迎。中央应在经费上大量协助伊敏,俾克加强活动,使其主张深入民间,以保障新疆之安全等情。特电查照参考为荷。中央组织部四子。佳。
中华民国卅六年一月九日

〔蒙藏委员会档案〕

10. 行政院秘书处抄送喀什区专员阿不都开日木汗在喀活动情报致蒙藏委员会公函

(1947年1月9日)

行政院秘书处公函　从贰字第0523号
中华民国卅六年一月九日
国民政府参军处军务局抄送新疆喀什区专员阿不都开日木汗

与鲍副主席等在喀阴谋反动情形情报一件到院。奉谕函中央秘书处西北行辕,并交内政、国防、教育、外交等部及蒙藏委员会。除分行外,相应抄同原件函请查照参考为荷。此致
蒙藏委员会
抄送原情报一件

秘书长 蒋梦麟

抄原情报

喀什区专员阿不都开日木汗自到职后,凭藉政权掩护进行其倾苏活动。迨乌迈尔、鲍尔汗、赛福鼎等相继抵喀后,同恶相继,严整战斗阵容,布置人事关系,将其子穆里塔热派充区警局副局长,派麻木提艾山为该局督导室主任,利用该局原有保安工作人员组织情报网,专事侦察我方军政情报。并(甲)擅将疏附县副县长牙生他调,派其亲信吐尔逊接充,为其担任情报工作。(乙)将英吉沙县长李联初擅行他调,另派其爪牙阿也白克里继任。(丙)派艾买提孜牙为《新疆日报》社喀什分社社长,派阿不都热素甫为疏附县党部书记长,派阿不都为喀什中学校长,以制造舆论,拉拢青年,并宣传其所谓东土耳其民族革命党主义及企图建立东土耳其回教国。(丁)派留苏学生阿火夫为省立第三医院院长,阿不都拉为救济院院长,以建立秘密组织,介绍维、柯各族加入苏籍,组织东土耳其民族革命党。(戊)将忠于政府素孚民望之疏勒县长黄济武假贪污之名,予以撤职。该县警察局长国文林人地咸宜,亦被其撤换。(己)阿专员密函喀区各县,指定选举县参议员及议长人选,又与阿、鲍、赛等三人同谋假监选之名,非法操纵选举,藉以鼓吹反动。(庚)指使维、柯族学校撕毁总理遗像及主席肖像,并令各该学校研读伊方出版之战斗月刊等反宣传品。

〔蒙藏委员会档案〕

11. 中央执行委员会组织部关于新疆喀什近况致蒙藏委员会代电

(1947年2月13日)

代电　卅(六)药肆字第2523号

蒙藏委员会公鉴：据报新疆喀什近况：(一)自新疆省政府改组，由省政府委员阿不都克利姆买哈苏木兼任喀什行政督察专员。阿系亲苏分子，伊宁事变时，提出条件中省府委员之一，受命之初，而为一部分喀什青年极力反对之。阿于卅五年七月十五日就职后，压制反对派，施行恐怖政策，派人暗杀中央各机关工作人员，专横独裁，人事更换及政治设施并不呈请省府，派其子充喀什区警察局副局长，破坏政治情报组织，并供给苏联领事馆情报。副专员朱拥华□□辞职，省府派哈斯木江哈地力接任。哈氏亦系伊宁方面人物，亲苏分子。今后喀什情势，将益趋于不堪设想。(二)省政府副主席鲍尔汗、教育厅厅长赛福鼎、建设厅厅长伊敏于卅五年十月五日来喀什监督县长选举。赛氏系伊宁方面人物，随行人员配〔佩〕带伊宁方面所发英雄勋章，神气十足，俨然外国人。六、七两日召开各界大会，民众代表报告当地驻军纪律不良，国防部驻新供应局不以市价收购军用品，已由鲍副主席电呈张主席。此两事纯系无的放矢，系藉以达到驱逐汉人及国军出新之目的。八日，赴阿图什视察，民众欢迎时高呼：我们的热血在沸腾，我们的民族思想在澎湃，用我们的血肉换取东土耳其斯坦共和国的独立自由等口号，并发现内容类同之传单标语。此事实系赛福鼎及其随行人员所煽动促成。(三)疏勒县长黄济武为阿不都克利姆买哈苏木唆使民众向鲍主席控告而撤职。(四)西北行营南疆视察团在喀什期间，曾将喀什省立中学及简易师范学校校长刘众望、《新疆日报》分社社长雷渊澄撤职，改委艾买孜雅衣为社长，阿不都加邑为校长。两人均系亲苏分子，思想并不正确，势将导青年于歧途等情。特电查照参考为荷。中央组织部。元。印。
中华民国卅六年二月十三日

〔蒙藏委员会档案〕

12. 行政院秘书处关于新疆蒙旗急待解决问题报告书致蒙藏委员会函

(1947年2月19日)

行政院秘书处公函　从贰字第5657号
中华民国卅六年二月十九日

　　查二中全会决议关于新疆蒙旗急切待决问题一案，已由院编具报告书，呈复国民政府。除分行外，相应抄同原报告书，函达查照。此致
蒙藏委员会
　　抄送报告书一份

　　　　　　　　　　　　　秘书长　蒋梦麟

行政院对于二中全会请政府速予解决新疆蒙旗
急切待决问题一案办理情形报告书

　　一、原案第一项请政府速惩办祸国殃民之盛世才等一节，俟查明后办理。
　　二、原案第二项请政府速惩办贪官污吏，以儆效尤一节，已由内政部函新疆省政府依照惩治贪污条例及有关法令切实办理后，报部备案。
　　三、原案第三项请政府速解决新疆纠纷一节。查中央政府代表与新疆暴动区域人民代表间以和平方式解决武装冲突之条款案，已公布并依照实行。
　　四、原案第四项速恢复并加强新疆蒙旗政治制度一节。前经

内政部等拟具边疆各盟旗地方自治方案草案,现正在国防最高委员会审议,一俟核定,即可拟以实施。

五、原案第五项请速拨二亿元救济新疆难民一节。社会部已饬新疆省社会处先将该项难民数字与待救状况,以及该处实施救济情形查明具报,再行核办。

六、原案第六项请限期归还前盛世才没收新疆人民之财产一节。正由内政部暨司法行政部会同本院派员前往新疆清理中。

七、原案第七项请拨蒙旗武器,成立保安队一节。国防部核复,以暂缓办为宜。

八、原案第八项积极开展蒙旗教育一节。查教育部对新疆蒙旗教育早予注意推进。该部卅五年工作计划曾订定在新疆设师范学校三所,以培养汉蒙回师资。每校附设小学二所,以收容蒙回儿童,后因伊宁事变影响,致碍推进。现拟在蒙旗中心点之焉耆设立天山师范,在维族中心之喀什设立葱岭师范,正拟定计划中。

九、原案第九项设立新疆南北部蒙旗卫生机构一节。查卫生署因新疆省政府改组后,其卫生处长由省府委员达利力汗苏古尔巴尔兼任。该署曾电询最近卫生施行情形,尚未据复。现正电请新省府饬该省卫生处迅拟设立蒙旗部分之卫生机构计划,再凭核议,量予补助办法。

十、原案第十项赶筑伊犁至兰州之铁路一节。交通部核复,以该段路线长约二八九〇公里,所需款料为数甚巨,而里程遥远,运料尤难,诚非短期内可以图功。该部在斟酌现有财力,赶速完成天水至兰州一段,再按照战后五年铁路计划成案,分期进展,以至哈密,再及迪化、伊犁。

十一、原案第十一项请遴选畜牧兽医、纺织、皮革、农田水利专家派赴新疆蒙旗,开展各项生产事业一节。农林部正物色经验丰富之畜牧兽医、农田水利专家人选,随时派赴遣。必要时,并予订定内地技术人员前往边疆服务优待办法,以鼓励之。又经济部亦已就其主管事务,令饬新疆省建设厅酌核办理。

〔蒙藏委员会档案〕

13. 内政部关于新疆归化族管理意见致蒙藏委员会代电
(1947年5月10日)

内政部代电 人三字第00011号
中华民国卅六年五月拾日

蒙藏委员会勋鉴:本年四月一日京蒙字第四〇八七号公函诵悉。查本案业经本部拟具意见,函请行政院秘书处查核转陈在卷。相应抄同原函乙件电复查照为荷。内政部。京人三。辰灰。印。附抄送乙件。

录本部意见函

案准甘肃省政府本年三月八日民户字第一九五二号寅齐代电,检附甘肃省各县市局管理新疆归化族注意要点,请查照备案。等由。准此。正拟办间,复准贵处本年三月二十七日服一字第一八八六四号通知单,抄附同附件交议到部。又准蒙藏委员会本年四月一日京蒙字第一〇八七号公函:略以对于原注意要点并无意见,及外交部本年四月十七日条字第七八六六号代电开列对于本案意见,请查照。各等由。到部。兹经参照外交部对于本案意见,综合详加研议如次:

(一)查甘肃省各县市局管理新疆归化族注意要点之内容,与现行国籍法、户籍法及钧院三十五年八月十五日以节京陆字第八九四〇号密令颁发之对白俄实际援助办法,与无国籍侨民居留规则等多为重复或纷歧之规定。且其标题用语又与钧院卅二年六月十日颁布之现行法规整理原则第八项之规定不合,似毋庸颁行,免滋纷扰。

（二）查甘肃省之新疆归化族为新疆省之归化族之一部分。此种归化族，自应同等看待，未便因居住省区不同有所差异。目前，对于此项归化族应如何管理，或应否加以特殊约束，事属处理新疆省民族方针，对于边疆及国防上关系，均异常重大。目前，新疆省情形至为特殊，在中央固应盱衡局势，权宜处理；而地方政府意见亦未便抹煞。对于此节，似应由钧院令行新疆省政府及国防部核议具复，以期周妥。

（三）在前项方针尚未决定以前，新疆省之归化族因原系无国籍白俄，且并未依照中国国籍法之规定办理归化中国手续，自未便认为具有中国国籍，而应视之为无国籍人，其在华居留迁徙，似应依照无国籍人居留规则之规定办理。其有自愿归化中国者，可速依中国国籍法之规定办理取得中国国籍之手续，并为因地制宜起见，不必限期饬办，致与对白俄实际援助办法之规定有所违背。又：凡已依国籍法之规定归化中国之白俄，依同法第二条第五款之规定，固应取得中国国籍，即凡出生于中国，父母均为无国籍之白俄，依照同法第一条第四款之规定只属于中华民国国籍。此两种中国国民依户籍法第十一条及对白俄实际援助办法第三项之规定，均应领取中国国民身份证，以凭信守。

迭准前由，除分电外交部、蒙藏委员会及甘肃省政府外，相应抄同外交部原电乙件函请查核转陈，应希见复为荷。此致。

附录
甘肃省各县市局管理新疆归化族注意要点
一、凡迁入本省各县市局之新疆归化族，应于入境三日内，市向市警察局，县局向县局政府声请登记，请发居留证，愈期不声请者，依照户籍法五十三条规定处罚之。

归化族居住之旅馆或住宅，其旅馆经理或房东应于归化族居住之日即向该管警察机关报告登记,违者依照违警罚法第五十七条第三款规定处罚之。

二、领得居留证之归化族,经考核如无其他情形者,应自入境之日起两个月内依照国籍法之规定办理声请入籍手续,过期不予核转。

三、经核准入籍之归化族应依户籍法之规定正式编入所在地保甲,受保甲长之管理,并由警察机关随时注意其行动。

四、凡居住各县市局之归化族如离境他往时,须向县市局政府办理迁出登记,县市局政府对于归化族之迁徙应按旬表报省政府备查,但遇归化族迁徙人数较多时,应随时报告之。

五、凡归化族如有不法情事,经查属实者,由县市局政府依法处办,并将处办情形报请省政府备查。

六、归化族辅导事宜由县市局政府查酌实际需要,妥为规划,报请省政府核准实施。

〔蒙藏委员会档案〕

14. 行政院秘书处关于甘省办理遣派哈民情形致蒙藏委员会函

(1947年3月30日)

行政院秘书处公函　从贰字第9947号
中华民国卅六年三月卅日

据甘肃省政府电报办理遣送该省哈民情形到院。奉谕交内政部及蒙藏委员会。等因。查前准西北行辕电请遣送甘青两省哈民回新,业经本院核准,并拨经费拾亿余元在案。奉交前因。除分行外,相应抄同原件,函请查照。此致
蒙藏委员会
　　附抄原代电一件

秘书长 蒋梦麟

抄原代电

（衔略）案查新疆哈萨克族人民前因不堪盛前督办苛扰，自民国廿五年起陆续逃入本省河西各县，最初人口超过一万余，目前仅五千三百卅六人。到河西后，肆行劫掠，地方人民不堪其扰，历经剿抚。卅一年，本府为彻底安缉起见，依照前第八战区司令长官司令部颁发之甘青两省哈民安抚暨管理纲要、甘青新三省安抚哈民实施办法，配合军政力量，本以抚为主，以剿为辅之原则，先事安抚。凡寄居之哈民分别按月拨给食粮，并由政府购发农具、牛羊，划拨地亩、籽种，教导从事耕垦畜牧等工作，期能自力更生，办理以来，颇收预期效果。惟哈萨之移居甘境，原系不堪当时新疆环境压迫所致，十载客居，不无思乡之念。酒泉、张掖、安西等县哈民纷纷请求资遣回新，本府以事体重大，亟宜缜密处理。爰经呈奉国民政府主席、西北行辕核准，全部遣送回新，并由新省府派哈族代表柯利穆等三人来甘洽办。该代表等于上年十一月巧日由迪飞抵酒泉，经与河西警备司令李铁军、青康边区专员金在冶、第七区行政长督察专员兼保安司令刘亦常多次洽商，决定先将酒泉、张掖、安西三县之哈民二千四百一十六人，自卅六年二月上旬起分批遣送回新。其有牲畜者骑行，无牲畜者由政府派汽车输送。凡应遣送之哈民，每各发给食粮代金贰万元，服装费贰万元，沿途由警备总司令部派队护送，一面并电新疆省政府饬属于哈民入境后，妥为协助各在案。至本案遣送应需经费约在拾亿元左右。兹第一批应遣送之哈民（酒泉方面）六百四十六人，已于二月鱼日分乘汽车廿五辆起程，行前并由七区专署及酒泉县政府举行聚餐会，酌送礼物，以示政府怀柔之德意。至该县骑行哈民一千零七十九人，二月有日起程。其余张掖、安西两县哈民六百九十一人，刻正加紧遣送中。又寄居敦煌方面哈民二千九百廿人，因该民等表示仍愿留甘，现正设法劝导回新，除俟办理完毕再行详报外,理合电报鉴核为祷。

〔蒙藏委员会档案〕

15. 外交部抄送边疆问题秘密会议纪要致蒙藏委员会代电
(1947年7月21日)

代电　西(36)字第1510号

蒙藏委员会许委员长勋鉴:极密。兹将本月十八日关于边疆问题秘密会议纪要检附一份,敬请查照,惠予办理,并见复为荷。外交部(西)。附会议纪要及资料纲要各一份。

中华民国卅六年七月廿一日

会议纪要

卅六年七月十八日下午三时半

(一)报告事项

鉴于苏方之逐渐扩大支援中共,助长我国内乱,在东北固以中共问题为最严重,而在西北,则某方所扶植与支援支持之伊宁暴动分子,其为患亦不亚于中共。至外蒙军队之越境侵犯(北塔山事件)及外蒙在内蒙之活动,均为目前之严重问题。唯苏方之幕后策动与技术援助,虽事实频传,但皆缺乏切确证据,致对方得以推诿抵赖,而同情于我之友邦,间有为对方阴恶之宣传所惑而将信将疑者。我在目前之缺点为:

一、对某方支援我国内乱之证据未曾作有系统之整理。

二、对于资料之搜集整理及有关证据之利用、鉴别与汇集等等,以往有关单位间缺乏联系,尚未能适当配合,以从事工作。

本日会商,旨在如何联系有关单位将所有资料迅速加以系统整理集中,重确实证据,不尚空洞叙事文章。

(二)讨论事项
一、工作内容(1. 东北。2. 西北。3. 外蒙。4. 其他各方面之有关资料与证据。)
二、工作完成期限
资料纲要
甲、关于东北方面者
一、东北乙军实力之详确判断,乙军占领区之情形。
二、甲方接济武器装备及训练乙军之情形与证据。
三、韩共渗入东北作战之情形与证据。
四、甲乙方利用日俘作战之情形与证据。
五、东蒙伪组织及其兵力之备配与活动情形。
六、旅大地区甲军与乙军勾结之情形与证据。
乙、关于新疆方面者
一、某方策动伊宁事变之经过。
二、伊宁事变后,某方在伊、塔、阿三区之控制情形。
三、某方支援伊宁方面之事实(包括物质、技术等等)。
四、伊宁方面策动之东土耳其斯坦运动,及各种反中央、反汉族运动,以及其他活动(包括秘密组织及恐怖组织)。
五、代表伊方参加新疆省府及政府机构,受某方支配各分子之略历与素描。
六、最近南疆喀什专员响应伊方阴谋之分析。
七、北塔山事件之背景。
八、其他。
丙、关于外蒙方面者
一、外蒙出兵伊、塔、阿三区参加支援伊方叛乱之史实。
二、外蒙侵边之史实(包括北塔山、阿尔泰及东蒙、内蒙沿边各地)。
三、外蒙派人在我内蒙制造分裂运动及其事实。

四、外蒙支援中共勾结中共之事实。

丁、关于蒙新边界问题者

一、历来疆沿革之史实。

二、外蒙侵占区域之说明（附有关图）。

三、证明外蒙侵我边界之外国地图与说明（可附有利于我之各国地图及苏联一九三九年以前地图）。

四、其他。

决议事项

1. 关于各项资料之编辑，有关新疆外蒙者，由蒙藏委员会主编。有关东北者，由国防部主编。有关新蒙边界者，由内政部主编。

2. 各项资料限下星期四，七月廿四日以前齐稿，迳送外交部亚东司汇集。

3. 视实际需要，随时召开会议商讨。

4. 函联秘处协助汇送有关资料。

〔蒙藏委员会档案〕

16. 新疆乌恩素珠克图南路盟政府关于开垦汉旗份地计划书致蒙藏委员会代电

（1948年6月30日）

乌恩素珠克图南路盟政府代电　新蒙京字第十三号

民国三十七年六月三十日

蒙藏委员会公鉴：查本盟僻处边陲，农业落后，生产毫无，民生凋敝。近年来因战争及物价影响，以致哀鸿遍野，饥苦尤甚。现更因边疆多事，伊犁告警，军队经常驻守，难民纷纷归来，军粮、食粮均感无法供给，难民流离失所，号寒啼饥，厥状之惨，目不承睹。虽中央拨款赈济，终以杯水车薪，无济于事。兹为求人民生活之安定，难民之救济，与军粮、马粮之供给计，拟将本盟所属旧土尔扈特汉旗巴伦地区之荒地从事垦植。唯本盟以地瘠民困,因开垦所需之经费实感无力筹措。窃维我中央向以爱植边蒙,发展农业为怀,是以谨拟具计划书一份,特电奉达,敬祈赐予转请有关机关准予贷给开垦经费,俾利垦务,至深感盼。乌恩素珠克图南路盟盟长满楚克札布,副盟长乌静彬。巳卅。叩。附开垦计划书一份。

乌恩素珠克图南路盟所属旧土尔扈特汉旗巴伦地区份地开垦计划书

一、前言

新疆蒙古,原为游牧民族,逐水草而移居。近年以来,因生活方式之改进,已由移居一变而多为定居。抗战军兴后,为适应环境之需求,如征兵、纳粮等关系,其生活方式更形固定,生产技术与方法亦渐与内地相同,但终因地僻民困,生产工具与经济之缺乏,致未能发展绝大之效能。现值胜利伊始,百业待举之际,为求边民生活之安定与发展农业起见,垦植荒地实为刻不容缓之要务也。兹以新蒙地瘠民贫,因开垦所需之经费等项自感无力筹措,实有赖于我中央之贷给,俾利垦务之进行。谨拟具计划书一份,恭请鉴核,赐予办理,至深感盼。

二、本旗环境及开垦目的

本旗位于开都河之南岸,交通便利,灌溉通畅,土地肥沃,耕种适宜,惟多未能垦植,殊为可惜。近年以来,因受战事之影响,以致物价激涨,边民在此物乏民贫之际,尤感生活无法维持。复以边陲时常告警,伊犁屡生变乱,不堪其蹂躏之。本盟人民率皆只身逃回,流离失所,痛苦不堪,号寒啼饥,厥状至惨,虽经中央拨款救济,但杯水岂能济车薪之急,放赈更非为长久之策。况本旗以地属边陲,军队经常驻守,军需、马粮率皆仰赖他地运输供给,需费浩大,军民两受其损。为求生产之增加,难民之救济,人民生活之安定与驻军军需之供给计,开垦本旗荒地,实为必要之善策也。

三、垦地之经理

查本旗未经开垦之土地，约计七十余万亩，其产权均为蒙民所有，倘使人民自行垦植，实感力有不及。本旗为求事半功倍，便于统理起见，拟由本旗承办，并邀请地主参加，开垦等费由旗方向中央借贷，其由伊犁逃回与贫苦无告之难民使之耕种（此种方式即如同股东公司组织。地主出土地，旗方出经费。其款额之多少与地亩之大小，作为认股之多少计算之），俾求生产之增加与生活之安定。

兹为应付目前之急需与便于垦植，拟将此七十余万亩之荒地分两期开垦。本年为第一期，计先开垦荒地二万六千四百二十亩，共分农场二处。第一农场为一万一千四百六十亩，第二农场为一万四千九百六十亩。至各场之管理、组织与耕地之分配，可由旗方与地主共同商酌办理。

四、贷款之用途

查本旗荒地虽多，而开植者甚少，以至民生凋敝，贫困不堪，地方之税收亦感无从征纳。现值行宪伊始，百业待兴，对于垦植荒地，建立农场，实为刻不容缓之要图。惟以本旗民困官穷，因开垦所需之一切经费至感无法筹措。窃维我中央向以开展边疆、复兴农村为怀，对于因垦植所需之费用至祈赐准贷给。至贷款之用途，另造预算表呈核外，其主要者为荒地之开垦，工具之购置，种子之用费等等。其款额系按照新疆物价最低数估计，最少亦需法币三千余亿元。

五、收益之分配

查开垦荒地既由旗政府与蒙民合办，其性质相同于股东组织，即地主出土地，旗政府出经费，难民出劳力，其将来之收益除一部份作为归还贷款外，其余比照实际情形酌予分配。此不仅对公帑之收入可以增加，即对于流离无告之难民亦可有以救济，人民之生活兼而得以安定。尤对蒙旗份地之纠纷，藉可因之而解决，民族间之问题更可以消除。一举数得，公私利赖。

六、贷款之归还

查此种贷款,自不同与普通农贷,盖垦植荒地,所费既大,而其初期收益绝少。现在按照该区域土质估计,每亩至多可收成二市石,两农场共有二万六千四百二十亩,每年收益可为五万二千八百四十市石(唯开垦初年,收获较少,其人工食粮以及牛马草料均须另外购买。兹照每人可耕田十亩计,两农场至少要二千五百人,每五十亩需一牛耕田,两农场至少需牛马五百三十头,每人每月食粮照三市斗计,一年共需食粮九千石,每牛每日草料费照二十万元计,一年需三百八十六亿九千万元,其他杂具等费尚不在内)。故贷款之归还,拟分四期行之,第一年归还六分之一,第二、三、四年各归还所余之三分之一,其详细数目另列表于后。至贷款所需之抵押品,即以农场充之。

以上各节,确系目前要务。兹造具预算表及地图各一纸送请鉴核,赐准实行为盼。

收益分配估计表

第一年按每亩收获麦子二市石计,两农场可共收五万二千八百四十市石。除留下年籽种及人工食料二万市石,可净余三万二千八百四十市石,内再除贷款归还六分之一,计一万四千一百三十六石八市斗外,其所余者即为主客之收益,与军粮之缴纳,及增垦下年荒地之用。

第二、三、四年收获同上,除留有下年籽种、人工食料、每年归还所余贷款的三分之一,二万三千五百六十一石三市斗外,可净余九千二百七十八石七市斗,即作为主客之收益与军粮之缴纳,及下年垦植之不足。

〔蒙藏委员会档案〕

17. 西北行辕关于商讨新疆蒙哈难民救济事宜致社会部代电

(1948年10月22日)

国民政府主席西北行辕代电　　迪署一木林字第396号
　　　　　　　　　　　　　　中华民国卅七年拾月廿二日

一、据新疆乌拉恩素珠克图北路盟长乔嘉甫亲王酉文代电：略以卅四年塔城事变时，该盟蒙胞受损失者四千余户，先后逃来迪化一带已逾三百余户，彼等均系劫后余生，所有牲畜财物损失罄尽。目下生活无法维持，情至堪怜。曾于本年以未寝代电呈请中央准在通案核拨之盟旗各难民救济费国币三百亿元项内拨给一部分。兹奉蒙藏委员会（卅七）蒙字第（4484）号申径代电转准社会部（37）救二字第（26461）号申巧代电，以前次蒙民代表团送交盟旗流亡难民数目表未开列该盟难民人数，饬本盟迅将受灾种类及实况暨受灾难民人数详为造报凭办等因。谨遵造具本盟受灾种类、受灾实况及难民人数一览表一份，恳转请社会部迅予拨款救济等情。

二、该亲王所称各节，尚属实在，相应检附该盟受灾种类、受灾实况及灾民人数一览表一份送请查照核办。

三、本件已抄副本送蒙藏委员会。

长官　张治中

附录新疆省政府代电

南京。蒙藏委员会公鉴：案据旧吐尔扈特北部落札萨克盟盟长亲王乔嘉甫代电称：案奉蒙藏委员会（卅七）蒙字第四四八四号代电开：新疆蒙古乌纳恩素克图北路盟乔委员嘉甫勋鉴：案查前准贵委员本年未寝代电：请将中央拨发三百亿元赈款内拨一部救济贵盟蒙灾难胞一案。当经本会以蒙字第四一二五号申阳代电转请社会部核办。去后。兹准该部（37）救二字第二六四六一号申巧代电称:蒙字(4125)号申阳代电敬悉。查新疆蒙古乌纳恩素珠克图北路盟发生灾难,并未据呈报有案。前次蒙古代表团所送各盟旗流亡难民数目表亦未开列该盟难民人数,拟请贵会迅予转饬该盟,将受灾种类、受灾实况及灾民人数,详为造报,以凭核办。特电复,请查照办理为荷。等由。准此。特电请转饬贵盟迅将上开急待明了各情表列报,以凭转请救济为荷。等因。查卅四年塔城事变后,地方骚动,民不聊生,本部落蒙胞五千余户经查受损失者四千余户,计损失羊五十二万三千余只,牛二万七千余头,马三万五千一百余匹,骆驼一万七千余只。先后逃往迪化一带者已二万余户,因彼等皆系劫后余生,所有牲畜财物损失罄尽,谋生乏术,情形堪怜。虽经社会处救济,无如杯水车薪,无济于事。前经嘉甫在京时,呈请中央在拟发三百亿元赈款内拨给一部,救济本盟难民,以恤灾黎。去后。兹奉前因。谨将受灾种类、受灾实况及灾民人数分别列表,电请钧府鉴核,据请转请社会部迅予拨款救济。无任感祷,不胜待命之至。新疆乌纳恩素珠克图旧土尔扈特北部落札萨克盟盟长亲王乔嘉甫。酉寒。叩。附灾民人数一览表等由前来。兹特附赍原表,请查照办理为荷。新疆省政府主席麦斯武德。酉陷。印。

新疆乌拉恩素珠克图旧土尔扈特北部落札萨克盟
受灾种类受灾实况灾民人数一览表

受灾种类	受灾实况	受灾人数	备考
1. 牧民四千余户 2. 惠济寺等五寺院喇嘛一三一〇余人	自三十一年阿山哈族变乱,被抢者四千户,损失计羊五十二万三千余只,牛二万七千余头,马三万五千一百余匹,骆驼一万七千余只,内有二五〇户逃往来迪,牲畜财物损失殆尽,暂集中在景化。	一五〇〇人,计二五〇户(内喇嘛三十余人)	本盟共有五十余户,除逃亡来迪者二五〇户外,尚有四千余户现正陆续来迪中,该等牲畜损失殆尽,亟应救济。

亲王　乔嘉甫

中华民国三十七年十月

〔蒙藏委员会档案〕

〔十二〕侨务

（一）侨务行政与法规

1. 国防最高委员会秘书厅为六全大会关于战后侨民复员问题等六案与行政院等往来函呈

（1945年8—10月）

（1）国防最高委员会秘书厅函 （8月11日）

国防最高委员会秘书厅公函　　国纪第56167号
中华民国卅四年八月十一日

第六次全国代表大会关于：(一)战后侨民复员问题；(二)从速筹划遣散归侨；(三)确立完整之华侨救济善后计划；(四)救济海外战区侨胞，并指拨专款助其复业；(五)华侨复员应请积极准备；(六)设法救济古巴失业华侨等六案。大会政治组审查意见："查海外收复地区之侨胞复员及善后救济关系重大，政府刻已拟订整个计划，上列六案送政府从速切实参酌办理"。由中央常务会议决议送国防最高委员会办理。兹准中央执行委员会秘书处函送到厅。当陈奉批："上开六案均交行政院参酌办理。其华侨复员应请积极准备，案内原办法关于交通工具之一、三两款，另行抄付军事委员会。"除函军事委员会外，相应检同各原案函达，即希查照办理为荷。此致
行政院

(2) 行政院签呈稿(8月14日)

签呈　三十四年八月十四日
秘字第二九八五五号

国秘厅函为六全大会关于战后侨民复员问题等六案嘱办理一案,签拟如左:

拟将第一案"战后侨民复员问题",分交侨委会,外交部,财政部会同有关机关参酌办理。

第二案"从速筹划遣散归侨",拟交侨务委员会会商有关机关酌办。

第三案"确立完整之华侨救济善后计划",拟交外交、财政两部,侨委会及善后救济总署会商筹划办理,并函海外部。

第四案"救济海外战区侨胞并指拨专款助其复业",拟分交外交、财政、社会各部,救济总署,及侨委会。

第五案"华侨复员应请积极准备",拟分交外交,财政,教育,交通,社会,经济六部,侨委会及善后救济署,参酌办理,并函中央组织部。

第六案"设法救济古巴失业华侨",拟交侨务委员会,外交部会商办理。当否,乞示。

(3) 行政院函稿 (8月18日)

公函　平陆17820号

国防最高委员会秘书厅函:略以第六次全国代表大会关于确立完整之华侨救济善后计划、华侨复员应请积极准备案,大会政治组审查意见:"海外收复地区之侨胞复员及善后救济关系重大,政府已拟具整个计划送政府从速切实参酌办理"。由中央常委会议决议,送国防最高委员会办理。兹准中央执行委员会秘书处函送到厅。当陈奉批:"交行政院参酌办理,除将交通工具之一、三两款,另行抄付军事委员会外,相应检同原案函请查照办理。"等由到院。除

分交有关机关外,相应抄同原提案,送请查照酌办为荷。此致
海外部、中央组织部

抄送原提案一份(照报二九八五五附件第三案抄送)、(照报二九八五五附件第五案抄送)。

第二案(二)请速筹划遣送归侨以利国家百年大计案
　　　　　　　　　　提案第四十一号
　　　　　　　　　　谢澄宇等十三人提

理由:窃查我国侨胞旅居南洋各地者,数逾八百余万,平日孜孜经营,立业造产,对当地之繁荣与祖国之贡献,均著功绩。乃太平洋战争爆发后,日寇不旋踵间即席卷南洋各地,我侨胞不甘受辱,冒险犯难,辗转播迁,归来祖国,为状固惨,而其忠义之心,则可贯日月扬正气也。今者盟军节节反攻,进展顺利,菲律宾与缅甸几已全部光复,其他各地之解放,亦可计日而待矣。故对归侨之遣送,此时亟应未雨绸缪,从速为整个之筹划,俾侨胞能迅速返归原居留地,重整产业,此不仅千万侨胞之生计攸关,即祖国之经济建设,亦唯此是赖也。

办法:(一)由中央各有关机关组织遣送归侨机构,并在各重要地区设立分支机关,办理一切归侨之遣送事宜。

(二)筹集充足之集费,以资助贫侨返归原居留地,并维持其国内侨眷之生活。

(三)对出国手续,结购外汇及交通工具等应事先向各国交涉接洽,尽量予归侨返归原居留地以充分之便利。

(四)速即分区举办归侨登记。

(五)在光复之地区,如缅甸、菲律宾等处,先行设法遣送归侨,前往原居留地复业,其他未光复之地区,亦应积极从事准备工作。

以上办法,是否有当,敬候公决。

　　提案人:谢澄宇　李继渊　林及时　许秉武　余超英

王吉士　陈国础　朱瑞石　谭永昌　林庆年
黄景灿　余超平　邓川山

第三案（三）南洋各地光复在即亟应确立完整之华侨救济善后计划案

提案第四十二号

谢澄宇等十四人提

理由：查南洋各地行将次第光复，在南洋沦陷期中，日寇肆行劫掠，侨胞生命财产，牺牲惨重。光复之初，无论侨胞生活之维持，或产业之重建，均有赖于祖国政府之救济协助。吾人一念及侨胞过去对革命贡献之伟大，当知此种济助，实为义不容辞，殊非单纯慈善性质之救济所可比也。故当此南洋反攻军事顺利进展之时，我党政当局对收复区侨胞各种救济事宜，亟应详细研究，妥慎规划，确立完整之华侨救济善后计划。

办法：（一）由侨务委员会，海外部，外交部，及中国善后救济总署会同组织华侨救济机构，负责筹划华侨救济善后之一切事宜。

（二）调查南洋华侨因受战祸之种种损害，并拟订整个之具体救济善后计划。

（三）救济经费除请求联合国救济善后总署及中国总署补助外，其余由国库支拨之。

所提办法，是否有当，敬候公决。

提案人　谢澄宇　李继渊　林及时　许秉武　邝金保
　　　　余超英　王吉士　陈国础　朱瑞石　谭永昌
　　　　林庆年　黄景灿　邓川山　余超平

第四案（四）请救济海外战区侨胞并指拨专款助其复业以宣德意而维侨务案

提案第一九八号

陈代表介生等十四人提

说明：查海外侨胞，散处欧美南洋各地经营工商事业者，为数甚多，战前每岁汇寄回国之款，数额颇巨，而于本党革命事业，在精神物质方面，均有极大之贡献，厥功之伟，不幸此次战争发生，欧洲及南洋各地侨胞，受战事影响，生活备极艰苦，平时苦心经营之事业，亦惨遭毁灭，少数归侨，政府虽曾予以救助，但仅能解决目前之困难，而非根本长久之策。现欧洲战事结束，远东胜利在望，南洋各地之收复，指顾可期，关于收复地区及战后侨胞之生计及复业问题，似应由中央早为策划，明订救济扶助办法，俾得恢复旧业，以宣党国德意，而促侨务之发展，谨拟具办法三项，提请公决。

办法：一、各地侨胞因此战争而破产失业生计无法维持者，由政府予以普遍救济，并设法辅导其就业。

二、侨胞在居留地经营之事业，因损失重大无力恢复者，由政府指拨专款长期贷放助其复业。

三、各地侨胞，因此次战争所受之损失，由政府向侨胞居留地之国家交涉，请予协助侨务机关，调查登记，俟战事胜利缔结条约时，责令敌国赔偿。

提案人　陈介生　郑介民　吴奇伟　罗文谟　唐　毅
　　　　肖赞育　唐　纵　刘咏尧　余富庠　孙元良
　　　　刘季洪　贺衷寒　吴茂荪　谢喜安

第五案（五）为华侨复员应请积极准备以利进行案
提案第二四六号
李代表种德等十二人提

理由：迩者中印缅战场战事节节胜利，缅甸收复在即，滇缅公路已开放，归侨复员在望，亟应事先加以筹划，庶免临时发生困难。惟复员问题头绪万端，为集思广益起见，谨将管见所及，提要条述于后，是否有当，敬祈大会公决。

办法：甲、关于出国手续：

一、应请外交部立即提归侨复业手续具体办法，向各殖民地政府办交涉，尤其关于缅甸收复在望，应即准归侨复员使供求互惠。

二、应根据一八九四年中英续议滇缅界商务条款二十条附件第九由旱道运入缅境货物，概不收税，凡华人由边界入缅境者，可无须护照，请仍照战前办理。

（附说明）凡从水路由仰光入缅境者，例须签证护照，始可入境，货物进口亦须照章纳税。凡从滇缅入境者，无此规定，来往均属自由。在渝陷用半年，据闻我政府为便稽察汉奸保护唯一之国际线——滇缅公路，曾通知英缅政府查验护照，战事结束，一切应恢复常态，则据约援例从滇边入缅境者，仍应无条件。本人在滇省参议会席上，曾提请外交部何英方力争不达目的不止。

三、倘英缅政府认为必须护照，则特请外交部注意三点：

（一）向英缅政府交涉，从昆明附近出国之侨胞，由驻昆英领事馆签发护照，从腾冲附近出国之侨胞，由驻腾英领事馆签发护照，以免周折，耗时伤财。

（二）应加一附条"滇籍边区农工小贩入缅，援约据例，仍得无条件出入"。

四、或仿照桂越边境办法，设置对汛督办，由两国各派人在往来要津，会同办理出入境事宜。滇西第六区行政督察专员公署虽先后变更名称，不少次数，惟一向为对英缅边境，交涉之负责者，应即授权使其主办，边区各设治局则由彼分别择要委干员代办。

（附说明）其所以必如是之要求者，因云南西部除滇侨商人外，每年出国农工少则三五万，多至七八万，每年所得统计数亦匪少，小则直接行及苦贫侨胞，大则间接增加国家财赋，倘农工小贩均亦必须护照，则必束手无策，为遵照按国父扶助农工为重要国策之一，故不能不力求补救之法如上。

五、归侨复员时,沿途应请政府指令新运服务社妥为接持,一切予以便利倘昆明保小町畹不设招持,则归侨至各该地必发生食住之困难问题。

乙、关于经济之救济

一、过去华侨在国外经营之商业或实业,统赖个人之努力,向无金融机构为后盾,故事业基本难于稳固,应请国家银行及侨民投资机构及时向外发展,并以协助侨民事业为目标,另有一专案提出。

二、归侨返国时,所有外汇多以官价售予国家银行及各商业银行,时经四年,贫困者不少,应请政府核准侨民身份,予以相当之官价外汇,使其旅费有着,小本营生有着。

三、在缅未及逃出之华侨,展转流亡,几已无法生活,(此种苦况闻各难民地亦莫不皆然)应请政府派员携实物前往救济。

四、总济总署对华侨已决定之一切救济办法,应请迅即宣布,并照案实施。

丙、关于交通工具

一、车辆　请指派战时运输管理局从中印公路所来之车辆,转回时除出口货外大部为空车,应准归侨携其行李及货搭乘至龙陵或八莫或密支那。

二、船只　需要船只时,应请我政府向当地政府交涉予以便利。

三、请陆军总部随时随地加以协助,使不发生困难。

丁、关于领导者

一、应请先恢复仰光总领事馆,暂设领事馆于町畹,或八莫、密支那,相机前进,以便办理首先复员事宜。将来再移至仰光,于腊戌与密支那两地,则分设领事馆,最低限度亦应分设办事处庶足以应付其环境。

二、领事馆为商务官,此后遴选除有外交能力并须兼有商业学识及熟习南洋情形,易于与侨商联系者任之,或设置商务专员等,庶能领导侨民发展经济。

三、各总支部书记长及常务尤为党员与侨民之模范,应慎选能以大公无私以身作则者任之,乃能吸收优秀分子,使党务发扬光大,否则其危机实堪虞。

四、教育为促进华侨之原动力,侨务委员会、教育部直接指导外,领事馆亦应直接负责,或增设侨民教育专员,就近督导,俾效率增加。

以上所陈,均为目前极适切环境者,应即加以实施,此外如(一)战后南洋华侨应注意经营之经济事业为何,并应如何事先筹划,俾能适切新环境,以期在国际市场竞争中立于不败之地位。(二)战后国营事业机关应如何与华侨经济事业联系合作,以求达到推广国际贸易及发展祖国经济建设之目的。(三)战后南洋华侨教育经费应如何筹措,师资人才应如何储备,俾适应新环境之需要等,均为国内外人士应全力准备者,蠡测所及,容使将来再为续陈。

    提案人 李种德
    连署人 龚自知 裴存藩 张邦翰 谢仁钊 梁大鹏
        林庆年 田昆山 夏 威 郑炳庚 高凌百
        许文顶

第六案:请政府设法救济古巴失业华侨案
        提案第四三八号
        蒋代表赐福等十七人提

理由:自去年十月古巴新总统格劳就职以来,厉行国化劳工法后,华侨企业颇受影响,失业工人甚众,我党反对派乘机煽惑,局势颇为严重。按古巴国化劳工法系一九三三年十一月八日所颁布,其目的在保护本国工人,内容约分下列四点:1. 外侨企业中古巴工人及其所领工资应占工人总数及工资总数百分之五十以上;2. 法令颁布后工人出缺时应雇用古巴工人补额,至新设之外侨企业一律须用古巴工人(此点若严格执行可使侨工全无工作机会);3.技术人员家庭工业及仅雇用工人一名之小规模企业不受此限;4.股份公司之劳动股东(以劳力为股本者)不受此限。法令颁布后,华侨曾利用第四项之规定,将所有企业一改为股份公司。所有工人皆称劳动股东,遂得避免雇用古巴工人。其后经古巴工人之激烈反对,古巴政府乃于一九三八年四月十三日颁布法令,规定凡股东之作工者,一律认为工人,只以是项法令仅见于政府公报,华侨多未加注意,而古巴政府亦未严格执行,故能相安无事。去年秋青年格劳当选总统古巴政局突变,国家主义派势力抬头,有所谓"古巴人阵线"者,倡行反对华人股份公司运动,华侨企业颇受骚扰,幸经我公使馆屡次交涉,骚扰停止而对华侨不利之法令草案亦幸获取消。直至今年一月十日古巴劳工部始颁布新令,解释劳工法,重申一九三八年之命令,规定劳动股东作工者亦属工人,新法令颁布后,一般华侨虽以其声明对华侨不作必要之损害,未表反对,而本党反对派则乘机活跃,多方煽惑失业工人,倘我政府不积极设法交涉救济,局势颇有更恶化之可能,实不容忽视者也。

办法:1.请外交部继续与古巴政府交涉,使其国化劳工法之施行不得适于用劳资合作之企业组织。

2.请外交部商请美政府暂准古巴失业华侨赴美参加战时工作,战后再设法运送回国。

提案人　蒋赐福　王文珏
连署人　周雍能　余受之　梅友卓　李文恩　潘汉枢
　　　　毛起鸥　陈家贤　余璞齐　罗浮仙　丘健章
　　　　潘胜元

第一案:关于战后侨民复员问题特提
要点以备采择请予核议案

提案第二十号

吕代表渭生等十四人提

理由：现在胜利在望，南洋群岛收复可期，而华侨复员事务，亦当及时进行。查复员范围甚广，然其要点，约有四端：(一)侨民之入境；(二)待遇之改善；(三)工商业之贷款；(四)外汇之核准。盖必当地政府准许华侨返还原居留地，而后有复员之可言，且既得入境，亦须改善待遇，方不至妨障发展。其资产丧失，无力复业者，又须由我政府贷予相当款项，俾便经营。若从前汇款归国，经营事业，确有证据者，又须由政府酌准汇出，而后侨民之经济，乃能活动。基上所述，前两端为对外问题，后两端为对内问题，苟能互相配合，则复员之办理，乃切实而有成绩。本此原因，窃抒管见。

办法：拟由外交部即向各居留地政府接洽，凡华侨在抗战前后，离境归国，携有证件，或证件遗失，而有事实证明者，均准入境居留，重理旧业，所有一切待遇从此改善，或订立平等互惠条约，根本保侨，或在各种苛例中将华侨除外，不受拘束均属要图。至于贷款协助，则视其事业之大小，以为标准，薄收利息，限期清还。使能为自立之生产，比之消极救济，裨益实多。若夫汇出现金，充实资本，则以从前提入之数目，订一相当之比例，准以官价汇去。凡关于财政问题，皆由财政部主管，或会同有关机关办理，或指定国家银行执行之。事关侨民复员，谨提案如上，是否有当，伏祈公决。

提案者：吕渭生

连署人：冯自由　胡木兰　于望德　吴士超　林泽臣
　　　　许人堉　吴碧岩　肖松琴　张国栋　陈耀垣
　　　　陆幼刚　詹菊似　李绮庵

(4) 财政部函稿　(9月9日)

财政部公函　经财字第 9858 号
中华民国三十四年九月九日

案准贵处三十四年八月廿一日发和字第二九八五五号通知：以六全大会关于战后侨民复员问题等六案奉院长谕："第五案华侨复员应请积极准备，交外交、财政、教育、交通、社会、经济各部，侨务委员会及善后救济总署参酌办理。"相应通知等由。附件到部。关于原案办法乙之一请国家银行及侨民投资机构及时向外发展一节。查办理侨汇及发展国外贸易系属中国银行专业范围，前准海外部等机关请在菲律宾、南洋、缅越各地设立国家银行协助侨胞复业，业由本部令饬该行总管理处察酌情形，前往推设，此后自可由本部随时督促该行办理。至私人银行，尚无国外行处之设立，最近中国侨民银公司等拟向海外推设机构，以协助华侨之经济发展，用意至善。惟其设立有关外汇管理及外国法令，此事本部正在广征各方意见，审慎核议中。又原案办法乙之二请政府核给归侨官价外汇一节。查归国华侨如确系返回原居留地，经侨务委员会证明，并领得出国护照者，其旅费外汇可准酌予结购，业经本部函达中央银行查照办理在案。准通知前由，相应函达，即希查照转陈为荷。此致行政院秘书处

财政部长俞鸿钧

(5) 侨务委员会呈 （10月5日）

侨务委员会呈

侨营移字第一四七二二号

中华民国三十四年十月五日

前奉钧院以国防最高委员会交办六全大会关于战后侨民复员问题等六案，及关于确立护侨政策等案，先后共十件。另国民参政会第四届一次大会，拟请政府切实救济广东灾民案有关侨务部分交由本会与有关机关核议办理。呈复。各等因。自应遵办。业经先后与有关机关洽商解决办法。嗣以各案均有连带关系，亟须通盘筹划进行，俾能齐一步骤，故再于本年九月十八日召集财政部、粮食部、四联总处、经济部、社会部、外交部、善后救济总署、教育部、

交通部等有关机关在本会开会详加讨论,经取得一致意见,纪录在卷。理合检同该项会议纪录乙份,备文呈请钧院鉴察,敬候核示指遵。谨呈

行政院

附六全大会交办案会议纪录乙件

侨务委员会委员长陈树人

六全大会交办案会议记录

时间：九月十八日上午九时

地点：本会会议厅

出席：粮食部　何孝纯

　　　财政部　胡文元　梁培湘

　　　四联总处　陈以静

　　　经济部　曹毓俊

　　　社会部　钟其炽

　　　外交部　保骏迪

　　　善后救济总署　沈惟恭

　　　教育部　邵镇华　潘平之

　　　交通部　吴恺玄　万　琮

　　　侨务委员会　郭威白　甘　沄　王阆尘　林仪甫

主席：郭威白

纪录：梁省松

报告

主席报告召集会议之原因：系奉行政院发下六全大会交办案共十件,须与各有关机关核议呈复,兹顺序将各案提出讨论。

决议要点：

第一案：关于战后侨民复员问题特提要点以供采择，请予核议案。

决议：（一）办法要点第一项侨民之入境及第二项待遇之改善——因侨务委员会战后侨务复员计划中已有规定，经呈行政院核准，故此两案可遵照行政院核定之办法办理。

（二）办法要点第三项工商业之贷款——因财政部前与侨务委员会商议暂定美金伍千万元，委记中国、交通两银行贷放海外各地，分配数额亦经决定，可照该项办法办理。

（三）办法要点第四项外汇之核准——归侨出国由请购买外汇，近财政部与侨务委员会洽商，由侨委会供给资料及意见办法，再由财政部核办，将来可照核定办法办理。

第二案：请速筹划遣送归侨以利国家百年大计案：

决议：（一）组织机构前经有关机关决定遵照蒋主席训示，侨务复员事宜由侨务委员会主持，随时会商有关机关，不另组机构。本项不必再议。

（二）资助贫侨返原居当地，侨务委员会已定有办法。不必再议。

（三）本项中出国手续一节，照外交部规定办理。结购外汇一节，照财政部规定办理。准备交通一节，照侨委会规定办理。

（四）归侨总登记，侨务委员会已在办理。

（五）收复区遣送归侨复业，经外交部分别向当地政府交涉，并已派遣领事人员前往。

第三案：南洋各地光复在即亟应确立完整之华侨救济善后计划案。

决议：前经侨务委员会召集有关机关会议已有所决定，本案内容相同，可遵照前次决定办理。

第四案：请救济海外战区侨胞，并指拨专款助其复业，以宣德意而维侨务案。

决议：（一）救济侨胞失业及就业侨委会复员计划中已有决定。

社会部意见：关于辅导就业工作，请侨委会将资料送部，以作办理之依据。

（二）贷款复业，可照财政部决定之办法办理。

（三）调查损失，责敌赔偿，外交部已在进行中，并参考各国要求敌国赔偿情形如何，再定办法。

第五案：为华侨复员应请积极准备以利进行案

决议：（甲）关于出国手续：

1. 外交部正与英政府交涉中。

2. 外交部拟作为将来中缅专案谈判之参考。

3. 外交部认可，由驻昆明与腾冲英领事办理，应无问题，无交涉之必要。至滇籍边区农工小贩入缅，应依一九四一年护照法第五条第一项办理。

4. 外交部认为由侨务委员会在滇缅交界处设一办事处较妥。

5. （A）社会部意见：关于归侨复员时沿途招待站之设置，本部主管社会服务，自可视事实需要会同侨委会呈院指拨专款，分别设置服务站。

（B）善后救济总署意见：关于归侨复员时沿途招待站之设置，本署视事实之需要，亦可在滇缅路设办。

（乙）关于经济之救济：

1. 银行应协助侨民复业，由四联总处议定办法。

2. 核定官价外汇，前经侨委会与财政部等机关议商，现财政部拟请侨委会提供参考资料再定办法。

3. 侨民在缅之救济，前经侨委会及外交部派员前往办理，并携赈款卢比叁佰万元，但因英方建议不必携赈款实物，又以交通运输困难，迄今尚在洽商处理办法中。而现在该地侨民公意金拟将该款作一公共事业，不赞同消极救济。

4. 救济总署决定之救济办法，俟核定当可实施。

（丙）关于交通工具：

1. 出国运输车辆，前经侨委会与战时运输局洽商，该局对于归侨返缅拟照价八折优待收费，已估定价目一俟缅甸入境问题解决，当可实施。至于中印公路之车辆回程，除运送公物者外，余皆抵国即留内地应用，并非空车。

2. 船只应视实际情形如何再定办法。

3. 陆军保护一节，应视实际情形如何再议。

（丁）关于领导者：

1. 恢复仰光总领事馆，外交部已派定总领事即可前往，而驻密支那领事馆，亦正向英方交涉设立中。

2. 派遣有商业学识者为领事官，经济部曾拟有办法，将来如果需要，可照办，目前已派有商务参事。

3. 选派总支部书记及常务，应由海外部办理。

4. 增设侨民教育专员一节，现外交部已在每使领馆中指定一人负责办理侨教，惟教育部与侨委会前曾会订之"华侨教育实施方案"中已订列"每区派定华侨教育视导专员一人，由教育部会同侨委会提出，请外交部派为当地使领馆职员专负当地侨教视导之责"，业经呈奉蒋主席核准照办在案，尚未征得外交部同意，拟再与外交部洽商办理。（侨一四七六九收文）

其他三项：

第一、二两项经济事业，经济部已拟有计划。

第三项经费一节，侨委会已拟计划呈核其中师资一节，教育部已设讲习会，侨委会亦已拟有计划。

第六案：请政府设法救济古巴失业华侨案。

决议：目前古巴华侨情形已有好转，失业甚少，本案已失时间性。

第七案：战后南洋华侨复员案。

决议：（一）设立复员机构，前经有关机关议定不必另设。

（二）选派党部人员，应由海外部核办。

（三）恢复领馆，外交部已在办理中。

（四）派遣教师一节，侨委会已有计划，教育部亦已设有师资讲习会。至派遣记者一节，应送宣传部、海外部参考。

（五）派遣宣慰大员拟视将来情形如何再行派遣。

（六）金融机构之复业，前经侨委会及财政部等有关机关议定办法。

（七）经济计划之拟定，经济部已拟有计划。

（八）新生活之推行，侨委会前经尽力推行，今后仍设法加强。

（九）检举附逆败类，外交部以为如当地政府检举附逆分子应由使领馆参加审查，以免枉纵。

（附）越泰马华侨复员实施纲要。

1．复员机构——本节照前决议不设立。

2．人事复员（甲、乙）——本节侨委会经定有办法。

（丑）医药方面，由当地政府负责食宿费，则包括在所发旅费之内。至出境国外旅费之外汇并前案办理，照侨委会与财政部等各机关商定之办法。

（寅）流亡侨民之复业，侨委会已予注意。

（卯）救济款项救济，善后总署已有预算。

（辰）救济调查表册救济，善后总署已有预备。

3．经济复员：

（甲）清偿损失：

（子）废除暹罗苛例，拟俟与暹逻恢复邦交后办理。

（丑）恢复马来亚华侨被敌侵占产业，拟俟领馆收复后办理。

（寅）恢复越南华侨被敌侵占产业，拟俟领馆恢复后办理。

（乙）贷款复业：

（子）以国家金融机关支持侨民事业，照财政部办法办理。

（丑）恢复生产事业，不能向救济善后总署贷款。

第八案：请政府切实协助缅甸侨胞复员案。

决议:(一)交涉侨胞回缅一节,外交部已在进行中。
(二)组设复员办事处一节,照前案议决,不另设机构。
(三)交通工具,侨委会已与交通部及战时运输局洽定办法。
(四)购买外汇,照前决议案办理。
(五)请购外汇出国复业事,照第一案第三项办理。
第九案:请确立护侨政策解除华侨疾苦案。
决议:(一)调查苛例,侨委会久经办理。
(二)订立新约,取销苛例,侨委会与外交部随时商洽。
(三)指导华侨事业,侨委会已随时注意。
(四)设立华侨福利司一节,将来侨委会增强机构时再行酌办。
第十案:战事结束后,我国应即与有关政府开始谈判,要求改良我侨民之待遇,提高我侨民之地位,于必要时并由我政府设法予以经济上之赞助,使华侨民工商业得以恢复。

决议:并照前案决议办理。

国民参政会第四届一次大会拟请政府切实救济广东灾民案:

决议:关于办法第二项:(1)侨汇困难之解决自政府提高侨汇汇率至国币伍佰元后,侨眷所得业已增加,抗战胜利各收复区汇兑窒碍亦经设法逐渐解决,侨汇自可比前疏畅;(2)至于失学儿童及青年之收容,现在公立学校已有公费待遇侨生,但私立学校因系私人经费办理,尚难强令免费收容。惟教育部及侨委会已设有侨二中、侨三中暨侨师各校,自当尽量收容失学青年。

其余各项不属侨务范围,由各主管机关分别呈复。

(6)行政院函稿 (10月24日)

公函 平陆245000号

国防最高委员会交办六全大会决议之战后侨民复员问题等六案一案。查原提案第五华六案之决议案,经分交有关各机关参酌办理。兹据系该机关陈报前来。相应汇案抄同六案办理情形,函复查

照转陈力荷。此致

国防最高委员会秘书厅

抄送战后侨民复员问题等六案办理情形一份

第一、战后侨民复员问题案之办理情形

一、关于侨民入境：外交部经迭向英荷政府交涉，请准许侨胞尽速无条件回返原居留地。惟英方前以缅甸尚在军事管理时期，华侨返境，须稍缓时日。现战事已全部结束，续由部再向英方交涉中。

二、关于侨民待遇之改善：侨委会在侨务复员计划中，已有规定，俟该项计划核定后，当依照办理。

三、关于工商业复业贷款：财政部暂定贷款总额为美金五千万元，商请中央银行委托中国、交通两银行贷放海外各地，一俟办法核定，即可实施。

四、关于外汇之核给：正由财政部与侨委会及善后救济总署洽商办理中。

第二、请速筹划遣送归侨以利国家百年大计案之办理情形

一、关于组织遣送归侨机构：查侨务复员事宜，应由侨务委员会主持，随时会商有关机关办理，不必另行组织机构。

二、关于资助贫侨返原居留地：侨务委员会已定有办法。

三、关于出国手续结购外汇及准备交通工具各项详见第一战后侨民复员问题及第五华侨复员应请积极准备两案办理情形。

四、归侨登记：侨务委员会已在办理。

五、关于收复区遣送归侨复业：外交部已分别向当地政府交涉，并已派遣领事人员前往。

第三、确立完整华侨救济善后计划案之办理情形

原提案与六全大会决议华侨善后救济事业办法案之内容大体相同，该案办理情形，业由本院于本年八月廿六日以平玖字第一八二五五号公函转报国防最高委员会秘书厅在案，本案似可不再办

理。

第四、请救济海外战区侨胞并指拨专款助其复业以宣德意而维侨务案之办理情形

一、救济侨胞失学及失业，侨委会已列入侨务复员计划。

二、贷款复业，已见第一案办理情形。

三、调查损失责敌赔偿，外交部已在进行中，并参考各国要求敌国赔偿情形再定办法。

第五、华侨复员应请积极准备案之办理情形

甲、关于出国手续：

一、外交部现正向英荷两国政府交涉者，有下列诸端：（一）凡能证明确曾在原居留地居住之华侨，应无条件准其回返原地。其有证件遗失，经外交部查明属实后，发给证书或护照者亦同；（二）居留地政府应给予彼等以返境时交通上之便利；（三）居留地政府或国际机关如有任何救济办理，当地华侨应同沾利惠，毫无差别；（四）居留地政府应即准许华侨回复其工作或营业，对于当地人民所从事之同样工作或营业有补助办法时，亦应施及于华侨；（五）华侨因战事受有损失或损害，或因敌人欠彼债务而要求赔偿时，当地政府应与对当地人民所为相类之要求予以同样考虑及处理；（六）凡华侨有因与敌合作嫌疑而被控时，当地官厅应邀请我国领事官或代表协助解除言语上之困难。

二、外交部拟作为将来中缅专案谈判之参考。

三、外交部认为可由驻昆明与腾冲英领事办理应无问题，无交涉之必要。至滇籍边境区农工小贩入缅，应依一九四一年护照法第五条第一项办理。

四、侨务委员会拟在滇缅交界处设一办事处办理。

五、归侨复员时沿途招待站之设置，当视将来事实需要，酌予设置。

乙、关于经济之救济：

一、请国家银行及侨民投资机构及时向外发展一节,查办理侨汇及发展国外贸易系属中国银行专业花园,已由财政部令饬该行总管理处察酌情形前往推设。至私人银行,尚无国外行处之设立。最近中国侨民银公司等拟向海外推设机构以协助华侨之经济,惟设立有关外汇管理及外国法令,此事财政部正在广征各方意见审慎核议中。

二、请政府核给归侨官价外汇一节,查归国华侨,如确系返回原居留地,经侨务委员会证明并已领得出国护照者,其旅费外汇,可准酌予给购,已由财政部函达中央银行办理。

三、侨民在缅之救济,前经侨务委员会及外交部派员前往办理,携款卢比三百万盾,但英方建议不必携带赈款,至发给实物,则以交通运输困难,迄今尚在洽商处理办法中。

四、关于救济总署决定救济之办法,俟核定当可实施。

丙、关于交通工具:

一、关于运送归侨已由战时运输管理局拟具运送缅侨实施原则四项,由院令饬侨委会照办,一俟缅甸入境问题解决,当可实施。至中印公路之车辆回程,除运送公物者外,余皆抵国即留内地应用并非空车。

二、船只应视实际情形,再定办法。

三、陆军保护,应视实际情形再议。

丁、关于领导者:

一、恢复仰光总领事馆,外交部已派定总领事,即可前往,而驻密支那领事馆正向英方设置中。

二、派遣有商业学识者为领事官,经济部曾拟有办法,目前并已派有商务参事。

三、选派总支部书记长及常务,已由院函请海外部办理。

四、增设侨民教育专员,查外交部已在每使馆中指定一人负责办理侨教。至设置侨教专员,正由侨委会与外交部洽商办理中。

附项:关于战后南洋华侨经济事业之筹划,华侨教育经费之筹措及师资人才之储备三项,当由经济、教育两部及侨务委员会厘订计划时注意。

第六、请政府设法救济古巴失业华侨案之办理情形

查目前古巴华侨情形,已有好转,失业甚少,本案已失时间性。

〔行政院档案〕

2. 孔庆宗论抗战胜利风声之南洋华侨文

(1945年8月26日)

我国散处全球各地之侨胞:号称千万,而集中于南洋一带者,约占十分之九。故研究华侨状况及发展海外事业者,首应注意南洋问题。南洋之范围虽难确定,但就国人眼光观之,举凡菲律宾群岛、荷属东印度群岛、英属南洋群岛,以及安南、暹罗、缅甸,甚至印度、锡兰等地,均无不可以南洋一词概括之。此等地带,现在大部分为属于欧美各国之殖民地,而因在我国南海以外,风气相通,历史上之接触,又远在欧人东来之前,故不特与我国关系极为密切,而我国人之托足寄迹于斯土地者,且极蕃殖而悠久,其基本势力亦甚雄厚。然自十五六世纪以后,欧力东来,逐渐强大,向处优势之我国侨胞,辄望风披靡、不能自持者,盖由欧人之勤远略,早视殖民为国家事业,一切计划进行,多由国家担挡〔当〕主持,私人及团体活动,仅立于辅助之地位。而我侨胞向系人自为我,既受当地新社会势力之排斥,又受欧人统制之压迫,迄于此次大战之前夕,竟不见有何新环境之产生。

自我国抗战军兴,南洋形势渐起动摇,及日本对英美宣战,于短期中进占南洋,局势大变,我南洋侨胞之生命财产,受其蹂践劫夺者,损失不可胜计。所幸盟国于艰苦决斗数年之后,全面胜利来临,举世复员,我南洋侨胞,自当及时奋起,恢复旧业,开拓新基,立

定百年大计,以一扫我数百年处于劣败地位之残局。谨就管见所及,为南洋侨胞略陈其愚,以备参采。

〈一〉要求中央派员赴南洋参加受降。南洋各地,几全为日本所占领,盟国反攻之时,划分军区,且以若干部分如安南泰国(后改划)等地划入中国战区范围,受我最高统帅之指挥。此次敌人之乞绌投降,我国应派代表参加,其所中国战区范围各地,我国且至少应为受降之一,盖各盟国均非以军队前往攻克,所处形势相同,权利亦应相等也。再则南洋若干部分未受战事之糜烂,我侨胞之产业受敌人平时摧残掠夺者,尚不难加以清理,故中央应于盟国受降之时,正式派员参加,共同监视,以示协作,而保侨益。

〈二〉要求中央协助南洋华侨复员。此次南洋沦陷,侨胞牺牲一切,□返祖国,群策群力,在艰难困□之中努力内地生产事业,以期加强抗战之力量。或者直接参加战争,以抗强敌。万里来归,忠于祖国,全体同胞,莫不表深切之钦仰与同情。现在抗战胜利结束,吾人仍当鼓励侨胞,各还岗位,向外发展,以光大我国人民在南洋之地位,并为我国开展各种国际关系之桥梁。然目前复员之缓急,与侨胞未来之发展,大有关系。以今之残破与穷困,与夫各项交通工具之缺乏,旅行之艰难,若不以政府之力,酌量协助,南洋华侨复员之工作,必感受□常为难之痛苦,而影响南洋侨胞发展之全局。故要求中央协助南洋华侨复员,实为切要之举。

〈三〉大战以前,南洋各地对华侨之歧视苛例,应根本取消。此次大战以前,欧人对于南洋各地,视为开发殖民地,其目的在以政治上之统驭,获得工业原料及人工之供给,而于土著之福利及其政治前途,绝少顾虑。因之于我参加经济生产事业之华侨,亦常受此种政策之不良影响之致碍进展。例如荷属东印度有二种法律,一以对待欧人,一以对待土人,日本人视同欧洲人,中国人则视同土人,取缔华侨学校,检查教科室,禁止学生护祖国政治,拒绝国内学生教员及新闻记者登陆以及对于进出口货之多方为难,对于行者属者之征收重税杂捐等,皆其实例。更有诱拘华人,作强迫苦工。事实上终身为奴,永受束缚,如棉花之烟园工,邦加万里洞之锡矿工等,则又超出乎虐待之上。

法国对安南华侨,向采分化政策,区为广府、海南、潮州、客家、福建等帮,各帮设头人,为法政府收租缴税,不许各帮联合往来。禁止华人自由结社,凡聚集至十五人以上,须预报当局核准,否则驱逐出境。而于鸦片、娼妓、赌博等恶习,则不禁止,且保护之。凡见大利所在之事业,或禁华侨经营,或以巨资组织公司起而竞争,或使越人极斥华人,或勒令华商改用法文簿记,使其难于营业,必达其取缔、限制之目的而后已。华侨赴越,登陆甚难,西贡尤甚,由移民局吏检查,打印指模,华人视为甚侮辱贬评入口。复巧立名目,征收苛捐杂税。另有违警法,警吏沿门巡视,入室搜索,吹毛求疵,骚扰不堪,而于华侨教育,及华侨日报,抑制尤苛,颇难屡举。大战期中,越南、法国当局,对日屈服,竟为敌人攻我滇粤根据地。今大战告终,我国之于越南,应有具体意见,提请盟国注意采纳,加以调整,俾不复再为进攻我国之基地,侨胞亦能得合法之生存发展,斯为可也。

泰国尤为华侨集中之区,纯粹华人,亦约有二百万,混合血种之华人,尚未计入。前此泰国以蕞尔之邦,处于英法两大殖民国势力之间,而犹能勉强支持独立自主之局面者,虽由该国当局努力自强,应付有方,而我大量侨胞出其资财劳力,协助其社会经济之建设,要亦不为无功。但在最近二三十年来,泰人亦模仿他国办法,虐待华人,迄今悬案累累,未能公正解决。我侨胞在毫无保障形势之下,坐受摧残,饮泣吞声,以待祖国之拯救也久矣。此次大战爆发,泰国竟与日寇联合,助桀为虐,我侨胞形隔势禁,生命财产之损失,自不待言。今盟国胜利,泰国所受处分若何,盟国自有一定之规划。但我国仍应于泰国知所悔悟,翻然改悔之条件下,与盟国商定切实保侨□法,注意执行而后可,固不当仅以取消苛例为是也。

南洋侨胞之在英国殖民地内者,如缅甸、海峡殖民地、北婆罗洲等地，人数事业，均极众盛。盖缅甸与我接壤，曩为我国藩属，华人移殖尤早，约计二十万人，多经营米木二业，在经济上颇有势力。其在马来亚者，共约百万人，以新加坡为中心。英人开发马来亚半岛，多赖我侨胞之投资与劳力，故新岛华人，上至富商大贾，下至车夫苦力，莫不有之，大小商店，多为华侨所经营，游览其间，并不觉身在海外。北婆罗洲与马来半岛，自汉代即通中国，华侨移殖，盛于明清两代，英人开辟斯土，多用华工，迄今尚约有四十万人，以经营金融、商业、渔矿等业，或劳作为生。惟契之条例苛，工资薄，待遇不良。南洋英国殖民地内，我侨胞所受待遇及其生活情形，维较荷、法、泰、葡等国之殖民地为佳，但于有碍华侨事业之旧例，有碍侨民健康之办法，如限制教育，取缔言论，公卖鸦片，不禁赌博之类，皆须及时商请改正。

〈四〉南洋华侨，应有大规模之团结，兴共同创建之基本事业。南洋华侨，人数虽多，而在各殖民国特殊统制法令束缚之下，团结精神涣散，合作力量薄弱，又无国家势力予以扶助。故虽小有成功，而无大量发展。今后南洋侨胞应以国家民族为出发点，打破闽粤等地域观念，而为大规模之团结，以增强自卫及发展之力量。大战告终，各国统制殖民地之方针，当有若干改良，地方自治之趋势，必日益开展，我侨胞寄迹南洋，年代悠远，子孙相承，无异土著，对于现代法令应享之地方自治权利，自应设法要求参加，以期公允。不有团结，将成泡影，此不得不及早加以注意者也。复查南洋华侨事业，个别者多，集体者少，杂乱者多，系统者少。今后应创建若干基本事业，以树立伟大局面。例如南洋各埠与祖国联系之各项交通、航运事业，扶持生产各业之金融机构，不动产大组合，工矿事业大联合之类，均须排除艰困，设法举办，以厚实力。

近数十年来，日本国力，向海外膨胀之势，强大迅速，其政府又用科学方法及精密计划为之辅导，故能于短期之内，在南洋造成超越地位。华侨事业，因此大受不良影响。此后日人势力，势将较为减退,华侨更应努力团结,乘机进取,造成强固之基础。

(五)今后之南洋华侨地位问题。南洋一带,为列强殖民区域,华侨之生存及其前途,与各该列强所施行之殖民政策,有极密切之关系。故我国政府,欲保护侨胞,及我侨胞之欲异于自处自全,均须有明了列强殖民政策之必要。殖民之学,早成专科,各国专门大学课程中,视为要目。吾国近两年来,国势力盛,不光□内国□大事,对此科学,向鲜注意,诚为学术界之遗憾。近百余年来,言殖民者,多以拓土开疆为务,第一次欧战结束,越势一新,对于殖民意义及殖民地之土著幸福,思有所改善,故于国际联盟规约中,有委任统治制度之创设。此次大战告终,对于国际和平安全计划,及其机构,更增密。不恃列强将恃以保障集体安全,而各殖民地亦将赖以增进福利,故联合国宪章中,列有关于非自治领土之宣言,国际托管制度,及托管理事会之条款。今后南洋一带殖民地,仍属于原管各国,抑为国际托管,或与托管机构有关,尚不可知。我国战后国际地位增高,将来必须参加托管制度,过问国际殖民地问题,因而对于殖民地土著问题及印侨寓之人民,均可维护其权益与福利,而托管制度则在纠正各国殖民制度之流弊与错误。然则论及南洋华侨问题者,安可不注意托管制度,参与托管制度者,又安可不知殖民之沿革与演变哉。

卅五、八、廿六　于陪都

〔侨务机构档案〕

3. 国民政府公布侨务委员会各口岸侨务局组织条例
(1945年11月16日)

侨务委员会各口岸侨务局组织条例
三十四年十一月十六日公布
第一条　侨务委员会经行政院之核准,得在各口岸设侨务局。

第二条 侨务局掌理左列事项：

一、关于侨民出国之指导事项；

二、关于私招或诱骗劳工妇孺出国之防范事项；

三、关于侨民出国入国咨询之解答事项；

四、关于侨民出国入国之记录事项；

五、关于侨民请领护照报关纳税之辅助事项；

六、关于侨民委托代办事项；

七、关于侨民出口入口时协助保护及防止舟车关卡留难事项；

八、关于侨务委员会交办事项。

第三条 侨务局置局长一人，委任或荐任，综理局务，并指导监督所属职员。

第四条 侨务局置局员二人至四人，委任，并得酌用雇员三人至六人。

第五条 侨务局办事细则，由局拟订，呈请侨务委员会核定之。

第六条 本条例自公布日施行。

〔国民政府档案〕

4. 外交部关于利用华侨技术人才致教育部函
(1946年1月9日)

外公部公函　欧35字313号
　　　　　　中华民国卅五年一月九日

据驻千里达领事馆上年十月十六日事人字第五三一号呈称："查我国抗战已获胜利，建国大业亟待努力，关于利用华侨人才方面，就本馆观察所及，略呈一得，藉供参考。据本馆所知，美洲华侨由国内来此者，大都经营商业及做工以谋利，战时经济繁荣，始有少数青年华侨，继续读书深造，以便将来参加建国事业。惟土生华侨方面,因其祖或父已建立家庭经济基础,子弟可以有优越环境,从事读书深造,此种情形,美国因教育发达,此辈土生华侨具有专门技术人才者必不在少。其他中南美洲除英属殖民地,人数似不甚多。干岛为英属殖民地,教育尚称发达,土生青年在英美加求大学者,约数十人,侨生在此间公私执医生业务约十人左右,国内来此之华侨□□□,最近赴美学习航空工程者约五六人,其他土生华侨技术□□,在公私机关服务者尚无确切统计,但为数不多。此系大略之情形。最近有土生华侨医生数人,□将来返国服务,且表示愿意在乡村方面为人民服务,但彼等所踌躇者,为言语不通及生活情形不同。职曾加以解释与鼓励,但本馆因思及第一步似应由政府筹划指定机关,办理华侨技术人员回国登记,其中规定资历经验,愿望及所希望之报到等等,然后再以所登记之才配合建设计划,遇有需要,即可召用服务,以利建设,此其一。又土生华侨技术人员如经登记而被召用后,其言语文字、生活习惯,与英美人员相同,尤须事先统筹妥当办法,给予便利,然后工作方能进展顺利也,此其二。理合将本馆辖区侨情,备文呈请鉴察",等情。除分函卫生署外,相应函请,查照见复为荷。此致

教育部

〔教育部档案〕

5. 外交部关于暹罗政府一九一〇年以来排华事件报告
(1946年1月)

一九一〇年拉玛六世下令征收华侨人头税,当时华侨曾表示反对,联合罢市,泰人颇感威胁。嗣因暹政府用威力压迫,不得不屈服,自此以后,暹人乃惊觉华侨在经济上之势力伟大,而取缔华侨之手段,亦从此开始矣。

暹政府于一九二九年设立移民局,对于入口华侨征收入口税

暹币五铢,嗣又增收外人居留税十铢,其后逐渐递加,外人居留税竟达二百铢。且入口华侨不论男女,均须识字,使我赴暹谋生之华侨,负担极重。暹罗政变以后,新政府受日寇怂恿,同时少壮派军人欲巩固其地位,乃引导暹罗民众,从事排华。更有一般投机之人,从而推波助澜,指华侨为亚洲之犹太人,暹罗之吸血虫,必欲消灭之而后已。一九三八年以来,华侨历经多次惨痛遭遇,写成华侨对于祖国之光荣历史。一九三八年二月二十一日,暹罗警厅拘捕华侨闻人二十二人,加以抵触反共条例及秘密结社罪名,多数被驱逐出境。自此以后,凡从事爱国运动之华侨,陆续被驱者颇多。同年九月十七日,暹警厅派警搜索曼谷全市烟馆,拘捕烟民,华侨被拘者五千余人;其中三千三百五十四人被指为无正当职业,驱逐出境。此次之大逮捕,竟震动全世界。夫烟馆者,暹政府公设之烟馆,而无业华侨,亦系暹政府连年颁布排外苛例被排出于职业界之华侨,泰政府乃递加逮捕与驱逐,其乖逆人道,自不待论。

暹罗除在政治与经济上压迫华侨之外,对于华侨之文化,亦常怀消灭之心。于一九一八年颁布民立学校条例,限制华校教授暹文,企图同化华童,该条例经数次修改,而渐改渐严,已使华校成为教授泰文之学校,失去其存在之意义。迨新军人秉政,连此有名无实之学校,亦不容存在。一九三九年五月至八月间,大举封闭华侨学校,截至九月底止,计被封闭之数达二百八十五所;而暹罗之平民学校,是年突增三千所。八月二十八日起,又陆续查封华文报馆九家,是后华侨在泰之华文报馆,仅有中原报一家,且尚受暹罗政府人员之支持(中原报在日军入泰时停刊)。泰政府又见华侨爱国运动与我国民党有关,乃于一九三九年六月二十三日,拘捕暹罗总支部负责人冯杰利、周日东等,驱逐出境。七月二十三日,又搜查国民党总支部三民社,拘捕梁伟成等。暹警在三民社内检得广东银行及华侨银行代汇华侨所捐赈款之账簿,乃进行搜查该两银行,并将该两行之经理拘捕讯问。当时列名汇款之华人商人,被传讯者达三千余人之多,演成满城风雨,人人自危之景象。暹政府既蔑视华侨之身体、财产、自由,汉奸、浪人乃无所惮忌,阴谋危害爱国侨胞。曼谷总商会主席兼广东省参议员蚁光炎先生,对于抗战贡献极大,乃于一九三九年十一月二十一日被汉奸嗾使陈锡麟买凶刺毙。暹政府对于此案未加严追,卒不了了之。一九四一年,暹政府划定乌汶府等地六处为禁区,限令外侨于九十天内迁出。据各报所载,当时华侨迁出情形,极为狼狈,且损失颇巨。此外暹政府尚用立法手段,排斥华侨,颁布压迫华侨各项法规(曾于本司参考资料泰国排华法令汇编内述及,兹不赘)。

一九四二年一月九日,太平洋战争爆发,日寇侵入暹罗,华侨与祖国关系,遂被隔绝。一九四五年八月十五日,日本正式宣布投降以后,暹罗法西斯政府甫被推翻,即又发生排华惨案,使在暹华侨生命财产遭受重大损失。

一九三九年以来暹罗排华之重要事实:

(一)暹政府驱逐大批华侨出境案。

据驻暹商务委员陈守明报告,一九三八年九月十日深夜,暹政府突派出大批警宪,到曼谷各烟馆,大事逮捕烟民,被拘者五千余人,华侨占大多数,计达四千七百余人。据暹方宣称:此举系取缔私派不良分子及清理无业游民,深夜在烟馆留连者,均属不良分子。约经过二个月,暹政府以曾经犯案或无业游民为口实,将华侨三千余人,陆续判处驱逐出境,遣派返国。据陈委员守明于一九三九年返国时报告谓:其余均经释放,未有再行拘禁者(泰国排华第一、二卷)。

(二)彭世洛埠华侨受暹方压迫情形。

据财政部廿九年一月廿五日公函称:旅暹彭世洛埠华侨救国抗战后援会,自抗战发生后,努力于募捐救国运动,致遭暹罗当局之忌。廿八年一月间,乃散布暗探,严密严视,募捐工作被迫中止进行。至六月三日,该地华侨惨淡经营之醒民学校,亦被查封,青年学子复被强迫入暹校肄业，以遂其同化我文化之政策。至八月十七日晨，彭埠当局大加搜捕侨众，被捕者除该会委员郭南唐、吴进福、彭松云等三人外，尚有侨胞王茂常一人（见泰国排华案卷第五册）。

（三）暹政府递解无力缴纳助政费华侨出境案。

据二十八年四月七日驻暹罗代理商务委员陈立彬报告：民国二十八年二月十八日，暹政府下令由同月二十二日晨起，开始检查助政费执照，计自二月二十二日至三月三十一日，共拘捕华暹人士六七百人。虽经我国驻暹商务委员办事处与各会馆、各侨团转知各商号、工厂，请其店东或工头代为垫款缴纳，而侨民因无随身证及未缴纳助政费，先后被判解出境者，仍达二百余人。根据其民国廿七年九月廿四日公布之增修助政费条例之规定，凡属居住于暹国境内之成年男子，自二十岁至六十一岁，每年皆须缴纳助政费暹币五铢；如愈期不缴，一经查觉，即加拘捕处罚。此项规定，对于暹人及外人原系一律待遇。民国二十七年十二月，暹政府下令变更办法，决将无力缴付助政费之外人递解出境。此次判解华侨二百余人出境，即系根据此项变更办法之令（见泰递解无力缴纳助政费侨胞出境案卷）。

（四）梁士俊被捕案。

根据驻暹京第一分部及暹京琼岛会所报告：廿八年三月八日下午三时许，驻暹罗总支部执委梁士俊在曼谷车站因赴合艾募捐，随带奖状等件，被暹警搜获，并将送行之卢仲和、叶用霖、丁重民等一并拘捕，且往梁府，将梁妻及周日东拘去，时梁妻与周正毁灭有关党国文件，未果，卒被抄去文件照片百件以上。暹政府认为梁等有犯募捐条例，且加梁等以共党嫌疑，遂判令出境。当于四月二十五日递解梁士俊夫妇、周日东、丁重民、叶用霖、卢仲和等六名出境（党委梁士俊被捕卷）。

（五）封闭华校及报馆。

据暹罗中华总商会主席蚁光炎及驻槟榔屿领事馆报告：暹罗

政府于一九一八年颁布民立学校条例,一九三二(佛历二四七六年)[年]颁布强迫教育条例,嗣后该条例即迭经修改,而愈改愈严,已使华校成为教授泰文之学校矣。民国廿八年五月至八月间(佛历二四八二年),暹政府大肆查封华校,截至同年九月底止,计被封闭之华校即达二百八十五所,而暹国之平民学校是年亦骤增至三千余所。于华校被封闭之同时,曼咯各华报亦相继被封,计当时有华文十一家被封,而其中十家,即国民、曼咯、新时报、华侨、华星、华声、中华、中民、中国、黄魂等,除黄魂为不定期校刊外,余悉为日报。援当时暹官方宣布谓曼咯及中国二报:发表有碍暹日邦交之文字。华侨报被指为发表有碍暹英邦交文字。余六家则因刊登侨商因推销日货为救国团体警告而道歉之启事,均一一予以封闭。且各该报以事前并未获暹当局之警告,事后复取消其上诉权,故一经封闭,即永无复刊之望(摘自泰国排华卷三,蚁光炎代电及暨驻槟榔屿领事馆报告)。

(六)华侨广东两银行经理被捕。

据驻暹商务专员陈守明及驻槟榔屿领事馆报告:民廿八年(佛历二四八二年)七月廿七日,暹当局因搜获华侨救国会汇捐收据,搜查华侨、广东两银行,并将华侨银行经理王泰义、副经理孙清吉,广东银行经理蔡星五、副经理赖凤冈及各该行会计马烂然等数人逮捕。嗣暹当局复按汇款人名单传讯侨商千余人,除被拘押二百余人外,余者均令以巨金保释。此事经我方迭次交涉后,暹方始于同年八月卅日宣布该两行经理及职员等自由出境,该两行业务因接管无人,遂告停顿(摘自华侨、广东两银行经理被捕卷,陈守明及驻槟榔屿叶领事德明报告)。

(七)新渔业法规与泰国渔业区捕鱼权条例。

据驻槟榔屿领事馆二十九年三月十一日呈称:暹政府于佛历二四七五年(公元一九三二年)颁布新渔业法,规定渔业公司或渔船中渔夫,泰籍人须占百分之七十五。渔业公司之股东或渔船之船长必须由泰人充任。自此条例颁行后，过去握暹罗渔业霸权之华侨渔业界，至此遂一落千丈。暹政府犹以为未足，复于佛历二四八二年（公元一九三九年）九月三十日复颁布泰国渔业区捕鱼权条例，规定外国人无捕鱼权，即泰国人渔船，如有外籍渔夫者，亦不能在暹渔业区捕鱼。该条例中虽规定外籍渔夫于过去曾领有准许执照者，仍准继续执业，然其数目不得超过船内人数百分之二十五。自此条例于十月七日生效后，原已苟延残喘之华侨渔业界乃更惶恐不已。泰南部我侨渔民多移马来亚东岸捕鱼（见泰国排华案卷第五册）。

（八）蚁光炎被刺案。

据民国二十八年十一月二十五日及三十日驻槟榔屿领事黄延凯先后呈报：民国二十八年十一月二十一日晚十时许，暹罗中华总商会主席、侨务委员会委员及广东省参议员蚁光炎在暹京市中心耀华力路杭州戏院前突遭暴徒手枪狙击，连中四弹，进该处中央医院约十分钟即毙命。凶手王彬逞凶后亦即逃遁，后于同月二十四日被捕。主使人陈炳青，银行行东。陈凤毅之第二子陈锡麟亦于二十五日拘获。嗣据民国二十九年二月三日驻暹罗代理商务委员陈立彬呈报：据陈锡麟供称，蚁光炎为青抗一秘密结社之首领，该会专从事暗杀贩卖日货商人，被告之父陈凤毅即系被该会暗杀致死，被告为报父仇，故买通凶手王彬刺死蚁光炎。自蚁光炎死后，暹京之暗杀事件即告停止，故请法庭开恩云云。暹京法庭于二十九年一月六日下午一时半宣判，该主使人陈锡麟及凶手王彬，依刑法第二五〇条应处死刑，但念两被告始终自承不讳，予警方与法庭审讯便利，且二三年来暹京商人时遭暗杀，陈凤毅之死尤惨，市民莫不谈虎色变，被告侦知均系蚁光炎所指使，故被告之犯罪思想，系由于他人之犯罪而起，即非被告之父陈凤毅被谋杀，此案即无从发生，因此种种之理由，判决两被告各减处有期徒刑十二年（见蚁光炎被刺案卷）。

（九）冯尔和等被捕案。

根据驻槟榔屿领事馆及驻暹罗商务委员陈守明报告：廿九年三月二日，泰警拘捕中华总商会副主席冯尔和及黄有鸾、苏宗泽、王沈祯、卢中发、卢德和、符启东、符福丁、云庆丰、林如琴、陆志余、蚁芝庭、区和丁、符智舟、符启援、连诗华、黄集等十七人，同时被捕者尚有廖华英等多人。被捕原因，据查：系关于办理国民党事件，泰政府因国民党是我国唯一政党，为避免我方发生不良印象起见，故加冯等以组织秘密团体名义，且诬指冯、黄、廖三人曾组织回国救护队，每月所费（工资、药品等项）约数千铢泰币。该队队员数十人，现在广东东江服务，由香翰屏将军指挥。泰政府认为获有充分证据，于四月二十五日判令冯等十二人出境，其区和丁、符智舟、符启援、连诗华、黄集及廖华英则被判释放。又当冯等十二人出境之日，尚有朱育宣及陈逸民亦被判同帮离泰（冯尔和等被捕卷）。

（十）会计条例。

据驻暹罗商务委员办事处廿九年二月二十三日代电略称：暹政府于廿九年四月一日起实施会计条例，凡在曼谷及吞武里府之商店工厂，其账簿须附有暹文。会计条例实施以后，华侨商店或工厂须雇请一精通暹文人员翻译账簿或编造帐簿，而泰政府之会计稽查长与会计稽查员随时得以进入商店或工厂稽查账簿。使侨商营业秘密尽失（见泰国排华案卷第五册）。

（十一）压迫华侨捐款，以充其国防费用。

据驻槟榔屿领事馆民国卅年一月卅日电称：暹政府于泰越索土纠纷中，曾压迫我中华总商会向侨胞募集捐款，以充其国防费用，此项捐款先后达四十万铢以上（见泰国排华案卷第六册）。

（十二）划定禁区。

据驻槟榔屿领事馆卅年四月一日代电略称：暹政府藉口边防关系，于三十年三月间通告通滇要地昌策府、清迈，通缅要地娞来顺府、哒府及通越要地龙盖府、黎逸府等地，禁止华侨前往。其已入境者，如认为必要时，得令迅即迁移。复据驻泰商务委员先后于卅年五月廿七日及十一月十一日电称：泰政府于五月廿三日公布一条例，划定华富里府、巴真武里府以及真武里府属之沙榔县三地为重要军事区域，禁止外人居住，限期三月，一律迁出。居住于该三地之华侨为数一二十万，除一部分土生华侨，依暹罗国籍法取得暹罗国籍及另一部分临时设法取得暹罗国籍，以备委曲求全者外，余均被迫迁移，财产损失达数百万铢。暹政府旋复于同年九月间划乌汶、素辇、柯叻三县为禁区，禁止外人居留。受影响最大者仍为华侨，财产损失以呵叻为最多，当时在百万铢以上，乌汶约四五十万铢，哇辇约二三十万铢。我侨居留于该三处者约一万余人，失业者约二千五百人。又据驻槟榔屿领事馆六月廿二日电称：暹政府复拟将宋卡、普吉、苏拉斯特拉打尼、清迈、南邦、廊开、庄他武里、吞武里及盘谷等九地次第划为禁区，然并未充诸事实（以上各电均见泰国排华案卷第六册）。

（十三）禁止华侨由陆路出入暹罗。

据驻仰光总领事馆呈称：暹政府于民国卅年三月十八日起，禁止华侨在陆路出入暹罗。华侨回国及经商向多取道暹南、暹北陆路，一旦禁止，即不能在暹缅、暹马往来经商，损失奇重（见泰国排华案卷第六册）。

（十四）统制食米输出。

据陈守明卅年五月十九日电称：暹政府于三十年四月十日起藉口统制，禁米输出，除日本与马来亚政府因有协定可由暹国营米业公司继续运销外，其余一律不准私运，一般华侨米商虽经迭向暹经济部请求酌量解禁，惟结果全被拒绝，于是素执泰米出口业牛耳之华侨米商之近百家在暹国营米业公司独家经营垄断之下，乃不得不全部停业（见泰国排华案卷第六册）。

（十五）没收胶园。

据驻吉隆坡领事馆卅年五月十七日代电略称：民国三十年五

月初,泰国政府派员至邦磅、康贵两地(均属索旺管辖),将华侨萧礼琛等呈准经营,领有执照之胶园,约计叁仟英亩,无条件、无代价,悉数查封,勒令住居园内华侨空手搬离,损失达一百二十余万元(见泰国排华案卷第六册)。

(十六)泰越边境侨胞被泰虐待。

据军委会卅年七月三日公函抄送情报称:民国卅年间,有华侨马晏升者为越政府利用,剪断泰方电线,泰方知悉后,对华人均目为亲越分子,乃藉保护为名,将我居住泰越边境侨胞尽行集中于距亚兰约百公里之地,勒令不得从商,凡在越南割让与暹罗区域内,置有产业之侨胞,限三月变卖迁出,逾期则由泰方没收。又当越泰冲突时期,凡住在边境村庄而未疏散之侨胞,悉为泰方拘捕,勒令去泰属亚兰一带从事伐木、烧炭、筑路等工作,每日达十三四小时,仅给工资二角,谷二合,稍有反抗,即枪刀交加(见泰国排华案卷第六册)。

(十七)扶助职业及技术职业条例。

据叶德明卅年九月廿五日电称:泰国先后颁布渔业、航业、烟酒业、屠宰业、水业、拉车驾车业等条例,限制华侨经营。嗣更变本加厉,扩大限制范围,于民国卅年九月间颁布扶助职业及技术职业条例,规定期限、区域,先将全国最重要之国民经济事业,如米谷、树胶、矿产、木材及一部分主要工业,均禁止外侨经手(见泰国排华案卷第六册)。

(十八)勒令华侨迁移。

据军事委员会办公厅情报称:泰政府自民卅年十月十五日起实施,凡在边境一百八十公里内居住之华侨,迁移于曼谷附近,统计迁居华侨共五万七千余人,产业损失不赀(见泰国排华案卷第六册)。

〔外交部档案〕

6. 外交部关于最近暹罗排华事件经过报告
(1946年1—12月)

(1) 报告之一 (1月)

八月十四日,华侨于暹京市中心区耀华力路天外天戏院门前观看张贴于墙上日本投降之新闻,首次与暹警发生口角。当时暹警用长木栓、木棍向通衢华侨痛殴,致当场毙命者二人,伤者无计,被捕者数十人,其死者事后被警以车载去,毁尸灭迹。

八月十六日,曼谷对面之吞武里府达力蒲市因暹罗流氓学生撕毁我国国旗,致生冲突,后则出动海陆军、警察,携机关枪,由地舆□学生领导,向我华侨商店袭击与抢劫,华侨死伤数十人,被害家属事后向警察报案,则拒不受理。不法之军警、学生、流氓,依然逍遥法外,因此逾助长其反华凶焰。

八月十七日下午,在吞武里府,港哒叻浦有暹军训学生数名向华侨制旗商店指我国旗谓:此旗可作大便之用否?华侨为维护我国旗尊严,与之理论,遂致用武。该暹生等竟诬指华侨暴动,啸集警兵以及军训生、港口海军等持枪痛殴该处华侨,捣毁全街华侨商店。周协源金店廿东区以拒开店门,被开枪当场击毙,全街遭洗劫,被毒殴者数十人。此暴徒等于归途在港口抢劫瑞兴号,文光君当被击毙,一死二伤。

是后排华事件遍及暹罗内地各处,如坤敬府、廊瓜、横霸、廊升、竹梅杏、崇坑、万慕等地方,惨杀华侨事件风起云涌。殴打、抢劫、撕毁我国旗、总理遗像暨主席玉照之事随处发生,而每一案件,必有军警参加其中。

曼谷方面銮披汶党徒亦四出活动,组织反华团体,最著名之领导人为人民议会议员乃触氏,在其领导下之拳师、流氓、学生、三轮车夫,大多暗藏武器,随时随地屠杀华侨。军警方面亦预先同谋,狼狈为奸。此时大屠杀华侨阴谋即已泄露,华侨之消息灵通者,晚间裹足不敢出门。

九月七日晚,暹军人约同当地流氓【在】玉仙谷巷一带,对华侨故意嘲弄寻事,时有华侨名阿鸡者路经该处被指为轻视暹军人,遂生口角,当被殴伤颈部,流血如注,该暹人等尚不甘心,遇有华人即棍棒相加,且捣毁华侨商店。有李龙者因闭户不及,被闯入店中,横遭捣毁,李稍自卫,被殴晕倒。后复增加武装军人五六十名,华侨皆闭户不出。该暹军人等大肆谩骂,并将全街华店招牌捣碎,扬长而去,此次计重伤华侨四人,轻伤不计。

九月十九日中午,黄桥所属之软桥地方有一华商店悬国旗乙帜于被玻璃橱内,忽有数暹人蜂拥而至,抽出利刀,向该侨示威,谓中国旗不准高悬,须放于地而暹罗为独立之国家,不容华人鼓舞悬旗庆祝云云。斯时我侨稍与理论,即被痛殴,稍时警察赶至,一面鸣枪示威,一面混入帮凶,并逮捕华侨若干名而去。

十九日晚八时,有英兵数名酒后当街狂欢,时有华侨数十名手持中国国旗尾随英兵之后助兴,该英兵等即向侨胞借国旗一面,于街头欢呼盟国万岁,华侨应和,并呼中华民国万岁,暹警忌甚,起而干涉。当此英军领导下之华侨群众行至中央警局门前,英军更高举中国旗帜狂欢,华侨益加兴奋,惟暹警刻益加愤怒,遂对华侨开枪,致有死伤。

九月廿日晚七时许,有英兵乘三轮车乙辆,上插中国国旗,当抵耀华力路时,侨童见旗高呼中华民国万岁,车夫即大声乱骂我领袖蒋主席,并将车上之国旗撕毁弃地,因与华侨发生口角。该三轮车夫乃先用凶器向华侨乱打,引起岗警之帮凶,且开枪射击,并由陆军部即派武装兵百余人到耀华力路一带用机关枪向华侨扫射,当场死伤华侨数人。

延至廿一日晚,军警似有计划杀害华侨,同时动员军队及军训生约达九千余人,又出动铁甲车十三辆、坦克十辆及其他各种武器,由耀华力、石龙军、越德、四角、越三振等路,以至车站、四披耶路一带地区用机枪扫射。电力局于枪声密集下停止供电，军警乘机捣破，华侨商店门户藉口搜查，任意掠劫，此种不法行为夜以继日，延廿三日下午，作乱军警及暴徒始扬长而去。华侨死伤数十人，人心惶恐万状，华商遂于廿四日实行罢市。

二十五日，为压迫华侨屈服计，复出动军警继续逞暴，因于是日晚又有新城门、鲁失巴、三升、挽甲巫、哒叨迈、总甲谍、水门等处之劫杀，华侨生命财产损失之大，较耀华力路一带之损失尤甚。

至是各华侨团体代表集议后，遂向暹政府要求下列条件：

（一）严办祸首。

（二）撤退市区武装军人。

（三）负责赔偿华侨损失。

（四）保证以后不再有同样事件发生。

此项条件，暹方于二十八日秘密接受，并由华侨团体及暹政府各推代表五人，组织混合调查委员会，负责调查此次事件发生之真相。

（2）报告之二（12月3日）

（一）暹军警及一般教员与公务员多系警察总监銮阿仑派亲日排华之恶毒分子，暹新内阁总理新尼巴莫登台后，原拟撤退该派人员，但英军进驻后，暗中支持保留，故銮阿仑党羽遂转变为亲英分子。此次所以残杀华侨，实系利用英军势力，继续排华，而英人为离间中暹合作，树立自身力量，亦有纵容支持之举，致暹新阁无法制止。有人以为此次排华血案之发生，亦可视为系銮阿仑派打击新内阁之一种阴谋。盖暹新内阁总理新尼巴莫原任驻美公使，为自由暹罗之领袖，系得美国支持而返国。銮披后辞职后，銮阿仑等迫于国际形势，乃推其执政，实则无时不思予以打击，使其不要于位也。

（二）暹国军民习性骄傲，轻视华人已久。日本未败前，仅见英美空军以大批军火接济暹自由团，惟向中国多次请求，均无结果。

日寇投降后,又仅见英军开入暹境,未见中国一兵一将进暹,益增其鄙视之心理,均谓此次胜利倚英美胜利,非中国胜利云云。日寇投降之初,当美国务卿表示尊重暹罗独立及我蒋主席一再昭告扶助暹罗独立后,暹宣传厅长乃派洛特,乃于八月下旬召集华侨领袖及各报记者谈话,明言暹罗非战败国,其急欲维持独立国之尊严,可想而知,然华侨仍视其为战败国家,自伤其自尊心,斯时值暹万寿节,华侨均不愿依例庆祝,更引起暹人之愤慨,暹罗法西斯分子复从中煽动,华侨血案遂如箭在弦,一触即发。

(三)英军代表盟军入暹受降后,即一面趁机迫暹接受变相之亡国条约五十一款,以厚其势力,一面惟恐中暹友好有利华侨在暹之经济发展,乃请暹军助其解除日军武装,以助长暹人夜郎自大,轻视华人之心理,故排华血案之发生与英军入暹之措置,不无连带关系。

(四)年来中共勾结暹籍官民中之共党分子,对我中央极尽之造谣攻击、诬蔑、破坏之能事,此次暹国军民残杀华侨事件,亦由于中暹共党分子暗中勾结,挑拨扩大,冀使中央应付困难无法护侨,使华侨对我中央失去信仰,以遂其麻醉阴谋。

(3)报告之三(12月)

本部于八月二十日播报后,即先后电饬驻美大使馆向暹罗驻美公使馆交涉,速电该国政府制止此类非法行动,并声明我方保留赔偿损失之要求,并商请美政府代给暹政府,告以我拟派调查慰问团赴暹,希暹方予以接待。同时另电饬驻英大使馆商请英政府,转电蒙巴顿将军负责制止不法行动,并于我调查慰问团以协助及便利等电去后。旋据驻美大使馆电称:经向美外交部洽商,据称英军现负责占领暹罗,最好径与英方交涉。又称:准驻美暹使馆回文,附暹政府关于该案声明文称,暹罗悬旗系规定外人悬旗,须与暹旗并列。华侨坚持单悬中国国旗,引起干涉,致生冲突。并称该案详情正在研究,已邀请华侨参加调查委员会云云。回文中一再提及中暹友好关系,态度尚属良好等语。至英国方面,除驻英大使馆电称:英政府已电,据蒙巴顿将军复称,曼咯秩序良好及康提中国军事代表已商准派军事联络员二名赴暹,但须服从驻暹英军司令之命令,并须报告一切行动等语,此事正由军令部办理中。本部以暹罗排华事件续有发生,暹罗华侨代表不断回国报告,经一面向英方交涉,一面再电驻美大使馆续向美外交部接洽,请其运用力量,劝告暹罗政府,立即采取有效步骤,停止对华侨压迫,并告以我国政府准备与之树立外交关系。同时径向暹公使提出严重交涉,促其转告该国政府,并表示我国决于最短期内与暹罗建立外交关系,盼立予同意,互派使节。嗣据该大使馆先后电称:经函准驻美暹代办复称,暹政府对我派遣代表一事,表示欢迎等语。

(4) 报告之四 （12月）

(一) 最近排华惨案问题

迭据报告:最近暹罗排华惨案系暹军警及法西斯分子一种有组织有计划之对华侨屠杀。除一面调查华侨因此案遭受生命财产之损失外,并应严重交涉,务达到赔偿惩凶及保证以后不再发生同样事件之目的。

(二) 归国华侨返暹罗问题

抗战以来,受日本及暹罗政府压迫归国之华侨,皆切望重返暹罗,应即向暹政府提出交涉,对此项华侨返暹,非有正当理由,不得加以阻挠。

(三) 暹缅铁路失业侨工问题

据红十字会总会驻暹代表萨兹曼报告:暹境现有暹缅铁路失业侨工四千余人,亟待救济。经善后救济总署召集有关机关开会议决:请暹政府对此等侨工予以就业及归国之便利,我代表赴暹时应促请暹方允予照办。

(四) 台湾籍侨民问题

台湾现已归还中国,我自应向暹罗声明所有日籍台湾籍侨民,应恢复中国国籍。在暹之台人有一部系属俘虏,我应向暹罗政府交涉。其中良善台人志愿留暹者,应准予在暹居留,作恶有据者及一部俘虏,均须设法运返我国内处理。

(五) 华侨抗战损失问题

自我国对日抗战以来,暹罗即采取亲日态度,对华侨非法压迫,使华侨生命财产遭受种种损失,此项损失,须视其责任所在,要求暹罗或日本赔偿。

(六) 悬旗问题

暹罗政府规定:凡悬挂国旗,须外国旗与暹旗并悬,但美国人如遇其本国之庆祝,则多单悬其本国旗。故华侨当我国国庆日亦愿不悬暹旗,因此每生争执,构成最近暹罗排华案之一因,我代表赴暹时,似宜交涉,准予与其他国家同样办理。

(七) 排华法令问题

暹罗过去法西斯政府所颁布之各种排华法令,其用意显在压制华侨或华侨事业者,应要求暹罗予以废止或作合理之修正。

(八) 华侨教育问题

暹罗法西斯政府曾陆续颁布压制华侨教育之法令,并查封全部华侨学校及报馆。使华侨教育机关蒙受重大损失。暹罗政府应即分别将此等法令废止或修正,使华侨有教育及文化上之自由,并听任华侨学校及华文报尽先恢复。

(九) 中暹通商问题

中暹订交之后,除应迅速本互惠及最惠国原则,订结公平合理之一般通商航海条约外,并应本经济提携,互助合作之精神,发展两国间之贸易及两国之侨民事业。

(十) 华侨双重国籍问题

中暹双重国籍问题,为暹罗根据其同化华政策所造成,形成中暹邦交上之基本症结。暹官方曾公然宣称：欲暹罗修改国籍法，以迁就中国，绝不可能。惟就我方立场言，此问题仍以维持现状为有利，并应坚持反对暹方以此问题之解决为中暹订交之交换条件。于不得已时，只能让步，留待正式邦交订立后，再谋解决办法。

（十一）释放被拘华侨

在战争前后，所有被暹罗法西斯政府及现政府非法拘捕之华侨，应一律释放，恢复其自由。

（十二）取缔排华性之秘密团体

暹罗现有标榜唯国主义之若干秘密法西斯团体，如黑风党之类，为此次排华事件之挑拨及执行者，此类秘密团体实为中暹邦交上之最大障碍，暹政府应即严予取缔，以保证中暹间之谐和友好关系。

（十三）取缔排华刊物

暹罗现有报纸如泰迈报、哇拉飒及黄金地之类报纸，专门登载诬蔑中国及华侨之言论新闻或漫画。暹政府应严予取缔，保证今后暹罗各种刊物不得再有任何此类挑拨中暹感情之刊载。

〔外交部档案〕

7. 行政院颁发华侨教育职权划分管理办法令
（1946年4月18日）

华侨教育职权划分管理办法

行政院三十五年四月十八日节陆字第一二一六八号训令颁发

（一）海外侨民教育文化，以侨务委员会为主管官署，教育部外交部为协助官署。

（二）国内侨民教育文化，以教育部为主管官署，侨务委员会为协助官署。

（三）侨民教育设施，同时涉及国内外者，应视其业务重心，以定其主管。

（四）凡主管机关,对于该管业务,有重要措施时,应通知协助机关或先征询其意见,协助机关得随时建议或协助之。

（五）侨务委员会对于海外侨民教育文化行政权之行使,得指导驻外使领馆行之。

（六）各部会有关海外侨民教育文化之预算,一律编入侨务委员会支出项下,其计划由侨务委员会执行之。

（七）有关侨民教育文化之法规,依照上述各项规定分别修订之。

〔外交部档案〕

8. 外交部情报司编印古拉索岛华侨经济状况调查报告

(1946年7月16日)

一、古拉索岛现有人数及其流动趋势

古拉索岛在十七世纪时,虽曾一度在加里宾海中,在南美北部一带占有商业上之地位,然其繁荣实在二十世纪初年炼油厂成立以后,因之华侨在当地之历史甚短,最早者亦不过三十年。盖大体言之,古岛在二十世纪以前,不过一荒岛而已。

古拉索岛之技泰夫石油公司系于一九一五年成立,至一九二五年又改组而扩大成为古拉索石油公司,由于公司之营业日渐发展,因之公司中对于各种人员均有极度之需要。当时岛上之土人知识未开,且素性懒惰,除担任极小部分之劳力工作以外,其他即必须招请外来人员充任,因之中国海员之来古岛者遂与日俱增。

中国海员之在国外工作者,当时尚采用包工制度,因之招取至为方便,先后自英荷等国与古岛附近各地来炼油厂工作者为数甚多。一九三○年左右,为华侨在古岛之全盛时代,当时全部人数达千人之多,其中仅有寥寥数人(三四经营菜馆与开设洗衣铺之华侨）系属例列，乃经当地政府直接允许，非因油公司之关系而入口者。

一九三〇年以后，因华侨开始感觉荷兰当局对华人颇为歧视，且公司方面待遇亦未能与白人平等，因之于短期合同期满以后，陆续离埠。同时，油公司方面因限于合同，且于经过多年之熏陶与训练以后，当地黑人亦渐能负担一部分劳工以外之工作，而其他各种人种之愿来炼油公司者亦日众，故对华侨之依赖，已日渐减少。

降至珍珠港事变，第二次世界大战之战火普及于全球以后，在古岛工作之华侨之流动，方始中止而现稳定之状态，保留四百五十人之纪录，惟此种现状系暂时性质，故世界大战结束后，又再度开始流动。其原因有如下述：

（一）古拉索岛上之华侨，不论海员或经营商业者，离国大致均在十年以上，国内经过八年之战争以后，其家属流离失所者有之，不通音讯者有之，生死存亡不知者有之，故亟愿返国一行。

（二）华侨在国外谋生已逾十年，故勤勉者已稍有积蓄，年老衰弱者则已不能继续工作，衣锦回乡与骨殖回乡，本为我侨胞一种普遍之观念，故战事结束，交通恢复以后，即开始计划回国。

（三）一九四二年，油公司华海员因待遇不均，乃于合同期满以后，拒绝继续工作，因而发生警察捕人，开枪打死海员之惨案以后，使华侨对当地政府，对油公司之印象颇为恶劣，因之均有早离为快之感觉。

（四）战事虽早结束，而物价仍高，生活水准仍有增无已，然油公司方面则正准备将为数颇大之各种战事津贴取消。若果实行，则海员侨胞每月所得无几，势将无从养家，故谋另就他业或改去他埠者亦有之。

由于以上种种原因，因之交通恢复以后，侨胞又开始向外流动，此种情形以目前现状观察，至一九四六年底可能减少三分之一左右。同时，由于当地政府对于任何普通外国人民入口之严厉限制,以及一九四二年惨案之结果,故一方面普通商人之入口颇难。另一方面则因消息灵通之各海员聚集中心,如美国之纽约、金山,英国之伦敦、利物浦等处之华侨海员,均已严厉拒绝加入任何荷兰船舶工作,因之新华侨之来古拉岛者,可能至少也。

二、一般情形

古拉索岛上之华侨,十分之九为广东中南部之宝安、恩平一带人士,此外尚有少数系浙江、福建、湖北及山东等省人士,在全部四百五十人中,约百分之七十五为海员,百分之二十二为商人,百分之三为种菜者。其中除商人与耕种者已获得居留权以外,海员则均系由油公司担保而入口者。按照当地政府与油公司之协定,此种海员若不在油公司工作时,即应遣送返国。

在当地已获得居留权之营商侨胞中,有百分之九十原属海员出身,因公司合同期满而向当地政府设法得居留权者。因当时(一九三〇年左右)古岛尚在开发期中,因之对于极少数之商业颇有欢迎外人经营之势,故取得甚易。因之现在古岛上经营之餐馆、茶室、杂货铺与一部分之洗衣铺等,大致均在该时期中创立者。

在古岛上营商之侨胞,以经营洗衣铺者为最多,岛上之洗衣铺几十之七八均属我侨胞所设,当时政府对于我侨胞之请求经营商业者,其限制亦以洗衣铺为最少。洗衣铺外,其次当推餐馆、茶室一类饮食店,古岛上售餐、售酒之二、三等饮食店铺均属我华侨所设。

由于古岛上之华侨,十九均属海员出身,因生活流浪,行踪不定,故均属单身,其业经取得居留权者,因居留岛上大致均在十年以上,故泰半陆续与当地土妇结婚,并且生儿育女。华侨妇女之来岛上者,仅二人而已。

古岛上现有侨胞,均由海外各地转口来此,其自国内直接来岛上者,仅有数人而已。国外各地中以来自英国属地为最多,其次来自荷兰,本国亦属不少,再次则为加里宾海中邻近古岛之各海口来者。侨胞之在英国属地生长者,为减少入口之保证金起见,常有自邻近之英国口岸携有英国护照入口者,因之发生纠纷时,常易使交涉之进行,发生无穷之困难也。

因古岛之华侨中,海员占据多数,且现有营商者亦十九系海员出身,因之教育水准甚低,所谓目不识丁者为数甚多。彼等现在所用之外国语言文字,可谓全系出国以后,或甚至到达目的地以后,方始学习者,因之大多仅能略识之无,勉强应付而已,能以某一种语言文字流利应用者,实为数甚微,致不特限制彼等个别之开发,且有时常被当地人民利用此种弱点,于应用文字之场合时,明占暗夺,损失权利,殊属不少。

三、华侨之地位及其环境

因华侨在古岛之历史不久,人数亦不多,且泰半又属海员,因之一般而论,在社会上之地位并不甚高。虽抗战胜利以后,外人对我华侨业已另眼相待,不敢再以战前歧视之目光加于我华人之身,然究因侨胞本身之职业地位与教育程度所限,致无从挤入上流社会之群也。

在古岛之海员中,其业务分配虽各不同,惟均属非技术性质一类之工作,不外厨师、侍者、烧火夫及水手等,其中尤以厨师为最多。一九三〇年左右,为华海员在岛上之全盛时代,当时全部海员达千人之谱,因油公司尚未发展至目前之规模,因之所有油船上凡不属于技术性质之工作,几全部为我华海员所担任。降至目前,人数已日少,因之除厨房工作,仍大半为我侨胞所包办以外,其他工作,业已陆续改由当地土人或他处招来之工人担任。截止目前止,古岛油公司之三十二艘运油船中,已仅有二十三艘油船有我华海员工作,将来交通畅通,华海员陆续首途返国后,其人数之分配自将更形减少也。

在古岛经营商业之华侨,因绝大多数系海员出身,故彼等现有之一切无疑均由赤手空拳,艰苦奋斗中得来,即由国内径来古岛者,亦无非因古岛上已有其戚友建有商业之基础,或因国内生活困难,遂冒险出国谋生者,故经营之商业不但历史甚短,范围狭小,且资本亦甚单薄,殊难望其有惊人之开发。

古岛上之经济权向操于犹太人之手,彼等系于十七世纪中叶自荷兰移入者,由于彼等长于理财,组织又能互助合作,且因宗教之故,造成一种密切之团结,因之三百年来,彼等始终在商业界中握有领导之地位。目前,不但资本雄厚,且对于商业之实际控制力亦强,后来之殖民者,自颇难逃避此种经济上强大敌对团结之压力,而能超然独存者。

古岛华侨既大半为海员出身,故对于商业方面并无专门之研究,对外又受当地政府严密之控制,对内亦无强大组织之魄力,因之所经营之商业,均属小规模之贸易,经营者亦各自为政,在侨胞之间,并无营业上之联系,因之在商业上之潜势不大,其在当地商界中之地位亦不高,而彼等今日所以有稍微之地位,亦均赖其安分守己,埋头苦干而致,绝非侥幸所得。

在古拉索岛之侨胞,均属当地社会上较为安定之分子,为海员者极少酗酒寻衅,经营商业者专心业务,绝少顾问他事,种菜者仅注意其耕种灌溉,且甚至不常上街,因之当地警察局,常称华侨为当地最优秀之居民。

在古岛之华侨,一般经济情形,大致尚佳,海员每月之收入,在美金九十元至一百十元左右;种菜者每人可得美金二百元左右;营商者其情形自属更优。虽因经营商业之不同,其区别殊大,惟每月之收入,自可致少于美金四百元也。即属帮佣性质,如无特殊缘故,其每月收入至少当亦在美金百元以上。

四、华侨经营商业之种类及其前途

古岛上经商之同胞,大别之可分为三类:

(一)开设店铺,自己经营。

(二)与他人合伙开店营业。

(三)在他店铺中帮佣。

由于在古岛上之经营商业者，十九系海员出身，因之资本甚为单薄，故独资经营之商业甚少，多半为合伙营业性质。在他人店铺中帮佣者，以在我侨胞所设店铺中工作者为多，虽偶有在外人店铺中工作，唯此仅限于作厨师一类工作而已。

华侨在古岛经营之商业，不外餐馆、酒楼、茶室、洗衣店、杂货铺与海员宿舍等一类资本不多，范围甚小，无须广大组织之商业。兹根据现况，列表如下：

古拉索岛华侨营商种类分类统计表

营业种类		数目	资本		资本分配情形	备 注
			最大数额	最小数额		
饮食店	餐馆兼售酒水	2家	十二万盾	四万盾	均属合伙营业	一、尚有与外人合伙之店铺三四家未曾列入。二、美金一元折合古岛荷币一·八八五盾。
	餐馆兼售冷饮	7家	二万盾	四千盾	其中二家系独资营业	
	茶室	2家	七千五百盾	四千盾	其中一家系独资营业	
海员宿舍		3家	二万盾	五千盾	均属合伙营业	
中西杂货		3家	二万盾	七千五百盾	其中二家系独资营业	
洗衣店		11家	四千五百盾	一千五百盾	其中三家系独资营业	
菜园		5家	一千六百盾	一千六百盾	均属合伙营业	

古拉索岛地处南北美洲间之加里宾海中，离第二次世界大战时之任何战场均甚遥远，故大战期中，虽曾受德国潜艇之威胁，甚至船只于附近一带海中，数度遭受攻击而致沉没，然岛上除灯火管制以外，迄无丝毫损失与影响，且相反因战争之紧张，精炼石油之需要迫切，油公司日益扩展，生产日增，来往岛上之各国人士，各国运油与同盟国之军舰等亦较前大形增加，因之反现战时之繁荣。

目前战争虽告结束，精炼石油之供给军用者虽需要日少，然由于航空之开展与新式交通工具之改用精炼石油者日多，因之古岛之炼油公司并未因战争之结束而遭受影响,况此时尚在复员期中所促成之繁荣,仍能继续保持一种饱满之状态,并未呈现任何衰落之现象。

由于此种缘故,因之在古岛作潭员之侨胞尚能继续获得其战时增加之津贴,营商者更能保持其欣欣向荣之商业于不堕。盖即令炼油公司不再扩展,然若能保持其现状,则一切变动自少,人民之购买力自不致受任何影响,市面之繁荣即可继续维持也。

唯将来华侨在岛上之经济情形,恐仅能守成而已,殊难望其有任何特殊开展之可能。盖当地政府对于外人在古岛经营之商业限制甚多,毫无自由开展之力量,且当地大规模之商业,全部握于有雄厚资本之犹太人之手,各自为政,且并无组织而资本单薄之华侨,自难与之匹敌耳。

〔外交部档案〕

9. 外交部情报司编印南非排华苛例之检讨调查报告
(1946年7月19日)

自一八八五年排华法始制至一九四六年亚洲人土地权法之通过,并兼论大战结束后南非政府与人民对于我国及当地华侨态度。

南非排华苛例之由来及其范围之深度:

自荷英两国相继移民南非以还,自始即视斯土为白种人之禁脔,而以建立白色南非为国策。在维护白人文化之夸大名义下,肤色禁限早已成为遂行其为国策之基础。根据肤色禁限之命意,乃以肤色为决定人种高下之唯一标准,凡白人以外之一切有色人种按一九〇八年杜朗斯瓦殖民时代所制金法第三节所予有色人种之定义,为非洲或亚洲土地,或任何其他具有肤色之人,可见其无异非欧洲人之别称,而为一概括之名词,不仅指通称所谓杂色人已也。或欧洲人以外之一切非欧洲人,包括土人、亚洲人及欧土混血种在内，均为劣等民族。不能享受白人之同等待遇，而应在排斥歧视之列。此种成见，不仅荷种人为然，英种人亦然。虽其排斥与歧视之程度与方法，不无缓急隐显之异，而其基本态度，则初无二致。自英荷分区殖民时代，以至进而合组统一联邦，其间政治历史几经沧桑递嬗，而肤色禁限之既定政策，不仅未稍松弛，且呈与日俱进之势。至一九一九年后，犹太人、叙利亚人及开普马来人之获免列于亚洲人及有色人种两侮辱名词者，前二种仍由于其肤色较白，酷肖欧人，可谓得天独厚，后一种则因来非最早，与荷种人另有其特殊历史关系耳。

南非既已建立白色统治，排斥歧视一切有色人种或非欧洲人，为其立国之一贯政策，于是有旅非区不足五千之华侨，在逻辑之结论上，乃自然成其歧视一般有色人种或非欧洲人之法律，或一般法律中歧视有色人种或非欧洲人条款，及专为排斥亚洲人而制定之所谓亚洲人法律，或一般法律中排斥亚洲人条款之对象之一。计自一八八五年前南非共和国（即今杜朗斯瓦省境内）制颁所谓关于苦力、阿拉伯人及其他亚洲人之法律，开排华苛例之先河以还，六十年来，我侨直接间接全部局部所受彼邦之歧视人种法律之束缚无虑七十余种，诚可谓苛例猛于虎。吾人试就此种苛例限制之性质，加以分析，则约可得下列各款。

（一）关于移民入境者：远在一八九一年时，橘河自由邦共和国即制颁法律（橘河自由邦共和国法律第三十三章），彻底禁止阿拉伯人、中国人、苦力（指印度人）或其他亚洲人种至该邦居留，经营商业，或操作农业。已入境者，令于一年内停业出境，实为限制华人移民来非之最早而又最严酷者。法律中明文列举中国人字样，尤可见以华人为其主要对象之一。那他尔殖民地次之，于一八九七年始颁移民法。一九〇〇年、一九〇三年、一九〇六年，迭经增补。开普殖民地又次之，一九〇四年颁所谓拒绝华人卅六款，一九〇六年颁布移民法。杜朗斯瓦殖民地又次之，一九〇七年颁移民法及亚洲人法律修正法。以上三地法令，亦辄以不适彼邦社会经济政策为理由，概括限制一切亚洲人移民入境，并以教育文字测验为限制其入境重要手段之一，即居留亚洲人，亦均被迫用盖印指模等侮辱方法履行登记，以保证其入境居留之权。迨联邦成立以后，则统一加强各地原有之移民法，而于一九一三年制颁移民管理法。嗣于一九二七年、一九三一年、一九三三年及一九三七年复先后经四次修改增补。亚洲人均以其经济条件或其生活程度与习惯不适为理由，而被加上取缔移民之尊衔（内政部长曾以命令解释移民管理法第四款，凡亚洲人均在取缔移民之列），不准入境。移民官有禁阻其有登陆之全权，船主放任其登陆者，连带受罚，其已潜行入境者，得随时押解出国。

非联邦政府犹恐移民法限制之不足，复于一九三七年二月所颁之外侨法内规定外侨非（一）品性优良；（二）易与非联欧种人同化；（三）无害于非联全国幸福；（四）不从事于已饱和之职业者。概不得入境永久居留。且必须向移民审查委员会请得许可证。其未获许可证而径行来非者，纵依移民法，并非取缔移民，亦以取缔移民论。此外，并规定自一九三七年一月一日起，任何人非经总督特许，不得任意改换姓名，以防止外国移民以取巧作弊，冒名顶替之方法，潜行入境。其主要动机，亦无不在对付亚洲人。至此，我华人及一般亚洲人移民入境之取缔，可谓已天衣无缝。总括言之，则除能证明在非具有合法居留权者外，概无入境之可能，且非继续居住届满三年，不能保持其合法居留权。享有合法居留权之华侨，若因回国或他往而离境时，其限期不得超过三年，逾期者即丧失其居留权。唯其出境求学者，得向移民局申请展限至最多十年。至侨非华人在本国所生之子女，则以未逾十六岁者为限，可准入境。此外，则仅侨非华人在其本国之未婚妻准许入境结婚后居留。侨校教员及短期旅客得入境临时居留而已。再移民法禁止各省居留权之移转，在甲省有居留权者，至乙省则又成为取缔移民，故已入境移民居留范围之限制，亦达于极点。

（二）关于居住营业置产者：此项限制，历史最为悠久，法令最为繁琐。关系我现有居留侨民生计最为重大，容于第二节专文详论之。

（三）关于饮食者：按照南非政府一九二八年公布之酒法（按该法系统一加强各省及一九一三年原有之禁酒法令者），亚洲人、土人及杂色人俱不得往酒店及其他供酒之餐馆、旅馆、戏院、娱乐运动俱乐部等处饮酒。非经司法部长核准发给许可证，亦不得购买酒类在任何处所私饮；其购酒即获许可，亦辄以一次一夸特为限。不得经营酒业，亦不得受雇为任何酒厂、酒店之职工。此外，并不得运送或携带酒类，此法幸经我领馆数度交涉，获于一九四三年将华人宣布除外。

（四）关于教育者：一九〇七年杜朗斯瓦殖民地之教育法，一九一〇年那他省殖民地之教育法，均明文规定禁止一切有色人种子女入专为欧洲人而开设之中学及小学肄业。

（五）关于工作者：一九〇八年杜朗斯瓦殖民地之工人赔偿法，明定规定所谓工人，乃指受雇供给劳役或充任学徒之白人，非白人之亚洲人或其他有色人种，不得享受工人之任何利益。一九二五年联邦政府制颁之矿场及工厂法，或通称所谓肤色禁限法，更明定以人种界限为所任工作类别之唯一标准，禁止一切亚洲人及土人担任机械技术方面之工作。一九四一年复制工厂机械及工人住宅法，按人种界限，分别工厂雇工之工作条件及其居住等福利设施。

（六）关于社交者：尤为显然。南非共和国早于一八九七年制颁限制有色人种婚姻法，禁止有色人种与白人结婚。迨至杜朗斯瓦殖民地时代，复于一九〇四年及一九〇八年两次颁布所谓妨害风化条例，禁止一切有色人种与白种妇女发生不道德关系，违者处六年以下之有期徒刑，廿四笞杖以下之体罚，并罚充苦役。

（七）关于旅行者：非经移民当局特许，发给出省证，不得来往他省,非特铁路当局特许及领馆证明,不得乘坐欧洲人之火车车箱。其他地方性之公共交通工具,如电车、汽车,对华人亦大多定有禁例。

（八）关于自卫者：依据杜朗斯瓦殖民地一九〇七年所颁之武器及弹药法,亚洲人除经主管部长特许外,不得请领购置自卫武器执照。

以上所举,实犹不过其荦荦大端,而南非排华立法范围之深广,枝叶之滋蔓,要可概见,抑以南非人民种族偏见之根深蒂固,牢不可破。其苛待亚洲人及一般有色人种之方法,本不待政府堂皇制定公布之法律,故任何公共场所,如政府各级官署,各种交通设备,邮政局、电报局、海关、银行、公园、博物院、图书馆、教堂、医院、剧院、餐室、旅店、理发店、公共厕所,甚至墓地,或则虽准非欧洲人使用,有泾渭判然有分,不得越雷池一步；或更根本不揭任何旗帜,而习惯上态度上当然不招待一切所谓有色人种,此则又法律上之歧视,益以社会上之歧视。二者层层相因,遂致我侨自入境居住营业、置产,以至日常生活、行动、音乐、社交之需。总之,自养生之宜,以至送死之道,无往而不有苛禁之束缚,受尽人世间稀有之惨痛屈辱,而迥非我国旅居任何他处侨胞之不良处境所能比拟。

法律上之歧视,深矣广矣；社会上之歧视,繁矣多矣。我华侨身处苛例之天罗地网中。就能力自维系于不堕者,此则或因早年既得权之传袭,或因人数较少,职业范围局于一隅,或因法律上之规定,有时而穷,或因彼邦有识人士对我之观感渐改,故法律上之规定虽严,社会之藩篱虽深,而一经交涉,或仍能获得通融便利,或个案救济之余地。而尤足资吾人注意者,即华人所受之不平等待遇,大多渊源于彼邦一般法律中之亚洲人字样,其排斥亚洲人诚为其全般人种政策之一环,然揆其主要动机,实大多在对付印人。盖印人自一八六〇年移殖来非,八十五年来,人口已繁衍至廿五万,在农工、商业各部门,俱拥有相当劳力；产业投资,尤颇可观,而以那他尔省为最。在悬殊之生活程度、生活习惯，以及不易同化之文化及宗教背景下，非人极惧其为白人文化及社会经济之威胁，或非无故。顾我华侨，则人数极少，所营又多系小本商业。其绝不足以危害彼邦白人之统治权及经济生活，至为显然。即彼邦人士，亦未尝有否认者。今因法律上亚洲人之概括字样，而置我华人于印人之例，不平孰甚！然则我方行动之基本途径，尤其在斯时斯地之行动途径，当知所以适从矣。

〔外交部档案〕

10. 外交部公布关于华侨损失案
（1946年）

（一）南洋各地沦陷月日及日军盘踞之时期。一九四一年十二月八日太平洋战争发生，日本军队长驱南下，南洋各地及缅甸陆续被侵，其日期为次：

一九四一年十二月二十八日，日军入香港，又猛炸不设防之马尼剌市，一九四二年一月二日，马尼剌陷，十二日马来亚吉隆坡陷，十九日缅甸南部士瓦陷，二十五日全部马来亚半岛陷。

二月二日荷属婆罗洲坤甸陷，十日西里伯斯望加锡陷，十五日新加坡陷，十六日巨港陷，二十日蒂汶岛陷，二十一日爪哇激战开始。

三月六日爪哇巴达维亚陷，七日仰光陷，十一日泗水陷，十三日苏门答腊棉兰陷。

四月八日菲律宾巴丹牛岛陷，十一日宿务岛陷，十七日班乃岛陷，二十九日缅甸腊戌陷。

五月三日缅甸瓦城陷，六日菲律宾柯里几多尔岛陷，十一日缅甸密芝那陷。

战事发生后六个月内，全部南洋群岛均入日军掌握，直至日本投降时止，日军盘踞达三年余之久。〈越南系一九四一年七月即被日军占领。暹罗——时称泰国——于一九四一年十二月十一日与日本缔结军事同盟，一九四二年一月二十五日向英美宣战〉。

〈二〉华侨遭受损失情形因华侨人数之众，财产之富，日军侵占地区之广，劫掠破坏之大，致所受财产损失，包括房屋器具衣物珠宝金饰营业货物等项约达六亿余美元（菲律宾受损失共达一万二千余家，暹罗达一千七百余家，槟榔屿达二百家，新加坡达七千三百余家）人口伤亡各地多寡不等，亦有无伤亡者（见附表）。遭受损失之情形；或直接损失于炮火之下（如缅甸、马来亚、荷印），或由于日军之劫掠（各地一律）；虐杀（如此婆罗洲）及征用强占（各地一律）；或由于战争后期盟军飞机之轰炸（如暹罗）。

〈三〉我国所定华侨损失赔偿原则与一二华侨居留地政府所定办法之不同，我国所定海外华侨战时损失向对日和会提出专案要求赔偿一案，系呈奉行政院三十五年十二月四日节京捌字第二二〇〇二号指令核定者，惟据各驻外领事馆报告，侨民居留地政府，亦有对我侨损失负赔偿责任者。如驻巴达维亚总领事馆报告：荷印政府对于境内所有居民之战时损失赔偿问题，业已成立委员会，研究赔偿性质及办法，并不分国籍，一概受理。驻雪梨总领事馆报告：澳洲代管地华侨所受损失，在澳洲之战争损失赔偿计划下，与澳人享受平等待遇。迄本年五月二十三日止，我侨战时损失赔偿统计数字如下：赔偿结案此九九一件，部分了结或在清算中此三八五件、赔偿金已杀定此，五十四万九千三百四十二镑，赔偿金及利息已清付者，四十四万二千九百八十四镑，赔偿金在厘定中者，二十四万镑。驻河内总领事馆报告：日军占领越南期间，侨民所受损失，有极小部分〈越币二千五百元〉已由法国政府赔偿。

〈四〉海外华侨战时损失统计表。

海外华侨战时损失初步估计（侨务委员会三十四年十一月廿四日侨秘统字16292号公函所附表）。

〈一〉本表系根据战前调查之华侨财产数估计而得；
〈二〉本表所用损失百分率系按战事环境及交通情形推算之；
〈三〉本表财产所用单位为美元；
〈四〉将来如获得更详确之材料自行更正。

侨居地	华侨原有人数	华侨原有财产（单位：美元）	华侨因战事所受之损失				
			损失之百分率按原有财产值	共计损失财产价值 单位：美元	亡之百分率原有人数死	共计死亡人数	
荷属东印度	1,344,809	1,166,567,000	40	466,627,000	2	27,000
英属马来亚	2,358,335	924,031,000	50	462,015,000	2	71,000
菲律宾	117,463	356,381,000	90	320,743,000	10	12,000
暹罗	2,500,000	879,588,000	40	351,835,000	3	75,000
法属越南	462,466	444,340,000	50	222,170,000	2	9,000
缅甸	193,594	115,800,000	90	104,220,000	10	19,000
英属北婆罗洲	68,034	40,800,000	40	16,320,000	2	1,000
香港	923,584	554,400,000	50	277,200,000	4	37,000
日本	20,000	12,000,000	90	10,800,000	0	2,000
总计	7,988,285	4,493,907,000	50	2,231,930,000	3	253,000

侨民居留地	财产损失数字			人口伤亡数
	当地币	当地币与美金币之比率	美金	
菲律宾	277,155,077.17	每菲律宾一元合美金五角	138,577,538.58	
越南	266,919,302.86	每越币七元合美金一元	38,131,328.98	8人

续上表

侨民居留地	财产损失数字			人口伤亡数
	当地币	当地币与美金币之比率	美金	
缅甸	34,698,169.70	每3.3卢比合美金一元	10,514,596.88	6人
暹罗	113,200,010.00	每暹币14.7铢合美金一元	7,700,680.27	177人
新加坡	60,906,009.26	每2.10673叻合美金一元	29,002,861.55	4,522人
槟榔屿	1,990.907	同上	935,726.30	77人
吉隆坡	27,414,967.34	同上	13,023,737.45	
巨港	152,548,720.27	每荷币2.65盾合美金一元	57,565,554.82	
爪哇	100,969,076.00	同上	38,139,273.96	
北婆罗洲	4,805,989.00	每婆币百元合美金47.625元	2,288,852.30	241人
西里伯斯（巴达维亚泗水）	516,799,223.25	每荷币2.65盾合美金一元	195,018,574.81	
蒂汶	3,500,000	每葡币24.69元合美金一元	141,757.80	292人
新几内亚	1,000,000镑	每澳币镑合美金3.237元	3,237,000.00	
毛里西斯	1,450,000	每毛币3.25合美金一元	446,153.85	
香港			40,857,848.60	9人

太平洋战争发生,日本军队南下,不数月间南洋各地相继陷落,直至日本投降时正盘踞时间达三年余之久,在此时期我各地侨民损失重大,包括地域计有菲律宾、越南、缅甸、暹罗、新加坡、槟榔屿、吉隆坡、苏门答腊、爪哇、西里伯斯、北婆罗洲、蒂汶、新几内亚、

毛里西斯等地。

〔外交部档案〕

11. 遣送侨民办法
（1947年1月）

遣送侨民办法

甲、国内归侨出国复员之遣送

一、国内归侨出国复员之遣送，先由侨委会办理登记。凡侨民具有海外证件，经审查合格后，应分别地区造具名册，分行总及外交部。

二、行总依照名册，担任由内地遣送至海口，再由联总遣送至原居留地。

三、难侨返回原居留地入境手续，由外交部向各该地政府分别交涉。

乙、遗失海外证件归侨之复员

一、难侨遗失海外原居留地证件者，由侨委会办理登记，造具名册分送外交部及行总。

二、外交部依据侨委会所造名册，转饬各该地领馆向各该地政府交涉入境。

三、俟得当地政府许可后，由行总会同联总遣送。

丙、海外难侨之遣送回国

一、流落海外难侨不能生活，合乎联总遣送条例者，由外交部驻外使领馆负责调查登记，造册分送侨委会及行总，再由行总转商联总遣送回国。

二、流落海外难侨不合联总遣送范围规定者，由外交部饬驻外使领馆调查，登记人数，并预算所需经费，转送侨委会汇呈行政院核发专款，遣送回国。

三、上开第一、二项难侨遣回抵本国口岸后，由行总负责遣返原籍所需费用,由行总呈请行政院核拨。

丁、联总结束后之业务

一、联总将于卅六年三月间结束,遣送业务势必移交国际难民机构接办。我政府既已决定不参加该项机构,所有国内外难侨遣送事宜,自应由我政府自行继续办理。

二、国内难侨自海口遣送原居留地,由行总继续办理,所需经费呈请行政院拨发专款。

三、国外难侨应遣送回国者,由外交部饬由驻外使领馆就地洽定船位遣返本国海口,所需经费,呈请行政院核拨专款。

〔外交部档案〕

12. 外交部关于在华外侨及海外华侨战时损失赔偿原则训令

(1947年1月29日)

外交部训令　字第1430号
中华民国卅六年一月廿九日
令驻云南特派员公署

查在华外侨及海外华侨战时损失赔偿原则,业经呈奉行政院核定如下:一,我对在华外侨损失不拟直接赔偿,应由其本国政府径向日本取偿;二,对于赔偿盟国海外侨民损失之要求,盟国间应互相支持;三,在华外侨战时损失在互惠条件下可由各该国使领馆统计后送由外交部转达行政院赔偿委员会登记;四,海外华侨战时损失应向对日和会提出专案要求赔偿,除分电外,仰知照洽办具报为要。此令。

部长　王世杰

〔外交部驻云南特派员公署档案〕

13. 侨务委员会送请侨民立法委员选举罢免原则等函

(1947年3月22日)

准贵会卅六年三月廿日函开：本会审查立法委员选举罢免法草案，关于侨民选出之立法委员选区划分表，亟须参考，请抄示为荷。等由。查本会对于侨民选举罢免立法委员问题，前经拟具选举罢免原则、选举区域之划分及每区应出名额表、各区选举监督人选分配表，交国防最高委员会参考有案。兹准前由，相应抄同该项原则及附表送请查照参考为荷。此致
立法院宪法法规委员会
　　附侨民立法委员选举罢免原则乙件、选举区域之划分及每区应出立委名额表一件、各区选举监督人选分配表乙件。

　　　　　　　　　　　　　　　启　卅六年三月廿二日

侨居国外之国民立法委员选举罢免原则

一、侨民国外之国民应出之立法委员，此照各省市选举之规定，以普通平等直接无记名投票选举之。

二、侨居国外之国民应出立法委员十六名，分区选举之，区域之划分与名额之分配依附表所定。

三、侨居国外之国民选举立法委员，于首都设选举总监督，于海外各该区分设选举监督办理之。

前项选举总监督以侨务委员会委员长充任，各该区选举监督人选依附表之所定。

四、各该区选举监督应于一定期间内举行候选人提名登记及审定选举人名册。

五、侨居国外之民立法委员以各该区候选人中得票数最多数者为当选。

六、侨居国外之国民选举立法委员，如因特殊情形发生窒碍，

由各该区选举监督递报核办。

七、侨居国外之国民选举立法委员发生选举诉讼时,由首都高等法院就书面审查裁判。

八、侨民国外之国民立法委员之罢免向各该区原任选举监督提出之。

前项罢免准用各省市罢免立法委员之规定。

侨居国外国民立法委员各区选举监督人选分配表

选举区别	选举监督人选之分配	选举区别	选举监督人选之分配
第一区	芝加哥总领事	第八区	西贡总领事
第二区	多郎多总领事	第九区	仰光总领事
第三区	罩必古领事	第十区	曼谷总领事
第四区	夏湾拿总领事	第十一区	新加坡总领事
第五区	雪梨总领事	第十二区	巴达维亚总领事
第六区	马尼剌总领事	第十三区	巴黎总领事
第七区	香港华商总会		

侨民国外国民立法委员选举区域之划分及每区应出立委名额表

选举区别	选举区所辖地方名称	立法委员名额
第一区	美国	一
第二区	加拿大、檀香山	一
第三区	墨西哥、掘地孖拉、洪多拉斯、尼加拉瓜、哥斯达黎加、巴拿马、萨尔瓦多、马拿瓜、哥伦比亚、占美加、圣多明谷、海地、千里达及附近地方	一
第四区	古巴、秘鲁、巴西、厄瓜多、委内瑞拉、基阿那岛、智利、阿根廷、巴拉圭、乌乖、彼利非亚及附近地方	一

续上表

选举区别	选举区所辖地方名称	立法委员名额
第五区	澳洲、大溪地及附近各岛与新几内亚东部	一
第六区	菲律宾、日本、朝鲜及附近地方	一
第七区	香港、澳门	一
第八区	安南	一
第九区	缅甸、印度（及洲西南各国）	一
第十区	暹罗	一
第十一区	马来亚及北婆罗洲	一
第十二区	东印度群岛及南婆罗洲、葡属蒂汶暨附近地方	一
第十三区	欧洲、非洲（苏联亚洲部分包括在内）	一

〔立法院档案〕

14. 外交部关于临时华侨登记实施办法训令
（1947年4月21日）

外交部训令　条36字第08130号
中华民国卅六年四月廿壹日
令驻萨尔瓦多公使馆

　　查举办第二届华侨总登记案，前奉行政院指令暂缓奉办在案。本部因鉴于事实上之需要，经再拟具华侨登记实施办法呈，奉行政院本年二月十二日从陆字第四五三〇号指令：准由本部公布施行。自应遵照办理。查此项实施办法，原为新设或复设各馆，因地方秩序初建，双重国籍问题每起纠葛，特呈准举办临时登记，以应急需，故原已在民国廿五年至民国廿九年已举办总登记，而在战时地方秩序未受重大影响之各馆，其前所发之登记证仍为有效，不必再举办临时华侨登记；至其他战后新设或复设之各馆，或因受战事影响，侨民变动甚巨，事实上需要重行举办登记之各馆，可即将各该馆辖区内是否需要举办登记之情形报部，依照该项实施办法第一条之规定，得呈由本部核准后举办之。除分令外，合亟检发临时华侨登记实施办法、登记表式样及驻外各馆办理临时侨民登记应行注意事项各一份，令仰遵照办理，具报为要。此令。

临时华侨登记实施办法

1. 驻外领事馆或使馆得视驻在地之需要情形，呈请外交部（以下简称本部）核准举办临时华侨登记。

2. 凡经本部核准举办临时登记之驻外领事馆或使馆，其辖区内之侨民应依照本办法办理登记。

3. 办理临时华侨登记所用之表格式样由本部核定，分发各经办馆自行印制，经办馆并应将印制成本附同单据呈部审核。

4. 侨民申请临时登记时，应向该管领事馆或使馆索取申请书，依式填明，并附缴本人最近二寸半身像片二张及印制证表之工本费，向该管领事馆或使馆申请登记，经查核属实后，发给登记证。

前项证表工本费征收数额由本部参酌印制成本核定之，各经办馆并应按月填送征收侨民登记证工本费月报表，以凭查核抵扣。

5. 新出口侨民应予到达该管领事馆或使馆辖区一个月内申请登记；在国外出生之婴儿应由家长或保护人于出生后一个月内申请登记。

6. 侨民迁移居留地或归国时，应于启程前向该管领事馆或使馆报告，并请求在登记证上签注离境日期及前往地点。

7. 侨民死亡时，应由其家属或亲友向该管领事馆或使馆报告，并缴销其登记证。

8. 侨民居留地距离该管领事馆或使馆较远而亲自往返不便者，得以通讯方法申请登记，办理移转登记及报告。

9. 侨民向驻外使领馆或国内政府申请办理护照或加签展期或作其他请求,应先呈验登记证或注明登记证字号及年月日,无登记证者,应即补行登记,其手续与第四条同。

10. 侨民登记证如因污损,致不堪使用,或遗失时,应向该管领事馆或使馆报告,并附缴像片一张及登记证之工本费,申请换发新证。

11. 临时侨民登记证自发给日起至举办华侨总登记时止,为有效期间,办理临时华侨登记之领事馆或使馆应于下届举办总登记前,将其所发登记证公告,限期作废,并呈报本部备查。

驻外各馆办理临时华侨登记应行注意事项

一、凡已在民国廿五年至民国廿九年已举办总登记而在战时地方秩序并未受重大影响之各使领馆,无须举办临时登记。

二、凡有下列情形之各使领馆得将各该辖区内是否须举办临时侨民登记情形报部,如属需要,得呈由本部核准举办之。

1. 战后新添设之使馆或领馆。
2. 战后复设之使馆或领馆。
3. 因受战争影响侨民变动甚巨需要重行举办之使馆或领馆。

三、经本部核准举办临时侨民登记之各使领馆,各就其管辖区域办理之。

甲、凡已换使设领之国家,其登记事宜由领馆办理之,使馆督导之。

乙、凡已换使而未设领之国家,其登记事宜由使馆办理之。

丙、凡已派兼使而未设兼馆之国家,其登记事宜由兼使之本馆办理之。

丁、凡在一国之内不属任何领馆之地区,若需要举办登记者,可由使馆或总领事馆酌视情形,指定邻近之领馆兼办或聘请侨领办理之。

四、凡经核准举办临时华侨登记之各使领馆,其辖区内之侨民无论其以前是否已登记与否,须一律依照本部所公布之临时华侨登记实施办法办理登记,该经办使馆或领馆并应通告上届所发给之登记证限期作废。

五、经本部核准举办临时登记之使领馆,可参酌所需登记证表数量及印制成本,呈请本部核发,并须将印制证表估价单及当地币制与美金折合率之银行凭证呈核。

六、经办之使领馆可根据印制成本及必需之开支,详列估计,拟定收回之工本费,报部核定。

每月并应将举办登记之收入填具征收侨民登记证工本费月报表,连同登记月报表、统计表一并报部。

八、侨民登记申请书由申请人登记填缴后,即存馆备查,侨民离境与归国时,除在登记证上移转登记栏内签注离境日期及前往地点外,并应于申请书下端之异动记录栏下注明动态。

〔外交部档案〕

15. 国民政府第四次修正公布侨务委员会组织法

(1947年9月27日)

侨务委员会组织法
民国二十年十二月七日国民政府公布
民国二十一年八月十三日第一次修正公布
民国二十五年十一月五日第二次修正公布
民国三十六年七月十六日第三次修正公布
民国三十六年九月二十七日第四次修正公布

第一条 侨务委员会掌理侨务行政及辅导侨民事业事项。

第二条 侨务委员会置委员长一人,特任,副委员长二人,委员若干人,简任,并于委员中指定常务委员七人至九人;

前项委员除常务委员支俸外,均为无给职,但在京供职者,得酌支公费。

第三条　侨务委员会每两星期举行常务会议一次,必要时得召集临时会议或全体委员大会;

前项会议以委员长为主席,委员长因事故不能出席时,指定副委员长一人代理之。

第四条　侨务委员会委员长执行前条会议之决议,并综理会务,监督所属职员及机关;副委员长辅助委员长处理会务。

第五条　侨务委员会所议事项,如与各部会有关系时,得请各部会派员列席。

第六条　侨务委员会设左列各处:

一、第一处;

二、第二处;

三、第三处;

四、第四处。

第七条　第一处之职掌如左:

一、关于侨民状况之调查事项;

二、关于侨民移殖之指导及监督事项;

三、关于侨民纠纷之处理事项;

四、关于侨民团体之管理事项;

五、关于侨民之奖励及补助事项;

六、关于侨民福利之辅导事项。

第八条　第二处之职掌如左:

一、关于侨民教育之指导、监督及调查事项;

二、关于侨民回国求学之辅导事项;

三、关于侨民教育经费之补助事项;

四、关于文化之宣传事项。

第九条　第三处之职掌如左:

一、关于侨民经济之调查事项；
二、关于侨民事业之设计事项；
三、关于侨民工商业之协助事项；
四、关于侨民回国投资兴办或考察实业，与经济主管机关之联系事项。

第十条 第四处之职掌如左：
一、关于文书之撰拟、翻译、收发、缮校及保管事项；
二、关于典守印信事项；
三、关于出纳及庶务事项；
四、关于公产公物之保管事项；
五、关于出版物之刊行事项；
六、其他不属于各处之事项。

第十一条 侨务委员会所掌事项，以不与各部会及驻外使馆职权相抵触者为限；

侨务委员会关于主管事项、对驻外领事，得指挥之。

第十二条 侨务委员会置秘书四人至六人，其中三人简任，余荐任，分掌机要文电、翻译、外国文件、外事之联系、会议纪录及长官交办事项。

第十三条 侨务委员会置参事二人或三人，简任，撰拟审核本会主管之法案、命令，各国移民律之研究及居留法令之调查。

第十四条 侨务委员会处长四人，简任；科员十二人至十四人，荐任；科员五十六人至六十六人，办事员二十人至三十人，均委任，分掌各处科事务。

第十五条 侨务委员会置视察六人至十人，其中四人简任，余荐任，承长官之命视察国内所属机关工作、海外各地侨情及侨民事业之辅导。

第十六条 侨务委员会置专门委员二人，简派专员十人至十四人，荐派承长官之命，办理各项事项。

第十七条 侨务委员会设会计室,置会计主任一人,荐任;科员八人,办事员三人,均委任;并得酌用雇员二人或三人,依法律之规定办理岁计、会计事务。

第十八条 侨务委员会设统计室,置统计主任一人,荐任;科员六人至八人,办事员三人至五人,委任;并得酌用雇员二人或三人,依法律之规定办理统计事务。

第十九条 侨务委员会设人事室,置主任一人,荐任,依人事管理条例之规定,掌理人事管理事务;人事室置科员四人或五人,办事员三人,均委任,并得用雇员二人或三人。

第二十条 侨务委员会得聘任顾问,为无给职。

第二十一条 侨务委员会因事务之需要,得酌用雇员二十人至三十五人。

第二十二条 侨务委员会得派员视察侨民众多地方之侨民状况,该视察人员在视察期间,须与当地中国使领馆取得联系。

第二十三条 侨务委员会得在福建、广东两省省会及侨民出入口岸设侨务局,置局长一人,荐任,其组织以法律定之。

第二十四条 侨务委员会会议规则由侨务委员会拟订,呈请行政院核定之。

第二十五条 侨务委员会处务规程由侨务委员会定之。

第二十六条 本法自公布日施行。

〔全国慰劳总会档案〕

16. 外交部关于中暹悬案急需早日解决致暹罗驻华大使馆照会

(1947年11月)

敬启者:查大战期间,贵国政府为协助日军作战,曾划定华富里府、巴真府等地为外侨禁区,迫令所有外侨,事实上几全为华侨,迁出上述禁区之外,又强制征购或使用华侨之财产,而先后构成战时华侨被迫迁出禁区损失案,及战时征用华侨财产损失案。日本投降后,中华民国卅四年八月十六日,又继有侨领兼本部前派驻暹商务专员陈守明被刺案,及"九·二一"前后期内,暹人劫杀华侨惨案之发生,总计在上述四案中,华侨生命财产蒙受意外损失极重,虽经本国政府迭令前访暹代表团及驻暹大使馆屡向贵国政府分别提出惩凶、赔偿与保证以后不再发生同样事件等要求,并经贵国政府接受办理,但迄今年余,仍未获得贵国政府之圆满答复。

中国政府及人民对于上述各项悬案极为重视,兹为避免误会及增进两国友谊计,除"九·二一"悬案业经本部于本年九月廿二日,以东(36)字第一九九八七号照会,请转知贵国政府迅予圆满解决尚未得复外,本部长特再请贵大使转达贵国政府,对战时华侨被迫迁出禁区损失案、战时征用华侨财产损失案、及侨领兼本部前派驻暹商务专员陈守明被刺案等三案速作有效之处置,分别惩凶与赔偿财产之损失,同时本部亦训令本国驻暹大使馆再向贵国政府继续提出交涉,以使上述三悬案得早解决。相应检附各该悬案概要一份,照请查照办理,并希早予见复为荷。

本部长顺向贵大使重表敬意。此致
暹罗王国驻华全权大使叨沙愿杜拉勒阁下

中华民国外交部部长王〇〇

附:悬案概要一份
中华民国卅六年十一月 日

悬案概要

(一)战时华侨被迫迁出禁区损失案。

前暹罗政府为协助日军作战,曾于一九四二年先后划定富里府、巴真府,春武里府之沙打哈县,乌汶府之乌汶县、哇粦县与呵叻县等地为外交禁区,凡寄宿或居住上列禁区之外侨,限令于九十日以内迁出各该区外。查上述各区内所聘外侨几尽为华侨，又因暹罗地方当局多于限期将届之前（如北碧为限期前三日始行通知撤离，土豪流氓乃乘机恫吓，以价值几等于零之低价，强迫收买华侨财产，故自各区退出之华侨，无不遭受严重之损失。当望我访暹代表团于中华民国卅五年二月廿二日以 C·M 35/112 号照会提请暹罗政府赔偿上述华侨所受损失，并由本部训令中国驻暹大使馆迭行催办各在案。

（二）战时征用华侨财产损失案。

自中华民国卅年以来，暹政府为协助日军作战，曾大量征用人民之物资财产，其中在暹华侨之物资被征用者，我访暹代表团曾接获光兴利航业股份有限公司轮船被征案多起，并于中华民国卅五年二月廿二日以 C·M 35/113 号照会请暹政府对所征物资分别予以发还修整或赔偿，复经本部训令中国驻暹大使馆迭行催办各在案。

（三）陈守明被杀案。

我旅暹侨领兼本部前派驻暹商务专员陈守明于中华民国卅四年八月十六日在曼谷遭凶徒刺杀。我访暹代表团曾向暹政府提出惩凶要求，并经暹外交部秘书于中华民国卅五年八月八日复称：凶手即将查出，俟全案调查有新发现时，即另函告等语，以后并经中国驻暹大使馆迭行催办各在案。惟至今本部犹未接获有关该案发展之报导。

〔外交部档案〕

17. 国民政府关于海外华侨禁烟实施情形报告
（1947年11月）

中国政府自厉行禁烟以来，对于海外侨民禁烟问题，即同时加以注意。一九三五年，蒋主席兼任禁烟总监，开始实施六年禁烟计划时,国际劳工组织理事院适于是年第七十三届常会通过劳工局所提之《鸦片与劳工》调查报告书,并决议列入一九三六年第二十届国际劳工大会议程。兹报告书之内容,限于远东各殖民地工人吸烟之情形与影响,对于我国侨工吸烟情况,叙述甚详。据称:远东各殖民地内吸烟工人,以华工为最多,几占百分之九十,其有数字可稽者,如缅甸、海峡殖民地、马来联邦、马来非联邦区、特梭加努、婆罗乃、萨拉瓦克、英属北婆罗洲、荷属东印度、暹罗、台湾等地,烟民人数共达四十四万九千余名。上述各地华侨人数共三百九十九万五千余名,吸烟者占百分之十一,具见我国侨民受毒之烈。前禁烟总会有鉴于此,会商同外交、实业两部及卫生署、侨务委员会,各就主管范围,设法救济。

一九三六年第二十届国际劳工大会,中国及国际热心禁烟人士,经多方努力,卒获通过一救济吸烟工人决议案。其内容要点,乃建议有关各国政府在其辖境内采取必要办法,改良劳工状况,并逐年减少烟民数目,五年后完全禁绝工人吸食烟毒。惟各国对此未加重视,五年期满,华侨戒绝者寥寥无几,我国肃清海外侨民烟毒之愿望,未获稍达。

一九四〇年十月,行政院召集内政、外交、海外三部及侨务委员会、卫生署等举行会议,决定肃清华侨烟毒办法五项:

(1)由外交部斟酌情形,照会有关各国政府,请其本人道主义之立场,尊重一九三六年第二十届国际劳工大会关于救济辖境内吸烟工人之议决案及历届国际禁烟公约,并附述我国政府对于禁烟之决心与六年禁烟计划之完成。

(2)由外交部令饬各领馆,调查华侨吸烟贩烟人数及当地政府有关法令暨现有戒烟设施,限文到两个月内办理完竣,并以当地领馆为负责办理辖境内肃清华侨烟毒事宜之机关。

(3)由海外部、外交部、侨务委员会发动海外侨民,举办禁烟宣传,烟民戒绝登记,并捐款筹设戒烟设备,免费施戒。凡侨民热心参加禁烟运动著有成绩者,由当地领馆转请中央予以嘉奖,以资鼓励。

(4)将卫生署已定之有效戒烟药方,交由各领馆转发吸烟侨民,自行戒除。

(5)由内政部编印禁烟小册,详述烟毒为害之酷烈及国内禁烟成绩与六年禁烟计划之完成,送由外交部、侨务委员会分别转发,以唤起侨民之注意。

根据上项办法,内政部于一九四○年拾二月编发六年禁烟计划完成告海外侨胞书,并将卫生署已定之有效戒烟药方转发采用,同时外交部亦令饬驻外各使领馆,调查华侨吸烟贩烟人数及当地政府有关法令暨现有戒烟设施。根据各使领馆之报告,华侨吸烟人数及其分布地区,约如下表(略)。

上列各地政府,对华侨吸烟采取严禁步骤者,为苏联、纽丝纶、加拿大、澳大利亚、美国、菲律宾、夏威夷、古巴、秘鲁、墨西哥、智利等。实施鸦片专卖制度者,有印度、缅甸、香港、马来亚、北婆罗洲、荷印、逼罗等。经调查统计之吸烟华侨三五三六六八名中,居住英荷属地者,计三五三二五八名,约占总数百分之九十八。又法葡两国远东属地内吸烟华侨,为数亦多,尚未计算在内。整个情形之严重,实不难想见。

因我政府之施禁,各地有识华侨,纷起响应。当时华侨戒烟团体办理最为积极者,有菲律宾华侨禁烟运动委员会、香港钟声慈善社、棉兰华侨禁烟促进会、槟榔屿华侨戒烟辅导社,均由侨民捐款设所施戒,或配制戒烟药剂,发给自戒,一时风气丕变,工作紧张,惟终因格于英荷等国之专卖制度,收效甚微。

一九四一年十月,我政府向英荷两国致送节略,请其本人道主义立场,尊重国际劳工大会关于救济吸烟工人之决议及该届禁烟公约之精神,实施华侨禁烟,并转饬远东属地政府与所在地之我国领事馆,切取联系,协同推进,务使此国际间认为应禁之物,不再贻害我侨民。关于施禁办法,并经建议五点:(a)由当地政府举办烟民登记;(b)登记期以一年为限,逾期不许补登;(c)逐年递减烟民之烟量;(d)三年后完全禁绝华侨吸烟;(e)设立戒烟设备,免费施戒。但英荷政府未予置复。

未几太平洋战事发生,南洋一带沦陷敌手,华侨返国者日众,中国政府因于一九四二年十月,制定归国吸烟华侨戒烟办法,分行实施,并派员督导。徒以侨民返国后,迁徙靡定,调查不易,故办理甚感困难,成效因亦未著。

至海外未沦陷地区之华侨禁烟工作,仍由各领事馆负责推进,并于一九四四年十月,与英运输部在利物浦合设海员诊治所。据报自一九四四年十一月至一九四五年三月,报名戒烟之华侨海员计一百零四人,戒绝者二十八人,即将戒绝者二十三人,成绩尚佳。

然在华侨禁烟工作频遭困扼中,亦有足使吾人欣慰者,即一九四三年十月、十一月,荷英先后发表声明,表示在被敌人占领之远东属地内,于收复后完全禁烟,并不再恢复专卖制度。此诚我推行侨民禁烟以来所遭逢之最有利情势。

一九四五年六月以后,中国政府鉴于抗战胜利在望,华侨禁烟工作即可积极展开,而今后之推进方针,实应一面加强国际间之合作关系,一面充分发动侨领侨团之协助力量,同时详密规定施禁方法与步骤,以利施禁。爰本研讨重订方策。兹将年来重要措施,略述于次:

(1)英荷宣布放弃远东属地鸦片专卖制度后,法葡并未采取同样措施,殊有碍于战后远东禁烟工作之推进。一九四五年八月,中国政府特分向两国提出交涉(葡方一九四四年曾经提出交涉一次,惟久未得答复),嗣各该国先后表示,愿于战后改行严禁政策。又英国虽已宣布废止鸦片专卖制度,但据报印缅各地,仍有发给执照,准许烟民购吸鸦片及制造烟膏之事实,致华侨烟毒极为严重。除由我领馆设法劝戒外,并于一九四五年七月三日,照会英方,请本一九四三年宣言之精神,转饬切实查禁。

(2) 一九四五年七月,内政部禁烟委员会,曾召集各地回地侨领,举行华侨禁烟问题座谈会,除由各地侨领报告当地华侨禁烟实况,研讨今后施禁办法外,并决定由内政部禁烟委员会筹设华侨禁烟设计委员会,延揽热心禁烟侨领充任委员,襄助规划推进各项有关事宜。该项设计委员会组织规程,规定各委员之任务为:(a) 出席本会会议;(b) 建议有关华侨禁烟办法;(c) 辅导驻在地华侨禁烟事宜;(d) 解答政府有关华侨禁烟之咨询事项。

(3) 肃清华侨禁烟办法系一九四〇年颁布,施行以来,因国际情势变迁,内容不能适应实际需要。爰根据历年施禁经验,参酌各方提供意见,详加修订补充,于一九四六年二月十一日公布施行。其要点系规定海外侨民禁烟工作,由领事馆督导侨民团体负责办理,而以宣传、施戒、救济、检举、制裁及推行社会教育与倡导正当娱乐,为施禁及改善侨民生活习惯之主要方法,并限定肃清工作,于两年内完成。兹录该项办法条文于次:

(1) 为贯彻断禁政策,彻底肃清华侨烟毒,特制定本办法。

(2) 海外各地华侨烟毒,统限于二年内彻底肃清。

(3) 肃清华侨烟毒,由驻外各领事馆负责督导办理之。

(4) 各领事馆应发动当地侨民团体组设华侨禁烟协会,推行华侨禁烟事宜,如领馆辖区辽阔,得视事实需要,酌设分会,其未设领事馆地方,由当地中华商会领导办理。

(5) 各地华侨禁烟协会或分会,应遵照第二条限期,并斟酌当地情形,商承领事馆,自订工作计划及分期进度,切实推进,如当地政府订有较短禁绝限期者,应于其所定限期内提前肃清。

(6) 办理肃清华侨烟毒,应普施宣传,劝导自戒。奖励检举并分别厘订办法,切实推行。

(7) 一般烟民施戒,得委托公私医院代办,但如当地烟民人数众多,华侨禁烟协会应自行筹设或联合有关方面共同筹设戒烟院所,普遍施戒,对贫苦烟民得酌予减免施戒费用,并为必要之救助。

(8)华侨运售烟毒者,应严加取缔,并辅导其改业。

(9)华侨吸用或运售烟毒,经劝诫不改者,应以团体力量施予名誉经济或职业方面之制裁。

(10)烟民经制裁仍不改悔者,由领事馆商请当地政府,严加惩处或押解回国治罪。

(11)办理肃清华侨烟毒,应同时推行社会教育,指导侨民改善生活习惯,并倡导正当娱乐。

(12)各地侨民团体应随时利用集会等各种机会,讲解中央禁烟政策,禁烟法令,国内禁政成绩及肃清华侨烟毒之重要性,尽量宣讲。

(13)各地侨民团体应于组织章则或其他规约内,列入共同拒毒条款及具体罚则,领事馆如查明侨民团体有共同违禁行为,应商请当地政府严加究办。

(14)各领事馆应随时将华侨禁毒协会或分会之工作计划与实施成绩及该领馆督导办理情形,呈报外交部转送内政部及侨务委员会查核,各侨民团体应随时将参加华侨禁烟协会实际办理情形及自行协办禁烟情形,呈报侨务委员会转送内政部及外交部查核,如有其他重要事项,并应专案具报。

(15)各领事馆办理肃清华侨烟毒所需经费,由内政部呈请行政院拨发,各侨民团体办理施戒救济等事所需经费,以就地劝募为原则,如有不敷得报请政府辅助之。

(16)内政部得组设华侨禁烟设计委员会,遴聘热心禁烟之侨领充任委员,襄助规划,并协办肃清华侨烟毒事宜,其组织规程另定之。

(17)内政部得呈经行政院核准,遣派专员前往华侨烟毒严重各地,视导办理肃清华侨烟毒,具有特殊成绩者,由内政部会同外交部或侨务委员会呈请行政院奖励之。

(18) 本办法自公布日起施行。

〔内政部禁烟委员会档案〕

18. 行政院秘书处关于辅导海外侨民经济事业条例草案函
(1948年4月16日)

行政院秘书处公函　(卅七)七外字第18048号
中华民国卅七年四月拾六日

　　侨务委员会本年四月六日呈：为拟具辅导海外侨民经济事业条例草案请鉴核转送审议。等情到院。奉院长谕：召集财政、外交、经济、农林、社会等部，资源及输出入管理委员会审查等因。兹定于本年四月廿三日下午三时在本院第二审查室开会审查。除分行外，相应抄送原呈一件，检送原呈草案一份，函达查照，指派代表届时出席为荷。此致
社会部
　　附抄送原呈一件，检送辅导海外侨民经济事业条例草案一份

秘书长　甘乃光

　　抄件

　　查战后侨民经济困苦万分，政府对于归国侨民与旅外侨胞之经济事业，均应分别予以扶植。本会前曾修正并拟订华侨回国兴办实业奖励办法及其附属法规，于本年二月十三日以经字第四一〇六六号呈送钧院核示在案。兹值行宪伊始，宪法内国民经济一节，有国家对于侨居国外之国民应扶助并保护其经济事业之发展之规定，故对于海外侨胞尤须制定法规切实辅导，使其经济事业由复兴而趋于繁荣，爰拟具辅导海外侨民经济事业条例草案一种，以与华侨回国兴办实业奖励法相辅而行，并配合宪政之实施，关于该条例内所订登记一章，因鉴于海外侨民经营各种事业从未举办登记，有

时制印表式饬由驻外领馆或侨团调查填报,往往旷日持久,一再催办,迄难得到良好结果。兹一并列入,俾于辅导之中,兼寓管理之旨,并藉以明了侨民经济之动态,便于规划与统计,是否可行,理合检同上项草案呈请鉴核,转送立院审议,并迄示遵。

辅导海外侨民经济事业条例草案
第一章 总 则

第一条 本条例为辅导海外侨民经济事业之发展,并增进居留地经济事业之繁荣制订之。

第二条 本条例所称经济事业包括下列各种:

一、公司;

二、行号;

三、工厂;

四、矿场;

五、农场;

六、林园;

七、渔业;

八、合作社。

第三条 凡营业虽不属于前条列举之范围,而依本条例呈准登记者亦视同经济事业。

第四条 本条例所称分支机构,谓其营业受本公司本厂场总店总社之管辖。

第五条 本条例所称酌予国营交通事业运输费之优待,包括国内外轮船运输在内,但交运之货品、原料以自制自用者为限。

第六条 本条例所列对外输出品经销权之特许事项,系指输出之货品行销一定之区域而言,其年限以不超过三年为限。

第七条 本条例所称贷款,其利率不得超过当地银行之利率。

第八条 本条例所列制品、输入原料、输出之特准事项,系指输出入贸易受政府管制而言,其制品及原料以自制自用,确非禁止进出口之货品为限。

第九条 凡参有外资之经济事业,不适用本条例。

第二章 登 记

第十条 凡海外侨民经营经济事业,除法令别有规定外,应依本条例呈由辖区本国领事馆核转侨务委员会登记。

第十一条 申请登记时,应拟具申请书,载明左列各款或检送附件,由主管人或代理人签名盖章。

一、名称;

二、业务所在地;

三、主管人姓名、年龄、籍贯、职业、住址;

四、设立时期;

五、营业执照号数;

六、所营事业;

七、资本总额;

八、组织内容及营业概况;

九、社章社员名册,理监事名册,实收社股。

前项申请书格式另定之。

本条例第九款适合于合作社之申请。

第十二条 在同一地区经营同样事业而以同样名称申请登记时,得由侨务委员会令其加记,以资区别。

第十三条 本条例第二条所列举之事业,设有分支机构,其分支机构所在地应依第十一条规定手续申请登记,但非有本机构已经登记之证明,不得为之。

第十四条 依本条例登记之事业,由侨务委员会发给登记证,其登记事项有变更时,应呈报更正。

第十五条 已登记之事业,如改组或转让或继承时,应依下列规定为再登记。

一、改组登记者,应叙明改组经过情形,并附送会议记录,改组后之组织内容及其他有关之证件。

二、转让登记者,应由让受双方申请并附送转让契约正本或抄本。

三、继承登记者,应备具证明继承之文件。

第十六条 前条之登记,应附缴原登记证,声请换发其事业名称,有变更时亦同。

第十七条 经登记之事业停止其营业者,应缴还登记证,声请撤销登记。

第十八条 本条例施行后,应于六个月内申请登记。

第十九条 未经核准登记之事业,不得享受本条例应得之权利。

第三章 扶 助

第二十条 合于下列各款规定之一者,得呈请扶助。

一、制造本国不易生产之民生必需品,以供应本国人民采用者;

二、使用国产原料,以制造成品,可增加对外之输出者;

三、经营重要对外贸易及国际交通事业,能推广国外市场者;

四、经营著有成绩之事业,因而特殊情形无力复业者;

五、经营本条例小规模之经济事业具有特殊困难者。

第二十一条 扶助方法如左:

一、酌予国营交通事业运输费之优待;

二、特许对外输出品之经销权;

三、参加国内投资,酌予优越股权;

四、指定国家银行核放贷款;

五、制品输入得特准发给许可证;

六、原料输出得特准不结售外汇;

七、颁发褒状奖章。

第二十二条　呈请扶助者,应按照规定之呈请书(格式另附)详载所列各事项,并附制品货样及厂场图样,但货样笨重不便寄递者可附缴照片。

公司、商号、合作社无生产设备者,可免送货样、厂场图样。

第二十三条　前条之呈请由侨务委员会按照左列标准审查之。

一、合于第二十条一至三款之事业,得择用或并用第二十一条各款之扶助;

二、合于第二十条第四第五两款之事业,得择用或并用第二十一条第四款至第七款之扶助。

第二十四条　经侨务委员会审核合格应予扶助者,除第二十一条第七款由侨务委员会颁发外,其余呈请行政院核准,交主管机关分别办理。

第二十五条　主管机关对于扶助案件之执行,认为有窒碍时,应送侨务委员会复审或呈院核示。

第二十六条　受本条例之扶助者,应于每年度终了后三个月内造具业务报告三份,详载一年来之营业实情,送侨务委员会核转主管机关备查,如逾期不报或有虚报情事,停止其扶助。

第二十七条　受扶助之事业,如亏折资本达总额三分之一,或其资产有不足抵偿所负债务时,应停止扶助。

第二十八条　受扶助者所报之事项,经发觉有不确实时,应撤销其扶助。

第四章　保　益

第二十九条　侨民在海外之经济事业受有损害时,应列举事由及受损害实情,报由侨务委员会查核,转请外交部交涉,其情节重大者转呈行政院核办。

第三十条　海外侨民所办之经济事业,受当地政府之不合理限制或歧视,亦得依前条规定办理。

第三十一条　海外侨民发生经济事业之争执时,应报请辖区本国领事馆调处。

第三十二条　海外侨民所办之经济事业,如愿移至本国境内办理,得将该事业原有之设备及生产效能详细列举,报请侨务委员会转商主管机关核准免税输入,其剩余之原料如取得证明,确系自用者亦可同样办理。

第三十三条　海外侨民所办之经济事业于结束后,将出售产物所得及积蓄之款项携带回国时,得取具辖区本国领事馆之证件,向侨务委员会申请,转商主管机关核发入口许可证。

第三十四条　海外侨民对于经营之事业,遇有技术上或管理上发生困难时,可将其困难各点详细叙明,呈请侨务委员会指导。

第三十五条　海外侨民对于国内经济事业及其有关之法令有所调查或考察时,得请侨务委员会查询或协助之。

第五章　附　则

第三十六条　本条例施行细则另订之。

第三十七条　本条例施行前经政府特准之事项仍属有效。

第三十八条　本条例自公布日施行。

〔社会部档案〕

19. 外交部关于战后对日华侨问题

(1948年5月)

战后华侨问题

(按:在此所论华侨问题,仅指应在讲和会议上提出者,其他如华侨本身之一切问题兹不论。)

一、护照问题

和约签订后,日本重复加入国际社会,按照国际惯例,两国人民来往均以护照为其凭证。今后为便于我国管理外侨起见,对于日本之来华似以有护照,且经我方签证者始允入境为宜,我方为便于管理华侨起见,似亦有此必要。我国现在日华侨为数约在三万以上,均系战前来日居留有年者,以前日本对于华人入境,原无限制,亦无需任何证明文件,此次签订和约似在该约或附款内规定:

（一）目下在日本居留之华侨,将来日本对入境华人施行护照办法时,其居留期间应不受任何影响,且今后若有其家族来日持有中国政府所发之护照者,亦应予以充分之便利。

（二）今后由中国来日经商之华侨及来日留学之学生或来日旅行之旅客,若持有中国政府之护照时,其入境及居留期间日政府应予以充分之便利。

（三）日政府对于华侨应尽其保护之责任。

二、侨童教育问题

我国在日侨童为数约八千人以上,分散于日本各城市,为使此辈侨童受国民教育起见,似有在各地设立侨校之必要。目下虽已成立多处,但仍不够敷用,今后势必增设。日本政府:

（一）对于侨校之设立应尽力予以协助。

（二）对于侨校之财产有保护之责任。

（三）对于教职员之聘请及图书之输入应予以充分便利。

（四）对于侨校之教育方针及其行政,日政府不得加以干涉。

（五）若非事先通知我驻日使领馆征询我方之意见,日政府不得搜查或封闭我侨校。

三、侨团问题

今后留日华侨团体,不论其性质如何,均应在领事馆登记,转报政府备案,否则,即予以解散,一旦经政府备案之侨团,即已取得其合法之地法。

（一）该领团在我领事馆之指导下,应具有集会、出版及发表言论自由。

（二）日政府对于侨团之内部行政及组织不得加以干涉。

（三）日政府对于侨团应尽保护之责任。

四、侨民职业问题

华侨在日经营商业常受与日本人不平等之待遇,日政府限制我侨胞营业之种类与范围。日同业工会则拒绝我侨胞之加入。故凡欲从事于生产事业者,则不能得到原料与机器;欲从事于输出入事业者,则不能得运输之工具。今后在日华侨为经营商业起见：

（一）应享有自由租用土地之权。

（二）除土地外,应有自由购置产业之权。

（三）应有自由选择职业之权。

（四）有加入一切商会或同业工会而享受一切平等待遇之权。

（五）有充分使用人力物力之权。

（六）有充分利用交通工具之权。

（七）有充分享受保护生命财产之权。

（八）若非有正当理由,事先通知当地我使领馆,不得任意搜查或封闭华侨商店、住宅及工厂等。

（九）华侨有在日人所经营之商店或公司投资之权。

（十）日政府对于华侨经商应予以充分之便利,不得加以任何压迫。

五、侨民汇款问题

和约签订后,交通恢复,侨民之汇款回国或汇往外国者,势必与日俱增,按照银行公定汇率,华侨申请汇款时,日政府不得加以限制与留难。

六、侨民纳税问题

日本为战败国,为支持联合国占领费及赔偿费起见,势必需要大宗款项,而生财之道,惟有增加国民负担,即增税之一途而已。但我国侨胞实无对此项占领费、赔偿费或类似之费负纳税之义务。故凡此类之课税,或为此而有之增加税,我侨胞均应予以免除。倘日政府在税则内并无明文将此种税率予以特别规定时，则我侨胞应由其纳税之总额项下减去相当之百分数。

七、土地所有权及各种产业之契约问题

战前台籍同胞在日本有购买土地之权，今后台籍同胞已重为中国人民，此种权利势必随之而丧失。前此其在日本所购得之土地，今后将如何处理，实属一大问题。又华侨与日人间关于产业之一切契约，在战后自应继续有效，以免华侨之财产有剧烈之转变。

（一）前此台籍华侨在日本所购得之土地，今后仍应享受其所有权。

（二）如不能享受该项所有权，则应取永贷之形式以代之。

（三）最低限度该项所有权以能继续至二十年或三十年为佳，期满后视当时之情形如何，或延长一期，或予以变买。

（四）华侨在战前与在战争中及战后与日人间所签订之一切契约或合同，如其期限未满时，自应继续有效，但经双方同意作废者，不在此限。

〔外交部档案〕

20. 输出入管理委员会关于侨资及国人在外资金投资国内生产事业申请输入办法公告
（1948年8月2日）

输出入管理委员会公告　第四十三号
民国卅七年八月二日

查侨资及国人在外资金投资国内生产事业申请输入办法及附表，经呈奉行政院三十七年七月廿四日六财字第三三七八四号令准公布施行。等因。特此公告。

侨资及国人在外资金投资国内生产事业申请输入办法及附表

第一条 本办法所称生产事业系指工矿、农林、渔牧、水利事业，公用事业，交通事业，农产加工，出口事业及手工业而言。

国人在外资金须经所在地存款银行证明确在三十七年六月卅日以前存入者为限。

第二条 侨资及国人在外资金移回国内创办新生产业或扩充现有生产事业，须具备左列条件：

（甲）其事业确为国内所需要或能增加输出者。

（乙）所办事业需要之主要原料半数以上能取给于国内者。

侨民原在国外经营之生产事业迁回本国办理者不受前项限制。

第三条 办理前条之事业申请输入须具备左列条件：

（甲）申请进口之生产器材，自输入许可证核发之日起，能于十八个月内起运者。

（乙）建厂时间自输入许可证核发之日起确能于二十四个月内完成者。

（丙）创办事业输入之器材，其价值不少于美金一万元或同值外币者。

第四条 创办或扩充现有生产事业申请输入，应先将创办或扩充事业计划与营业估计书呈送事业主管机关认可，再向输出入管理委员会申请核发输入许可证，并以左列物品为限：

（甲）必须进口之生产器材（进出口贸易办法附表一）确为申请人自用者。

（乙）前款器材必需之附件或装置，前款器材必需之物料。

（丙）所办事业需用之设备国内缺乏，确须向国外购置者。

（丁）所办事业必需进口之原料，确为申请人自用不超过生产所需六个月之用量者。

但为维持现有生产事业继续生产起见，申请人得以侨资或本人在国外存款向输出入管理委员会直接申请输入补充生产器材之配件及附件。

第五条　申请输入物品委托进口商代办者，应由进口商在申请书上副署。

第六条　创办或扩充事业，其工程进度及输入器材物料与原料之使用储存，应由申请人按月以书面报告事业主管机关及输出入管理委员会，必要时得由各该机关派员考核之。

第七条　依照本办法第四条申请输入之物品，如有转售图利情事，其申请人或代办之进口商受永久停配原料限额与永久不得申请输入任何物品之处分。

第八条　侨资创办或扩充事业为筹措必要之国币资金，经事业主管机关核准，得向输出入管理委员会申请输入政府指定范围以内之物资，其物资种类由输出入管理委员会按国内需要随时公布之。

第九条　前条许可输入之物资，得以下列两种方式之一处理之。

（甲）事前经输出入管理委员会核准，得由申请人直接售与需用该项物资之生产事业机构。

（乙）由申请人委托政府指定之机关代为出售，并将售得款项存储政府指定之银行，以备申请人按核定计划之阶段支用之。

第十条　前条侨资所有人之侨民身份，应由侨居地使领馆书面证明，并经侨务委员会复核认可。

第十一条　本办法自公布日施行。

〔输出输入管理委员会档案〕

21. 古巴华侨概要

(1948年9月16日)

古巴位于墨西哥湾，为西印度群岛最大岛国。华侨涉足是邦始于一八六四年(即清代同治三年)，其时太平军失败，余党亡命海外，往古甚众，以福建、广东、广西人为最多。据夏湾拿总领事馆调查所得，现有华侨叁万余人，以广东之台山及中山人为最多。

该国禁止移民，华侨入境仅可由古移民局及我领事馆设法购买黑市护照，但为数极少。因黑市护照价格由三百五十美元至四百五十美元不等，再加香港、古巴领事签证贿款，动辄六七百美元(其中二百五十元为古巴移民官员所得，其余二三百元入中国人之手，当然中国领事馆也分肥)，连旅费千余元，共达二千美金。华侨能负担此笔巨款者，为数极微。故今日古巴华侨，均属老年经营店业，无人替代，估计如十年内不交涉移民，准许新客入境，则古巴华经济事业，乏人继承，无形中将全部拱手奉还古巴人。

古巴华侨职业虽不受限制，但经济则甚困乏，大多为小商人、工人、农人、工商业，以洗衣、什货、生果、餐馆为主，小旅馆间亦有之，但为数甚少，此外大多为摆摊小贩，每日入息不过三数元，工人每月收入最高不到一百元，最低只十数元，生活实不容易。

侨校仅有中华学校一所，无分中小学，学生仅数十人，经费由中华会馆筹捐，甚为困难，师资亦极缺乏。土生子女教育问题，甚为严重，盖一般海外华侨子弟，大多不谙中国文字，中国文化更少有人了解；而古巴华侨子女，中国语言半句不通，中国思想全无。故有时竟至倡行排华运动，不承认自己为中国人，而冒认为古巴人。其排华观念之发生，基于华侨本身教育不够，出国后无法进修及学习。其次则为中国人节俭，不轻易以金钱供其子女花用，汇款回国招致不满，故如何设立完备侨校，改变土生子女观念，为今日古巴华侨教育问题急切工作。

中国银行在古巴分行,虽已开设数年,业务不特毫无发展,且有日趋萎靡腐化之势。盖一则侨汇,多由外国银行汇往香港,汇兑业务几等于零;二则存储业务因办理欠善,亦多以外国银行为主;三则放款限制较外行为严,利息较外行为最,华侨多趋向外行。该行业务既属不振,其扶助华侨经济之作用可以想见。

领馆人员唯利是图,对于侨胞出入口,不闻不问,倘有事故,有利则办,无利则不理,积弊甚深,外交当局应切实注意改善(据上海东南日报本年七月廿一日所载哈瓦拿华侨现状一文末称:去年在哈瓦拿出席国际贸易会议首席代表金公使竟有吞没公款达二万余美元之巨者,事实俱在,人物两证俱全之大案件,该地华文报纸曾有详尽报导)。

古巴华侨之希望:

一、交涉移民,使华侨产业不致绝灭。

二、华侨经济应切实扶植中国银行在古巴分行,应撤销或改组免费公寓。

三、侨校应充实,贯〔灌〕输中国文化,改变土生子女观念。

四、使领馆人员与华侨接触甚少且歧视华侨,故驻外使领馆人员应于相当期间内,内外互调,以免日久为非。

五、该地应设侨务专员,负责办理侨务,人选以熟识党务侨情者为合格。

〔立法院档案〕

22. 吴慎机关于巴达维亚侨务调查概要函
(1948年11月9日)

径启者:案准本年八月五日贵会宪立侨字第九一号公函:略以需要侨务立法资料,附侨务调查概要,祈查复等由到社。当据所知,将一切答案另纸填明,相应检同该答案一份,函复查照,聊当苕荛

之献而已。此致

立法院侨务委员会

附侨务调查答案一份

巴达维亚天声日报社社长

吴慎机

中华民国三十七年十一月九日

侨务调查概要

（一）地区及人数：

一、地区名称：巴达维亚。

二、侨胞人数：壹拾捌万人。

三、侨胞原籍：多为广东省梅县人，其次为福建省南安人。

四、每年移民状况：额数不定，须向申请批准后始能入境。

（二）关于管理者：

一、使领馆人员常与侨胞接触为解决侨胞困难否：常与侨胞接触为解决侨胞困难。

二、侨胞出入口使领馆人员是否尽力协助：尽力协助。

三、侨胞希望政府急办何事：戡平叛乱，稳定金融，改善民生，保护国内侨产，实力护侨，领事馆切实为侨民服务，侨务委员会加强工作效能与速率。

四、回国侨胞在国内有何困难：侨产时被土劣伪造契据或非法买卖，地方不靖使侨胞难在家乡立脚。

（三）关于经济者：

一、侨胞主要职业及侨胞经济概况：侨胞多数业商，其次为工业。经济状况原来甚佳，战后印尼独立运动影响殊大，复以各大都市出入口受荷印政府控制，侨胞几乎不能插足，经济状况每况愈下。

二、每年汇款总数，如何汇法，有何限制：每年汇款总数无法调查,战地当地政府统制外汇,每年只供给侨胞外汇壹次作为国内侨眷生活费用,其数甚微。本年每人只分配生活汇款壹百零三盾,故侨胞汇款均由民信局以黑市汇出。

三、侨胞职业有何限制:外侨无权购置田地,工商业尚无限制,文化界较受注意,官吏则须熟悉荷兰语文者始可担任。

四、侨胞希望投资祖国否、有何困难:侨胞竭诚希望投资祖国,惟以国内时局不安定,难免存观望态度,对于投资祖国者,政府应切实予以扶助与保障,始不致感觉困难。目前因官价外汇不能取得,以黑市价汇款投资亏蚀几达四五倍,大量投资恐难办到。

(四)关于教育者:

一、中等侨校若干,学生若干;小学若干,学生若干:巴城中等侨校五所,学生二一九八名。小学侨校三十四所,学生二三五九名。

二、侨校经费如何筹措、有何困难:侨校经费端赖学生学费、学校维持人月捐、特捐及侨胞各种热心捐。

三、侨校教师程度如何、是否缺乏:侨校教师程度参差不齐,尤以小学教师为然。目前甚多反动分子渗入侨校,中等学生多沾染反动思想。

四、侨校受何限制:战前规定侨校不得向祖国政府立案,战后较宽,曾经总领馆通告多次,各校仍不向祖国政府立案。至在侨校任教员者,仍须向当地政府依手续办理登记。

〔立法院档案〕

（二）侨务工作报告

1. 暹罗中华总商会会务报告书
（1946年1—10月）

暹罗中华总商会会务报告书
——自卅五年一月至十月

本会创办于四十年前，其时中暹邦交尚未建立，当地政府暨各方人士，咸以本会为华侨最高领导机关。赖我侨商界前辈，继往开来，发扬光大，故会员年有增加，会务日趋发达，而地位亦日益崇高。依最近统计，会员人数共达八千六百余单位，不特曼谷各大商店，均踊跃参加，即内地各府各县侨商，亦莫不纷请加入。故稳然为暹罗华侨最高机关，备承当地政府与各国人士的重视，是皆历届会长主席暨执监委员努力会务，热心公益，有以致之也。

依照本会惯例，每届董事，任期两年，本届执监委员，适为第廿届。本年一月接任，适值我国代表团莅暹与暹政府订立邦交。本会即协助代表团工作，代表三百余万侨胞意见，以供代表团采纳者极多，博得各方赞许。就职至今，虽仅十月，但无时不竭思尽智，藉求增光国族，造福国侨。兹略举十月来所举办之会务经过，公告于后，以供察核。

〈一〉代中暹混合保安委员会宪警队偿清债务拾余万铢

本届接任伊始，即逢中暹混合保安委员会宪警队办理结束，按该队成立于去年十月初，是时适和平降临后之三月，暹罗、曼谷治安堪虞，该队乃由中暹两方混合组成，专以保护侨胞安全，经费则赖各方赞助。至本年一月间该队奉暹政府命令结束，但亏欠各方款项十余万铢，一时未能清还，当由本会代筹款项偿清。

〈二〉结束战时一切救济事宜

当战争期间，本会曾在曼谷挽武通区设立难民区，准备于盟机空袭曼谷时收容难民，并暗中准备供盟国降落伞部队下降之用，同是，并组织京谷两府救护队，救护空袭时受伤侨胞。当时历经辛苦，成绩卓著。日寇投降后由本会拿出巨款，用作奖励津贴各队队员等项而将之结束。盟军始空袭曼谷时，本会建设防空壕多所，供侨胞避难。和平后此项建筑，亟须拆除，本会当即雇下工人，耗资甚巨，完成是项工作。

〈三〉欢送代表团回国及欢送暹代表团赴华

李团长铁铮带同代表团于三月一日乘专机返国。同是暹罗代表团，亦一同赴华还谷。本会以中暹订立邦交为中暹历史上初创，意义重大。爰于二月廿八日在本会大草地举行盛大欢送会。是日莅会中暹高级长官及同人共千余人云。

〈四〉协助国大代表回国出席

自国民政府遴定周日东、陈景川、冯尔和、廖公圃为暹罗区代表后，本会为协助各代表得集思广益以期出席大会时，对国计民生得有贡献起见，乃召集各侨团机关，举行座谈会，请求提供意见或建议书，并交各代表编成提议案并分头逐一协助，以促其成。

〈五〉拨款协助俘工返国

当日敌进侵我国时，于各沦陷区强征壮丁来暹缅各地，为其筑路。此辈同胞历尽困苦，受尽虐待，死亡极众。和平后，其生存者纷纷逃来曼谷，但衣食住皆无着，当由本会与六邑会馆联合设所收容。至本年五月间，该辈被俘工人，亟望返国，当由本会议决每人发给衣服费三百铢，船费三百铢，其他五十铢。共二百二十四人，每人六百五十铢，共拨付十四万六千五百铢，俾国币二千二百余万元。并派总干事罗汗于俘工上船时致慰问词，复派刊华辉先生赴香港、广州，请当局协助。同时行文国内各机关于彼辈抵岸时，妥为帮同安置。

〈六〉发给商证便利侨民

中暹虽订立邦交,但大使及领事等尚未莅暹,而侨胞往还香港、南洋各地,苦于无法领取护照,殊感不便。当由本会得各外交使团之承认,代发商证,为我侨证明身份,效用与护照同。侨胞无不方便。

〈七〉协助陈锡良司长组效募米粮委员会

粮食部派陈司长来暹,帮助效募米粮回国救荒,本会对祖国灾情,万分关切,尽全力参加救荒会,向侨胞劝募米粮外,本会执监委并参加陈司长所组织之暹罗华侨救济祖国效募米粮委员会,该会即设于本会三楼,由本会代为办理一切,并提倡起见,由本会代主席张兰臣先生自动捐献白米五百包,财政陈振敬先生捐献白米四百包。

〈八〉恢复中华中学

本会所主办之中华中学,于七年前遭暹政府排华而被迫停办,经日敌占据后,一切俱遭毁坏,仅存空校舍而已。和平后侨教迫需恢复,本会以中华中学为暹罗华侨最高学府复校,尤刻不容缓,爰于六月初由执委会议决聘请卢蔚民君为校长,筹款百万铢,以作复校经费,定八月一日开学。连日由代主席张兰臣及常委陈振敬、陈镛将、义美厚诸先生,分头筹备款项,积极进行,为侨教一佳音。

〈九〉介绍中英美工厂公司直接与我侨商贸易

过去暹罗外货,英美方面,多数由英美工厂公司,委托其代理者承销,再由该代理人转销与我侨民经营之公司行号,而甚少发生直接贸易关系,无形中使我侨民蒙一层扣佣之损失。本会有鉴及此,当即分函美英各厂商介绍与我侨商直接贸易,引起英美厂商极良好反响。三数月来,各地来函接洽介绍贸易者,日有数起云。

〈十〉恭迎暹皇御驾出游并莅本会会所观晏

中暹邦交订立后友好日臻。暹王圣驾于五月廿四日由官务处通知本会,拟定六月三日出游我侨商业区三聘街,沿街步行,并往参观我侨主办之天华医院。(院董事长为张兰臣氏)并莅本会参观。

本会以此事为廿余年来创举,当由本会既六厝会馆组成恭迎筹委会,由本会任主席,在三聘街布置欢迎之,于本会举行热烈观晏,是日三聘街万人空巷,夹道欢迎。

暹皇偕皇弟既暹方政要莅本会会所,由本会执监委及六厝代表恭迎,并驾幸我侨所主办之报,德善堂及该堂附设之华侨医院。(董事长为陈振敬氏)中暹充满融洽、愉快空气,于邦交亲善,贡献殊大。

〈十一〉向暹政府请求通融侨教

本会前因各华校自被封停办后,悠悠数载,值此抗战胜利、和平实现,各华校虽先后恢复开办,有如雨后春笋,然对办理注册立案手续又务于暹政府之教育条例,尚未修改,对于开校问题,困难重重。抑李大使尚未来暹履新,尤觉进行匪易,本会有见及此,且以事关挽救失学子弟,即于六月十八日,由本会前主席冯尔和既陈镛锵、张兰臣、陈振敬、蚁美厚各常委及执委许春裘外务秘书□乌隆并教育界同人代表卢蔚民等,联同进竭暹教育部长,请求在李大使尚未来暹履新之前,对于华校复校,予以通融办理。当蒙答称:在中暹友好原则下自当竭力协助,以副所请。至华校开校,如有困难情形,定必审情通融,决不留难等圆满答复,本会乃将进行经过情形,分别去函各复校委员会及各华校知照,既登诸报端,通告周知。

〈十二〉代我侨证明在汕产业并协助汕市政府登记侨产既请汕市政府及汕侨务局对侨产予以切实保护。

查我侨侨居此间以潮汕人士为最多,平时胝足胼手,辛勤俭积,故在汕多置□产业。惟在抗战期间,该项产业大半被敌伪凭藉势力,强行占租霸居,及非法强买,业权保障,消灭无除。迨抗战胜利,汕市政府,鉴于上项情形,亟应划分业权,乃函请本会协助调查登记,本会以事关侨益,义不容辞,乃即登报通告我侨知照办理,并负责登记后,妥寄汕府备案。复函请汕市政府侨务局对于侨产请求予以切实保护,以慰侨望。至各被占产业而来会报告之同侨,才会亦逐一代函证明，务使完璧归赵，珠还合浦，用正业权而慰侨托，此举对于我侨，诚有莫大之贡献也。

〈十三〉权宜代侨商证明携带关金国币返汕以作侨汇并呈请广东省政府侨务委员会代呈国民政府予以通融办理

自暹政府于五月宣布统制外汇后，我侨侨汇，欲汇无从。各侨商纷纷以所存国币关金为名，呈请政府批准出口，以作侨汇，当蒙批准予以通融。但又苦于我国政府对国币关金入口限制甚严，请求本会，予以援助。本会乃权时制宜，对各请求之商号，经审查属实为侨汇者，逐一代函汕头潮海关代为证明，请求通融入口，以解侨眷之倒悬，而慰侨望。计代证明者共六起，共计国币九千一百万元既关金壹佰万元，全部安然获过。嗣更分呈广东省政府及侨务委员会，请求代呈国民政府，对暹侨以国币关金随汇入口者，不受限制，庶侨批早达，稍生民困。复分函请汕市政府侨务局予以响应，据情就近代呈，俾早日通融，迅赴争动。相信国民政府对于此项请求，当能俯体下情，予以通融也。

〈十四〉改选林伯歧先生为本会主席

本会主席原为冯尔和先生，六月底冯氏忽以年老多病，未堪繁剧为□，迭致函辞，本会以挽留无效。惟有尊重意旨，准其辞退，嗣后几经会议讨论之下，一致通过选由林执行委员伯歧补任，而林氏虽年届耳顺之龄，但精神矍铄，当仁不让，并不以困难见弃，当席答允，毅然就任。使本会会务，不致中途停顿，□胜庆幸与告慰。尤以林氏老成练达，办事认真，早为各界侨社人士所深悉，自就任后，并在执监委员一心一德，贯彻协助措施之下，再接再厉，秉一贯以服务社团与同胞之精神为大前提，牺牲小我，完成大我，为本会所肩负之责，继续干去。意图报答国家民族与侨社重托。故视事以后会誉愈益彰著，会务发达，可预期也。

〈十五〉邀请各侨团组织欢迎李大使来暹履新大会

自国府明令委派李铁铮先生为驻暹首任大使后，本会即邀请各侨团举行首次会议讨论迎使问题当一致议决由本会负责措理一切。乃联合各界组织"旅暹华侨各界联合欢迎李大使履新大会",本会获选为主席团主席。于是在各理事协助之下,大会工作,顺利进行。而对于欢迎事宜,尤觉隆重,诸如登记献赠物品等事项,亦在酌情处理中,获得圆满之效果。

〈十六〉调解资方发生之纠纷

查曼谷人力车工人以生活程度日高,要求资方减低车租,而资方亦以零件高贵,收支不抵,未能接受该项原则。人力车工人等乃一律停拉,并函请本会代为调解。本会接案之后,乃不辞艰辛,代为奔走调停,以求圆满解决,时经一星期,数度谈判决裂,而本会主席林伯歧,绝不灰心,仍努力继续代为调解,最后终获劳资两方在互让互谅之原则下,听由本会以折衷办法秉公解决。谈判卒获成功。

〈十七〉协助荣誉军人及复员人员返国

前逗留本京之荣誉军人,为数一百一十一人。本会以该队长官员长征万里,辗转□域,劳苦功高,颇深景仰。为尽地主之情起见,乃腾出本会后面之全部屋宇,让其居住。嗣后该队奉政府明令荣归祖国,复我英雄本色。缅念前勋,乃每人馈赠暹币一百铢,共一万一千一百铢,以作慰劳之用。至其他复员人员络驿而至者,本会以谊属同胞,无不□予赞襄或馈赠慰劳金或介绍船位,俾使渠等能早返祖国,总计受本会资助返国者□□,为数共达三百二十五人云。

〈十八〉扩充中华中学校舍及增加收容学子额位

本会既实行恢复开办中华中学,并决定于八月一日上课后,乃一面鸣工庀材,大兴土木,刷新校舍,改修课室,计前后举行标投六次,共用款计暹币二十余万铢,一面又开始招生报名。至名额原额定四百位,孰料通告一出,莘莘学子,纷踏〔杳〕而至,求过于供,大有望门兴叹之感。本会有见及此,以学校被封数载,于兹当此推进侨教之秋,亟应尽量收容,免失所望,乃由执委会议决通过扩充校舍,并将招生名额由四百位增加为七百位,及订定优待优秀贫穷学子免费或半费就读办法,以期培植人材。故该校在本会努力进行及各界人士赞襄之下,得如期开学,实感无限之兴奋。惟查该校经常费除一切收入外,本会每月应津贴四万铢左右方能维持。故本会主席林伯歧既陈镛锵、张兰臣、陈振敬、蚁美厚等常委既执监委等,正竭力进行大举效捐,预募巨款,俾未雨绸缪,巩固学校经济基础,惟兹事体大,仍有待于全侨之协助也。

〈十九〉举行追悼陈前主席大会

本会陈前主席守明,历任本会四届主席,悠悠八载。在职期间,对会务之推进,不遗余力,尤以目前屹立湄江之中华中学光华堂等巍峨建筑物,溯本追源,非陈氏之任怨任劳,高呼策导,竭能臻此。且以其本人非但对本会有如此重大之贡献,卓著功勋,至对于服务侨社间与乎参赞祖国行政,尤多建树,厥功至伟。抑□民被委为我国驻暹商务委员时,努力国民外交,促进中暹亲善,其功更不可没。乃不幸于客秋抗战胜利欢腾薄海之际,逐遭戕害,早沉南国,侨失砥柱,□两面影响甚大,可胜浩叹!何期时光如驶,日月如梭,春霜秋露,转瞬经年。□念前勋,易胜哀悼!本会乃于八月十一日在光华堂内举行追悼大会并分别函请侨团暨各界人士参加公祭,以资隆重追悼,用彰伟勋,公诸侨社,以慰天灵。当举行之日,秋风飒飒,草木失色,而素车白马,络绎不绝,中外人士,踊跃参加,庄严肃穆,备极荣哀。本会并将陈氏服务侨社经过,编成特辑,刊印数千本,分赠各方,藉留纪念。又代呈请国民政府,明令旌扬,以励来兹。此在本会之崇功报德,亦□报陈氏过去服务侨社之热忱而已。

〈二十〉协助被押于移民局之旅客

祖国抗战,虽告胜利,而粮荒严重,随之而至。故来暹旅客,日益繁增,间多挺〔铤〕而走险,冒昧前来,既乏亲朋戚友,又复人地生疏,故有陈伟等一行十七人,无人担保,被押于移民局内,不获自由,情殊可悯。本会获此讯〔信〕息后,乃函请旅业同业公会对陈伟等全部担保出外,并介绍工作,造福侨胞,一举两得。而旅业同业公会,亦当仁不让,见义勇为,于是陈伟等既重获自由,又免徬徨道左。抑对今后之来客,更为称便。

〈二十一〉推进会务成立内地分会

我侨旅居此间号称三百余万,其在曼谷经营工商业者固甚多,而散布内地谋生者亦复不少。□因缺乏联络,形同散沙;丁兹抗战胜利之秋,亟应加紧进行联络,以得直接通达,俾为国为侨为商为工,当能迅赴事功,早收宏效。本会乃议□十日建立内地分会,并分别函请各内地侨贤,负责召集当地明达之士,共商进行各地同业,获悉后如响斯应,纷纷成立内地分会。对今后侨务及工商业之推进,当有更圆满之效果也。

〈二十二〉欢晏大使馆官员及暹政府各院部长官

本会以大使馆官员莅任伊始,除领导各侨团学校举行盛大欢迎外,复在本会馆设宴欢迎,为大使之全体官员洗尘。更以暹罗新任国务院长銮贪隆氏及全体阁僚,对于中暹亲善,提倡不遗余力,为表示亲善合作起见,特在本会设宴祝贺,并请我李大使卓武官作陪。席间銮贪隆国务院长、李大使及本会主席林伯歧氏,对于中暹亲善合作之精义,阐发极为详尽,本会亦藉此而略尽国民外交之微劳云。

〈二十三〉召开中暹亲善座谈会

新任暹罗警察总监拍披庄氏以中暹两国人民,唯有亲善合作始能共存共荣。□以本会为全暹侨团最高机关,足以代表三百余万侨胞意见,爰请本会召集各侨团代表,于十月十九日在本会光华堂举行"中暹亲善座谈会",出席者计有中暹长官既各侨团代表四百余人。在本会主席林伯歧氏领导主持下,对消弭中暹纠纷□强中暹谅解,造成和谐空气,达成两族亲善等论题,均曾展开亲热之讨论,两族官民之论调俱已达成一致。座谈既在和谐中进行而获得圆满结束,今后两族间之亲善合作,自更可期矣。

上所举列者为荦荦大端而已。其他如十月六日召集暹华各界联合纪念周及国民月会,以及许明、发、振泰丰正基泰兴裕、许裕合、马金峰、永顺泰等号在逼携返回国而用以作侨汇之关金一万二千六百一十万元,在汕被海关扣留,函请本会援助;与乎汕市逼同业公会请求代呼请财政部豁免再缴纳结构外汇等案,本会无不竭力以赴,分别代函呼援。至在此间回国服务而获复员之侨胞,证件失落者,本会亦逐一代为证明,以利归途。综此观之,本会所措施之事项,无不竭尽绵薄,服务侨社,以秉素志。然此后实业迁国,发展我侨商务等工作之推进,业胫经纬,百废待举,在李大使领导之下及侨社间所需协助进行者,本会力之所及,当必竭力协助,以促其成。于此十月来工作告一段落之秋,谨布区区,伏希垂察,并希南针时赐,以匡不逮,使本会会务得按轨直趋,日臻光明,尤所祈祷者也。

本会第廿届执监委员名单:

执行委员

常委兼主席:林伯歧　常委兼秘书:陈镛锵　常委兼财政:陈振敬　常委:张兰臣　蚁美厚　执委:梁辉山　熊均灵　许春裘　余作舟　萧介珊　伍伯林　苏振寿　卢秋川　曾秀臣　谢毅庵

监察委员

常务兼审计:云竹亭　审计:陈家海

监委:周祐湛　梁任信　张杰陵　许仲宜　陈绎如

〔侨务机构档案〕

2. 侨务委员会七至十二月份工作月报呈

(1946年8月—1947年1月)

(1) 呈之一(1946年8月20日)

侨务委员会呈　侨秘文字第二三二七二号
　　　　　　　中华民国三十五年八月二十日

案奉钧院三十五年七月十八日节京柒字第六一一九号训令：饬自本年七月份起，按月照规定限期编具报告送院，以凭汇办。等因。奉此。自应遵办。兹经遵照编定本会七月份工作月报，理合备文呈请鉴核。谨呈

行政院

附呈侨务委员会七月份工作月报乙份

侨务委员会委员长陈树人

侨务委员会七月份工作月报

侨务

一、改组华侨教育总会筹备委员会：为适应海外侨居地环境，以便实施侨教政令起见，特以民众团体方式组织华侨教育总会，海外各地酌设分会以资运用。现该会人事及法规在订定中。

二、修订驻外领事馆办理侨民教育，与教育部联系办法。

三、代海军军官学校招考华侨学生二十五名。

四、召开海外侨校教材供应问题座谈会：南洋侨校恢复伊始，教材奇缺，爰于七月二十五日在沪邀请各书局举行座谈会，计到会者：有商务、中华、世界、正中、大东、开明、文通、独立、儿童文化服务社及七联供应处等十一家座谈，结果各出版家认为图书出口须先解决外汇困难，刻正向有关机关洽商中。

五、拟具海外侨民肃奸办法：参照国民参政会四届二次大会建议，请明令规定海外侨民肃奸办法乙案，拟具处理方法，与司法行政部商洽中。

六、改进荷印华侨汇款办法。

七、继续办理南京归侨出国复员登记。

八、核定侨民以前典当不动产回赎办法，准其于太平洋战争结束后二十四个月内回赎，逾期无效。

(2) 呈之二 （10月1日）

侨务委员会呈　　侨秘文字第二四四七五号
中华民国三十五年十月一日

案奉钧院三十五年九月廿三日节京柒字第一三三九号训令：饬速送本年八月份简明工作月报。等因。自应遵办。兹经遵照编定本会八月工作月报，理合备文呈请鉴核。谨呈

行政院

计呈侨务委员会八月份月报乙份

　　　　　　　　　　侨务委员会委员长陈树人

侨务委员会八月份简明工作月报

侨务

一、设法改进侨汇：查荷印及马来亚居留地政府对于华侨汇款回国均有限制。该两地侨民纷电请求改善放宽限制。现拟循外交途径提向当地政府交涉，并饬中国、交通两银行改善汇兑手续，以便侨民。

二、救济居留安达曼群岛及暹罗侨民：日寇南侵时，居留马来亚一部分华侨被迫前往暹缅边境及印度安达曼群岛作苦工。胜利后，该侨等仍羁留该地，生活困难。现据该侨代表许英等及驻槟城领事李梗能电请救济，经商准善后救济总署转陈联总设法救济，并遣送回马来亚原侨居地。

三、继续办理归侨复员登记：归侨复员登记至八月份止，共计五二七六九人。

四、修订驻外使馆办理侨民教育行政规则。

五、筹组侨生奖学金委员会：侨务委员会派定侨民教育处处长周尚兼任该委员会主任委员，并征求教育部同意筹备进行工作。

六、筹设侨民教育函授学校：该校简章业经核准，兹派定陈粤

人为筹备主任,积极进行。

(3) 呈之三 (10月16日)

侨务委员会呈
侨秘文字第二四九六六号
中华民国三十五年十月十六日
兹经编就本会九月份工作简报,理合备文呈请鉴核。谨呈
行政院
计呈九月份工作简报一份

侨务委员会委员长陈树人

侨务委员会九月份工作简报

侨务

一、褒奖义侨:暹罗侨领陈守明、蚁光炎经商海外有功国家,战时惨遭亲敌分子狙击逝世,经由侨务主管机关列举事迹,递呈国民政府明令褒扬。

二、宣慰荷印侨民:战后荷印以民族独立运动,政局混乱,华侨遭受损害巨大,由有关部会会同派员前往宣慰并调查损失。

三、办理归侨复员护照:归侨复员重返原居留地仍须申请签发护照,经由侨委会洽同外交部派员至汕头、厦门等地就地签发,并减轻收费,以利归侨复员。并派员分赴昆筑渝三地发放南侨机工奖金。

四、继续交涉归侨复员入境问题:归侨复返原居留地马来亚等处居留,政府仍加限制,现正继续交涉简化入境手续。

五、公布"驻外使领馆办理侨民教育行政规则"并废止"领事兼办侨民教育行政规则"。

六、计划加强南洋华侨宣传及文化工作。

七、调查归侨文化事业团体概况及归国侨生人数。

八、继续办理海外侨校立案:计核准侨校立案者:中学三所,

小学五所;备案者:中学五所,小学六所。

  (4)呈之四 (12月30日)

侨务委员会呈　　**侨秘文字第二七二三一号**
　　　　　　　　　中华民国三十五年十二月卅日

　　查本会十一月份工作简报业经编就,理合备文检同该简报送请鉴核。谨呈
行政院
　　计呈本会三十五年十一月份工作简报一份
　　　　　　　　　　　　　侨务委员会委员长陈树人

  侨务委员会三十五年十一月份工作简报

侨务:

  一、举行华侨经济座谈会,出席者为国民大会侨民代表及全国商联会华侨代表与有关机关代表等一百余人。

  二、调查战后海外侨团组织及人事变更。

  三、继续办理归侨返原居留地遣送工作。

  四、继续办理华侨机工遣送工作。

  五、归侨复员登记已告段落,计登记合格者六八四六三人,证件遗失者七四六二人。

  六、协同有关机关商讨应付法越冲突华侨被害问题。

  七、华侨教育总会筹委会筹备成立。

  八、侨民教育函授学校开始招生。

  九、调查海外侨校聘请教师统筹供应。

  (5)呈之五(1947年1月23日)

侨务委员会呈　　**侨秘文字第二七六九三号**
　　　　　　　　　中华民国三十六年一月廿三日

查本会三十五年十二月份工作简报业经编就，理合备文呈请鉴核。谨呈
行政院
计呈附本会三十五年十二月份工作简报乙份

        侨务委员会委员长陈树人

  侨务委员会三十五年十二月份工作简报

侨务：

（一）关于旅居越南华侨遭受法越冲突之危害及损失问题商洽外交部，提出护侨方案。

（二）办理缅甸及荷属文登惨案之难侨救济。

（三）筹划改进荷印侨民汇款。

（四）筹划南洋侨团组训方案。

（五）核发侨教临时补助费，并赠发侨校教科书。

（六）协助归国升学侨生入大学先修班肄业。

（七）实施简化侨校立案手续。

（八）侨民教育函授学校三十五年十二月一日成立。

（九）调查各地侨报。

（十）调查暹罗侨教情况，并筹划应付暹政府对侨教之方案。

〔行政院档案〕

3. 侨务委员会为会商救济及遣送海外贫侨办法致行政院会计处函呈

（1946年11月）

  （1）侨务委员会函（11月1日）

侨务委员会公函 侨移第25082号
      中华民国三十五年十一月一日

查世界大战虽告结束,而海外各地侨民已损失不堪,有失业无依应遣送回国者,有在外流落亟待救济者,以及返国后之救济尚有应拨之救济费迁延至今尚未能奉准照拨者,此皆目前亟应解决之问题。兹订十一月五日(星期二)下午二时半邀请各有关机关在国府车站本会内开会商讨办法,相应检送讨论事项呈请查照,指派高级负责人员准时出席为荷。 此致
行政院会计处会计长
附讨论事项一份

委员长陈树人

讨论事项
海外各地候遣回国之贫侨人数
一、前于一月间准何总司令电,以由日归国华工已返国者有二五九〇人,未返国者五七四九人。复准外交部九月十七日东 35 第〇七六〇二号公函:据驻日代表团侨务处八月廿三日电称:自去年八月起至本年三月底止,各省侨民返国者二四三一七人,已先后运抵塘沽、青岛、广东、上海等处,台侨二一二八人往基隆,现各省侨民拟返国者一六人,台侨一五四七人,拟交涉船只运送。

二、准外交部五月九日欧 35 第〇〇二五〇号公函:准驻德军事代表团桂团长永清四月十一日电:以留德学生一百人,侨民四百人,因德国粮食减少,恳分函教育部、侨委会提请核发救济费救济回国,并请准由本国统一办理。等语。又准欧 35 第〇四八二号代电:以据桂团长七月廿九日电称:旅德学生工商及眷属共一八四人,经美军当局指定美船 Marin Rohin 遣送,惟船票应由我政府担任。该船定八月七日东航,乞电复。等语。当以时间太迫,遂函复外交部转电桂团长先行垫发船费,一面造具名册,附加预算,以凭请政院拨款归垫。

三、准外交部八月十六日欧 35 第〇五六四〇号代电:据驻占

美加直属支部呈请政府设法运载贫苦老侨回国。等语。此案因未列明人数，已电复请外交部即行调查人数及详情见复。

四、准联合勤务总司令部九月六日公函：据国防部第二厅驻越南连〔联〕络参谋何景同艳电称：越南中央监狱有我国流亡官兵及无业华侨三百人待处置。

五、准外交部九月廿六日欧35第〇八三八八号代电：据驻欧洲各馆先后电复留欧华侨待遣回国者：计比利时四五人，捷克一一人，瑞士十三人，葡萄牙二八人，荷兰六〇人，巴黎三〇二人，共四五九人。按此案已于十月八日函复行政院秘书处。

六、准外交部十月十七日欧35第一〇〇〇六号公函：准善后救济总署代电复称："接联总复函，以非联总主持之遣送不能负担费用，且联总在南洋未设机构未派人员，亦无经费，故不能负担此项遣送事宜，故南洋华侨今后救济遣送所应采之步骤及费用如何负担等问题，似须通盘筹划请召集各有关机关筹商办法等由。

此案同时曾准行总十月廿三日济恤京字第一五五九九号代电：以经转商联总，旋准复函以在南洋荷印等处并未设立机构亦无人员及经费可资应用，不愿负担救济或遣送之责，故建议由外交部及侨委会召集有关机关会商办法。等语。此为本日开会之原因。

七、准外交部九月第〇七三二三号公函：据驻巴达维亚总领馆代电称：准驻荷印联军总部八月十七日函知关于遣送中国难侨之办法，略以在爪苏两岛之中国难侨约可分为三类，第二类之难侨不应享受免费遣送之待遇，惟彼等并无力自付船票，此批难侨之遣送费用未知中国政府准备全部或一部分负担。等语。电请示遵。等情。抄同原函，函请查照。等由。按此案已转函行总请与联总洽商。

八、据驻巴达维亚总领事馆五月十四日电称：爪哇难侨四百人，苏岛难侨九百人候款遣送回国一案，即请行总核办。旋准行总七月一日济恤京第一二一七三号函复，并抄送致外交部代电稿：略以爪哇难侨约四百人遣送船费须美金一万九千二百元，苏岛华工约九百人需船费美金约四万三千二百元,共六万二千四百元,已商请联总汇款。

九、准外交部十月二日欧35第〇八八五六号代电:据驻西贡领事电称:日寇掠来作苦工华人六百余人,每人至香港船票须越币三百元,惟联总及法方均不负担遣人数,除海员八十三人日内拟搭法轮赴沪外,尚有五八四人须越币十七万五千二百元,连同其他必要费,共须越币二十万元,恳向有关机关从速筹款遣送。等语。此案曾函商行总核办。

十、准外交部七月九日欧35第〇三五一〇号代电:据驻里斯本总领事馆呈称:旅萄华侨周朝齐等廿八人请求救济并资遣回国需船费美金壹万一千二百元,请核办。等语。

海外各地待救济之侨民人数

一、准海外部七月十七日京海三第一〇〇〇三号代电:据驻印度总支部电称:印度安达曼群岛有马来亚难侨二百二十人,于三十一年被日寇运往该岛强迫苦役,请转善后总署拨款救济及运送该侨返马。等语。经代电行总核办。

二、准外交部八月二日欧35第〇四七五六号代电:据驻槟榔屿领馆电称:日寇前占北马迁移我侨三千余人至威省胶园种植,和平后园主迫令我侨八月卅一日以前完全迁出,英方虽准我侨迁移新地耕种,惟在此期间生活无着,请设法救济。等语。

又七月卅一日欧35第〇四五四四号代电:据驻槟榔屿领事馆电称:日寇南侵,华侨被迫转遣工作者甚多,现由遣回槟络绎不绝,流离无归,请予救济。等语。

以上二案均并案呈请行政院拨款救济。续据驻槟榔屿领事馆十月十四日呈报,登记贫侨人数第一次共一一一二人,第二次共九九人。

三、准外交部九月十四日欧35第〇七四三三号代电:据驻巴达维亚总领事馆电称:文登难侨数逾五十家园尽毁,渴望救济等语。此案已函请行总转商联总切实救济。

四、准外交部十月十四日欧 35 第〇九八一五号代电：据驻吉隆坡领事许孟雄电称：巴眼亚比一带之难侨约二千余人已撤在马来亚巴生港附近，处境甚惨，急待救济。等语。经转呈行政院先拨美金二万元，以资救济，尚未奉批示。复准欧 35 第一〇一四四号代电：第一〇五一六号代电：以续据许领事电称：供给粮食与巴眼亚比及逃往马来亚各港口之难侨甚感困难，望政府迅采有效措施。等语。

五、准外交部十月廿三日欧 35 第一〇三六三号代电：据驻吉隆坡及槟榔屿两领馆先后呈送难侨登记表两批，计吉隆坡三八〇人，槟榔屿九九人，检送原表请迅予拨款救济并设法遣送回国。等语。

关于行总议复行政院交办之中央秘书处函转驻港澳总支部请急赈澳门侨胞一案，经函请粮食部拨相当粮食派员办理救济，并函复政院秘书处。

救济海外侨民悬案未拨之救济费数目

一、关于救济留印哈萨克人三百余人，由印政府自去年五月至本年二月垫拨救济费七万五千八百二十七盾案，送经外交部及驻加总领馆催请拨还，尚未奉拨，最近曾奉行政院指定查明，此款是我国之委托经据实呈复在案。

二、准驻义大使馆九月一日第三十一号电：以留义因战事失业之侨民约四五〇人在那波里收容所候船遣送，历时六月，在此期内所有零用医药什费等均由使馆垫发，请将核准救济费美金三万六千元从速汇拨。等语。按此案已与外交部会呈政院拨发，尚未蒙批示。

三、准驻瑞典公使馆八月十日函催前准救济由德禁所救出之华侨杨昇波、费纳亭二人美金五百元一案，查该款连同救济潘安、许宝珍等美金一千五百元，共美金二千元，因央行业务局未准外汇，由去年十二月延缓至今，现已呈请行政院饬财政部照发，并转饬央行结汇，尚未奉批示。

补充讨论事项：

一、善后救济总署十月二十六日济恤京字第九五一七八号宥代电略开：准函以海外各地难侨海员急待救济与遣送返国嘱转商联总迅予分别办理。各等由。准此。经本署先后转商联总去后，旋迭准联总复函：以各该地区或因无机构，或因无经费不能负担此项遣送责任。各等语。经本署转达贵会各在案。查联总既不肯负责，而海外难侨生活穷困，其望救济，或遣送返国，自属殷切。前经建议贵会与外交部召集有关机关，如行政院、社会部、海外部暨本署（必要时请联总列席）会商筹集经费暨救济遣送等办法，函请查照，尚未见复。兹准前由，相应再请贵会迅予查照前函召集各有关机关会商办法，俾海外难侨早获救济，或遣送回国。等由。

二、奉行政院十月二十五日节京玖字第一六八二号训令开：关于我国应否参加国际难民机构一案，迭据外交部呈请核示到院。经于本年十月二十二日提出，本院第七六四次会议决议："不必参加，另由外交部、侨务委员会、善后救济总署拟具遣送侨民办法呈院核定。除分行外，合行令仰该会迅即会同外交部及善后救济总署妥拟办法呈核。此令。等因。

（2）但文签呈（11月6日）

本案奉派出席，遵经按时前往，计到外交部、社会部、海外部、善后救济总署及本院代表共十二人，因案情复杂，经分为：（一）各使馆及印政府代垫难侨救济费用，是否应即拨还归垫；（2）各地难侨应如何紧急救济；（三）难侨遣送回国后，应如何善后；（四）我国应否参加国际难民机构等四点讨论。各代表报告签以联合国善后救济总署工作范围，仅办理因受战事影响而流离失所之侨民，并限于设有机构之地区，否则概不负责，各地候遣侨民所需各项用费，亦不负责。各使馆及印政府垫款，即系上项救济费用，实有速予结汇归垫必要。南洋、荷印等处，联总均未设立机构，亦无人员及经费，不负救济及遣送之责，滞留难侨，苦不堪言，国体攸关，亟待设

法救济。至国际难民机构,虽奉院令不必参加,但权衡利害,实以参加为宜,似应请再予考虑。讨论结果,经分别决定办法如次:

(一)凡已垫各款,联总不负责任者,由外交部、行总及侨委会会衔呈院即予拨还归垫。

(二)由侨委会查明急需救济难侨人数,专案呈院核拨紧急救济专款,并加强侨贷。

(三)难侨遣送回国后,救济善后事宜由社会部会同行总负责办理。

(四)参加国际难民机构案由行总查明实际情形呈院再核。
以上各点,敬请鉴核。

但文谨呈　卅五,十一,六

〔行政院档案〕

4. 国民大会侨务委员会政绩报告
(1946年)

国民大会侨务委员会政绩报告

第一节　侨务委员会及所属机关之成立

侨务委员会之成立系在二十一年四月十六日,以移殖保育为施政方针。历年来,本此方针以谋侨胞事业之发展,并次第增设各口岸侨务局及各省侨务处计,二十三年十二月设立上海、厦门侨务局,二十六年增设广州、汕头、江门、海口侨务局,旋为便利指导广东各口岸侨务局起见,将广州侨务局改为广东侨务处。二十六年底止上海沦陷,上海侨务局停止工作,胜利后于三十五年二月恢复,并扩大为上海侨务处。二十八年海口侨务局因战事迁移河口,改名河口侨务局,后移昆明,改称昆明侨务局。太平洋战争发生,南洋陷敌,各地侨胞取道滇境内迁颇众,为适应需要于三十一年复扩大为云南侨务处,至海口原局于三十五年二月于原地恢复工作。三十年十一月为加强福建侨务,增设福建侨务处。此外为发展侨务及培养侨教师资促进侨教起见,中间曾设立侨民教育师资训练班,侨民教育函授学校,侨民教育教材编辑室,华侨青年社,华侨通讯社,回国升学华侨学生接待所,华侨教育总会筹备委员会及侨务问题研究室,南洋研究所,侨乐村,回国侨民事业辅导委员会及所属各地归侨临时招待所与指导员战后侨务筹划委员会与各地复员登记站。其中若干机构或以抗战期中经费拮据而告裁并,如南洋研究所,回国升学华侨学生招待所,侨民教育教材编辑室,侨民教育函授学校及侨民教育师资训练班等。或以任务完毕而告结束,如回国侨民事业辅导委员会及其所属机关是也。

第二节　侨民管理

一、护侨工作

甲、战前之护侨(此阶段自侨务委员会成立迄卢沟桥事变起均属之),海外各地排华风潮时起,经交涉改善者计有:(一)墨西哥排华案件;(二)瓜地马拉限制华侨案;(三)洪都拉斯移民法案;(四)尼加拉瓜移民律案;(五)萨尔瓦多、哥斯达黎加、加拿大、纽丝伦、南非联邦等移民法案等,均可取消限制华侨入口或废止专对华侨颁布之律令。

乙、战时之护侨(自卢沟桥事变以迄抗战胜利时属之),抗战军兴华侨处境更感困难,不利于华侨事件继续发生,如:(一)二十八年泰国受日人挑拨,取缔中国国民党党部、停止华侨学校、封闭华侨报馆、逮捕爱国分子,并拘留广东华侨两银行经理、没收法币、禁止汇出捐款等案;(二)二十九年敌人侵入越南侨民受胁案;(三)三十年巴拿马排华案;(四)秘鲁禁止华侨入境案;(五)非洲法属罅里央法国征及华侨服役案;(六)澳洲政府禁止华货入口案;(七)关于旅纽华侨接眷入境案;(八)美国举办外侨注册案;(九)越南南圻发生暴动焚毁华侨商店案;(十)孟买中国海员居留问题案;(十一)改善加拿大华侨待遇案等,均经交涉改善。至于归国侨民之保护亦经分别办理,如:(一)订定归侨于二年内免服兵役办法;(二)停收归侨缓役证书费;(三)取缔勒派归侨及侨眷公债捐款;(四)侨民典当不动产,截至太平洋战事发生之日止,尚未满期者,准于战后二十四个月内以原典价回赎等。又关于战区所及,南洋各地侨民在战火来临时之自卫加以指导,向各居留地政府建议组织华侨义勇队,共同防范敌人之侵入,故菲律宾、荷印及北婆罗洲等地有防空救护等工作队之组织。

丙、战后之护侨,战后海外仍有排华事件发生,其重大者:如三十四年九月暹京排华惨案,华侨死伤甚多,损失在千万暹币以上,纷派代表归国请求保护交涉,经侨务委员会、外交部、海外部合组暹罗访问团实地调查,并促进邦交,商订中暹条约作根本之解决,暹罗政府并组织访问团来华报聘。

二、侨团管理与指导

厘定管理原则六项:(一)指导组织;(二)督促备案;(三)纠正错误;(四)统一意志;(五)整齐步骤;(六)指导战时捐款救国。第一步着手侨团之调查,制就侨团调查表,令分令查报其海外报纸刊物,凡登载侨团动态者,亦为搜集登记编辑成本,于民国二十四年出版侨团调查专集,于备案方面,则订有海外侨民团体备案规程及职员会员名册式样以为侨团办理备案之依据。截至最近止,经核备案之侨团计四百四十九单位。此就平时管理侨团而言。

抗战发生后,遵照中央制定之纲要,加强海外救国团体组织,颁紧急时期海外侨民团体整理办法及海外侨民团体整理实施办法、海外侨民团体备案标准章程。数年来,指导海外我国海员组织团体,计有中华海员利物浦分会及利物浦海员俱乐部、孟买海员俱乐部、加尔各答海员俱乐部等,并对有功之海员发给奖章,以资鼓励。此外分区派员实地指导编辑侨团指导书、发刊侨团通讯,沟通消息,加强联系,均为当日改进侨民运动必要工作。

三、侨民经济

甲、沟通侨民汇款　抗战发生后敌人在海外谋攫我侨民资金，为对付此项阴谋，于二十七年委托巴达维亚大公银行、棉兰中华商业银行、安南西贡东亚银行、暹罗广东省银行吸收侨汇，一面由中央、中国两银行联络广东省银行、福建省银行邮政汇业局闽粤批业局组成经汇金融网，在美洲方面指定纽约中国银行与旧金山广东银行为经收机关，以便华侨汇款。二十九年厦门、汕头、海口为敌封锁，对我侨汇冀图控制，复将其阴谋通令海外侨民防范。欧战发生，英荷两属地颁布战时国防金融律例，限制华侨汇款及携带银钱出口，几经交涉获得合理解决（以上系三十年以前办理侨汇情形）。至太平洋战事爆发，南洋侨汇中断，美、澳、印、菲各地侨汇遭受阻碍，又经设法改善：（一）在改善支付及供应筹码部分：1.由中央银行在昆明交付国币贰千万元，垫付侨民汇款，以充实头寸；2.预付邮政储业局周转金国币五百万元，以便随时兑给侨民汇款。（二）在沟通侨汇部分：1.由中国银行国外行处办理受款人登记密码，凡侨民托汇款项即由国外行应用登记之密码致电国内行照解，俾汇款迅速并减少汇款人电报费之负担，结果在纽约方面登记之密码已近十万户，伦敦方面约六七千户，澳洲方面亦有三千户。2.中国银行在广东各侨眷众多之地设分支行或付款处。3.解付沦陷区侨汇，至是四邑侨汇困难问题已大部分解决；其次为解决收兑侨民汇票及展长侨汇领款退回期限。侨民汇款前多集中香港付款。该地沦陷后，侨眷持有汇票，无法兑换，复以交通关系，未能如期领款，又被行局退回，影响侨眷重大，亦经为谋改善：（一）收兑侨民汇票方面，先由中央银行垫付国币半数；（二）侨民汇款领款退回期限方面，一律展长一年。此外尚有改善者，如：（一）檀香山侨汇可由当地银行汇解，纽约中国银行转托国内邮局付款；（二）旅印侨民回中国自由区，准将银行帐改为中国帐户与向来在中国人民帐户一律待遇，其汇济家用者，更得从宽办理，并得携带价值三千卢比之饰物回国；（三）侨资转移在金镑区域可免限制；（四）侨民持有香港中行存单，有侨务机关证明并觅保，得向内地各分支行按存款八折押款；（五）侨民持有海外沦陷区各行局记各储蓄券，已到期者，可申请侨务机关或觅其妥保向国内各行局保证领兑，未到期者，亦得照章抵押应用；（六）与纽丝兰准备银行洽商华侨汇款回国养家，每人准由十二镑十先令增至十八至十五镑十五先令，交涉增加千里达侨民每人汇额至一百四十镑；（七）洽准侨民汇款接济上海、昆山各地侨眷生活办法五项，及后湘桂战事失利，闽粤侨汇更加困难，几告中断，所幸不久胜利来临，始得有关机关协助积极疏解积压侨款。

乙、提高侨汇汇率　战时侨胞汇款回国赡家，原为每美元折合国币二十元，中经一度改为四十元，自三十四年七月十六日起改为每美元折国币五百元结付。至前此积存未解之侨汇，亦经一律照每美元以五百元国币结付。

丙、鼓励侨民回国投资　侨民回国投资之奖励，在平时依据"华侨回国兴办实业奖励法"及"特种工业奖励法"办理，及后又订有指导保护减免税捐与予以运输上便利等各种办法，于二十三年核准施行。卢沟桥战事发生后，又经重新规划，例如：（一）二十九年泰越局势紧张，侨民返国日众，为安置归侨从事生产，订有"指导归侨垦殖滇南暂行办法"；（二）编印实业介绍初稿续编二卷，分发海内外侨胞，使明了各种实业概况，选择投资；（三）通令所属鼓励华侨投资，并洽商地方政府予以保护；（四）颁订定非常时期华侨投资国内经济事业奖励办法，规定华侨汇款回国投资实业保障办法；（五）设立旅越回国侨民投资指导及工作介绍所；（六）订定奖励华侨投资营林办法等，予侨民以实际便利及保障。

丁、辅导回国侨民　民国三十年南洋战事日急，制定"紧急时期护侨指导纲要"，谋所以保护侨民，并依照该项纲要第三条之规定，成立回国侨民事业辅导委员会，办理扶助指导回国侨民事业之经营及发展与救济事宜，于是年三月一日开始办公，复在各省交通要道先后设立打洛、龙州、东兴三个归侨村,招收归侨入村辟荒垦殖,并分设漳州、遂溪、东兴、畹町、龙州、水东、汕尾七个回国侨民临时接待所及昆明、贵阳、柳州、岳圩、南宁、钦县、芦苞、金城、江泷岩、惠州十个归侨指导员,就近办理接待归侨及救济工作。总计自三十年三月起计,至三十三年底止,由该辅委会直接辅导归侨及救济侨生二千九百一十七人,由该辅委员所属机构辅导照料或救济者一十三万九千六百一十五人,共为一十四万二千五百三十二人。又为战事指导介绍归侨职业便利起见,复于三十年七月间举办回国侨民登记,凡侨居海外三年以上,于二十六年七月以后回国而有证明者,均予登记,以资辅导。又三十三年十二月间为响应全国知识青年志愿从军,发起华侨青年从军运动,结果华侨青年报名参加知识青年军者一百五十九名(内女青年十一名)、远征军二十二名、海军四十名、空军十七名、随军译员九名,共二百四十七名,均经指导奖助,按各发给奖助金,指导入营用资鼓励。此外,辅导归侨投资兴业与介绍归侨就业,或遣送回籍,均为经常工作。现因战事终结,任务完成,已将该辅委会及其附属机关结束。

戊、指导战时侨民捐款 二十六年抗战伊始,为鼓励侨民捐输救国,先后印发"为全面抗战告侨胞书"、"非常时期一、二、三次通告"等,以提高抗战情绪。二十六年并由侨务委员会委员长陈树人暨各委员亲赴海外发动劝募并印发"收转侨胞捐款征信录",以昭大信。

第三节 侨民教育

一、侨民教育行政 二十二年四月间制定"侨民教育实施纲要",确定侨教方针,同时制定各种法规,如"指导侨生回国升学规程"、"侨民中小学规程"、"侨民中小学校董会组织规程"、"侨民学校立案规程"、"华侨国语文补习班组织简章"、"补助侨民学校办法"等。二十九年复有推进侨民教育方案之订定,依据此方案,先后订立"侨民中学以上学校切实推行导师制办法"、"国立侨民师范学校设置办法"、"侨民职业补习班规程"、"补助侨民肄业侨居地职业办法"、"侨民民众学校规程"、"设置侨民教育视导专员计划"、"港澳侨民学校立案暂行标准"、"考选清贫优秀华侨学生回国升学规程"、"侨民教育设计委员会组织规程"、"华侨教育总会筹备委员会组织简章"、"华侨教育会规程"等,俾有依据,以谋侨民教育之发展。

太平洋战事发生,则办理侨校员生救济与奖励侨校内迁等事宜,并继续订定"处理战时侨教要点"、"立案侨教及由国内迁设港澳之学校内迁处理办法"、"救济海外侨校员生及在国内就学侨生办法大纲"、"战时国内华侨学生救济办法"等规章。胜利后侨民教育有重新规划之必要,并拟订"战后侨民教育实施方案",修正领事兼办侨民教育行政规则,加强领事职权,更建立督导制度,添设侨民教育视导专员,派赴菲律宾、缅甸、马来亚等地,除赴马来亚者,因签照发生困难未能出国外,其余均照原定计划到达指定地区从事视导工作。太平洋战事发生后,驻港专员移澳办公,驻缅甸专员于该地失陷改派印度工作,驻菲律宾者因该地陷敌失却联络。三十年并派员赴马来亚、菲律宾、澳洲、缅甸、香港等地视察。三十一年度又派员赴桂粤闽三省视察各国立华侨中学、国立侨民师范学校及侨生收容救济事宜。三十三年又曾派员前往黔桂粤三省视察侨教,并指示教导方针,协商救济侨生等事宜。另先后派员赴国立华侨一中,国立第二华侨中学作周详之考察,以解决侨生实际困难。此外,并设辅助机构,如南洋研究所,侨民教育设计委员会,侨民教育总会筹备委员会,侨民教育教材编辑室,从事编辑侨民学校课本教学法及补充读物、南洋文物之研究等工作。三十四年五月六全大会决议,海外侨民教育归由侨务委员会主管,迄三十五年二月十九日行政院第七三四次院会复决议遵照六全大会决议案办理,侨教复员工作即可积极开展。

二、推进各级侨教

甲、督饬各校立案并补助经费　侨民学校多属私立性质,依章应向祖国政府办理立案手续,计自民国二十三年侨教立案规程颁布后,至二十八年止,三千余所侨校中申请立案经核准者仅有四百三十二校,复经一再劝告并分发立案指导书指导立案手续后,其数字续有增加,计二十九年核准立案者六十一校,三十年九十五校,旋因战事侨校停办或失去联络,三十一年仅二十三校,三十二年仅四校,三十三年仅三校,连前合计共达六百十八校,占全数侨校三千三百八十五所之百分之一八.二六八。三十四年元月份另有雅晖大学设立纽约分校申请立案,是为华侨大学备案之先声。凡经立案之侨校,其经费确有困难者,每年就侨民教育补助费项下酌予补助,计受补助者二十六年、二十七年各一五四校,二十八年一二三校,二十九年一二八校,三十年一六二校,三十一年五二校,三十二年四七校,三十三年五十七校,三十四年四十校。

乙、筹设各地新校与增加侨生班额　于海外方面,自二十九年起,分别资助澳洲、缅甸、马来亚、印度等地创设侨民小学各一所,三十三年于印度加尔各答倡设华侨中学一所;于国内方面二十九年在云南保山设立国立第一华侨中学后,因战事移设贵州清镇,追湘桂战事发生则暂时归并于华侨第二中学,三十年在四川江津设立国立第二华侨中学,及在福建长汀设立国立第一侨民师范,广东乐昌设国立第二侨民师范学校,三十一年在广东设立第三华侨中学。此外,更就国内各级学校增设侨生班额,计在国立复旦大学增设侨生先修班二班,国立中山大学、广西大学、广东省立文理学院各增设先修班一班。

丙、补助内迁侨校与侨办学校　南洋沦陷,各级侨校多被摧残,侨校员生纷纷返国,为使该员生等继续就学就业,分期在国内设校收容,并分别拨发费用,在粤、桂、闽、滇等处复校迄三十三年度止,内迁复校者达二十七所,尚有福建省侨办学校因侨汇中断维持不易,三十三年经由侨委会拨发补助费交闽教厅统筹办理。另有昆明恩光、侨光两小学亦予补助,以示鼓励。

丁、培养侨教师资　二十三年秋举办侨民教育师资训练班,二十四年夏第一期毕业后改由国立暨南大学接办,二十六年三月举办短期侨校教职员讲习会,二十八年筹设侨民教育函授学校,二十九年七月正式开课,共有学员一千二百五十人,分布马来亚、婆罗洲、缅甸、印度、香港、荷印、暹罗、越南、菲律宾、帝汶、澳门、北美、檀香山、非洲等地。二十九年冬恢复侨民教育师资训练班第二期学员三十七人,三十年夏毕业分遣海外服务。三十年秋续办第三期,三十一年因太平洋战起停办。三十年夏在香港举办侨校教师暑期讲习会,计学员二百四十人。三十三年起为准备侨校复员需要,制定侨校教师及文化工作人员登记办法登记备用,三十四年夏与教育部合办侨教师资讲习会一期,学员八十余人。

戊、提倡职业教育与民众教育　二十八年订定"侨民职业补习班规程"及"侨民民众学校规程",分令海外各领馆、侨团、侨校举办。二十九年复编印"怎样办理华侨民众学校"一书,以资指导,并指定地点先办示范班,给费补助设立职业补习班二十五班,民众学校一百班。

己、编订侨校课程与教材　二十四年成立南洋小学教科书编辑委员会,开始工作,三十年改为侨民教育教材编辑室,截止〔至〕三十一年三月止,小学课本及教学法已经辑成就十分之九,本拟付印发行,嗣因战事影响,遂告中止,现复员在即,行将继续办理。

庚、鼓励侨生回国升学　二十八年在渝设立招待所,供给回国侨生升学临时食宿。对于清贫学生给予公费待遇,太平洋战起并发给奖学金,以资鼓励。

三、救济回国员生

太平洋战事发生,南洋、香港侨校员生纷纷回国,原在国内肄业侨生,亦以接济中断,生活发生恐慌,核准紧急救济费二百万元,后增至四百万元。三十二年发一千万元,分配侨校补助侨生教职员救济等。三十三年追加五百九十九万元,计招待住宿膳食及棉衣之分发等,共用三百零八万三千三百三十七元,特种教育金,计九千四百十一元,合国币四百三十六万零一百元,医药补助费十四万八千四百八十元,旅费补助一百十九万八千五百一十元,临时救济费六十八万七千八百元,另寒衣补助共三百七十四名。

此外并救济回国侨校教职员抚恤死亡教育等。

四、推进海外侨民文化事业

为推进侨民文化事业,先后制定"华侨阅书报社组织规程"、"华侨发行新闻纸杂志声请登记办法"、"推进海外戏剧运动办法"及"侨民文化事业奖状规程"等。对于海外侨民文化社团,除予各种指导外,并捐赠书籍或给予补助金或授予奖状,以资鼓励。统计阅书报社一七七所,二十九年编印"办理华侨阅书报社手册",内附华侨阅书报社组织规程及备案规程、申请补助费及书籍办法令发,海外各地商会及书报社以为改进之参考。至于赠发书籍,二十八年共六十二种,受赠书报社五十五所;三十年赠发八十一种,受惠者七十所。

此外,加强海外宣传,设立华侨通讯社,每周发稿二次,并举行海外播音,计分抗建广播、业务广播、慰劳广播、通信广播等四种,俾海外侨胞明了国内情势,并鼓励抗战,传递侨眷消息。出版现代华侨月刊,侨民教育季刊、华侨青年月刊等定期刊物,编征华侨抗战文艺二十三编及侨民读物二种,以促进侨民对国事之认识与提高文化水准。

第四节 救侨工作

救侨事项,分为国内与国外二方面,其对象包括:(一)海外侨民;(二)归国侨民及原在国内之侨眷;(三)在海外失业员生与在国内断绝接济之侨生。其办法如次:(一)在沦陷区或战事迫近地区之侨民设法助其脱险,或迁移安全地带;(二)因战时失业,自愿回国,在交通未断绝时,设法辅导或资助回国;(三)滞留海外失业侨民设法救济等，依此原则办理。在海外方面，其获得救济或资遣回国而较为显著者，计有：（一）旅日华侨撤退，共二万二千七百六十二名；（二）逗留比荷两国青田小贩，资送回国二百余人；（三）留德避难回国华侨三十七人；（四）接济旅义被拘华侨四十二人；（五）协助旅德义华侨回国二百七十五人，学生一七八人。至于在国内方面，其显著者，计有：（一）救济新加坡因救济罢工归国者一八七人；（二）二十八年救济贫侨由厦门进口者二四九人及旅暹被逐归侨二四三五人；（三）救济腾冲难侨约二千人；（四）收容昆明失业归侨计五百人；（五）此外，由回国侨民事业辅导委员会救济者已如上述。

第五节　侨务复员

侨务复员问题，早于三十一年五月即开始筹划制定战后侨务筹划办法。三十二年三月组设战后侨务复员筹划会议。三十三年五月将该会议扩大为战后侨务筹划委员会，经数年之筹划，拟定各种复员方案，复于三十四年五月间订定侨务复员工作计划暨事别计划。对于复员之必要措施计分十项：（一）战事结束，侨民迁回原地，事先与办理国妥为洽商，请予便利；（二）穷苦侨民无力生活者，应由政府或发动当地富裕侨民予以普遍救济，并根据盟国之善后救济设施取得协助；（三）华侨产业被敌人非法侵占者，由政府交涉发还，恢复战前状态。至于产权之非法转移，请侨民居留国政府认为无效；（四）战争中侨民财产所受损害，如各居留国政府向敌人要求赔偿时，对我国侨民应将其损害商请并入全部损害计算，要求赔偿；（五）侨民彼此间因战事而引起之产权纠纷，由当地之使领馆会同侨团设法调解处理，以避免在国外涉讼及争斗；（六）由政府派员联络侨民有声望者，普遍推行侨民复业复产运动，并协助侨民解除复业复产中所发生之一切障碍；（七）指定中国、交通两银行广设海外分支行，建立金融中心，联络各地之地方银行、华侨银行等金融机关，以低利贷款援助侨民经营工矿农商各业；（八）

战争中侨民之教育、文化、慈善机关遭受损失者,由政府扶助侨民于复员期间次第迅予恢复,同时清理其因有产权藉复旧规;(九)由海外迁回国境之侨民学校,由政府酌予经费上之补助及交通上之便利,尽可能迁回原地继续办理;(十)根据平等互惠原则,与各国订立有关侨民之新约,对于教育文化事业特别注意。至于事别计划部分,亦拟有:(一)遣送归侨计划,及(二)华侨救济计划现已实施者:

甲、归侨总登记 此项登记系作复员之准备。自太平洋战事发生后,以及战前二年归国而不能返回原居留地者,统在登记之列,由侨委会及所属闽、粤、滇各侨务处局分区办理统计,人数为一八三、二八五人。其履行登记者,为数仍复不少。

乙、侨民出国复员登记 三十四年十一月开始举行侨民出国复员登记,分重庆、贵阳、昆明、柳州、畹町各区及闽粤各侨务处局所在地积极办理,计重庆已登记三四〇三人,贵阳第一批已登记二六八九人,第二批仍在续办,昆明第一批登记三五三三人,预算该区当在五千人以上,其他各地正在办理中,而大部分尚在闽粤。至于出国川资与沿途膳宿费,已商准善后救济总署担任,正在预备交通工具分别遣送,并另核定补助出国旅费美金二百元或缅币伍百盾以资补助。

丙、拨款协助侨民复业 南洋各居留地陷敌四载,胜利后侨民经济事业多遭破坏,损失巨大,政府自应予以协助,使早日复业,以利生产,经核定美金五千万元,分配各侨居地,并指定中国、交通二银行办理。其详细办法另订之。

丁、侨教复员 三十五年制定复员计划,胜利后复订定实施办法,分:(一)国外战区侨校之复员;(二)内迁侨校之复员;(三)广州湾及外迁侨校之复员;(四)国立华侨中学与侨民师范学校之复员;(五)回国升学侨生之复员;(六)侨教人员之复员;(七)华侨教育会之复员等。其已表现事实有:(一)挪移侨教补助费及华侨救济费一部作为南洋收复各地侨教复员紧急措施费用；(二)派员视察各该地侨校现状；(三)太平洋战前派往南洋各地任教之师训班学员，查明情况补发薪俸，其有不屈殉难者并予褒恤；(四)通告回国升学侨生，依照原拟计划复员，其侨居地已通汇兑者，即停止各项救济；(五)三十五年二月复派员前往港澳主持该区侨教复员；(六)为办理侨教复员，发表告海外各地领事馆及侨民学校书；(七)编印侨校补充教材，以应侨校复员需要；(八)指导组织历届侨教师资训练班同学会等。

第六节 侨务研究工作

侨委会三十一年设置侨务问题研究室，搜集有关资料加以研讨。其范围：(1)关于各国侨民法令之研究；(2)关于侨民经济文化教育等事业之研究；(3)关于侨民团体及其他社会生活之研究；(4)关于侨民移殖历史之研究；(5)关于侨务实况之研究。进行以来，计三十一年草成专题研究报告十二册，另编成越南地名辞汇及暹罗地名辞汇二册。三十二年草成专题研究报告十七册，缅甸地名辞汇及马来亚地名辞汇各乙册。三十三年草成专题研究报告十五册，侨务年鉴一部(原稿七册)以前所成各书正与书局洽商出版。其书名如次：

《越南自然环境》、《越南经济概况》、《过去之中越关系》、《中法间关于越南条约之研究》、《越南华侨》、《日本侵越与暹越纠纷》、《暹罗地理研究报告》、《暹罗经济研究报告》、《暹罗排华真相》、《砂胜越王国及旅砂华侨》、《菲律宾华侨》、《南洋民用航空网》、《法华对照越南地名辞汇》、《英华对照暹罗地名辞汇》。

以上三十一年度完成。

《澳洲概况》、《澳洲华侨》、《美国概况》、《美国华侨》、《缅甸之地理与人口》、《缅甸之历史与文化》、《缅甸之政治与经济》、《缅甸华侨》、《锡兰与旅锡华侨》、《南洋华侨》、《南洋米产》、《暹罗金融概况》、《暹罗最近财政状况之研究》、《太平洋战事前日本对南洋之投资》、《日寇统治下之菲律宾》、《日本政府对中南美侨民之设施》、《战后外交资料关于侨务问题研究报告》、《华英对照马来亚地名辞汇》、《英华对照缅甸地名辞汇》。

以上三十二年度完成。

《中南贸易研究》(上)、《中南贸易研究》(下)、《马来亚华侨经济研究》、《菲岛华侨经济研究》、《南洋之石油》、《越南泰国之碾米业》、《菲岛产业及菲政府实业计划》、《南洋矿产资源要览》、《战后南洋华侨发展问题》、《印度与锡兰华侨》、《各国待遇华侨律例》、《中南半岛三国论》(泰国篇)、《世界移民问题》、《保护侨民问题》、《古巴与旅古华侨》、《侨务年鉴》、《侨务行政组织》、《侨民之移殖》、《各国待遇华侨苛例》、《华侨社团》、《华侨人口》、《华侨教育》、《华侨经济》。

第七节 其他

国民大会在外侨民代表选举事务办理之经过：

一、选举机构之立

民国二十五年五月间,国民政府定期召开国民大会,规定本会委员长兼任在外侨民代表选举总监督。总监督之下,设在外侨民代表选举事务所,置总干事一人,组长三人,干事、事务员、书记若干人。又在外侨民代表选举事务依法分二十四个区域办理,每区置选举监督一人,由驻在各该地使领兼任,其未设置使领馆之区域,则由当地商会主席或重要侨团负责人兼任。各选举监督之下,设在外侨民代表选举事务分所,每所置总干事一人,干事、书记若干人,并得分股办事,每股置股长一人,由干事兼任。各级机构组织完备,便进行下列之工作。

二、代表名额

在外侨民代表名额照选举法第三十二条规定为四十名,最近新增二名,共为四十二名。

三、选举法规之补订与办法之变通

在外侨民代表之选举当系依照选举法办理原无例外,惟查选举法第二条规定:国民大会代表之产生,分区域选举、职业选举、特种选举及国民政府指定四种。在外侨民代表属于特种选举范围,但同时又规定在外侨民应出之代表,其候选人之推选比照职业选举之规定。复选时比照区域选举之规定。似此则又非纯属特种选举范围。其实介乎职业选举与区域选举两者之间。依此规定,就发生多少问题。盖以推选候选人时,依职业选举所应具备之条件未必能与复选程序相呼应,而复选时依区域选举所应准备之手续又不能与推选程序相吻合,故当办理选举之初,即感觉选举法上条文之引用,未尽适合于在外侨民选举。于是另定一种"在外侨民推选候选人办法及选举代表办法"以资补助。又在外侨民环境特殊,甲地情形与乙地不同,乙地情形又与丙地迥异,故在各区选举进行当中曾发生过多少困难,纷纷来呈请示,或则请求解释,均经体察情形,指示办理。如选举法已有规定而发生疑问者,予以解答,如选举法未有规定,或虽有规定而事实上不适合于该区域者,则另定补充办法或单行法令以资适应。此外,如遇个别不同之困难,或竟不能进行选举时,则另定变通办法为之解决(各种补充办法详在外侨民代表选举事务所关系法规印本)。

四、推举候选人与复选代表程序

依照选举法与在外侨民推选候选人办法与选举代表办法,侨民推选候选人时,比照职业选举之规定办理;复选时,比照区域选举之规定办理。候选人之资格规定为特定团体会员,推选候选人之资格为特定团体职员并由侨务委员会指定农会、工会、商会、教育会、医药师团体、新闻记者团体、中华会馆或各邑会所中国国民党部或书报社八种为特定团体,先由特定团体职员就特定团体会员中推选应出代表名额之三倍为候圈人,呈由国民政府圈定应出代表名额之二倍为候选人,然后交回各区比照区域选举之规定举行复选,以票数多者为当选代表人,次多数者为候补代表人。

五、各区办理选举之概况

各区办理侨选事务,计截至二十九年底止,其已选出代表者:有檀香山、智利、秘鲁、墨西哥、古巴、中美、美国、加拿大、马来、印度、缅甸、欧洲、日本、朝鲜、澳洲、大溪地、香港、澳洲、台湾等十九区。战后收复台湾,该区已划入各省区范围,其已推出候圈人而不能复选。呈由国民政府指定代表者:有安南、菲律宾、非洲三区其因情形特殊,核准变通办理,由每团体各推候选人一名。呈由国民政府指定代表者:有荷属、暹罗二区。

六、选举事务暂告停顿

侨选事务自二十五年七月起开始举办,二十六年七月战事发生暂缓进行,二十八年十二月又奉令继续办理,二十九年十二月以大会停开暂告停顿,至三十四年九月十二日复奉令恢复工作,完成选政。

〔行政院档案〕

5. 外交部:侨胞复员概况

(1947年7月)

一、归侨登记

太平洋战事发生以后,南洋各地华侨纷纷避难归国。政府为救济与抚慰归国侨胞起见,三十年十二月二十七日,侨务委员会会同海外部、外交部、教育部、赈济委员会,拟具办法四项,会呈蒋委员长核示。三十一年元旦,国民政府颁发明令:着由行政院分饬主管部会及有关各省政府,迅速妥筹救济。一月二十日院议通过紧急救济办法大纲,遂拨款办理救济。这时海道已被敌人封锁,侨胞回国均取道缅甸,循滇缅公路入滇,转回原籍,或分居各地。侨委会为便利将来复员起见,即在三十一年初分区举行归侨总登记。综合各侨务处局报告,加以统计,共有二〇四九一一人。列表如左:

归国侨民总登记人数统计表

三十五年四月十八日统计

原居留地名	本会	云南侨务处	福建侨务处	厦门侨务处	广东侨务处	江门侨务处	汕头侨务处	合计
缅甸	八七三三	五七三九四	七九一三	一二七一三	一一五九	二〇五	七三四	二九三三九一
婆罗洲	一二	一	五二一	一一三五				一六六九
马来亚	七三七	六六三	四一二五	一九三〇一	四二〇	一九	一八七六	二七三一四
菲律宾	一〇九	四	二六三	一八八五二	五〇	六五		一九三四三
越南	二七四	三三六	一四七	三五八九	一七一	五〇	一二三三	五七九九
暹罗	二〇〇	五六五	九七	八一六	一六〇	八〇	一二六八	三一八六
荷属	一九四	一八一	二〇五二	一二五八八	一〇九	一六	四二	一五一八二
香港	六一九		一五〇	七二九	二〇〇五一	二七〇	八六四	一一二六八三
其他								三四四
统计	三三六二	七五四六	一五二六八	六九七三二	一〇二一二〇	八七六	六〇一六	二〇四九二

上表统计数字,都是归侨亲自向各登记机关办理登记的人数。也有许多归侨认为不必要履行登记手续,而自动放弃的。如香港归侨,当时即不止此数。此仅就居留多年,具有侨民身份者而言。至于当时归侨办理登记的地点,大概散居重庆的则向侨委会直接登记;在云南登记的系散居昆明保山、腾冲各地的归侨;散居福州各地的在福州登记,散居泉州、漳州各地的在厦门登记;散居广州市及东西北三江各地的在广州登记;散居四邑各地的在江门登记;散居潮梅各地的在汕头登记。所以他日出国路线,在重庆的拟由重庆起程,在云南的由昆明起程;在福州、泉州、漳州的由厦门起程;在广州市及三江、四邑的由广州起程;在潮梅的由汕头起程;当时的计划如此。

归侨总登记以后,侨务委员会为筹划战后侨务复员,即于三十一年五月制定战后侨务筹备办法。三十二年三月复组设战后侨务筹划会议,三十三年五月扩大组织成立战后侨务筹划委员会,分别指派侨委会中高级职员,及聘请在渝侨务专家、归国侨领,与有关机关代表等充任委员,集合各方意见,并根据中央设计局所拟问题,拟具各种复员计划与事别计划,呈请行政院察核。十四年抗战胜利,该筹委会宣告结束,乃由侨委会负起华侨复员的责任。

二、复员登记

盟军收复缅甸以后,继而日本投降。战事宣告结束,所有海外各地因受战事影响避难回国,或战前归来未能出国的侨胞,都想返回侨居地重理旧业。于是侨委会在三十四年十一月再举行侨胞出国复员登记。当时通告要点如下:

(一)申请出国登记者,须呈验海外带来之证件,及本会核给之登记表,如无此表,必须补填。

(二)登记范围为缅甸、越南、暹罗、马来亚、东印度及美欧非澳各地归侨。

(三)登记后,按照地点及辅助等第交通工具,分别编列号码,俟每一侨居地入境问题解决后可以通行时,即依照次序遣送出国。

(四)归侨出国之补助分为三项:

(甲)凡具相当财力者,自行担负旅费,但本会或各办理机关则代为经办车船票或飞机票,以资便利。

(乙)贫侨经审查属实者,给与免费待遇。

(丙)因战事影响无力筹足旅费经审查属实者,给予半费待遇。

(五)列入乙项之贫侨,并得途中膳宿费若干,其列入丙项者,得酌给半数,但四、五两条之规定,仅适用于二十六年七七抗战后回国之侨民。

(六)归侨由陆路出国,集中地点暂定为重庆、贵阳、昆明三外。由重庆出国者,归本会直接主持;由昆明出国者,归云南侨务处主持;由贵阳出国者,归侨委会驻筑特派员主持;由闽粤海道出国者,另由该省侨务处局登记办理。

(七)每一侨居地可以通行及何时有车开出,与持何号码之侨民可以附搭者,均于事前在侨务委员会内布告。

当时因遣侨经费尚未筹备就绪,故有四、五、六、七各条之规定。后来遣送的责任划归给行总及联总,侨委会才能专心办理复员登记事宜。登记范围在大后方则分重庆、贵阳、昆明各区,在地方则分广州、汕头、江门、海口、福州、厦门各区,同时办理。柳州方面亦派员前往登记。登记内容,分为有海外证件与证件遗失两种;前者则给予复员证明书及登记证,可以迳向外交部领取护照,商洽行总、联总遣送,并将名册分批函送行总转商联总核办。后者则给予证件遗失的证明书及登记证,作为根据,一面将名册送请外交部,转向各居留地政府交涉入境,必俟交涉就绪,方得出国。计此案自拟具办法,设处登记,审核证件,造具名册,由三十四年十一月续办至三十六年三月始告一段落。统计人数,凡证件合格者共七三九〇〇人,证件遗失者七八九九人,附列统计表如后〔略〕。

上列统计表，每一侨居地之下皆分作两行，右为证件合格人数，左为证件遗失人数。各地登记复员人数，与归侨总登记颇有出入，原因是有许多没参加归国登记而参加出国登记的，更有许多已参加归国登记，而战后放弃出国的，特别以香港的情形最为显著，所以人数比较减少。至于欧美各国归侨参加登记，多因在太平洋战事发生前归国，旋为战事所阻，不能放洋，在居留地政府方面，或予以展期，在归侨方面，咸愿自费出国，重理旧业。在侨委会方面，因职责所在，义不容辞，所以处处予以协助与指导。

三、复员的交涉与遣送

归侨出国复员登记虽积极进行，然登记以后如何返境？如何遣送？实业煞费苦心。因为海外各居留地政府，政策既各不同，入境条例也就不能一致。对于侨胞复员事宜，有规定返境条件的，有规定返境手续的，有规定返境人数的，有规定返境时间的，有规定返境后之生活问题的，甚至有藉辞排斥，故意作难的，都要循外交途径，分别交涉，成功以后，复员方能实现。又因侨汇断绝多年，归侨多患贫困，在交通及旅费方面必须统筹办法，予以协助，否则即使可以入境，在经济上亦无力前往。因此侨委会邀同外交、交通、行总各有关机关会商决定，分别实行。侨委会的登记已如上述。外交部则与英菲法暹各国当局交涉，实费去无数口头上的折冲与公文上的往返，归侨始能陆续返境。交通部则预备飞机、汽车、船舶各种交通工具，依期照价供给。在行总与联总方面，行总担任送至国境，联总担任送至各原居留地，所有交通费用与途中膳宿皆由其供给。计此次遣侨经费，达三百二十五万美金以上。附录联总遣送归侨之条约如次：

联总遣送归侨之条件

一、受战事影响而流离失所之归侨，即华侨回国后，旋即战事爆发（指一九三七年中日战事），或于一九三七年中日战事发生后回国，因战事之阻碍，以致不能回返原居留地者。

645

二、须在原居留地有居住权者,即华侨须在原居留地住三年以上,并须确有重返原居留地居住之诚意者,申请时须提出所有证明文件,以证明其具有居住权。证明文件,如入境证明、职业证明书、侨务机构之证明文件、在海外服务时雇主之证明书、护照与亲友来往函件等等,如同时能操居留地方言尤佳。

三、须非曾受前居留地政府因政治关系驱逐出境之处分,或因患不治疾病不准入境者。

依上列条件,由行总与联总分别审查,陆续遣送,截至三十六年五月底止,送出之人数如下表:

遣送各地华侨复员人数统计表

一九四七年五月底止

新加坡　五八四四人

荷　印　五八人

沙朥越(在北婆罗洲内)　一〇九一人

越南柬埔寨　二人

暹罗曼谷　一三五二人

马来亚　七四五六人

缅　甸　五三二一人

越南西贡　一〇八人

越南堤岸　五人

英属北婆罗洲　一八人

统计人数　二一二五五人

除上表遣送人数以外,还有自费出国的,如从云南自费返缅甸的八三二〇人,从广州自费返马来亚的七一〇人,从汕头自费返暹罗的八二四三人,从厦门自费返南洋各地的二三〇〇人,是自费人数已有四三三一二人。尚未出国人数,现有持有证件,即可陆续出国的,约三万人左右,证件遗失尚待交涉的,只七千余人。

四、复员的补助与奖励

在三十五年三月以前,行总遣送的复员侨胞,西北仅至畹町,东南仅至香港为止,过此则须自备旅费,故侨民不无困难。是年三月间侨委会遂呈奉行政院核准补助,计返缅甸归侨每人补助缅币五〔百〕盾,返马来亚归侨每人补助美金二百元,人数以三千为原则,其中补助缅甸的二四七六人,共缅甸币一三七三〇〇〇盾,照当时牌价折合国币八三六一五七〇〇〇元。补助返马来亚的二五四人,共美金五〇八〇〇元,折合国币一〇二六一六〇〇〇元,统计国币九三八七七三〇〇〇元。这三千人的名额,由侨委会在登记名册中审查选定,征询财政部同意。返回暹罗、越南归侨的补助和返回缅甸的相同。返回东印度、菲律宾的归侨,补助费和马来亚相同,以示普及。其审查办法如下:

太平洋战事发生后回返原居留地
归侨补助外币办法

一、受补助外币回返原居留地侨民,以三十年十二月八日太平洋战事发生后避难归国,滞留大后方之渝昆筑三地,且履行侨民出国复员登记,经侨委员会及所属登记机关审查合格,造成名册,分送善后救济总署及财政部者为限。

二、返缅甸归侨,每人补助缅币五百盾,返马来亚者每人补助美金二百元,其返越南、暹罗之归侨,得比照缅甸补助;返菲律宾、东印度之归侨,得比照马来亚补助。

三、侨民由海外携回之眷属,合于第一条之规定者得同受补助,但十二岁以下,仅得补助半数,如年岁发生疑问,以海外携回证件所载之年龄为根据,至眷属如超过三人者,仅补助二人为限。

四、领取补助费之侨民侨眷,除查对名册上核定之姓名及人数外,须由本人亲自领取,并依照左列各项办理:

(一)必须呈验侨务委员会所给之出国复员登记证(如登记机关未发登记证,则以所发之证明书为凭)。

(二)必须呈验善后救济总署所给乘车或乘机凭证。

（三）由昆明、贵阳出发回返缅甸及越南、逼罗者，其补助费在昆明发给。由重庆及贵阳出发，回返马来亚及菲律宾东印度者，其补助费在重庆发给。如返缅归侨有特殊情形者，经查核属实，得在重庆发给。

（四）发给补助费时，在领费人所持侨委会之登记证上盖已补助费字样之图章，并向领费人掣回收据。

（五）侨民领取补助费后，须即起程回返原居留地。

五、侨民所携出国侨眷，如在原有之海外证件上载有姓名或人数者更佳，否则亦须在最近领新护照上面载有姓名人数，以免浮滥。

六、本办法经财政部及侨务委员会商洽同意后施行。

依据办法审定后，造成名册，其补助费（返缅甸者每人国币三十万零四千五百元，返马来亚者每人四十万零四千元）即由侨委会分别派员在渝昆筑三地，依册按名发给。

此外尚有回国服务之华侨机工，在二十八年应南侨筹赈总会之号召，回国效力，对祖国贡献甚大，政府尤表关切，现已服务七年。抗战胜利，自应予以复员，并加奖励。计此项机工原有九批，共三九一三人，其中为国牺牲或中途星散的约过半数。三十五年开始调查，由云南省华侨互助会及滇粤侨务处与由侨委会分别登记的，计第一批一一五四，第二批二五一人，第三批一二五，第四批二一八人，共一七四八人。侨委会既向行总联总商准遣送，复请外交部交涉入境，更由该会及交通部公路总局加发奖状及服务证明书。仍呈请行政院核给奖金，计每人美金二百元，照当时牌价折合国币六十七万元，统共国币一一七一六〇〇〇元，亦经先后在京渝昆筑等地发放。如有因公殉难再候查明事实呈请抚恤。

〔外交部档案〕

6.侨务委员会三十六三十七年重要工作简报表

(1947年10月—1949年1月)

(1)表之一(1947年10月)

侨务委员会三十六年九月份重要工作简报表　　三十六年十月　日呈

工作类别	工作项目	本　月　工　作　概　要	备注	批示
侨民管理及辅导	救济事项：	一、商洽社会部、行总救济新近由越抵达龙州难侨八十八人，并请行总拨发救济药品。 二、商洽社会部救济粤省境内难侨五十四人，并请行总遣送回籍。 三、商洽社会部救济闽省南靖侨眷。 四、饬上海侨务处就近与(IRO)远东分处洽商救济待遣归侨。 五、与外交部洽商将救济印荷战争难侨救济费一百万盾，购办布匹发赈。 六、留汕待遣缅甸归侨四百余人，请迅予救济并遣送一案，经转电外部、善后救济总署及国际难民组织远东区上海办事处核办。		
	保侨事项：	一、与有关机关会商保护荷印难侨办法。 二、呈请政院派舰，实力护侨，并请增拨救济费。 三、请国防部派遣军事视察员飞荷印。 四、请外交部向法政府交涉保护马达加斯加侨民生命财产。 五、交涉越属华侨被拘一案。 六、请外交部交涉对法当局举办旅法华侨身份证。 七、南斐联邦政府近实行上年颁行亚洲人分区新例一案，经电请外交部		

续上表

工作类别	工作项目	本　月　工　作　概　要	备注	批示
		提出交涉。 八、邀请国防、内政、财政、海外等部各有关机关会商改善归国侨民行李检查简化办法。		
	遣侨事项：	一、请外交部向（IRO）交涉救济，并遣送旅波、苏、德、义等国难侨。 二、电驻义大使馆拨美金三千元，与驻阿富汗公使馆遣送留阿难侨回国。 三、准外交部：电凡旅古巴归侨逾期返古持有回头纸者，毋须签证，即可入境，已通令各侨务处局知照。		
	指导侨团备案：	海外华侨团体正积极加以整理，现向本会备案者，日有增加，计三十六年九月份核准侨团备案者，有印京华侨联合会等八十七个单位。		
侨民教育：	侨民教育：	一、划清侨教职权——呈请行政院将下列各项划归本会主管： (1)侨教师资训练及其他有关师资事宜。 (2)侨教教材编审事宜。 (3)本年度教育部编列侨教补助费(在学校战后建设费内)二十五亿元拨归本会支用。 二、商讨暹罗侨生助学金案——奉行政院交议驻暹李大使建议设置暹罗侨生助学金案，九月十二日邀请外交、教育两部商讨，并将结果呈院。 三、核准立案侨民中学四所，侨民小学二十六所。		
侨民文化事业	海外宣传：	一、撰发新闻稿及向海外广播报导有关侨务消息。		

续上表

工作类别	工作项目	本　月　工　作　概　要	备注	批示
		二、编订动员戡乱对海外宣传参考资料。 三、编辑每周政情通讯,送请行政院新闻局发表。 四、编印华侨通讯寄发海外各侨团及国外各报社。		
侨务研究:	编纂侨工资料:	编纂"亚洲各地侨工情况及待遇"报告,提供出席亚洲劳工预备会议。		
人事动态:	任免事项:	一、厦门侨务局局长江亚醒经予免职,另候任用,遗缺派吕尘心代理,并令将交接情形会衍呈报。 二、汕头侨务局兼局长李竹瞻经免局长兼职,遗缺派本会委员陈伯旋兼任,并令将交接情形会衍呈报。		

(2) 表之二(11月11日)

侨务委员会三十六年十月份重要工作简报表　三十六年十一月十一日　呈

工作类别	工作项目	本　月　工　作　概　要	备注	批示
侨民管理及救济:	(1)救济事项:	(一)龙州华侨代表张长盛等,呈请救济滞留龙州难侨五一四人,已商准社会部查明救济。 (二)桂省府电,请救济待返国难侨三〇,〇〇〇人,请拨款物,已呈准政院拨款二亿元,并商定分拨粤桂两省办理。 (三)据凭祥县呈请救济近增难侨一三五人,已商请社会部救济。 (四)请外交部向法方交涉暂拨法越战争华侨损失费,以利华侨办理复		

续上表

工作类别	工作项目	本　月　工　作　概　要	备注	批示
		兴事业。		
		（五）请社会部拨款救济闽省南靖华侨眷属。		
		（六）据报南库页岛侨民一批返国,已分电社会部、上海侨务处准备救济安插,并照料。		
	（2）保侨事项：	（一）函外交部叶、刘两次长对调解荷印纠纷,请策动安理会组织中立宪警,以达保护侨民目的。		
		（二）广东省参议会建议,加紧保护海外华侨权益,已请外交部查照办理。		
	（3）移民事项：	（一）请外交部向居留地政府商洽移民入境案。		
		（二）请外交部向澳洲政府交涉改善移民律限制,以利华人青年男女移入。		
		（三）拟具意见,请外交部向暹政府交涉明年新移民额。		
		（四）准外交部代电：凡华人经墨西哥旅行,墨使领馆无须事前呈请墨政府核准即可签发过境迁证案,业经训令各侨务处局知照转知。		
	（4）遣侨事项：	（一）电请外交部、行总转商国际难民组织遣送留德、波、意、苏等国难侨回国。		
	（5）归侨复员事项：	（一）准外交部代电：关于巴拿马归侨返巴,已准展延至本年底,但须领有回巴许可证并在巴开设有商店、工厂或置有产业者,业经训令各侨务处局布告旅巴归侨知照。		

续上表

工作类别	工作项目	本　月　工　作　概　要	备注	批示
	(6)关于四届三次参政会建议政府在海外分区召开侨民会议案：	本案经拟具实施办法,呈奉行政院核准照办,并经通令海外各侨民团体遵照办理。		
	(7)关于推选对日私人贸易侨商代表案：	本年八月五日行政院令颁"组织赴日商务代表团办法"后,复准经济部函送同法实施纲要,当即依法就各申请侨商推选德和国际贸易公司之温朝著及惠安实业股份有限公司之曾纪殷为第一期代表。		
	(8)关于侨民团体之督导：	1. 查近来海外各地有不良分子企图控制华侨社团,纷纷组织团体,藉以掩护其阴谋活动,本会为防范起见,经通令驻外各领事馆,嗣后转呈备案之侨团,应切实查明其组织内容情形如何,分子是否纯正,加具意见,以凭核办。 2. 本(十)月份经核准备案之侨团,计有吧城海口华侨联合会等七十九单位。		
	(9)关于马来亚华侨罢业,反对马来联邦新宪草案：	本会据报后,已：(一)呈报行政院；(二)请外交部提出严重交涉；(三)由本会委员长发表谈话；(四)密令驻马来亚领馆切实指导华侨从事力争。此外,并定期邀集有关机关详商对策。		
	(10)关于侨民监委选举：	本会自奉命主办以来,业已：(一)呈请行政院依法定名表,简派各区选举监督；(二)印发有关监委选举法令；(三)		

续上表

工作类别	工作项目	本　月　工　作　概　要	备注	批示
		制定选举进行程序表,呈请行政院转请备案后,即发各区;(四)印发已向本会备案团体一览表及候选人提名发署书;(五)函请文官处转陈核准各选举监督使用原有机关印信;(六)监委选举罢免第六条规定,侨民监委候选人之连署为三十人,惟海外选举区中有包括范围甚广,因交通与时间关系届时恐侨团代表不能集中,以致候选人无从产生,为免临时发生困难起见,本会已函请文官处转呈将连署人名额减少。		
侨民教育：	教育指导：	(1) 会商厘订侨校课程标准——十月八日邀请教育部及国立编译馆代表来会商讨,厘订侨校课程标准案,教育部代表坚主毋须厘订,拒绝讨论,经将经过呈复行政院,并徇教育部代表之请,将各方意见记录会呈行政院核示。 (2) 简化侨校立案用表及定期报表——侨校立案用表,前经由中学十五种,小学七种,一律简化为三种。兹除港澳外,复将中学简化为两种,小学一种。至于定期报表,除港澳中学简化为四种外,其余由中学十一种,小学五种,均简化为三种。 (3) 制定"侨民学校教员服务奖励办法"——为奖励海外各级侨民学校教员长期服务侨民教育起见,特拟订本办法,提经本会第二六一次常会通过,并公布施行。 (4) 核准侨校立案——本月份计核准		

续上表

工作类别	工作项目	本　月　工　作　概　要	备注	批示
侨民文化事业：	对海外宣传：	立案侨民小学四所,内马来亚二所,越南一所,南非一所。 一、编印华侨通讯第七期。 二、颁发海外各领馆有关共匪暴行宣传小册及通讯刊物。 三、订定捐赠侨胞书刊运动推行纲要。 四、指示各侨务处局,每周呈报工作简报,应以适合新闻资料为原则。		
	指导侨民文化事业：	一、指示各领馆转知辖内阅书报社,依照本会所颁规程办理备案。 二、电勉新加坡总领事馆对于动员戡乱宣传得力。 三、修改海外侨民阅书报社组织规程暨备案规程。		
侨务问题研究：	侨务问题研究：	(1) 研究"改善华侨法律地位问题"研究报告,经草拟完竣,其结论大意为：从侨民教育着手,提高其政治意识,表现其能力,取得居留国政府之重视,同时循外交途径,与居留国订立移民协定,同时规定华侨在各该居留地之权利义务。 (2) 研究"对日和约问题",收集国内外有关资料加以研究,现着手草拟对日和约意见书,内分基本方针、和会程序、领土处置、战争放弃、政治改造、经济限制、赔偿实施,订约后之管制等章,以供参考。		

(3)表之三(1948年1月)

侨务委员会三十六年十二月份重要工作简报表　三十七年元月　呈

工作类别	工作项目	本　月　工　作　概　要	备注	批示
侨民管理及辅导：	（1）移民事项：	（一）修正并补充移民赴暹管理暂行办法，通饬各处局遵照。并分电闽粤两省府及外交部查照。 （二）令汕头侨务局开放旧客继续出口赴暹禁令。 （三）准外交部电，送暹移民局，公布旧客不列入限额办法，已通饬各处局遵照办理。 （四）陈荣寿等十四名申请移美，经审查合格，送请外交部核办。 （五）准外交部电，关于交涉增加移民往墨之名额及改善入口手续等，已电复旅墨京中华商会知照。		
	（2）保侨事项：	（一）请外交部暂缓撤销西澳波史办事处，并请改设正式领事馆。 （二）电请外交部策动组织中立警宪，以和解印荷争端，而保华侨权益。 （三）函请外交部采取切实保侨办法。 （四）关于怡和轮船公司索需港币购买船票，已函准交通部饬广州航政局查报中。 （五）凡二十至二十三岁壮丁应参加体格检查，并抽签，如经保甲长出具证明，其确非中签者，准予签发证书，已训令厦门侨务局知照。		
	（3）救济事项：	（一）请社会部救济龙州难侨九百余人。 （二）电知上海侨务处与社会部续商救济南库页岛归侨一六一人办法。		

续上表

工作类别	工作项目	本　月　工　作　概　要	备注	批示
		（三）在留德侨民撤退费存款内拨二千余盾交驻加城总领馆，办理留印难侨救济事宜。 （四）议复行政院关于拨款救济日本水灾被灾华侨。 （五）电请社会部救济由越高平返抵龙州难侨二三人。 （六）饬上海侨务处准备救济第二批由南库页岛返国侨民。 （七）福建省政府电请救济因印尼战争影响，接济断绝之侨眷一案，经电请社会部酌拨款项救济。 （八）请行政院拨还香港政府垫付由西贡、曼谷等地返国难侨住港宿食、舟车等费港币一万余元。 （九）请社会部拨菲币五〇〇〇元，交驻马尼剌总领馆，办理台籍渔民遭风避菲岛之救济及遣送费用。		
	（4）侨民复员：	（一）贵阳南洋华侨协进会呈，请交涉留筑南洋各地遗失海外证件归侨入境问题，已电请外交部核办。 （二）据各侨务处局呈送待遣返菲归侨名册统计表，经分送外交部及国际难民组织远东分处办办，计是项归侨共三五八四人。 （三）准贵省府电请拨款遣送留桂待遣返缅归侨一案，已电请社会部及国际难民组织远东分处核办。		
	（5）筹商马来亚新宪草对策：	查马来亚新宪草，对我旅居当地侨胞至为不利，经召集外交部、中央海外部开会讨论对策，并将商讨结果呈请行政院核示。		

657

续上表

工作类别	工作项目	本　月　工　作　概　要	备注	批示
	（6）侨民监委选举事项：	查侨民监委选举区第一区范围广阔，集中芝城投票，诚有困难，据该区侨团呈请变通办理，业呈经国务会议通过，准由各代表在所属领馆投票，汇寄芝城开票，并经分电各区遵办。		
	（7）处理暹罗中华总商会改选问题案：	暹罗中华总商会此次因改选而与驻曼谷总领馆认为违法，宣布无效，经本会邀集外交部及其他有关机关开会商讨处理办法。现以此案尚待解决，复召请外交、海外、国防三部再行会商。		
	（8）关于侨民团体之指导：	三十六年十二月份核准备案之侨民团体，计加拿大伙伟林、碎亚打两埠中华公所等四十五个单位。		
侨民教育及文化事业：	（1）侨教指导：	（一）核发侨生奖学金——三十六年十二月八日侨生奖学金委员会第二次会议通过，核发侨生汪奋我等二十八名奖学金，专上学生，每名六十万元，中等四十万元，并修正奖学金办法，增加名额，及提高金额。 （二）介派教员出国服务——介派黎树昌任山打根斗湖中华小学校长，陈忠信任菲律滨纳卯中华学校童军教练，胡毅臣任南非约堡国定中学教员，邹克定任千里达中华小学教员。 （三）办理侨校立案——三十六年十二月份核准侨校立案共五十七所；内中学二所、小学五十三所、补习学校二所，以地域分之，计澳门二所、越南四所、暹罗三八所、缅甸五所、马来亚一所、北婆罗洲一所及毛里西斯六所。		

续上表

工作类别	工作项目	本 月 工 作 概 要	备注	批示
	(2)对海外宣传：	(四)暹罗侨校毋须日悬暹旗——暹罗当局原令侨校每日须悬暹旗,唱暹国歌,且不许悬我国旗,唱我国歌,近经吾使馆接洽结果,已不复限令侨校每日须悬暹旗。 (一)对海外侨胞广播共十二次,其要点:一、当前的剿匪局势;二、请各地侨胞一致响应劳军运动;三、全国庆祝行宪盛况。 (二)颁发动员戡乱对海外宣传要点后,据南洋各报社论,均抨击共匪及民盟祸国言行,而各地侨团并召开大会拥护国策,本会分别复勉。 (三)函纽约新报股东关系人,请召开股东大会,调整人事,改正该报对政府之谬论。 (四)向中央广播电台商洽在本会粤语广播之前,采用粤语唱片广播,藉以吸引侨胞收听之兴趣。		
	(3)指导侨民文化事业：	(一)电饬驻西贡总领事馆查明远东日报、中华日报被封经过情形具报。 (二)指示驻吉隆坡领事馆转知所辖阅书报社及体育会等备案手续。 (三)嘉勉荷属孟加锡广东联谊会馆粤星剧团等文化团体。		
侨民经济：	(1)关于维护侨民权益事项：	(一)令曼谷总领事馆转饬米业同业公会查报暹罗政府管理暹米交换及运输之新计划情形,并将计划译文与商务部洽商经过暨该公会对此计划之意见,及其影响报转来会,以凭查核。		

续上表

工作类别	工作项目	本　月　工　作　概　要	备注	批示
		（二）驻新加坡总领事馆呈报荷兰当局实施出入口条例后，星加坡华侨对苏瓜贸易停滞，且货船被扣甚多，经与有关方面洽商，在不违背其条例下，妥为改善，并随时具报。 （三）关于日方冻结货物发还办法，经转饬各侨务处局知照，并转知归侨如有受冻结者，呈转到会核转洽还。		
	（2）关于调查侨民经济事项：	（一）搜集海外各侨团地址，用以寄发表格，调查各地侨民经济状况。 （二）为保持与海外各报接触联络，组织通讯网，特搜集各报馆地址。 （三）电驻菲总领事馆华商总会查报雷寿岛遭台风袭击所引起火灾，焚毁侨区，所受损失情形。		
	（3）关于侨民经济设计事项：	拟吸收外资协助国内经济建设办法一件，以便鼓励华侨投资、经营，俾匡国计而裕民生。		
侨务问题研究：	研究各国殖民政策：	三十六年十二月研究关于战前荷兰对东印度之殖民政策。		

（4）表之四（9月）

侨务委员会三十七年八月份重要工作简报表　三十七年九月　日呈

工作类别	工作项目	本　月　工　作　概　要	备注	批示
侨民管理与辅导：	（甲）保侨事项：	（一）厄瓜多政府拟依照国内实际需要调整移民政策，并希望我国农人移入。电外交部饬厄公使馆迅速		

续上表

工作类别	工作项目	本　月　工　作　概　要	备注	批示
		乘机与该政府交涉,以期我国人移入获得有利条件。 (二) 报载马来亚共党暴动后,华侨续有被害情形。又越南及菲律宾各地亦有华侨被害或被拘捕事。电外交部转饬驻各该地使领馆查明,交涉保护。 (三) 旅古巴侨民呈,为前往古巴,因向美方申请过境,手续条例繁苛,影响入境期限,请求交涉改善。电外交部迅向美政府交涉改善,予我侨过境便利。 (四) 据报暹政府当局先后于本年六月间藉口取缔非法分子活动,曾逮捕华侨六十余人,八月十日又逮捕华侨三〇〇人。暹政府近来排华行动日趋积极,似有藉端滥捕无辜之情事。电外交部饬驻暹大使馆查明,交涉保护,并密切注视暹政府之排华动向。		
	(乙)移民事项:	(一) 旅越侨民因法越战争回国避难,留居桂省龙津、凭祥等县,为数约数千人,迫于生活拟重返越南谋生,请求交涉免除领取护照及法领签证手续,经商准外交部与法方交涉,应将难侨人数查明造册转送法方办理,已电桂省府转饬有关县政府遵办。 (二) 据报加拿大法文日报著论支持我旅加侨民,吁请加政府修改对华移民苛例,并废弃种族歧视观念,电外交部饬驻加大使乘机向加政府交涉,要求修正对华移民例与		

661

续上表

工作类别	工作项目	本　月　工　作　概　要	备注	批示
		旅加外侨平等待遇,以维中加友好关系。 (三)据报旅秘侨民代表呈,为旅居秘鲁华侨万余人,侨外多年,因船只缺乏,返国不易,请政府派轮前往接运等情。电交通部派轮航行秘鲁,以利侨民而期拓展海外航业。 (四)据旅秘侨民呈,以办理赴秘签证手续困难,请与秘鲁政府交涉在穗港等地设领事代办,电请外交部核办,以利侨民出国。 (五)关于陈子祯移美事,已由外交部代为函介驻粤美领事请予签证,已通知陈君知照。 (六)准外交部电送关于菲政府所订有关外侨入境及居留之重要条款三则:(a)任何人未经移民局许可而携带外人入境者,任何人对于非法入境之外人予以隐匿或庇护者,任何人设法或资助外人非法入境者,皆以犯罪论,于证实后处以一千元以下之罚款或两年以下之拘禁,或两者并科;(b)任何外侨逝世,有居留证者,应由死者之亲属或主持治丧之人向当地管理外侨之登记人员缴回居留证,由其作废,并在居留证上注明死亡日期,而后由该登记员转送移民局,由移民局在外侨名单上注销;(c)有居留证之外侨,应每年报到一次,一九四八年经于本年一月初至三月三十一日止举办,若		

续上表

工作类别	工作项目	本　月　工　作　概　要	备注	批示
		尚未报到者,则其居留证将被宣告无效。居留证宣告无效后,则以未注册之外侨看待,应于三十日内重新申请登记,并加盖指印,除缴付法定之印花费外,并须另付重新申请登记费菲币十元。十四岁以下之外侨,则由其父母或保护人代为办理之,除法定印花费外不另取费。 (七)本月份申请移民赴美者,计二三人,审查合格者七人,经外交部选定者六人。		
	(丙)遣侨事项:	(一)留昆归侨及机工二百余人,经(IRO)远东局派员会同云南侨务处登记审查,拟遣送返南洋各地复员所需由昆至穗段遣送费用,经商准社会部拨款二二六亿四零四零万元,交滇省社会处应用。 (二)据福州海外华侨协会电,为留榕缅甸归侨五十三户候遣日久,生活日益艰困,请尽先遣送返缅一案,经转电(IRO)远东局及社会部设法将该批侨民遣送。 (三)准社会部电,为行政院秘书处函,关于国内外待遣送难侨拟编制三十七年下半年遣送经费预算,请将该项难侨人数资料检送过部一案,经分别编制统计表二份,电复社会部办理。 (四)准国际难民组织远东局函,告待遣复员侨民人数如下:缅甸六、五八四人,新加坡四一五人,		

续上表

工作类别	工作项目	本　月　工　作　概　要	备注	批示
		马来亚一、一六七人,越南五三一人,沙胜越九四人,菲律宾二、六一二人,荷属六四〇八人,遏罗四〇九人,共一八三二〇人。 (五)准外交部电,留日华工刘俊等拟有船只时即行遣送返国等由,已电复行政院新闻局。 (六)准社会部函,为最近遣送返北婆罗洲者八人,返沙胜越者一二七人。 (七)据海口侨务局呈,为第三批遣送返马来亚者一四〇人,返新加坡者八四人。		
	(丁)救济事项:	准外交部、社会部先后代电,以国内待遣复员归侨人数尚有一八、二二〇人滞留穗、汕、厦、榕、台北各地,复员无期,生活堪虞,应筹商安顿及救济办法,经制颁调查表册式,通饬所属将辖内难侨确数查明具报后,再转商办理。		
	(戊)筹设各省市华侨社会服务处:	自奉核准拨给开办经费五百亿元后,经拟定在上海、广州、厦门、汕头、海口、江门六处各设华侨社会服务处一所,并经草拟筹设实施办法。至组织章程现正拟议中。		
	(己)辅导侨民解决产业纠纷:	(一)八月份侨产纠纷案,经函请司法机关核办者五种,函转行政机关办理者三件。 (二)本会据启德机场民业损失求偿会呈,为启德机场附近民屋农田被香港政府使用,恳请提出抗议拨还一案,经电请外交部交涉。		
	(庚)洽商发还归侨被扣金钞:	八月份归侨金钞、物品被海关扣留,或没收案,电请财政部核办者五件。		

续上表

工作类别	工作项目	本　月　工　作　概　要	备注	批示
	(辛)关于侨民团体之督导：	本(八)月份经核准备案侨团,计有二十四个单位。		
侨民教育：	(甲)分区设置侨教辅导专员：	(一)依照工作计划,应分为暹、马、荷、菲、美五区,每区设置专员一人,人选在物色中。其辅导要领及旅费预算并在拟订中。		
	(乙)改进侨校设施：	(一)继续督促侨校立案——本月份核准侨校立案四十三所,均系侨民小学,内越南八所,暹罗五所,缅甸三所,马来亚十九所,新加坡一所,荷印七所,立案侨校总数现达一、四六九所。 (二)举办学生成绩比赛——举办侨民中小学学生国文写作比赛,现已收到一八一校八九九卷,在计划详阅中。 (三)奖励教师学术研究——经拟订研究范围,为各地侨教及各科教学改进意见,题目由应征人自拟,已通令各地征求。		
	(丙)创办海外师范学校：	依照工作计划,应在曼谷及新加坡各设一所,因暹罗发生排华风潮,经分向驻新加坡及巴达维亚两地总领馆接洽中。		
	(丁)设立侨民中小学教材编审委员会：	(一)经拟订侨民中小学教材编审委员会组织规程,在呈核中。		
	(戊)鼓励侨生回国升学：	(一)经与教育部陆续商定种种便利侨生回国升学办法,日在依照办理中,并饬侨生奖委会依期核发奖学金,复继续办理侨生临时救济事宜。		

续上表

工作类别	工作项目	本　月　工　作　概　要	备注	批示
	（己）调查海外侨胞失学人数：	（一）通电驻外各领事馆及教育会，依照附发表式，确实调查海外侨胞失学人数与情形，以为推动海外侨民社会教育计划之根据。		
	（庚）便利侨胞图书阅览：	（一）通电驻外各领事馆督饬各侨校侨团开放图书馆（室）。		
侨民文化事业：	（甲）对海外宣传：	（一）撰发有关侨务消息新闻稿八件，送交行政院新闻局及京沪闽粤港澳各大报通讯社登载。 （二）对海外广播共十二次，重要讲题为：（一）国民党党务座谈会，讨论创造党的新生；（二）运用美援复兴中国农村；（三）政府关切流亡的爱国青年；（四）总统颁布财政经济紧急处分令，实行改革币制及有关侨务消息等。 （三）派员赴中央宣传部、中央文化运动委员会等机关接洽，请检赠有关行宪戡乱宣传书刊，除颁发各侨团阅览外，并留有一部分以资参考。 （四）计划编印"祖国"匪祸及"侨务概览"二种宣传小册。		
	（乙）指导文化事业：	（一）核准旅德侨民创办柏林和平报及东西通讯社登记，并发给登记证书。 （二）策划海外侨民文化服务社之组织。		
	（丙）办理华侨通讯：	（一）订定海外通讯稿发行计划。 （二）拟订海外通迅稿各项细则。 （三）发行海外稿第一期集稿，并呈核。		

续上表

工作类别	工作项目	本 月 工 作 概 要	备注	批示
侨民经济：	（甲）协助侨民输入物资：	（一）前据侨民陈祖传先后呈请转请准予抵沪木料进口并输入存遏木材，经呈奉指复，已饬输管会依照投资生产事业申请输入办法办理，经转知该侨遵办。 （二）留义归侨叶长青等以所得救济费购办渔船机械回国兴办渔业，到沪时被海关扣留，经洽准依投资生产事业申请输入办法办理，请求证明侨民身份，并催农部及输管会迅予核办，已分别准行。		
	（乙）保护侨民经济权益：	（一）关于登记香港侨胞所存日军用票案，前因港府不予同意，经函准赔偿委员会复称：外交部已饬驻港办事处向港方说明重新登记。 （二）据留日华侨总会呈请保护在日华侨所有"第二封锁存款"，经函外交部交涉。 （三）据厦大教授陈延进呈，以携带业师陈延香先生六十大寿各界人士所赠送之礼款三百元回新加坡作为兴办教育慈善事业，因汇寄亏折过巨，请分咨沪厦海关证明俾便携回，经函请财部核办。 （四）侨民苏注意呈请转请云南省政府追缴被扣金款一案，经函准复以已饬属严究，勿再玩忽等由，经转知该侨。		

(5) 表之五(12月)

侨务委员会三十七年十一月份重要工作简报表　三十七年十二月　日呈

工作类别	工作项目	本　月　工　作　概　要	备注	批示
侨民管理与辅导：	(一) 复员事项：	(1) 准国际难民组织远东局函,为汕厦各地散居归侨未及办理复员登记者,已委托该县政府登记,听候集中审查。等由。已饬汕厦两侨务局协助办理。 (2) 又准该局函,为十月份及十一月上半月遣送往荷印复员一八六名,往缅甸者一七三名,共计三五九名。 (3) 关于台籍归侨复员往荷印事,准外交部电告,已饬属交涉中。 (4) 旅奥地利及捷克等国难侨请求遣送返国,电外交部先饬驻奥、捷等使馆,分别查明确实人数,造具经费预算,再行核办。 (5) 拟呈与外交部会衔请行政院拨款遣送旅居德国及罗马尼亚难侨返国。		
	(二) 保侨事项：	(1) 据厦门侨务局等请求转咨外交部,仍在厦设立办事处,签发护照等由,已电请外交部核办。 (2) 据厦门市团体联谊会等呈,为近驻厦菲领馆对于由外交部驻台、穗、厦各办事处签发之护照,一律拒绝签证,请察核。等情。已电请外交部交涉中。 (3) 报载纽西兰政府强行遣送我国居留萨摩亚岛之契华工二百余人返国,电请外交部饬属查明,交涉保护,要求当地政府切实守契约义务。		

668

续上表

工作类别	工作项目	本　月　工　作　概　要	备注	批示
		(4) 檀香山移民当局对我国人民赴中南美各国道经该地时,多有留难情事,电外交部饬驻该地领馆查明交涉。 (5) 关于旅居越境明乡侨民国籍问题,电外交部在目前情形下对选择强制办法须慎重考虑,应向法当局交涉,对越华侨国籍不得有任何强制措施。 (6) 准中国回教协会函送中国回教协会组织南洋访问团组织办法及经费预算,请核转一案,呈请行政院核示。 (7) 据报马来亚联邦政府在霹雳州实施焦土清共,焚毁我农侨房屋三百余间,致流离失所者有一千五百人,电外交部提出严重交涉,要求英方停止该项不分皂白之政策,今后务宜设法避免危及华侨之权益。		
	(三) 移民事项:	(1) 本月份申请移美者十六名,审查合格者十一名,经外交部选定者八名。 (2) 据上海侨务处呈,拟双重国籍及其土生子女仅持有外籍护照道经沿海各口岸登陆观光申请发给临时许可证办法,函内政部饬所属外事警员遵照办理。 (3) 准外交部电,菲政府即将严格执行前颁外侨居留办法及劳工法条例,电饬所属处局知照。 (4) 饬云南侨务处拟具滇南各县季候移民入缅申请出国发给临时证件简化办法呈核,以资改善而利控制。		

669

续上表

工作类别	工作项目	本　月　工　作　概　要	备注	批示
		(5) 据报古巴新总统标丁博士此次当选,曾得我国侨民有力支持,且与华侨颇具友谊,电外交部乘机交涉,商订中古商约,藉以改善移民问题,而利华侨移入古境。		
		(6) 据报暹政府对我国每年移民一万人赴暹,拟削成二百人,电外交部迅速交涉,以期移民限额早获解决。		
		(7) 据报越南法属树胶园,因缺乏越籍工人拟在香港等地招募华工五千名赴越,电外交部饬属查明,须依照我国"工人出国条例"及"募工存揽人取缔规则"办理。		
(四)侨民福利事项:		(1) 准外交部电催救济缅甸难侨费一万盾事,经呈请行政院转饬中央银行照原一万盾结汇。		
		(2) 关于三十六年度救济费项下存余三千二百五十万元一款,经核准留为本会救济贫苦侨胞之用。		
		(3) 准外交部代电,关于温南勋请领机工奖金一案,经函复因时间已过,无法办理。		
(五)华侨社会服务:		(1) 广东江门二侨务处局呈,准聘定广东省华侨社会服务处及江门六邑社会服务处理监事,开始工作积极推进处。		
		(2) 为便利侨胞出入国境,拟编印"侨民须知"小册,正搜集有关资料中。		
	(六)辅导事项:	本月份侨民为产业纠纷,呈请协助,经本会转请司法机关审理者计八件,转请地方行政机关核办者计九件。		

670

续上表

工作类别	工作项目	本　月　工　作　概　要	备注	批示
	(七)关于侨民团体之督导：	(1)本(十一)月经核准备案之侨团,计有三十个单位,会员人数四千四百六十九人。 (2)据港九华侨中医师公会整理委员会呈,为香港九龙五个中医团体合并,组织定名为港九华侨中医师公会请备案,并请注销五个团体名称。等情。当批复。准予备案,并注销五个中医团体名称,分别电饬遵照。		
侨民教育与文化：	(一)教育指导：	(1)续派教员出国服务——本月份据海外各校申请本会介派教员,经已派定者,有西里伯美那多育才小学校长朱毅、教员张春霞,南斐约堡国定中学国文教员李齐芳及印度加城华侨中正中学高中数理教员张毓铭等。至该校请派音乐教员一节,尚在物色中。 (2)优待侨生投考军事学校——海外侨民投考国内各军事学校,经由国防部邀集本会及其他有关机关商订优待办法,兹并由国防部呈奉行政院核准施行矣。 (3)核发回国升学侨生奖学金——本学期回国升学侨生奖学金已届核发期间,奖学金委员会特于十一月十八日举行会议,惟以原预算因受币制改革影响,为数太微,经决议候呈请行政院追加两万元后,再行审核,在呈请中。 (4)教材编审奉令缓议——侨民中小学教材编审事宜,前经拟具编审委员会组织规程及人员编制等项,呈院核示,兹奉指令,应暂缓议。		

续上表

工作类别	工作项目	本　月　工　作　概　要	备注	批示
	(二)社会教育:	公布"侨民社会教育推行委员会组织规程"及"侨校侨团兼办社会教育办法",并分电驻外各领馆遵行,及委托南京世界书局寄发华侨民众学校用书。		
	(三)宣传事项:	(1)撰发有关侨务新闻稿八件,送各报社通讯社刊载。 (2)对海外广播共十一次,重要节目如下:(1)侨胞输入物资办法;(2)侨胞兑取战前存款办法;(3)蒋总统对目前时局训示要点;(4)徐州会战胜利结束;(5)本年度侨生回国升学情形;(6)行政院改组。 (3)订定"津贴海外侨报办法"及奖助赠送华侨生活照片办法。		
	(四)指导文化事业:	(1)核准吉隆坡觉民书报社、遏罗益群书报社及益智书报社等,呈请登记,并给予登记证书。 (2)据宋卡总领事馆转据春蓬华侨书报社呈报:经费困难,社员大会通过与华侨公会合并,请注销并案等情。除照准外,并饬令仍办理书报阅览事项。		
侨民经济:	(一)清理归侨被海关没收或扣留未了案件:	归侨携带黄金外币及其他物资进口,被海关没收或扣留未经了结案件为数不少,前经拟定格式令饬上海、广东、江门三处局查填具报,兹收到上开之处局报会,业已汇案,函请财政部核办。		
	(二)向海外侨胞募销三十六年美金公债:	关于海外募销三十六年美金公债一案,前经邀集各有关机关会商,经决议募销办法七项,并经呈院准予照办,业已分别令饬各领馆遵办。		

续上表

工作类别	工作项目	本　月　工　作　概　要	备注	批示
	（三）向海外侨胞宣导组织信用合作社：	印发信用合作事业与侨胞一文，令各地领馆侨商团体倡导各侨胞组织。		

（6）表之六（1949年1月17日）

查本会三十七年十二月份重要工作简报表业经遵照规定妥编，理合备文检同该项简报表四份，呈请鉴察。谨呈
行政院
　　计呈附本会三十七年十二月份重要工作简报表四份
　　　　　　　　　　　　侨务委员会委员长　戴愧生
中华民国三十八年元月十七日

侨务委员会三十七年十二月份重要工作简报表　三十八年元月　呈

工作类别	工作项目	本　月　工　作　概　要	备注	批示
侨民管理与辅导：	（甲）保侨事项：	（一）据报马来亚当局自实施紧急条例后，所拘押之华侨人犯，其中有因嫌疑被拘捕者，经饬驻新加坡总领事馆切实查明，交涉释放，以免无辜受累。		
	（乙）移民事项：	（一）马来亚当局近颁华人入境新办法，限制华侨入境，经电外交部向该地政府交涉放宽限制。		
		（二）旅缅归侨复员，依中缅间之协定应由国际难民组织远东局由海道遣送返缅，业饬各处局设法劝止该项归侨不得由陆路绕道前往，以免被阻。		
		（三）编造三十七年度移遣人民新客统		

续上表

工作类别	工作项目	本　月　工　作　概　要	备注	批示
		计表,电外交部向暹政府清算。		
		(四)据报越南西贡国人前往可自由进口究竟有何限制,经电外交部转饬查明见复,以便转饬各处局遵照。		
		(五)本月份申请移民赴美者九人,经审查合格者有八人,经外交部选定准予移美者十人。		
	(丙)遣侨事项:	(一)拟具遣送留印哈萨克侨胞五百名返国,办法电询外交部意见后,呈复行政院核示。		
		(二)旅波难侨三十四人呈请遣送返国,经电外交部饬驻波兰大使馆先行编造经费预算呈核,转请拨款。		
		(三)准外交部电,为菲政府表示凡一九四一年以后归国华侨可以返菲,惟因驻华领馆人员无多,每月仅能审查一百名。至该年前之归侨因离菲已久,认为放弃居留权,须照移民限额申请赴菲,除再向菲政府交涉,准一九三六年以后因战事滞留中国之归侨复员返菲,并设法增加一九四一年以后归侨审查人数等由。已电请外交部切实交涉,并通饬各处局知照。		
		(四)准社会部电,为国际难民组织远东局计划一九四九年第一季遣送复员难侨人数,计缅甸一八〇〇人,印尼一〇〇〇人,新加坡及马来亚五〇〇人,共三三〇〇人,即预计由厦门遣往者六五〇人,福		

续上表

工作类别	工作项目	本　月　工　作　概　要	备注	批示
		州遣往者一三〇〇人,广州遣往者一〇五〇人,汕头遣往者三〇〇人。 (五)准外交部电,为缅甸外交部面允凡经缅代表宇谷貌审查合格之归侨最后三千名,准予分批入境,自现时起至三十八年六月底止,经通饬知照。		
	(丁)侨民管理:	(一)准外交部电,为侨民出国时将年龄或姓名拼音误填,致受当地政府限制入境,请严加注意等由。经令饬各处局,嗣后凡侨民申请出国应亲至前来填具申请书,并加签盖,以示负责。 (二)据云南侨务处呈,为由畹町往缅甸之侨民须持有缅方最近所发之证件及中国驻仰光领事馆之新发登记证或护照方允签证入境等情。已通饬知照。 (三)准外交部电,为山打根英人胶园拟招募海南华工五十名前往工作,并列条件请核办。查该园所提条件过低,工人前往工作,尚乏生活上之保障,经本会提供改善待遇意见,电请外交部转饬办理。 (四)凡侨民拟赴日清理产业,应填具"侨民赴日清理财产恢复营业事项表",并叙明托管经过、购置经过及现值若干等项呈会,转请外交部饬驻日代表团交涉入境。		
	(戊)关于侨民团体:	(一)本月份(十二月)经核准备案之团体,计有四十二个单位。		

续上表

工作类别	工作项目	本　月　工　作　概　要	备注	批示
	（己）有关侨民福利事项：	（二）本会为明了海外各地著名华侨起见，经检发著名华侨调查表，电驻外各领事馆详查具报。 筹设广东及江门华侨社会服务处，本会发动所属处局筹组华侨社会服务处，本月据报成立者，有广东侨务处、江门侨务局、海口侨务局，经准委理监事并发筹备经费。		
侨民教育文化：	（甲）教育指导：	一、指导侨生回国升学： (1) 驻坤甸领馆倡导华侨祝寿献金，以奖励侨生回国升学，每年保送两名，除办法准予备查，并予嘉奖外，关于保送学校正与教育部洽办中。 (2) 据泗水中华总会建议，改善优待侨生回国升学各节，经检发现行各种优待办法并予解释。至已在国内升学侨生学籍发生问题者，通知各该生延报本会设法解决。 (3) 优待侨生投考军事学校办法，奉院令核准后，当即转饬各领馆及各侨务处局通饬知照。 二、指导侨民学校立案： (1) 本月份准侨民学校立案，共三十八校，内中学八校，小学三十校，以地区分之，计新加坡一校，马来亚十一校，荷印十三校，及北婆罗洲十三校。 (2) 本年全年度立案侨校共八〇六校，连前共一、六七三校。统计如附表：（见下页附表）		

三十七年全年度立案侨校统计

月份	校数 类别 总计	专上	中学	师范	职业	小学	补习
总　　　计	1673		175	2	6	1482	8
以前累计	867		133	1	6	719	8
三十七年全年合计	806		42	1		763	
一 月 份	127		3			124	
二 月 份	232		12	1		219	
三 月 份	63		2			61	
四 月 份	34		1			33	
五 月 份	9					9	
六 月 份	35		6			29	
七 月 份	59		3			56	
八 月 份	43					43	
九 月 份	13		1			12	
十 月 份	80		3			77	
十一月份	73		3			70	
十二月份	38		8			30	

续上表（第676页）

工作类别	工作项目	本　月　工　作　概　要	备注	批示
（乙）有关华侨社教事项：	（一）编订"侨校手册"——本会为便利海外侨教工作人员参考起见，特搜集有关侨民教育之各种资料，编发"侨教手册"一种，初步工作已告完成，一俟各种有关侨教法规修订公布后，即可汇编重审付梓。 （二）筹设华侨民众学校并购赠课本——本会拟在海外筹设华侨民		

续上表

工作类别	工作项目	本　月　工　作　概　要	备注	批示
		众学校三十所,除分令海外筹办外,关于应用课本计二千四百册,经已拨款委托世界书局延寄各地。 (三)充实海外华侨图书馆(室)设备——本会为加强侨民社会教育工作效能,特通电海外各侨团定时开放图书馆(室),便利侨胞阅览。据报成绩甚佳,近为充实其设备起见,特分赠有关书刊,总计达二百余册。		
	(丙)侨民文化事业:	一、继续对海外侨胞广播,每周三次,广播内容除着重侨务措施与侨务消息外,并摘录国内重要时事报导,惟近因时局影响,中央广播电台已将一部分机构迁往广州,故本会广播节目,至本月底,由每周三次减为二次,即对南洋及美洲侨胞各广播一次。 二、继续撰发侨务消息:(一)征求音乐专任教师,介派赴印度中正中学执教;(二)海外侨团电贺徐州大捷;(三)戴委员长到会视事等。 三、坤甸阅书报社请求备案指导,其遵照登记办法检附各种表册填送核办。 四、澳门中学商会副理事长何贤捐资斥产创设阅书报社,热心文化事业,卓著成绩,颁赠奖状题词等件,以资鼓励。 五、驻外各领事馆送呈"各地侨情"共计九单位,经再电催其他各领事馆从速撰妥寄会。 六、为宣扬祖国文教,提高侨民文化水		

续上表

工作类别	工作项目	本　月　工　作　概　要	备注	批示
		准,拟将各机关送来之书刊,准备完全寄发海外各侨民阅书报社,以便侨民阅览。该项书刊共有五百余册,全数在下月内寄发完竣。		
侨民经济:	(甲)清偿各侨民债券及募销三十六年美金公债:	侨胞原购节约建国储蓄券换购三十六年美金公债申请期限,原定十二月底截止,因为时迫促,各侨胞多不及遵照办妥,已向财政部商定展延至三十八年三月底止。又关于海外募销三十六年美金公债一案,亦经将议定办法分布施行,并会同外交部饬各领事馆遵办。		
	(乙)筹设侨民经济协导委员会:	本会拟组织侨民经济协导会,以便研究华侨经济之复兴与发展,曾经拟订条例,提请本会常会决议通过,并公布施行,一面函聘海外侨领国内侨商主持人,本会前任现任委员与高级职员等为该会委员,俾利进行。		

〔行政院档案〕

7. 侨务委员会三十六年度上半年工作进度检讨报告表

(1947年)

侨务委员会三十六年度上半年工作进度检讨报告表

工作项目	原定进度	工作之实施与检讨	考核评判结果	下半年补办及新增工作	备注
壹、保护侨民。一、继续保护侨民,	一、侨民在外受人苛待或残害,必	一、法越战争,河内、海防各地华侨被害案,经商请外交部严重抗议,重申保护决心,要求赔偿损失,划一	尚能依照原定进度办理。		

续上表

工作项目	原定进度	工作之实施与检讨	考核评判结果	下半年补办及新增工作	备注
并为其获取在侨居国之平等地位。	随时商请外交部切实保护。二、对未缔结平等互惠或通商条约之国家，必随时对外交部提供意见，促进侨民平等地位。	华侨区为中心区。 二、荷印战争，巨港华侨死伤二千人，经电商外交部严重交涉，并准华侨组织自卫队。 三、暹罗龙仔厝华侨店宅六百余间被毁，并被劫损失暹币四千余万案，经商请外交部严重交涉。 四、越南堤岸茅寮区被法方焚毁一六五〇间，华侨损失惨重，经函请外交部查明交涉。 五、暹罗强迫收买柚木案，经请外交部电李大使交涉，结果允由华侨木商自由处置。 六、南非洲亚洲人土地权案，经请外交部交涉改善，据南非代表答称：实施该法案时，对中国人及土耳其人当予同情。 七、缅甸景栋强征华侨住地保证金每人一千卢比案，经请外交部查明交涉。 八、葡属东非洲留难人口案，经请外交部电驻葡公使馆交涉。 九、菲律宾参议院以华侨非法入境拟将移民额每年五百人缩为五十人案，除			

680

续上表

工作项目	原定进度	工作之实施与检讨	考核评判结果	下半年补办及新增工作	备注
		请外交部电驻马尼剌总领馆设法打消该案外，并令各处局防止非法赴菲。 十、暹罗非法检查入口侨胞案，已请外交部饬驻暹大使馆交涉。 十一、法舰在青梅海面击沉我商船，枪伤我侨胞案，已请外交部略达法大使抗议，并电饬驻河内总领馆交涉。 十二、越南政府迫华侨缴纳栈金案，经请外交部交涉，结果允由帮长担保，出口每一男子，年暂纳越币一百元，女子五十元。 十三、海防东北公司人员被捕案，已请外交部略达法大使并饬领事交涉。 十四、援救在澳洲被扣台侨回台案，已准外交部电驻澳公使馆查复。 十五、沓株巴辖土人帮凶杀害华侨数千人，并焚劫案，已电请外交部交涉。 十六、拟具对澳移民意见，商请外交部办理，华侨电表满意。			

681

续上表

工作项目	原定进度	工作之实施与检讨	考核评判结果	下半年补办及新增工作	备注
		十七、会同外交、内政两部呈准行政院修正赴美移民审查规则。 十八、拟具关于国际劳工局移民公约各问题答案，函复社会部转达。 十九、洪都拉斯华侨总会呈请遣派使馆保侨案，即转请外交部核办。 二十、墨国归侨请准许一九三一至一九三二年因排华被逐华侨复员案，即函请外交部饬驻墨公使馆交涉。 二十一、墨京中华商会呈请交涉增加华人入口名额及改善移民苛例案，即函请外交部核办。 二十二、华侨在日地位问题，据驻日代表团电复总部，已承认凡持有华侨登记证之台侨，在司法管辖方面均假定为华侨；又在日有中国籍者，由在日代表团核发登记证，按照联合国人民待遇。 二十三、香港呦行代大英燐质公司私募华工出			

续上表

工作项目	原定进度	工作之实施与检讨	考核评判结果	下半年补办及新增工作	备注
		国。又越南鸿基公司亦私募华工出国,均予以取缔。 二十四、呈请行政院通令滇桂粤闽各省府,通饬各属对归侨及侨眷之生命财产切实保护。 二十五、葡人逮捕澳洲侨胞赴帝汶充当苦力案,经电请外交部切实交涉。 二十六、广东开平、蚬冈墟等地匪军洗劫侨眷案,经电广州行辕剿办。 二十七、加拿大大使戴维世函复本会:在加华侨可与其他国侨民享受同一待遇:一、加籍华侨可接养其妻及十八岁以下之子女;二、凡居住加境之华侨,均可申请入加籍。			
二、切实管理侨民出入国,并助其出国	一、依照规程所定加强各地侨民出入国之管理并稽核	一、据各侨务处局上半年报告到会,普通侨民出国人数:广东八四〇人,云南五九〇人,上海二一二人,厦门一二八〇三人,江门七九一人,海口一九四五人,共一七一八一	此项工作,除原定进度之第三项,因限于经费未		

683

续上表

工作项目	原定进度	工作之实施与检讨	考核评判结果	下半年补办及新增工作	备注
复业。	其名册。 二、根据归侨出国登记名册，尽量遣送。 三、必要时派员赴国内外视察。	人。又回国人数：广东八三人，福建二一人，云南二九人，上海九七人，厦门一八四六人，江门八一九人，海口三三七三人，共六二二六八人。惟汕头出国赴遥者甚多，约在五万人以上，尚未据报确数。续报者，拟编入下期。 二、归侨复员人数，经商请行总、联总、遣送出国至五月底止，计新加坡五八四四人，马来亚七四五六人，荷印五八人，缅甸五三二一人，砂胜越一〇九一人，越南一〇八人，柬埔寨二人，堤岸五人，暹罗一三五二人，北婆罗洲一八人，共二一二五五人。又六月四日，由厦返缅二四八四人，统计公费二三七三九人。 自费出国复员人数已呈报各处局及本会者：计福建四三人，江门四三五人，广东一一二九人，上海一二〇六人，厦门六六九人，南京二一人，共有四一〇三人。其余如云南人数尚未报告到会，或侨民返境而未报告各处局	能举办外，其余各项尚能切实办理。		

续上表

工作项目	原定进度	工作之实施与检讨	考核评判结果	下半年补办及新增工作	备注
		者,估计尚有一万五千余人。			
		三、由海外遣回难侨,本会均商请有关机关及饬属照料回籍,计由西贡回者二〇七人,由荷印回者四三九人,由比国回者十人,由古巴回者一五〇人,由缅甸回者一五九人,由新加坡回者三二〇人,由暹罗回者六五人,由荷印回者七一五人,由印度回者三人,由义大利回者二〇人。又将由波兰遣回者三四人,将由德国遣回者一三六人。			
		四、据云南侨务处电称:机工及眷属已遣送回国者共一一二九人。			
		五、因人民赴暹拥挤发生危险,特制定人民出国赴暹管理办法。			
		六、因暹罗已与我方商定每年一万人入口限额,特制定移民赴暹管理暂行办法。			
		七、拟具华侨复员概况。			
		八、缅方代表经我方许可来华审查返缅侨民资格后,计在厦审定二四八四人,广州二六二二人,柳州五			

续上表

工作项目	原定进度	工作之实施与检讨	考核评判结果	下半年补办及新增工作	备注
		二二人,四邑三埠二五四人,尚有汕头、江门、福州、海口在继续审查中。九、向各国商洽归侨返境情形:(1) 缅甸派代表来华审查;(2) 荷印允许华侨现有事业或住所者返回爪苏两岛,本年按一四五〇人;(3) 菲律宾允土生及在一九四一年以后离菲者返境,其在一九四一年前离菲持有回头纸者,得个别决定;(4) 暹罗对华侨持有居留证者,准免入境费进口;(5) 马来亚许持有当地证件或移民局之入口证者返境;(6) 越南许持有当地证件者返境,但因地方不靖,只限于堤岸、高棉、西贡等地。			
三、继续救济侨民。	一、国外贫苦侨民因受战事影响致破产流落者,应予以紧急救济或遣送回国。	一、救济荷属文登难侨案,呈准行政院拨发国币五千万元,照牌价结汇。二、救济留意难侨,呈准拨美金三万元。三、遣送爪哇难侨归国船费,呈准拨美金二六七七元五角三分。四、法越战争,侨胞受害惨重,呈准拨救济费越币二	尚能切实办理。		

续上表

工作项目	原定进度	工作之实施与检讨	考核评判结果	下半年补办及新增工作	备注
	二、国内归侨生活困难尚未能出国复业者，经有关或所属机关报告必予以紧急救济。	百万元，并由本会径拨国币五千万元，派林委员赴越抚恤。 五、救济堤岸火灾案，经转呈行政院准在南圻华侨建国献金项下拨越币二百万元，办理急赈。 六、荷印战争，侨胞受害者甚多，其逃入英属避难者亦不少，计有八八一一人，经会呈行政院核拨美金一三二一六五元，汇交荷英两属有关领馆分别救济。 七、遣回旅德侨民，经呈准拨美金一万元汇交驻法大使馆办理。 八、旅菲侨民李天泽等十三名为国殉难，呈准拨国币三九〇万元抚恤。 九、海外各地失业侨胞，经联总资遣回国者，计有九四一八人。 十、海外各地失业侨胞待遣回国者，尚有一六一〇四人，经函请行总转商联总设法资遣。 十一、留日失业侨胞第一批约六百人，已商请交通部饬派海黔轮载运回国。			

续上表

工作项目	原定进度	工作之实施与检讨	考核评判结果	下半年补办及新增工作	备注
		十二、法越战争,河内、海防难侨十万纷纷回国,经会呈行政院核拨二亿元,由社会部办理救济。			
		十三、越南难侨逃入凭祥龙津镇边明江者共有二〇〇九人,经呈准拨国币三千万元续办救济。			
		十四、留汕缅侨三百余人请收容招待案,经函请行总饬属办理。			
		十五、留厦留穗缅侨数千人,呈请补助返缅案,经呈准行政院俟审查人数确定再呈核办。			
		十六、国内复员侨胞在候船期内生活困难,经会商行总转饬各分署设站招待予以救济。			
		十七、华侨回国服务机工共登记一七四八人,每人发给奖金六十七万元,统计国币一、一七一、一六〇、〇〇〇元,经分别在京渝昆筑发放,尚未结束。			
贰、指导侨民。 一、辅导	整理战后侨民团体并指导各侨团奉	本计划原列需用美金十五万元,照三三五〇牌价,申合国币五亿〇二百五十万元,经奉	此项工作所需经费,		

续上表

工作项目	原定进度	工作之实施与检讨	考核评判结果	下半年补办及新增工作	备注
海外华侨。	行国家政令，协助当地政府解决侨民各种困难问题，为实行此项工作，将海外划分为十个区，每区各派专员一人，干事若干人，前往实地辅导。	核减为美金一万元，现尚未拨付，以致无法派员分赴海外实地辅导，然仍就可能范围内设法进行。兹撮要如次： 一、督促侨团备案：为明了侨民团体状况，并使其与祖国发生更密切联系，经检发海外侨民团体备案规程、标准章程及各种表格，令饬驻外使领馆督促各侨团办理备案。由一月份起至六月份止，计核准备案之侨团为六十六单位，其余因手续不合，指示改正，再予备案者计二十余单位。 二、调查已备案侨团：南洋各地沦陷后，侨民团体多为敌压迫摧残解散，为明了已备案侨团状况，以便补发备案证书，特制就已备案调查表，详慎名称、地址等项，令发驻外领事馆调查，并根据报告分别发给备案证书。 三、审核侨团工作报告：各侨团报告工作概况，计五十三单位，均审核后指示改正或予奖勉。 四、调解侨团纠纷：海宁华侨临时治安委员会与当地	虽未奉拨付，然经设法办理，尚著成绩。		

续上表

工作项目	原定进度	工作之实施与检讨	考核评判结果	下半年补办及新增工作	备注
		党部及城防县政府发生纠纷案,香港各中医师公会组织分歧案等,迭与有关机关洽商获得完满解决。			
二、扶植侨民经济事业。	指导设立国货陈列所,并搜集有关实业资料,编印扶植侨民经济事业专书,俾明了国内外农工商矿状况,以作投资实业之选择。	本计划原列印刷费国币一千五百万元,奉行政院核定,编印扶植侨民经济事业专书,应先搜集材料编印费可缓列。至指导设立国货陈列所,因限于修正进出口贸易办法暨南洋各民族运动战争与当地政府统制金融物品,一时尚难办理。又本会前此订有海外侨民经济状况调查大纲、调查办法表格等,已令发非战区领事馆调查填报。现南洋各地逐渐恢复常态,可以进行调查,已检发调查大纲、办法、表格等件,令发各领馆或中央商会调查。其美澳非印等地有未填报者,亦令催其办理,将来即可根据调查所得,拟订:一,发展侨民经济计划同时,并拟与有关机构组织;二,永久性之研究机构,以研究发展侨民经济事业。又奉行政院交办六届三中全会决议通过经济改革方案第十二项之三"便利侨汇,予以公平汇率,并奖励保障侨民投	此项工作在可能范围内已予举办。		

续上表

工作项目	原定进度	工作之实施与检讨	考核评判结果	下半年补办及新增工作	备注
		资予以兴办国内各种实业之便利"一节，经拟具办理意见四项，分别呈复行政院，并分函经济部及台湾、广东两省政府核办。			
叁、侨民教育。 一、培植侨校师资。	一、续办侨民教育函授学校，招生一千名。	本年二月该校第一学期开学截至五月底止，陆续招足学员一千名，设置国父遗教、时事研究、侨校行政、教育心理、儿童心理、乡土教材、中学国文教学及小学国语教学等八科。第一期讲义于三月间印发，因物价波动影响，现正商印第四期讲义中。	已依照原定进度办理。	续办第二学期学科另开。	
	二、继续登记志愿出国任教人员，随时介派出国服务。	上半年继续登记志愿出国教员二〇八人，海外侨校自聘教员而请求本会核准出国者，有印度大吉岭中华小学等六校；请求本会介派教员校长者，有京斯顿华侨公立学校等六校，去年介派而尚在办理出国手续中者，有泗水联合中学等二校。至出国教师补助费，经再请行政院照原预算拨给外汇中。	尚能切实办理。	继续办理。	
二、编印侨校教材。	设立侨民中小学课程标准编订委员会，先编南洋适用之小学各科课程标准。	经拟具该会组织规程，提出三月五日本会第二四八次常会通过，呈院备案。行政院于七月三日召开审查会，现尚在候令中。至于侨校补充教材，教育部曾交国立编译馆，编订在进行中。本会曾据情一再呈请	尚能照原进度办理。	候行政指令后，与教材一并办理。	

691

续上表

工作项目	原定进度	工作之实施与检讨	考核评判结果	下半年补办及新增工作	备注
三、指导侨校设施。	一、经常直接指导。	运销教科书出国,免先结汇,奉令不准。 一、上半年核准立案侨民学校,计中学十三所,小学四十五所,合共五十八所,并简化立案用表,将中学原表十五种及小学原表七种简化为三种。 二、审核侨校表报四十七校,核准毕业学生中学八五五名,小学一三四名,并为其他机关代查学籍九六九名。 三、二月间颁发侨民学校设校改进要点,规定分校及附属学校之设立等。 四、整理立案侨校名册,并颁发中学立案证书一一九件,小学五七四件,师范一件,职业六件,补校七件,合共七〇七件。 五、行政院再度通过海外侨教归本会主管,经通告遵照。 六、奉主席核准,凡经本会准予立案之侨校,准以主席名号为校名,不必转呈核示。	尚能切实办理。	继续办理。	
	二、指导驻外使领馆办理侨校。	四月二十三日会同外交部公布驻外使领馆办理侨民教育行政规则,通饬施行,并随时予以指导。	已照原进度办理。	继续办理。	

续上表

工作项目	原定进度	工作之实施与检讨	考核评判结果	下半年补办及新增工作	备注
	三、继续分区视导。	本案于年初呈请依照原预算拨发外汇时,适值政府颁布经济紧急措施方案,奉令暂缓,嗣于五月二十八日提出视导计划于二五二次常会,除拟由本会派员直接视导外,并拟通饬各地领馆派员视察辖区侨教外汇,预算美金三万元,经再呈请行政院拨发中。	因外汇经费尚未拨到,实际上未能派员出国视导。	外汇经费拨到,即可派员出国实地视导并辅助各地领馆视导旅费。	
	四、对外争取侨教便利。	已办有相当成果者,为暹罗侨教,经李大使努力交涉之结果,暹罗政府允许:(一)中文教员免受暹文考试,(二)教授中文时数相当增加;(三)战时被占华校准备发还;(四)大使馆所介绍之课本当考虑采用。等等。在调查中者为各地政府对于侨校教科书所采取之态度;在商拟对策中者有对于马来亚及新加坡政府所订之新教育政策之方策。	已照原进度办理。	继续办理。	
	五、择优补助侨校。	是项预算为国币四千万,是应折合美金一万一千余元,年初适因政府颁布经济紧急措施方案,奉令缓拨,现今再度呈请中。惟本会于去年年底曾决定移挪救济费一亿三千万元购买教科书,赠送立案侨校,中学每校二十五万元,小学每校二	因外汇经费尚未拨到,工作颇受影响。	外汇经费如仍不拨发,将呈请追加国币预算以资举办。	

续上表

工作项目	原定进度	工作之实施与检讨	考核评判结果	下半年补办及新增工作	备注
四、健全华侨教育会组织。	一、健全总会筹委会组织。二、健全各地支分会组织，并予以补助。	十万元，于本年春委托各大书局寄发。最近呈请拨发侨校战后建设费美金三百六十万元，未奉核示。一、遴选冯正忠等十三人为筹备委员，进行改组。二、元月间奉令核定总会职员名额八名。三、修订华侨教育会规程于三月间呈院备案，尚未奉示。四、通告各地领馆推荐当地热心侨教人士，准备筹组各该地分会，已据报者，有暹罗等十九单位。五、海外各地分会呈报改组成立恢复活动者，有港澳等九单位。六、补助费外汇预算美金一万零八百元，经再度拨发中。	因总会筹委会尚未正式成立，工作颇受影响。	总会筹委员应从速成立，开展工作。	
五、指导侨生回国升学。	一、介绍侨生回国升学。	一、经商准教育部，本年度各大学招生于新加坡等地分设考区。二、经准教育部暹罗学生回国升学得以同等学历投考，而不受同等学力名额之限制。三、教育部订颁"优待侨生办法"，经提供意见，在商洽中。	尚能切实办理。	依照侨教职权划分办法，拟划归教育部主管。	

续上表

工作项目	原定进度	工作之实施与检讨	考核评判结果	下半年补办及新增工作	备注
		四、侨生申请升学随时分别介绍或保送。			
	二、核发侨生奖学金。	拟订回国升学华侨学生奖学金委员会组织规程，于本年五月会同教育部核定施行，并函请教育部从速开会核发奖学金。	此项工作因教育部开会稽迟，以致上学期奖金尚未核发。	拟就下半年一次核发。	
	三、核发侨生临时救济费。	于本年二月拟订侨生请领临时救济费暂行办法公布施行，截至六月底止，共救济侨生一百三十五人，核发救济费三百二十一万元，每人自一万元以至六万元不等。	尚能切实办理。	依照侨教职权划分办法，拟划归教育部主管。	
肆、侨民文化事业。一、加强海外宣传。	一、华侨通讯仍于每周发稿一次，必要时可改为三日一次，将国内外消息分别汇编。	一、除原有人数工作外，并遴聘各地特约通讯人员或记者，专司采访消息，按期供给：1. 华侨通讯复刊第一期，已于二月一日出刊，出刊数量每期一千五百本，已出至第四期，共计六千本，分发国内外各机关团体参考，第五期亦准备出刊。2. 此外，每周中将本会业务上及与侨胞有关之重要消息随时油印简单通讯稿，直接分送本京各大报发表，不计次数。	尚能切实办理。		

续上表

工作项目	原定进度	工作之实施与检讨	考核评判结果	下半年补办及新增工作	备注
	二、华侨月刊系综合性刊物,按月发行一次。	二、原拟征求国内外专家撰述文稿,并提高其报酬,以求精益求精,但因经费超出预算甚巨,未能实施,现拟改为不定期刊物,一俟追加经费拨到,另出专刊。	因经费关系,工作颇受影响。		
	三、每周对海外广播一次。	三、1.广播材料包括国内外时事评述、消息、报告及学术讲解等为主;2.广播次数,共十五次;3.广播题材以祖国政治的新动向及与侨务有关的重要消息。每周对海外广播原定一次,自六月份起增加两次,以加强侨民对祖国之认识。	尚能积极办理。		
二、推行侨民社会教育。	一、拟订"华侨民众学校实施纲要"分令各侨民学校及文化团体施行。	一、通令各侨校及文化团体附设民众学校颁发"海外侨民民众学校实施纲要",并训令各驻外领事馆督导办理,对于办理成绩优良者酌予补助。	尚能依照原定进度办理。		
三、指导侨民文化事业。	一、办理海外侨民报纸登记及侨民文化	一、经本月(六月)二十五日第二五四次常会决议修正"海外侨民发行新闻纸杂志声请登记规程"及修正"海外侨民文化团体登	尚能依照进度办理。		

续上表

工作项目	原定进度	工作之实施与检讨	考核评判结果	下半年补办及新增工作	备注
四、改善海外侨报。	团体之登记。一、通令各海外侨报办理登记手续。二、协助华侨新闻界组织"华侨新闻界祖国参观团"回国观光。	记规程",令饬各报社及文化团体重新登记,以加强海外侨民文化之发展与管理。侨民文化团体现呈报备案者,有印度、加拿大、檀香山、美国、南美、澳洲等地。文化事业现呈报者,有印度、加拿大、南洋、荷属、檀香山、美国、南美、仰光、模里斯等地。一、拟编印"侨报须知"寄发各侨报参考,因经费关系尚未实施,但已令各侨报应受当地领事馆之监督与指导,并订定登记规程及表格办理登记。二、拟辅导海外侨民新闻界组织华侨新闻界祖国参观团,于本年度一至六月内筹备完竣,回国参观时间限三个月,但因外汇关系,未能实施。	此项工作因限于经费,未能完全举办。		
伍、侨务问题。	1. 原定工作进度所有者:一、草拟世界大战后各殖民地概	一、关于世界大战后各殖民地概况,现已搜集整理完毕各项有关资料,并草拟研究报告初稿。	工作尚称积极。		

续上表

工作项目	原定进度	工作之实施与检讨	考核评判结果	下半年补办及新增工作	备注
	况报告。				
	二、搜集整理英荷法各国在南洋之殖民政策资料并草拟报告。	二、关于英法荷各国在南洋之殖民政策已搜集各项有关资料,并整理完毕,草成研究报告。			
	三、华侨在各侨居地之法律地位的研究。	三、关于华侨在各侨居地之法律地位的研究,已草拟完成研究报告初稿,现已增添新资料。			
	2. 原定工作进度所无因供参考而编纂并业经完成者计：				
	一、葡属的摩尔志略。	一、内容详叙地理、人种、政治、经济现况。			
	二、南洋各地疾病调查报告。	二、参考西文及日文之医事研究报告,摘出南洋各地流行之传染病及普通病名称。			
	三、翻译 S. Roukan	三、内容计分产业、交通、新企业等三篇,以调查所得			

续上表

工作项目	原定进度	工作之实施与检讨	考核评判结果	下半年补办及新增工作	备注
	著越南经济发达史。	之数字,叙述越南经济发展经过,业经全部译毕。			
陆:关于统计事项: 一、实施公务统计方案。	赓续办理第一期各项公务统计,并按照方案规定,开始实施第二期公务统计各项目。	除搜集第一期各项资料,督促各单位及所属各机关按期呈送,随时审核整理外,并印发第二期实施各种表格,分饬查照,切实登记,一并呈送,以备汇编各种报告之依据。	征集审核综计所颁旧定各项资料已及二分之一。		
二、编制侨务统计总报告。	侨务统计总报告规定每年编报一次,呈送主计处,汇为全国统计总报告。	将所有侨务统计资料整理汇编业于本年三月编辑完竣。	依限完成。		
三、编辑侨务统计手册。	摘录侨务行政之重要事迹及各地侨民之现实概况,编印简明扼要之手册,备供各方之参考。	本年度内一切有关资料尚在陆续征集中,此项手册之摘编,有待各种资料之完备。	此项工作因搜集材料困难,尚未依限完成。		
四、编纂统计年报。	每年编印一次,将所有各种统计图表汇编成册,以备查阅。	版收内容迭有改进,自本年度起改题"侨务统计辑要",于人力、物力极度困难下,油印完成。	如限完成。		

699

续上表

工作项目	原定进度	工作之实施与检讨	考核评判结果	下半年补办及新增工作	备注
五、调查华侨经济事业。	战后各地华侨经营之一切工商农矿等经济事业,均应详加调查印制各种调查表格,分发各使领馆及国内各有关机构转饬各业填报。	以经费困难,业将各种调查详表节缩合并制成简明扼要之通用表式一种,分发原定各机关转饬各业切实查填。	此项工作虽因经济困难,然经设法举办。		
六、调查华侨文化事业。	战后各地华侨学校、报馆、杂志社、图书馆、阅览室等一切文化事业均应调查,印制各种调查表格,分发各领使馆及国内各有关机关转饬分别填报。	以经费所限,仅就"华侨学校"及"新闻杂志"印发调查简表两种,分发原定各机关转饬依式查填。	此项工作已在财力可能范围内,已予举办。		
甲、职员成绩。		本会一般职员,对于主管业务及事务均能按照进度切实推进,其办理发放回国机工奖金、遣送归侨出国、救济国外难侨及筹办侨民教育函授学校、发给侨生奖学金、补助侨			

续上表

工作项目	原定进度	工 作 之 实 施 与 检 讨	考核评判结果	下半年补办及新增工作	备注
乙、经费支出。		民学校等工作尚能勤奋,将事成效显著。惟尚有少数人员办事不力,因而解职者四人,其他对于公私生活行为亦均合乎规律。 一、本会事业机关经费,原列侨务问题研究室二百万元,华侨通讯社二百万元,侨民教育函授学校二千四百万元,华侨教育总会三百万元,侨民中小学课程标准编订委员会四百万元,已属紧缩非常,无如物价高涨更觉难于支应,在事业费内无法统筹匀支之下经比照经常费追加通案,呈请按原预算追加二倍半中。 二、本会事业费内外汇部分,计有侨教视导专员旅费美金三万元合国币一亿零五十万;海外各地华侨教育会分支会补助费美金一万零八百元,合国币三千六百一十八万元;教师出国补助费美金一万二千元,约合国币四千万元;侨教经常补助费美金一万二千元,约合国币四千万元;海外华侨辅导费美金一万元,合国币三			

续上表

工作项目	原定进度	工作之实施与检讨	考核评判结果	下半年补办及新增工作	备注
		千三百五十万元,惟时历半年国币既未拨到,外汇自亦无法结购,逐致预定计划感受阻碍甚大,经并案呈述事实声请一次拨发,并予结汇便利,以赴事功。 三、侨民救济费预算所列国币五千万元,原系备作流落国内难侨疾病医药及灾难抚慰,与资助出国等项,临时发生之紧急用途,乃因专案呈准动支限制,迄未拨发到会。兹为应付必需,已予申请补拨,但未奉到核示。 四、事业费内科目,除事业机关经费已按预算分配数按月入帐外,其余照数核发者,仅华侨月刊经费六百万元,侨生奖学金三百六十万元,侨生临时救济费一千万元三笔,对于一切事务推进实苦经费有限,颇难着手举办。顾及侨务重要与国库艰难,爰将三十五年度节余之侨教师资假期讲习会经费三百万元,教师出国补助费九十六万二千五百元,侨校补助费一百四十万			

续上表

工作项目	原定进度	工作之实施与检讨	考核评判结果	下半年补办及新增工作	备注
		元,南侨机工奖金五千零二十四万九千元,华侨复员补助费六千六百三十万零三千元,分别呈请转移年度支出以资应付。 五、荷印各地难侨,计一万六千余人,经呈奉核定八千八百十一人,每人发给美金十五元,共计美金十三万二千一百六十五元,按合国币一、五八五、九〇〇、〇〇〇元,刻正催请中央银行照案结汇中。 六、本会经常费原预算奉核定八千万元,及追加二倍半二亿元,共为二亿八千万元。就一至六月份收支情形而言,尚属免能支持,但以物价波动趋势推断,或恐不免超支,刻正力求撙节,预防未然。 七、生活补助费一至六月份节余,依照行政院令颁移充员工福利用途实施办法之规定,已按照核示范围核实支用,并拟订单行法规藉资限制,以防浮滥。			
丙、法令实施。		一、奉行法令 本会三十六年度上半年奉行法令一项,其较为重			

续上表

工作项目	原定进度	工作之实施与检讨	考核评判结果	下半年补办及新增工作	备注
丁、会议情形。		要者,计二十一件,业经分别遵照办理矣。 二、颁行法令: 1. 侨务委员会聘任参议办法。 2. 驻外使领馆办理侨民教育行政规则。 3. 移民赴暹管理暂行办法。 4. 侨生请领临时救济费暂行办法。 5. 回国升学华侨学生奖学金委员会组织规程。 一、业务会议: 自三十六年一月至六月份,业务会议按月举行一次,业务经检讨,获得改进效果者,计有下列各项: (一)改善寄发海外邮件,节省邮费不少。 (二)改变补助侨校方法,本会每年原有定额补助侨校经费,惟自去年以来因外汇缺乏,未能照付,乃改为国币购赠教材书以节外汇,而利侨校。 (三)调整各职员工作,使各得其所,挥其所长,提高效能,实行以来,成效颇著。 (四)改善有关本会施政新闻			

续上表

工作项目	原定进度	工作之实施与检讨	考核评判结果	下半年补办及新增工作	备注
		发布办法,将原日各业务部门各自发表新闻,改由秘书处长集中发表,以求划一。 (五)加强与有关机关联系。过去因未指定专员负责联络,往往发生隔阂,故加改善,经指定人员负责后,成效尚著。 (六)改善侨校教师聘派办法,以限流弊。 (七)改善侨民赴遏办法,以免滥载。 二、学术会议暨小组会议: 本会学术会议暨小组会议向系合并举行,自三十六年元月至六月止,会议凡六次,所讨论范围偏重侨政之理论问题,以为业务改进之法则经讨论之问题有下列六项: (一)侨民经济发展问题。 (二)战后殖民地问题。 (三)发展中南贸易之途径。 (四)殖民地独立运动声中的侨政方针。 (五)南洋产业的国际地位。 (六)侨民教育的过去与未来。			

〔行政院档案〕

8. 驻日代表团侨务处关于侨务工作概况报告

(1948年12月)

最近侨务工作概况

驻日代表团侨务处

一、在日华侨之人数、职业及类别。

(1) 人数　在日华侨据最近调查统计为三万六百八十九人，内台湾省人为一万四千八百五十一人，其他各省为一万五千八百三十八人，多集中于东京、横滨、神户、大阪四大都市，其余散居日本全国各地。再者，琉球现在美军占领之下，地位不明，该地华侨亦暂由本处代为照管，计已登记之华侨，成年者十二人，未成年者十人。

(2) 职业　过去华侨在日经商，除少数小型工厂及出口贸易外，余多经营菜馆、裁缝及理发三业（所谓华侨三把刀：菜刀、剪刀、剃头刀）。日本投降后，食粮奇缺，经营菜馆业者利润颇丰，其原营他业者或以无利可图，或以利润甚微，乃相率改营菜馆。据统计，华侨赖餐馆业为生者约占总数三分之二。自去岁七月五日日本全国餐馆奉令停闭后，若干业餐馆之华侨乃改营吃茶店、饮冰店或归复旧业，亦有集资经营工厂者。兹将主要贸易厂商数目分列于后：

东京	六十八家	横滨	四家
神户	五家	大阪	六十一家
静冈	五家	青森	四家
群马	五家	秋田	一家
岩手	六家	佐贺	一家
埼玉	六家	高知	一家
宫城	二家	山口	六家
东海	十六家	广岛	十二家
北海道	三十九家	熊本	一家

大分	一家	奈良	一家
德岛	九家	岛根	一家
爱媛	一家	京都	十二家

（3）华侨品质　华侨分子复杂，良莠不齐。其中有战前及战时来自内地各省之人；有战俘强送来日作苦工，战后仍逗留此间者；有伪组织时期来日之学生，战后虽学业完结，而仍淹留不归者。此外恢复国籍之台侨，其中固不乏优良纯谨之士，然大多深受日本过去错误思想之麻醉，只图一己之私利，缺少祖国之观念。且若干又无恒业，有则公营黑市，有则专业走私，有则营私结党，赖恐吓劫掠以为生，有则窃用政府机构代表之名及盟国人民身份，以期骗诈财之术以度日，此类分子，生性恶劣，时滋事端，是以管理，殊感困难。

（4）走私人员船只　侨务工作繁琐，人所尽知，而在战后日本办理侨务其繁琐更倍于他处，举凡与代表团无关人员来日后，所发生之事件，均由侨务处负责解决。目前和约尚未签订，日本仍在占领期间原有华侨理应全数返国，盟总虽已同意通融办理，准许情形特殊者留日，唯彼等衣食住行一有问题，即来本处请代设法。此外，我国与日本相距咫尺，偷渡来日，非法走私者为数甚伙，此辈人员有则幸而未被查获，经审判服满刑期后，即呈处要求代为交涉，发还船只。凡此种种，俱可见战后日本侨务之繁琐实倍蓰于往昔。

二、加强华侨管理，改善华侨品质。

日本甫行投降之际，社会情形紊乱，华侨中不良分子违法营生，为非作歹，层出不穷，而若干秉性善良之华侨目睹违法者赤手空拳，瞬成巨富，亦群起相率效尤。此外，华侨因享有联合国人民之优待，韩人、日人冒充华侨者亦时有所闻。本处自成立以来，即着手彻底整顿，经两年之努力，华侨中分散混乱之情形，多已一扫无余，不肖违法之徒亦多相率敛迹。

（1）华侨总登记　在日华侨战前约三万人，中日战争爆发后，多数华侨纷纷返国，留此数仅千人。战时部分返国华侨又复东返，加以战后台侨自动恢复国籍，在日华侨人数因此大增。为确知华侨之总数、分布之情形及彼等职业概况起见，本处乃举办华侨总登记。每一成年已登记之华侨，即由本处发给临时华侨登记证一本，以资识别，其未成年之儿童，则随父母登记，不另给登记。当时发出之登记证共约二万余本，盟军、日人对华侨之识别，即以此证件为标准。凡持有此证之人，即以华侨视之，无此证即真为中国人，亦不能享受华侨之待遇。本处于举办登记之初，明知人手不足，工作繁重，但以此举关系华侨福利声誉甚巨，遂不顾一切毅然为之。继华侨总登记之后，本处又举办资产登记，意在得知华侨资产情形，以便加以指导，俾可合理利用，并为保护华侨财产之根据。唯华侨无知，对资产多不愿呈报，以致统计颇感困难，本处现仍设法晓谕侨民，责令将资产种类、数目，早日向本处登记。

（2）整理华侨团体　日本投降后，社会秩序混乱。留日华侨任意组织团体，名目繁多，一时不下数百单位，其目的不外用以领取食粮、日用品及其他物资之配给，其中不肖分子以之转卖黑市，甚至利用以接收房屋、工厂，强夺物资。尤有甚者，其中所谓青年服务团、青年自治团等，携带武器到处滋事，致为盟军、日人所憎恶，实有取缔加以指导之必要。侨务处遂分别性质，除华侨联合会及商业团体外，其余均令解散或改组，并另行登记整理，加以指导，俾其能领导侨胞，协助侨务进行，而为华侨谋福利。

（3）指导华侨言论　过去华侨在日言论，受日政府压迫钳制，不能自由发行刊物或设立报馆。日本投降后，华侨发行刊物始若雨后春笋，惟以经验缺乏及无人指导，任其自生自灭，且思想复见，时有荒谬言论，仅中华日报与国际新闻办理成绩较佳。中华日报系日文版，国际新闻中日两文并用，本团随时视察指导，尚为一般华侨及日人所重视，其他言论荒谬及办理不良之刊物，均予以查禁。近东京华侨联合会发行会报一种，多刊载有关华侨之法令，每期均送侨务处检阅后始行付印。

(4) 促进华侨教育　盟机轰炸日本时,华侨学校多被焚毁,战后各地华侨学校在侨务处督促之下,相继恢复。截至目前为止,在日华侨学校共有十三所,兹将各地华侨学校名称列述如左:

东京中华学校(中小学)
大阪中华小学
横滨中华学校(中小学)
长崎中华时中学校
神户华侨同文学校(中小学)
岛根中华学校
函馆中华学校
东海华侨小学
京都华侨学校
大分华侨学校
滨松中华学校
熊本市中华民国国语讲习所
中华交通技术专门学院(设名古屋)

(5) 遣侨　台侨自日本投降后,由盟军遣派回台者三万余人,其后日本物价高涨,华侨因生活困难而请求归国者甚多。侨务处即令华侨联合会调查登记,计去年一月由台北号轮遣送回国者一千余人。去岁七月由海黔〔号〕遣送回国者约五百人。此外,零星由赔偿物资船载运返国者亦有数百名。最近台侨登记返国者又有数百名,侨务处鉴于我国船只鲜有由日开往台湾,乃与盟总洽商,盟总如有便船赴台,希望能代为遣送。十一月中旬,本处接盟总通知海王丸十一月廿五日赴台,可免费搭载我国侨民五百名,途中伙食均由盟总供给。本处乃漏夜通知侨民,并为彼等赶办出境手续。如有五百侨民赴台,则省去旅费即达三百余万日元。查遣侨工作繁琐非常,首需确知返国侨民之数目,然后接洽船只,向盟总办理出境手续,待以上办妥后,又需交涉侨民集中时之交通工具及上船前之食宿问题，并发给彼等归国证明书。如船能按期到日，问题尚少，有时通知侨民上船日期，而届时无船，则问题丛生，仅此一项，即可知战后在日办理侨务诚非易事。惟侨务处为使留日华侨在经济上有稳固之基础，在思想上知效忠祖国，在言行上可为国争光起见，对生活无着华侨，只得遣送归国，以免彼等流落异邦，而滋事端。

三、华侨生活暨经济情形。

（1）华侨生活　华侨生活一般言之，实较战前为优，凡已登记之华侨除领有与日人相同之普通配给外，并另获得特别配给。特别配给分AB两种，就口味言，A种适合于东方人士，B种适合西方人士，两种所含热量相等。华侨虽与日方默契，均选A种，但对B种选择权仍行保留。近日本食物情形渐行转好，若干食品可以自由买卖，盟总对特别配给拟大加减少，经侨务处力争后，仅减少许，且A种较B种所含热量为多，华侨以有特配食的方面，可谓毫无问题。

（2）华侨经济违反情形　自日本政府明令全国餐馆停业后，华侨原业餐馆者改业不易，仍出售黑市食品。目前日本一切物品公定之价格极低，经营黑市到处有之。日本人经营黑市者或贿赂日警，或设法掩蔽，幸免于罚者，固不乏其人，但被检举而科刑者，亦不在少。华侨餐馆门面宏开，店招刺目，受检举者尤多。依照日本物价统制令第卅四条之规定，凡违法订立经营暴利物价之契约，或接收暴利价格者处五年以下徒刑，五万日元以下之罚金。又第卅六条规定，凡违法订立不当高价之契约，或接收不当高价之价格者处两年以下徒刑，二万日元以下之罚金。近占领军法庭对华侨违反物价统制令，或违法经营餐馆者所作，判决初犯多科以罚金三、五千日元，再犯除加重罚金外，并处以二、三个月徒刑，但多缓刑。而经营黑市者一日可图利数千日元，遂生玩法之心，明目张胆，公开经营。目前，东京华侨餐馆之数目，据报较前增多，足见判刑尚不过重。现东京处每月会审之百余件侨案中，违反物价统制令及违法经营餐馆者约占百分之六十。本国一贯主张占领军法庭对联合国人民所作判决应宽于日本法庭所作判决,而对平民应较军人为宽,并经迭向美方建议,似亦得其默契,就处分标准上言,对犯案华侨之判决似尚不苛。

(3)本处在餐馆停业前后之交涉情形 餐馆停业之前,本处已有所闻,乃向盟总数度交涉,请准许华侨餐馆只卖副食品,不卖主食(米面)。盟总以日本食粮缺乏,需赖美方救济,为减轻美方负担起见,决彻底禁止食品之浪费消耗,并表示关于餐馆停业,绝对公平处理,不使日方能有所偏袒。本处继又与日方有关当局非正式接洽,彼等则称,餐馆停业,乃盟总之意,华商难能例外,但允绝将公平处理,在可能范围内,当予帮忙。餐馆停业后,本处仍不断与盟总交涉,曾去数次,请按对日基本政策对有损华侨权益之措施予以合理之调整,并建议准许华商菜馆出售烹熟之海产品,或代客烹饪。盟总复文则云,于一般食粮情形之严重,采取非常统制之办法,包括餐馆停业在内,乃势所必需,对华侨餐馆有条件复业,亦难准许;至有损华侨权益之措施,应行废除一节,盟总自将随时详加考虑云云。本处鉴于餐馆一时难望复业,乃积极设法使华商,(甲)暂改饮冰店、吃茶店及理发等业;(乙)归复旧业;(丙)集资经营贸易或工场。其中以改吃茶店者较占多数;归复旧业者以日本百物均在统制之中,为数不多;至集资经营贸易及工厂,仍在提倡督促指导之中。本处对丙项异常重视,务使华侨资金能纳入正轨。盖以日本秩序渐已恢复,餐馆之黄金时代已过,明年四月后,餐馆即或可部分复业,但限制定严,如欲冀往日之利市数倍,绝不可能。再者,目前华侨之资金多闲散无归,且多用之于经营黑市,将来一旦日方以扑灭黑市为名,实行有计划之排斥华侨政策,则华侨之经济,实有总崩溃之可能也。

(4)纳税 日本投降之初,社会情形紊乱,一切均呈非正常状态,华侨抗纳捐税,日政府亦鲜加过问。一九四六年七月,盟总通知日政府许可向与占领军及各代表团无关之外侨，征收普通税，但不得征收资产税及特别税。其后远东委员会对在日联合国人民纳税事亦有决定，本处鉴于盟总及远东委员会均规定必须纳税，华侨已失抗纳之依据，乃与日大藏省非正式交涉，请其展至一九四七年一月（一部分四月）开始实施，大藏省亦表同意。惟华侨大多无知，认为既为战胜国人民，则有不纳税之权利，是以截止去岁年底，无一照纳。今年春间，盟总表示，对征税一项，绝将严厉实施。本处亦以华侨抗税，并无充分理由，乃多方劝导，并与日方多次折冲，结果议定华侨纳税额由华侨自行申报，经日税务机关审核认可后如数照纳，华侨去岁应纳之税额，现正由各地华侨联合会与日方洽商。据报若干华侨往往申报数额过低，致令日方不能置信，而有彼此相持不下之情势。本处对华侨纳税曾一再晓谕，申报税额切不可过低，盖以如万一酿成僵局，日方根据其实际调查报告征收税额，必较华侨自行申报者为高。本处除劝导侨民缴纳普通税外，并为彼等交涉减税先后曾向盟总口头交涉数次，正式去文两次。一为请免征增加所得税，一为请减征普通税百分之二十五。盟总对此现尚无正式复文，如盟总不准，本处当据理力争。

（5）华侨资金封锁问题

查华侨在日本银行存款列为第一封锁者，据留日华侨总会报告多已陆续提取，所余无多。列为第二封锁者原有三千余万日元。第一封锁存款可按月提取数百元，第二封锁存款根本不准提取。春间华侨暨日本银行对盟总一九四六年十一月廿七日所发有关资金封锁之第三次训令，内容多不明了，只知盟总有令保障联合国人民存款。一部分华侨曾申请将第二封锁存款转至第一封锁，若干银行亦均接受，因此而得转移者总数约有一千余万日元。后华侨申请转移者日众，日大藏省乃令各银行须依照盟总第三次训令之规定办理，于是各银行遂不允将华侨第二封锁存款转至第一封锁。侨务处对华侨资金解锁问题，曾向盟总口头交涉多次，盟总答复，凡战时未遭拘禁之联合国人民在日本银行之存款,一律均受封锁,盟总第三次训令规定办法,并非专对华侨本案,除口头交涉外,侨务处又曾两次正式致文盟总,要求将第二华侨资金解封,迄未得复。近盟总口头表示,凡战时因抗日嫌疑而遭拘禁之华侨,不论时间长短,其资金可以要求解封,现本处已通知侨民办理矣。

四、二重外交。

现日本仍在盟军管制之下,一切有关侨务之交涉,无论巨细,均须向盟总各有关机构接洽,得其同意者由盟总训令日政府照办,但事实上盟总机构繁多,一事转辗批阅,往往费时甚久,须迅速解决之繁琐侨务,势必一面非正式与日方交涉,且有时非与日方直接交涉不能圆满解决,但如为盟总所知,彼则即表不满,并表示一切交涉须经该部,绝不可与日方直接办理。此种二重外交,办理实感困难。且盟军总部对华侨之态度今昔迥异,盟总为实行既定之政策及利用日人起见,往日偏袒日方,而日人亦利用此点,不惜金钱、美女,多方逢迎,致驻日盟军上下多为所惑,对华侨之细过则毫不放松,对日人之违法则视若无睹,日人亦渐忘形,表现其过去对华侨之故态,甚至与华侨因事相争,不目华侨为支那人即称华侨为第三国人,且扬言日本系败于美国,非败于中国,处处表示对我国轻视之态度。华侨见此,鲜有能堪,因而动武者亦间有所闻,小则对簿公庭,大则酿成事件,凡此种种有证据者,固可与美方交涉制止;其无证据者,往往提出,美方毫不置信。由此可知,在日侨务交涉繁难之一斑。

五、办理侨务人员过少。

旅日华侨战前与战后总数几可谓相等,战前有横滨、神户两总领事馆及长畸〔崎〕领事馆,分区主持侨务,更有函馆、名古屋、大阪、门司四办事处就地协助,总计侨务人员在三十名以上。目前,侨务工作以环境特殊,较战前繁冗数倍(如处理非法入境,黑市走私,会审侨案,为侨民交涉赔偿损失,归还财产,为战时华工交涉发还工资，为侨民办理出入境申请手续暨处理台侨复籍后所引起之诸问题等等），加以对盟总交涉须用英国语文，与日方及侨民来往须用日本语文，是以工作人员应较战前为多。而通晓美日文者应各居半数，方可应付，但目前实际办理侨务者不及二十人。此外，仅有雇员数人协办杂务，且分东京、神户、横滨、长崎四处办公。以此少数之人办理三万华侨之侨务，应付特殊复杂之环境，其工作推进不易，不言可知？

六、今后侨务推进之意见。

(1) 不良及无职业华侨继续遣送返国　过去对不良华侨及尚未返国之战俘曾部分勒令返国，对无职业华侨亦曾令饬自行登记，听候遣送，先后曾正式遣侨两次，由便船附搭遣送七、八次。经数度遣送后，华侨中不良分子及因生活困难干犯法纪者已日渐减少。今后仍拟继续办理遣侨工作，务使留日华侨人人均有固定职业，不因生活问题而影响留日华侨地位，损害国家体面。

(2) 遣送留日学生返国　查留日学生现有一千八十余人，其中多为伪满南京伪政府及其家属送来者，思想本欠纯正，举动又欠稳健。若干业已毕业，非特无意返国，且多混迹华侨之中，非学非商，把持操纵，往往煽动无知华侨作种种无理要求。少数不法分子更乘机利用，前途堪忧，长此以往，可能酿成重大事件。再者台侨复籍后，台籍学生过去受日本教育，思想多不正确，对国内情形亦不明了，奸人从中煽动，往往易受利用，防止之道，厥为将彼等遣返祖国。兹将遣返办法分述于下：(甲) 已毕业学生一律遣送返国。(乙) 未毕业学生如已辍学或其所习科目为我国目前所非必需，或在国内学校已有该项学科之设立者，应一律遣送返国。(丙) 凡经本处认为应行返国之学生，如拒绝返国时，则吊销其华侨登记证、学生登记证，并斟酌情形，强迫遣送返国，以免留日多滋事端。

(3) 加强华侨教育　华侨教育可从三方面着手：(a) 筹资兴建华侨学校校舍。战时在日华侨学校多被焚毁，华侨教育遂告停顿。日本投降后，东京、横滨、神户、大阪、长崎等地华侨学校相继复课，惟均苦无完整之校舍，以致一切改进计划，均无法实施。本处有鉴于斯，乃力促日境各地华侨捐资兴建校舍，现东京华侨学校经华侨慷慨捐输，正兴筑校舍一所，费资几达千万日元计，下学期东京华侨学校即可迁至新校舍上课。(b) 由国内派遣优良师资来日任教华侨学校。为鼓励华侨学龄儿童均入华侨学校起见，对师资之选择应加注意。目前，华侨学校之教师有则离国已久，对国内情形多不明了；有则年龄已高，工作缺少效率；有则为暂时糊口，并非以教学为终身之职志，以致受教育者率多无显著进益。加强之法，厥为由外交部转商教育部会、侨务委员会，派遣优良中小学教师来日负责教导华侨子弟。关于教材方面，亦应统由国内购运来日，分发各侨校参考应用。此点本处现正办理中，全日各侨校所需之教本、参考书均已由本处洽妥中国文化服务社代为采购。(c) 一般成年华侨，有则离国已久，有则未至祖国，虽若干集有相当资产与具有相当学识技能，但在日本数十年统治之下（如台侨），对祖国情形甚为隔阂，是以应积极设法指导，使彼等养成爱国守法之精神，明了经商营业之正道。为达到此项目的，本处曾建议由国内组织巡回教育华侨演讲班，以三个月为一期，以一年为期满，来日负教育成年华侨之责，俾在日华侨人人能明了祖国情形，个个知爱护祖国。

（4）指导华侨经营工厂及贸易　旅日华侨除极少数经营小型工厂或小规模之贸易外，大多数均经营菜馆及其他黑市买卖。过去虽获利颇丰，但自日方严厉取缔黑市，停闭菜馆以来，华侨经济大受打击。本处现正积极设法诱导华侨资金集中用于正途，以期奠定华侨在日之经济基础。

（5）增派侨务工作人员　此点前已详言，为应付二重外交起见，侨务处工作人员最好以半数精通英文、半数精通日文为宜。再者，目前外交部稍有能力之人，均不愿来日工作。考其最大原因，来日办理侨务，其工作之繁重，有甚于在其他外馆，但待遇则与其他外馆人员相差悬殊。如眷属不能前来，住所房租津贴不得请领，制装费百分之六十发国币（照法价汇率），美金仅发百分之四十。凡此种种，均为其他外馆乌有之现象。已来者几多有怨言，未至者亦闻而裹足，以至侨务处现有人员尚不及编制员额三分之二，但在日应付特殊环境，办理二重外交，非多具干员，难期工作上有效之推进。兹为鼓励外交部有才能之人员来日办理侨务起见，拟请外交部规定与其他外馆工作人员同等待遇，俾工作效率可期增进，工作推进可臻迅速，如此方可达成保侨任务，而副国家期望之殷。

（6）增设侨务分处　我国现有在日办理侨务之机构为本处及其下设之横滨分处、神户分处、长崎〔崎〕分处，本处除总理全日侨务外，所辖区域为东京以北包括北海道，横滨分处所辖地区为横滨以西包括长野、静冈两县，神阪分处所辖区域为东海、北陆以西本岛地方，长崎分处所辖地区为九州及四国。查华侨除集居大都市者外，分散日本各地。现有各机构辖区均过于辽阔，难期保护管理之周全，组训教导更难推进补救之法。目前似应增设二分处，分设函馆及高知两地，至业务之分配，可调整如下：侨务处掌全日侨务事项，直辖东京区，横滨分处掌东海、北陆以东至青森县（东海、北陆除外），神阪分处掌东海、北陆以西至山口县（东海、北陆包括在内），高知分处掌四国全岛，长崎分处掌九州全岛，函馆分处掌北海道全岛。

（7）非法走私来日人员，国内有关机关应严加取缔　战后由我国走私来日者为数甚夥，其中以来自台湾者占大多数，此辈人员如不被查获，即来处请求遣送返国，下次又复偷运货物来日，如不幸而被查获，盟军法庭往往判决遣送返国。遣送返国后，若干见利忘害，再度走私来此，此种现象，非特影响侨民之声誉，增加本处之麻烦，且予盟总有我纵容走私之印象及中国人非营黑市即业走私之观念。为大多数在日侨民声誉及国家体面计，国内有关机关对走私来日人员应严加防止，并予取缔。

（8）前台湾及伪满、伪宁在日官产,应力争归还,由政府经营,扶助华侨发展企业　前台湾及伪满、伪宁在日官产,如台湾银行、台湾制糖会社、满铁会社、华中运输公司、满洲学生会馆等,均有附属产业,总值约数十亿日元,迄今尚未归还我国。此类官产应力争归还,由我政府经营运用,并利用此类官产,作为资本,贷款华侨经营企业,如此华侨定可发展其在日经济之势力,受益者直接虽为华侨,而间接仍为我国家也。

〔外交部档案〕

9. 侨务委员会三十七年度上半年中心工作计划
(1948年)

中华民国三十七年度上半年侨务委员会中心工作计划(行政部分)

侨务委员会委员长刘维炽

计划类别	计划号次	计划项目	续办或新办	过去办理概况或创办缘起	计划限度或要点	实施方法	完成期限	工作成绩百分比	说明
管理侨民	一、	管理侨民出入国	续办	此项工作历经办理,但在抗战时期海道不通,侨民出入国曾发生窒碍。自战事结束,海外各地除发生内战者外,已渐复原状,惟今非昔比,移民条例时有变更,特就可能范围,切实管理,务使顺利推行。	一、依照人民出国回国管理规程,督导各处局审核其名册。二、经协定之移民限额,尽量使其出国。三、归侨尚未复员者,归量商请有关机关遣送。	督饬各侨务处局或属有关机关分别切实办理。	上半年积极继续办理,惟此项工作并无止境。		此系行政性质,难以人数定其进度。

718

续上表

计划类别	计划号次	计划或新办项目	过去办理概况或创办缘起	计划限度或要点	实施方法	完成期限	工作成绩百分比	说　明
辅导侨团	二、	分区辅导华侨社团	前奉主席蒋令：战后对于海外华侨应密之设计，有亟不宜之管理。为贯彻上项命令，故三十五年及三十六年度工作计划均有辅导海外华侨一项，并列为中心工作之一。惟所有事业费因外汇官价变动，难照预定年度办理。现值海外各地	四、海外难侨无从生活者，设法遣回本国，必要时派员赴海外各地视察督导。五、整理战后侨民团体。一、调查华侨从业范围，普遍组织职业团体。二、农会、工会、渔会、妇女会各地尚多缺如，应普遍指导其组织。三、组织各地文化协会，以增进民族感	照三十六年度计划，将海外划分为马来亚、缅甸、暹罗、越南、菲律宾、印度、荷属东婆罗洲、美洲、港澳十个地区，各派专员一人，实地辅理员若干人，助理员若干人。其余地方，则由附近专员派员办理。	全部工作需一年完成。上半年拟先完成马来亚、暹罗、美		此项计划全部经费估计应需美金十万元。上半年应需五万美元，以时价伸合国币计三十五亿元。查本会前奉院令，饬将三十七年一至六月份不可少之外汇支出列表呈报，曾开列派员赴暹罗、马来亚等处辅导华侨所需

续上表

计划类别	计划号次	计续办或新办项目	过去办理概况或创办缘起	计划限度或要点	实施方法	完成期限	工作成绩百分比	说　明
			奸党阴谋活动,政府动员戡乱之际,加强侨民组织尤为必要,故本年度仍须派员赴海外各地,实地辅导,以完成此项工作。	情。五、指导各侨团彻底奉行国家政令,协助当地政府解决华侨问题。		洲、缅甸、港澳五区。		旅膳费五千美元。此项费用按诸实际需要原不敷用,加以辅导期间仅为四个月,助理员之旅膳费亦未包括在内,合并声明。上列各项工作所需经费业已另案呈核,合并陈明。
三、侨民教育	辅导发展侨校	续办	海外侨民教育相当发达,然教员而易见之缺憾尚有下列各端: (1) 侨校三千余所,而立案者,这只八百余所,大多数与祖国未生关系。 (2) 各校几全无定期报告,一切基本情	增进侨校与祖国之关系,从而指导改进,以期提高程度,均匀发展。	一、鼓励侨校立案,并督促依期改报。 二、指导领导侨馆,推进侨校,并聘请名誉督学,督导辖区侨教。 三、督导组织各地华侨教育会。 四、分区派员视导。 五、补助侨教经费。			

720

续上表

计划类别	计划号次	续办或新项目	过去办理概况或创办缘起	计划限度或要点	实施方法	完成期限	工作成绩百分比	说明
		(3)	况无从明悉,指导改进自感困难。各地无一侨教辅导人员,未免鞭长莫及,不能随时督察。		六、随时指导侨校改进设施,并设法供应优良师资教材及教学用具。			
		(4)	侨教补助费,约法、宪法虽均有明订,然以政府财政困难,复员后分文未发,以致一筹莫展。其他缺憾尚多,故拟先就上列各项设法改进,并随时审查情势,酌予辅导。		七、拟订办法,奖励教师长期服务。八、继续办理侨教函授学校。九、随时注意对外争取侨教便利。十、与教育部划清侨教分管细目。			

721

续上表

计划类别	计划号次	计划项目	续办或新办	过去办理概况或创办缘起	计划限度或要点	实施方法	完成期限	工作成绩百分比	说明
侨民教育	四、	发展侨民文化事业	续办	过去办理侨民文化事业，除经常宣传国策，阐扬祖国文化，使侨民对祖国政情、祖国文化之认识外，拟推行侨民社会教育，编印书刊宣传，沟通中外文化，指导侨报及文化机构等，虽经努力实施，然终以经费奇绌，海外乏人，指导以致未收宏效。际兹戡乱建国时期及南洋地区民族独立运动之时会，为使侨民一致拥护政府动员戡乱国策，拟加强海外宣传，	一、加强侨民对祖国文化之认识，及一致拥护政府动员戡乱国策。 二、沟通中外文化，俾侨胞与土人相处融洽。 三、组织时事讲演会，阐述祖国政情，争取侨民对祖国政府之向心力。 四、推行各种侨民社会教育。 五、切实推行新生活运动，使侨民能表现大国民之风度。	举行定期广播，编印宣传小册，发动侨团响应劳军运动。 鼓励侨民组织及参加国际性之文化协会，并设立中外文化讲座，指导华教教师及各文化组织之。 团体记者教育，督导侨校协同办理，侨团、侨运总会协助办理，商请新运会助侨团举办演讲宣传活动导侨胞切实履行。			

722

续上表

计划类别	计划号次	计划或新办项目	过去办理概况或创办缘起	计划限度或要点	实施方法	完成期限	工作成绩百分比	说明
			并努力沟通中外文化，俾侨胞与当地民族相处融洽，彼此能进一步了解合作，自应继续办理。					
五、辅导侨民经济事业		辅导侨资兴办国内实业	新办 政府过去对于侨民回国投资兴办实业，曾经制订各种奖励法规，但尚未提出具体辅导方案，致鲜成效，兹针对现实，妥拟计划，以资扶植。	1. 调查国内工商农林渔矿各业生产运销情况，制成简略说明，分送各地侨民，其注明了国内经济建设情形。2. 介绍国内现时重要生产事业建设计划及其适合于侨民	第一项先就工商两业着手，次及农林渔矿等业分别搜集，制成简略说明。第二项分向有关机关及地方政府征集，并就其注明之适合于侨民	半年内完成工商两业之一部分。半年内完成中		印制工商两业简略说明及各种须知小册，书及经济介绍专刊及计约需费五亿元，共计约半年度计算，至均以半业公司，提倡股实本，另行专案呈请。

续上表

计划类别	计划号次	续办或新办计划项目	过去办理概况或创办缘起	计划限度或要点	实施方法	完成期限	工作成绩百分比	说明
				3. 投资事项，辅导其回国兴办。	投资之事业，印成专册向侨民介绍。	各有关机关		
				创设华侨实业股份有限公司，统一侨民向国内投资兴办实业之机构。（组织实业照前奉准章程办理）	第三项由本会先征求华侨巨商若干人为发起人，并于首都设立华侨实业公司筹备处，以征集及整理事宜，本公司资本额，拟定为国币一千亿元，公司办工厂矿场各种须由政府加入五分之一，之筹备工作于半年内完成。			
				4. 编印组织公司，创办工厂矿场各种须由政府加入五分之一，分发海外各侨为提倡股。	知，指导其进行。			

续上表

计划类别	计划号次	计划项目	续办或新办	过去办理概况或创办缘起	计划限度或要点	实施方法	完成期限	工作成绩百分比	说明
	六、	奖助海外侨民经济事业之发展		在此次世界大战中，海外侨民直接间接受到损害者为数甚夥，尤以南洋各地侨基，侨民经济事业备受摧残，俾资应切实扶植，俾得发展，并促进其企业合之精神以与国内经济建设相配合。本会上年度工作计划虽曾列扶植侨民经济事业一项，因受经费人力之限制，未能实施，现事准增设一处，主管有关侨民经济事业之	1. 筹组国外经济通讯网，将侨民经济事业情况及各业发展情形工商各业发展情形随时报导及相互交换、藉资联络。 2. 辅导侨民复业与就业。 3. 倡导侨民组织回国实业考察团，俾明了国内建设实情及密切联络。	第一项在菲律宾、缅甸、暹罗、马来亚、新加坡、东印度等重要地点内在工商业团体担任通讯工作之定人员分别由工商业团体指派。第二项（甲）调查复员至各地华侨之经济实况，（乙）协助华侨复业贷款；调查登记之失业华侨，同时与各界取居地中外工商界切取联络，以便随时互为介绍。第三项分别与海外中	拟于本年内在菲律宾、缅甸、暹罗、马来亚、印度、缅甸、东印度等五地筹组完成。 本年		组设经济通讯网五区，每月补助一千元，五区，六个月，共需三亿元。又侨民之领导及侨考察团之招待费约计二亿元。

725

续上表

计划类别	计划号次	计划项目	续办或新办	过去办理概况或创办缘起	计划限度或要点	实施方法	完成期限	工作成绩百分比	说　明
				设施从新办理。		华商会洽商办理。	组成第一批考察团。内		

〔行政院档案〕